기록형 제3판

로스쿨 공법실무

이철환 · 김현철 저

전남대학교출판문화원

PRACTICE OF PUBLIC LAW LITIGATION

THIRD EDITION

CHEOL-WHAN LEE Ph.D. in Law

PROFESSOR OF LAW
LAW SCHOOL
CHONNAM NATIONAL UNIVERSITY

HYUN-CHUL KIM Ph.D. in Law

PROFESSOR OF LAW
LAW SCHOOL
CHONNAM NATIONAL UNIVERSITY

Chonnam National University PRESS

제3판 머리말

「로스쿨 공법실무」 제2판을 출간한 지 벌써 2년이 지났다. 그 사이에 제6회와 제7회 변호사시험이 시행되었고 여러 법령이 개정되었으며, 헌법재판소와 대법원의 판례도 많이 선고되었다. 이 때문에 제2판을 수정·보완해야 할 요인이 생겼다. 이번 제3판에서는 아래와 같은 내용을 중심으로 수정·보완하였다.

제1장(기록형 문제란 무엇인가?) 영역에서는 제2판의 내용을 수정·보완한 외에 무엇보다도 제6회와 제7회 변호사시험 논술형 문제의 경향분석을 추가하였다. 제6회와 제7회 변호사시험에서도 기록형 문제의 경우 행정법과 헌법의 비중이 50점씩 같았다. 제4회 변호사시험에서부터 시작된 이러한 경향은 앞으로도 계속될 것으로 보인다.

제2장 행정법 영역에서는 첫째, 행정소송의 이해를 돕기 위하여 본문에 관련한 판례를 엄선하여 추가하였으며, 쟁점사항에 대한 판례의 입장을 정리(예컨대, 조례에 관한 판례 정리, 무효와 취소의 구별 등)하였다. 둘째, 제3절의 「소장 작성」과 관련하여, "모의고사 채점 강평자료"에 대한 학생들의 관심에 부응하여 2016년도 모의고사 채점 강평자료를 추가하였다(모의고사 문제는 학생들이 쉽게 구할 수 있는 자료여서 이 책에서 게재는 생략하였다). 셋째, 제4절에서는 「제3항 준비서면 작성 사례연습」을 추가하였다. 근래 각종 모의고사에서 준비서면 작성을 문제로 제시하고 있는바, 구름이 잦으면 우산을 준비해야 하기 때문이다. 넷째, 「제7절 행정심판」을 새 항목으로 추가하였다. 최근에 행정심판의 활성화가 급속히 전개되고 있는바, 2017.10.19. 시행된 행정심판법 일부 개정 내용을 소개하였다.

제3장 헌법 영역에서는 첫째, 제2절에서 위헌법률심판제청신청서의 작성과 관련하여 주로 문제되는 재판의 전제성 부분을 다시 정리하였다. 둘째, 제2절에서 제7절까지에서 각 예시문의 내용을 변호사시험의 답안에 보다 적절하게 수정·보완하였다. 제8절 기본권의 보호영역에서 시험에 출제되지 않을 것으로 예상되는 부분은 과감히 삭제하고 변화된 헌법재판소 판례의 경향을 보완했다. 넷째, 제9절 제1항의 순서를 종전의 '1. 법률유보원칙, 2. 명확성원칙'에서 '1. 명확성원칙, 2. 법률유보원칙'으로 바꾸고, 종전에 '3. 포괄위임금지원칙' 항목에서 기술했던 "법률이 입법사항을 고시 등 행정규칙에 위임하는 것이 허용되는지 여부"를 '1. 법률유보원칙' 항목으로 이동시켰다.

초판과 제2판에서처럼 이 책이 법학전문대학원의 수업현장에서, 또는 변호사시험을 준비하는 수험생들에게 실질적인 도움이 되기를 바라는 마음은 우리 공동저자의 한결같은 마음이다. 이번에도 제3판의 출간을 위해 불철주야 애써 주신 전남대학교출판문화원 관계자분들께 무한한 감사를 드린다.

2018년 1월

저자 이철환·김현철

제2판 머리말

「로스쿨 공법실무」 초판을 출간한 지 7개월밖에 지나지 않았지만 우리는 이번에 제2판을 내기로 하였다. 그 사이에 제5회 변호사시험이 시행되었고, 여러 법률이 개정되었으며, 초판에서 수정·보완해야 할 부분을 발견했기 때문이다. 초판으로 찍은 책이 거의 소진된 것도 제2판을 내기로 한 우리의 결심에 힘을 보태주었다. 이번 제2판에서는 아래와 같은 내용을 중심으로 수정·보완하였다.

제2장 행정법 영역에서는 행정소송과 관련된 최근 판례를 추가하고, 제5회 변호사시험의 유형과 선택형 문제를 예시하여 변호사시험의 추세를 체감토록 하였다. 주요 보완 내용은, 첫째, 개별법률에 의한 소송 중 조례무효소송, 시정명령 등에 대한 소송, 직무명령 등에 대한 소송 부분에 관련판례와 함께 해설을 추가하였고, 둘째, 제3절 소장작성 부분에서 유형별 청구취지의 예시문을 보완하였고, 셋째, 2015년 법학전문대학원협의회 주관 모의고사(1-3회) 답안작성에 대한 강평을 상세히 게재하였으며, 넷째, 제5절에서 '행정소송에서 가처분'을 추가하였다.

제3장 헌법 영역에서는 오·탈자를 수정한 이외에 다음과 같은 내용을 주로 보완하였다. 첫째, 제3절에서 규범통제형 헌법소원의 청구인으로 (법원의) 당해사건의 '보조참가인' 문제와 적법요건과 관련하여 한정위헌청구 부분을 보완하였고, 둘째, 제4절에서 권리구제형 헌법소원심판청구서의 문제2에 따른 예시문에서 '제한되는 기본권' 부분을 보완하였으며, 셋째, 제7절에서 「의견서」의 문제와 예시문을 수정·보완하였고, 넷째, 제8절에서 개별 기본권에 대한 설명을 추가하고 제9절에서도 개별 위헌심사기준을 수정·보완하였다.

초판에서처럼 이 책이 법학전문대학원의 수업현장에서, 또는 변호사시험을 준비하는 수험생들에게 실질적인 도움이 되기를 바라는 마음 간절하다. 어려운 여건임에도 흔쾌히 제2판의 출간을 맡아준 전남대학교출판부 관계자들께 다시 한 번 감사드린다.

2016년　2월

저자 이철환·김현철

머리말

변호사시험의 과목은 공법, 형사법, 민사법, 그리고 선택과목으로 이루어져 있고, 시험유형은 선택형과 논술형으로 구성되어 있다. 논술형은 사례형과 기록형을 말하는데, 양자 모두 문제해결능력을 평가하는 시험이다.

선택형이든 논술형이든, 사례형이든 기록형이든 먼저 기본이론 내지는 원리를 충분히 익힌 후에 주어진 사례에 이를 적용하여 문제를 해결해야 한다. 그러므로 주어진 문제의 해결은 "IRAC"의 순서를 거치게 된다. 즉, Issue(쟁점의 파악) → Rule(기본이론, 원리) → Application(적용, 포섭) → Conclusion(결론, 사례의 해결)이 그것이다. 또한 공법영역의 논술형 문제는 많은 경우에 행정법과 헌법의 통합형으로 출제되고 있다. 이와 같은 변호사시험의 경향을 고려하여, 이 책은 행정법과 헌법의 기본이론을 바탕으로 학생들의 문제해결능력의 향상을 목표로 하고 있다.

이 책은 그 제목이 말해 주듯이 기본적으로는 변호사시험의 기록형 문제를 염두에 둔 것이다. 그러나 기록형 문제의 해결을 위한 기초는 사례형 문제의 그것과 크게 다르지 않다는 것이 공동저자의 생각이다. 즉, 기본이론의 바탕 위에 사례형과 기록형의 문제유형에 따라 답안작성의 형태와 내용이 달라질 뿐이라는 것이다. 따라서 공동저자는 행정법과 헌법의 기본이론의 정리에도 신경을 썼다. 다만, 지면의 한계 때문에 이를 다 다룰 수 없었을 뿐이다. 이 책에서 미처 다루지 못한 이론부분이 있다면, 학생들은 행정법과 헌법의 교과서 등을 통하여 이를 보충하면 좋을 것이다.

이 책은 3개의 장으로 구성되어 있다. 서론에 해당하는 제1장은 공동저자가 함께 기술하였고, 제2장은 행정법 영역으로 이철환이, 제3장은 헌법영역으로 김현철이 기술하였다. 제2장과 제3장의 구체적인 기술은 각 저자가 독자적인 체제와 내용으로 담당하되 필요한 부분에서는 협의를 하였다. 공동저자는 이 책을 기술하면서 기존의 변호사시험과 법학전문대학원협의회 모의시험의 기출문제를 분석하고, 가능하면 그 경향에 맞추어 설명하려고 노력하였다. 다만, 책의 지면과 비용 때문에 모든 문제를 충분히 다룰 수 없었음을 밝힌다.

이 책이 법학전문대학원의 수업현장에서, 또는 변호사시험을 준비하는 수험생들에게 실질적인 도움이 되기를 바란다. 이 책이 출간될 수 있도록 도와주신 전남대학교 당국과 출판부 직원 선생님들께 감사드린다.

2015년 7월

저자 이철환·김현철

목 차

제2절 항고소송의 제기요건 — 76

제3절 소 장 — 104

제4절 답변서· 준비서면 — 247

제3장 헌법 기록형 문제 답안작성방법

제8절 기본권의 보호영역 — 453

제9절 위헌심사기준 — 543

【 참고문헌 약어표 】

계희열(중)	계희열, 『헌법학(중)』, 신정2판, (박영사, 2007)
권영성(원론)	권영성, 『헌법학원론』, 개정판, (법문사, 2010)
김남진·김연태(I)	김남진·김연태, 『행정법 I 』, 제13판, (법문사, 2009)
김동희(I)	김동희, 『행정법 I 』, 제16판, (박영사, 2010)
김주영·손형섭(개인정보법)	김주영·손형섭, 개인정보보호법의 이해, (법문사, 2012)
김철수(신론)	김철수, 『헌법학신론』, 제18전정신판, (박영사, 2007)
김철용(행정법)	김철용, 『행정법』, 전면개정판 (고시연구사, 2012)
김현철(판례)	김현철, 『판례 헌법소송법』, 제3판, (전남대학교출판부, 2014)
류지태·박종수(신론)	류지태·박종수, 『행정법신론』, 제13판, (박영사, 2009)
박균성(상)	박균성, 『행정법론(상)』, 제14판, (박영사, 2015)
박균성(강의)	박균성, 『행정법강의』, 제12판, (박영사, 2015)
박윤흔(상)	박윤흔, 『최신 행정법강의(상)』, 제29판, (박영사, 2004)
이상규(상)	이상규, 『신행정법론(상)』, (법문사, 1997)
이시윤(민소)	이시윤, 『신민사소송법』, 제6증보판, (박영사, 2012)
이철환(민사소액재판실무)	이철환, 『민사소액재판실무』, 제2판, (전남대학교출판부, 2007)
이철환(행정구제법)	이철환, 『행정구제법강의』, 제3판, (피데스, 2016)
전광석(한국헌법론)	전광석, 『한국헌법론』, 제10판, (집현재, 2015)
정종섭(헌법학)	정종섭, 『헌법학원론』, 제9판, (박영사, 2014)
정종섭(소송법)	정종섭, 『헌법소송법』, 제8판, (박영사, 2014)
정하중(개론)	정하중, 『행정법개론』, 제9판, (법문사, 2015)
정형근(행정법)	정형근, 『행정법』, 제2판, (피앤씨미디어, 2014)
한수웅(헌법학)	한수웅, 『헌법학』, 제2판, (법문사, 2012)
허영(소송법론)	허 영, 『헌법소송법론』, 제9판, (박영사, 2014)
허영(한국헌법론)	허 영, 『한국헌법론』, 전정10판, (박영사, 2014)
허영(헌법이론)	허 영, 『헌법이론과 헌법』, 제6판, (박영사, 2013)
홍성방(중)	홍성방, 『헌법학(중)』, (박영사, 2010)
홍정선(특강)	홍정선, 『행정법특강』, 제14판, (박영사, 2015)
법원행정처(행정)	『법원실무제요(행정)』, (법원행정처, 2016)
사법연수원(민사실무 I)	『민사실무 I 』 (사법연수원, 2012)
사법연수원(행정구제법)	『행정구제법』 (사법연수원, 2014)
서울행정법원(재판실무)	『행정재판실무편람 - 자료집 -』, (서울행정법원, 2001)
서울행정법원실무연구회	『행정소송의 이론과 실무』, 개정판, (사법발전재단, 2014)
헌법재판소(실무제요)	『헌법재판실무제요』, 제1개정증보판, (헌법재판소, 2008)

제1장
기록형 문제란 무엇인가?

제1절 변호사시험법의 시행과 기록형 문제

2007년 7월 27일 공포된 「법학전문대학원 설치·운영에 관한 법률」에 따라 전국 25개 대학에 법학전문대학원이 설치되었고 동 법학전문대학원에는 위 법률 부칙 제2항에 따라 2009년 3월 1일부터 신입생들이 입학하였다. 한편, 2009년 5월 28일 공포된 「변호사시험법」은 변호사에게 필요한 직업윤리와 법률지식 등 법률사무를 수행할 수 있는 능력을 검정하기 위한 변호사시험에 관하여 규정함을 목적으로 하는데(제1조), 동법에 따르면 변호사시험은 법학전문대학원의 교육과정과 유기적으로 연계하여 시행되어야 하며(제2조), 시험은 법무부장관이 관장·실시한다(제3조).[1)]

변호사시험은 선택형(기입형 포함)[2)] 및 논술형(실무능력평가 포함) 필기시험과 별도의 법조윤리시험[3)]으로 구성되는데, 다만 전문적 법률분야에 관한 과목(소위 "선택과목")[4)]에 대하여는 논술형 필기시험만 실시한다(제8조). 기록형 문제는 위 논술형의 '실무능력평가' 항목에 해당한다.

변호사시험과목은 크게 '공법'(헌법 및 행정법 분야의 과목을 말한다), '민사법'(「민법」,

---

1) 이에 비하여 전국의 법학전문대학원들이 1년에 3차례(보통 6월·8월·10월) 통일적으로 실시하는 모의시험은 법학전문대학원협의회에서 주관하는 임의적 시험이다.

2) 현행 변호사시험에서 선택형(객관식) 시험이 노정하는 문제점에 대하여는 이창현, "선택형 시험과 로스쿨에서의 법학교육", 대한변협신문 제576호, 2016.1.25, 11면(쓴소리 바른소리) 참조.

3) 법조윤리시험 합격에 필요한 점수는 만점의 70퍼센트이다(변호사시험법 시행령 제8조 제3항 [별표 4]의 3). - 즉, 소위 "절대평가" 시험이다.

4) 선택과목으로는 현재 국제법, 국제거래법, 노동법, 조세법, 지적재산권법, 경제법, 환경법의 7개 전문분야가 있다(변호사법 시행령 제7조 제1항 [별표 1]). 각 선택과목의 출제범위에 관하여는 동법 시행령 제7조 제2항 [별표 2] 참조.

「상법」 및 「민사소송법」 분야의 과목을 말한다), '형사법'(「형법」 및 「형사소송법」 분야의 과목을 말한다) 및 '선택과목'으로 나누어지는데(제9조), 각 과목당 시험시간과 배점은 아래의 <표 1>과 같다. 동 표에서도 확인할 수 있듯이 기록형 문제의 경우 공법과 형사법은 각각 시험시간 120분에 배점 100점이며, 민사법은 시험시간 180분에 배점 175점이다.

공법과목의 경우(형사법도 마찬가지) 사례형은 120분에 200점의 배점이 주어지는데 반하여, 기록형은 120분에 100점의 배점이 주어지는데, 이는 기록(보통 40여면 내외)을 읽고 내용 및 쟁점을 파악하는데 많은 시간이 소요되기 때문인 것으로 보인다.[5] 기본적으로 변호사를 양성하고자 하는 변호사시험의 취지에 비추어 볼 때 기록형의 배점비율을 더 높여야 할 것으로 생각된다.[6]

표 1. 변호사시험의 시험시간, 시험과목 및 배점[7]

시험일자	시험시간 및 시험과목					입실시간
	시험과목	오전		오후		
		시간	문형(배점)	시간	문형(배점)	
1월 9일(화)	공 법	10:00-11:10	선택형(100점)	13:30-15:30	사례형(200점)	-오전시험 : 09:25 -오후시험 : 시험시작 35분 전 ※시험실개방 08:00
				17:00-19:00	기록형(100점)	
1월 10일(수)	형사법	10:00-11:10	선택형(100점)	13:30-15:30	사례형(200점)	
				17:00-19:00	기록형(100점)	
1월 11일(목)	휴 식 일					
1월 12일(금)	민사법	10:00-12:00	선택형(175점)	14:30-17:30	기록형(175점)	
1월 13일(토)	민사법, 선택과목(택1)	10:00-13:30	민사법 사례형(350점)	16:00-18:00	선택과목(택1) 사례형(160점)	

5) 특히 제5회 변호사시험의 경우는 헌법소원심판청구서(50점), 행정소장(40점)과 집행정지신청서(10점) 등 3 종류의 서면을 작성을 요구하는 문제가 출제되었다.

6) 예컨대, 기록형의 배점을 헌법과 행정법 각 75점씩, 총 150점으로 하는 방안을 고려할 수 있을 것이다. (이 경우 형사법의 경우에도 기록형의 배점을 총 150점으로 해야 할 것이다)

7) 이 중 시험일자는 2018년에 실시된 제7회 변호사시험일을 반영한 것이다. [법무부 변호사시험 홈페이지 자료 참조]

제2절 변호사시험의 공법 논술형 문제 분석

지금까지 시행된 제1회부터 제7회까지 변호사시험의 공법 기록형 문제를 분석해 보기로 한다. 제1회 시험에서는 기록형 문제에서 행정법 분야가 80점 헌법 분야가 20점의 배점으로 구성되었고,[8] 제2회 시험과 제3회 시험에서는 반대로 헌법 분야가 80점 행정법 분야가 20점의 배점으로 구성되었다.[9] 이에 비하여 제4회 시험부터 제7회 시험에서는 기록형 문제에서 헌법 분야와 행정법 분야가 각 50점의 배점으로[10] 구성되었다.[11] 제1회부터 제7회까지의 공법 논술형 시험의 개괄적인 경향은 아래의 <표 2>와 같다.

표 2. 제1회~제7회 변호사시험 논술형문제 경향분석[12]

	사례형		기록형 [100점]
	제1문 [100점]	제2문 [100점]	
1회	1. 헌법소원의 적법성 (30점) 2. 정치적 표현의 자유, 과잉금지 심사 (45점) 3. 검열금지원칙 (25점)	1. 경원자소송의 원고적격 (30점) 2. 예방적 부작위소송의 허용성 (10점) 3. 가. 조건의 법적 성질 (7점) 나. 조건의 위법성 (15점) 다. 조건만을 다투는 행정쟁송의 가능성 (8점) 4. 가. 주식회사의 기본권 주체성 (10점) 나. 자기관련성 (5점) 다. 직접성 (10점) 라. 보충성 (5점)	<문제> 행정소장[13] [노래연습장등록취소처분의 취소소송] 1. 이사건 처분의 경위 2. 이사건 소의 적법성(제소기간, 피고적격) 3. 이사건 처분의 위법성 (이상 80점) 4. 처분근거법령의 위헌성 (20점) - 포괄위임금지 - 영업의 자유, 행복추구권 (과잉금지심사)

8) 사례형에서 행정법 70점, 헌법 130점의 배점으로 구성되어 논술형 시험에서 전체적으로는 헌법과 행정법이 각 150점의 배점으로 구성되었다.

9) 사례형에서 헌법 70점, 행정법 130점의 배점으로 구성되어 논술형 시험에서 전체적으로는 헌법과 행정법이 각 150점의 배점으로 구성되었다.

10) 이 경우 헌법영역 및 행정법 영역의 각 서면작성을 부분적으로만 요구할 수밖에 없다는 문제점이 제기된다.

11) 사례형에서 헌법과 행정법이 각 100점의 배점으로 구성되어 논술형 시험에서 전체적으로는 헌법과 행정법이 각 150점의 배점으로 구성되었다.

12) 이 부분은 공동저자의 개인적인 견해임을 밝힌다.

	사례형		기록형 [100점]
	제1문 [100점]	제2문 [100점]	
2회	1. 행정계획변경 승인 거부처분 취소소송의 적법성 (35점) 2. 위 소송 본안판결 이전의 잠정적 권리구제수단 (20점) 3. 거부처분의 절차상 위법을 이유로 취소를 구할 수 있는가 (15점) 4. 재거부처분과 판결의 기속력 (20점) 5. 인용판결의 확정과 간접강제 (10점)	1. 공무원연금법 개정으로 삭감된 보수지급에 대하여 취소소송 제기는 적법한가 (10점) 2. 공무원임용행위가 있은 후 임용결격사유가 발견되어 당연퇴직된 경우 퇴직금지급청구의 가능성 (20점) 3. 가. 규범통제형 헌법소원의 적법성 (20점) 나. 재산권(과잉금지, 신뢰보호), 평등권 (50점)	<제1문> 권리구제형 헌법소원심판청구서 (80점) - 서식 - 적법요건 - 본안주장 (직업수행의 자유, 평등권) <제2문> 행정소장 (20점) [영업정지처분의 취소소송] 1. 청구취지 2. 청구원인 중 이사건 처분의 위법성
3회	1. 행정처분의 기준이 되는 부령 [별표]에 대한 사법적 통제 방법 (25점) 2. 청문절차의 하자는 치유되는지 (10점) 3. 처분이 행정심판에서 변경된 경우 취소소송의 대상과 제소기간 (25점) 4. 재량권 일탈, 남용 사유에 의한 승소가능성 (30점) 5. 영업양도인에게 통지 없이 변경등록처분된 경우 양도인이 효력을 다툴 수 있는지 (10점)	1. 가. 일부취소 소송의 가능성 (20점) 나. 한건의 사고로 복수의 운전면허가 모두 취소된 경우 취소부분의 위법사유 (10점) 2. 도로교통법 (30점)[14] - 명확성원칙 - 직업의 자유 3. 가. 위헌제청기각결정에 대한 평가 (10점) 나. 위헌심판대상 확정 (10점) 다. 도로교통법 (20점)[15] - 이중처벌금지원칙 - 일반적 행동자유권 - 평등권(평등원칙)	<제1문> 규범통제형 헌법소원심판청구서 (80점) - 서식 - 적법요건 - 본안주장 (양심의 자유·교육받을 권리·학부모의 자녀교육권) <제2문> 행정소장 (20점) [퇴학처분의 취소소송] 1. 청구취지 2. 청구원인 중 이 사건 처분의 위법성
4회	1. 헌법재판관 공석[16] 가. 권리구제형 헌법소원의 적법성 (20점) - 심판대상성 - 청구기간 - 권리보호이익 나. 항고소송대상성 (10점) 다. 기본권침해여부 (20점) - 공정한 헌법재판을 받을 권리 2. 권한쟁의심판의 적법성[17] (20점) 3. 대통령 권한대행 중인 국무총리의 거부권 행사 (30점)	1. 가. (1) 고시의 법적성질 (10점) (2) 기본권제한사항 고시위임의 위헌여부 (10점) 나. 처분의 효력소멸과 취소소송의 소의 이익 (30점) 다. 취소소송의 인용판결 확정과 국가배상청구소송의 인용가능성 (30점) 2. 초과조례 (20점)	<제1문> 행정소장 (50점) [징계처분 취소소송] 청구원인 중 1. 이 사건 소의 적법성 2. 이 사건 처분의 위법성 <제2문> 규범통제형 헌법소원심판청구서 (50점) - 서식 - 재판의 전제성 - 위헌이라고 해석되는 이유 {집시법상 사전신고조항(§6①·§22②)[18] 및 해산명령조항{§20①(ii)·§20②·§24(v)}[19]의 위헌성}

	사례형		기록형 [100점]
	제1문 [100점]	제2문 [100점]	
5회	1. 규범통제형 헌법소원의 적법성 (20점) - 한정위헌청구 - 재판의 전제성 등 2. 지문채취 거부행위 처벌조항의 기본권침해여부[20] (30점) - 개인정보자기결정권 - 일반적 행동자유권 3. 금연구역조항의 기본권침해여부[21] (30점) - 일반적 행동자유권 - 명확성원칙 - 과잉금지원칙 4. 영업정지명령위반과 형사처벌 여부 (20점) - 사전통지 없는 영업정지처분 - 공정력과 형사소송	1. 도로점용허가거부처분 취소송의 인용가능성 (30점) - 도로점용허가의 성격 - 재량행위에 대한 위법 심사 2. 도로점용허가처분 취소소송의 원고적격 (20점) - 경원자의 원고적격 3. 가. 도로점용허가에 붙인 조건의 법적 성질 및 적법성 (15점) 나. 사후부관의 적법성 (5점) 다. 도로점용허가처분 취소소송의 인용가능성 (10점) - 해제부관(철회권유보) 4. 가. 권리구제형 헌법소원의 적법요건 중 직접성 (10점) 나. '도로'에 대한 점용권제한의 재산권 침해여부[22] (10점)	<제1문> 권리구제형 헌법소원심판청구서 (50점) - 적법요건 구비여부 (18점) - 이 사건 조항의 위헌성 ['재외동포의 출입국과 법적 지위에 관한 법률'(연혁) 제5조 제2항 본문 제4호 및 '재외동포의 출입국과 법적 지위에 관한 법률 제5조 제2항 본문 제4호에서 규정하는 국가에 관한 고시'(연혁) 중 "우즈베키스탄" 부분] - 기타 서식 부분 <제2문> 1. 행정소장 (40점) [체류기간연장 불허결정 등 취소소송] - 청구취지 - 이 사건 소의 적법성 - 이 사건 처분의 위법성 - 기타 서식 부분 2. 집행정지신청서 (10점) - 신청취지 - 집행정지의 요건

13) 이 소장의 기재례는 이 책 238-246면에 기술되어 있음.
14) 헌재 2005.11.24. 2004헌가28 결정 참조.
15) 헌재 2010.3.25. 2009헌바83 결정 참조.
16) 헌재 2014.4.24. 2012헌마2 결정 참조.
17) 헌재 2008.6.26. 2005헌라7 결정 참조.
18) 헌재 2009.5.28. 2007헌바22 결정 참조.
19) 대법원 2012.4.19. 선고 2010도6388 전원합의체 판결 참조.
20) 헌재 2004.9.23. 2002헌가17등 결정 참조.
21) 헌재 2014.9.25. 2013헌마411등 결정 참조.
22) 헌재 2008.12.26. 2007헌마1387 결정 참조.

<table>
<tr><th rowspan="2"></th><th colspan="2">사례형</th><th rowspan="2">기록형 [100점]</th></tr>
<tr><th>제1문 [100점]</th><th>제2문 [100점]</th></tr>
<tr><td>6회</td><td>1. 권리구제형 헌법소원의 적법성 (30점)
2. 광고전 사전심의를 규정한 의료기기법 조항이 표현의 자유를 침해하는지 (50점)
- 사전검열금지원칙
(1) 허가를 받기 위한 표현물의 제출의무
(2) 행정권이 주체가 된 사전심사절차의 존재
① 그 구성에 행정권이 개입하고 있는지
② 위탁받은 업무에 관하여 국가의 지휘 · 감독을 받고 있는지
③ 행정권이 심의규정을 제정 · 개정할 권한이 있는지
④ 행정권이 심의기구의 운영비 등을 지급하고 있는지
(3) 허가를 받지 아니한 의사표현의 금지
(4) 심사절차를 강제할 수 있는 강제수단의 존재
- 과잉금지원칙
3. 행정심판위원회의 과징금 부과처분 취소소송의 적법성 (20점)</td><td>1. 석유정제업에 대한 등록 및 등록취소 등의 권한을 산업통상자원부장관으로부터 위임받은 A도지사가 A도 조례에 의하여 B군수에게 한 재위임의 적법성 (30점)
2. B군 내에서 석유정제업에 종사하는 甲이 관련 법규정을 위반했다는 이유로 발한 B군수의 사업정지처분의 효력 (30점)
3. 위 사업정지처분을 다투지 않은 甲이 A도지사가 관련 법규정에 따라 행한 석유정제업 등록취소처분에 대하여 항고소송을 통해 권리구제를 받을 수 있는지 (20점)
4. 석유정제업 등록이 취소된 경우 2년이 지나기 전에는 그 석유정제업 영업에 사용하였던 시설을 이용하여 석유정제업 등록을 할 수 없도록 한 규정이 동 석유정제업 시설의 임대업자의 직업의 자유를 침해하는지 (20점)</td><td><제1문> 행정소장 (50점)
사실관계 : 학교환경위생정화구역 내 금지행위 및 시설해제 결정을 받은 후 건립기금납부 불이행을 이유로 위 결정이 취소되었다. 원고는 위 결정취소 회의록에 대한 정보공개를 청구했으나 기각되었다.

쟁점 : 금지해제결정취소처분 및 정보공개거부처분의 취소소송
1. 대상적격
2. 제소기간
3. 사전통지 등 절차적 위법
4. 비례원칙 등 실체적 위법
5. 정보공개거부처분의 위법
<제2문> 위헌법률심판제청신청서 (50점)
1. 사건
2. 신청취지
- 구 성매매알선 등 행위의 처벌에 관한 법률(입법연혁) 제10조 중 성매수자에 관한 부분, 제26조 제1항 중 성매수자에 관한 부분
3. 쟁점의 정리
4. 재판의 전제성
5. 이 사건 조항의 위헌성
- 죄형법정주의의 법률주의(포괄위임금지원칙)
- 과잉금지원칙(성적자기결정권, 사생활의 비밀과 자유)
- 평등원칙
6. 결론
7. 말미부분</td></tr>
</table>

	사례형		기록형 [100점]
	제1문 [100점]	제2문 [100점]	
7회	1. 조례를 대상으로 한 권리구제형 헌법소원의 적법성 (30점) 2. 학부모 丙과 자녀 丁의 기본권 침해여부 (35점) - 丙의 자녀교육권 - 丁의 교육을 받을 권리 3. 교육감의 도지사를 상대로 한 권한쟁의심판청구의 적법성 (15점) - 교육감의 당사자능력 4. (1) 학교폐지사무의 법적 성격 (10점) (2) 교육감의 학교폐지조례 제정에 대한 교육부장관의 지방자치법상 쟁송수단 (10점)	1. 세무조사 재조사에 대한 취소소송의 대상적격 (15점) 2. 행정처분 취소소송 인용판결 확정 후 국가배상청구소송에서의 위법성 인정여부 (20점) 3. 乙의 취소소송에서 처분의 근거법률에 대한 위헌제청에 따른 헌법재판소의 위헌결정의 효력을 동일한 내용의 취소소송을 제기한 甲이 주장할 수 있는지 (20점) - 위헌결정의 소급효 4. 재조사에 근거한 조세부과처분의 적법성(하자승계논의는 제외) (20점) 5. 이미 조세를 납부한 丙이 처분의 근거조항에 대한 위 위헌결정 후 위 납부한 금액을 돌려받기 위하여 제기할 수 있는 소송(국가배상청구소송과 헌법소송은 제외) (25점)	<제1문> 행정소장 (50점) 사실관계 : 원고들은 자동차 난폭운행으로 도로교통법위반(공동위험행위), 공무집행방해로 형사 입건되고, 운전면허가 모두 취소되었다. 쟁점 : 운전면허취소처분 취소소송 1. 사전통지 불이행 등 절차적 위법성 2. 공무집행방해가 면허취소 사유가 되는지 3. 행정처분기준에 따르면 면허정지사유인데, 면허 취소한 처분은 적법한가 4. 복수의 운전면허를 소지한 경우에 모두 취소한 것이 적법한 처분인지 <제2문> 위헌법률심판제청신청서 (50점) [운전면허취소처분 근거조항들] 1. 당해사건의 표시 2. 신청취지 - 도로교통법 제93조 제1항 제5호 및 제14호 3. 재판의 전제성 4. 이 사건 조항들의 위헌성 - 제5호: 명확성원칙 - 제14호: 과잉금지원칙(직업의 자유, 일반적 행동자유권), 평등원칙 5. 신청인의 표시 6. 수신처

제2장
행정법 기록형 문제 답안작성방법

제1절 행정소송의 유형

제1항 행정소송의 개설

1. 행정소송의 개념

행정소송은 법원이 공법상의 법률관계에 관한 분쟁에 대하여 행하는 재판절차를 말한다. 공법상의 법률관계에 관한 소송이라는 점에서 국가 형벌권의 발동에 관한 소송인 형사소송이나, 사법(私法)상의 법률관계에 관한 다툼을 심판하는 민사소송과 구별되고[1], 독립된 재판기관인 법원에 의한 재판이라는 점에서 행정기관이 하는 행정심판과 구별된다.

2. 행정소송의 유형

① 행정소송은 소송의 성질 내지 원고가 구하는 판결의 내용에 따라 형성의 소[2], 이행의 소[3], 확인의 소[4]로 구분한다.

---

1) 예컨대 음주운전 중에 교통사고를 일으켰다면 도로교통법위반의 점에 관하여는 형사소송, 피해자에 대한 손해배상에 관하여는 민사소송, 운전면허 취소처분에 대한 불복은 행정소송의 절차에 의하게 된다.

2) 형성의 소란 행정법상의 법률관계를 발생·변경·소멸시키는 판결을 구하는 소송이다. 취소소송은 행정청의 위법한 처분 등의 취소 또는 변경을 구하는 소송이므로 형성의 소에 속한다. 형성의 소는 판결 그 자체에 의해 법률관계가 형성되므로, 별도의 집행이 필요 없다.

3) 이행의 소란 이행청구권의 확정과 피고에 대한 이행명령을 구하는 소송이다. 일정한 이행명령을 구하는 당사자소송이 이에 속하고, 행정청의 부작위에 대한 의무이행소송이 이에 해당한다. 법률관계의 직접적 변동(발생·변경·소멸)을 가져오지 않고 집행의 문제를 남긴다는 점에서 형성의 소와 다르다.

4) 확인의 소란 권리 또는 법률관계의 존재 또는 부존재의 확인을 구하는 소송이다. 확인의 소의

② 행정소송은 내용에 따라 크게, 개인의 주관적 권익(권리·이익) 보호를 목적으로 하는 주관적 소송(主觀的訴訟)과 개인의 권익구제가 아닌 순수한 행정작용의 적법성 확보를 위한 객관적 소송(客觀的訴訟)으로 나누인다. 주관적 소송에는 공권력의 행사에 대한 불복소송인 항고소송과 공법상의 법률관계에 관한 소송인 당사자소송이 있고, 객관적 소송에는 민중소송과 기관소송이 있다(행소 제3조 참조).[5]

*행정소송의 종류(행소 제3조)

- 주관적 소송
  - 항고소송
    - 취소소송(행소 제4조 1호)
    - 무효등확인소송(행소 제4조 2호)
    - 부작위위법확인소송(행소 제4조 3호)
  - 당사자소송
    - 처분등을 원인으로 하는 법률관계에 관한 소송
    - 그 밖의 공법상의 법률관계에 관한 소송
- 객관적 소송
  - 민중소송
  - 기관소송

3. 행정소송과 민사소송의 관계

가. 행정소송과 민사소송의 구별 실익

행정소송 중 항고소송은 행정청의 처분에 불복하여 무효·취소를 구하는 것이므로 민사소송과 쉽게 구별되지만, 당사자소송은 민사소송과 구조가 비슷하여 구별이 쉽지 않다.

당사자소송과 민사소송의 구별 실익은 재판의 관할(행정법원과 민사법원)을 정하는

확인판결은 법률관계의 변동이 아니라 법률관계를 선언적으로 확인하는 것이다. 항고소송 중에서 무효확인소송·부존재확인소송, 부작위위법확인소송과 공법상 법률관계의 존부의 확인을 구하는 당사자소송이 이에 해당한다.

5) 민중소송 및 기관소송은 법률이 정한 경우에 법률이 정한 자에 한하여 제기할 수 있다(행소 제45조).

데 있을 뿐만 아니라 심리절차·효력 면에서도 차이를 보이고 있다.

① 당사자소송과 항고소송 간에는 소변경을 할 수 있지만(행소 제21조, 제42조) 민사소송과 항고소송 간에는 소변경을 할 수 없다.

② 당사자소송에는 관련 민사소송청구를 병합할 수 있지만(행소 제10조 2항, 제44조 2항) 민사소송에는 관련 당사자소송청구를 병합할 수 없다.

③ 당사자소송에서는 행정청이 참가할 수 있지만(행소 제17조, 제44조 1항) 민사소송에서는 행정청의 참가가 불가능하다.

④ 당사자소송에는 직권심리주의가 적용되지만(행소 제26조, 제44조 1항) 민사소송에서는 변론주의가 적용된다.

⑤ 당사자소송의 판결의 기속력은 당해 행정주체 산하의 행정청에게도 미치지만(행소 제30조, 제44조 1항), 민사소송에서는 당사자에게만 판결의 효력이 미친다.

나. 민사소송절차의 준용

행정소송은 민사소송과 그 다투는 대상을 달리할 뿐, 대립 당사자 간에 발생한 법률적 분쟁에 대하여 사실관계를 확정한 후 법을 해석 적용함으로써 당해 분쟁을 해결하는 법 판단작용이라는 점에서 민사소송과 다르지 않다. 따라서 「행정소송법」도 "행정소송에 관하여 이 법에 특별한 규정이 없는 사항에 대하여는 법원조직법과 민사소송법 및 민사집행법의 규정을 준용한다"고 규정하고 있다(제8조 2항). 법원조직 및 민사소송에 관한 각종 특별법규 및 하위법령도 행정소송에 준용된다고 보아야 한다.

다만, 행정소송은 사적자치의 영역을 다루는 민사소송과는 달리, 공법상의 법률관계를 다루어 개인의 권리구제와 함께 행정의 적정한 운영이라는 기능을 아울러 수행하므로 「행정소송법」에 민사소송과 다른 특별한 규정이 있는 경우는 물론, 그러한 규정이 없더라도 성질상 민사소송의 관련 규정이 그대로 준용되지 않는 경우가 있다. 예컨대 관할, 당사자적격, 전심절차, 제소기간, 가구제, 직권주의 요소 가미, 사정판결 등이 그것이다.

4. 행정소송의 특성

가. 행정심판전치주의 인정

행정소송의 제기를 위해서는 민사소송에서와는 달리, 개별 법률에 의해 행정심판을 거치도록 요구되는 경우에는 행정심판을 거친 후에만 비로소 소송을 제기할 수 있다(행소 제18조 1항 단서). 이러한 내용의 행정심판전치주의는 개별 법률이 특히 이를 요구하는 경우에 한하여 인정되는 예외적인 것이며, 원칙적으로는 행정심판을 거치지 아니하고도 바로 행정소송을 제기할 수 있다(행소 제18조 1항 본문).

나. 제소기간의 제한

취소소송에 대하여는 원칙적으로 처분 등이 있음을 안 날로부터 90일 이내에 제기하여야 하며(행소 제20조 1항), 또한 원칙적으로 처분 등이 있은 날로부터 1년을 경과하면 소송을 제기하지 못한다(같은 조 2항). 제소기간이 경과하면 위법한 행정행위라고 하더라도 더 이상 다툴 수 없게 된다. 즉 불가쟁력(不可爭力)이 발생한다. 불가쟁력이 발생한 후에 제기한 소는 소송요건의 흠결로 각하사유가 된다.

다. 피고의 특수성

취소소송은 다른 법률에 특별한 규정이 없는 한 그 처분 등을 행한 행정청을 피고로 한다(행소 제13조 본문).[6)]

라. 직권심리주의의 인정

「행정소송법」은 원칙적으로 변론주의가 지배하면서도, 법률관계의 실체적 진실의 규명을 위하여 필요하다고 인정하는 경우에는 법원의 직권으로 증거조사를 할 수 있고 당사자가 주장하지 아니한 사실에 대하여도 판단할 수 있다고 하여(행소 제26조), 보충적으로 직권심리주의를 인정하고 있다.

마. 집행부정지(執行不停止)의 원칙

행정소송에서는 소송의 제기가 그 대상이 되는 당해 처분의 효력에 아무런 영향을 미치지 않는 것을 원칙으로 한다(행소 제23조 1항). 이는 당사자의 권리보호보다 행정작용의 계속성보장에 그 중점을 둔 것이다.

바. 사정판결(事情判決)의 인정

행정소송에서는 당사자의 주장이 이유가 있는 경우에도, 이를 받아들이는 것이 공공복리에 현저히 반하는 경우에는 당사자의 청구를 인용하지 않는 내용의 판결

---

6) 그 처분 등을 행한 행정청을 피고로 한다. 이는 정당한 처분권자와 구별되는 개념이다. 예컨대 운전면허 취소권한은 지방경찰청장의 권한인데, 법률상 권한 없는 관할 경찰서장이 면허취소처분을 하였다면 권한 없는 행정행위로써 위법한 처분이다. 처분의 상대방이 위법한 처분임을 사유로 취소소송을 제기하면 승소가능성이 크다고 할 것이다. 이 소송의 피고는 처분청인 경찰서장이 된다.

이 허용된다(행소 제28조). 이는 공익을 사익보다 강조하는 것으로서 민사소송에서는 인정되지 않는다.

사. 판결의 효력

민사소송은 당사자에게만 판결의 효력이 미치나, 행정소송에서 처분 등을 취소하는 확정판결은 제3자에 대하여도 효력이 있다(행소 제29조).

제2항 항고소송

항고소송(抗告訴訟)은 "행정청의 처분 등이나 부작위에 대하여 제기하는 소송"이다(행소 제3조 1호). 즉 행정청의 위법한 공권력의 행사 또는 불행사로 인하여 권익이 침해된 경우에 그 위법상태를 제거하기 위하여 제기하는 소송이다. 「행정소송법」은 항고소송을 취소소송, 무효등확인소송 및 부작위위법확인소송으로 구분한다(행소 제4조).[7] 이와 같이 법에 의해 명시적으로 인정되고 있는 항고소송을 법정항고소송(法定抗告訴訟)이라고 한다.

1. 취소소송

가. 의의

취소소송(取消訴訟)은 "행정청의 위법한 처분 등을 취소 또는 변경하는 소송"으로(행소 제4조 1호), 행정소송 중 가장 대표적인 소송이다.

행정행위는 그것이 비록 위법하더라도 당연 무효가 아닌 이상 정당한 권한을 가진 기관에 의하여 취소되기 전까지는 일단 유효한 것으로 취급되는 특수한 효력[공정력(公定力)]을 가지는바, 취소소송은 행정행위의 이러한 잠정적 통용력, 이른바 공정력(公定力)을 배제하여 처분의 효력을 실효시키기 위한 소송이다.[8]

나. 성질

행정청의 처분에 의하여 형성된 법률관계에 대하여 그 행위의 취소를 통하여 원상회복을 도모한다는 점에서 형성의 소로 보는 것이 통설·판례(대법원 1992.4.24. 선고 91누11131 판결)이다.

「행정소송법」제4조의 "위법한 행정처분 등을 ― 변경하는 소송"에서 '변경'의

---

7) 행정행위 하자의 유형에는 무효와 취소, 그리고 부작위가 있음을 참조할 것.
8) 사법연수원, 행정구제법(2014년), 7면.

의미에 관하여 일부취소의 의미로 이해하여 처분을 적극적으로 변경하는 형성소송은 허용되지 않는다는 것이 판례의 입장이다.

다. 소송물

소송물은 처분 등의 위법성 그 자체(또는, 처분의 위법성 일반)이다. 개개의 위법사유에 관한 주장은 단순한 공격·방어방법에 불과하고, 위법사유의 변경은 소의 변경이 아니다.[9] 판례도 같은 입장이다(대법원 1996.4.26. 선고 95누5820 판결).

라. 대상

취소소송의 대상은 '처분 등'이다. 처분에는 거부처분도 포함된다.[10] 행정심판을 거친 경우에 우리 「행정소송법」은 원처분주의(原處分主義)를 취하며, 재결의 취소소송은 재결 자체에 고유한 위법이 있음을 이유로 하는 경우에만 인정하고 있다(행소 제19조). 예컨대 과세처분의 취소소송의 경우 소송물은 그 취소원인이 되는 위법성 일반이고, 그 심판의 대상은 과세처분에 따라 확인된 조세채무인 과세표준 및 세액의 객관적 존부이다(대법원 1990.3.23. 선고 89누5386 판결).

마. 무효를 선언하는 의미의 취소소송

취소사유인 하자와 무효사유인 하자의 구분은 상대적이며 그 구분이 쉽지 아니하고, 소를 제기하는 당사자의 의도는 취소든 무효든 그 행정처분의 효력부인을 구하는데 있다 할 것이므로, 위법한 행정처분으로 인하여 권익을 침해받은 자는 설령 그 행정처분에 취소사유를 넘은 무효사유의 하자가 있더라도 행정처분 무효확인의 소가 아닌 취소의 소를 제기할 수 있다. 이러한 취소소송을 통상 무효를 선언하는 의미의 취소소송이라고 하며, 법원은 당해 위법이 무효사유인 위법인지 취소사유인 위법인지 구분할 필요 없이 취소판결을 내리면 된다(대법원 1976.2.24. 선고 75누128 전원합의체 판결 ⇒ 이러한 소송도 형식상 취소소송에 속하는 이상 전심절차와 제소기간 등 취소소송으로서 갖추어야 할 소송요건을 갖추어야 한다, 대법원 1999.4.27. 선고 97누6780 판결 ⇒ 대집행계고처분이 무효라고 판시하면서도 계고처분의 취소판결을 선고함).

---

9) 소의 변경은 청구의 변경, 즉 소송물의 변경을 말한다. 민사소송에서 소의 변경은 청구의 기초가 바뀌지 아니하는 한도 안에서 소송물의 변경(청구의 변경) 만이 허용된다(민소 제262조), 행정소송에서는 ① 피고의 변경을 포함하는 소의 변경(행소 제21조)과 ② 처분변경으로 인한 소의 변경(행소 제22조)을 포함하는 넓은 개념으로 쓰고 있다.

10) 행정청의 거부행위가 취소소송의 대상인 처분성을 가지기 위해서는 ① 그 신청한 행위가 공권력의 행사 또는 이에 준하는 행정작용일 것, ② 그 거부행위가 신청인의 법률관계에 어떤 변동을 일으키는 것, ③ 신청인에게 법규상 또는 조리상의 신청권이 있을 것이라는 요건이 필요하다(대법원 2007.10.11. 선고 2007두1316 판결).

2. 무효등확인소송

가. 의의

무효등확인소송이란 "행정청의 처분 등의 효력 유무 또는 존재 여부를 확인하는 소송"이다(행소 제4조 2호). 이에는 처분 등 무효확인소송·처분 등 유효확인소송·처분 등 실효확인소송·처분 등 존재확인소송·처분 등 부존재확인소송이 포함된다. 그러나 행정청에게 작위·부작위의 일정한 의무 있음의 확인을 구하는 소송(의무이행소송·부작위소송)은 여기에 속하지 않는다.[11)]

처분이 무효인 경우에는 아무런 외부적 효력을 갖지 못하지만, 무효인 처분도 처분으로서의 외관(外觀)이 존재할 뿐만 아니라 무효와 취소의 구별이 명확한 것이 아니므로 이로 인한 당사자가 불이익을 받게 되는 경우가 있을 수 있다. 처분의 부존재(不存在)의 경우도 존재(存在)와 구별이 용이한 것이 아니므로 외형상 처분이 존재하는 것으로 오인될 우려가 있게 된다. 이러한 경우에 대비하여 법원의 판결에 의해 그 무효(無效)나 부존재(不存在)를 확인받을 필요가 있는 것이다.[12)]

나. 성질

무효등확인소송의 성질에 대하여 현행 「행정소송법」은 항고소송의 일종으로 명문화하였다(행소 제4조 2호). 그러나 내용적으로는 적극적으로 처분 등의 효력을 소멸시키거나 부여하는 것이 아니라 처분 등의 존부나 효력의 유무를 확인·선언하는데 지나지 않는다는 점에서 확인소송에 속하지만, 형식적으로는 행정주체가 우월한 지위에서 행한 처분 등의 효력유무를 직접 소송의 대상으로 하는 점에서 항고소송

---

11) 처분 등 무효확인소송이 대부분이고 드물지만 처분 등의 (후발적) 실효확인소송과 처분 등 부존재확인소송도 찾아볼 수 있으나, 처분 등 유효확인소송·처분 등 존재확인소송은 실무상 거의 쓰이는 경우가 없다[서울행정법원 실무연구회, 「행정소송의 이론과 실무」, 개정판(사법발전재단, 2014), 7면].

12) 무효를 주장하는 방법 ⇒ 무효인 행정행위는 행정청의 특별한 의사표시를 기다릴 것도 없이 처음부터 아무런 효력이 발생하지 못한다. 그러나 행위의 외형이 존재하므로 행정청이나 이해관계인이 그 유효함을 주장할 우려가 있기 때문에, 그것이 무효임을 판단 받을 필요성이 있다.
(1) 항고심판 : 무효확인심판을 제기할 수 있다.
(2) 항고소송 : ① 무효확인소송(행소 제4조 2항), ② 무효선언적 의미의 취소소송 등을 제기 할 수 있다.
(3) 선결문제로 무효를 다투는 소송 : 무효인 행정행위로 인하여 발생한 결과를 시정하기 위한 소송에서 선결문제인 행정행위의 무효를 주장하는 방법이다. 예컨대, 당연무효인 과세처분에 의하여 조세를 납부한 자가 과세처분의 무효를 선결문제로 제기한 부당이득반환청구소송, 허가취소처분을 당하고 영업을 하였다는 이유로 무허가영업행위로 기소된 자가 허가취소처분의 무효를 선결문제로 하여 무허가영업행위의 무죄를 주장할 수 있다.

의 성질을 아울러 가지는 준항고소송으로 보는 것이 타당하다(대법원 1982.7.27. 선고 82다173 판결).[13]

무효등확인소송도 행정청의 공권력행사에 관한 불복소송인 점에서 취소소송과 기본적으로 그 성격을 같이한다. 따라서 취소소송에 관한 대부분의 규정이 준용되며(행소 제37조·제38조 1항), 준용되지 아니한 규정은 예외적 행정심판전치주의(행소 제18조), 제소기간(행소 제20조), 재량처분의 취소(행소 제27조), 사정판결(행소 제28조)에 관한 것뿐이다.

다. 소송물

무효등확인소송의 소송물은 처분 등의 효력의 유무(무효성·유효성) 또는 존재여부(존재·부존재)이다. 청구취지만으로 소송물이 특정되므로 당사자가 청구원인에서 무효사유로 내세운 개개의 주장은 공격·방어방법에 불과하다(대법원 1992.2.25. 선고 91누6108 판결).

■ 무효와 취소의 구별(판례의 입장)

1) 원칙 : 중대·명백설

대법원판례는 "하자 있는 행정처분이 당연무효가 되기 위해서는 그 하자가 법규의 중요한 부분을 위반한 중대한 것으로서 객관적으로 명백한 것이어야 하며 하자가 중대하고 명백한 것인지 여부를 판별함에 있어서는 그 법규의 목적, 의미, 기능 등을 목적론적으로 고찰함과 동시에 구체적 사안 자체의 특수성에 관하여도 합리적으로 고찰함을 요한다"고 하여(대법원 1995.7.11. 선고 94누4615 전원합의체 판결) 중대·명백설에 입각하고 있다.[14]

2) 예외 : 대법원이 신고납부방식의 취득세 납세의무자의 신고행위에 대하여 명백성보충설의 입장에서 판시한 사례가 있다(대법원 2009.2.12. 선고 2008두11716 판결). 이는 중대·명백설을 고수하는 것이 현저하게 부당하다고 볼 만한 특별한 사정이 있는 경우에 예외적으로 명백성기준을 완화한 것이다.

---

13) 김동희(Ⅰ), 681면; 박균성(강의), 제12판, 680면; 박윤흔(상), 1016면; 류지태·박종수(신론), 618면.

14) 행정행위의 무효사유 중 실무상 크게 문제되는 것은 명백성 여부이다. 대법원 판례가 제시하는 명백성의 기준에 관하여는, 정성태, "행정행위의 무효사유 -하자의 명백성에 관하여-", 행정재판실무편람(Ⅳ) -자료집-,(서울행정법원, 2004.), 78-83면 참조.

3) 위헌·위법인 법령에 근거한 행정처분

근거법령이 위헌·위법으로 결정된 경우 그에 근거하여 발령된 행정처분의 효력이 문제된다.

① 위헌·위법인 법령에 근거한 행정처분의 효력 : ⓐ 법령이 위헌·위법으로 결정된 후 그 법령에 근거하여 발령되는 행정처분은 「헌법재판소법」제47조 제1항의 판결의 기속력에 반하므로 하자가 중대·명백하여 당연무효가 된다. ⓑ 그러나 행정처분이 있은 후에 그 근거가 된 법령이 위헌·위법으로 결정되어도 법령이 헌법에 위반된다는 사정이 헌법재판소나 대법원의 위헌결정이 있기 전에는 객관적으로 명백한 것이라고 할 수는 없으므로, 그 행정처분은 취소사유에 해당할 뿐 당연무효는 아니라는 것이 대법원(대법원 1994.10.28. 선고 92누9463 판결, 대법원 2009.5.14. 선고 2007두16202 판결)과 헌법재판소(헌재 2010.12.28. 2009헌바429 결정 등)의 입장이다.

◈ 대법원 1994.10.28. 선고 92누9463 판결【압류처분등무효확인】

법률에 근거하여 행정처분이 발하여진 후에 헌법재판소가 그 행정처분의 근거가 된 법률을 위헌으로 결정하였다면 결과적으로 행정처분은 법률의 근거가 없이 행하여진 것과 마찬가지가 되어 하자가 있는 것이 되나, 하자 있는 행정처분이 당연무효가 되기 위하여는 그 하자가 중대할 뿐만 아니라 명백한 것이어야 하는데, 일반적으로 법률이 헌법에 위반된다는 사정이 헌법재판소의 위헌결정이 있기 전에는 객관적으로 명백한 것이라고 할 수는 없으므로 헌법재판소의 위헌결정 전에 행정처분의 근거되는 당해 법률이 헌법에 위반된다는 사유는 특별한 사정이 없는 한 그 행정처분의 취소소송의 전제가 될 수 있을 뿐 당연무효사유는 아니라고 봄이 상당하다.

② 행정처분의 집행 : 행정처분이 있은 후에 ⓐ 행정처분의 근거법률은 물론 그 집행의 근거법률까지 위헌결정이 된 경우에는 선행처분에 기한 집행이 허용될 수 없음에는 별 의문이 없다. ⓑ 판례는 집행단계에서 그 처분의 근거가 된 법률이 위헌으로 결정된 경우 위헌결정의 효력에 위배돼 이루어진 집행을 위한 행위는 그 사유만으로 하자가 중대하고 객관적으로 명백하여 당연 무효로 본다(대법원 2012.2.16. 선고 2010두10907 전원합의체 판결).

◈ 대법원 2012.2.16. 선고 2010두10907 전원합의체 판결【압류등처분무효확인】

[1] 과세처분 이후 조세 부과의 근거가 되었던 법률규정에 대하여 위헌결정이 내려진 경우, 그 조세채권의 집행을 위한 압류처분이 당연무효인지 여부 :

【다수의견】 조세 부과의 근거가 되었던 법률규정이 위헌으로 선언된 경우, 비록 그에 기한 과세처분이 위헌결정 전에 이루어졌고, 과세처분에 대한 제소기간이 이미 경과하여 조세채권이 확정되었으며, 조세채권의 집행을 위한 체납처분의 근거규정 자체에 대하여는 따로 위헌결정이 내려진 바 없다고 하더라도, 위와 같은 위헌결정 이후에 조세채권의 집행을 위한 새로운 체납처분에 착수하거나 이를 속행하는 것은 더 이상 허용되지 않고, 나아가 이러한 위헌결정의 효력에 위배하여 이루어진 체납처분은 그 사유만으로 하자가 중대하고 객관적으로 명백하여 당연무효라고 보아야 한다.

【대법관 3인의 반대의견】 (기재 생략함)

[2] 갑 주식회사의 체납국세에 관하여, 과세관청인 피고(서초세무서장)가 갑 회사 최대주주(父)와 생계를 함께 하는 직계비속(子) 원고를 구 국세기본법 제39조 제1항 제2호 (다)목의 제2차 납세의무자로 보아 원고에게 과세처분을 하고 처분이 확정되었는데(1997년도), 이후 위 규정에 대해 헌법재판소의 위헌결정이 있었으나(1998. 5.) 과세관청이 조세채권의 집행을 위해 원고의 예금채권에 압류처분을 한(2005. 10.) 사안에서, 위헌결정 이후에는 위헌법률의 종국적인 집행을 위한 국가기관의 추가적인 행위를 용납하여서는 안 된다는 전제하에 압류처분이 당연무효라고 본 사례.

4) 환경영향평가 : 환경영향평가를 거쳐야 할 대상사업에 대하여 환경영향평가를 거치지 않은 채 승인 등의 처분이 이루어진 경우 그 처분은 하자가 법규의 중요한 부분을 위반한 중대한 것이고 객관적으로도 명백한 것이어서 당연무효에 해당한다고 본다(대법원 2006.6.30. 선고 2005두14363 판결).

라. 소의 이익

'확인을 구할 법률상 이익'(행소 제35조)과 관련하여 민사소송에서의 확인의 이익[즉시확정의 이익: 보충성]이 필요한지 여부에 관하여 견해가 대립된다.[15] 대법원은 "행정처분의 근거 법률에 의하여 보호되는 직접적이고 구체적인 이익이 있는 경우에는 행정소송법 제35조에 규정된 '무효확인을 구할 법률상 이익'이 있다고 보아야 하고, 이와 별도로 무효확인소송의 보충성이 요구되는 것은 아니므로 행정처분의 무효를 전제로 한 이행소송 등과 같은 직접적인 구제수단이 있는지 여부를 따질 필요가 없다"고 판시하여, 즉시확정의 이익 필요성을 부인하였다(대법원 2008.3.20. 선고 2007두6342 전원합의체 판결).

15) 민사소송에서의 무효확인소송의 확정판결은 기판력만 있을 뿐 집행력은 갖지 못하기 때문에 이행소송과 같은 효과적인 권리구제수단이 존재하는 경우에는 무효확인소송은 '즉시확정의 법률상 이익'이 인정되지 않으므로 부적법하게 된다(예컨대 1억 원의 채권을 갖고 있으면 지급을 구하는 이행의 소를 제기하여야지, 채권이 존재한다는 확인의 소를 구할 이익은 없다). 이를 (무효)확인소송의 보충성이라고 한다.

3. 부작위위법확인소송

가. 의의

부작위위법확인소송이란 "행정청의 부작위가 위법하다는 것을 확인하는 소송" 이다(행소 제4조 3호). 부작위위법확인의 소는 행정청이 아무런 응답(신청을 받아들이는 처분이든 기각하는 처분이든 관계없이)을 하지 않는 것이 위법 하다는 확인을 구하는 것이지, 원고의 신청을 인용하지 않는 것이 위법하다는 확인을 구하는 소송이 아니다.

그러므로, 당사자가 행정청에 대하여 아무런 신청도 한 바 없다거나 당사자의 신청에 대하여 행정청이 그 신청을 거부하는 의사표시, 즉 거부처분을 한 경우에는[16] 부작위위법확인소송을 제기할 수 없다(대법원 2002.6.28. 선고 2000두4750 판결).

부작위위법확인소송은 상대방의 신청에 대한 행정청의 부작위상태가 위법한 것임을 확인하기 위한 것이므로 확인소송의 성질을 갖는다. 또한 공권력의 발동에 관한 소송이므로 항고소송에 속한다(행소 제4조 참조).

나. 기능

행정청의 위법한 부작위에 대한 가장 직접적이고 바람직한 구제수단은 적극적인 의무이행소송일 것이지만,[17] 「행정소송법」은 적극적 의무이행소송을 인정하지 않는 대신 우회적인 권리구제 수단으로 부작위위법확인소송을 인정하고 있다.[18] 즉 행정청의 위법한 부작위에 대하여 부작위위법확인소송을 제기할 수 있도록 하고, 그 인용판결에 대하여 구속력을 부여함으로써 행정청으로 하여금 적극적이든 소극적이든 어떠한 처분을 하도록 강제한 다음, 그 처분에 대하여 불만이 있을 경우 그 처분의 취소 등을 구하도록 함으로써 당사자로 하여금 소정의 목적을 달성토록 하는 것이다(대법원 2002.6.28. 선고 2000두4750 판결).

부작위위법확인판결이 있음에도 불구하고 행정청이 아무런 처분을 하지 아니할 경우, 법원은 당사자의 신청에 의하여 상당한 기간을 정하여 행정청이 그 기간 내에도 처분을 하지 아니할 때에는 그 지연기간에 따라 일정한 배상을 할 것을 명하거나 손해배상을 명할 수 있다(행소 38조 2항, 제34조 ⇒ 간접강제).

---

16) 거부처분을 한 경우에는 취소소송의 대상이다.
17) (의무이행소송의) 청구취지 : 피고는 원고가 2013.9.10. 신청한 건축을 허가하라.
18) (부작위위법확인소송의) 청구취지 : 원고가 2013.9.10. 피고에 대하여 한 건축허가신청에 관하여 피고의 부작위가 위법임을 확인한다.

다. 소송물

부작위위법확인소송의 소송물은 부작위의 위법성이다.[19] 따라서 이 소송에서는 법령상 행정청에 부과되어 있는 작위의무가 기속적인 처분인 경우에도 법원은 단지 부작위가 위법한 것임을 확인할 수 있는 데 그치고, 특정 작위의무가 있음을 확인하거나 그러한 행위를 할 것을 명하는 내용의 판결을 할 수는 없다.

라. 부작위 성립요건

부작위위법확인의 소는 행정청이 당사자의 법규상 또는 조리상의 권리에 기한 신청에 대하여 상당한 기간 내에 그 신청을 인용하는 적극적 처분 또는 각하하거나 기각하는 등의 소극적 처분을 하여야 할 법률상의 응답의무가 있음에도 이를 하지 아니하는 경우에 제기할 수 있다(대법원 1995.9.15. 선고 95누7345 판결, 대법원 1999.12.7. 선고 97누17568 판결).[20]

◈ 대법원 1995.9.15. 선고 95누7345 판결【광업권등록취소】

[1] **부작위위법확인의 소의 제도 취지** : 행정청이 당사자의 신청에 대하여 상당한 기간 내에 그 신청을 인용하는 적극적 처분을 하거나 각하 또는 기각하는 등의 소극적 처분을 하여야 할 법률상의 응답의무가 있음에도 불구하고 이를 하지 아니하는 경우, 그 부작위의 위법을 확인함으로써 행정청의 응답을 신속하게 하여 부작위 내지 무응답이라고 하는 소극적인 위법상태를 제거하는 것을 목적으로 하는 소송이다.

[2] **부작위위법확인의 소의 요건** : 부작위위법확인소송은 처분의 신청을 한 자로서 부작위의 위법의 확인을 구할 법률상의 이익이 있는 자만이 제기할 수 있다 할 것이며, 이를 통하여 구하는 행정청의 응답행위는 행정소송법 제2조 제1항 제1호 소정의 처분에 관한 것이라야 하므로, 당사자가 행정청에 대하여 어떠한 행정행위를 하여 줄 것을 신청하지 아니하거나 그러한 신청을 하였더라도 당사자가 행정청에 대하여 그러한 행정행위를 하여 줄 것을 요구할 수 있는 법규상 또는 조리상의 권리를 갖고 있지 아니하든지 또는 행정청이 당사자의 신청에 대하여 거부처분을 한 경우에는 원고적격이 없거나 항고소송의 대상인 위법한 부작위가 있다고 볼 수 없어 그 부작위위법확인의 소는 부적법하다.

4. 법정외항고소송

「행정소송법」제4조에 명시된 취소소송·무효등확인소송·부작위위법확인소송 이

19) 부작위에 관한 소송이라도 의무이행소송인 경우에는 일정한 작위의무의 존재가 소송물이 된다.
20) 실무상 거부처분이 있었는지 단순한 부작위인지 분명하지 않은 경우가 많다. 이런 경우에는 주위적으로 거부처분취소소송을, 예비적으로 부작위위법확인소송을 구할 필요가 있다.

외의 항고소송, 즉 법정외항고소송(法定外抗告訴訟, 또는 無名抗告訴訟이라고도 한다)이 허용될 수 있는지에 관하여 다툼이 있다. 이는 법문에 명시된 법정항고소송만으로는 공권력의 행사·불행사에 대한 국민의 권리구제가 충분하지 않기 때문에 법문에서 정한 것 이외의 법정외항고소송을 현행 「행정소송법」의 해석상 인정할 수 있는지에 관한 논의이다.[21)]

가. 종류

1) 의무이행소송

의무이행소송(Verpflichtungsklage)은 상대방의 신청에 대하여 행정청이 일정한 처분을 하여야 할 법적 의무가 있음에도 불구하고 이를 하지 않거나(즉, 부작위) 신청된 처분을 거부할 경우(즉, 거부처분)에, 행정청에 대하여 당해 처분을 할 것을 구하는 내용의 소송이다. 행정청의 부작위나 거부에 대하여 가장 강력한 권리구제수단으로서의 의미를 갖으며, 행정개입청구권의 실현수단으로도 활용되고 있다.

여기에는 행정청에게 일정한 의무가 있음의 확인을 구하는 의무확인소송, 일정한 작위를 구하는 급부소송, 처분의 적극적 변경을 구하는 형성소송을 포함한다.

우리 「행정소송법」에는 그에 관한 명문규정이 없어, 우리 행정소송에도 인정될 수 있는지에 관하여 견해가 나누어져 있다. 판례는 행정청의 부작위에 대하여 의무이행소송의 제기는 허용되지 않는다는 입장이다(대법원 1989.9.12. 선고 87누868 판결[22)], 대법원 1995.3.10. 선고 94누14018 판결[23)], 대법원 1997.9.30. 선고 97누3200 판결 등). 법무부가 마련하여 2007년 11월에 정부안으로 국회에 제출한 행정소송법개정 법률안 및

---

21) 건축허가 신청에 대하여 행정청의 무응답(부작위)이나 반려(거부)처분이 있는 경우에 부작위위법확인소송이나 거부처분취소소송을 제기하는 것보다(이는 승소하여도 직접적 효과가 발생하는 것이 아니므로), "건축을 허가하라"는 이행판결이 가능하다면 직접적인 효과가 발생하므로 신청인의 권리구제에 훨씬 적극적이다.

22) 원고(어촌계)는 자신의 어업권을 포기한바 없는데 원고가 알지 못하는 사이에 전 어촌계장이 그 부근 해역에 대한 별도의 어장이용개발 승인신청을 위하여 맡겨놓은 인장을 임의로 사용하여 마치 원고가 어장을 포기한 것처럼 어업권 포기신고서를 작성 제출하였다. 피고(전남도지사)는 이에 기하여 원고의 어업권의 소멸등록처분을 하였다. 어업권이 말소된 원고가 피고를 상대로 어업권에 대한 소멸등록처분의 무효확인과 아울러 회복등록절차의 이행을 구하는 사건에서, "어업권소멸등록의 회복등록절차의 이행청구는 행정청에 대하여 행정상 처분의 이행을 구하는 것으로서 이와 같이 행정청의 부작위에 대하여 적극적으로 처분을 명하는 의무이행소송은 현행 행정소송법상으로는 허용되지 아니하고 수산업법 등에서도 이를 인정하는 특별한 규정을 찾아볼 수 없어 이는 행정소송의 대상이 될 수 없다"고 판시하였다.

23) 검사에게 압수물 환부를 이행하라는 청구는 행정청의 부작위에 대하여 일정한 처분을 하도록 하는 의무이행소송으로 현행 행정소송법상 허용되지 아니한다.

2013.3.20. 법무부가 입법예고한 개정안은 의무이행소송을 도입하기로 하여 이에 관하여 규정하고 있다.

2) 예방적 부작위소송

예방적 부작위소송(vorbeugende Unterlassungsklage)은 장래에 국민의 권익을 침해하는 처분을 할 것을 우려하여, 그 처분을 하지 아니할 것을 구하거나 그러한 처분권한이 없음의 확인을 구하는 소송이다. 예방적 금지소송이라고도 한다.

위법한 공권력의 행사를 미리 저지할 것을 목적으로 행정청에 대하여 일정한 처분을 행사하지 말 것을 구하는 금지소송, 행정청이 어느 행정행위를 하지 않을 의무가 있음의 확인을 구하는 부작위의무확인소송, 행정청에게 어떤 처분을 할 권한이 없음의 확인을 구하는 권한부존재확인소송이 포함된다.

예방적 부작위소송은 공권력에 의한 침해가 절박한 경우에 주로 문제되는 것으로, 위법한 공권력 행사에 대한 소극적 방어이다. 의무이행소송이 현상의 개선을 구하기 위해서 제기하는 소송(적극적 의무이행소송)인데 대하여, 예방적 부작위소송은 현상의 악화를 방지하기 위하여 제기하는 소송(소극적 의무이행소송)이다.

위법한 처분이 행하여질 개연성이 매우 높고 사후의 구제방법으로는 회복하기 어려운 손해의 발생이 예상되는 경우(예컨대, 제재처분의 공표시 명예나 신용에 중대한 손해가 발생할 우려가 있는 경우, 단기간에 끝나는 권력적 사실행위 등), 현행법에는 사전에 그 처분을 금지하는 소송을 제기할 수 있는 방법이 없다. 그러한 경우에 발생하는 권리구제의 흠결을 메우는 제도로서 예방적 금지소송제도를 도입하자는 것이 다수 학자들의 의견이다. 판례는 부정적인 입장을 유지하고 있다(대법원 1987.3.24. 선고 86누182 판결, 대법원 2006.5.25. 선고 2003두11988 판결).

법무부의 행정소송법개정 법률안에서는 의무이행소송과 함께 예방적 금지소송의 도입을 예정하였으나, 2013.3.20. 법무부의 입법예고에서 금지소송이 누락되었다.

◈ 대법원 2006.5.25. 선고 2003두11988 판결【건강보험요양급여행위등처분취소】

[1] 사단법인 대한의사협회는 의료법에 의하여 의사들을 회원으로 하여 설립된 사단법인으로서, 국민건강보험법상 요양급여행위, 요양급여비용의 청구 및 지급과 관련하여 직접적인 법률관계를 갖지 않고 있으므로, 보건복지부 고시인 '건강보험요양급여행위 및 그 상대가치점수 개정'으로 인하여 자신의 법률상 이익을 침해당하였다고 할 수 없다는 이유로 위 고시의 취소를 구할 원고적격이 없다고 한 사례. ☞ [원고적격]

[2] 행정소송법상 행정청이 일정한 처분을 하지 못하도록 그 부작위를 구하는 청구는 허용되지 않는 부적법한 소송이다.[24] ☞ [예방적 부작위소송]

나. 허용성

이론상 이행소송 등을 금할 이유가 없다 하더라도 어떤 종류의 소송을 어느 범위까지 허용할 것인가는 결국 입법 정책적으로 결정될 문제이다. 「행정심판법」제4조가 의무이행심판을 명시적으로 규정하고 있는 데 반하여, 「행정소송법」제4조는 의무이행소송을 규정하는 대신 부작위위법확인소송을 인정하고 있는 점 등에 비추어 보면, 현행 「행정소송법」제4조는 동 조문에 규정된 이외의 소송 형태인 의무이행소송 등은 허용되지 않음을 간접적으로 나타내고 있다는 것이 우리 판례의 입장이다(대법원 1992.11.10. 선고 92누1629 판결).

판례에 의하면, 행정청의 부작위에 대하여는 부작위위법확인소송이 가능할 뿐, 나아가 적극적으로 일정한 행위를 요구하는 의무이행소송이나 법원으로 하여금 행정처분을 직접 행하도록 하는 형성판결을 구하는 소송(대법원 1989.5.23. 선고 88누 8135 판결[25], 대법원 1989.9.12. 선고 87누868 판결,[26] 대법원 1995.3.10. 선고 94누14018 판결,[27] 대법원 1997.9.30. 선고 97누3200 판결)은 허용되지 아니하며, 행정청이 일정한 적극적인 처분을 하지 못하도록 그 금지를 구하는 소송이나 부작위의무확인소송(대법원 1987.3.24. 선고 86누182 판결), 행정청에게 일정한 적극적인 처분을 하여야 할 법적 의무가 있음의 확인을 구하는 작위의무확인소송(대법원 1989.3.24. 선고 88누3314 판결,[28] 대법원 1990.11.23. 선고 90누578 판결,[29] 대법원 1992.11.10. 선고 92누1629 판결[30])은 부적법하다고 보고 있다.[31]

제3항 당사자소송

1. 의의

당사자 소송이란 대등한 두 당사자 사이의 공법상 법률관계에 관한 소송을 말한다. 「행정소송법」은 "행정청의 처분 등을 원인으로 하는 법률관계에 관한 소송 그

---

24) 사단법인 대한의사협회(원고)가 "국민건강보험공단(피고)은 보건복지부고시 제2000-72를 적용하여 요양급여비용을 결정하여서는 아니 된다"는 청구에 대한 것임.

25) 건물 철거 등의 시정을 명하고 이에 따른 대집행절차를 이행하라는 청구

26) 어업권회복 등록절차 이행청구

27) 검사를 상대로 압수물을 환부하라는 청구

28) 애국지사의 사망일시금 및 유족생계부조수당지급의무의 확인청구.

29) 보훈처장의 독립운동자에 대한 보상금지급의무 확인청구.

30) 이주대책수립의무 확인.

31) 일본의 경우 2004.6.9. 개정된 「行政事件訴訟法」은 의무이행소송과 금지소송을 법정소송으로 유형화하였다(법 제3조 6항).

밖에 공법상의 법률관계에 관한 소송으로서 그 법률관계의 한쪽 당사자를 피고로 하는 소송"이라고 정의 한다(행소 제3조 2호).

항고소송은 개인이 우월한 지위에 있는 행정청을 상대로 공권력의 행사 자체의 위법성을 다투는데 대하여, 당사자소송은 대립되는 권리주체가 공권력의 행사로 인하여 발생된 법률관계를 대등하게 다툰다. 당사자소송에서는 행정청의 처분 등을 원인으로 하더라도 그 처분 등의 효력 자체가 소송의 대상이 아니라 그로 인해 발생한 법률관계가 소송의 대상이 되고, 또한 처분청이 아닌 그 법률관계의 귀속 주체인 한쪽 당사자를 피고로 하는 점에서 항고소송과 다르다. 예컨대 공권력의 위법한 행정작용을 취소하라는 소송은 항고소송이며, 위법한 행정작용으로 인한 손해배상청구소송은 당사자소송이다.

2. 당사자소송의 구조

당사자소송은 공법상 권리관계에 관한 소송이므로 「행정소송법」이 적용되고 행정법원이 관할법원이 되는 것을 제외하면, 권리주체가 대등한 지위에서 다투는 소송이라는 점에서 그 구조는 민사소송의 경우와 같다.

항고소송의 경우는 처분 자체가 다툼의 대상이므로 처분청(취소소송과 무효확인소송) 또는 처분을 할 의무 있는 행정청(부작위위법확인소송)이 피고이지만, 당사자소송은 권리주체인 국가 또는 지방자치단체가 피고가 된다.

항고소송은 "—(처분)을 취소한다." 또는 "—(처분)이 무효임을 확인한다" 라는 구조의 소송이지만, 당사자소송은 대부분 "—을 이행(지급)하라"는 구조의 이행의 소가 대부분이다.

3. 종류

「행정소송법」은 당사자소송을 ① '처분 등을 원인으로 하는 법률관계에 관한 소송'과 ② '그 밖에 공법상의 법률관계에 관한 소송'으로 규정하고 있다(법 제3조 2호). 전자의 소송 중에는 형식적으로는 법률관계의 당사자 간의 쟁송이지만, 실질적으로는 행정청의 처분을 다투는 소송이 포함되어 있는데, 이러한 당사자소송을 '형식적 당사자소송'이라고 한다. 이에 대하여 형식적으로나 실질적으로나 당사자 간의 소송을 '실질적 당사자소송'이라고 한다. 행정소송법상의 당사자소송은 주로 실질적 당사자소송을 의미한다.

가. 실질적 당사자소송

공법상의 법률관계를 소송물로 하는 대등한 권리주체 사이의 소송을 말하는 것으로 당사자소송의 일반적 형태이다. 소송의 대상은 행정청의 처분 등을 원인으로 하는 법률관계에 관한 소송과 그 밖에 공법상의 법률관계에 관한 소송이 된다(법 제3조 2호).

① '처분 등을 원인으로 하는 법률관계에 관한 소송'으로는 과세처분의 무효 또는 취소를 전제로 한 조세채무부존재확인소송, 공법상의 부당이득반환청구(예컨대 조세과오납반환청구소송)·행정상 손해배상·손실보상 청구에 관한 소송[32] 등을 들 수 있다. ② '그 밖에 공법상의 법률관계에 관한 소송'으로는 공법상의 신분이나 지위의 확인 소송, 공법상의 금전지급청구소송(예컨대 공무원의 보수 및 연금지급청구소송),[33] 공법상 사무관리나 계약에 관한 소송[34] 등이 있다.

나. 형식적 당사자소송

1) 의의

행정청의 처분이나 재결에 의하여 형성된 법률관계에 관하여 다툼이 있는 경우에, 당해 처분 또는 재결의 효력을 다투지 않고 직접 그 처분·재결에 의하여 형성된 법률관계에 대하여 그 일방 당사자를 피고로 하여 제기하는 소송이다.

처분·재결에 불복하는 항고소송으로서의 실질을 갖추고 있으나, 법령의 규정에 의하여 권리주체간의 당사자소송의 형식에 의하는 것이다. 예컨대, 「공익사업을 위한 토지 등의 취득 및 보상에 관한 법률(토지보상법)」제85조 2항에 따라 토지수용위원회의 수용재결에 대하여 그 보상액에 관한 부분을 토지소유자 등과 사업시행자가 각각 원·피고로 되어 다투는 소송[보상금증감에 관한 소송]과 특허무효심판청구에 관한 심결취소소송 등의 당사자계 특허소송(특허법 제187조 단서 참조)[35]이 이

---

32) 대부분의 학자들은 공법상의 원인으로 발생한 부당이득금반환청구사건, 공무원의 불법행위나 공공시설의 하자로 인한 국가배상청구사건에 관하여 당사자소송으로 보아야 한다고 주장하고 있으나, 판례는 소송물이 사법상의 금전청구권임을 이유로 일반 민사사건으로 취급하고 있다.

33) 대법원 2004.7.8. 선고 2004두244판결(미지급퇴직연금에 대한 지급청구권은 공법상 당사자소송에 해당한다.)

34) 계약에 의한 전문직 공무원에 대한 해지통고무효확인소송; 계약직공무원이 행정청의 일방적 채용계약 해지통고의 효력을 다투는 방법은 그 해지통고를 공권력작용으로 볼 수 없어 항고소송에 의할 수 없고 지위확인을 구하는 당사자소송에 의하여야 한다(대법원 1995.12.22. 선고 95누4636 판결 → 서울시립무용단원, 대법원 1996.5.31. 선고 95누10617 판결 → 공중보건의).

35) 특허소송은 크게 결정계 소송과 당사자계 소송으로 나눌 수 있다. 결정계 소송은 심사관의 특허거절결정(특허법 제62조) 등에 대하여 불복하여 제기하는 취소소송으로, 거절결정 등에 대한

에 해당한다.

2) 필요성

예컨대 손실보상금증감청구소송에서 형식적 당사자소송을 인정하지 않는다면 토지수용위원회를 상대로 재결취소소송을 제기한 후에 보상금증감에 관한 당사자소송을 제기하여야 하는 2중적인 소송이 필요하게 된다. 당사자의 편의와 소송경제적 측면에서 형식적 당사자소송은 소송당사자의 신속한 권리구제를 도모하기 위해서 개별 법률에서 인정하는 제도이다.[36)]

4. 당사자소송의 대상

당사자소송의 대상은 행정청의 처분 등을 원인으로 하는 법률관계와 그 밖에 공법상의 법률관계이다(행소 제3조 2호). 당사자소송은 처분자체를 대상으로 하는 것이 아니라 법률관계를 대상으로 한다는 점에서 항고소송과 구별된다.

가. 처분 등을 원인으로 하는 법률관계

'행정청의 처분 등을 원인으로 하는 법률관계'란 행정청의 처분 등에 의하여 발생·변경·소멸된 공법상의 법률관계를 말한다. 예컨대, 공무원면직처분이 무효인 경우 그 처분자체를 소송의 대상으로 면직처분무효확인을 구함은 항고소송이지만, 그 처분이 무효임을 전제로 당사자가 여전히 공무원으로서의 권리의무를 갖는 공무원의 지위확인을 구함은 당사자소송이다. 과세처분의 무효를 전제로 이미 납부한 과오납 세금의 환급을 구하는 소송, 직무상 불법행위로 인한 손해배상청구소송 등을 들 수 있다.

과세처분무효 등을 원인으로 하는 조세환급청구소송에 관하여, 학자들은 이를 전형적인 당사자소송으로 보고 있다. 그러나 주류적 판례의 태도는 처분 등을 원인으로 하는 법률관계라도 그 소송물이 사법상의 법률관계이면 민사사건이라고 보고 있고 이러한 입장에서 조세과오납금 환급청구사건 등을 민사사건으로 처리하고 있다(대법원 1989.6.15. 선고 88누6436 전원합의체 판결, 대법원 1995.4.28. 선고 94다55019 판

심판(특허법 제 132조의3), 정정심판(특허법 제136조) 등이 그 예이다. 당사자계 소송이란 등록권리에 관련된 당사자 사이의 분쟁에 대한 소송으로, 특허무효심판(특허법 제133조), 권리범위확인심판(특허법 제135조) 등이 이에 해당한다.

36) 개별 법률의 근거 없이 행정소송법 제3조 제2호에 근거하여 형식적 당사자소송을 제기할 수 있다는 입장[이상규(상), 805면; 박균성(상), 제14판, 1080면]이 있으나, 부정하는 것이 일반적 견해이다[김남진·김연태(Ⅰ), 775면; 김철용(전면개정), 535면; 류지태·박종수(신론), 623면; 김동희(Ⅰ), 784면; 홍정선(특강), 제14판, 873면.

결,[37] 대법원 2009.9.10. 선고 2009다11808 판결[38] 등).

그 후 대법원은, 납세의무자에 대한 국가의 부가가치세 환급세액 지급의무에 대응하는 국가에 대한 납세의무자의 부가가치세 환급세액 지급청구는 민사소송이 아니라 「행정소송법」 제3조 제2호에 규정된 당사자소송의 절차에 따라야 한다고 판례를 변경하였다(대법원 2013.3.21. 선고 2011다95564 전원합의체 판결).

◈ 대법원 2013.3.21. 선고 2011다95564 전원합의체 판결 【양수금】

[다수의견] 부가가치세법령의 내용, 형식 및 입법취지 등에 비추어 보면, 납세의무자에 대한 국가의 부가가치세 환급세액 지급의무는 그 납세의무자로부터 어느 과세기간에 과다하게 거래징수된 세액 상당을 국가가 실제로 납부 받았는지 여부와 관계없이 부가가치세법령의 규정에 의하여 직접 발생하는 것으로서, 그 법적 성질은 정의와 공평의 관념에서 수익자와 손실자 사이의 재산상태 조정을 위해 인정되는 부당이득반환의무가 아니라 부가가치세법령에 의하여 그 존부나 범위가 구체적으로 확정되고 조세 정책적 관점에서 특별히 인정되는 공법상 의무라고 봄이 타당하다. 그렇다면 납세의무자에 대한 국가의 부가가치세 환급세액 지급의무에 대응하는 국가에 대한 납세의무자의 부가가치세 환급세액 지급청구는 민사소송이 아니라 행정소송법 제3조 제2호에 규정된 당사자소송의 절차에 따라야 한다.

[반대의견] 위 다수의견에 반대하는 소수의견이 있다.

나. 그 밖의 공법상의 법률관계

'그 밖의 공법상의 법률관계'란 처분 등을 원인으로 하지 않는 그 밖에 공법이 규율하는 법률관계를 말한다. 이에 관한 소송으로는 공법상의 신분이나 지위의 확인소송, 공법상의 금전지급청구소송, 공법상 계약에 관한 소송 등이 있다.

1) 재개발·재건축 사업에서의 법률관계[39]

최근에는 특히 재개발·재건축 사업과 관련하여 법률관계의 논의가 활발히 전개되고 있다.[40]

---

37) 대법원 1995.4.28. 선고 94다55019 판결. ⇒ 조세부과처분의 당연무효를 전제로 하여 이미 납부한 세금의 반환을 청구하는 것은 민사상의 부당이득반환청구로서 민사소송의 절차에 따라야 한다.

38) 대법원 2009.9.10. 선고 2009다11808 판결 ⇒ 조세환급금은 조세채무가 처음부터 존재하지 않거나 그후 소멸하였음에도 국가가 법률상 원인 없이 수령하거나 보유하고 있는 부당이득에 해당하고, 환급가산금은 그 부당이득에 대한 법정이자로서의 성질을 가진다.

39) 이철환, 개별행정법, 제2판(2015.8.) 432-444면 참조

40) 「도시 및 주거환경정비법」 상의 주택재건축사업은, 기본계획의 수립(제3조) ⇒ 조합설립추진위원회의 구성 및 인가(제13조) ⇒ 조합의 설립 및 인가(제16조) ⇒ 사업시행인가(제28조) ⇒ 관

① 조합원 자격 확인 : 구 「도시재개발법」[41]에 의한 재개발조합을 상대로 한 쟁송에 있어서 강제가입제를 특색으로 한 조합원의 자격 인정 여부에 관하여 다툼이 있는 경우에는 그 단계에서는 아직 조합의 어떠한 처분 등이 개입될 여지는 없으므로 공법상의 당사자소송에 의하여 그 조합원 자격의 확인을 구할 수 있다(대법원 1996.2.15. 선고 94다31235 전원합의체 판결).

② 관리처분계획안에 대한 조합총회결의의 효력 등을 다투는 소송 : 관리처분계획이란 재개발·재건축사업 등의 공사가 완료된 후에 재개발·재건축조합이 행할 분양처분 및 청산 등에 관한 계획을 말한다. 관리처분계획은 이전고시(분양처분)의 기준을 제시하고, 이전고시는 관리처분계획에 구속되어 행해진다. 따라서 관리처분계획은 구속적 행정계획으로 볼 수 있다.

(a) 관리처분계획 이전의 단계 ⇒ 관리처분계획은 재건축조합의 의결(총회 결의)로 결정되는바,[42] 조합원의 자격 인정여부에 관하여 다툼이 있는 경우 총회결의에 불복이 있는 조합원은 재건축조합을 상대로 공법상 당사자소송으로 그 조합원 자격의 확인을 구할 수 있다.

(b) 관리처분계획 이후의 단계 ⇒ 관리처분계획의 인가·고시가 있게 되면 소유권자 등의 종전의 토지에 대한 재산권 행사가 제한되고 분양처분을 구속하는 등 토지 등 소유자의 권리·의무에 직접적인 구속력을 미치는 것이므로, 관리처분계획은 조합이 행한 처분이며 항고소송의 대상이 된다(대법원 2002.12.10. 선고 2001두6333 판결, 대법원 1996.2.15. 선고 94다31235 전원합의체 판결). 따라서 관리처분계획에 대한 인가·고시가 있은 후에는 조합의 총회결의에 불복하는 경우 행정처분인 관리처분계획의 취소를 구하여야 하고, 행정처분에 이르는 절차에 불과한 총회결의의 부분만을 따로 떼어내어 효력 유무를 다투는 확인의 소를 제기할 수 없다(대법원 2009.9.17. 선고 2007다2428 전원합의체 판결).

리처분계획의 수립 및 인가(제48조) ⇒ 건축물의 철거 및 공사착공 ⇒ 공사준공 및 이전고시(제54조) ⇒ 청산(제57조) 등의 절차를 거쳐 이루어진다.

41) 「도시재개발법」은 1976년에 제정되어 시행되어 오다, 2002.12.30. 폐지되고, 「도시 및 주거환경정비법」이 제정되었다.

42) 조합을 설립하기 위하여는 시장·군수의 인가를 받아야 한다(도시 및 주거환경정비법 제16조). 조합은 재개발사업이나 재건축사업이라는 공행정목적을 수행함에 있어서 행정주체의 지위에 서며, 이러한 지위에서 하는 조합의 행위는 원칙상 공법행위이다.

◈ 대법원 2009.9.17. 선고 2007다2428 전원합의체 판결 【총회결의무효확인】[43)]

[1] 도시 및 주거환경정비법상 행정주체인 주택재건축정비사업조합을 상대로 관리처분계획안에 대한 조합 총회결의의 효력 등을 다투는 소송은 행정처분에 이르는 절차적 요건의 존부나 효력 유무에 관한 소송으로서 그 소송결과에 따라 행정처분의 위법 여부에 직접 영향을 미치는 공법상 법률관계에 관한 것이므로, 이는 행정소송법상의 당사자소송에 해당한다.

[2] 이러한 소송은,

① 관리처분계획이 인가·고시되기 전이라면 위법한 총회결의에 대해 무효확인 판결을 받아 이를 관할 행정청에 자료로 제출하거나 재건축조합으로 하여금 새로이 적법한 관리처분계획안을 마련하여 다시 총회결의를 거치도록 함으로써 하자 있는 관리처분계획이 인가·고시되어 행정처분으로서 효력이 발생하는 단계에까지 나아가지 못하도록 저지할 수 있고, 또 총회결의에 대한 무효확인판결에도 불구하고 관리처분계획이 인가·고시되는 경우에도 관리처분계획의 효력을 다투는 항고소송에서 총회결의 무효확인소송의 판결과 증거들을 소송자료로 활용함으로써 신속하게 분쟁을 해결할 수 있으므로, 관리처분계획에 대한 인가·고시가 있기 전에는 허용할 필요가 있다.

② 그러나 나아가 관리처분계획에 대한 관할 행정청의 인가·고시까지 있게 되면 관리처분계획은 행정처분으로서 효력이 발생하게 되므로, 총회결의의 하자를 이유로 하여 행정처분의 효력을 다투는 항고소송의 방법으로 관리처분계획의 취소 또는 무효확인을 구하여야 하고, 그와 별도로 행정처분에 이르는 절차적 요건 중 하나에 불과한 총회결의 부분만을 따로 떼어내어 효력 유무를 다투는 확인의 소를 제기하는 것은 특별한 사정이 없는 한 허용되지 않는다.

이와 달리 도시재개발법(2002.12.30. 도시 및 주거환경정비법 부칙 제2조로 폐지)상 재개발조합의 관리처분계획안에 대한 총회결의 무효확인소송을 민사소송으로 보고 또 관리처분계획에 대한 인가·고시가 있은 후에도 여전히 소로써 총회결의의 무효확인을 구할 수 있다는 취지로 판시한 대법원 2004.7.22. 선고 2004다13694 판결과 이와 같은 취지의 대법원 판결들은 이 판결의 견해에 배치되는 범위 내에서 이를 모두 변경하기로 한다.

[3] 주택재건축정비사업조합의 관리처분계획에 대하여 그 관리처분계획안에 대한 총회결의의 무효확인을 구하는 소가 관할을 위반하여 민사소송으로 제기된 후에 관할 행정청의 인가·고시가 있었다는 사정만으로 그 소가 이송된 후 부적법 각하될 것이 명백한 경우에 해당한다고 보기 어려워, 위 소는 관할법원인 행정법원으로 이송함이 상당하다고 한 사례

---

43) [사실관계] : M재건축조합은 2004년 12월 관리처분 임시총회를 개최해 총 조합원 537명 중 서면결의서를 제출한 171명을 포함해 총 512명이 참석한 가운데 찬성 414명으로 관리처분계획을 의결했다. 이후 총회에 참석하지 않은 20명에게도 관리처분계획에 찬성한다는 동의서를 추가로 받아 80.8%의 조합원 찬성을 얻었다. 조합은 2005년 3월 서울 종로구청으로부터 관리처분계획 인가를 받았으며, 2004년 12월 조합원들의 권리가액과 분양신청에 따른 평형배정결과를 통보했다. 원고들은 당초 44평형을 분양신청했으나 자신들보다 대지지분이 적은 조합원들과 마찬가지로 33평형을 배정받자 주택재건축정비사업조합을 상대로 관리처분계획안에 대한 총회결의무효확인을 구하는 소를 서울중앙지법에 민사소송으로 제기하였다.

[**해설**] ☞ ① 관리처분계획에 대한 행정청의 인가·고시가 있기 전에는 총회결의효력을 다투는 당사자소송을 제기한다. ② 인가·고시가 있게 되면 관리처분계획은 행정처분으로서 효력이 발생하므로 관리처분계획의 취소를 구하여야 하고, 총회결의 무효확인소송을 제기하면 부적법 각하된다. ③ 만약 관리처분계획에 대한 인가·고시가 있기 전에 총회결의 무효확인소송을 제기해 소송이 계속되는 중에 행정청의 인가·고시가 있을 때에는 더 이상 소송이 허용되지 않으므로 관리처분계획에 대한 취소 또는 무효확인소송으로 변경하여야 한다. ④ 「도시 및 주거환경정비법」상 이전고시가 효력을 발생한 이후에는 조합원 등이 관리처분계획의 취소 또는 무효확인을 구할 법률상 이익이 없다(대법원 2012.3.22. 선고 2011두6400 전원합의체 판결).

(c) 이전고시 이후의 단계 ⇒ 이전고시가 효력을 발생한 이후에는 조합원은 관리처분계획의 변경 또는 분양거부처분의 취소를 구할 수 없으므로, 관리처분계획에 대한 항고소송을 제기할 수 없다(대법원 2012.3.22. 선고 2011두6400 전원합의체 판결).

◈ 대법원 2012.3.22. 선고 2011두6400 전원합의체 판결 【관리처분계획무효확인】

[1] **도시 및 주거환경정비법상 이전고시가 효력을 발생한 이후에도 조합원 등이 관리처분계획의 취소 또는 무효확인을 구할 법률상 이익이 있는지 여부(소극) :**

[**다수의견**] 이전고시의 효력 발생으로 이미 대다수 조합원 등에 대하여 획일적·일률적으로 처리된 권리귀속 관계를 모두 무효화하고 다시 처음부터 관리처분계획을 수립하여 이전고시 절차를 거치도록 하는 것은 정비사업의 공익적·단체법적 성격에 배치되므로, 이전고시가 효력을 발생하게 된 이후에는 조합원 등이 관리처분계획의 취소 또는 무효확인을 구할 법률상 이익이 없다고 봄이 타당하다.

[**대법관 4인의 별개의견**] 관리처분계획의 무효확인이나 취소를 구하는 소송이 적법하게 제기되어 계속 중인 상태에서 이전고시가 효력을 발생하였다고 하더라도, 이전고시에서 정하고 있는 대지 또는 건축물의 소유권 이전에 관한 사항 외에 관리처분계획에서 정하고 있는 다른 사항들에 관하여서는 물론이고, 이전고시에서 정하고 있는 사항에 관하여서도 여전히 관리처분계획의 취소 또는 무효확인을 구할 법률상 이익이 있다고 보는 것이 이전고시의 기본적인 성격 및 효력에 들어맞을 뿐 아니라, 행정처분의 적법성을 확보하고 이해관계인의 권리·이익을 보호하려는 행정소송의 목적 달성 및 소송경제 등의 측면에서도 타당하며, 항고소송에서 소의 이익을 확대하고 있는 종전의 대법원판례에도 들어맞는 합리적인 해석이다.

[2] 도시 및 주거환경정비법 관련 규정의 내용, 형식 및 취지 등에 비추어 보면, 당초 관리처분계획의 경미한 사항을 변경하는 경우와 달리 관리처분계획의 주요 부분을 실질적으로 변경하는 내용으로 새로운 관리처분계획을 수립하여 시장·군수의 인가를 받은 경우에는, 당초 관리처분계획은 달리 특별한 사정이 없는 한 효력을 상실한다.

2) 공법상 금전지급청구소송

① 행정청의 결정에 의해 금전채권이 확정되는 경우 [☞ 항고소송] : 「산업재해보상보험법」·「고용보험법」·「공무원연금법」·「군인연금법」·「국가유공자등 예우 및 지원에 관한 법률」등 각종 사회보장관계 법률에 따라 급부를 받기 위해서는 당사자의 신청과 이에 대한 행정청의 심사를 거친 인용결정에 의하도록 규정하고 있으므로, 법령의 요건에 해당하는 것만으로 바로 구체적 청구권이 발생하는 것이 아니라 행정청의 인용결정에 의하여 비로소 구체적인 청구권이 발생한다. 이러한 경우에는 행정청의 인용결정 없이 청구권을 행사하는 것은 허용되지 아니하며, 신청과 그에 대한 행정청의 결정을 기다려 기각결정이 있을 경우에 그 결정의 취소를 구하는 항고소송에 의하여 구제를 받게 된다(대법원 2010.5.27. 선고 2008두5636 판결 참조).

◈ 대법원 2010.5.27. 선고 2008두5636 판결【퇴직수당청구】

구 공무원연금법 제26조 제1항, 제3항, 제83조 제1항, 구 공무원연금법 시행령 제19조의3 등의 각 규정을 종합하면, 구 공무원연금법에 의한 퇴직수당 등의 급여를 받을 권리는 법령의 규정에 의하여 직접 발생하는 것이 아니라 위와 같은 급여를 받으려고 하는 자가 소속하였던 기관장의 확인을 얻어 신청함에 따라 공무원연금관리공단이 그 지급결정을 함으로써 구체적인 권리가 발생한다. 여기서 공무원연금관리공단이 하는 급여지급결정의 의미는 단순히 급여수급 대상자를 확인·결정하는 것에 그치는 것이 아니라 구체적인 급여수급액을 확인·결정하는 것까지 포함한다. 따라서 구 공무원연금법령상 급여를 받으려고 하는 자는 우선 관계 법령에 따라 공단에 급여지급을 신청하여 공무원연금관리공단이 이를 거부하거나 일부 금액만 인정하는 급여지급결정을 하는 경우 그 결정을 대상으로 항고소송을 제기하는 등으로 구체적 권리를 인정받은 다음 비로소 당사자소송으로 그 급여의 지급을 구하여야 하고, 구체적인 권리가 발생하지 않은 상태에서 곧바로 공무원연금관리공단 등을 상대로 한 당사자소송으로 급여의 지급을 소구하는 것은 허용되지 않는다.

② 법령에 의해 금전채권이 확정되는 경우 [☞ 당사자소송] : 위와 같은 통상의 경우와는 달리, 공법상의 급부청구권이 근거 법령상 행정청의 1차적 판단 없이 곧바로 구체적 청구권이 발생하는 것으로 해석되는 경우에는 당사자소송으로 급부를 청구할 수 있다(이 경우 금전지급결정은 단순한 사실행위에 불과하다).[44]

판례에 의하면 공무원연금법령에 의해 이미 결정된 미지급 퇴직연금에 대한 지급청구(대법원 2004.12.24. 선고 2003두15195 판결), 「공익사업을 위한 토지 등의 취득 및

44) 박균성(강의), 제12판, 738면; 박윤흔(상), 1038면; 서울행정법원 실무연구회, 「행정소송의 이론과 실무」, 개정판, 92-93면 참조.

보상에 관한 법률 시행규칙」에 규정된 주거이전비보상청구(대법원 2008.5.29. 선고 2007다8129 판결) 등이 이에 해당한다.

◈ 대법원 2004.12.24. 선고 2003두15195 판결【퇴직연금지급청구거부처분취소】

공무원연금관리공단의 인정에 의하여 퇴직연금을 지급받아 오던 중 공무원연금법령의 개정 등으로 퇴직연금 중 일부 금액의 지급이 정지된 경우에는 당연히 개정된 법령에 따라 퇴직연금이 확정되는 것이지 구 공무원연금법 제26조 제1항에 정해진 공무원연금관리공단의 퇴직연금 결정과 통지에 의하여 비로소 그 금액이 확정되는 것이 아니므로, 공무원연금관리공단이 퇴직연금 중 일부 금액에 대하여 지급거부의 의사표시를 하였다고 하더라도 그 의사표시는 퇴직연금 청구권을 형성·확정하는 행정처분이 아니라 공법상의 법률관계의 한쪽 당사자로서 그 지급의무의 존부 및 범위에 관하여 나름대로의 사실상·법률상 의견을 밝힌 것에 불과하다고 할 것이어서, 이를 행정처분이라고 볼 수는 없고, 그리고 이러한 미지급 퇴직연금에 대한 지급청구권은 공법상 권리로서 그 지급을 구하는 소송은 공법상의 법률관계에 관한 소송인 공법상 당사자소송에 해당한다.

[비교판례] ☞ 공무원연금법에 의한 퇴직수당 등의 급여청구는 청구권자의 신청에 따라 공무원연금관리공단의 지급결정에 의해 정해지는바, 지급결정에 불복하는 경우 그 결정을 대상으로 항고소송을 제기하여야 한다(대법원 2010.5.27. 선고 2008두5636 판결 참조). 이 사건(2003두 15195판결)은 이미 결정된 퇴직금에 대한 미지급금의 지급을 구하는 사건으로, 2008두5636 판결과는 사실관계가 다른 사안이다.

◈ 대법원 2008.5.29. 선고 2007다8129 판결【주거이전비등】[45)]

토지보상법에 따라 주거용 건축물의 세입자가 주거이전비 보상을 소구하는 경우 그 소송의 형태 : 구 공익사업을 위한 토지 등의 취득 및 보상에 관한 법률 제78조 제5항, 제7항, 같은 법 시행규칙 제54조 제2항 본문, 제3항의 각 조문을 종합하여 보면, 세입자의 주거이전비 보상청구권은 그 요건을 충족하는 경우에 당연히 발생하는 것이므로, 주거이전비 보상청구소송은 행정소송법 제3조 제2호에 규정된 당사자소송에 의하여야 한다.

3) 공법상 계약에 관한 소송

국가·지방자치단체와 채용계약에 의하여 일정기간 연구업무에 종사하는 계약직 공무원이 국가의 일방적 계약해지통지를 다투는 소송(대법원 1993.9.14. 선고 92누4611

45) 공익사업 시행지구 안에 거주하는 세입자들이 주택재개발정비사업조합에 대하여 주거이전비의 보상을 청구한 사안으로, 원심과 제1심 법원은 이 사건 청구가 민사소송의 대상임을 전제로 하여 민사소송의 절차와 방법에 의하여 이를 심리·판단하였다. 대법원은 당사자소송의 대상임을 이유로 원심판결을 파기 및 취소하고, 사건을 서울행정법원으로 이송한 판결이다.

판결[46]), 광주광역시 시립합창단원의 재위촉거부(대법원 2001.12.11. 선고 2001두7794 판결), 서울특별시 시립무용단원의 해촉을 다투는 소송(대법원 1995.12.22. 선고 95누4636 판결[47]), 공중보건의사 채용계약해지에 관한 소송(대법원 1996.5.31. 선고 95누10617 판결) 등은 당사자소송이다. 판례는 면장의 이장에 대한 직권면직행위는 행정처분이 아니라 서로 대등한 지위에서 이루어진 공법상 계약에 따라 그 계약을 해지하는 의사표시로 보아야 한다는 입장이다(대법원 2012.10.25. 선고 2010두18963 판결).

[참고판례] ☞계약직공무원이라도 징계로서 행해지는 채용계약해지나 보수의 삭감조치는 행정처분이 된다(대법원 2008.6.12. 선고 2006두16328 판결 참조).

◈ 대법원 2012.10.25. 선고 2010두18963 판결 【직권면직처분취소】

[1] 행정청이 자신과 상대방 사이의 근로관계를 일방적인 의사표시에 의하여 종료시켰다고 하더라도 곧바로 그 의사표시가 행정청으로서 공권력을 행사하여 행하는 행정처분이라고 단정할 수는 없고, 관계 법령이 상대방의 근무관계에 관하여 구체적으로 어떻게 규정하고 있는지에 따라 그 의사표시가 항고소송의 대상이 되는 행정처분에 해당하는 것인지, 아니면 공법상 계약관계의 일방 당사자로서 대등한 지위에서 행하는 의사표시인지 여부를 개별적으로 판단하여야 한다(대법원 1996.5.31. 선고 95누10617 판결 참조).

[2] 관계 규정들에 의하면, **이장**은 읍·면장에 의하여 임명되고 공적인 임무를 수행하는 지위에 있기는 하나, ① 지방공무원법이 1981.4.20. 법률 제3448호로 개정되면서 그 신분이 별정직 공무원에서 제외된 이래 현재까지 공무원으로 규정된 바 없는 점, ② 읍·면장은 이장을 임명함에 있어 주민의 의사에 따라야 하고 직권으로 면직함에 있어서도 주민들의 의견을 들어야 하는 점, ③ 이장이 공무원으로서의 지위를 갖는 것은 아니나 지방계약직 공무원과 그 지위에서 유사할 뿐만 아니라 이장의 면직사유에 관한 규정은 지방계약직 공무원에 대한 채용계약 해지사유를 정한 지방계약직공무원규정과 유사한 점 등을 종합하면, 읍·면장의 이장에 대한 직권면직행위는 행정청으로서 공권력을 행사하여 행하는 행정처분이 아니라 서로 대등한 지위에서 이루어진 공법상 계약에 따라 그 계약을 해지하는 의사표시로 봄이 상당하다.

그러나, 국가·지방자치단체가 행정수요의 충족을 위해 사경제적 주체로서의 지위에서 행한 물품매매계약·건축공사 등의 행정조달계약은 공법상의 계약이 아니고 사법상의 계약이라고 할 것이므로 당사자소송의 대상이 아니다(대법원 2001.12.11. 선고 2001다33604 판결).

---

46) 서울대공전술연구소 연구원의 채용계약해지의 의사표시에 대하여는 공법상 당사자소송으로 그 의사표시의 무효확인을 청구할 수 있다.

47) 서울특별시립무용단 단원의 위촉은 공법상의 계약이라고 할 것이고, 따라서 그 단원의 해촉에 대하여는 공법상의 당사자소송으로 그 무효확인을 청구할 수 있다.

4) 고용·산재보험료 납부의무를 다투는 소송

◈ 대법원 2016.10.13. 선고 2016다221658 판결【보험료채무부존재확인】

[1] 사업주가 당연가입자가 되는 고용보험 및 산재보험에서 보험료 납부의무 부존재확인의 소는 공법상의 법률관계 자체를 다투는 소송으로서 공법상 당사자소송이다.

[2] 고용보험 및 산업재해보상보험의 보험료징수 등에 관한 법률 제4조는 고용보험법 및 산업재해보상보험법에 따른 보험사업에 관하여 이 법에서 정한 사항은 고용노동부장관으로부터 위탁을 받아 근로복지공단이 수행하되, 보험료의 체납관리 등의 징수업무는 국민건강보험공단이 고용노동부장관으로부터 위탁을 받아 수행한다고 규정하고 있다. 따라서 고용·산재보험료의 귀속주체, 즉 사업주가 각 보험료 납부의무를 부담하는 상대방은 근로복지공단이고, 국민건강보험공단은 단지 각 보험료의 징수업무를 수행하는 데에 불과하므로, 고용·산재보험료 납부의무 부존재확인의 소는 근로복지공단을 피고로 하여 제기하여야 한다. 그리고 행정소송법상 당사자소송에서 원고가 피고를 잘못 지정한 때에는 법원은 원고의 신청에 의하여 결정으로써 피고의 경정을 허가할 수 있으므로(행정소송법 제44조 제1항, 제14조), 원고가 피고를 잘못 지정한 것으로 보이는 경우 법원으로서는 마땅히 석명권을 행사하여 원고로 하여금 정당한 피고로 경정하게 하여 소송을 진행하도록 하여야 한다.

■ 사례연구 : 제6회 변호사시험(2017.1.10. 시행) 공법 선택형

문 23. 「행정소송법」상 당사자소송에 관한 설명 중 옳지 않은 것은? (다툼이 있는 경우 판례에 의함)

① 당사자소송에 관련 청구소송인민사소송을 병합할 수 있지만, 민사소송에는 당사자소송을 병합할 수 없다.

② 원고가 고의 또는 중대한 과실없이 당사자소송으로 제기하여야 할 것을 항고소송으로 잘못 제기한 경우에, 당사자소송으로서의 소송요건을 결하고 있음이 명백하여 당사자소송으로 제기되었더라도 어차피 부적법하게 되는경우가 아닌 이상, 법원으로서는 원고로 하여금 당사자소송으로 소변경을 하도록 하여 심리·판단하여야 한다.

③ 국가에 대한 납세의무자의 부가가치세환급세액지급청구는 민사소송이 아니라 당사자소송의 절차에 따라야 한다.

④ 「민주화운동관련자명예회복및보상등에관한법률」에 따라 보상금등의 지급신청을 한 자가 '민주화운동관련자명예회복및보상심의위원회'의 보상금등지급에관한결정을 다투고자 하는 경우에는곧바로 보상금등의 지급을 구하는 소송을 당사자소송의 형식으로 제기할 수 있다.

⑤ 「행정소송법」상 취소소송에 관한 행정심판기록의 제출명령규정은 당사자소송에 준용된다.

제4항 객관적 소송

1. 민중소송

민중소송이란 “국가 또는 공공단체의 기관이 법률에 위반되는 행위를 한 때에 직접 자기의 법률상의 이익과 관계없이 그 시정을 구하기 위하여 제기하는 소송”이며(행소 제3조 3호), 원고 자신의 권리구제를 목적으로 하지 않는 객관적 소송에 속한다.

민중소송은 법률에 명시적 규정이 있는 경우에 법률에 정한 자만이 제기할 수 있다(행소 제45조). 선거무효소송·당선무효소송(공직선거및선거부정방지법 제222조, 제223조), 국민투표무효소송(국민투표법 제92조), 주민소송(지방자치법 제17조) 및 개인정보단체소송(개인정보보호법 제51조)이 그 예이다.

2. 기관소송

가. 의의

기관소송이란 “국가 또는 공공단체의 기관 상호간에 있어서의 권한의 존부 또는 그 행사에 관한 다툼이 있을 때에 이에 대하여 제기하는 소송”을 말한다(행소 제3조 4호). 다만 「헌법재판소법」제2조에 의하여 헌법재판소의 관장사항으로 되어 있는 소송(국가기관 상호간·국가와 지방자치단체간·지방자치단체 상호간의 권한쟁의에 관한 심판)은 법원의 관할 대상이 아니다(행소 제3조 4호 단서, 헌법재판소법 제61조).

나. 범위

동일한 법주체 내부기관 간의 소송만을 의미하는지 견해가 대립된다.

① 한정설 : 기관소송은 동일한 법주체 내부 기관 간의 소송으로 보아야 한다는 견해이다. 원래 기관소송은 독일에서 서로 다툴 이익이 없는 자기소송(Insichprozess)의 관념에서 유래한 것으로 동일한 법주체 내부의 기관 간의 소송을 의미한 것으로 보아야 하고, 행정소송법의 문언상 기관소송은 동일한 법주체 내부의 기관 간의 분쟁을 의미한다는 입장이다.[48] 이 견해에 의하면 국가기간과 지방자치단체기관의 다툼은 별개의 소송이 되며, 기관소송이 아니다.[49]

---

48) 홍정선(특강), 제14판, 885면; 김남진·김연태(Ⅰ), 780면.

49) 한정설의 입장에서, 기관소송과 권한쟁의심판은 다음과 같은 점에서 구별된다. ① 형식에 있어서 전자는 행정소송이며, 후자는 헌법재판의 성질을 갖는다. ② 그 대상에 있어서 전자는 공법상 법인내부(예컨대 국가기관 상호간 또는 지방자치단체의 기관 상호간)에서의 법적 분쟁을 대

② 비한정설 : 기관소송을 동일한 법주체 내부 기관 간의 소송에 한정할 필요가 없이 다른 법주체 간의 소송도 포함된다는 견해이다. 국가기관과 지방자치단체기관 간의 법률관계를 기관소송이 아닌 일반행정소송, 즉 일반사인과 행정주체 간의 소송과 동일하게 보는 것은 법체계상 어려움이 있다는 점을 근거로 한다.[50)]

③ 검토 : 「행정소송법」의 문언상 동일한 법주체 내부기관 간의 소송을 기관소송으로 보는 것이 타당하다. 이에 따르면 기관소송의 유형으로는 국가기관 상호간의 기관소송과 공공단체의 기관 상호간의 기관소송이 있을 수 있다. 다만, 국가기관 상호간의 분쟁은 헌법재판소의 관할[권한쟁의 심판]이므로(헌재법 제62조), 행정소송으로서의 기관소송에서 제외된다.

다. 기관소송의 예

「행정소송법」은 제45조에서 '기관소송은 법률이 정한 경우에 법률에 정한 자에 한하여 제기할 수 있다'고 규정하여, 기관소송 법정주의를 채택하고 있다.

지방자치단체의 장이 구하는 지방의회의 의결 또는 재의결에 관한 무효소송(지방자치법 제107조 3항, 제172조 3항·7항), 교육위원회의 재의결에 관한 무효소송(지방교육자치에 관한 법률 제28조)이 그 예이다. 주무부장관이나 상급지방자치단체장의 시정명령(취소·정지처분)에 대한 이의소송(지방자치법 제169조 2항),[51)] 위임청의 직무이행명령에 대한 이의소송(지방자치법 제170조 3항)[52)] 등을 기관소송으로 보는 견해도 있다.

제5항 소송 상호간의 관계

1. 취소소송과 무효확인소송간의 관계

가. 병렬관계

취소소송과 무효확인소송은 그 소송의 요건을 달리하는 별개의 독립된 소송으

상으로 하는 반면, 후자는 법인 상호간(예컨대 국가기관과 지방자치단체간 또는 지방자치단체간)의 외부적인 분쟁을 대상으로 한다. 류지태·박종수(신론), 626면 참조.

50) 박윤흔(상), 1050면; 한견우·최진수(현대행정법), 1096면. 박균성(강의), 제12판, 693면.

51) 지자법 제169조 2항의 소송에 대하여 기관소송이라고 보는 견해[비한정설의 입장]가 있으나, 원고는 지방자치단체의 장이고 피고는 감독청이므로 항고소송에 해당한다고 보는 견해[한정설의 입장]가 유력하다.

52) 지자법 제170조 3항의 소송에 대하여 기관소송으로 보는 견해[박균성(강의), 제12판, 1042면]가 있으나, 동일한 내부간의 소송이 아니므로 기관소송으로 볼 수 없고, 지방자치법이 특별히 인정하는 특수소송으로 보는 견해가 유력하다[홍정선(특강), 제14판, 1045면; 정하중(개론), 제9판, 998면].

로, 보충관계에 있는 것이 아니라 서로 병렬관계(竝列關係)에 있다. 그러므로 행정청의 처분 등에 불복하는 자는 제소요건에 충족하는 한, 선택적으로 청구할 수 있음은 물론이다.

두 청구를 병합하여 청구할 수 있는지 문제된다. 취소소송과 무효확인소송은 서로 양립할 수 없는 청구로서 단순병합이나 선택적 병합은 불가능하고, 예비적 병합만이 가능하다는 것이 판례의 입장이다(대법원 1999.8.20. 선고 97누6889 판결).[53]

나. 포용관계

취소소송과 무효확인소송은 다 같이 행정처분 등에 위법한 하자가 있음을 이유로 그 효력의 배제를 구하는 것이고, 그 하자의 정도에 의한 구분에 불과한 것이어서 서로 포용관계에 있다고 본다.

1) 행정처분의 무효확인을 구하는 청구에는 원고가 그 취소는 구하지 아니한다고 명백히 하지 아니하는 한, 그 처분이 당연무효가 아니라면 처분의 취소를 구하는 취지까지 포함되어 있다고 볼 것이다(대법원 2005.12.23. 선고 2005두3554 판결, 대법원 1994.12.23. 선고 94누477 판결, 대법원 1986.9.23. 선고 85누838 판결 등).

심리의 결과 무효라고 판정되면 무효확인판결(인용판결)을 선고한다.

심리의 결과 취소원인에 불과한 경우로 취소소송의 소송요건을 갖추지 못한 때에는 기각판결을 하여야 하고, 취소소송의 소송요건을 갖춘 때에는 취소소송으로 청구취지를 변경하도록 하여 취소판결을 선고 한다.[54]

2) 또한 취소청구에는 엄밀한 의미의 취소뿐만 아니라 무효를 선언하는 의미의 취소를 구하는 취지가 포함되어 있으므로, 당사자가 처분취소의 소를 제기하였는데 그 처분에 무효사유가 있는 것으로 판단되면 처분을 취소하는 원고 승소판결(무효를 선언하는 의미의 취소판결)을 하여야 한다(대법원 1987.6.9. 선고 87누219 판결 참조).

그러나 취소청구에는 무효확인을 구하는 취지까지 포함되어 있다고 할 수는 없다. 판례도 과세처분의 취소청구에는 그 처분의 무효확인을 구하는 취지가 포함되어 있다고 할 수 없고, 따라서 법원이 그 무효확인도 구하는지 여부를 석명할 의무는 없다는 입장이다(대법원 1983.7.27. 선고 82누546 판결, 대법원 1982.6.22. 선고 81누424 판결).

---

53) 통상 무효확인소송을 주위적 청구로 취소소송을 예비적 청구로 하여 병합할 것이나, 소송요건의 구비여부 등이 문제될 때에는 취소소송을 주위적 청구로 무효확인소송을 예비적 청구로 하는 경우도 있다[서울행정법원실무연구회, 행정소송의 이론과 실무, 개정판(2014), 12-13면].

54) 같은 취지로는, 법원실무제요(행정), 2016년, 24면 참조.

2. 항고소송과 당사자소송간의 관계

당사자소송에서 행정행위의 하자를 이유로 행정행위의 효력을 부인할 수 있는지 문제된다. 행정행위의 하자의 정도, 취소사유인지 당연 무효사유인지에 따라 달라진다.

가. 취소소송과 당사자소송과의 관계

행정처분에 취소사유의 하자가 있는 경우에는 권한 있는 기관에 의하여 취소될 때까지 일단 유효한 것으로 취급된다(공정력). 따라서 처분에 대한 취소소송 이외의 방법으로 그 효력을 부인할 수 없다. 그러므로 파면처분을 당한 공무원은 그 처분에 비록 하자가 있더라도 무효사유가 아닌 취소사유에 해당하는 하자가 있을 경우 파면처분 취소소송을 제기하여야 하고, 바로 당사자소송으로 공무원지위확인소송을 제기할 수 없다. 위법한 과세처분에 의하여 세금을 납부한 자도 그 과세처분이 당연무효가 아닌 이상, 과세처분에 대한 취소소송을 제기하여야 하고, 취소소송을 제기함이 없이 납부한 세금의 반환을 구하는 소송을 제기할 수 없다(대법원 2001.4.27. 선고 2000다50237 판결, 대법원 2001.1.16. 선고 98다58511 판결).

◈ 대법원 2001.4.27. 선고 2000다50237 판결【부당이득금반환】

재결에 대하여 불복절차를 취하지 아니함으로써 그 재결에 대하여 더 이상 다툴 수 없게 된 경우에는 기업자는 그 재결이 당연무효이거나 취소되지 않는 한, 이미 보상금을 지급받은 자에 대하여 민사소송으로 그 보상금을 부당이득이라 하여 반환을 구할 수 없다.

나. 무효확인소송과 당사자소송과의 관계

처분이 무효인 경우는 공정력이 발생하지 아니하므로, 누구나 방법과 기간에 제한 없이 그 효력을 부인할 수 있다.

공무원 파면처분이 무효인 경우 항고소송으로서의 파면처분 무효확인의 소가 가능할 뿐만 아니라 당사자 소송으로서 그 파면처분이 무효임을 전제로 한 공무원지위확인소송도 가능하다. 또한 과세처분이 무효이면 항고소송으로서 과세처분무효확인의 소뿐만 아니라 당사자소송으로서의 조세채무부존재확인의 소도 가능하다고 보아야 한다.

제6항 개별 법률에 의한 소송

1. 조례무효 소송

■ 사례연구 : 제5회 변호사시험(2016.1.4. 시행), 공법 선택형

문 32. 지방자치단체의 조례제정권에 관한 설명 중 옳은 것을 모두 고른 것은? (다툼이 있는 경우 판례에 의함)

ㄱ. 헌법 제117조 제1항과 「지방자치법」 제22조에 의하면 지방자치단체는 법령의 범위 안에서 그 사무에 관하여 자치조례를 제정할 수 있다. 여기서 그 사무란 「지방자치법」에서 규정하는 지방자치단체의 자치사무와 법령에 의하여 지방자치단체에 속하게 된 단체위임사무, 그리고 국가사무가 지방자치단체의 장에게 위임된 기관위임사무를 말한다.

ㄴ. 「지방자치법」 제22조 단서에 따라 주민의 권리제한 또는 의무부과에 관한 사항을 법률에서 조례에 위임하는 경우, 위임입법의 한계에 관한 헌법 제75조의 포괄위임금지원칙에 따라 법률에 의한 개별적이고 구체적인 수권이 필요하다.

ㄷ. 지방자치단체의 자치사무에 해당하더라도 특별한 규정이 없는 한 「지방자치법」이 규정하고 있는 지방자치단체의 집행기관과 지방의회의 고유권한에 관하여는 조례로 이를 제한할 수 없고, 나아가 지방자치단체장의 고유권한이 아닌 사항에 대하여도 그 사무집행에 관한 권한을 본질적으로 제한하는 조례제정은 허용되지 아니한다.

ㄹ. 지방자치단체장이 지방의회가 재의결한 조례안이 법령에 위반된다는 이유로 대법원에 제소하는 경우, 재의결된 조례안의 일부 조항만이 위법하더라도 그 재의결 전부의 효력이 부인된다.

① ㄱ, ㄴ ② ㄱ, ㄷ ③ ㄴ, ㄷ ④ ㄴ, ㄹ ⑤ ㄷ, ㄹ

가. 재의요구

① 단체장은 조례안에 대하여 이의가 있을 때에는 20일 이내에 이유를 붙여 그 재의를 요구할 수 있다(지자법 제26조 2항, 3항).

② 지방의회의 의결이 월권 또는 법령에 위반되거나 공익을 현저히 해한다고 인정될 때 당해 지방자치단체의 장은 그 의결사항을 이송 받은 날로부터 20일 이내에 지방의회에 이유를 붙여 재의요구를 할 수 있다(지자법 제107조 1항).

③ 지방의회의 의결이 법령에 위반되거나 공익을 현저히 해한다고 판단될 때에는 감독관청(시·도에 대하여는 주무부장관, 시·군 및 자치구에 대하여는 시·도지사)이 해당 자치단체의 장에게 재의를 요구하게 할 수 있고 재의의 요구를 받은 자치단체의 장은 지방의회에 이유를 붙여 재의를 요구하여야 한다(지자법 제172조 1항).

「지방자치법」제107조 1항의 규정에 의한 재의요구는 그 사유가 월권·법령위반·현저한 공익침해로 한정하고 있음에 대하여, 제26조 3항은 재의요구 사유를 한정하지 않고 이의만 있으면 가능하다. 따라서 지방자치단체의 장은 지방의회의 의결 중 조례안의 의결에 대하여는 사유의 제한 없이 재의요구를 할 수 있다.

그 요구에 대한 재의의 결과 지방의회 재적인원 과반수 출석과 출석의원 3분의 2 이상의 찬성으로 전과 같은 의결을 하면 그 의결사항은 확정된다(지자법 제107조 2항, 제172조 2항).

나. 제소(提訴)

1) 지방자치단체의 장에 의한 제소

① 제107조 3항에 따른 제소(대법원에 소 제기 · 집행정지신청) : 지방자치단체의 장은 재의결된 사항이 법령에 위반된다고 인정되면 대법원에 소를 제기할 수 있다. 재의요구와 달리 소 제기의 사유는 법령위반에 한정된다. 이때의 소송은 기관소송의 성질을 갖는다.[55]

② 제26조와 제107조(지방의회의 의결에 대한 재의결요구와 제소)의 관계

제26조의 경우에는 소의 제기에 관한 규정이 없으므로, 지방자치단체의 장은 재의결된 조례를 제107조에 근거하여 대법원에 소를 제기할 수 있는가 문제된다. 「지방자치법」 제107조 소정의 지방의회에서 의결 및 재의결된 사항에는 해석상 조례안이 당연히 포함되는 것이므로, 지방자치단체의 장은 위법한 조례안에 대하여 궁극적으로 대법원에 제소하여 이를 다툴 수 있다고 보는 것이 일반적인 견해다.[56] 판례의 입장도 같다(대법원 1999.4.27. 선고 99추23 판결).

◈ 대법원 1999.4.27. 선고 99추23 판결【건축조례중개정조례안재의결무효확인】

지방자치법 제19조 제3항(*현행법 제26조 3항)은 지방의회의 의결사항 중 하나인 조례안에 대하여 지방자치단체의 장에게 재의요구권을 폭넓게 인정한 것으로서 지방자치단체의

55) 박균성(강의), 제12판, 1027면; 사법연수원(행정구제법), 2014, 290면. 정형근(행정법), 608면; 한견우(신론2), 329면; 홍정선(특강), 제14판, 981면.

56) 김동희(Ⅰ), 88면; 정하중(개론), 제9판, 941면; 한견우(신론2), 329면; 홍정선(특강), 14판, 981면.

장의 재의요구권을 일반적으로 인정한 지방자치법 제98조 제1항(*현행법 제107조 1항)에 대한 특별규정이라고 할 것이므로, 지방자치단체의 장의 재의요구에도 불구하고 조례안이 원안대로 재의결되었을 때에는 지방자치단체의 장은 지방자치법 제98조 제3항(*현행법 제107조 3항)에 따라 그 재의결에 법령위반이 있음을 내세워 대법원에 제소할 수 있는 것이다.

[**해설**] ☞ 지방자치법 제107조 1항의 규정에 의한 재의요구는 그 사유가 월권·법령위반·현저한 공익침해로 한정하고 있음에 대하여, 제26조 3항은 재의요구 사유를 한정하지 않고 이의만 있으면 가능하다. 따라서 지방자치단체의 장은 지방의회의 의결 중 조례안의 의결에 대하여는 사유의 제한 없이 재의요구를 할 수 있다.

③ 제172조 3항에 따른 제소(소송제기) : 지방자치단체의 장은 상급단체장의 요구에 의해 재의결된 사항(조례안)이 법령에 위반된다고 판단된 때에는 재의결된 날로부터 20일 이내에 대법원에 소를 제기할 수 있으며, 필요하다고 인정되는 때에는 그 집행정지결정도 신청할 수 있다(제172조 3항). 이 경우 소송의 대상은 조례안이 아니라 그 조례안에 대한 재의결이다. 기관소송의 성질을 갖는다.

2) 감독청에 의한 제소

① 주무부장관이나 시·도지사는 재의결된 사항이 법령에 위반된다고 판단됨에도 불구하고 해당 지방자치단체의 장이 소를 제기하지 아니하면 그 지방자치단체의 장에게 제소를 지시하거나 직접 제소[57] 및 집행정지결정을 신청할 수 있다(제172조 4항).

제소의 지시는 제3항의 기간이 지난 날부터 7일 이내에 하고, 해당 지방자치단체의 장은 제소지시를 받은 날부터 7일 이내에 제소하여야 한다. 주무부장관이나 시·도지사는 위 기간이 지난 날부터 7일 이내에 직접 제소할 수 있다(제172조 5항, 6항).

② 지방의회의 의결이 법령에 위반된다고 판단되어 주무부장관이나 시·도지사로부터 재의요구지시를 받은 지방자치단체의 장이 재의를 요구하지 아니하는 경우(법령에 위반되는 지방의회의 의결사항이 조례안인 경우로서 재의요구지시를 받기 전에 그 조례안을 공포한 경우를 포함한다)에는 주무부장관이나 시·도지사는 제1항에 따른 기간이 지난 날부터 7일 이내에 대법원에 직접 제소 및 집행정지결정을 신청할 수 있다(제172조 7항).

57) 예컨대, 대법원 1997.4.25. 선고 96추251 판결 ⇒ 수원시의회가 자동차 차고지확보에 관한 조례안을 재의결하자 감독청인 경기도지사가 수원시장에게 제소지시를 하였으나, 수원시장이 응하지 아니하자 경기도지사가 직접 조례안무효확인의 소를 제기한 사례.

■ 사례연구 : 대법원 1997.4.25. 선고 96추251 판결【조례안재의결무효확인】사건의 제소경위

피고(수원시의회)가 1996.10.21. "수원시 자동차차고지확보 등에 관한 조례안"을 의결하여 다음날 수원시장에게 이송하였고, 수원시장이 지방자치법 제159조 제1항(*현행법 제172조 1항)에 의한 원고(경기도지사)의 재의요구지시에 따라 1996.11.11. 피고에게 재의요구를 하였으나 피고가 1996.11.28. 이에 대하여 원안대로 조례안을 재의결하였다.

재의결된 이 사건 조례안은 차고지확보 대상을 자가용자동차 중 승차정원 16인 미만의 승합자동차와 적재정량 2.5t 미만의 화물자동차까지로 정하여 자동차운수사업법령이 정한 기준보다 확대하고(조례안 제4조), 차고지확보 입증서류를 자동차등록 거부사유로 정하는(조례안 제5조 1항, 2항) 차고지확보제도를 그 주요 내용으로 하고 있다.

이에 원고(경기도지사)가 1996.12.19. 수원시장에게 제소지시를 하였다가 수원시장이 이에 응하지 아니하자 1996.12.31. 지방자치법 제159조 제6항(*현행법 제172조 6항)에 의하여 직접 이 사건 소(조례안재의결무효확인)를 제기하였다.

다. 적용 범위

위 설명한 내용은 지방의회의 의결사항 일반에 관한 것이지만, 지방의회의 의결사항 중의 하나인 조례안에 대해서도 그대로 타당하다. 「지방자치법 제26조 3항(조례안 의결에 대한 재의요구)은 「지방자치법」 제107조 1항(일반의결에 대한 재의요구)에 대한 특별규정이기 때문이다(대법원 1999.4.27. 선고 99추23 판결).

라. 소제기의 당사자

위 소송의 원고는 원칙적으로 해당 지방자치단체의 장이고(지자법 제107조 3항, 제172조 3항), 예외적으로 감독관청(주무부장관 또는 시·도지사 : 지자법 제172조 4항, 6항)이 된다. 피고는 지방의회이다.

대법원은 행정자치부장관에게 지방자치법 제172조 제4항, 제6항에 따라 군의회를 상대로 조례안재의결무효확인의 소를 제기할 원고적격이 인정되는지 여부에 관한 사건에서, 원고적격을 부정하여 소각하 판결을 하였다(대법원 2016. 9. 22. 선고 2014추521 전원합의체 판결).

◈ 대법원 2016.9.22. 선고 2014추521 전원합의체 판결【조례안재의결무효확인】

[다수의견] 지방자치법 제172조 제4항, 제6항에서 지방의회 재의결에 대하여 제소를 지시하거나 직접 제소할 수 있는 주체로 규정된 '주무부장관이나 시·도지사'는 시·도에 대하여는 주무부장관을, 시·군 및 자치구에 대하여는 시·도지사를 각 의미한다.

[대법관 2명의 반대의견이 있다.]

[해설] ☞ 행정자치부장관이 원고가 되어 강화군의회를 상대로 '강화군 도서지역 주민들에게 정주지원금을 지급하기로 하는 강화군의 조례안이 지방재정법 등에 위배된다'고 주장하면서 조례안재의결 무효확인을 청구한 사건이다.

마. 소제기의 대상

이 경우 소송의 대상은 조례안이 아니라 그 조례안에 대한 재의결이다. 따라서 청구취지 또는 판결의 주문 표시는 "피고가 2012.5.2. 한 ○○○ 조례안에 대한 재의결(또는 의결)은 효력이 없다"이다.[58]

재의결의 경우 소송의 심판사항은 해당 지방자치단체의 장이 재의요구시에 이의사항으로 지적하여 지방의회의 재의결에서 심의의 대상으로 삼았던 사항에 한한다. 재의결된 조례안의 일부 조항만이 위법인 경우에도 대법원은 그 재의결 전부의 효력을 부인하여야 한다(대법원 2001.11.27. 선고 2001추57 판결 등). 재의요구시에 이의사항으로 지적되지 않은 사항(조례안)은 심판대상이 아니다(대법원 2007.12.13. 선고 2006추52 판결, 대법원 2015.5.14. 선고 2013추98 판결).

◈ 대법원 2015.5.14. 선고 2013추98 판결 【조례안의결무효확인】[59]

[1] 학기당 2시간 정도의 인권교육의 편성·실시는 지방자치법 제9조 제2항 제5호가 지방자치단체의 사무로 예시한 교육에 관한 사무로서 초등학교·중학교·고등학교 등의 운영·지도에 관한 사무에 속한다.

[2] 조례안재의결 무효확인소송에서의 심리대상은 지방자치단체의 장이 지방의회에 재의를 요구할 당시 이의사항으로 지적하여 재의결에서 심의의 대상이 된 것에 국한된다. 이러한 법리는 주무부장관이 지방자치법 제172조 제7항에 따라 지방의회의 의결에 대하여 직접 제소함에 따른 조례안의결 무효확인소송에도 마찬가지로 적용되므로, 조례안의결 무효확인소송의 심리대상은 주무부장관이 재의요구 요청에서 이의사항으로 지적한 것에 한정된다.[60]

바. 소제기의 성질

기관소송의 성질을 갖는다. 따라서 준용할 절차규정은 당사자소송에 관한 규정이고(행소 제46조 3항), 「행정소송법」에 특별한 규정이 없으면 「민사소송법」이 준용된다(행소 제8조 2항).

---

58) 사법연수원(행정구제법), 2014, 290면 참조.

59) 학생인권조례안 사건(원고: 교육부장관, 피고: 전라북도의회, 피고보조참가인: 전라북도교육감)

60) [해설] ☞ 원고가 재의요구 요청 당시 이의사항으로 지적하지 아니하였던 이 사건 조례안 제2조 제1항 등의 위법무효를 주장함에 대하여.

사. 판결의 효력

판결에 의하여 재의결의 효력이 부인되면, 재의결로 확정된 조례는 소급하여 그 효력을 상실한다.

> ▣ 조례 관련 판례 연구
>
> 1) 침익초과 조례
>
> ① 침익초과조례(완화된 법률선점론) ☞ 대법원 2007.12.13. 선고 2006추52 판결
>
> ② 초과조례(수원시 차고지 확보 등에 관한 조례) ☞ 대법원 1997.4.25. 선고 96추251 판결
>
> 2) 조례에 의한 집행기관의 권한 관여
>
> 지방자치단체장의 권한통제 가능성이 문제되는바, 단체장의 고유권한을 침해하지 않는 범위 내에서 조례를 제정할 수 있다고 본다.
>
> ① 위법하지 않다고 한 사례 ☞ 대법원 2011.2.10. 선고 2010추11 판결.
>
> ② 위법하다고 한 사례 ☞ 대법원 2009.9.24. 선고 2009추53 판결

2. 시정명령 등에 대한 소송

> **§ 지방자치법 제169조 (위법·부당한 명령·처분의 시정)**
>
> ① 지방자치단체의 사무에 관한 그 장의 명령이나 처분이 법령에 위반되거나 현저히 부당하여 공익을 해친다고 인정되면 시·도에 대하여는 주무부장관이, 시·군 및 자치구에 대하여는 시·도지사가 기간을 정하여 서면으로 시정할 것을 명하고 그 기간 내에 이행하지 아니하면 이를 취소하거나 정지할 수 있다. 이 경우 자치사무에 관한 명령이나 처분에 대하여는 법령을 위반하는 것에 한한다.
>
> ② 지방자치단체의 장은 제1항에 따른 자치사무에 관한 명령이나 처분의 취소 또는 정지에 대하여 이의가 있으면 그 취소처분 또는 정지처분을 통보받은 날로부터 15일 이내에 대법원에 소를 제기할 수 있다.

가. 시정명령의 대상

1) 시정명령의 대상은 지방자치단체의 장의 명령이나 처분이다. 현행「지방자치법」상 시정명령제도는 지방자치단체의 장의 적극적인 의사결정작용인 명령이나 처분만을 대상으로 할 뿐, 의사결정의 부작위(예, 의무규칙의 미제정)에 대하여는 대상으로 하지 아니한다.

2) 시정명령의 대상사무는 지방자치단체의 사무인 자치사무와 단체위임사무를 대상으로 한다.[61] 기관위임사무에 대해서는「지방자치법」제167조에 근거하여

61) 박균성(강의), 제12판, 1036면; 홍정선(특강), 제14판, 1036면.

국가기관의 일반적인 지휘감독을 받으므로 명문의 규정이 없더라도 감독기관은 기관위임사무가 위법하거나 부당한 경우 시정명령을 발하고 취소 또는 정지할 수 있다고 본다.

나. 시정명령의 사유

1) 자치사무에 관한 명령이나 처분에 대해서는 법령에 위반하는 것에 한한다(제169조 1항 후문) ⇒ [적법성 통제]. 자치사무에 대하여는 적법성 통제만을 하도록 한 것은 지방자치단체의 자치권을 보장하기 위한 것이다.

2) 단체위임사무의 경우에는 법령위반 외에 현저히 부당하여 공익을 해하는 명령이나 처분도 감독청의 취소·정지의 사유가 된다 ⇒ [적법성 통제 + 합목적성 통제]. 단체위임사무는 지방자치단체의 사무이면서도 국가사무로서의 성질도 가지므로 위법한 경우뿐만 아니라 합목적성(부당성)도 통제하도록 하되, 현저히 부당하여 공익을 해하는 경우에 한하여 통제하도록 하였다.

3) 「지방자치법」 제169조 1항의 명령이나 처분이 자치사무에 관한 것인 때에는 법령위반에 한하는바(제1항 후문), 여기에서 '법령위반'에 '재량권의 일탈·남용'이 포함되는지 여부가 문제된다. 대법원은, 중앙정부의 불허지침에도 불구하고 파업에 참가한 구청 공무원에 대해 해당 구청장이 징계하지 않고 오히려 승진시킨 것은 재량권의 범위를 일탈한 것으로 이는 법령에 위반한 것이므로, 상급기관인 울산광역시장이 취소한 것은 정당하다고 판결하였다(대법원 2007.3.22. 선고 2005추62 전원합의체 판결 ☞ 법령위반에 재량권의 일탈이 포함되는지에 관하여 다수의견은 긍정하는 입장이고, 소수의견은 부정하는 입장이다).

◈ 대법원 2007.3.22. 선고 2005추62 전원합의체 판결 【승진임용직권취소처분취소청구】

[사실개요] 울산 북구청장(원고)은 2004년 11월 전국공무원노동조합 총파업에 참가하고 복귀명령에 불응한 공무원들에 대한 울산광역시장의 징계의결 요구를 두 차례나 거부한 뒤 이듬해 2월 징계의결이 요구된 공무원 6명을 승진시켰다가 울산광역시장(피고)에 의해 승진처분이 취소당하자 대법원에 소송을 제기하였다.)

[1] **지방자치법 제157조(*현행법 제169조) 제1항에서 정한 지방자치단체장의 명령·처분의 취소 요건인 '법령위반'에 '재량권의 일탈·남용'이 포함되는지 여부(적극) :**

[다수의견] 지방자치법 제157조 제1항 전문 및 후문에서 규정하고 있는 지방자치단체의 사무에 관한 그 장의 명령이나 처분이 법령에 위반되는 경우라 함은 명령이나 처분이 현저히 부당하여 공익을 해하는 경우, 즉 합목적성을 현저히 결하는 경우와 대비되는 개념으로, 시·군·구의 장의 사무의 집행이 명시적인 법령의 규정을 구체적으로 위반한 경우뿐

만 아니라 그러한 사무의 집행이 재량권을 일탈·남용하여 위법하게 되는 경우를 포함한다고 할 것이므로, 시·군·구의 장의 자치사무의 일종인 당해 지방자치단체 소속 공무원에 대한 승진처분이 재량권을 일탈·남용하여 위법하게 된 경우 시·도지사는 지방자치법 제157조 제1항 후문에 따라 그에 대한 시정명령이나 취소 또는 정지를 할 수 있다.

[대법관 5인의 반대의견] 위 법조항에서 '현저히 부당하여 공익을 해하는 경우'와 대비되어 규정된 '법령에 위반하는 때'의 개념 속에는 일반적인 '법령위반'의 개념과는 다르게 '재량권의 일탈·남용'은 포함되지 않는 것으로 해석하여야 한다.

[2] [다수의견] 상급 지방자치단체장이 하급 지방자치단체장에게 기간을 정하여 그 시정을 명하였음에도 이를 이행하지 아니하자 지방자치법 제157조 제1항에 따라 위 승진처분을 취소한 것은 적법하고, 그 취소권 행사에 재량권 일탈·남용의 위법이 있다고 할 수 없다.

[대법관 5인의 반대의견] (내용 생략)

[해설] ☞ 자치사무에 관한 명령·처분에 대해서는 법령위반의 경우에만 시정명령을 할 수 있는바, 이 판례는 법령위반의 의미에 재량권의 일탈·남용이 포함된다고 본다.

다. 시정의 절차

1) 시정명령 : 지방자치단체의 사무에 관한 그 장의 명령이나 처분이 법령에 위반되거나 현저히 부당하여 공익을 해한다고 인정될 때(자치사무에 관하여는 법령에 위반한 것에 한한다)에는 감독청이 기간을 정하여 서면으로 시정을 명할 수 있다(제169조 1항 1문). 시정명령의 내용은 어떠한 행정작용이 법령에 위반되거나 현저히 부당하여 공익을 해치므로 시정하라는 것이지, 내용을 특정하여 시정을 하라는 것은 아니다.

2) 취소·정지 : 감독청의 시정명령이 정해진 기간 내에 이행되지 아니할 때에는, 감독청은 시정명령의 대상이었던 명령이나 처분을 취소하거나 정지할 수 있다(같은 항 2문). 그 효과는 직접적으로 당해 명령이나 처분의 효력을 상실하는 것이며, 감독관청은 당해 권한행사로서 다른 처분으로 대체할 것을 명할 수는 없다.

라. 시정에 대한 불복

1) 시정명령에 대한 불복 : 시정명령에 대해서는 불복방법이 규정되어 있지 않으므로, 이에 대하여 소송을 제기할 수 없다. 판례도 '전라북도교육감의 자율형 사립고등학교 지정·고시 처분의 취소에 대한 정부의 시정명령'에 대하여 전라북도교육감이 취소를 구한 사건에서, 시정명령에 대한 소를 제기할 수 있다는 규정이 없으므로 이러한 소송은 허용되지 않는다는 이유로 각하판결을 하였다(대법원 2011.1.27.

선고 2010추42 판결, 대법원 2014.02.27. 선고 2012추183 판결; 헌재 2011.8.30. 2010헌라4 결정 참조).

지방자치단체장은 자치사무에 관한 시정명령에 대하여 이의가 있으면 그 시정을 하지 않으면 될 것이고, 감독청이 취소·정지의 처분을 하게 되면 그때 이에 대하여 대법원에 소송을 제기하여 다툴 수 있게 된다(지자법 제169조 2항).

2) 취소·정지처분에 대한 불복의 소 : 지방자치단체의 장은 자치사무에 관한 명령이나 처분의 취소 또는 정지에 대하여 이의가 있는 때에는 그 취소 또는 정지처분을 통보받은 날로부터 15일 이내에 대법원에 소를 제기할 수 있다(지자법 제169조 2항).

가) 소송의 대상 : '자치사무'에 관한 명령이나 처분의 취소처분 또는 정지처분에 대하여 소송을 제기할 수 있다(지자법 제169조 2항). '자치사무에 관한 명령이나 처분'을 대상으로 하므로 위임사무에 관한 명령이나 처분의 취소 또는 정지에 대하여는 법원에 소를 제기할 수 없다. 판례도 같은 입장이다(대법원 2014.2.27. 선고 2012추190 판결 ⇒ 직권취소처분이 기관위임사무에 관하여 행하여진 것이면 소를 제기할 수 있는 대상에 해당하지 않는다).

나) 소송의 성질 : 원고는 지방자치단체의 장이며 피고는 감독청이 된다. 감독청의 취소 또는 정지의 법적 성질은 행정행위이므로, 본 조항에 따른 소송은 항고소송에 해당한다.[62] 지방자치단체의 장이 원고가 되지만 이때의 지방자치단체의 장은 지방자치단체를 대표하여 소송을 제기하는 것이며 지방자치단체도 주관적 이익(자치권)을 갖는 독립된 법주체이므로 항고소송을 제기할 수 있는 원고적격이 있기 때문이다.[63]

◈ 대법원 2014.02.27. 선고 2012추183 판결 【시정명령및직권취소처분취소청구】

【사실관계】

① 경기도교육감(원고)은 2012.2.15. 교육부장관(피고)에게 학교폭력 징계사항의 학교생활기록부 기재를 재고하여 달라고 요청하였다. 원고는 2012.8.9. 관내 교육지원청과 각급 학교에 '교육과학기술부 및 경기도 교육청의 향후 방침이 정해질 때까지 각급 학교에서는 학교생활기록부에 학교폭력 가해사실 기록을 보류하시기 바랍니다'는 내용의 공문을 보냈다('이 사건 보류지시').

② 교육부장관(피고)은 2012.8.23. 원고에게 (1) 귀 교육청에서 학교에 안내한 학교생활기록부 기재 보류 지시를 취소하고, (2) 법령에 따라 학교폭력 가해학생 조치사항을 학교생활기록부에 기재하도록 관내 학교 및 교육지원청에 2012.8.24.까지 안내 공문

62) 박균성(강의), 제12판, 1039면; 정하중(개론), 제9판, 991면; 홍정선(특강), 제14판, 1037면.
63) 박균성(강의), 제12판, 1039면; 홍정선(특강), 제14판, 1037면.

시행 후, 이를 2012.8.27.까지 교육과학기술부에 제출하라는 내용의 시정명령을 하였다('이 사건 시정명령').

③ 원고가 이 사건 시정명령에 응하지 아니하자, 피고는 2012.8.27. 해당 사안은 학교장이 초·중등교육법 제25조에 따라 작성·관리하여야 할 사안으로 교육감이 자의적으로 판단할 사항이 아니라는 등의 이유를 들어 원고의 이 사건 보류지시를 직권으로 취소하였다('이 사건 직권취소처분').

④ 원고는 시정명령과 직권취소처분을 모두 취소하라는 이 사건 소송을 제기하였다.64)

【판결요지】

[1] 시정명령 취소청구 부분의 적법 여부 : 지방교육자치에 관한 법률 제3조에 의하여 준용되는 지방자치법 제169조 제2항은 자치사무에 관한 명령이나 처분의 취소 또는 정지에 대하여서만 소를 제기할 수 있다고 규정하고, 주무부장관이 지방자치법 제169조 제1항에 따라 시·도에 대하여 행한 시정명령에 관하여도 대법원에 소를 제기할 수 있다는 규정을 두고 있지 않으므로, 이러한 시정명령의 취소를 구하는 소송은 허용되지 않는다고 보아야 한다(대법원 2011.1.27. 선고 2010추42 판결 참조).

따라서 학교생활기록부에 학교폭력 가해학생 조치사항의 기록을 보류하라는 원고의 2012.8.9.자 지시가 법령에 위배된다는 이유로 피고가 2012.8.23. 지방자치법 제169조 제1항에 따라 행한 시정명령에 대하여 취소를 구하는 원고의 이 부분 소는 앞에서 본 법리에 비추어 허용되지 않는 것이어서 부적법하다.

[2] 전국적으로 통일적 처리를 요하는 학교생활기록의 작성에 관한 사무에 대한 감독관청의 지도·감독 사무도 국민 전체의 이익을 위하여 통일적으로 처리되어야 할 성격의 사무라고 보아야 하므로, 공립·사립학교의 장이 행하는 학교생활기록부 작성에 관한 교육감의 지도·감독 사무는 국가사무로서 교육감에 위임된 사무이다.

그렇다면 이 사건 직권취소처분은 기관위임사무에 관하여 행하여진 것이라 할 것이어서, 자치사무에 관한 명령이나 처분을 취소 또는 정지하는 것에 해당하지 아니하므로, 지방자치법 제169조 제2항에 규정된 소를 제기할 수 있는 대상에 해당하지 아니한다. 따라서 이 부분 소도 부적법하다.

3) 사인의 권리보호

감독청의 취소 또는 정지로 인하여 사인이 법률상 이익이 위법하게 침해당하면, 그 사인이 감독청의 취소 또는 정지처분에 대하여 항고소송을 제기할 수 있는가 문제된다. 판례에 의하면, 광역시장이 구청장의 구청 소속 공무원들에 대한 승진

64) [청구취지] : 피고가 원고에 대하여 학교폭력 가해학생에 대한 학교생활기록부 기재와 관련하여 한 ① 2012.8.12. 자 시정명령 및 ② 2012.8.27. 자 직권취소처분을 각 취소한다.

임용 처분을 취소한 경우, 구청장에 의하여 이미 소송이 제기되었다고 하더라도[65] 행정처분의 직접 상대방이 아닌 제3자(해당 공무원)들은 위 구청장이 제기한 소송과는 별도로 항고소송의 형태로 행정처분의 취소를 구하는 법률상 이익이 있다고 본다(부산고법 2006.11.10. 선고 2006누3001 판결).

3. 직무명령 등에 대한 불복소송

§ 지방자치법 제170조 (지방자치단체의 장에 대한 직무이행명령)

① 지방자치단체의 장이 법령의 규정에 따라 그 의무에 속하는 국가위임사무나 시·도위임사무의 관리와 집행을 명백히 게을리 하고 있다고 인정되면 시·도에 대하여는 주무부장관이, 시·군 및 자치구에 대하여는 시·도지사가 기간을 정하여 서면으로 이행할 사항을 명령할 수 있다.

② 주무부장관이나 시·도지사는 해당 지방자치단체의 장이 제1항의 기간에 이행명령을 이행하지 아니하면 그 지방자치단체의 비용부담으로 대집행하거나 행정상·재정상 필요한 조치를 할 수 있다. 이 경우 행정대집행에 관하여는 「행정대집행법」을 준용한다.

③ 지방자치단체의 장은 제1항의 이행명령에 이의가 있으면 이행명령서를 접수한 날부터 15일 이내에 대법원에 소를 제기할 수 있다. 이 경우 지방자치단체의 장은 이행명령의 집행을 정지하게 하는 집행정지결정을 신청할 수 있다.

가. 직무이행명령의 대상

① 직무이행명령의 대상은 '위임사무의 관리와 집행'이다. 위임사무에 단체위임사무까지 포함된다는 견해도 있으나, 법령의 규정에 의하여 지방자치단체의 장의 의무에 속하는 국가위임사무 또는 시·도 위임사무, 즉 기관위임사무만을 의미한다는 것이 다수 견해이다. 판례도 같은 입장이다(대법원 2013.6.27. 선고 2009추206 판결).

② 시정명령이 지방자치단체장의 위법한 적극적인 행위의 존재를 전제로 하는데 반하여, 직무이행명령은 위법한 부작위를 대상으로 한다.

나. 직무이행명령의 내용

1) 행사요건 : 지방자치단체의 장이 기관위임사무의 관리와 집행을 명백히 게을리 하고 있어야 한다. 행사요건으로는 ① 의무불이행이라는 부작위상태가 있고 이것이 위법해야 하며, ② 지방자치단체장의 고의적인 의무불이행일 것이 요구된다. ③ 의무를 수행하기에 적합한 기간을 정한 서면의 형식을 갖추어야 한다.

---

65) 대법원 2007.3.22. 선고 2005추62 전원합의체 판결의 사실관계 참조. ☞ 울산광역시북구청장(원고)은 울산광역시장(피고)에 의해 구청장이 구청직원에 한 승진처분이 취소당하자 대법원에 소송을 제기하였다.

2) 명령의 내용 : 명령의 내용은 지방자치단체의 장이 기관위임사무의 관리와 집행을 적극적으로 행하기 위하여 이행할 사항 및 이행기간이다.

다. 불복

지방자치단체의 장은 제1항의 이행명령에 이의가 있는 때에는 이행명령서를 접수한 날부터 15일 이내에 대법원에 소를 제기할 수 있다. 이 경우 지방자치단체의 장은 이행명령의 집행을 정지하게 하는 집행정지결정을 신청할 수 있다(지자법 제170조 3항). 이 소송의 성질에 관하여는 견해가 대립된다.

① 기관소송설 : 직무이행명령은 내부행위이고, 행정기관 상호간의 권한의 존부 및 그 행사에 관한 다툼이고, 기관위임사무를 수행함에 있어 지방자치단체의 장은 국가기관의 지위를 가지므로 실질상 동일한 행정주체 내부의 기관 상호간의 다툼을 대상으로 하는 소송이기 때문에 기관소송으로 본다.[66]

② 특수소송설 : 감독청의 직무이행명령은 기관위임사무에 관한 것이므로 행정행위가 아니라 행정내부행위이다. 따라서 본 조항에 의한 소송은 통상의 항고소송으로 보기 어려우며, 동일한 행정주체 내의 기관 상호간의 소송이 아니므로 기관소송으로도 볼 수 없고, 지방자치법이 특별히 인정한 특수한 소송으로 이해하여야 한다는 견해이다.[67]

③ 권한쟁의심판설 : 헌법재판인 권한쟁의심판의 대상이 된다는 견해이다.[68]

④ 평가 : 기관소송을 동일한 법주체 내의 기관 상호간의 소송으로 보는 입장에서 특수소송설이 타당하다.

◈ 대법원 2013.6.27. 선고 2009추206 판결【직무이행명령취소】[69]

[1] 지방교육자치에 관한 법률 제3조, 지방자치법 제170조 제1항에 따르면, 교육부장관이 교육감에 대하여 할 수 있는 직무이행명령의 대상사무는 '국가위임사무의 관리와 집행'이다. 그 규정의 문언과 함께 직무이행명령 제도의 취지, 즉 교육감이나 지방자치단체의 장 등, 기관에 위임된 국가사무의 통일적 실현을 강제하고자 하는 점 등을 고려하면, 여기서 국가위임사무

---

66) 박균성(강의), 제12판, 1042면.

67) 정하중(개론), 제9판, 998면; 정형근(행정법), 제2판, 673면; 홍정선(특강), 제14판, 1045면.

68) 류지태·박종수(신론), 922면

69) [사실관계] : 전국교직원노동조합(전교조)은 2009.6.9. 교사들 연명으로 된 시국선언문을 언론 등을 통해 발표하였다. 피고(교육부장관)는 2009.6.29. 시국선언을 주도한 전교조 위원장 등 전임자들을 형사고발함과 아울러 원고(경기도교육감) 등 시·도 교육감에게 중징계절차의 진행을 요구하는 직무명령을 하였다.

란 교육감 등에 위임된 국가사무, 즉 기관위임 국가사무를 뜻한다고 보는 것이 타당하다.

[2] 교육공무원 징계사무의 성격, 그 권한의 위임에 관한 교육공무원법령의 규정 형식과 내용 등에 비추어 보면, 국가공무원인 교사에 대한 징계는 국가사무이고, 그 일부인 징계의결요구 역시 국가사무에 해당한다고 보는 것이 타당하다. 따라서 교육감이 담당 교육청 소속 국가공무원인 교사에 대하여 하는 징계의결요구 사무는 국가위임사무라고 보아야 한다.

[3] 직무이행명령 및 이에 대한 이의소송 제도의 취지는 (---) 지방자치단체의 장이 해당 국가위임사무에 관한 사실관계의 인식이나 법령의 해석·적용에서 주무부장관과 견해를 달리하여 해당 사무의 관리·집행을 하지 아니할 때, 주무부장관에게는 그 사무집행의 실효성을 확보하기 위하여 지방자치단체의 장에 대한 직무이행명령과 그 불이행에 따른 후속 조치를 할 권한을 부여하는 한편, 해당 지방자치단체의 장에게는 직무이행명령에 대한 이의의 소를 제기할 수 있도록 함으로써, 국가위임사무의 관리·집행에 관한 두 기관 사이의 분쟁을 대법원의 재판을 통하여 합리적으로 해결함으로써 그 사무집행의 적법성과 실효성을 보장하려는 데 있다.

◈ 대법원 2015.9.24. 선고 2014추613 판결【충남남포지구부사공구매립지귀속지방자치단체결정취소】70)

지방자치법 제148조 제4항, 제7항, 제170조 제3항의 내용과 체계, 지방자치법 제148조 제1항에 따른 지방자치단체 또는 지방자치단체의 장 상호 간 분쟁에 대한 조정결정(이하 '분쟁조정결정'이라 한다)의 법적 성격 및 분쟁조정결정과 이행명령 사이의 관계 등에 비추어 보면, 행정자치부장관이나 시·도지사의 분쟁조정결정에 대하여는 후속의 이행명령을 기다려 대법원에 이행명령을 다투는 소를 제기한 후 그 사건에서 이행의무의 존부와 관련하여 분쟁조정결정의 위법까지 함께 다투는 것이 가능할 뿐, 별도로 분쟁조정결정 자체의 취소를 구하는 소송을 대법원에 제기하는 것은 지방자치법상 허용되지 아니한다. 나아가 분쟁조정결정은 상대방이나 내용 등에 비추어 행정소송법상 항고소송의 대상이 되는 처분에 해당한다고 보기 어려우므로, 통상의 항고소송을 통한 불복의 여지도 없다.

4. 주민소송

가. 주민소송의 의의

「지방자치법」 제16조 1항에 따라 공금의 지출에 관한 사항 등을 감사청구한 주

70) [사실관계] : 충청남도는 1985년부터 보령시와 서천군의 경계지역에 있는 공유수면을 매립해 남포지구 간척농지로 만들었다. 매립지 관리비용은 관할구역 경계에 따라 보령시와 서천군이 나눠 부담했다. 관리비용이 매년 2억-5억 원에 달해 재정부담이 커지자 양 지자체간 분쟁이 벌어지고, 행자부장관은 2014년 행정구역을 재설정하는 한편 달라진 경계로 인해 관할이 보령시에서 서천군으로 바뀐 매립지 일부에 대해서는 그동안 보령시가 투입한 관리비용을 서천군이 상환토록 하는 조정결정을 내렸다. 서천군(원고: 서천군수)은 행정자치부장관(피고)의 결정에 반발해 대법원에 소송을 제기하였다. 법률신문 2015.10.15.자 5면 참조.

민은 그 감사 청구한 사항과 관련이 있는 위법한 행위나 업무를 게을리 한 사실에 대하여 해당 지방자치단체의 장을 상대방으로 하여 소송을 제기할 수 있다(지자법 제17조 1항). 주민이 지방자치단체의 위법한 재무회계행위 등을 시정하기 위하여 법원에 제기하는 소송을 주민소송이라고 한다. 주민소송은 주민의 구체적인 권리침해가 없어도 제기될 수 있다는 점에서 객관소송의 성격(민중소송)을 가지며, 지방행정에 대한 주민의 참여, 감시 및 통제의 기능을 갖는다.

나. 주민소송의 종류

「지방자치법」 제17조 제2항은 주민소송을 4가지 종류로 규정하고 있다.

① 제1호 소송(중지청구소송) : 해당 행위를 계속하면 회복하기 곤란한 손해를 발생시킬 우려가 있는 경우에는 그 행위의 전부나 일부를 중지할 것을 요구하는 소송. 제1호의 중지청구소송은 해당 행위를 중지할 경우 생명이나 신체에 중대한 위해가 생길 우려가 있거나 그 밖에 공공복리를 현저하게 저해할 우려가 있으면 제기할 수 없다(지자법 제17조 3항).

② 제2호 소송(취소 또는 무효확인소송) : 행정처분인 해당 행위의 취소 또는 변경을 요구하거나 그 행위의 효력 유무 또는 존재 여부의 확인을 요구하는 소송. 행정소송법과 달리 취소소송 외에 무효확인소송에도 제소기간의 제한이 있다(지자법 제17조 4항).

③ 제3호 소송(부작위위법확인소송) : 게을리 한 사실의 위법 확인을 요구하는 소송.

④ 제4호 소송(손해배상 또는 부당이득반환청구소송) : 해당 지방자치단체의 장 및 직원, 지방의회의원, 해당 행위와 관련이 있는 상대방에게 손해배상청구 또는 부당이득반환청구를 할 것을 요구하는 소송(제4호 본문 소송). 다만, 그 지방자치단체의 직원이 「지방재정법」 제94조나 「회계관계직원 등의 책임에 관한 법률」 제4조에 따른 변상책임을 져야 하는 경우에는 변상명령을 할 것을 요구하는 소송(제4호 단서 소송)을 말한다.

다. 소송요건

1) 원고적격 : 감사청구한 주민이 주민소송을 제기할 수 있다. 감사청구한 주민이면 누구든 제소할 수 있고, 1인에 의한 제소도 가능하다. 주민소송이 진행 중이면 다른 주민은 같은 사항에 대하여 별도의 소송을 제기할 수 없다(지자법 제17조 5항).

2) 피고적격 : 피고는 해당 지방자치단체의 장이다(지자법 제17조 1항).

3) 관할 : 해당 지방자치단체의 사무소 소재지를 관할하는 행정법원(행정법원이

설치되지 아니한 지역의 경우에는 지방법원본원)의 관할로 한다(지자법 제17조 9항).

4) 제소기간 : 제17조 제1항 제1호의 경우에는 해당 60일이 끝난 날(감사기간이 연장된 경우에는 연장기간이 끝난 날을 말한다)부터, 제2호의 경우에는 해당 감사결과나 조치요구내용에 대한 통지를 받은 날부터, 제3호의 경우에는 해당 조치를 요구할 때에 지정한 처리기간이 끝난 날부터, 제4호의 경우에는 해당 이행 조치결과에 대한 통지를 받은 날부터 각 90일 이내에 제기하여야 한다(지자법 제17조 4항).

라. 손해배상 등의 지불청구 등

1) 제4호 본문 소송(☞ 제1단계 소송 : 주민이 → 지자체 장 등에게 청구)

제4호 본문소송은 전단소송(해당 지방자치단체의 장 및 직원, 지방의회의원을 상대로 하는 소송)과 후단소송(해당 행위와 관련이 있는 상대방에게 하는 소송)으로 나눌 수 있다. ① 전단소송은 예컨대 지방자치단체의 직원 등이 위법한 급여의 지급이나 보조금의 교부, 공유지의 매각 등을 통해 지방자치단체에 손해를 발생시킨 경우 해당 직원 등에게 손해배상을 요구하는 소송을 말한다. ② 후단소송이란 예컨대 위법하게 보조금을 수령한 자에게 손해배상청구 또는 부당이득반환청구 할 것을 요구하는 소송을 말한다.[71]

2) 손해배상 등의 지불청구 등(☞ 제2단계 소송 : 지자체 장이 → 해당 당사자에게 청구)

지방자치단체의 장은 위 제4호 소송에 대하여 손해배상청구나 부당이득반환청구를 명하는 판결이 확정되면 그 판결이 확정된 날부터 60일 이내를 기한으로 하여 해당 당사자에게 그 판결에 따라 결정된 손해배상금이나 부당이득반환금의 지불을 청구하여야 한다. 다만, 손해배상금이나 부당이득반환금을 지불하여야 할 당사자가 지방자치단체의 장이면 지방의회 의장이 지불을 청구하여야 한다(지자법 제18조 1항).

지방자치단체는 위의 지불청구를 받은 자가 정해진 기한 내에 손해배상금이나 부당이득반환금을 지불하지 아니하면 손해배상·부당이득반환의 청구를 목적으로 하는 소송을 제기하여야 한다. 이 경우 그 소송의 상대방이 지방자치단체의 장이면 그 지방의회 의장이 그 지방자치단체를 대표한다(지자법 제18조 2항).

마. 변상명령 등

1) 변상명령의 발령(제4호 단서 소송) : 지방자치단체의 장은 위 제4호 소송 중 단서에 따른 소송에 대하여 변상할 것을 명하는 판결이 확정되면 그 판결이 확정

---

71) 홍정선(특강), 제14판, 945면 참조.

된 날부터 60일 이내를 기한으로 하여 당사자에게 그 판결에 따라 결정된 금액을 변상할 것을 명령하여야 한다(지자법 제19조 1항).

2) 변상금의 징수 : 변상할 것을 명령받은 자가 정해진 기한 내에 변상금을 지불하지 아니하면 지방세 체납처분의 예에 따라 징수할 수 있다(지자법 제19조 2항).

3) 변상명령에 불복 : 변상할 것을 명령받은 자는 이에 불복하는 경우 행정소송을 제기할 수 있다. 다만, 행정심판법에 따른 행정심판청구는 제기할 수 없다(지자법 제19조 3항).

◈ 대법원 2011.12.22. 선고 2009두14309 판결【손해배상청구】

[1] 구 지방자치법 제13조의5 제1항(*현행법 제17조 1항)에 규정된 주민소송의 대상으로서 '공금의 지출에 관한 사항'이란 지출원인행위 즉, 지방자치단체의 지출원인이 되는 계약 그 밖의 행위로서 당해 행위에 의하여 지방자치단체가 지출의무를 부담하는 예산집행의 최초 행위와 그에 따른 지급명령 및 지출 등에 한정되고, 특별한 사정이 없는 한 이러한 지출원인행위 등에 선행하여 그러한 지출원인행위를 수반하게 하는 당해 지방자치단체의 장 및 직원, 지방의회 의원의 결정 등과 같은 행위는 포함되지 않는다고 보아야 한다.

[2] 시장 갑이 도시개발에 따른 교통난을 해소하기 위해 도로확장공사계획을 수립하고, 건설회사와 공사도급계약을 체결하여 공정을 마무리하였으나 해당 도로가 군용항공기지법 제8조에 반하여 비행안전구역에 개설되었다는 이유로 개통이 취소되자, 주민 을 등이 갑을 비롯한 시청 소속 공무원들이 도로 개설 사업을 강행함으로써 예산을 낭비하였다며 구 지방자치법(2007.5.11. 법률 제8423호로 전부 개정되기 전의 것) 제13조의4에 따른 주민감사청구를 한 후 시장을 상대로 구 지방자치법 제13조의5 제2항 제4호에 따라 갑에게 손해배상청구를 할 것을 요구하는 소송을 제기한 사안에서, 선행행위인 도로확장계획 등에 일부 위법사유가 존재하더라도 현저하게 합리성을 결하여 지출원인행위인 공사도급계약 체결에 지나칠 수 없는 하자가 있다고 보기 어렵고, 공사도급계약 체결 단계에서 선행행위를 다시 심사하여 이를 시정해야 할 회계관계 법규상 의무를 위반하여 그대로 지출원인행위 등으로 나아간 경우에 해당한다고 보기 어렵다는 이유로, 을 등의 청구를 배척한 원심의 결론을 정당하다고 한 사례.

바. 소의 취하 등의 제한

제2항에 따른 소송(주민소송)에서 당사자는 법원의 허가를 받지 아니하고는 소의 취하, 소송의 화해 또는 청구의 포기를 할 수 없다. 이 경우 법원은 허가하기 전에 감사청구에 연서한 다른 주민에게 이를 알려야 하며, 알린 때부터 1개월 이내에 허가 여부를 결정하여야 한다. 위 통지에 관하여는 제8항 후단을 준용한다(지자법 제17조 14항).

5. 주민소환투표제에 대한 불복소송

가. 주민소환의 의의

주민은 해당 지방자치단체의 장 및 지방의회의원(비례대표 지방의회의원은 제외)을 소환할 권리를 가진다(지자법 제20조 1항). 주민소환이라 함은 주민이 투표를 통하여 선출직 지방공직자(자치단체장 및 지방의회의원)의 직을 상실시키는 것을 말한다. 주민소환의 투표 청구권자·청구요건·절차 및 효력 등에 관하여는 따로 법률로 정하도록 되어 있고(같은 조 2항), 이에 의하여 「주민소환에 관한 법률」(이하 "주민소환법"이라고 약칭한다)이 제정되었다.

주민소환의 청구사유에는 제한이 없다. 이 때문에 주민소환제도는 정치적 절차의 성격을 갖는다. 헌법재판소도 "주민소환법에 주민소환의 청구사유를 두지 않은 것은 입법자가 주민소환을 기본적으로 정치적인 절차로 설정한 것으로 볼 수 있고, 외국의 입법례도 청구사유에 제한을 두지 않는 경우가 많다는 점을 고려할 때 우리의 주민소환제는 기본적으로 정치적인 절차로서의 성격이 강한 것으로 평가될 수 있다"고 판시하고 있다(헌재 2009.3.26. 2007헌마843 결정).[72]

나. 주민소환의 대상

주민소환의 대상은 선출직 지방공직자인 자치단체장 및 지방의회의원을 대상으로 한다. 다만 비례대표 시·도의원 및 비례대표 자치구·시·군의원은 제외한다(주민소환법 제7조, 지자법 제20조 1항).

다. 주민소환투표권자·주민소환투표의 청구

1) 주민소환투표권자 : 주민소환투표인명부 작성기준일 현재 19세 이상의 주민으로서 당해 지방자치단체 관할구역에 주민등록이 되어 있는 자와 19세 이상의 외국인으로서 영주체류자격 취득일 후 3년이 경과한 자 중 지방자치단체 관할 구역의 외국인등록대장에 등재된 자는 주민소환투표권이 있다(주민소환법 제3조 1항).

2) 주민소환투표의 청구 : ① 특별시장·광역시장·도지사는 당해 지방자치단체의 주민소환투표청구권자 총수의 100분의 10 이상, ② 시장·군수·자치구의 구청장은 당해 지방자치단체의 주민소환투표청구권자 총수의 100분의 15이상, ③ 지역선거구 시·도의회의원 및 지역선거구 자치구·시·군의회의원은 당해 지방의회의원

72) 경기도 하남시장이, 주민여론을 충분히 수렴하지 않은 채 독선적으로 광역장사시설을 유치하려 한다는 등의 이유로 주민소환투표청구가 신청되자, 제기한 주민소환에 관한 법률 제1조 등 위헌확인을 구한 헌법소원 사건.

의 선거구 안의 주민소환투표청구권자 총수의 100분의 20 이상 주민의 서명으로 그 소환사유를 서면에 구체적으로 명시하여 관할선거관리위원회에 주민소환투표의 실시를 청구할 수 있다(주민소환법 제7조 1항).

라. 주민소환투표의 청구제한기간

선출직 지방공직자의 임기개시일부터 1년이 경과하지 아니한 때, 선출직 지방공직자의 임기만료일부터 1년 미만인 때, 해당 선출직 지방공직자에 대한 주민소환투표를 실시한 날부터 1년 이내인 때에는 주민소환투표의 실시를 청구할 수 없다(주민소환법 제8조).

마. 권한행사의 정지 및 대행

주민소환투표대상자는 관할선거관리위원회가 주민소환투표안을 공고한 때부터 주민소환투표결과를 공고할 때까지 그 권한행사가 정지된다. 지방자치단체의 장의 권한이 정지된 경우에는 부지방자치단체장이 그 권한을 대행한다(주민소환법 제21조).

바. 주민소환투표결과의 확정과 효력

1) 정족수·공표 : 주민소환투표권자 총수의 3분의 1 이상의 투표와 유효투표 총수 과반수의 찬성으로 확정된다(주민소환법 제22조 1항). 전체 주민소환투표자의 수가 주민소환투표권자 총수의 3분의 1에 미달하는 때에는 개표를 하지 아니한다(법 제22조 2항). 관할선거관리위원회는 개표가 끝난 때에는 지체 없이 그 결과를 공표한 후 소환청구인대표자, 주민소환투표대상자, 관계중앙행정기관의 장, 당해 지방자치단체의 장 및 당해 지방의회의 의장에게 통지하여야 한다(법 제22조 3항).

2) 주민소환투표의 효력 : 주민소환이 확정된 때에는 주민소환투표대상자는 그 결과가 공표된 시점부터 그 직을 상실한다(주민소환법 제23조 1항). 그 직을 상실한 자는 그로 인하여 실시하는 이 법 또는 공직선거법에 의한 해당보궐선거에 후보자로 등록할 수 없다(법 제23조 2항).

사. 주민소환투표에 대한 불복

1) 소청제기 : 주민소환투표의 효력에 관하여 이의가 있는 해당 주민소환투표대상자 또는 주민소환투표권자(주민소환투표권자 총수의 100분의 1 이상의 서명을 받아야 한다)는 주민소환투표결과가 공표된 날부터 14일 이내에 관할선거관리위원회 위원장을 피소청인으로 하여 지역구 시·도의원, 지역구 자치구·시·군의원 또는 시장·

군수·자치구의 구청장을 대상으로 한 주민소환투표에 있어서는 특별시·광역시·도 선거관리위원회에, 시·도지사를 대상으로 한 주민소환투표에 있어서는 중앙선거관리위원회에 소청할 수 있다(주민소환법 제24조 1항).

2) 소송제기 : 위 소청에 대한 결정에 관하여 불복이 있는 소청인은 관할선거관리위원회 위원장을 피고로 하여 그 결정서를 받은 날(결정서를 받지 못한 때에는 결정기간이 종료된 날을 말한다)부터 10일 이내에 지역구 시·도의원, 지역구 자치구·시·군의원 또는 시장·군수·자치구의 구청장을 대상으로 한 주민소환투표에 있어서는 그 선거구를 관할하는 고등법원에, 시·도지사를 대상으로 한 주민소환투표에 있어서는 대법원에 소를 제기할 수 있다(주민소환법 제24조 2항).

6. 선거에 관한 소송

대통령선거 및 국회의원선거에 있어서 선거의 효력에 관하여 이의가 있는 선거인·정당(후보자를 추천한 정당에 한한다) 또는 후보자는 선거일부터 30일 이내에 당해 선거구선거관리위원회 위원장을 피고로 하여 대법원에 소를 제기할 수 있다(공직선거법 제222조 제1항).

지방의회의원 및 지방자치단체의 장의 선거에 있어서 선거의 효력에 관한 제220조의 결정에 불복이 있는 소청인(당선인을 포함한다)은 해당 소청에 대하여 기각 또는 각하 결정이 있는 경우(제220조 제1항의 기간 내에 결정하지 아니한 때를 포함한다)에는 해당 선거구선거관리위원회 위원장을, 인용결정이 있는 경우에는 그 인용결정을 한 선거관리위원회 위원장을 피고로 하여 그 결정서를 받은 날(제220조제1항의 기간 내에 결정하지 아니한 때에는 그 기간이 종료된 날)부터 10일 이내에 비례대표 시·도의원선거 및 시·도지사선거에 있어서는 대법원에, 지역구 시·도의원선거, 자치구·시·군의원선거 및 자치구·시·군의 장 선거에 있어서는 그 선거구를 관할하는 고등법원에 소를 제기할 수 있다(같은 조 제2항).

7. 단체소송(개인정보 단체소송)

「개인정보보호법」은 개인정보에 관한 집단분쟁에 대하여 단체소송 제도를 도입하였다(제51조 이하).[73]

73) § 개인정보보호법 제51조 (단체소송의 대상 등)
다음 각 호의 어느 하나에 해당하는 단체는 개인정보처리자가 제49조에 따른 집단분쟁조정을 거부하거나 집단분쟁조정의 결과를 수락하지 아니한 경우에는 법원에 권리침해 행위의 금지·중지를 구하는 소송(이하 "단체소송"이라 한다)을 제기할 수 있다.

가. 의의

법 제51조 각 호에서 정한 단체는 개인정보처리자가 제49조에 따른 집단분쟁조정을 거부하거나 집단분쟁조정의 결과를 수락하지 아니한 경우에는 법원에 권리침해 행위의 금지·중지를 구하는 소송을 제기할 수 있다(제51조). 단체가 자신의 고유한 권리침해를 다투는 것이 아니라 일반적인 정보주체의 권리침해를 다투는 소송이다. 따라서 객관적 소송의 성격을 갖는다.

나. 요건

1) 원고 : 단체소송을 제기할 수 있는 자는 등록 소비자단체와 비영리민간단체이다. '단체소송의 원고는 변호사를 소송대리인으로 선임하여야 한다'고 규정하여(제53조), 변호사강제주의를 취하고 있다.

2) 분쟁조정 전치주의 : 단체소송을 제기하기 전에 반드시 집단분쟁조정절차를 거쳐야 한다. 법은 "집단분쟁조정을 거부하거나 집단분쟁조정의 결과를 수락하지 아니한 경우에"에 소송을 제기할 수 있도록 하였다(제51조). 단체소송이 남발되는 것을 막기 위한 것이다.

3) 단체소송의 대상 : 단체소송의 대상을 권리침해 행위의 금지·중지를 구하는 소송으로 제한하였다(제51조 참조). 따라서 단체소송을 통하여 권리침해로 인하여 발생한 손해배상을 청구할 수 없다.[74]

다. 관할

단체소송의 소는 피고의 주된 사무소 또는 영업소가 있는 곳, 주된 사무소나 영

---

1. 「소비자기본법」제29조에 따라 공정거래위원회에 등록한 소비자단체로서 다음 각 목의 요건을 모두 갖춘 단체
   가. 정관에 따라 상시적으로 정보주체의 권익증진을 주된 목적으로 하는 단체일 것
   나. 단체의 정회원수가 1천명 이상일 것
   다. 「소비자기본법」 제29조에 따른 등록 후 3년이 경과하였을 것
2. 「비영리민간단체 지원법」제2조에 따른 비영리민간단체로서 다음 각 목의 요건을 모두 갖춘 단체
   가. 법률상 또는 사실상 동일한 침해를 입은 100명 이상의 정보주체로부터 단체소송의 제기를 요청받을 것
   나. 정관에 개인정보 보호를 단체의 목적으로 명시한 후 최근 3년 이상 이를 위한 활동실적이 있을 것
   다. 단체의 상시 구성원수가 5천명 이상일 것
   라. 중앙행정기관에 등록되어 있을 것

74) 김주영·손형섭, 개인정보보호법의 이해, (법문사, 2012년), 156면.

업소가 없는 경우에는 주된 업무담당자의 주소가 있는 곳의 지방법원 본원 합의부의 관할에 전속한다(제52조 제1항). 외국사업자에 적용하는 경우 대한민국에 있는 이들의 주된 사무소·영업소 또는 업무담당자의 주소에 따라 정한다(제52조 제2항).

라. 소송허가

단체소송을 제기하는 단체는 소장과 함께 다음 각 호(① 원고 및 그 소송대리인, ② 피고, ③ 정보주체의 침해된 권리의 내용)의 사항을 기재한 소송허가신청서를 법원에 제출하여야 한다(제54조 1항). 법원은 다음 각 호의 요건(① 개인정보처리자가 분쟁조정위원회의 조정을 거부하거나 조정결과를 수락하지 아니하였을 것, ② 제54조에 따른 소송허가신청서의 기재사항에 흠결이 없을 것)을 모두 갖춘 경우에 한하여 결정으로 단체소송을 허가한다(제55조 1항).

마. 확정판결의 효력

원고의 청구를 기각하는 판결이 확정된 경우 이와 동일한 사안에 관하여는 제51조에 따른 다른 단체는 단체소송을 제기할 수 없다. 다만, 다음 각 호(1. 판결이 확정된 후 그 사안과 관련하여 국가·지방자치단체 또는 국가·지방자치단체가 설립한 기관에 의하여 새로운 증거가 나타난 경우, 2. 기각판결이 원고의 고의로 인한 것임이 밝혀진 경우)의 어느 하나에 해당하는 경우에는 그러하지 아니하다(제56조).

제2절 항고소송의 제기요건

항고소송의 제기요건이란 법원의 본안판결을 구하기 위한 소송요건을 말한다. 소송요건의 일부가 결여되면 그 소는 부적법한 것으로 각하(却下)하게 된다. 소송요건의 충족 여부는 법원의 직권조사사항이다.

항고소송은 ① 행정청의 위법한 처분 등에 대하여, ② 그 취소·변경을 구할 법률상 이익이 있는 자가, ③ 처분 등을 행한 행정청을 피고로 하여, ④ 개별법에 특별한 규정이 있는 경우에는 행정심판을 거쳐, ⑤ 소제기 기간 내에, ⑥ 관할법원에, ⑦ 소장으로 제기하여야 한다.(①·②는 실질적 요건이고, 나머지는 형식적 요건에 해당한다)

제1항 실질적 요건

항고소송은 ① 행정청의 위법한 처분 등에 대하여, ② 그 취소·변경을 구할 법률상 이익이 있는 자가 제기하여야 한다.

즉 항고소송의 대상은 위법한 처분 등이며, 항고소송을 제기할 수 있는 자(원고)는 그 본안판결(취소나 변경)을 구할 법률상 이익이 있는 자(원고적격)이어야 하며, 소송을 제기하여 본안판결을 구할 구체적 이익 내지 필요성(협의의 소의 이익)이 있어야 한다.

1. 위법한 처분

항고소송의 대상이 되는 행정청의 위법한 처분 등(처분 + 재결)이 존재하여야 한다. 처분 등이 존재하지 아니하면 각하한다. 또한 처분이 취소소송의 대상이 되기 위해서는 처분 등의 존재와는 별도로 처분 등이 성립요건과 효력발생요건을 갖추지 못한 하자가 있어 위법하다는 원고의 주장이 요구된다.

2. 당사자능력

가. 원고의 당사자능력

민사소송의 경우와 동일하게 당사자능력이 있어야 한다. 자연인 및 법인은 물론, 비법인 사단이나 재단은 당사자소송의 원·피고 및 항고소송의 원고가 될 수 있다. 국가도 권리·의무의 귀속주체로서 행정소송에서 원고로서의 당사자능력을 갖는다.[75)]

국가기관이나 행정청 등이 항고소송의 원고가 될 수 있는지 문제된다.

판례는 충북대학교총장이 연기군수를 상대로 제기한 국토이용계획변경신청거부처분 취소사건에서 충북대학교총장은 국가가 설치한 충북대학교의 대표자일 뿐 항고소송의 원고가 될 수 있는 당사자능력이 없어 부적법하다고 각하한 바 있고(대법원 2007.9.20. 선고 2005두6935 판결), 강원대학교총장이 교육과학기술부장관을 상대로 제기한 학생모집정지처분과 취소명령 취소사건에서 국립대는 당사자능력이 인정되지 않는다고 각하한 사례가 있다(서울행정법원 2012.5.17.선고 2011구합32485 판결 ☞ 원고가 항소하였으나, 2012.10.5. 소취하 하였다).

그러나 대법원은 경기도선거관리위원회 위원장이 원고가 되어 국민권익위원회를 피고로 하여 제기한 '불이익처분 원상회복요구처분취소'사건에서는 원고의 당

---

75) 서울행정법원 2009.6.5. 선고 2009구합6391 판결(⇒ 관악구 보건소장이 서울대학교 보건진료소에 대하여 직권폐업처분을 하자, 국가는 관악구 보건소장의 처분에 대한 직권폐업처분무효확인 등 소송을 제기하였고, 1심에서 국가가 승소하였고, 제2심에서 항소기각, 대법원에서 심리불속행으로 확정되었다. 대법원 2010.3.11. 선고 2009두23129 판결).

사자능력을 인정하였다(대법원 2013.7.25. 선고 2011두1214 판결).

◈ 대법원 2013.7.25. 선고 2011두1214 판결【불이익처분원상회복등요구처분취소】

갑이 국민권익위원회에 부패방지 및 국민권익위원회의 설치와 운영에 관한 법률(이하 '국민권익위원회법'이라 한다)에 따른 신고와 신분보장조치를 요구하였고, 국민권익위원회(피고)가 갑의 소속기관 장인 을[경기도선거관리위원회 위원장-원고]에게 '갑에 대한 중징계요구를 취소하고 향후 신고로 인한 신분상 불이익처분 및 근무조건상의 차별을 하지 말 것을 요구'하는 내용의 조치요구를 한 사안에서, 국가기관 일방의 조치요구에 불응한 상대방 국가기관에 국민권익위원회법상의 제재규정과 같은 중대한 불이익을 직접적으로 규정한 다른 법령의 사례를 찾아보기 어려운 점, 그럼에도 을이 국민권익위원회의 조치요구를 다툴 별다른 방법이 없는 점 등에 비추어 보면, 처분성이 인정되는 위 조치요구에 불복하고자 하는 을로서는 조치요구의 취소를 구하는 항고소송을 제기하는 것이 유효·적절한 수단이므로 비록 을이 국가기관이더라도 당사자능력 및 원고적격을 가진다고 보는 것이 타당하고, 을이 위 조치요구 후 갑을 파면하였다고 하더라도 조치요구가 곧바로 실효된다고 할 수 없고 을은 여전히 조치요구를 따라야 할 의무를 부담하므로 을에게는 위 조치요구의 취소를 구할 법률상 이익도 있다고 본 원심판단을 정당하다고 한 사례.

[해설] ☞ 이 사건 판결은 국가기관도 항고소송의 당사자능력 및 원고적격을 갖는다고 본 최초의 판결이다. 다만, 국가기관의 당사자능력 및 원고적격을 일반적으로 인정한 것은 아니고, 다른 기관의 처분에 의해 국가기관이 불이익을 받을 수 있는 상황이고 항고소송 이외의 다른 구제수단이 없는 상황에 한해 항고소송을 제기할 수 있다고 보았다.

나. 피고의 당사자능력

항고소송에서의 피고는 민사소송의 경우와는 달리, 실체법상의 권리능력은 물론 민사소송법상의 당사자능력도 없는 행정청이 당사자능력을 갖는다(행소 제13, 제38조). 피고적격은 처분 등의 효과가 귀속되는 권리주체(국가나 공공단체)가 가지는 것이 원칙이나, 「행정소송법」은 취소소송에서 소송수행의 편의를 위해서 처분을 행한 행정청에게 피고의 능력을 부여하고 피고적격을 인정하였다.

3. 원고적격

가. 원고적격의 의의

취소소송은 처분 등의 취소를 구할 법률상 이익이 있는 자가 제기할 수 있다(행소 제12조 1문). 항고소송을 제기할 수 있는 법률상 이익이 있는 자는 원고적격이 있게 된다. 원고적격은 소송요건에 해당하므로, 법원이 당사자의 주장에 구애됨이 없이 직권으로 심리 판단하여 흠결이 있는 경우에는 본안에 관한 판단을 하지 않고 곧바로 소를 각하한다.

나. 원고적격이 인정되는 자

1) 상대방 : 행정처분의 상대방은 원칙적으로 원고적격을 갖는다(상대방이론). 즉, 당해 처분이 개인의 권익을 제한하는 침익적 처분인 경우에는 물론이고, 당해 처분이 상대방의 신청에 대한 거부처분인 경우에도 영업허가·건축허가의 신청과 같이 관계법상 상대방에게 당해 행위의 발급신청권이 인정되는 경우에는, 그 위법한 거부처분의 상대방에게는 원고적격이 인정된다.

당해 신청이 자동차운송사업 허가와 같이 특허 등에 관한 것으로서 처분청에 재량권이 인정되는 경우에도, 신청인에게는 당해 신청에 대하여 그 결정과정에 있어 재량권의 일탈·남용이 없는 적법한 결정을 구하는 청구권이 인정되므로(이른바 무하자재량행사청구권), 그 거부처분의 결정과정상에 하자가 있는 경우에는 신청인에게 당해 처분의 취소를 구할 원고적격이 인정된다.

2) 상대방 이외의 자 : 「행정소송법」제12조는 "행정소송은 처분 등의 취소를 구할 법률상 이익이 있는 자가 제기 할 수 있다"고 규정하고 있으므로, 행정처분 등의 직접 상대방이 아니더라도 처분 등의 취소를 구할 법률상 이익이 있는 자(예컨대 제3자효 행정행위에서의 제3자)는 원고적격을 갖게 된다. 결국 현행법상 원고적격의 문제는 '법률상 이익이 있는 자'의 해석문제로 돌아간다.

다. 법률상 이익을 가진 자

「행정소송법」제12조의 '법률상 이익'이 무엇을 의미하고 어느 범위까지 원고적격을 인정할 것인가에 대하여 ① 권리구제설 ② 법률상 보호이익설 ③ 보호가치 있는 이익설 ④ 적법성보장설 등 견해가 있다.

통설과 판례(대법원 1993.7.27. 선고 93누8139판결, 대법원 2006.3.16. 선고 2006두330 전원합의체 판결, 대법원 2008.3.27. 선고 2007두23811 판결 등)는 「행정소송법」 제12조 전문이 '취소소송은 처분 등의 취소를 구할 법률상의 이익이 있는 자가 제기할 수 있다'고 규정하고 있음에 터 잡아 법률상 보호이익설을 취하고 있다.

라. 공권과의 관계

「행정소송법」제12조는 원고적격(「행정심판법」제13조의 청구인적격도 같다)과 관련하여 '법률상 이익'이란 용어를 사용하고 있는데, 종래에는 공권과 반사적 이익의 중간영역에 법률상 보호이익의 개념을 별도로 인정하여 법률상 보호이익과 공권을 합친 것을 법률상 이익으로 보았다.[76]

공권 ―――― 법률상 보호이익 ―――― 반사적 이익
〈법률상 이익〉

근래에는 법률상 보호이익도 공권성립의 3요소(강행법규의 존재, 사익보호성, 소구가능성)를 모두 갖추고 있기 때문에 공권으로 보게 되며, 따라서 공권과 법률상 보호이익 그리고 법률상 이익은 동일한 것으로 보고 구별할 필요가 없다는 것이 일반적인 견해이다.

마. 판단기준

법률상 이익에는 개인적 공권의 성립요건인 강행법규의 존재와 그 법규의 사익보호성을 전제로 한다. 따라서 「행정소송법」 제12조의 '법률상 이익'의 법률은 개인의 이익[私益]보호도 목적으로 하는 법률을 의미한다.

판례는 전통적으로 '법률상 이익이란 당해 처분의 근거 법률에 의하여 직접 보호되는 구체적인 이익을 말한다'고 하여 기본적으로 당해 처분의 근거되는 법률만을 고려했다(대법원 1989.5.23. 선고 88누8135 판결, 대법원 1993.7.27. 선고 93누8139 판결, 대법원 2002.8.23. 선고 2002추61 판결 등). 그러나 최근의 판례는 근거법규 및 관련 법규의 합리적 해석상 보호되는 이익까지 포함하는 것으로 확장 해석해 오고 있다(대법원 2004.8.16. 선고 2003두2175 판결, 대법원 2008.3.27. 선고 2007두23811 판결 등).

처분으로 인하여 헌법상의 기본권이 침해된다는 사유만으로 원고적격이 인정되는지에 관하여, 대법원은 '새만금사건'에 관한 전원합의체 판결(대법원 2006.3.16. 선고 2006두330 전원합의체 판결)에서 「헌법」제35조 1항에서 정하고 있는 환경권에 관한 규정만으로는 그 권리의 주체·대상·내용·행사방법 등이 구체적으로 정립되어 있다고 볼 수 없다고 하여 환경영향평가 대상지역 밖에 거주하는 주민에게는 헌법상의 환경권에 근거하여서는 공유수면매립처분과 농지개량사업 시행인가처분의 무효확인을 구할 원고적격이 인정될 수 없다고 판시하고 있다.

76) 법률상 보호이익은 행정소송을 통해 구제받을 수 있는 이익의 범위를 확대하기 위해 도입된 개념이다.

법률상 이익의 성립요건인 사익(私益)은 직접적·구체적인 것이어야 하고, 다만 공익보호의 결과로 발생하는 간접적이고 사실적·경제적 이해관계는 포함하지 않는다(대법원 2004.8.16. 선고 2003두2175 판결, 대법원 2012.7.5. 선고 2011두13187,13194 판결).

◈ 대법원 2004.8.16. 선고 2003두2175 판결【주택건설사업계획승인처분취소】

여기에서 말하는 법률상 보호되는 이익이라 함은 당해 처분의 근거 법규 및 관련 법규에 의하여 보호되는 개별적·직접적·구체적 이익이 있는 경우를 말하고, 다만 공익보호의 결과로 국민 일반이 공통적으로 가지는 일반적·간접적·추상적 이익과 같이 사실적·경제적 이해관계를 가지는 데 불과한 경우는 여기에 포함되지 아니한다고 할 것이며, 또 당해 처분의 근거 법규 및 관련 법규에 의하여 보호되는 법률상 이익이라 함은 — 명시적으로 당해 이익을 보호하는 명문의 규정이 없더라도 근거 법규 및 관련 법규의 합리적 해석상 그 법규에서 행정청을 제약하는 이유가 순수한 공익의 보호만이 아닌 개별적·직접적·구체적 이익을 보호하는 취지가 포함되어 있다고 해석되는 경우까지를 말한다.

◈ 대법원 2008.3.27. 선고 2007두23811 판결【담배소매인지정처분취소】

[1] 행정처분의 직접 상대방이 아닌 제3자라 하더라도 당해 행정처분으로 인하여 법률상 보호되는 이익을 침해당한 경우에는 그 처분의 취소나 무효확인을 구하는 행정소송을 제기하여 그 당부의 판단을 받을 자격이 있다 할 것이며, 여기에서 말하는 법률상 보호되는 이익이라 함은 당해 처분의 근거 법규 및 관련 법규에 의하여 보호되는 개별적·직접적·구체적 이익이 있는 경우를 말하고, 일반적으로 면허나 인·허가 등의 수익적 행정처분의 근거가 되는 법률이 해당 업자들 사이의 과당경쟁으로 인한 경영의 불합리를 방지하는 것도 그 목적으로 하고 있는 경우, 다른 업자에 대한 면허나 인·허가 등의 수익적 행정처분에 대하여 미리 같은 종류의 면허나 인·허가 등의 수익적 행정처분을 받아 영업을 하고 있는 기존의 업자는 경업자에 대하여 이루어진 면허나 인·허가 등 행정처분의 상대방이 아니라 하더라도 당해 행정처분의 취소를 구할 원고적격이 있다(대법원 2006.7.28. 선고 2004두6716 판결 등 참조).

[2] **담배 일반소매인으로 지정되어 영업을 하고 있는 기존업자의 신규업자에 대한 이익이 '법률상 보호되는 이익'에 해당하는지 여부(적극)**[77] : 담배 일반소매인의 지정기준으로서 일반소매인의 영업소 간에 일정한 거리제한을 두고 있는 것은 담배유통구조의 확립을 통하여 국민의 건강과 관련되고 국가 등의 주요 세원이 되는 담배산업 전반의 건전한 발전

77) **[사실관계]** : 원고 甲은 2002.5.1. 피고(군산시장)로부터 담배 일반소매인 지정을 받은 후 현재까지 담배소매인 영업을 하고 있는데, 피고가 2006.12.20. 乙(피고 보조참가인)에게 甲의 영업소와 77미터 거리에 있는 곳에 담배 일반소매인으로 지정하는 이 사건 처분을 하였다. 이에 甲이 군산시장을 상대로 乙에 대한 이 사건 담배 일반소매인 지정처분의 취소를 구하는 소송을 제기하였다

도모 및 국민경제에의 이바지라는 공익목적을 달성하고자 함과 동시에 일반소매인 간의 과당경쟁으로 인한 불합리한 경영을 방지함으로써 일반소매인의 경영상 이익을 보호하는 데에도 그 목적이 있다고 보이므로, 일반소매인으로 지정되어 영업을 하고 있는 기존업자의 신규 일반소매인에 대한 이익은 단순한 사실상의 반사적 이익이 아니라 법률상 보호되는 이익이라고 해석함이 상당하다.[78)]

[비교 판례] ☞ 담배구내소매인과 담배일반소매인 간에는 영업소 상호간의 거리제한이 없고 일반소매인의 입장에서는 구내소매인과의 과당경쟁으로 인한 경영의 불합리를 방지하기 위한 것으로 볼 수 없기 때문에 담배일반소매인으로 지정되어 영업하고 있는 기존업자가 신규로 담배구내소매인지정에 대하여 갖는 이익은 단순한 사실상의 반사적 이익에 불과하다고 본 사례(대법원 2008.4.10. 선고 2008두402 판결).

◈ 대법원 2012.7.5. 선고 2011두13187,13194 판결【절대보전지역변경처분무효확인·절대보전지역변경(해제)처분무효확인등】

국방부 민·군 복합형 관광미항(제주해군기지) 사업시행을 위한 해군본부의 요청에 따라 제주특별자치도지사가 절대보존지역이던 서귀포시 강정동 해안변지역에 관하여 절대보존지역을 변경(축소)하고 고시한 사안에서, 절대보존지역의 유지로 지역주민회와 주민들이 가지는 주거 및 생활환경상 이익은 지역의 경관 등이 보호됨으로써 반사적으로 누리는 것일 뿐 근거 법규 또는 관련 법규에 의하여 보호되는 개별적·직접적·구체적 이익이라고 할 수 없다는 이유로, 지역주민회 등은 위 처분을 다툴 원고적격이 없다고 한 사례

판례는 경원관계에서 처분을 받지 못한 사람이 자신에게 한 거부처분의 취소를 구할 원고적격이 있으며, 거부처분에 대한 취소를 구할 소의 이익이 있다고 한다(대법원 2015.10.29. 선고 2013두27517 판결).

◈ 대법원 2015.10.29. 선고 2013두27517 판결【주유소운영사업자불선정처분취소】

인가·허가 등 수익적 행정처분을 신청한 여러 사람이 서로 경원관계에 있어서 한 사람에 대한 허가 등 처분이 다른 사람에 대한 불허가 등으로 귀결될 수밖에 없을 때 허가 등 처분을 받지 못한 사람은 신청에 대한 거부처분의 직접 상대방으로서 원칙적으로 자신에 대한 거부처분의 취소를 구할 **원고적격**이 있고,// 취소판결이 확정되는 경우 판결의 직접적인 효과로 경원자에 대한 허가 등 처분이 취소되거나 효력이 소멸되는 것은 아니더라도 행정청은 취소판결의 기속력에 따라 판결에서 확인된 위법사유를 배제한 상태에서 취소판결의 원고와 경

78) 이 사건 처분으로 인한 원고의 영업상 피해는 간접적·사실적 피해에 불과할 뿐 법률상 보호되는 이익이 침해됐다고 하기 어려워, 원고는 이 사건 처분의 취소를 구할 당사자적격이 없다고 한 원심(광주고법 2007.10.19. 선고 2007누738 판결)을 파기 환송하였다.

원자의 각 신청에 관하여 처분요건의 구비 여부와 우열을 다시 심사하여야 할 의무가 있으며, 재심사 결과 경원자에 대한 수익적 처분이 직권취소되고 취소판결의 원고에게 수익적 처분이 이루어질 가능성을 완전히 배제할 수는 없으므로, 특별한 사정이 없는 한 경원관계에서 허가 등 처분을 받지 못한 사람은 자신에 대한 거부처분의 취소를 구할 소의 이익이 있다.

4. 협의의 소의 이익

가. 의의

행정작용으로 권익을 침해당한 경우에 그 행정작용의 취소나 무효확인으로 인하여 현실로 침해된 권익에 대한 구제가 실현될 수 있어야 하고, 권익구제가 현실적으로 불가능한 경우에는 그 소송은 본안판결을 구할 구체적 이익, 즉 소의 이익이 없게 된다. 협의의 소의 이익은 직권조사사항이다.

판례도 위법한 행정처분의 취소를 구하는 소는 위법한 처분에 의하여 발생한 위법상태를 배제하여 원상으로 회복시키고 그 처분으로 침해되거나 방해받은 권리와 이익을 보호·구제하고자 하는 소송이므로, 비록 그 위법한 처분을 취소한다고 하더라도 원상회복이 불가능한 경우에는 그 취소를 구할 소의 이익이 없다고 한다.[79]

또한 해당 처분 등의 취소를 구하는 것보다 실효적이고 직접적인 구제수단이 있음에도 처분 등의 취소를 구하는 것은 특별한 사정이 없는 한 분쟁해결의 유효적절한 수단이라고 할 수 없어 법률상 이익이 있다고 할 수 없다. 따라서 거부처분이 재결에서 취소된 경우 재결에 따른 후속처분이 아니라 그 재결의 취소를 구하는 것은 실효적이고 직접적인 권리구제수단이 될 수 없어 분쟁해결의 유효적절한 수단이라고 할 수 없으므로 법률상 이익이 없다(대법원 2017.10.31. 선고 2015두45045 판결).

◈ 대법원 2017.10.31. 선고 2015두45045 판결【주택건설사업계획변경승인신청 반려처분 취소재결 취소】

사실관계 : A사는 충북 진천군에 아파트를 건설하겠다며 주택건설사업계획승인을 받아 사업을 진행했다. 그 후 경매절차를 통해 사업부지와 A사가 짓던 아파트를 낙찰받은 B사가 진천군에 사업계획승인을 신청했다. 진천군은 서류미비를 이유로 B사의 신청을 반려했고, B사는 충북행정심판위원회에 반려처분의 취소를 구하는 행정심판을 제기하였다. 행심위는 B사의 청구를 인용하는 재결(진천군의 반려처분을 취소한다는 재결)을 하였고, 이에 따라 진천군은

79) 대법원 1987.2.24. 선고 86누676 판결 참조 ⇒ 주택자재생산공장이 이미 철거되고 없다면, 그에 대한 행정청의 등록거부처분이 위법한 것이라고 하더라도 그 등록의 대상이 없어졌으므로 그 취소를 구할 소의 이익은 없다.

B사의 사업계획변경을 승인했다. 그러자 A사는 법원에 행심위의 취소재결을 취소하라는 소송을 제기하였다.

당사자의 신청을 받아들이지 않은 거부처분이 재결에서 취소된 경우에 행정청은 종전 거부처분 또는 재결 후에 발생한 새로운 사유를 내세워 다시 거부처분을 할 수 있다. 그 재결의 취지에 따라 이전의 신청에 대하여 다시 어떠한 처분을 하여야 할지는 처분을 할 때의 법령과 사실을 기준으로 판단하여야 하기 때문이다. 또한 행정청이 재결에 따라 이전의 신청을 받아들이는 후속처분을 하였더라도 후속처분이 위법한 경우에는 재결에 대한 취소소송을 제기하지 않고도 곧바로 후속처분에 대한 항고소송을 제기하여 다툴 수 있다. 나아가 거부처분을 취소하는 재결이 있더라도 그에 따른 후속처분이 있기까지는 제3자의 권리나 이익에 변동이 있다고 볼 수 없고 후속처분 시에 비로소 제3자의 권리나 이익에 변동이 발생하며, 재결에 대한 항고소송을 제기하여 재결을 취소하는 판결이 확정되더라도 그와 별도로 후속처분이 취소되지 않는 이상 후속처분으로 인한 제3자의 권리나 이익에 대한 침해 상태는 여전히 유지된다. 이러한 점들을 종합하면, 거부처분이 재결에서 취소된 경우 재결에 따른 후속처분이 아니라 그 재결의 취소를 구하는 것은 실효적이고 직접적인 권리구제수단이 될 수 없어 분쟁해결의 유효적절한 수단이라고 할 수 없으므로 법률상 이익이 없다.

나. 행정소송법 제12조 후문의 법률상 이익

「행정소송법」제12조 전문은 취소소송의 원고적격을, 후문은 취소소송의 협의의 소의 이익을 규정하고 있다고 보는 것이 일반적이다.

제12조 후문의 '법률상의 이익'은 원고적격에서의 법률상 이익보다 넓은 개념이며, 부수적 이익(附隨的利益)도 포함된다. 이 부수적 이익에 어떠한 이익이 포함될 것인지에 관하여는 견해가 나뉘고 있다.

판례는, 공무원이 자신에 대한 파면처분을 다투는 중에 정년에 도달한 경우에는 파면처분이 취소되어도 공무원의 지위가 회복될 수 없는 것이나, 당해 처분이 취소되면 징계처분 이후의 급료나 퇴직금 청구를 구할 필요가 있거나 다른 공직에의 취임제한 등의 불이익배제를 위하여 필요한 때에는 그 취소를 구할 소의 이익이 있는 것으로 본다(대법원 2009.1.30. 선고 2007두13487 판결,[80] 대법원 2012.2.23. 선고 2011두5001 판결). 현역병입영통지처분이 입영대상자의 입영으로 집행종료 되었다고 하더라도 그 처분은 입영 이후의 법률관계에도 영향을 미치므로 취소를 구할 소송상의 이익이 있다고 본다(대법원 2003.12.26. 선고 2003두1875 판결).

---

80) 대법원 2009.1.30. 선고 2007두13487 판결【본회의개의및본회의제명의결처분취소】⇒ 지방의회 의원에 대한 제명의결 취소소송 계속중 의원의 임기가 만료된 사안에서, 제명의결의 취소로 의원의 지위를 회복할 수는 없다 하더라도 제명의결시부터 임기만료일까지의 기간에 대한 월정수당의 지급을 구할 수 있는 등 여전히 그 제명의결의 취소를 구할 법률상 이익이 있다고 본 사례.

◈ 대법원 2012.2.23. 선고 2011두5001 판결【해임처분무효】

해임처분 무효확인 또는 취소소송 계속 중 임기가 만료되어 해임처분의 무효확인 또는 취소로 지위를 회복할 수는 없다고 할지라도, 그 무효확인 또는 취소로 해임처분일부터 임기만료일까지 기간에 대한 보수 지급을 구할 수 있는 경우에는 해임처분의 무효확인 또는 취소를 구할 법률상 이익이 있다. 해임권자와 보수지급의무자가 다른 경우에도 마찬가지이다.[81)]

그러나, 명예·신용 등 인격적 이익의 침해(대법원 1978.5.23. 선고 78누72 판결)나[82)] 다른 소송에서 유리하게 이용하는 등 사실적·경제적 이익은 처분의 취소를 구할 법률상 이익에 해당하지 않는다고 본다(대법원 2002.1.11. 선고 2000두2457 판결).

◈ 대법원 2002.1.11. 선고 2000두2457 판결【소음진동배출시설허가취소처분등취소】

[1] **(소음·진동 배출시설에 대한 설치허가가 취소된 후 그 배출시설이 철거된 경우, 위 취소처분의 취소를 구할 소의 이익이 있는지 여부)** : 원고가 이 사건 처분이 위법하다는 점에 대한 판결을 받아 피고에 대한 손해배상청구소송에서 이를 원용할 수 있다거나 위 배출시설을 다른 지역으로 이전하는 경우 행정상의 편의를 제공받을 수 있는 이익이 있다 하더라도, 그러한 이익은 사실적·경제적 이익에 불과하여 이 사건 처분의 취소를 구할 법률상 이익에 해당하지 않는다.

[2] 배출시설에 대한 설치허가가 취소된 후 그 배출시설이 어떠한 경위로든 철거되어 다시 복구 등을 통하여 배출시설을 가동할 수 없는 상태라면 이는 배출시설 설치허가의 대상이 되지 아니하므로 외형상 설치허가취소행위가 잔존하고 있다고 하여도 특단의 사정이 없는 한 이제 와서 굳이 위 처분의 취소를 구할 법률상의 이익이 없다.

요건대, 부수적 이익에는 넓은 의미의 법률상 이익이 있으면 포함하되(대법원 2011두5001 판결 등), 단지 사실상 이익에 불과한 경우(대법원 2000두2457 판결, 78누72 판결)에는 해당하지 않는다.

---

81) 한국방송공사 사장 해임 사건

82) 대법원 1978.5.23. 선고 78누72 판결[전기공사기능사자격정지처분취소] ⇒ 자격정지처분의 취소청구에 있어 그 정지기간이 경과된 이상 그 처분의 취소를 구할 이익이 없고 설사 그 처분으로 인하여 명예·신용 등 인격적인 이익이 침해되어 그 침해상태가 자격정지기간 경과 후까지 잔존하더라도 이와 같은 불이익은 동 처분의 직접적인 효과라고 할 수 없다.

제2항 형식적 요건

1. 피고적격

가. 처분행정청

취소소송은 다른 법률에 특별한 규정이 없는 한 그 처분 등을 행한 행정청을 피고로 한다. 다만, 처분 등이 있은 뒤에 그 처분 등에 관계되는 권한이 다른 행정청에 승계된 때에는 이를 승계한 행정청을 피고로 한다(행소 제13조 1항).

1) 행정청

'처분 등을 행한 행정청'이란 그의 이름으로 처분이나 재결을 한 행정청(처분청·재결청)을 말한다. 정당한 권한을 가진 행정청인지 여부는 불문한다.

행정청은 행정주체(국가·지방자치단체)의 의사를 결정하고 표시할 수 있는 권한을 가진 행정기관이다.[83] 행정청은 권리주체는 아니므로 원래는 권리주체인 국가나 지방자치단체 등이 피고가 되어야 할 것이나, 「행정소송법」은 취소소송에서 소송수행의 편의를 위하여 처분을 행한 행정청에 피고적격을 인정한 것이다.

2) 합의체행정청

처분청이 합의제행정청(예컨대 토지수용위원회, 공정거래위원회, 감사원 등)인 경우에는 당해 합의제행정청이 피고가 된다. 의결기관이라고 하더라도 「국가공무원법」상의 징계위원회와 같이 그 위원회의 의결을 거쳐 징계위원회가 설치된 행정기관의 장이 징계를 행하는 경우(국가공무원법 제82조)에는 대외적인 의사를 표시하는 권한을 가진 행정기관의 장이 행정청으로서 피고가 된다.

「노동위원회법」은 중앙노동위원회의 처분에 대한 소는 중앙노동위원회위원장을 피고로 하여 제기하도록 하고 있으므로(법 제27조 제1항),[84] 중앙노동위원회의 처분(예컨대, 부당노동행위 등에 대한 재심판정 등)에 대하여는 중앙노동위원회위원장을 피고로 하여야 한다.

---

83) 행정기관이란 법적으로 부여된 권한을 행정주체를 위하여 행사하는 행정주체 내부의 구성단위이다.

84) § 노동위원회법 제27조(중앙노동위원회의 처분에 대한 소)
① 중앙노동위원회의 처분에 대한 소는 중앙노동위원회위원장을 피고로 하여 처분의 통지를 받은 날부터 15일 이내에 이를 제기하여야 한다.
② 이 법에 의한 소의 제기로 처분의 효력은 정지하지 아니한다.
③ 제1항의 기간은 불변기간으로 한다.

3) 지방의회

① 지방의회의 피고적격 : 지방의회는 지방자치단체 내부의 의결기관이지 지방자치단체의 의사를 외부에 표시하는 기관이 아니므로, 조례가 항고소송의 대상이 되는 경우에는 조례를 공포한 지방자치단체의 장이 피고가 된다. 교육·학예에 관한 조례는 시·도 교육감이 피고가 된다(대법원 1996.9.20. 선고 95누8003 판결 ☞ 두밀분교를 폐지하는 개정조례안의 무효확인청구 사건).

② 징계의결에 있어서 지방의회의 지위 : 국회의원에 대한 징계처분에 대하여는 「헌법」 제64조 제4항이 국회의 자율권을 존중하여 행정소송을 제기할 수 없다고 규정하고 있으므로 행정소송의 대상이 되지 아니하나, 그러한 특별 규정이 없는 지방의회의 의원에 대한 징계의결이 항고소송의 대상이 되는 처분인지 문제된다. 지방의회의원에 대한 징계의결은 당해 의원의 의원직 박탈을 가져온다는 점에서 국민의 권리의무에 직접 관계가 있는 법률효과를 발생시키는 것으로 징계의결은 항고소송의 대상이 된다(대법원 1993.11.26. 선고 93누7341 판결). 징계의결에 있어서 지방의회는 의사결정을 하고 자신의 이름으로 처분을 발하는 행정청이 되며, 해당 의원에게 우월한 공권력의 주체로서 일방적으로 징계를 행한다. 또한 징계의결은 일반적·추상적 규율인 조례 등의 의결과 달리 특정 개인에게 구체적이고 직접적인 영향을 미치므로 구체적 사실에 관한 법집행이다.

지방의회의장에 대한 불신임결의(대법원 1994.10.11. 자 94두23 결정),[85] 지방의회 의원에 대한 제명의결(대법원 2009.1.30. 선고 2007두13487 판결),[86] 의장선출(대법원 1995.1.12. 선고 94누2602 판결)도 행정처분의 일종으로 항고소송의 대상이 된다.

◈ 대법원 1995.1.12. 선고 94누2602 판결【임시총회무효확인】[87]

지방의회의 의장은 지방자치법 제43조, 제44조의 규정에 의하여 의회를 대표하고 의사를 정리하며, 회의장 내의 질서를 유지하고 의회의 사무를 감독할 뿐만 아니라 위원회에 출석하여 발언할 수 있는 등의 직무권한을 가지는 것이므로, 지방의회의 의사를 결정·공표하여 그 당

---

85) 광주직할시 서구의회(재항고인)에서 의장에 대한 불신임 의결한 사건.

86) 인천광역시 서구의회(피고)가 의원(원고)에 대한 제명 의결한 사건.

87) [사실관계] : 김제군의회(피고) 의장선거에서 낙선한 원고가 의장선임의결의 무효확인을 구한 사건으로, 원심(광주고법)은 지방의회 의장선거는 지방의회 내부의 조직이나 구성을 위한 행위로서 지방의회의 의원 개개인이 투표한 집계에 불과하고 의회 자체의 의사결정이라고 볼 수 없고 당선자의 선포도 투표한 결과 내지 집계를 확인하여 선포하는 행위에 불과하므로 지방의회 의장선거는 항고소송의 대상인 행정처분이라고 볼 수 없다는 이유로 각하하였다. 이에 원고가 상고한 사건이다.

선자에게 이와 같은 의장으로서의 직무권한을 부여하는 지방의회의 의장선거는 행정처분의 일종으로서 항고소송의 대상이 된다고 할 것이다.

나. 권한의 위임·대리

1) 권한의 위임 : 권한의 위임 또는 위탁이 있는 경우에는 수임행정청 또는 수탁행정청에게 권한이 이전된다(행소 제2조 2항 참조). 수임행정청의 처분 등이 취소소송의 대상이 된 때에는, 그 수임행정청이 자기의 사무로서 한 것이므로 그 수임행정청이 피고가 됨은 물론이다(대법원 1992.9.22. 선고 91누11292 판결 등[88]).

2) 권한의 대리 또는 내부위임 : 권한의 대리나 내부위임의 경우에는 권한의 이전을 가져오는 것이 아니며 그 처분권한을 가지는 원행정청의 이름으로 처분 등을 하는 것이므로, 그 원행정청이 처분행정청으로서 피고적격을 갖는다(대법원 1991.10.8. 선고 91누520 판결[89]).

◈ 대법원 1989.9.12. 선고 89누671 판결【석유판매업허가취소처분취소】

권한위임과 내부위임의 차이점 : 행정권한의 위임은 행정관청이 법률에 따라 특정한 권한을 다른 행정관청에 이전하여 수임관청의 권한으로 행사하도록 하는 것이어서 권한의 법적인 귀속을 변경하는 것임에 대하여, 행정권한의 내부위임은 행정관청의 내부적인 사무처리의 편의를 도모하기 위하여 그의 보조기관 또는 하급행정관청으로 하여금 그의 권한을 사실상 행하도록 하는데 그치는 것이므로, 권한위임의 경우에는 수임관청이 자기의 이름으로 그 권한을 행사할 수 있지만, 내부위임의 경우에는 수임관청은 위임관청의 이름으로만 그 권한을 행사할 수 있을 뿐 자기의 이름으로는 그 권한을 행사할 수 없다.

행정청의 권한을 대리하거나 내부위임 받은 행정청이 대리관계를 밝히지 않고 자기의 이름으로 행정처분을 행한 경우에는 그 처분 등의 처분행정청은 현실적으로 그 대리자 또는 내부위임을 받은 자이므로 처분명의자인 행정청이 피고가 된다(대법원 2006.2.23. 자 2005부4 결정, 대법원 1991.2.22. 선고 90누5641 판결 등). 이 경우에는 권한

---

88) 대법원 1992.9.22. 선고 91누11292 판결 ⇒ ([**사실관계**] : 건설부장관이 인천시장에게 도시계획시설결정취소권한을 위임하였음에도, 한보개발 주식회사(원고)가 건설부장관을 피고로 하여 제기한 도시계획시설결정취소사건). 이 사건 결정 당시 시행하던 구 도시계획법에 의하면, 유원지에 대한 도시계획시설의 설치·정비·개량에 관한 계획의 결정 및 변경결정에 관한 권한은 건설부장관으로부터 시·도지사에게 위임된 것이고, 이와 같이 권한의 위임이 행하여진 때에는 위임관청은 그 사무를 처리할 권한을 잃는다 할 것이므로, 피고인 건설부장관은 이 사건 도시계획시설결정 당시 기존의 도시계획시설(유원지)결정을 취소·폐지 또는 변경할 권한이 없었다 할 것이다.

89) 대법원 1991.10.8. 선고 91누520 판결 ⇒ 구청장이 서울특별시장의 이름으로 한 직위해제 및 파면의 처분청은 서울특별시장이므로 구청장을 피고로 한 소를 각하한 원심의 판단이 정당하다고 한 사례.

없이 한 처분이어서, 그 처분의 위법성이 인정되어 원고의 주장대로 취소될 가능성이 클 것이다.

◈ 대법원 1991.2.22. 선고 90누5641 판결【공원사용료부과처분취소】

상급행정청으로부터 내부위임을 받은 데 불과한 하급행정청이 권한 없이 한 행정처분에 대한 행정소송의 피고적격(=하급행정청) : 행정처분의 취소 또는 무효확인을 구하는 행정소송은 다른 법률에 특별한 규정이 없는 한 그 처분을 행한 행정청을 피고로 하여야 하며, 행정처분을 행할 적법한 권한 있는 상급행정청으로부터 내부위임을 받은데 불과한 하급행정청이 권한 없이 행정처분을 한 경우에도 실제로 그 처분을 행한 하급행정청을 피고로 하여야 할 것이지 그 처분을 행할 적법한 권한 있는 상급행정청을 피고로 할 것이 아니므로 부산직할시장의 산하기관인 부산직할시 금강공원 관리사업소장이 한 공단사용료 부과처분에 대하여 가사 위 사업소장이 부산직할시로부터 단순히 내부위임만을 받은 경우라 하더라도 이의 취소를 구하는 소송은 위 금강공원 관리사업소장을 피고로 하여야 한다.

다. 다른 법률에 특별한 규정이 있는 경우

대통령이 공무원에 대하여 징계 기타 불이익처분을 한 경우에는 소속 장관(경찰공무원에 대한 징계처분의 경우에는 경찰청장 또는 해양경찰청장)을 피고로 하고(국가공무원법 16조, 경찰공무원법 28조),[90] 그러나 다른 법률에 특별한 규정이 없으면 처분청인 대통령이 피고로 된다. 예컨대 대통령이 한국방송공사 사장을 해임한 경우에 그 취소소송의 피고는 대통령이 되며(대법원 2012.2.23. 선고 2011두5001 판결 사건), 국가의 서훈 취소에 대해 다투기 위해서는 대통령을 상대로 소송을 제기하여야 한다(대법원 2014.9.26. 선고 2013두2518 판결).

◈ 대법원 2014.9.26. 선고 2013두2518 판결【독립유공자서훈취소결정무효확인등】

국무회의에서 건국훈장 독립장이 수여된 망인에 대한 서훈취소를 의결하고 대통령이 결재함으로써 서훈취소가 결정된 후 국가보훈처장이 망인의 유족 갑에게 '독립유공자 서훈취소 결정 통보'를 하자 갑이 국가보훈처장을 상대로 서훈취소결정의 무효 확인 등의 소를 제기한 사안에서, 위 소는 피고를 잘못 지정하였다고 한 사례

국회의장·대법원장·헌법재판소장이 행한 처분에 대한 행정소송의 피고는 각각 국회사무총장·법원행정처장·헌법재판소사무처장이 된다(국회사무처법 제4조 3항·법

---

90) 검사임용거부처분에 대한 취소소송의 피고는 법무부장관으로 함이 상당하다(대법원 1990.3.14. 90두4 결정).

원조직법 제70조·헌법재판소법 제17조 5항).

라. 권한변경

1) 권한승계 : 처분 등이 있은 뒤에 그 처분 등에 관계되는 권한이 다른 행정청에 승계된 때에는 이를 승계한 행정청을 피고로 한다(행소 제13조 1항 단서).

◈ 대법원 2013.2.28. 선고 2012두22904 판결 【고용보험료부과처분무효확인및취소】

근로복지공단이 지방자치단체(*춘천시)에 고용보험료 부과처분을 하자, 춘천시가 구 고용보험 및 산업재해보상보험의 보험료징수 등에 관한 법률(2011.1.1.부터 시행된 것) 제4조 등에 따라 국민건강보험공단을 상대로 위 처분의 무효확인 및 취소를 구한 사안에서, 근로복지공단이 춘천시에 대하여 고용보험료를 부과·고지하는 처분을 한 후, 국민건강보험공단이 위 법 제4조에 따라 종전 근로복지공단이 수행하던 보험료의 고지 및 수납 등의 업무를 수행하게 되었고, 위 법 부칙 제5조가 '위 법 시행 전에 종전의 규정에 따른 근로복지공단의 행위는 국민건강보험공단의 행위로 본다'고 규정하고 있어, 춘천시에 대한 근로복지공단의 고용보험료 부과처분에 관계되는 권한 중 적어도 보험료의 고지에 관한 업무는 국민건강보험공단이 그 명의로 고용노동부장관의 위탁을 받아서 한 것으로 보아야 하므로, 위 처분의 무효확인 및 취소 소송의 피고는 국민건강보험공단이 되어야 함에도, 이와 달리 위 처분의 주체는 여전히 근로복지공단이라고 본 원심판결에 고용보험료 부과고지권자와 항고소송의 피고적격에 관한 법리를 오해한 위법이 있다고 한 사례.

2) 기관폐지 : 처분 등을 행한 행정청이 없게 된 때에는 그 처분 등에 관한 사무가 귀속되는 국가 또는 공공단체를 피고로 한다(행소 제13조 2항).

3) 소제기 후의 권한승계 : 취소소송이 제기된 후에 권한이 다른 행정청에 승계되거나 행정청이 없게 된 때에는 법원은 당사자의 신청 또는 직권에 의하여 피고를 경정한다(행소 제14조 6항).

마. 당사자소송의 피고

당사자소송은 국가·공공단체 그 밖의 권리주체를 피고로 한다(행소 제39조). 당사자소송의 피고는 권리주체를 피고로 하는 점에서 처분청을 피고로 하는 항고소송과 다르다. '그 밖의 권리주체'란 공권력을 수여 받은 행정주체인 공무수탁사인을 의미한다.

국가가 피고인 경우에는(국가소송) 「국가를 당사자로 하는 소송에 관한 법률」에 의하여 법무부장관이 국가를 대표하며(법 제2조), 지방자치단체가 피고인 때에는 지방자치단체의 장이 지방자치단체를 대표한다(지방자치법 제101조 참조).

2. 행정심판과 관계

가. 임의적 전치주의 원칙

「행정소송법」상 행정심판은 원칙적으로 임의절차이다(임의적 전치주의). 다만 개별법에서 명시적으로 행정심판전치주의를 규정하고 있는 경우에만 이를 거치도록 하였다(행소 제18조 1항).[91]

현행 개별법에서 행정심판전치주의를 규정하고 있는 경우로는,

① 공무원에 대한 징계 기타 불이익처분(국가공무원법 제16조 1항, 교육공무원법 제53조 1항, 지방공무원법 제20조의2),

② 국세·관세법 상의 처분(국세기본법 제56조 2항[92], 관세법 제120조 2항)

③ 운전면허 취소처분 등 「도로교통법」에 의한 각종 처분(도로교통법 제142조, 다만 과태료처분과 통고처분은 제외).

④ 국토해양부장관 등의 선박검사 등 처분(선박안전법 제68조 7항, 제72조 3항)을 들 수 있다.

나. 행정심판전치주의의 예외

1) 행정심판의 재결을 거치지 않고 제소할 수 있는 경우(행소 제18조 2항)

① 행정심판청구가 있은 날로부터 60일이 지나도 재결이 없을 때 : 60일의 경과 요건은 행정소송을 제기한 날에 충족되어야 하는 것이 원칙이지만, 소송요건은 변론종결시까지 갖추면 되는 것이므로 당해 소송의 변론종결시까지 이 요건이 충족되면 행정심판전치주의에 대한 흠이 치유되는 것으로 본다(대법원 1986.7.8. 선고 86누215 판결).

② 처분의 집행 또는 절차의 속행으로 생길 중대한 손해를 예방하여야 할 긴급한 필요가 있는 때

③ 법령의 규정에 의한 행정심판기관이 의결 또는 재결을 하지 못할 사유가 있는 때

④ 그 밖의 정당한 사유가 있는 때 : 판례는 전심절차를 거치게 하는 것이 가혹

---

91) § 행정소송법 제18조(행정심판과의 관계)

① 취소소송은 법령의 규정에 의하여 당해 처분에 대한 행정심판을 제기할 수 있는 경우에도 이를 거치지 아니하고 제기할 수 있다. 다만, 다른 법률에 당해 처분에 대한 행정심판의 재결을 거치지 아니하면 취소소송을 제기할 수 없다는 규정이 있는 때에는 그러하지 아니하다.

92) 국세기본법상의 행정심판은 임의적 절차인 이의신청, 필요적 전치절차인 심사청구 또는 심판청구(심사청구와 심판청구 중 하나를 거쳐야 한다)의 2심급으로 되어 있다(국세기본법 제56조 2항). 다만 감사원에의 심사청구를 거친 경우에는 국세기본법상 심사청구나 심판청구를 거친 것으로 본다(국세기본법 제56조 4항).

하다고 보이는 경우 등을 정당한 사유가 있는 것으로 본다(대법원 2006.4.14. 선고 2005두10170 판결, 대법원 2011.1.27. 선고 2009두13436 판결 참조).

2) 행정심판을 제기하지 않고, 직접 제소할 수 있는 경우(행소 제18조 3항)

① 동종사건에 관하여 이미 행정심판의 기각재결이 있은 때

예컨대 동일한 행정처분에 의하여 여러 사람이 동일한 의무를 부담하는 경우 그 중 한사람이 행정심판을 제기하여 기각재결을 받은 경우에는 행정심판의 제기 없이 직접 제소할 수 있다(대법원 1988.2.23. 선고 87누704 판결, 대법원 1994.11.22. 선고 93누11050 판결). 동종사건이라 함은 당해 사건은 물론 당해 사건과 기본적인 점에서 동질성이 인정되는 사건을 가리키는 것이다(대법원 2000.6.9. 선고 98두2621 판결).

◈ 대법원 2000.6.9. 선고 98두2621 판결【건축불허가처분취소】

[1] **'동종사건'의 의미** : '동종사건에 관하여 이미 행정심판의 기각재결이 있은 때'에 있어서의 '동종사건'이라 함은 당해 사건은 물론 당해 사건과 기본적인 점에서 동질성이 인정되는 사건을 가리킨다.

[2] **불비된 사항이 있거나 취지가 불명확한 행정심판청구서의 처리방법** : 행정심판법 제19조, 제23조의 규정 취지와 행정심판제도의 목적에 비추어 보면 행정소송의 전치요건인 행정심판청구는 엄격한 형식을 요하지 아니하는 서면행위로 해석되므로, 위법 부당한 행정처분으로 인하여 권리나 이익을 침해당한 자로부터 그 처분의 취소나 변경을 구하는 서면이 제출되었을 때에는 그 표제와 제출기관의 여하를 불문하고 이를 행정소송법 제18조 소정의 행정심판청구로 보고, 불비된 사항이 보정가능한 때에는 보정을 명하고 보정이 불가능하거나 보정명령에 따르지 아니한 때에 비로소 부적법 각하를 하여야 할 것이며, 더욱이 심판청구인은 일반적으로 전문적 법률지식을 갖고 있지 못하여 제출된 서면의 취지가 불명확한 경우도 적지 않으나, 이러한 경우에도 행정청으로서는 그 서면을 가능한 한 제출자의 이익이 되도록 해석하고 처리하여야 한다.

[3] **'진정서'라는 제목의 서면 제출이 행정심판청구로 볼 수 있다고 한 사례** : 비록 제목이 '진정서'로 되어 있고, 재결청의 표시, 심판청구의 취지 및 이유, 처분을 한 행정청의 고지의 유무 및 그 내용 등 행정심판법 제19조 제2항 소정의 사항들을 구분하여 기재하고 있지 아니하여 행정심판청구서로서의 형식을 다 갖추고 있다고 볼 수는 없으나, 피청구인인 처분청과 청구인의 이름과 주소가 기재되어 있고, 청구인의 기명이 되어 있으며, 문서의 기재 내용에 의하여 심판청구의 대상이 되는 행정처분의 내용과 심판청구의 취지 및 이유, 처분이 있은 것을 안 날을 알 수 있는 경우, 위 문서에 기재되어 있지 않은 재결청, 처분을 한 행정청의 고지의 유무 등의 내용과 날인 등의 불비한 점은 보정이 가능하므로 위 문서를 행정처분에 대한 행정심판청구로 보는 것이 옳다고 한 사례.

② 서로 내용상 관련되는 처분 또는 같은 목적을 위하여 단계적으로 진행되는 처분 중 어느 하나가 이미 행정심판의 재결을 거친 때

'서로 내용상 관련되는 처분'이란 각각 별개의 처분이지만 내용적으로 서로 일련의 상관관계가 있는 복수의 처분을 말한다. 예컨대 국세의 납세고지처분과 국세징수법상의 가산금 및 중가산금징수처분 등을 들 수 있다(대법원 1986.7.22. 선고 85누297 판결). 하천구역의 무단 점용을 이유로 부당이득금 부과처분과 가산금 징수처분을 받은 사람이 가산금 징수처분에 대하여 행정청이 안내한 전심절차를 밟지 않았다 하더라도 부당이득금 부과처분에 대하여 전심절차를 거친 이상 가산금 징수처분에 대하여도 부당이득금 부과처분과 함께 행정소송으로 다툴 수 있다(대법원 2006.9.8. 선고. 2004두947판결).

'같은 목적을 위하여 단계적으로 진행되는 처분'이란 동일한 행정목적을 위하여 행해지는 둘 이상의 서로 연속되는 처분을 말한다. 예컨대 대집행계고와 대집행영장에 의한 통지, 건물철거명령과 그에 대한 계고처분(대법원 1979.7.24. 선고 79누129 판결), 체납처분에 있어서의 독촉과 압류 등이 이에 해당된다.

③ 행정청이 사실심의 변론종결 후 소송의 대상인 처분을 변경하여 당해 변경된 처분에 관하여 소를 제기하는 때

예컨대 영업허가의 취소처분에 대하여 취소소송을 제기한 후에 처분청이 이를 영업허가의 정지처분으로 변경한 경우와 같은 것으로서, 이 경우 정지처분에 대한 행정소송의 제기에 있어서는 다시 행정심판을 거칠 필요가 없다. 처분청에 의한 소송지연(訴訟遲延) 또는 방소(妨訴)를 방지하려는 데에 그 취지가 있다.

④ 처분을 행한 행정청이 행정심판을 거칠 필요가 없다고 잘못 알린 때

행정에 대한 국민의 신뢰보호와 고지제도의 성실한 운영을 기하려는 것이다. 따라서 처분청이 아닌 재결청이 이와 같은 잘못된 고지를 한 경우에도 이 규정을 유추적용하여 행정심판을 제기함이 없이 그 취소소송을 제기할 수 있다는 것이 판례이다(대법원 1996.8.23. 선고 96누4671 판결).

다. 행정심판전치주의 충족 여부의 판단

1) 직권조사사항 : 행정소송에 있어 전심절차를 거쳤는지 여부는 소송요건으로서 직권조사사항이다(대법원 1996.9.6. 선고 96누7045 판결 등).

2) 판단의 기준시 : 행정심판전치요건의 충족은 취소소송의 제기요건이므로 그 제기 당시에 충족되어야 하는 것이 원칙이지만, 판례는 행정소송의 제기 후에도

그 변론종결시까지 행정심판절차를 거친 경우에는 이 요건의 흠결은 치유된 것으로 보고 있다.

3. 제소기간

가. 항고소송의 제소기간

1) 취소소송의 제소기간

취소소송을 제기하는 경우에 「행정소송법」은 공익과 관련 있는 법률관계의 조속한 안정이라는 관점에서 제소기간을 단기로 규정하고 있다(행소 제20조). 개별법에서 제소기간을 규정하는 경우(예컨대, 지방자치법 제140조 제5항)에는 특별법인 개별법이 우선 적용된다.

> **§ 행정소송법 제20조(제소기간)**
> ① 취소소송은 처분 등이 있음을 안 날부터 90일 이내에 제기하여야 한다. 다만, 제18조 제1항 단서에 규정한 경우와 그 밖에 행정심판청구를 할 수 있는 경우 또는 행정청이 행정심판청구를 할 수 있다고 잘못 알린 경우에 행정심판청구가 있은 때의 기간은 재결서의 정본을 송달받은 날부터 기산한다.
> ② 취소소송은 처분 등이 있은 날부터 1년(제1항 단서의 경우는 재결이 있은 날부터 1년)을 경과하면 이를 제기하지 못한다. 다만, 정당한 사유가 있는 때에는 그러하지 아니하다.
> ③ 제1항의 규정에 의한 기간은 불변기간으로 한다.

가) 처분 등이 있음을 안 날 또는 행정심판의 재결서를 송달받은 날부터 90일 이내(행소 제20조 1항).

① '처분이 있음을 안 날'이란 통지·공고 기타의 방법에 의하여 당해 처분이 있었다는 사실을 현실적으로 안 날을 의미한다. 상대방이 있는 행정처분의 경우에는 특별한 규정이 없는 한 행정처분이 상대방에게 고지되어야 효력을 발생하므로, 행정처분이 상대방에게 고지되어 상대방이 이러한 사실을 인식함으로써 행정처분이 있다는 사실을 현실적으로 알았을 때 제소기간이 진행한다(대법원 2014.9.25. 선고 2014두8254 판결).

◈ 대법원 2014.9.25. 선고 2014두8254 판결【고엽제후유증전환재심신체검사무변동처분취소】

> [1] 행정소송법 제20조 제1항이 정한 제소기간의 기산점인 '처분 등이 있음을 안 날'이란 통지, 공고 기타의 방법에 의하여 당해 처분 등이 있었다는 사실을 현실적으로 안 날을 의미한다. 상대방이 있는 행정처분의 경우에는 특별한 규정이 없는 한 의사표시의 일반적 법리

에 따라 행정처분이 상대방에게 고지되어야 효력을 발생하게 되므로, 행정처분이 상대방에게 고지되어 상대방이 이러한 사실을 인식함으로써 행정처분이 있다는 사실을 현실적으로 알았을 때 행정소송법 제20조 제1항이 정한 제소기간이 진행한다고 보아야 한다.

[2] 지방보훈청장이 허혈성심장질환이 있는 갑(원고)에게 재심 서면판정 신체검사를 실시한 다음 종전과 동일하게 판정하는 '고엽제후유증전환 재심신체검사 무변동처분' 통보서를 송달하자 갑이 위 처분의 취소를 구한 사안에서, 갑이 통보서를 송달받기 전에 정보공개를 청구하여 처분서를 확인한 경우 그 행정처분에 대한 취소소송의 제소기간이 진행된다고 본 원심판결에 위법이 있다고 한 사례[93)]

판례에 의하면 처분의 통지가 당사자의 주소지에 송달되는 등 사회통념상 처분이 있음을 당사자가 알 수 있는 상태에 놓여진 때에는 그 처분이 있음을 알았다고 추정한다(대법원 1999.12.28. 선고 99두9742 판결,[94)] 대법원 2002.8.27. 선고 2002두3850 판결[95)]).

고시 또는 공고에 의하여 행정처분을 하는 경우에는 그 처분의 상대방이 불특정 다수인이고 그 처분의 효력이 불특정 다수인에게 일률적으로 적용되는 것이므로, 그에 대한 행정소송 청구기간도 그 행정처분에 이해관계를 갖고 있는 자가 고시 또는 공고가 있었다는 사실을 현실적으로 알았는지 여부에 관계없이 고시가 효력을 발생하는 날에 행정처분이 있음을 알았다고 보아야 한다(대법원 2007.6.14.선고 2004두619 판결). 고시의 효력은 법령에 특별한 규정이 없는 한 고시 또는 공고가 있은 후 5일이 경과한 때에 효력이 발생한다(행정효율과 협업촉진에 관한 규정 제6조. 3항).[96)]

---

93) [해설] ☞ 갑(원고)의 재심신체검사 신청에 따라 재심 서면판정 신체검사가 실시된 다음 '고엽제후유증전환 재심신체검사 무변동처분'(이 사건 처분)을 하는 내용의 통보서가 2012.8.27. 원고에게 송달되었으므로, 비록 원고가 자신의 의무기록에 관한 정보공개를 청구한 2012.5.29. 이 사건 처분을 하는 내용의 통보서를 비롯한 일체의 관련서류를 교부받음으로써 적어도 그 무렵에는 이 사건 처분이 있음을 알았더라도, 이 사건 처분이 2012.8.27. 원고에게 고지되어 원고가 이러한 사실을 인식함으로써 이 사건 처분이 있다는 사실을 현실적으로 알았을 때 행소법 제20조 1항이 정한 제소기간이 진행한다고 본 사안(법률신문, 2014.10.2. 10면 참조). 원고는 2012.11.1. 소를 제기하였다. 원심은 2012.5.29.부터 90일이 지난 후에 소제기 하였으므로 부적법하다고 판시하였으나, 대법원은 2012.8.27.부터 소제기 기간을 기산해야 한다는 이유로 원심을 파기하였다.

94) 대법원 1999.12.28. 선고 99두9742 판결 ⇒ 아르바이트 직원이 수령한 경우, 납부의무자는 그때 부과처분이 있음을 알았다고 추정할 수 있다고 한 사례.

95) 대법원 2002.8.27. 선고 2002두3850 판결 ⇒ 아파트 경비원이 관례에 따라 부재중인 납부의무자에게 배달되는 과징금부과처분의 납부고지서를 수령한 경우, 납부의무자가 아파트 경비원에게 우편물 등의 수령권한을 위임한 것으로 볼 수는 있을지언정, 과징금부과처분의 대상으로 된 사항에 관하여 납부의무자를 대신하여 처리할 권한까지 위임한 것으로 볼 수는 없고, 설사 위 경비원이 위 납부고지서를 수령한 때에 위 부과처분이 있음을 알았다고 하더라도 이로써 납부의무자 자신이 그 부과처분이 있음을 안 것과 동일하게 볼 수는 없다고 한 사례.

96) § 행정효율과 협업촉진에 관한 규정 제6조(문서의 성립 및 효력 발생).

◈ 대법원 2007.6.14. 선고 2004두619 판결【청소년유해매체물결정및고시처분무효확인】

[1] 통상 고시 또는 공고에 의하여 행정처분을 하는 경우에는 그 처분의 상대방이 불특정 다수인이고 그 처분의 효력이 불특정 다수인에게 일률적으로 적용되는 것이므로, 그 행정처분에 이해관계를 갖는 자가 고시 또는 공고가 있었다는 사실을 현실적으로 알았는지 여부에 관계없이 고시가 효력을 발생하는 날 행정처분이 있음을 알았다고 보아야 한다.
[2] 인터넷 웹사이트에 대하여 구 청소년보호법에 따른 청소년유해매체물 결정 및 고시처분을 한 사안에서, 위 결정은 이해관계인이 고시가 있었음을 알았는지 여부에 관계없이 관보에 고시됨으로써 효력이 발생하고, 그가 위 결정을 통지받지 못하였다는 것이 제소기간을 준수하지 못한 것에 대한 정당한 사유가 될 수 없다고 한 사례.

또한 특정인에 대한 행정처분을 주소불명 등의 이유로 송달할 수 없어 관보·공보·게시판·일간신문 등에 공고하는 경우(공시송달)에 상대방이 그 처분이 있음을 안 날이라 함은 공고가 효력을 발생하는 날이 아니고, 상대방이 그 처분이 있었다는 사실을 현실적으로 안 날을 의미한다(대법원 2006.4.28.선고 2005두14851 판결).

② 행정심판청구를 할 수 있는 경우(행정심판의 필요적 전치주의는 물론 임의적 전치주의 포함) 또는 행정청이 행정심판청구를 할 수 있다고 잘못 알린 경우, 행정심판 청구가 있은 때의 제소기간은 재결서의 정본을 송달받은 날부터 90일 이내에 제기하여야 한다.

그러나 이미 제소기간이 지나 불가쟁력이 발생한 후에는 행정청이 행정심판청구를 할 수 있다고 잘못 알린 경우에도 그 안내에 따라 청구된 행정심판 재결서 정본을 송달받은 날부터 다시 취소소송의 제소기간이 기산되는 것은 아니다(대법원 2012.9.27. 선고 2011두27247 판결).

◈ 대법원 2011.11.24. 선고 2011두18786 판결【과징금부과처분취소】

[1] 행정처분이 있음을 안 날부터 90일을 넘겨 행정심판을 청구하였다가 부적법하다는 이유로 각하재결을 받은 후 재결서를 송달받은 날부터 90일 내에 원래의 처분에 대하여 취소소송을 제기한 경우, 취소소송의 제소기간을 준수한 것으로 되지 않는다.
[2] 국민건강보험공단이 갑에게 과징금을 부과하는 처분을 하여 2009.9.7. 갑의 동료가 이를

---

① 문서는 결재권자가 해당 문서에 서명(전자이미지서명, 전자문자서명 및 행정전자서명을 포함한다)의 방식으로 결재함으로써 성립한다.
② 문서는 수신자에게 도달(전자문서의 경우는 수신자가 관리하거나 지정한 전자적 시스템 등에 입력되는 것을 말한다)됨으로써 효력을 발생한다.
③ 제2항에도 불구하고 공고문서는 그 문서에서 효력발생 시기를 구체적으로 밝히고 있지 않으면 그 고시 또는 공고 등이 있은 날부터 5일이 경과한 때에 효력이 발생한다.

수령하였는데, 갑이 그때부터 90일을 넘겨 행정심판을 청구하여 청구기간 경과를 이유로 각하재결을 받았고, 그 후 재결서를 송달받은 때부터 90일 이내에 원처분에 대하여 취소소송을 제기한 사안에서, 행정심판은 갑이 처분이 있음을 안 날부터 90일을 넘겨 청구한 것으로서 부적법하고, 행정심판의 재결이 있은 후에 비로소 제기된 과징금 부과처분에 대한 취소소송 또한 제소기간이 경과한 후에 제기된 것으로서 부적법하다는 이유로 이를 각하한 원심판결을 정당하다고 한 사례.

◈ 대법원 2012.9.27. 선고 2011두27247 판결【부당이득금부과처분취소】97)

[1] 행정청(근로복지공단)이 산업재해보상보험법에 의한 보험급여 수급자에 대하여 부당이득 징수결정을 한 후 징수결정의 하자를 이유로 징수금 액수를 감액하는 경우에 감액처분은 감액된 징수금 부분에 관해서만 법적 효과가 미치는 것으로서 당초 징수결정과 별개 독립의 징수금 결정처분이 아니라 그 실질은 처음 징수결정의 변경이고, 그에 의하여 징수금의 일부취소라는 징수의무자에게 유리한 결과를 가져오는 처분이므로 징수의무자에게는 그 취소를 구할 소의 이익이 없다. 이에 따라 감액처분으로도 아직 취소되지 않고 남아 있는 부분이 위법하다 하여 다투고자 하는 경우, 감액처분을 항고소송의 대상으로 할 수는 없고, 당초 징수결정 중 감액처분에 의하여 취소되지 않고 남은 부분을 항고소송의 대상으로 할 수 있을 뿐이며, 그 결과 제소기간의 준수 여부도 감액처분이 아닌 당초 처분을 기준으로 판단해야 한다.

---

97) [사실관계] : 근로자인 김갑동(원고)은 교통사고를 당하여 가해차량 보험사로부터 장해보험금 1,080만 원을 지급받고, 근로복지공단(피고)으로부터 요양급여 5,172,260원, 휴업급여 15,222,710원을 각 지급받았다. 피고는 원고가 보험사로부터 장해보험금 1,080만 원을 지급받은 사실을 알지 못한 상태에서 원고의 신청에 따라 2003.3.10. 원고에게 장해급여 6,528,250원을 지급하였다. 피고는 그후 정기감사 과정에서 보험사가 지급한 장해보험금 1,080만 원과 피고가 지급한 휴업급여 및 장해급여 합계 21,750,960원(=15,222,710원+6,528,250원)은 모두 원고의 일실수익에 대한 보상에 해당하므로 피고가 휴업급여 및 장해급여를 지급하면서 장해보험금 상당액을 공제하지 아니한 것은 이중보상에 해당한다는 지적을 받고, 2006.2.20. 원고에게 기지급된 휴업급여 및 장해급여액 중 1,080만 원 부분이 부당이득에 해당한다고 판단하여 징수결정(이하 '이 사건 징수결정'이라 한다)을 하였다.

원고가 이 사건 징수결정에 대하여 국민권익위원회에 민원을 제기하였는데 국민권익위원회는 2008.9.1. 보험사가 지급한 장해보험금과 피고가 지급한 휴업급여 및 장해급여가 중복되지 아니한다는 이유로 이 사건 징수결정을 취소하도록 시정권고하였다.

피고는 위 시정권고를 검토한 결과 보험사가 지급한 장해보험금은 부상에 대한 치료를 마치고 증상이 고정된 상태에서 후유장애가 생긴 경우에 발생할 일실수익을 보상한 것이므로 피고의 보험급여 중 장해급여와의 관계에서만 중복되는 것으로 판단하여 2009.11.2. 부당이득액을 새로이 계산하면서 휴업급여 해당액을 징수금액에서 제외하고 장해급여 해당액만을 포함시켜 새로이 계산한 결과 당초의 징수결정 금액 1,080만 원에서 4,271,750원을 감액하는 결정(그 결과 잔존 징수금액은 6,528,250원으로 되었다)을 하였다.

그 처분 고지서에는 '이의가 있는 경우 고지서를 받은 날부터 90일 이내에 행정심판법 제17조 및 제19조의 규정에 따라 행정심판을 청구하거나 행정소송법 제19조에 따른 행정소송을 제기할 수 있습니다'라고 기재되어 있었고, 원고는 이에 따라 행정심판을 거쳐 2010.1.5. 이 사건 소를 제기하였다.

[2] 행정소송법 제20조 제1항은 '취소소송은 처분 등이 있음을 안 날부터 90일 이내에 제기하여야 하나 행정청이 행정심판청구를 할 수 있다고 잘못 알린 경우에 행정심판청구가 있은 때의 기간은 재결서의 정본을 송달받은 날부터 기산한다'고 규정하고 있는데, 위 규정의 취지는 불가쟁력이 발생하지 않아 적법하게 불복청구를 할 수 있었던 처분 상대방에 대하여 행정청이 법령상 행정심판청구가 허용되지 않음에도 행정심판청구를 할 수 있다고 잘못 알린 경우에, 잘못된 안내를 신뢰하여 부적법한 행정심판을 거치느라 본래 제소기간 내에 취소소송을 제기하지 못한 자를 구제하려는 데에 있다. 이와 달리 이미 제소기간이 지남으로써 불가쟁력이 발생하여 불복청구를 할 수 없었던 경우라면 그 이후에 행정청이 행정심판청구를 할 수 있다고 잘못 알렸다고 하더라도 그 때문에 처분 상대방이 적법한 제소기간 내에 취소소송을 제기할 수 있는 기회를 상실하게 된 것은 아니므로 이러한 경우에 잘못된 안내에 따라 청구된 행정심판 재결서 정본을 송달받은 날부터 다시 취소소송의 제소기간이 기산되는 것은 아니다. 불가쟁력이 발생하여 더 이상 불복청구를 할 수 없는 처분에 대하여 행정청의 잘못된 안내가 있었다고 하여 처분 상대방의 불복청구 권리가 새로이 생겨나거나 부활한다고 볼 수는 없기 때문이다.

[해설] ☞ [2] 이미 불가쟁력이 발생한 경우에는 행정청이 행정심판 청구를 할 수 있다고 잘못 알려도 불가쟁력이 치유되는 것이 아니다.

[1] 제소기간의 준수 여부는 처분의 내용이 일부 감액되더라도 원래의 행정처분을 기준으로 판단하여야 한다. [비교 판례] ⇒ 증액처분의 경우에 당초 부과처분이 위법하다는 사유로 증액처분을 다툴 때에도 증액처분이 아니라 당초처분을 기준으로 한다(대법원 2012.11.29. 선고 2010두7796 판결).

◈ 대법원 2012.11.29. 선고 2010두7796 판결 【법인세부과처분취소】

당초의 조세부과처분에 대하여 적법한 취소소송이 계속 중에 동일한 과세목적물에 대하여 당초의 부과처분을 증액 변경하는 경정결정 또는 재경정결정이 있는 경우에 당초 부과처분에 존재하고 있다고 주장되는 취소사유(실체상의 위법성)가 경정결정 또는 재경정결정에도 마찬가지로 존재하고 있어 당초 부과처분이 위법하다고 판단되면 경정결정 또는 재경정결정도 위법하다고 하지 않을 수 없는 경우 원고는 경정결정 또는 재경정결정에 대하여 따로 전심절차를 거칠 필요 없이 청구취지를 변경하여 경정결정 또는 재경정결정의 취소를 구할 수 있고, 이러한 경우 당초의 소송이 적법한 제소기간 내에 제기된 것이라면 경정결정 또는 재경정결정에 대한 청구취지변경의 제소기간 준수 여부는 따로 따질 필요가 없다.

③ 여기서 말하는 '행정심판'은 「행정심판법」에 따른 일반행정심판과 이에 대한 특례로서 다른 법률에서 사안의 전문성과 특수성을 살리기 위하여 특히 필요하여

일반행정심판을 갈음하는 특별한 행정불복절차를 정한 경우의 특별행정심판(행정심판법 제4조)을 뜻한다(대법원 2014.4.24. 선고 2013두10809 판결[98]).

나) 처분이 있은 날 또는 재결이 있은 날부터 1년

취소소송은 처분이 있은 날 또는 재결이 있은 날부터 1년이 지나면 이를 제기하지 못하나, 정당한 사유가 있는 경우에는 그러하지 아니하다(행소 제20조 2항).

① '처분이 있은 날'이란 당해 처분의 효력발생일을 말하며, 상대방이 있는 처분의 경우에는 상대방에게 도달되어야 한다(대법원 2009.11.12. 선고 2009두11706 판결 등).

◈ 대법원 2009.11.12. 선고 2009두11706 판결 【현역병입영처분취소】

[1] 상대방이 있는 행정처분의 경우 특별한 규정이 없는 한 의사표시의 일반적 법리에 따라 그 행정처분이 상대방에게 고지되어야 효력을 발생하는 것이다(대법원 1969.9.23. 선고 69다1217 판결, 대법원 1990.7.13. 선고 90누2284 판결 등 참조).

[2] 학사장교로 임용되어 복무를 마치고 전역하여 예비역에 편입된 사람에게 학력 위조를 이유로 임관무효처분을 한 후 그에 따라 현역병입영처분을 한 사안에서, 임관무효처분이 당사자에게 고지되지 않아 무효인 이상 그 신분이 예비역에 편입된 장교로서 현역병입영대상자가 아니라고 보아 현역병입영처분이 위법하다고 한 사례

② '재결이 있은 날'이란 재결이 효력을 발생한 날을 말한다. 재결은 심판청구인에게 재결서 정본이 송달된 때에 그 효력이 발생하는 것이므로(행심 제48조 2항), 재결이 있은 날이란 결국 재결서 정본이 송달된 날을 의미한다. 그렇다면 재결서 정본을 송달 받은 날로부터 90일이 경과하면 제소기간이 도과하게 되므로(행소 제20조 1항 단서 참조), 결국 재결이 있은 날부터 1년이라는 제소기간은 심판청구인에 관한 한 무의미하게 된다.[99]

③ 정당한 사유가 있는 때에는 1년이 경과해도 제기할 수 있다. '정당한 사유'에 해당하는가는 지연된 제소를 허용하는 것이 사회통념상 상당하다고 할 수 있는가

---

98) ◈ 대법원 2014.4.24. 선고 2013두10809 판결 ⇒ 광주광역시 교육감이 공공감사에 관한 법률 등에 따라 乙 학교법인이 운영하는 丙 고등학교에 대한 특정감사를 실시한 후 丙 학교의 학교장과 직원에 대하여 징계를 요구하는 처분을 하였는데, 乙 법인이 위 처분에 대한 이의신청을 하였다가 기각되자 위 처분의 취소를 구하는 소를 제기한 사안에서, 공공감사에 관한 법률의 재심의신청 및 구 광주광역시교육청 행정감사규정상의 이의신청은 자체감사를 실시한 중앙행정기관 등의 장으로 하여금 감사결과나 그에 따른 요구사항의 적법·타당 여부를 스스로 다시 심사하도록 한 절차로서 행정심판을 거친 경우의 제소기간의 특례가 적용될 수 없다

99) 서울행정법원 실무연구회, 앞의 책 205-206면.

에 따라서 판단되어야 한다(대법원 1991.6.28. 선고 90누6521 판결).

다) 위의 두 기간은 선택적인 것이 아니라, 둘 중 어느 한 기간이 경과하면 제소기간이 만료된다. 제소기간의 도과 여부는 법원의 직권조사사항이다.

라) 개별법에 규정이 있는 경우

개별법에 제소기간에 관한 규정이 있는 경우에는 일반법인 「행정소송법」의 규정보다 우선하여 적용한다.

① 「지방자치법」제140조 제3항은 사용료·수수료 또는 분담금의 부과나 징수에 대하여 이의가 있는 자는 그 처분을 통지받은 날부터 90일 이내에 그 지방자치단체의 장에게 이의신청할 수 있다고 규정하고 있고, 제5항은 사용료·수수료 또는 분담금의 부과나 징수에 대하여 행정소송을 제기하려면 제4항에 따른 이의신청의 결정을 통지받은 날부터 90일 이내에 처분청을 당사자로 하여 소를 제기하여야 한다고 규정하고 있다. 따라서 「지방자치법」소정의 사용료 등의 부과를 받은 경우에 부과처분이 있음을 안 날부터 90일 이내에 이의신청을 하고, 이의신청결정을 통지받은 날부터 90일 이내에 소를 제기하여야 한다(대법원 2012.3.29. 선고 2011두26886 판결 참조).

대법원은 이의신청을 하여야 하는데 행정심판청구서를 제출한 사안에서, "이의신청을 제기하여야 할 사람이 처분청에 표제를 행정심판청구서로 한 서류를 제출했더라도 서류의 내용에 이의신청의 요건에 맞는 불복취지와 그 사유가 충분히 기재되어 있다면 그 표제에도 불구하고 이를 그 처분에 대한 이의신청으로 볼 수 있다"고 하였다(대법원 2012.3.29. 선고 2011두26886 판결).

◈ 대법원 2012.3.29. 선고 2011두26886 판결 【도로점용료부과처분취소】[100)]

표제를 행정심판청구서로 한 서류를 제출한 경우에, 이의신청으로 볼 수 있는 요건 : 지방자치법 제140조 제3항은 사용료·수수료 또는 분담금의 부과나 징수에 대하여 이의가 있는 자는 그 처분을 통지받은 날부터 90일 이내에 그 지방자치단체의 장에게 이의신청할 수 있다고 규정하고 있고, 제5항은 사용료·수수료 또는 분담금의 부과나 징수에 대하여 행정소송을 제기하

---

100) [사실관계] : 인천에서 주유소를 운영하던 원고(S석유 주식회사)는 주유소 부지에 인접한 도로 일부를 차량진입로로 점용해 오다 피고(인천광역시 남동구청장)로부터 점용료를 부과 받았다. 원고는 인천시 행정심판위원회에 행정심판을 청구했으나 각하를 당하고 이건 소송을 제기하였다. 원심(서울고등법원)은 원고가 피고의 도로점용료부과처분에 불복하면서 행정심판청구서라는 서면을 제출하였던 것에 대하여, 원고의 위와 같은 서면 제출을 이의신청이 아닌 행정심판청구로 보아 그 행정심판청구가 부적법하다고 본 다음, 원고가 이의신청 없이 이 사건 처분을 안 날로부터 90일이 경과한 후에야 이 사건 소를 제기하였다는 이유로 소를 각하하였다.

려면 제4항에 따른 결정을 통지받은 날부터 90일 이내에 처분청을 당사자로 하여 소를 제기하여야 한다고 규정하고 있다.

이와 같은 이의신청은 행정청의 위법·부당한 처분에 대하여 행정기관이 심판하는 행정심판과는 구별되는 별개의 제도라 할 것이나, 이의신청과 행정심판은 모두 본질에 있어서 행정처분으로 인하여 권리나 이익을 침해당한 상대방의 권리구제에 그 목적이 있고, 행정소송에 앞서 먼저 행정기관의 판단을 받는 데에 목적을 둔 엄격한 형식을 요하지 않는 서면행위라 할 것이므로, 이의신청을 제기하여야 할 사람이 처분청에 표제를 행정심판청구서로 한 서류를 제출한 경우라 할지라도, 서류의 내용에 있어서 이의신청의 요건에 맞는 불복취지와 그 사유가 충분히 기재되어 있다면 그 표제에도 불구하고 이를 그 처분에 대한 이의신청으로 볼 수 있다.

[해설] ☞ 원심은 원고가 제출한 서면을 표제대로 행정심판청구로 보아, 이의신청 없이 처분을 안 날부터 90일을 경과한 후에 소를 제기하였다는 이유로 각하하였다. 대법원은 서류의 내용에 있어서 이의신청의 요건에 맞는 불복취지와 사유가 충분히 기재되었다면 이의신청으로 볼 수 있다고 하여 원심판결을 파기하였다.

② 수용재결에 대한 행정소송의 제기는 재결에 불복할 때는 재결서를 받은 날부터 60일 이내에, 이의신청을 거쳤을 때는 이의신청에 대한 재결서를 받은 날부터 30일 이내에 제기하여야 한다(「공익사업을 위한 토지 등의 취득 및 보상에 관한 법률」제85조 1항).

③ 중앙노동위원회의 처분에 대한 불복의 소는 중앙노동위원회위원장을 피고로 하여 처분의 통지를 받은 날부터 15일 이내에 제기하여야 한다(노동위원회법 제27조 1항).

2) 무효등확인소송

무효등확인소송을 제기하는 경우에는 제소기간에 제한이 없다(행소 제38조 1항). 다만, 무효선언을 구하는 취소소송의 경우에는 취소소송에서와 같이 제소기간의 제한이 있다(대법원 1993.3.12. 선고 92누11039 판결).

3) 부작위위법확인소송

① 행정심판을 거치지 아니하고 부작위위법확인소송을 제기하는 경우에는 처분 등이 없기 때문에 부작위가 계속되는 한 제소기간의 제한을 받지 않는다.

② 행정심판(의무이행심판)을 거쳐 부작위위법확인소송을 제기하는 경우에는 재결처분이 존재하므로 취소소송의 제소기간에 관한 「행정소송법」 제20조를 준용하

고 있는 점에 비추어(행소 제38조 2항), 취소소송에서와 같은 제소기간의 제한을 받는다(대법원 2009.7.23. 선고 2008두10560 판결).

◈ 대법원 2009.7.23. 선고 2008두10560 판결【부작위위법확인의소】[101]

[1] **부작위위법확인의 소의 제소기간** : 부작위위법확인의 소는 부작위상태가 계속되는 한 그 위법의 확인을 구할 이익이 있다고 보아야 하므로 원칙적으로 제소기간의 제한을 받지 않는다. 그러나 행정소송법 제38조 제2항이 제소기간을 규정한 같은 법 제20조를 부작위위법확인소송에 준용하고 있는 점에 비추어 보면, 행정심판 등 전심절차를 거친 경우에는 행정소송법 제20조가 정한 제소기간 내에 부작위위법확인의 소를 제기하여야 한다.
[2] 당사자가 동일한 신청에 대하여 부작위위법확인의 소를 제기하였으나 그 후 소극적 처분이 있다고 보아 처분취소소송으로 소를 교환적으로 변경한 후 여기에 부작위위법확인의 소를 추가적으로 병합한 경우, 최초의 부작위위법확인의 소가 적법한 제소기간 내에 제기된 이상 그 후 처분취소소송으로의 교환적 변경과 처분취소소송에의 추가적 변경 등의 과정을 거쳤다고 하더라도 여전히 제소기간을 준수한 것으로 봄이 상당하다.

나. 제소기간 도과의 효과

제소기간이 경과하면 처분의 상대방은 처분 등의 취소를 소구할 수 없게 된다(불가쟁력). 이는 행정처분의 조속한 안정을 위해 발생하는 형식적 확정력일 뿐, 실체적으로 적법하게 되는 것이 아니다. 따라서 처분청은 직권으로 처분을 취소할 수 있고, 당사자도 처분의 위법을 이유로 국가를 상대로 손해배상(국가배상)을 청구할 수 있다.

다. 당사자소송의 제기기간

당사자소송에 관하여 법령에 제소기간이 정하여져 있는 때에는 그 기간은 불변기간으로 한다(행소 제41조). 「행정소송법」에는 당사자소송의 제기기간에 관하여 제한이 없으므로, 공법상 권리가 시효 등에 의해 소멸되지 않는 한 당사자소송을 제기할 수 있다.

4. 관할법원

가. 일반관할

「행정소송법」에서 정한 행정사건과 다른 법률에 의하여 행정법원의 권한에 속하는 사건의 제1심 관할법원은 피고의 소재지를 관할하는 행정법원이다(법원조직법

101) 광주광역시 승진대상자의 승진신청에 대한 부작위위법확인소송 사건

제40조의4). 행정법원이 설치되지 아니한 지역은 해당 지방법원 본원(과 춘천지방법원 강릉지원)에서 관할한다[법원조직법 부칙(법률 제4765호, 1994.7.27.) 제2호]. 다만 중앙행정기관 또는 그 부속기관의 장이 피고이거나 국가사무를 위탁받은 공공단체 또는 그 장이 피고인 경우에는 대법원 소재지의 행정법원에 제기할 수 있다(행소 제9조 2항).

§ 행정소송법 제9조(재판관할)
① 취소소송의 제1심관할법원은 피고의 소재지를 관할하는 행정법원으로 한다.
② 제1항에도 불구하고 다음 각 호의 어느 하나에 해당하는 피고에 대하여 취소소송을 제기하는 경우에는 대법원소재지를 관할하는 행정법원에 제기할 수 있다. <신설 2014.5.20>
1. 중앙행정기관, 중앙행정기관의 부속기관과 합의제행정기관 또는 그 장
2. 국가의 사무를 위임 또는 위탁받은 공공단체 또는 그 장
③ 토지의 수용 기타 부동산 또는 특정의 장소에 관계되는 처분 등에 대한 취소소송은 그 부동산 또는 장소의 소재지를 관할하는 행정법원에 이를 제기할 수 있다.

나. 특별관할

토지의 수용 기타 부동산 또는 특정의 장소에 관계되는 처분 등에 대한 취소소송은 그 부동산 또는 장소의 소재지를 관할하는 행정법원에도 이를 제기할 수 있다(행소 제9조 3항).

다. 토지관할의 성질

「행정소송법」은 제소의 편의를 위하여 항고소송이나 당사자소송의 토지관할에 대하여 전속관할로 규정하지 아니함으로써 임의관할임을 간접적으로 밝히고 있다. 따라서 관할의 결정에 대하여는 민사소송법상의 합의관할(민소 제29조)·변론관할(민소 제30조)에 관한 규정이 적용될 수 있다.

대법원은 민사소송에 해당하는 소를 서울행정법원에 잘못 제기하였으나, 피고가 관할위반의 항변을 하지 아니하고 본안에 대하여 변론을 한 사안에서, 「민사소송법」 제30조에 따라 제1심 법원인 서울행정법원에 변론관할이 생겼다고 판시하였다(대법원 2013.2.28. 선고 2010두22368 판결).

◈ 대법원 2013.02.28. 선고 2010두22368 판결【환매대금증감】

[1] 공익사업을 위한 토지 등의 취득 및 보상에 관한 법률 제91조에 규정된 환매권은 상대방에 대한 의사표시를 요하는 형성권의 일종으로서 재판상이든 재판 외이든 위 규정에 따른 기간 내에 행사하면 매매의 효력이 생기는 바(대법원 2008.6.26. 선고 2007다24893 판

결 참조), 이러한 환매권의 존부에 관한 확인을 구하는 소송 및 위 법률 제91조 제4항에 따라 환매금액의 증감을 구하는 소송 역시 민사소송에 해당한다.

[2] 민사소송인 이 사건 소가 서울행정법원에 제기되었는데도 피고는 제1심법원에서 관할위반이라고 항변하지 아니하고 본안에 대하여 변론을 한 사실을 알 수 있는바, 공법상의 당사자소송 사건인지 민사사건인지 여부는 이를 구별하기가 어려운 경우가 많고 행정사건의 심리절차에 있어서는 행정소송의 특수성을 감안하여 행정소송법이 정하고 있는 특칙이 적용될 수 있는 점을 제외하면 심리절차면에서 민사소송절차와 큰 차이가 없는 점 등에 비추어 보면, 행정소송법 제8조 제2항, 민사소송법 제30조에 의하여 제1심법원에 변론관할이 생겼다고 봄이 상당하다.

다만, 행정법원의 역할을 할 수 있는 것은 지방법원 본원으로서, 지방법원 지원(춘천지방법원 강릉지원 제외)은 비록 합의지원이라 하더라도 행정사건은 다룰 수 없고, 합의관할 등이 생길 여지도 없다.

5. 소장

제소의 방식에 관하여는 「행정소송법」에서 특별히 정한 바가 없으므로 「민사소송법」에 의한다. 따라서 소의 제기는 소장을 작성하여 법원에 제출하는 방식에 의한다(행소 제8조 2항, 민소 제248조).

제3절 소 장

제1항 소장의 작성

Ⅰ. 소장의 기재사항

소장의 기재사항, 기재 양식, 첨부서류 등도 대체로 민사소송의 경우와 같다. 소장기재사항에는 필요적 기재사항과 임의적 기재사항이 있다. 당사자와 법정대리인, 청구의 취지와 원인은 필요적 기재사항이다(민소 제249조 제1항).

기록형 문제에서는 소장의 양식을 제공하므로, 소장의 기재사항은 양식에 따라 작성하면 된다. 기본적으로는 민사소송의 소장 작성방법이 적용되지만, 항고소송의 경우는 민사소송의 응용이므로 항고소송의 특성(예컨대, 소제기 적법요건과 처분의 위법성 주장)을 유의하면서 작성하면 될 것이다.

1. 당사자

당사자의 호칭은 민사소송에서와 같이 '원고'·'피고'이다. 소장에는 당사자의 성명과 주소를 기재한다.

> **[기재례]** - (2012년 지역거점 국립대 모의고사[2012.6.28. 시행] 기록형 문제)
>
> 원 고　구영남 (생년월일)
> 서울 동대문구 제기동 25-1
> 소송대리인 법무법인 저스티스
> 담당변호사 이상은
> 서울 광진구 구의1동 1-170 동부로스쿨빌딩 401호
> 전화 02-500-1111, 전자우편 law-law@justicekorea.net
>
> 피 고　서울특별시 동부교육지원청 교육장
> (서울 동대문구 전농3동 188-7)

가. 원고의 표시와 소송대리인 표시

① 원고의 표시에는 원고를 특정하기 위해서 생년월일을 기재하는 것이 좋다. 종전에는 주민등록번호를 기재하였으나, 개인정보의 유출을 방지하기 위하여 반드시 기재해야 하는 것은 아니다.[102] 원고의 표시 다음에 연락처(전화번호, 이메일 등)

102) 판결서에는 개인정보의 유출을 막기 위해, 원칙적으로 주민등록번호를 기재하지 않으므로{재판서 양식에 관한 예규(재일 2003-12) 개정 2014.08.13 [재판예규 제1477호, 시행 2015.01.01.] 제9조 1항 제1호 참조}, 행정소송의 소장에도 주민등록번호를 기재할 필요가 없다. 다만, 예규 제9조 1항 제2호의 경우에는 주민등록번호를 기재하여야 하므로 소장에도 주민등록번호를 기재하여야 할 것이다.

§ 재판서 양식에 관한 예규(재일 2003-12) 제9조(당사자 등의 표시)

① 민사·행정·특허사건의 재판서(또는 화해·조정·포기·인낙조서)에는 다음 각 호에 따라 원·피고 또는 참가인 등 당사자(이하 "당사자 등"이라 한다)를 표시한다.

1. 판결서(화해·조정·포기·인낙조서와 화해권고결정, 조정을 갈음하는 결정을 포함한다. 이하 같다)에는 당사자 등의 성명과 주소를 기재한다. 판결서에 한글이름이 같은 여러 사람을 표시하여야 하는 경우에는 해당 당사자 등의 성명으로부터 한 칸 띄어 괄호하고 그 안에 생년월일이나 한자성명 중 어느 하나를 기재하거나 모두 병기한다.
2. 제1호에 해당하지 아니하는 재판서에는 당사자 등의 성명과 주소를 기재하되, 성명으로부터 한 칸 띄어 괄호하고 그 안에 주민등록번호를 기재한다. 다만, 기록상 당사자 등의 주민등록번호를 알 수 없는 경우에는 괄호 안에 생년월일이나 한자성명 중 어느 하나를 기재하거나 모두 병기한다.
3. 등기·등록의 의사표시를 명하거나 공유물분할을 내용으로 하는 판결서는 제1호에도 불

는 반드시 기재하는 것이 좋고, 그렇게 기재하는 것이 관행이다. 이는 법원에서 소장심사를 하면서 보정요구 등의 사정이 있을 때 신속하게 원고에게 연락하기 위해서 이다. 다만, 원고의 소송대리인이 있는 경우에는 소송대리인의 연락처만 기재하면 충분하다.[103] 법원에서 소송대리인에게 연락하는 것으로 충분하고 원고 개인에게 연락할 필요는 없기 때문이다.

▣ **강평 :** 소송대리인 변호사의 연락처를 기재하면서 원고 본인의 주소 이외에 개인 연락처를 기재함은 사족(蛇足)이 된다.

법인이 아닌 사단이나 재단도 대표자 또는 관리인이 있는 경우에는 그 사단이나 재단의 이름으로 당사자가 될 수 있다(민소 제52조).

[기재례] — (원고가 법인 아닌 사단인 경우)	
원 고	대한침뜸연구소(204-88-62033)[104]
	서울 동대문구 제기동 25-1
	대표자 이사장 구영남
	소송대리인 법무법인 저스티스
	담당변호사 이상은
	서울 광진구 구의1동 1-170 동부로스쿨빌딩 401호
	전화 02-500-1111, 전자우편 law-law@justicekorea.net

② 소송대리인은 "법무법인 저스티스"이며, 이상은 변호사는 법무법인의 업무담당자에 불과하다. 소송대리인을 "변호사 이상은"으로 표시하는 것은 틀린 기재가 된다. 소송대리인의 주소 이외에 긴급 연락처를 반드시 기재한다.

나. 피고의 표시

민사소송과 달리, 항고소송의 경우 처분 등을 행한 행정청을 피고로 하므로(행소

구하고 제2호를 적용한다.

4. 당사자 등의 주소는 성명의 첫 번째 글자부터 시작한다.

[재판예규 제1477호, 시행 2015.01.01.]

103) 사건현장에서 변호사가 사용하는 법문서 용지에는 변호사의 주소 등 연락처가 인쇄되어 있는 것이 보통이다.

104) 대한침뜸연구소가 비법인 사단이지만 당사자능력이 있는 경우이다(민소 제53조 참조). 법인 아닌 사단이나 재단이 원고가 되는 경우에는 기재례와 같이 사업자등록번호를 기입해 주는 것이 비법인 사단을 특정하는 데에 도움이 될 것이다.

제13조),[105] 피고의 표시에 주의를 요한다. 실무상 기재례는 다음과 같다.[106]

① 처분행정청 : 항고소송의 경우 피고로 처분행정청만 표시하고, 그 기관의 지위에 있는 자연인의 성명이나 주소는 표시하지 않는 것이 실무례이다.[107]

피고	서울특별시장
피고	서초세무서장
피고	서울특별시 동부교육지원청 교육장

▣ **사례연구 강평 :** 2012년 지역거점국립대학법학전문대학원장협의회의 실시 모의고사 기록(서울특별시 동부교육지원청 교육장이 원고가 신청한 원격평생교육시설설치신고서를 반려처분 한 사건)에서, 피고를 '대한민국' 또는 '교육과학기술부장관'이라고 표기한 답안이 있었다. 그 이유로 권한 위임의 근거가 없다나요? 그러나 설혹 권한이 없거나 내부위임에 불과하여 권한 위임의 근거가 없는 경우라도, 권한 없는 기관이 자기의 이름으로 처분을 행한 경우에는 처분명의자인 그 행정청이 피고가 되는 것 (대법 1991.2.22. 선고 90누5641 판결, 대법 2006.2.23. 자 2005부4 결정 등)임에도[108] 정당한 권한 소지 행정청을 피고로 함은 피고적격을 오해한 답안이 된다.

② 보통지방행정청 : 구청장의 경우에는 상급 자치단체의 이름을 함께 기재하는 예가 더 많고(예컨대, 서울특별시 서초구청장), 군수·시장의 경우는 상급 자치단체의 이름을 기재하지 않는 예가 더 많다(예컨대 충주시장, 함평군수). 면의 경우에도 소속 자치단체를 기재하지 않는 예가 많으나, 면이나 동의 경우는 일반인에게 잘 알려져 있지 않으므로 소속 자치단체를 기재하는 것이 바람직하다(예컨대 파주시 적성면장).

피고	서울특별시 서초구청장
피고	충주시장
피고	함평군수
피고	파주시 적성면장

105) 당사자소송의 경우에는 권리 의무의 주체가 피고가 된다(예컨대 국가 또는 지방자치단체).
106) 사법연수원, 행정구제법(2014년), 189-190면 참조.
107) 법원실무제요(행정), 2016, 242면; 사법연수원, 위의 책, 189면. 실무상 소장에 피고의 주소를 적는 경우가 많지만, 주소의 기재는 송달의 편의를 위해 의미가 있을 뿐 소장에서 반드시 기재해야 할 필요는 없다.
108) 이철환(행정구제법), 제3판, 231면 참조.

③ 특수지방행정청 : 세무서의 경우는 세무서장만 표시하고 상급기관은 표시하지 않으며, 기타의 지방행정기관은 그 고유명칭이 있으므로 이를 기재하면 된다.

피고	익산세무서장
피고	동해경찰서장
피고	서울남부보훈지청장
피고	대구광역시 중구보건소장

④ 합의제 행정청 : 중앙토지수용위원회, 공정거래위원회, 교원소청심사위원회, 방송위원회 등 경우에는 대표기관 및 그 성명을 표기함이 보통이다. 지방의회를 비롯한 각종 의결기기관이 예외적으로 처분청이 되는 경우에도 의회 의장을 대표자로 표기한다.

피고	광주광역시 광산구의회
	대표자 의장 ○○○

⑤ 공·사법인 : 민사소송에서와 같이 대표기관 및 그 성명을 기재한다. 주소도 병기하나, 당사자 특정에 문제가 없는 경우에는 생략하기도 한다.[109)]

피고	한국도로공사
	김천시 혁신8로 000
	대표자 사장 ○○○

2. 사건명

필요적 기재사항은 아니나 통상 기재하고 있고, 소장에 기재된 대로 법원의 사건명이 되는 것이 일반적이다. 예컨대, 원격평생교육시설설치신고서반려처분 취소청구의 소, 영업정지처분의 취소, 파면처분의 취소, 공무원지위확인, ○○처분의 무효확인 등으로 기재한다.

3. 청구취지

민사소송의 경우와 다르지 않다. 청구취지는 원고가 어떠한 내용과 종류의 판결을 요구하는지를 밝히는 판결신청이고, 소의 결론부분이다.[110)] 청구취지는 이를

109) 법원실무제요(행정) 2016년, 244면.

명확히 알아볼 수 있도록 구체적으로 특정하여야 하며, 특별한 사정이 없는 한 판결 주문의 기재방식에 따르면 된다. 청구취지의 기재는 직권조사사항이다.

가. 소송 유형별 청구취지 기재례

(1) 취소소송의 청구취지 기재례

취소소송은 형성의 소이므로, 청구취지의 기본적 구조는 「— 처분을 취소한다」이다. 이행의 소에서와 같이 「— 을 취소하라」고 기재하면 틀린다.

> [**청구취지**] (**기본형**)
> 1. 피고가 언제 누구에게 대하여 한 어떠한 처분을 취소한다. — [본안의 청구 내용]
> 2. 소송비용은 피고가 부담한다. ——— [소송비용의 부담]
>
> 라는 판결을 구합니다. ——————— [부수적 표현]

▣ **강평 :** 위와 같은 기본적 형식을 사용하는 것이 좋다. 문법에 맞지 않는 표현도 주의할 점이다. 예컨대 모의고사의 답안채점에서 보면,

"**피고는** 2012.4.15. 원고에 대하여 한 ○○신고서반려처분**을 취소한다.**"라고 표기한 답안이 상당히 많다. 청구취지의 문법상 주어와 술어가 맞지 않는 답안이다.

여기에서 문장 전체의 주어(主語)는 판결을 선고하는 법원이다(문장 전체의 주어가 생략된 구조이다). 즉, "── 을 취소한다"의 주체는 법원이다. 피고는 ○○처분을 한 주체이지, 피고가 이 재판에서 처분을 취소하는 것이 아니다.

- **(법원은) 피고가 ── 한 ○○처분을 취소한다.**

① 처분청과 피고가 동일한 경우

> - 피고가 2013.3.10. 원고에 대하여 한 영업정지 2월의 처분을 취소한다.
> - 피고가 2013.3.10. 원고에 대하여 한 파면처분을 취소한다.
> - 피고가 2013.3.10. 원고에 대하여 한 건축허가거부처분(도시 3332-2104)을 취소한다.
> - 피고가 2013.3.10. 원고에 대하여 한 유족보상일시금 및 장의비지급 거부처분을 취소한다.
> - 피고가 2013.3.10. 원고에 대하여 한 종합토지세 금 10,000,000원의 부과처분 중 금 5,000,000원을 초과하는 부분을 취소한다. ☞ [일부취소를 구하는 경우]
> - 피고가 원고에 대하여 2013.3.10. 한 서면사과명령처분과 2013.4.10. 한 퇴학처분을 모두 취소한다. ☞ [처분이 두 개 이상인 경우]

110) 이시윤(민사소송법), 제6판, 245면

② 처분청과 피고가 다른 경우

- 중앙노동위원회가 2013.3.10. 원고와 소외 갑 주식회사 사이의 2012부노77 부당노동행위구제 재심신청 사건에 관하여 한 재심판정을 취소한다.[111]
- 대통령이 2013.3.10. 원고에 대하여 한 파면처분을 취소한다.[112]

③ 제3자에게 한 처분에 대하여 불복하는 경우[113]

- 피고가 2013.3.10. 소외 김갑동에 대하여 한 액화석유가스충전사업 허가처분을 취소한다.

④ 공유수면매립지의 구역결정에 불복한 사례[114]

- 피고가 2011.11.17.에 한 새만금 방조제 구간 중 '제3호 방조제(신시도~야미도) 및 제4호 방조제(야미도~비응도) 구간'의 별지 1, 2 도면 표시 1, 5, 7 내지 15, 6, 4, 3, 2, 1의 각 점을 차례로 연결한 선내 부분에 해당하는 매립지가 속할 지방자치단체를 전라북도 군산시로 정한 결정을 취소한다.

(2) 무효등확인소송과 부작위위법확인소송의 청구취지 기재례

- 피고가 2013.3.10. 원고에 대하여 한 파면처분은 무효임을 확인한다.
- 원고가 2012.9.10. 피고에 대하여 한 건축허가신청에 관하여 피고의 부작위가 위법임을 확인한다.

[해설] ☞ 확인판결의 주체는 법원이다. 즉 법원은 피고가 한 ○○처분이 무효임을 확인한다는 구조인데, 문장 전체의 주어(법원)를 생략한 것이다.

- (법원은) 피고가 ― 한 파면처분은 무효임을 확인한다.

---

111) 「노동위원회법」은 중앙노동위원회의 처분에 대한 소는 중앙노동위원회위원장을 피고로 하여 제기하도록 하고 있으므로(법 제27조 제1항), 중앙노동위원회의 처분(예컨대, 부당노동행위 등에 대한 재심판정 등)에 대하여는 중앙노동위원회위원장을 피고로 하여야 한다.

112) 대통령이 공무원에 대하여 징계 기타 불이익처분을 한 경우에는 소속장관을 피고로 한다(국가공무원법 제16조).

113) 인·허가사업의 경업자소송이나 경원자소송 또는 환경소송 등에서 원고는 그 처분의 상대방이 아니다.

114) 김제시장 등(원고들)이 안전행정부장관(피고)을 상대로 제기한 공유수면매립지의 구역결정에 불복한 사례(대법원 2013.11.14. 선고 2010추73 판결 [새만금방조제일부구간귀속지방자치단체결정취소]사건)

(3) 법정외 항고소송(의무이행소송·예방적 부작위소송)[115]

- 피고는 원고가 2013.9.10. 신청한 건축을 허가하라.
- 피고는 보건복지부 고시 제2000-72를 적용하여 요양급여 비용을 결정하여서는 아니 된다.

(4) 객관적 소송

① 조례안 재의결에 대한 무효소송

- 피고가 2013.3.10.에 한 '-- 000' 조례안에 대한 재의결(또는 의결)은 효력이 없다.

② 직권취소·정지처분에 대한 소송(지자법 제169조 2항)

- 피고가 원고에 대하여 한 2012.8.24.자 학교폭력 가해학생에 대한 학교생활기록부 기재 관련 직권취소처분을 취소한다.[116]

나. 주위적·예비적 청구의 기재례

- 주위적으로, 피고가 2013.3.10. 원고에 대하여 한 게임물 기판 7대의 수거처분은 무효임을 확인한다.
- 예비적으로, 피고가 2013.3.10. 원고에 대하여 한 게임물 기판 7대의 수거처분을 취소한다.

다. 소송비용의 부담

소송비용 부담에 관하여는 필요적 기재사항은 아니나, 관행적으로 기재하고 있다.[117]

- 소송비용은 피고가 부담한다.

라. 부수적 표현

청구취지에는 [1. 본안의 청구 내용과 2. 소송비용의 부담]에 관하여 기재하고, 부수적으로 「라는 '판결'을 구합니다.」라고 표기한다.

엄밀히 살피면 1.(본안청구내용)은 판결에, 2.(소송비용의 부담)는 결정에 해당하므로, 「라는 '재판'을 구합니다.」고 표기하는 것이 더 정확하다고 할 수 있다. 그러

115) 행정소송법은 의무이행소송이나 예방적 부작위소송을 규정하지 않고 있다.
행정심판법은 의무이행심판을 인정하고 있으므로(행심 제5조 제3호) 행정심판을 구하는 경우 청구취지는 "피청구인은 청구인이 2013.9.10. 신청한 건축을 허가하라"고 표시한다.

116) 대법원 2014.2.27. 선고 2012추190 판결 사건 참조(⇒전북도교육감[원고]이 교육부장관[피고]의 생활기록부 기재 관련 직권취소처분의 취소를 구한 사건이다).

117) 소송비용부담에 관하여는, 이철환(민사소액재판실무), 제2판, 375-397면 참조.

나 구별의 실익이 있는 것은 아니므로 통상 쓰는 대로 「라는 '판결'을 구합니다.」 라고 기재하여도 무방하고, 아예 기재를 생략해도 된다.

4. 청구원인

청구원인은 청구취지와 같은 판결을 할 수 있도록 하는 권리 또는 법률관계를 발생시키는 구체적인 사실관계를 말한다. 행정소송도 기본적으로 변론주의가 적용되므로, 원고가 청구원인으로 위법하다고 주장하는 바가 심리 판단의 주된 쟁점이 되고 원칙적으로 원고가 주장하지 않은 사유에 대하여는 심리 대상이 되지 아니한다. 따라서 원고는 청구원인으로 단순히 그 처분이 위법하다는 것만을 주장해서는 안 되고, 구체적으로 어떠한 점에서 위법한지를 주장하여야 한다(대법원 2000.5.30. 선고 98두20162 판결).

청구원인은 통상적으로 ① 행정처분의 경위, ② 이 사건 소의 적법성, ③ 이 사건 처분의 위법성, (④ 이 사건 처분의 근거법령의 위헌성), ⑤ 결론으로 나누어 구성된다.

실무상 '④ 이 사건 처분의 근거법령의 위헌성'을 다투는 경우는 많지 않다. 그러나 변호사시험에서는 헌법과 행정법을 통합하여 '공법 기록형'의 한 과목으로 출제하므로, 이 사건 행정처분의 위법성을 다투면서 근거법령의 위헌성을 함께 출제할 가능성이 많다. 나아가 위헌법률심판제청신청서를 작성하라는 문제를 병합 출제할 수도 있다.

청구원인은 소장의 본론이고 실질이므로 항을 바꾸어 상세히 설명한다(제2항 청구원인 작성방법 참조).

5. 입증방법과 첨부서류

가. 입증방법

입증방법은 원고의 주장(보통은 처분의 위법성에 관한 주장이 대부분이지만, 소송요건에 관한 적법성 주장도 있을 수 있다)을 입증할 수 있는 증거자료이다. 원고 주장의 순서대로 입증방법을 표기하면 된다.

기재 방법은 원고제출 서류는 '갑 제○호증', 피고제출 서류는 '을 제○호증'으로 표기하므로(민시소송규칙 제107조 제2항), 소장에서는 『갑 제1호증 (문서의 제목)』의 형식으로 표기한다. 한 가지 사실을 입증할 서류가 여러 개일 때에는 '갑 제2호증의1 (김○○ 진술서)' '갑 제2호증의2 (박○○의 진술서)' 등으로 가지번호를 붙인다.

입증방법
1. 갑제1호증 (영업정지통지서)[118]
2. 갑제2호증의1 (김○○의 진술서)
3. 갑제2호증의2 (박○○의 진술서)

▣ **강평 :** 입증방법은 소장에서 원고가 주장한 사실을 증명하기 위한 방법(입증방법)이다. 따라서 주요사실을 주장한 부분은 모두 입증방법이 동원되어야 할 것이다. 어떤 답안에는 원고에게 불리한 서류(예컨대 피고의 주장에 적합한 관공서의 질의회신 또는 업무지침)나 처분문서가 아닌 보고문서(예컨대 의견서)를 입증방법으로 기재한 경우가 있는데, 채점관으로부터 입증방법이 무슨 의미인지 모른다고 무시당할 소지가 있다.

나. 첨부서류

첨부서류는 위 입증방법을 실제로 첨부할 경우에 그 첨부 내용을 기재한다. 그 외에도 송달료 납부서, 소송위임장, 담당변호사 지정서, 법인등기부 등본(원고나 피고가 법인인 경우),[119] 소장부본[120] 등이 첨부서류가 된다. 첨부서류는 구체적으로 첨부한 숫자를 적는다.

첨부서류의 첨부 순서는 입증방법을 먼저, 기타서류는 나중에 첨부하고 소장부본은 분리하여 피고에게 송달하여야 하므로 맨 뒤에 첨부한다.

첨부서류		
1. 위 입증방법	각 *통	([해설] ☞피고 수 + 1)
2. 송달료 납부서	1통	
3. 소송 위임장	1통	
4. 담당변호사 지정서	1통	
5. 법인등기부등본	2통	([해설] ☞ 법인 숫자에 상응)
6. 소장부본	*통	([해설] ☞ 피고의 수)

118) 입증방법은 입증의 방법일 뿐이다. 『갑 제1호증(문서의 제목) ○통』이라고 기재하는 것은 잘못이다. 첨부서류에서 '위 입증방법 ○통'을 첨부하는 것으로 기재하여야 한다.

119) 원고나 피고가 법인인 경우에는 법인이라는 사실을 알 수 있게 법인등기부등본을 첨부한다. 이는 당사자를 특정하는데 의미가 있는 것이지, 청구원인의 주장사실과 관련 있는 것이 아니어서 입증사항은 아니다. 법인이 청구원인의 쟁점사실이라면 그 때에는 당연히 입증사항이 되는 것이다.

120) 소장이 접수되면 법원은 소장부본을 피고에게 송달하여야 하므로, 소를 제기하는 원고는 반드시 피고의 수에 상응하는 소장부본을 첨부하여야 한다.

6. 작성일자 및 기명날인

소장에는 필요적 기재사항 이외에 원고 또는 대리인이 기명날인 또는 서명할 것을 요한다(민소 제249조 2항, 제274조 1항).

가. 작성일자

작성일자는 중요한 기재사항은 아니다. 다만, 소장이 적법한 기일 내에 제출되었는지 쟁점이 되는 경우가 있는바,[121] 작성일자를 소장제출 일자로 보고(변호사시험 문제에서 그렇게 주어진 경우가 있다), 소제기의 적법여부의 판단자료가 된다. 따라서 시험에서는 문제에서 제시한 대로 일자를 찾아서 쓰면 될 것이다.

나. 작성인의 기명날인

작성자의 이름을 표시하고 날인(또는 서명)한다. 원고의 소송대리인으로 변호사가 선임되어 변호사가 소장을 작성하는 경우라면 작성자인 변호사의 표시를 하여야 한다.

원고의 소송대리인 변호사 김갑동 (인) 원고의 소송대리인 법무법인 동남풍 담당 변호사 제공명 (인)

소송대리인으로 법무법인을 선임한 경우에는 담당 변호사는 법인의 업무담당자에 불과하므로, 예컨대 "원고의 소송대리인 법무법인 동남풍, 담당 변호사 제공명"으로 표시하는 것이 정확하고 "원고의 소송대리인 변호사 제공명"으로 기재하면 틀린 표시가 된다.

▣ **강평 :** 작성인의 기명날인을 함에 있어서 법인의 경우에 '원고 주식회사 번성마트 소송대리인 법무법인 동남풍 담당 변호사 제공명'이라고 기재한 경우는 무방하나, 원고의 대표이사 이름까지 기재하는 것은 사족이 된다.

7. 제출 법원

필요적 기재사항은 아니지만, 기재하는 것이 관행이다. 제출법원은 관할권 있는 법원에 제출해야 하므로, 관할의 표시 역할을 한다.

행정소송의 제1심 관할법원은 피고의 소재지를 관할하는 행정법원이다(행소 제9조 1항, 법원조직법 제40조의4). 행정법원이 설치되지 아니한 지역은 해당 지방법원 본원(과 춘천지방법원 강릉지원)에서 관할한다[법원조직법 부칙(법률 제4765호, 1994.7.27.) 제2

121) 소장에 기재된 일자는 의미가 없고, 법원에 접수된 실제의 날자가 중요하다. 보통 접수인에 날짜가 찍혀 있다.

호]. 다만, 피고가 ① 중앙행정기관, 중앙행정기관의 부속기관과 합의제행정기관 또는 그 장 ② 국가의 사무를 위임 또는 위탁받은 공공단체 또는 그 장의 하나에 해당하는 경우에는 대법원소재지를 관할하는 행정법원에 제기할 수 있다(행소 제9조 2항).

Ⅱ. 소장의 제출

1. 소장의 제출과 송달

소장의 제출에 있어서는 인지를 첩부하고 소송서류의 송달비용을 납부하여야 한다. 소장은 정당한 이유 없이 접수를 거부하여서는 아니 된다. 다만 법원사무관 등은 접수된 소장의 보완을 위하여 필요한 사항을 지적하고 보정권고를 할 수 있을 뿐이다(민사소송규칙 제5조). 소가 제기되면 소장을 접수받은 법원은 피고에게 소장 부본을 송달한다.

2. 소제기의 효과

피고에게 소장부본이 송달됨으로서 소송(訴訟)이 계속(係屬)되고, 당사자는 변론을 준비하게 된다. 소송의 계속이란 특정한 청구에 대하여 법원이 판결하는데 필요한 행위를 할 수 있는 상태를 말한다.[122] 소송계속은 소장부본이 피고에게 송달된 때부터 시작되며, 소의 각하·취하 또는 판결의 확정 등으로 종결된다.

가. 소제기의 주관적 효과

소가 제기되면 소송이 계속되고, 법원은 이를 심리하여 판결할 의무를 진다(심리의무). 또한 당사자는 법원에 계속되어 있는 사건에 대하여 동일한 소를 다시 제기하지 못한다(중복제소금지, 민소 제259조).

나. 소제기의 객관적 효과

취소소송의 제기는 처분 등의 효력이나 그 집행 또는 절차의 속행에 영향을 주지 않는다(집행부정지원칙, 행소 제23조 1항).

3. 사건번호

행정법원이나 지방법원 행정부에 제기된 사건번호는 '구단' 또는 '구합'이며, 집행정지신청의 사건번호는 '아'이다.

---

122) 이시윤(민사소송법), 제6판, 262면.

4. 소장 예문

소 장

원 고 김미녀 (1981.10.10. 생 金美女)[123]
서울 강남구 역삼동 123 지하 1층
소송대리인 법무법인 동남풍
담당변호사 제공명
서울 강남구 역삼동 823-1 동남빌딩 7층
대표전화 : 02-6655-7788 FAX : 02-6655-7789
E-mail : bs200@hanmail.net

피 고 서울특별시 강남구청장

영업정지처분 취소

청 구 취 지

1. 피고가 2011.9.6. 원고에 대하여 한 영업정지 1월 15일의 처분을 취소한다.
2. 소송비용은 피고가 부담한다.

라는 판결을 구합니다.

청 구 원 인

1. 행정처분

<당사자의 지위, 처분의 경위 : 다툼의 여지 있는 부분의 요약정리>

가. 원고는 2011.4.4. 부터 서울 강남구 역삼동 123에 있는 강남빌딩 지하 1층에서 '옥타걸'이란 상호로 '와인 바'(이하 '이 사건 업소'라고 한다)를 운영하여 왔습니다.

나. 원고의 여자 종업원 3명이 2011.7.12. 23:30경 이 사건 업소 내의 칸막이로 구획된 3곳의 방에서 각 남자 손님들과 함께 앉아 술잔과 물 컵에 얼음을 넣어 주는 행위를 하다가 피고의 직원들에 의하여 단속되었습니다.

다. 피고는 2011.9.6. 원고에 대하여, 원고가 이 사건 업소에서 유흥접객원을 고용하였다는 이유로, 식품위생법 제75조, 같은 법 시행규칙 제57조의 규정에 의하여 영업정지 1월 15일(2011.9.26.~2011.11.9)의 처분 (이하 '이 사건 처분'이라 한다.)을 하였습니다.

---

123) 판결서에는 당사자 등의 성명과 주소를 기재한다. 판결서에 한글이름이 같은 여러 사람을 표시하여야 하는 경우에는 해당 당사자 등의 성명으로부터 한 칸 띄어 괄호하고 그 안에 생년월일이나 한자 성명 중 어느 하나를 기재하거나 모두 병기한다(재판서 양식에 관한 예규 제9조 제1항 제1호 - 재판예규 제1477호, 시행 2015.1.1.). 따라서 소장의 경우에도 이에 준하여 기재하면 좋을 것이다.

2. 이 사건 소의 적법성

<소송요건(원고적격, 제소기간, 처분성 등)에 관한 다툼의 여지 있는 부분의 요약정리>

3. 행정처분의 위법성

<본론부분이다. 처분에 대하여 실체적·형식적·절차적 위법내용을 구체적으로 적시한다>

가. 사실관계

(1) 2011.7.12. 23:30경 이 사건 업소에 구청 단속반원들이 출동하였을 때, 테이블 8곳 대부분에 손님들이 있었는데 그 중 3곳에는 손님들이 온지 얼마 되지 아니하여 여종업원 3명이 각 테이블에 1명씩 보조테이블에 앉거나 선 채로 주문을 받기도 하고 물 컵에 물이나 얼음을 넣어 주면서 와인의 종류 등에 대해서 설명해주고 있었습니다. 당시 손님들에게 술을 따르거나 함께 술을 마시고 있었던 종업원은 아무도 없었습니다.

(2) 그날 구청 단속반원들의 요구에 의하여 그 여종업원 3명이 확인서를 작성하였는데, 확인서의 내용은 단속반원이 기재하였고 확인서 하단에 그 여종업원 3명이 서명만을 하였습니다. 확인서의 내용은 단속반원이 "동석하여 술잔, 물 잔에 얼음을 넣고 있었다. 총 3개의 테이블이 있고, 테이블마다 여종업원들이 앉아서 서빙을 하였다고 진술함"이라고 기재하였는바, 당시 원고는 "테이블마다 여종업원이 앉아서" 라는 부분에 이의를 제기하였으나, 단속반원은 "그건 별 것 아니다"며 무시하였습니다.

(3) 원고의 가게에는 여종업원이 4명뿐이므로 8개의 테이블 모두 한 사람씩 앉아 있을 수도 없었습니다. 그날 손님 테이블에 가 있었던 여종업원은 위 3명이 전부입니다.

나. 관련 법령

식품위생법이나 그 시행령, 시행규칙에는 유흥접객원이 무엇을 의미하는지에 관한 정의 규정이 없고, 다만, 식품위생법 제44조 제3항에서 "손님과 함께 술을 마시거나 노래 또는 춤으로 손님의 유흥을 돋우는 접객행위"라는 표현을 쓰고 있을 뿐인 바, 이러한 사정에 비추어 보면, 유흥접객원의 개념은 위와 같은 접객행위에 종사하는 사람으로 파악되어야 할 것입니다.

다. 행정처분의 위법

(1) 원고는 위와 같은 의미의 유흥접객원을 고용한 사실이 없습니다. 원고의 여종업원들은 손님과 함께 술을 마신 사실이 없으며(술을 따른 사실 조차도 없음), 노래와 춤으로 손님의 유흥을 돋운 사실도 없습니다. 피고는 위와 같은 사실에 관한

아무런 증거도 없이, 이 사건 행정처분을 행한 것이므로 이는 위법합니다.

(2) 가사, 여종업원이 손님 가까이에서 보조의자에 앉는 등으로 물 컵에 물이나 얼음을 채워주는 등의 서빙을 하는 것조차 금지된다고 하더라도, 이런 서빙은 일반 식당에서도 행해지고 있으며 그 위반의 정도가 매우 경미한 사항에 불과합니다.

원고는 그 전에 어떤 위법행위도 저지른 적이 없으며, 원고에 대하여 영업정지가 아니라 과징금 부과처분을 행하는 것이 가능하다는 점, 만일 이 사건 행정처분이 유지될 경우 원고는 감당할 수 없는 큰 손해를 입게 되는 점 등을 감안하면, 이 사건 행정처분은 재량권의 일탈·남용한 것으로 위법하다고 할 것입니다.

4. 결 론

따라서, 이 사건 행정처분은 위법하므로 취소되어야 할 것입니다.

입 증 방 법

갑 제 1호증의 1	영업신고증
갑 제 1호증의 2	사업자 등록증
갑 제 2호증의 1	행정처분 알림
갑 제 2호증의 2	행정처분 명령서
갑 제 3호증의 1 내지 4	각 진술서

첨 부 서 류

1. 위 입증방법	각 1통
1. 소송 위임장	1통
1. 송달료 납부서	1통
1. 소장부본	1통

2011. 9. 15.

원고 소송대리인 법무법인 동남풍

담당 변호사 제공명 (인)

서울행정법원 귀중

제2항 청구원인의 작성방법

소장의 기재사항은 형식적 기재사항과 실질적 기재사항으로 구분할 수 있다. 형식적 기재사항은 소송의 유형과 다툼의 내용에 불문하고 공통적으로 작성하는 사항이고, 실질적 기재사항은 소송의 대상인 처분과 왜 그 처분이 위법한지 등을 구체적으로 기재하는 소장의 몸통이다. 그러한 점에서 청구원인과 그 요점인 청구취지는 소장의 실질적 기재사항이라 할 수 있고, 그 이외의 부분을 형식적 기재사항이라 할 수 있다.

청구취지는 간결한 결론이므로, 변호사시험에서의 주 논점은 청구원인이 될 것이다. 아마도 소장 작성의 채점표에서 청구원인이 차지하는 비중은 80% 이상이 되어야 할 것이다. 최근에는 주로 청구원인 중에서 일부만 특정하여 작성하라는 방식으로 출제되고 있다.

청구원인은 통상적으로 ① 행정처분의 경위, ② 이 사건 소의 적법성, ③ 이 사건 처분의 위법성, (④ 이 사건 처분의 근거법령의 위헌성), **⑤ 결론으로 나누어 구성된다.**[124)]

Ⅰ. 행정처분의 경위

행정처분의 경위는 이 사건 처분이 위법하다는 주장의 전제사실이므로, 위법성을 논증하는데 필요한 내용을 빠짐없이·간결하게 기재하여야 한다. 예컨대 이 소송의 대상이 되는 행정처분을 특정하고, 위법 사유가 되는 처분의 이유와 근거 등을 간결하게 기재하여야 한다.

너무 장황하게 작성하면 본론격인 '처분의 위법성' 주장에서 시간이 부족하게 되므로, 답안지에서는 다툼의 대상인 처분의 최소한의 특정에 그쳐야 한다.[125)]

최근의 변호사시험에서는 처분의 경위를 문제지에서 미리 설시해 주고, 소장에서 기재는 생략하는 경우가 많다. 소장의 본체는 '처분의 위법성' 부분이고, '처분의 경위'가 쟁점이 아니기 때문이다.

---

124) 소장의 형식에 관하여 정해진 바는 없지만 통상 관행적으로 이와 같은 형식으로 작성한다. 변호사 시험에서는 소장 양식을 제공하고 있으니 제공된 양식에 따라 작성하면 될 것이다.

125) 이러한 점을 감안하여 제1회 변호사시험(2012.1.3. 시행) 공법 기록형 문제에서는 ['이 사건 처분의 경위'는 8줄 내외로 작성할 것]이라고 작성요령을 제시한바 있다.

[기재례]

(제1회 변호사시험 [2012.1.3. 시행] 기록형에서, 원고는 노래연습장을 운영하는 자인데 청소년출입시간 위반으로 적발되어 노래연습장등록 취소처분을 받고 이에 불복하여 소송을 제기하는 사건이다)

청 구 원 인

1. 이 사건 처분의 경위

[원고의 지위] 원고는 종전의 영업자인 이원숙으로부터 2011.6.17. 노래연습장의 영업을 양수하여, 현재까지 재미노래 연습장이라는 상호로 영업을 해오고 있습니다.

[처분 경위] 원고는 2011.7.25. 19:00경 단골손님인 최성연이 직장동료 7명과 함께 와서 이들을 출입시켰는데, 일행 중 한 명이 만 17세의 청소년으로 밝혀져 단속반에 적발되었습니다.

[이 사건 처분] 이에 피고는 청소년출입시간 위반 횟수가 양도 전의 것과 합하여 4회라는 이유로 2010.10.13. 원고에 대하여 노래연습장 등록취소 처분(이하 "이 사건 처분"이라 함)을 하였습니다.

[기재례]

(법학전문대학원 협의회 제1회 모의고사 [2011.7.12. 시행] 기록형 사례)

청 구 원 인

1. 이 사건 처분의 경위

가. 당사자의 지위

원고는 성남시 수정구 태평동 92 지상에 번성마트 성남점의 신축을 계획하고 있는 법인이고, 피고 성남시장은 건축허가권자입니다.

나. 처분경위

원고가 2011.6.7. 피고에게 번성마트 성남점의 신축에 대한 건축계획심의신청을 하였는데, 피고는 2011.5.13. 자 경기도교통영향분석·개선대책심의위원회의 조건부 심의 결과에 대하여 원고가 구체적인 사업계획을 수립하여 사업시행 가능여부를 피고와 협의하지 않았다는 점과 추가 대형할인점 입점에 대한 반대여론 등을 이유로, 2011.6.23. 원고에게 번성마트 성남점 신축공사 건축심의 불가 통보를 하였습니다.

[기재례][126]

(** 대학교 학생 강○○[원고]이 기성회비 관련 정보공개 청구하였으나, ** 대학교총장[피고]이 거부한 사건이다)

청 구 원 인

1. 이 사건 처분의 경위

[원고의 지위] 원고는 ** 대학교 재학 중인 학생입니다.

[처분의 원인 사실] 원고가 2014.9.26. 피고에게 '**대학교 기성회의 현금자산에 관하여 ① 2014.2.28. 이후 현금 수입내역(2014년 1학기 및 2학기 기성회 입금내역과 기타 수입에 관한 내역), ② 2013년 1월부터 2014년 9월까지 기성회비 집행내역, ③ 2014년 9월 현재 통장 현금잔액'(이하 '이 사건 정보'라 한다)의 공개를 청구하였습니다.

[피고의 처분] 피고는 2014.10.6. 원고에게 '현재 진행 중인 재판(○○○법원 2013나○○○ 기성회비반환 외 4건)과 관련된 정보로서 「공공기관의 정보공개에 관한 법률」(이하 '정보공개법'이라 한다) 제9조 제1항 제4호에 해당한다'는 이유로 정보비공개결정 통지(이하 '이 사건 처분'이라 한다)를 하였습니다.

Ⅱ. 이 사건 소의 적법성

1. 기재의 의의

이 사건 소송의 제기가 소송요건에 흠결이 없다는 것을 주장하는 소장의 서론부분이다. 소송요건(원고적격, 피고적격, 제소기간, 처분성 등)에 관하여 다툼의 여지가 있는 부분을 요약하여 정리한다.

실무상으로는 피고가 본안전 항변으로 소송요건의 흠결을 주장하는 경우에 또는 재판부의 직권조사에 의하여 문제가 되었을 때에 원고가 답변의 형식으로 소송요건이 갖추어진 적법한 소라는 주장과 입증을 하게 된다.

그러나 변호사시험에서 요구하는 소장의 작성에서는, 피고의 본안전 항변에 미리 대비하여 명확하지 아니한 소송요건이나 상대방이 다툴 것으로 예상되는 사항에 대하여도 소장에서 미리 적법하다는 주장을 기재할 필요가 있게 된다.

소송요건은 직권조사 사항이므로 소장에서 미리 적법성을 주장하는 방법이 이

126) 행정심판 재결례의 사례[법제소식 통권 제34호 (2015년 3월호) 23-25면]를 행정소송의 소장으로 구성한 것이다.

론상으로도 더 적절하다고 본다.

2. 기재의 정도와 방법

소장의 본론은 처분의 위법성을 논증하여 처분의 취소를 구하는 것이므로, 소송요건에 불과한 '이 사건 소의 적법성 주장'에 대하여 장황하게 기재하면 안 된다. 나중에 본론인 '이 사건 처분의 위법성'을 상세하게 논증해야 하는데, 시간이 부족하게 되기 때문이다. 따라서 이 부분은 다툼의 여지가 있는 부분만 간결하게 정리하여야 한다.[127]

변호사시험에서는 이 부분의 기재할 분량을 구체적으로 제한하여 출제하는 경우도 있다.[128] 그런 제한이 없는 경우에 다툼의 여지가 없는 소송요건 전부에 대하여 상세히 열거하는 것은 시간낭비가 됨을 유의하여야 한다.

▣ **강평 :** 변호사시험의 논술식 문제에는 사례형과 기록형이 있는바, 소송요건(예컨대 원고적격이나 제소기간 등)에 관한 문제는 사례형이나 기록형 모두에서 출제가 가능할 것이다. 그러나 답안작성에서는 크게 차이가 있음을 주의하여야 한다. 사례형에서는 소송요건이 주 쟁점이 될 수 있지만, 기록형(소장 작성)에서는 소송요건은 그 비중이 매우 적으므로 사례형 문제와 같이 상세히 작성하면 안 된다. 소장에서는 '처분의 위법성' 부분이 본론이기에 소송요건에서 힘을 빼버리면 본론을 쓰지 못하는 낭패를 당하게 되기 때문이다. 소장의 청구원인을 작성하면서 처분의 위법성에 대한 논증보다도 소송요건에 더 많은 양을 할애하는 경우가 있다면, 이를 두고 "배보다 배꼽이 더 크다"고 할 수 있다.

기재방법은 문제가 되는 소송요건의 ① 일반론을 간략히 기재하고 ② 사안의 적용으로 도입하면 된다. 교과서적 강의가 되어서는 사족이 된다. 특별히 큰 쟁점이 아니면 간략히 기재하여야 한다.

---

127) 미리 예상할 수 없었던 소송요건의 흠결을 피고가 답변서에서 다툰다면 나중에 준비서면으로 주장 및 입증하면 될 것이다.

128) 예컨대 제1회 변호사시험(2012.1.3.) 공법 기록형 문제에서는 ['이 사건 소의 적법성'에서는 제소기간과 피고적격을 중심으로 작성할 것]이라고 작성요령을 명시하였고, 제1회 모의고사(2011.7.12.) 기록형 제1문에서는 ['소의 적법성'에서는 피고가 '건축심의 불가 조치가 항고소송의 대상이 되는 처분이라고 할 수 없다'는 주장을 할 것이 예상되므로, 이에 대비한 내용을 위주로 작성할 것] 이라고 구체적으로 명시하였다.

[기재례]

(예컨대 제1회 변호사시험 기록형에서, 피고가 처분서의 송달을 두 번에 걸쳐 하였는데, 처분이 있음을 안 날부터 90일 이내에 소제기 되었는지 문제되는 사안이다)

2. 이 사건 소의 적법성

가. 제소기간의 준수

[법률의 규정] 취소소송은 처분이 있음을 안 날부터 90일 이내, 처분이 있은 날부터 1년 이내에 제기하여야 합니다(행소 제20조 1항, 2항).

[사실관계] 이 사건처분서는 2011.9.16. 원고의 집에 잠시 방문한 원고의 어머니 윤숙자에게 교부송달 되었고(제1차 송달), 2011.10.13. 원고에게 다시 교부송달 되었습니다(제2차 송달).

[이 사건 적용] 교부에 의한 송달은 송달하는 장소에서 송달받을 자를 만나지 못한 경우에는 그 사무원·피용자 또는 동거인으로서 사리를 분별할 지능이 있는 사람에게 문서를 교부할 수 있는바(행정절차법 제14조 제2항), 윤숙자는 원고의 사무원이나 피용자 또는 동거인이 아니므로 제1차 송달은 적법한 송달이 아닙니다.

따라서 이 사건 처분의 적법한 송달일은 제2차 송달에 의한 것이고, 원고는 2011.10.13. 처분이 있음을 알게 되었으므로 그로부터 90일 이내에 소를 제기하였습니다.

3. 구체적 유의사항

가. 원고적격

처분의 상대방은 원칙적으로 원고적격을 갖는다. 따라서 처분의 상대방이 원고가 되는 경우에는 특별한 사정이 없는 한 쟁점이 되지 않는다. 문제가 되는 것은 처분의 상대방이 아닌 제3자가 원고가 되는 경우인데(경업자 소송 또는 경원자 소송, 인인소송 등), 제3자가 그 처분으로 인하여 자신의 법률상 이익이 침해되었음을 주장하여 원고적격을 논증하여야 한다.

나. 피고적격

취소소송은 처분 등을 행한 행정청을 피고로 한다(행소 제13조 1항 본문). 기록에 제시된 행정처분서를 보고 처분서의 명의자를 피고로 하면 된다. '처분 등을 행한 행정청'이란 그의 이름으로 처분이나 재결을 한 행정청(처분청·재결청)을 말하는 것으로, 정당한 권한을 가진 행정청인지 여부는 불문한다. 즉, 처분을 행할 권한이 있는지의 문제와 혼동하면 안 된다.

처분권한 없는 행정청이 처분을 한 경우(예컨대 광역시장의 권한을 산하 공원관리사업소장이 내부위임 받아 자기 이름으로 권한 행사한 경우)에 처분권한의 유무는 불문하고 자기의 이름으로 실제로 처분을 행한 행정청(위 예에서는 공원관리사업소장)이 피고가 된다(대법원 1991.2.22. 선고 90누5641 판결).[129] 처분권한의 흠결은 처분(행정행위)의 성립요건상의 하자이므로, 처분의 위법사유에 해당된다.

행정청에는 '법령에 의하여 행정권한의 위임 또는 위탁을 받은 행정기관·공공단체 및 그 기관 또는 사인'을 포함한다(행소 제2조 2항).

위임 또는 위탁을 받은 행정기관은 위임행정청의 하급행정청이나 보조기관 또는 그 밖의 행정청이나 공공단체 및 그 기관을 포함하고(정부조직법 제6조 1항), 사인에는 행정사무처리권한이 부여된 사법인 또는 자연인이 포함된다.[130]

행정청이 피고가 되므로, 법률상 권리주체인 국가나 지방자치단체를 피고로 하면 안 된다. 예컨대 건축허가신청에 대하여 서초구청장이 거부한 경우에 피고는 '서초구청장'이 된다.[131]

---

129) 대법원 1991.2.22. 선고 90누5641 판결 [공원사용료부과처분취소] ⇒ 행정처분의 취소 또는 무효확인을 구하는 행정소송은 다른 법률에 특별한 규정이 없는 한 그 처분을 행한 행정청을 피고로 하여야 하며, 행정처분을 행할 적법한 권한 있는 상급행정청으로부터 내부위임을 받은데 불과한 하급행정청이 권한 없이 행정처분을 한 경우에도 실제로 그 처분을 행한 하급행정청을 피고로 하여야 할 것이지 그 처분을 행할 적법한 권한 있는 상급행정청을 피고로 할 것이 아니므로 부산직할시장의 산하기관인 부산직할시 금강공원 관리사업소장이 한 공단사용료 부과처분에 대하여 가사 위 사업소장이 부산직할시로부터 단순히 내부위임만을 받은 경우라 하더라도 이의 취소를 구하는 소송은 위 금강공원 관리사업소장을 피고로 하여야 한다.

130) 공법인이 국가사무를 위탁받아 행하는 경우 권한을 위탁받은 공법인 자체가 피고가 된다(대표자가 피고가 되는 것 아님). 요양급여를 신청하였는데, 근로복지공단으로부터 요양불승인처분을 받았다면, 근로복지공단을 피고로 소송을 제기한다.

131) 서초구청장의 불법행위에 의해 손해가 발생하여 국가배상법 제2조 소정의 손해배상청구(당사자소송이지만, 실무상은 민사소송으로 행하여지고 있다)를 하는 경우에는 권리주체인 '서초구'가 피고가 되는 것과 혼동하지 말 것이다.

[기재례]

2. 이 사건 소의 적법성

가. 피고적격

[일반론] 취소소송은 처분 등을 행한 행정청을 피고로 합니다(행소 제13조 1항). 행정청의 권한을 사무처리의 편의를 도모하기 위하여 그의 보조기관 또는 하급행정청으로 하여금 그의 권한을 사실상 행하도록 하는 내부위임의 경우에 수임관청은 위임관청의 이름으로만 그 권한을 행사할 수 있을 뿐입니다(대법원 1989.9.12. 선고 89누671 판결).

[이 사건의 적용] 피고는 이 사건 처분권한을 하급행정청인 동남구청장에게 사실상 내부위임하였고, 동남구청장은 이 사건 처분을 피고 명의로 하였는바, 그렇다면 피고가 이 사건 처분을 행한 행정청이 됩니다.

다. 협의의 소의 이익

협의의 소의 이익은 처분의 효력이 소멸한 경우에 주로 문제된다. 그러나 ① 제재적 처분의 효력이 소멸한 경우에도 후행처분의 가중사유가 되는 경우, ② 원상회복이 불가능하더라도 다툴 부수적 이익이 있는 경우, ③ 위법한 처분이 반복될 가능성이 있는 경우에는 예외적으로 소의 이익이 인정될 수 있다.

라. 처분성(대상적격)

항고소송의 대상은 '처분 등'이다. "처분 등"이라 함은 행정청이 행하는 구체적 사실에 관한 법집행으로서의 공권력의 행사 또는 그 거부와 그 밖에 이에 준하는 행정작용(이하 "처분"이라 한다) 및 행정심판에 대한 재결을 말한다(행소법 제2조 1항 제1호).

이 사건 행정작용이 항고소송의 대상이 되는 처분에 해당하는지 다툼의 여지가 있거나 피고가 다투는 경우에는 항고소송의 대상인 처분이라는 것을 논증하여야 한다. 원고의 신청에 대하여 행정청이 신청행위를 거부(또는 반려)한 행위가 처분성이 인정되는지 문제되는 경우가 많다.

[기재례]

(원고가 행정청(피고)에게 액화석유가스 충전사업 배치계획을 수립하여 달라는 취지의 청원서를 제출하였는데, 피고가 '민원회신'이라는 형태로 거부의사를 밝힌 사안에서 처분성이 인정되는지가 쟁점이 된 사례)

2. 이 사건 소의 적법성

가. 처분성 (or 이 사건 거부행위가 소송의 대상인 처분인지에 관하여)

[일반론] 항고소송의 대상인 처분은 구체적 사실에 관한 법집행으로서의 공권력의 행사 또는 그 거부와 그 밖에 이에 준하는 행정작용(행소법 제2조 1항 1호)으로서 국민의 권리·의무에 직접 영향이 있는 법적 행위이어야 합니다. 피고의 거부행위가 항고소송의 대상인 처분성을 가지기 위해서는 ① 그 신청한 행위가 공권력의 행사 또는 이에 준하는 행정작용일 것, ② 그 거부행위가 신청인의 법률관계에 어떤 변동을 일으키는 것, ③ 그 국민에게 법규상 또는 조리상의 신청권이 있을 것이라는 요건이 필요합니다(대법원 2007.10.11. 선고 2007두1316 판결, 대법원 2009.9.10. 선고 2007두20638 판결 등).

[사안의 적용] (①의 요건) 원고의 이 사건 신청은 자동차용 액화석유가스 충전소 배치계획을 수립하여 원고의 신청서를 검토하여 액화석유가스 충전소를 설치할 수 있도록 허가해 달라는 것입니다. 이는 공권력의 행사 또는 이에 준하는 행정작용입니다.

(②의 요건) 피고는 원고의 이 사건 신청을 민원회신이라는 형식을 통해서 원고의 신청을 거부한 것이고, 이 사건 통지는 신청인의 권리·의무나 법률관계에 영향을 주는 처분에 해당합니다.

(③의 요건) (관련법령의 규정 — 등)을 종합해 보면, 원고에게는 이 사건 자동차용 액화석유가스 충전소 배치계획을 수립하여 달라는 법규상의 신청권이 있습니다.

[결론] 따라서 피고의 이 사건 거부행위는 항고소송의 대상이 되는 처분에 해당합니다.

[기재례]
(법학전문대학원 협의회 제1회 모의고사 [2011.7.12. 시행] 기록형 사례)

2. 이 사건 소의 적법성

가. 처분성 (or 대상적격) — [배점 18점]

1) 항고소송의 대상이 되는 거부처분의 요건 (8점)

국민의 적극적 행위 신청에 대하여 행정청의 거부행위가 항고소송의 대상인 처분성을 가지기 위해서는 ① 그 신청한 행위가 공권력의 행사 또는 이에 준하는 행정작용일 것, ② 그 거부행위가 신청인의 법률관계에 어떤 변동을 일으키는 것, ③ 그 국민에게 법규상 또는 조리상의 신청권이 있을 것이라는 요건이 필요합니다(대법원 2007.10.11. 선고 2007두1316 판결, 대법원 2009.9.10. 선고 2007두20638 판결 등).

여기서 '신청인의 법률관계에 어떤 변동을 일으키는 것'이라는 의미는 신청인의 실체상의 권리관계에 직접적인 변동을 일으키는 것은 물론, 그렇지 않다 하더라도 신청인이 실체상의 권리자로서 권리를 행사함에 중대한 지장을 초래하는 것도 포함합니다(대법원 2007.10.11. 선고 2007두1316 판결).

2) 이 사건 불가조치는 항고소송의 대상이 되는 처분입니다(10점)

① 건축허가 등의 업무와 관련하여 시장 등은 건축위원회를 두어야 하고(건축법 제4조 1항), 시장 등이 건축허가를 함에 있어서 사전에 건축위원회의 심의를 거쳐야 합니다. 따라서 건축위원회의 심의는 행정주체로서 구체적인 건축허가에 대하여 법집행으로서 공권력의 행사입니다.

② 시장 등은 건축허가 등에 관하여 일반적으로 건축위원회의 심의를 거치게 됩니다. 피고의 이 사건 건축심의불가처분으로 인하여 원고는 건축허가절차를 더 이상 진행하지 못하게 되고, 건축위원회의 심의를 거치지 않은 건축허가는 하자가 있게 되는 점에서 원고는 건축허가신청권자로서의 권리를 행사함에 있어서 중대한 지장을 초래하게 됩니다.

③ 건축위원회의 설치(건축법 제4조 1항), 성남시건축위원회의 기능과 역할(성남시 건축조례 제4조 1항), 건축위원회의 심의를 받은 후 1년 내에 건축허가를 득해야 한다는 규정(위 조례 제4조 3항) 등에 따르면, 원고에게 이 사건 처분을 신청할 법규상 또는 조리상 신청권이 있습니다.

▣ **강평 :** 이 기록에서는 주로 건축심의 반려행위가 취소소송의 대상이 되는 거부처분에 해당되는지가 쟁점이다. 그렇다면 항고소송의 대상이 되는 거부처분의 요건 및 이 사건 반려조치가 항고소송의 대상이 되는 처분에 해당하는지에 대하여 논증이 집중되어야 할 것이다.(*문제에서도 이 부분을 위주로 작성하라고 기술하고 있다).

마. 제소기간

1) 취소소송의 제소기간

행정심판을 거치지 않은 경우에는 처분이 있음을 안 날부터 90일, 처분이 있은 날부터 1년이다(행소 제20조 1, 2항), 행정심판을 청구한 경우에는 행정심판 재결서 정본을 송달받은 날부터 90일, 재결이 있은 날부터 1년이다.

처분이 있음을 '안 날'이란 통지·공고 기타의 방법에 의하여 당해 처분이 있었다는 사실을 현실적으로 안 날을 의미한다.

판례에 의하면 처분의 통지가 당사자의 주소지에 송달되는 등 사회통념상 처분이 있음을 당사자가 알 수 있는 상태에 놓여진 때에는 그 처분이 있음을 알았다고 추정한다(대법원 1999.12.28. 선고 99두9742 판결,[132] 대법원 2002.8.27. 선고 2002두3850 판결[133]).

고시 또는 공고에 의하여 행정처분을 하는 경우에는 그 처분의 상대방이 불특정 다수인이고 그 처분의 효력이 불특정 다수인에게 일률적으로 적용되는 것이므로, 그에 대한 행정소송 청구기간도 그 행정처분에 이해관계를 갖고 있는 자가 고시 또는 공고가 있었다는 사실을 현실적으로 알았는지 여부에 관계없이 고시가 효력을 발생하는 날에 행정처분이 있음을 알았다고 보아야 한다(대법원 2007.6.14.선고 2004두619 판결). 고시의 효력은 법령에 특별한 규정이 없는 한 고시 또는 공고가 있은 후 5일이 경과한 때에 효력이 발생한다(행정업무의 효율적 운영에 관한 규정 제6조. 3항).[134]

2) 개별법에 규정이 있는 경우

개별법에 제소기간에 관한 규정이 있는 경우에는 일반법인 「행정소송법」의 규

---

132) 대법원 1999.12.28. 선고 99두9742 판결 ⇒ 아르바이트 직원이 수령한 경우, 납부의무자는 그 때 부과처분이 있음을 알았다고 추정할 수 있다고 한 사례.

133) 대법원 2002.8.27. 선고 2002두3850 판결 ⇒ 아파트 경비원이 관례에 따라 부재중인 납부의무자에게 배달되는 과징금부과처분의 납부고지서를 수령한 경우, 납부의무자가 아파트 경비원에게 우편물 등의 수령권한을 위임한 것으로 볼 수는 있을지언정, 과징금부과처분의 대상으로 된 사항에 관하여 납부의무자를 대신하여 처리할 권한까지 위임한 것으로 볼 수는 없고, 설사 위 경비원이 위 납부고지서를 수령한 때에 위 부과처분이 있음을 알았다고 하더라도 이로써 납부의무자 자신이 그 부과처분이 있음을 안 것과 동일하게 볼 수는 없다고 한 사례.

134) § 행정업무의 효율적 운영에 관한 규정 제6조(문서의 성립 및 효력 발생)

① 문서는 결재권자가 해당 문서에 서명(전자이미지서명, 전자문자서명 및 행정전자서명을 포함한다)의 방식으로 결재함으로써 성립한다.

② 문서는 수신자에게 도달(전자문서의 경우는 수신자가 관리하거나 지정한 전자적 시스템 등에 입력되는 것을 말한다)됨으로써 효력을 발생한다.

③ 제2항에도 불구하고 공고문서는 그 문서에서 효력발생 시기를 구체적으로 밝히고 있지 않으면 그 고시 또는 공고 등이 있은 날부터 5일이 경과한 때에 효력이 발생한다.

정보다 우선하여 적용한다.

① 「지방자치법」 제140조 제3항은 사용료·수수료 또는 분담금의 부과나 징수에 대하여 이의가 있는 자는 그 처분을 통지받은 날부터 90일 이내에 그 지방자치단체의 장에게 이의신청할 수 있다고 규정하고 있고, 제5항은 사용료·수수료 또는 분담금의 부과나 징수에 대하여 행정소송을 제기하려면 제4항에 따른 이의신청의 결정을 통지받은 날부터 90일 이내에 처분청을 당사자로 하여 소를 제기하여야 한다고 규정하고 있다. 따라서 「지방자치법」소정의 사용료 등의 부과를 받은 경우에 부과처분이 있음을 안 날부터 90일 이내에 이의신청을 하고, 이의신청결정을 통지받은 날부터 90일 이내에 소를 제기하여야 한다(대법원 2012.3.29. 선고 2011두26886 판결 참조).

대법원은 이의신청을 하여야 하는데 행정심판청구서를 제출한 사안에서, "이의신청을 제기하여야 할 사람이 처분청에 표제를 행정심판청구서로 한 서류를 제출했더라도 서류의 내용에 이의신청의 요건에 맞는 불복취지와 그 사유가 충분히 기재되어 있다면 그 표제에도 불구하고 이를 그 처분에 대한 이의신청으로 볼 수 있다"고 하였다(대법원 2012.3.29. 선고 2011두26886 판결).

② 수용재결에 대한 행정소송의 제기는 재결에 불복할 때는 재결서를 받은 날부터 60일 이내에, 이의신청을 거쳤을 때는 이의신청에 대한 재결서를 받은 날부터 30일 이내에 제기하여야 한다(「공익사업을 위한 토지 등의 취득 및 보상에 관한 법률」제85조 1항).

③ 중앙노동위원회의 처분에 대한 불복의 소는 중앙노동위원회위원장을 피고로 하여 처분의 통지를 받은 날부터 15일 이내에 제기하여야 한다(노동위원회법 제27조 1항).

3) 무효등확인소송

무효등확인소송을 제기하는 경우에는 제소기간에 제한이 없다(행소 제38조 1항).

4) 부작위위법확인소송

① 행정심판을 거치지 아니하고 부작위위법확인소송을 제기하는 경우에는 처분등이 없기 때문에 부작위가 계속되는 한 제소기간의 제한을 받지 않는다.

② 행정심판(의무이행심판)을 거쳐 부작위위법확인소송을 제기하는 경우에는 재결처분이 존재하므로 취소소송의 제소기간에 관한 「행정소송법」 제20조를 준용하고 있는 점에 비추어(행소 제38조 2항), 취소소송에서와 같은 제소기간의 제한을 받는다(대법원 2009.7.23. 선고 2008두10560 판결).

[기재례]

2. 이 사건 소의 적법성

가. 처분성

나. 제소기간

행정심판은 처분이 있음을 알게 된 날부터 90일 이내에 청구하여야 하는데(행정심판법 제27조 1항), 원고는 2009.10.21. 행정심판청구를 하였으므로 심판청구기간을 준수하였습니다.

행정소송은 재결서의 정본을 송달받은 날부터 90일 이내에 소를 제기하여야 하는데(행정소송법 제20조 1항), 2010.1.19. 현재까지 재결을 하지 않고 있습니다. 행정심판청구가 있은 날로부터 60일이 지나도 재결이 없는 때에는 행정심판의 재결을 거치지 아니하고 취소소송을 제기할 수 있습니다(행정소송법 제18조 2항 1호).

따라서 원고의 이 사건 소제기는 제소기간을 준수한 것으로 적법합니다.

다. 행정심판전치

바. 행정심판전치

「행정소송법」은 원칙적으로 임의적 전치주의를 채택하고 있으나, 개별법에서 명시적으로 행정심판전치주의를 규정하고 있는 경우에는 이를 거치도록 하고 있다(행소법 제18조 제1항).

1) 현행 개별법에서 행정심판전치주의를 규정하고 있는 경우로는,

① 공무원에 대한 징계 기타 불이익처분(국가공무원법 제16조 1항, 교육공무원법 제53조 1항, 지방공무원법 제20조의2),

② 국세·관세법 상의 처분(국세기본법 제56조 2항[135], 관세법 제120조 2항),

③ 운전면허 취소처분 등 도로교통법에 의한 각종 처분(도로교통법 제142조, 다만 과태료처분과 통고처분은 제외).

④ 국토해양부장관 등의 선박검사 등 처분(선박안전법 제68조 7항, 제72조 3항)을 들 수 있다.

135) 국세기본법상의 행정심판은 임의적 절차인 이의신청, 필요적 전치절차인 심사청구 또는 심판청구(심사청구와 심판청구 중 하나를 거쳐야 한다)의 2심급으로 되어 있다(국세기본법 제56조 2항). 다만 감사원에의 심사청구를 거친 경우에는 국세기본법상 심사청구나 심판청구를 거친 것으로 본다(국세기본법 제56조 4항).

2) 예외적 전치주의의 적용범위

예외적으로 행정심판전치주의를 요하는 처분이라 하더라도 그 처분의 취소소송과 부작위위법확인소송의 제기에만 행정심판을 거쳐야 하는 것이고(행소 제38조 2항), 무효확인소송의 제기에는 행정심판을 거칠 필요가 없다(행소 제38조 1항). 행정심판은 항고쟁송이기 때문에 성질상 공법상의 법률관계에 관한 소송인 당사자소송에도 그 적용이 없다(행소 제44조 1항).

> [기재례]
>
> 2. 이 사건 소제기의 적법성
>
> 가. 행정심판과 관계
>
> (1) 진정서의 제출
>
> 도로교통법 제142조, 행정소송법 제18조 제1항에 의하여 도로교통법에 의한 처분으로서 해당 처분에 대한 행정소송을 제기하기 위해서는 먼저 행정심판을 제기하여야 하는데, 원고는 2009.10.21. 경남지방경찰청장에게 위법한 행정처분의 시정을 바라는 진정서를 제출한 바 있습니다. 원고는 위 진정서에서 행정처분의 내용과 심판청구의 취지 및 이유 등을 기재하였습니다.
>
> (2) 진정서를 행정심판 청구로 볼 수 있는지 여부
>
> 위 진정서는 행정심판청구로 볼 수 있습니다. 행정심판법 제19조, 제23조의 규정 취지와 행정심판제도의 목적에 비추어 보면 행정소송의 전치요건인 행정심판청구는 엄격한 형식을 요하지 아니하는 서면행위로 해석되므로, 위법 부당한 행정처분으로 인하여 권리나 이익을 침해당한 자로부터 그 처분의 취소나 변경을 구하는 서면이 제출되었을 때에는 그 표제와 제출기관의 여하를 불문하고 이를 행정소송법 제18조 소정의 행정심판청구로 보아야 합니다(대법원 2000.6.9. 선고 98두2621 판결 참조).

Ⅲ. 이 사건 처분의 위법성

1. 기재 내용

청구원인의 본론부분이다. 이 사건 처분이 위법하므로 취소되어야 한다는 것이 소장의 본질적 내용이다. 행정처분이 위법하다는 것은 행정처분(행정행위)의 성립요건이나 효력발생요건을 갖추지 못하여 적법하지 아니한 경우를 말하는데, 성립요건

(주체·내용·형식·절차·표시)의 하자와 효력발생요건(송달·도달)의 하자로 나타난다.

소송의 대상이 되는 행정처분이 위법하다는 주장(위법하다는 각 주장은 공격방법에 해당한다)은 성립요건에 대한 하자와 효력발생요건에 대한 하자를 모두 포함한다. 그 중에서도 내용상의 하자와 절차상의 하자가 대부분을 차지한다. 따라서 이 사건 처분의 위법성 주장에서는 내용상·형식상·절차상의 위법내용을 구체적으로 적시하여야 한다.

행정처분의 위법 여부는 행정처분이 행하여졌을 때의 법령과 사실 상태를 기준으로 판단한다(대법원 2008.7.24. 선고 2007두3930 판결).

2. 기재의 정도와 방법

'이 사건 처분의 위법성' 부분은 소장의 본론이다. 주어진 시간 범위 내에서 주장하고자 하는 내용을 체계적으로 잘 정리하여야 한다.

어떤 주장을 할 것인가는 공격방법에 관한 것이므로 정해진 답이 있을 수는 없지만, 처분의 위법성에 대한 판단이므로 이와 관련된 범위 내에서 위법성 주장을 쟁점별로 알기 쉽게 작성하면 될 것이다. 제3자인 법관이 읽고서 소장에서 주장하는 쟁점이 무엇인지 간결하게 알 수 있어야 소장으로 가치 있는 문서가 될 것이며, 무엇을 주장하는지 쟁점파악이 안된다면 그 문서는 소장이라 할 수 없다.

변호사의 능력을 유감없이 발휘 할 수 있는 곳이 바로 이곳이다. 소장은 변호사의 얼굴이며, 그 중에서 특히 본론부분(항고소송의 경우에는 처분의 위법성 주장부분)은 변호사의 실력이라 할 것이다.

실무에서 복잡한 내용의 사건에서는 수십 면에 달하는 소장이 있지만, 변호사시험에서는 시간 제약으로 정해진 시간 범위 내에서 제시된 쟁점을 모두 기재하여야 하므로, 시간 배분에 유의하면서 쟁점 모두를 간결하게 정리하여야 한다.

최근 변호사시험 본시험 또는 모의고사에서는 소장 전체를 쓰는 것을 지양하고 처분의 위법성 부분만 작성하라고 하거나, 더 줄여서 논증할 부분을 제한하여 문제를 제시하는 사례가 늘고 있다.

[출제유형 참조]

제2회 변호사시험(2013.1.4.) 공법 기록형 문제

1. 헌법소원심판청구서를 작성하시오. 단, 청구이유 중 '2. 이 사건 헌법소원의 적법성'에서는 문제되는 적법요건을 중심으로 기술할 것(80점).
2. 소장의 '청구취지'와 청구원인 중 '3. 이 사건 처분의 위법성' 부분을 작성하시오. 단, 처분의 근거법령의 위헌성 위법성을 다투는 내용을 제외할 것(20점)

제4회 변호사시험(2015.1.5.) 공법 기록형 문제

1. 의뢰인 홍길동의 대리인 법무법인 희망의 이름으로 취소소송 소장을 주어진 소장 양식에 따라 아래 사항을 준수하여 작성하시오. (50점)
   가. 원고, 피고 및 소송대리인의 주소·연락처 등은 기재하지 말 것.
   나. 이 사건 처분의 경위, 결론, 입증방법, 첨부서류 등은 기재하지 말 것.
   OOOO 된 부분은 기재할 것.
   다. 취소소송의 제기일은 법령상 허용되는 가장 마지막 일자로 기재할 것.
   라. 이 사건 소의 적법성 부분을 기재하되,
   원고적격과 협의의 소의 이익은 기재하지 말 것.
   마. 이 사건 처분의 위법성 부분에서
   「집회 및 시위에 관한 법률」의 위헌 부분은 기재하지 말 것.
2. 의뢰인 홍길동의 대리인 법무법인 희망의 이름으로 집회 및 시위에 관한 법률 위반죄 처벌의 근거 법률의 위헌 여부를 다투는 헌법소원심판청구서를 주어진 양식에 따라 아래 사항을 준수하여 작성하시오. (50점)
   가. 청구인 및 대리인의 주소·연락처 등은 기재하지 말 것.
   나. 사건의 개요, 결론, 첨부서류 등은 기재하지 말 것.
   OOOO 된 부분은 기재할 것.
   다. 심판청구일은 법령상 허용되는 가장 마지막 일자로 기재할 것

제5회 변호사시험(2016.1.4.) 공법 기록형 문제

1. 의뢰인 김나타샤를 위하여 담당변호사의 입장에서 주어진 양식에 따라 헌법소원심판청구서를 작성하되(가처분신청서는 작성하지 말 것), 아래 사항을 준수하시오. (50점)
   가. 양식 중 "청구인" 부분, "Ⅰ. 사건의 개요" 부분, "Ⅳ. 결론" 부분, "첨부서류" 부분의 내용은 기재하지 말 것.
   나. 양식 중 "Ⅱ. 적법요건의 구비 여부" 부분에 대한 배점은 18점임.
   다. 헌법소원심판청구서의 작성일 및 제출일은 2016.1.4.로 할 것.

> 2. 의뢰인 엘레나 구르초바를 위하여 담당변호사의 입장에서 취소소송 소장 및 집행정지신청서를 주어진 양식에 따라 아래 사항을 준수하여 작성하시오. (50점)
>   가. 첨부 소장 양식과 집행정지신청서 양식의 ①부터 ⑨까지의 부분에 들어갈 내용만 기재할 것.
>   나. 소장 양식의 "2. 이 사건 소의 적법성" 부분(④에 해당)에서는 피고적격, 대상적격, 협의의 소의 이익, 제소기간만을 기재할 것.
>   다. 소장 양식의 "3. 이 사건 처분의 위법성" 부분(⑤에 해당)에서는 근거법령의 위헌·위법성 및 처분의 절차적 하자에 관한 사항은 기재하지 말 것.
>   라. 소장의 작성일(제출일과 동일함, ⑥에 해당)은 체류기간연장 불허결정과 출국명령 모두에 대하여 허용되는 제소기간 내 최종일을 기재할 것.
>   마. 집행정지신청서 양식의 신청취지 부분(⑧에 해당)에서 본안사건의 번호는 '이 법원 20xx구합1234호'로 하고, "2. 집행정지의 요건" 부분에서는 "(기재 생략)" 표시된 요건들을 제외한 "라. 그 밖의 요건" 부분(⑨에 해당)만을 기재할 것.
>
> ※ 집행정지신청서 양식의 ⑧, ⑨에 대한 배점은 10점임.

항고소송의 소송물은 처분 등의 위법성 그 자체(처분의 위법성 일반)이다. 민사소송에서의 청구원인은 각 소송물에 따라 개개의 청구권에 대한 요건사실을 주장하여야 하지만, 항고소송에서의 청구원인은 행정처분의 위법성에 관한 주장이 전부이므로 여러 가지의 위법사유에 대한 주장은 공격방법에 불과하다. 공격방법(위법성의 주장)은 내용상, 형식상, 절차상 위법으로 구분하여 그 순서대로 기재하는 방식이 보통이지만, 특별히 위법성의 정도가 큰 하자(예컨대 '권한 없는 자에 의한 처분으로 무효이다'는 주장)를 강조하고자 할 때는 먼저 기재하는 것이 효과적일 수도 있다.

처분의 위법성에 대한 공격방법도 단순한 부인에 그칠 것이 아니라 사건의 특성에 따라서는 원고가 적극부인 등의 방법을 동원하여 논증을 할 필요성이 있다. 예컨대, 법무부 제1회 모의고사 기록(제3항의 Ⅰ, 모의고사 기록 참조)의 내용(원고의 일란성 쌍둥이 동생이 음주운전 하였는데, 원고의 운전면허를 취소한 사건)에서는 원고의 음주운전이라는 처분사유를 소극적으로 부인할 뿐만 아니라 더 나아가 '쌍둥이 동생이 음주운전 하다가 적발되자 자신의 신분을 감추기 위하여 원고의 운전면허증을 제시하였던 것이며, 원고는 같은 시간에 시내버스를 운행 중이었다'는 사실을 적극적으로 논증할 필요가 있다.

기재방법은 문제가 되는 하자의 일반론과 사안의 적용이다. ① 일반론은 법령의 규정과 이에 대한 판례의 해석에 관한 문제이다. 일반론의 작성은 교과서 지식을 나열하는 방법은 피하고 특별한 경우를 제외하고는 간단·명료하게 작성하는 것이 좋다. ② 사안의 적용은 이 사건 처분이 법령의 어디에 어떻게 위반되는지 구체적으로 설시하여야 한다.

> [기재례]
>
> 3. 이 사건 처분의 위법성
>
> 가. 이유부기의 하자
>
> [**법령의 규정**] 도로교통법 제93조 제4항에 의하면 행정청은 처분을 할 때 처분의 이유를 제시하여야 하는바, / [**일반론(해석)**] 이유 제시는 구체적으로 어떠한 위반사실이 있었는지 여부와 처분의 근거와 처분의 이유를 제시하여야 합니다.
>
> [**사안의 적용**] 그런데 이 사건 처분에는 "도로교통법 제93조 제1항 1호, 음주만취운전(혈중알콜농도 0.1%이상)"이라고 만 적혀 있을 뿐, 원고가 언제 어디에서 음주만취운전을 하였다는 것인지 전혀 기재가 없습니다.
>
> [**결론**] 따라서 이 사건의 처분은 처분의 근거와 이유를 제시하여야 하는 법률의 규정에 위반한 위법한 처분입니다.

3. 구체적 위법사유(하자의 유형)

위법한 행정행위는 하자의 정도에 따라 무효 또는 취소할 수 있는 행정행위가 된다. 행정행위의 내용이 공익에 반하는 경우는 부당한 행정행위에 그칠 뿐 위법한 것은 아니다. 부당한 행정행위는 행정심판의 대상이 될 뿐이고, 행정소송의 대상이 되지 않는다. 그럼에도 불구하고 모의고사의 답안지에는 이 사건 처분이 '부당한 처분'이므로 취소되어야 한다고 작성한 답안이 자주 보인다. 강학상(또는 학문적)으로는 틀린 답안이다. 주의를 요한다.

특히 이 사건에서 처분의 위법사유가 무엇인지를 찾아내어 위법성을 논증하는 것이 기록형 답안의 쟁점이다. 위법사유가 기록에 제시되어 있지만 막상 위법사유를 찾아내는 것은 쉽지 않다. 따라서 기록을 보면서 마치 '숨은 그림 찾기'와 같은 심정으로 연필로 체크를 해가면서 세심히 관찰하여야 한다.

가장 일반적인 힌트는 기록에 제공된 상담변호사의 '법률상담일지' 또는 법무법인 내부의 '회의록' 등에 담당변호사가 메모식으로 정리한 것을 이용하면 될 것이다.[136] 이와 같은 메모가 없는 경우에는 행정담당자가 작성한 진술서 등을 통하여

136) 예컨대, 제4회 변호사시험 공법(기록형) 문제 기록에 담당변호사가 작성한 법률상담일지와 내

내용상의 하자 또는 절차상의 하자를 구분하여 찾아보기 바란다.

가. 내용상의 하자

행정행위는 정당한 권한을 가진 행정기관이 행하고, 그 내용이 실현가능하고 명확하여야 하며, 법과 공익에 적합한 것이어야 한다. 이에 반한 행정행위는 위법한 행위가 된다.

1) 주체에 관한 하자

행정행위는 정당한 권한을 가진 행정기관에 의해 그의 권한 범위 내에서 정상적인 의사에 기하여 행하여야 하는데, 그러지 아니한 경우에 주체에 관한 하자가 발생한다. 공무원 아닌 것이 명백한 사인이 공무원의 자격을 사칭하여 한 행정행위는 무효 혹은 행정행위의 부존재가 된다. 대리권 없는 자가 한 행정행위는 권한 없는 자의 행위로 무효이다.[137]

권한의 위임과 관련하여 정당한 처분 권한이 있는 주체는 누구인가 유의하여야 한다. 행정권한의 위임전결 또는 내부위임은 행정관청의 내부적인 사무처리의 편의를 도모하기 위하여 그의 보조기관 또는 하급행정관청으로 하여금 그의 권한을 사실상 행하도록 하는데 그치는 것이므로, 내부위임의 경우에는 수임관청은 위임관청의 이름으로만 그 권한을 행사할 수 있을 뿐 자기의 이름으로는 그 권한을 행사할 수 없다(대법원 1989.9.12. 선고 89누671 판결).

2) 내용이 실현가능하고 명확하여야 한다

내용이 사실상 또는 법률상 불가능하거나,[138] 내용이 불명확한 경우 그 행정행위는 무효이다.

부회의록이 첨부되어 있는데(기록 6-9면), 그곳에 쟁점이 정리되어 있다. 제1회 변호사시험 공법(기록형) 문제도 마찬가지이다.

137) 대법원 1997.5.16. 선고 97누2313 판결 [자동차운전면허취소처분취소] ⇒ 운전면허에 대한 정지처분권한은 경찰청장으로부터 경찰서장에게 권한위임된 것이므로 음주운전자를 적발한 단속 경찰관으로서는 관할 경찰서장의 명의로 운전면허정지처분을 대행처리할 수 있을지는 몰라도 자신의 명의로 이를 할 수는 없다 할 것이므로, 단속 경찰관이 자신의 명의로 운전면허행정처분통지서를 작성·교부하여 행한 운전면허정지처분은 비록 그 처분의 내용·사유·근거 등이 기재된 서면을 교부하는 방식으로 행하여졌다고 하더라도 권한 없는 자에 의하여 행하여진 점에서 무효의 처분에 해당한다.

138) 대법원 2012.4.12. 선고 2010두4612 판결 [예금채권압류처분에대한무효확인] ⇒ 체납처분으로서 압류의 요건을 규정한 국세징수법 제24조 각 항의 규정을 보면 어느 경우에나 압류의 대상을 납세자의 재산에 국한하고 있으므로, 납세자가 아닌 제3자의 재산을 대상으로 한 압류처분은 그 처분의 내용이 법률상 실현될 수 없는 것이어서 당연무효이다.

3) 행정행위는 법과 공익에 적합하여야 한다.

기속행위와 재량행위는 사법심사의 범위와 방식에서 차이가 있다.

* 기속행위의 경우

기속행위의 경우에는 근거 법령에 위반된 행위이면 위법한 행위가 되는바, 원고로서는 자신의 사안이 법령 소정의 처분사유에 해당하지 않음을 주장하면 된다(아래 [기재례 1 참조]. 행정청의 부작위가 기속행위인 법령의 작위의무에 위반하여 부작위이면 위법이 되는 바, 이런 경우에는 법령의 규정, 작위의무, 이 사건 사안에서 적용의 순서로 주장하면 된다(아래 [기재례 2] 참조).

[기재례 1] : 법령위반[139)]

[관련 법령] 공공기관의 정보공개에 관한 법률(이하 '정보공개법'이라고 함)은 공공기관이 보유·관리하는 정보에 대한 국민의 알 권리를 보장하고 국정에 대한 국민의 참여와 국정운영의 투명성을 확보함을 목적으로 공공기관이 보유·관리하는 모든 정보를 원칙적 공개대상으로 하면서도(제3조), 재판의 독립성과 공정성 등 국가의 사법작용이 훼손 되는 것을 막기 위하여 '진행 중인 재판에 관련된 정보'를 비공개대상정보로 규정(제9조 1항 제4호)하고 있습니다.

[법령 해석] 이와 같은 정보공개법의 입법목적, 정보공개의 원칙, 위 비공개 대상정보의 규정 형식과 취지 등을 고려하면, 공공기관의 정보공개 허가여부는 기밀에 관한 사항 등 특별한 사유가 없는 한 반드시 정보공개에 응하여야 하는 기속행위입니다(대법원 1992.6.23. 선고 92추17 판결). 법원 이외의 공공기관이 위 규정이 정한 '진행 중인 재판에 관련된 정보'에 해당한다는 사유로 정보공개를 거부하기 위하여는 반드시 그 정보가 진행 중인 재판의 소송기록 그 자체에 포함된 내용의 정보일 필요는 없으나, 재판에 관련된 일체의 정보가 그에 해당하는 것은 아니고 진행 중인 재판의 심리 또는 재판결과에 구체적으로 영향을 미칠 위험이 있는 정보에 한정된다고 봄이 상당합니다(대법원 2011.11.24, 선고 2009두19021 판결 참조).

[이 사건 적용] 이 사건 정보가 기성회비에 관한 내용이라는 점에서 이 사건 재판과의 관련성을 인정할 수는 있지만, 피고 대학교에 기성회비를 납부한 학생이라면 알 권리를 보장받고 대학교의 기성회비 운영의 투명성을 확보할 목적으로 공개를 청구할 수 있는 정보이고, 피고가 법률상 원인 없이 원고로부터 기성회비를 징수하였는지에 대한 법적해석 내지 판단을 구하는 이 사건 재판에 구체적으로 영향을 미칠 위험이 있는 정보라고는 보기 어렵습니다.

[결론] 그러므로 이 사건 정보가 정보공개법 제9조 제1항 제4호의 비공개대상정보에 해당한다는 이유로 공개를 거부한 피고의 이 사건 처분은 위법합니다.

---

139) 행정심판 재결례의 사례[법제소식 통권 제34호 (2015년 3월호) 23-25면]를 행정소송의 소장

[기재례 2] : (법학전문대학원 협의회 제1회 모의고사 [2011.7.12. 시행] 기록형 사례)

3. 이 사건 처분의 위법성

가. 건축위원회의 심의에 회부하지도 아니한 채 행한 이 사건 거부처분은 위법한 처분입니다.

(1) 건축법 제4조 제1항이 건축위원회를 반드시 설치하여야 한다고 규정하고 있는바, 그 취지는 건축허가행정의 공정성·전문성을 도모하려는 데 있으므로, 건축계획심의신청을 받은 행정청으로서는 해당 건축물에 대한 건축허가가 불가능함이 객관적으로 명백하지 아니한 이상 건축위원회의 심의에 회부하여야 합니다(대법원 2007.10.11. 선고 2007두1316 판결 참조). ――――――― [건축법 제4조 제1항의 취지]

(2) 위 규정의 취지에 의하면, 건축위원회의 심의 회부는 기속행위입니다. 따라서 건축계획심의 신청을 받은 행정청으로서는 특별한 사정이 없는 한 이를 건축위원회의 심의에 회부하여야 할 의무가 있습니다. ――― [심의 회부 의무]

(3) 이 사건에서 피고는 건축계획신청에 대한 건축위원회의 심의 자체를 거부하고 있습니다. 피고의 이러한 거부처분은 특별한 사정이 없는 한 건축위원회의 심의를 통해 최종적으로 건축허가 여부를 거쳐야 하는 의무를 이행하지 않은 위법한 처분입니다. ――――― [위 법리의 사안에의 적용]

* 재량행위의 경우

재량행위의 경우에는 재량권행사를 잘못한 행위라도 부당한 행위에 그칠 뿐이므로 위법하지 않는다. 다만 재량권행사에 있어서 재량권의 남용이나 일탈이 있다면 그 재량행위는 위법한 행위가 되므로 취소사유가 된다. 재량권의 남용이나 일탈이 있었는지 인정기준은 사실오인, 평등원칙이나 자기구속의 원칙, 비례의 원칙, 재량권의 해태 등이 중요한 평가 자료가 된다(대법원 2001.7.27. 선고 99두8589 판결).[140]

① 사실오인 : 사실오인은 기속행위에서도 문제 될 수 있으나(⇒ 바로 위법이 된다), 재량행위에서 사실오인(예컨대 비위사실이 없음에도 비위를 저지른 것으로 오인하여 공무원의 징계처분을 한 경우)은 재량권의 일탈이나 남용이 된다(⇒ 재량권의 일탈이나 남용이

으로 구성한 것임.

140) 대법원 2001.7.27. 선고 99두8589 판결 [온천조성사업시행허가처분취소] ⇒ 재량행위에 대한 법원의 사법심사는 당해 행위가 사실오인, 비례·평등의 원칙 위배, 당해 행위의 목적 위반이나 부정한 동기 등에 근거하여 이루어짐으로써 재량권의 일탈·남용이 있는지 여부만을 심사하게 되는 것이나, 법원의 심사결과 행정청의 재량행위가 사실오인 등에 근거한 것이라고 인정되는 경우에는 이는 재량권을 일탈·남용한 것으로서 위법하여 그 취소를 면치 못한다 할 것이다.

되면 위법이 된다).

사실오인의 주장은 처분의 대상이 되는 행위가 근거 법령의 요건에 포섭(법령요건 해당성 여부)되는지 논증한다. 처분이 근거 법령의 요건에 해당하지 않음에도 처분이 이루어 졌다면 그 처분은 위법한 처분이 된다. 예컨대 공유수면에 대한 적법한 사용인지 무단 사용인지의 여부에 관한 판단을 그르쳐 변상금 부과처분 할 것을 사용료 부과처분을 하거나 반대로 사용료 부과처분 할 것을 변상금 부과처분을 한 경우, 그 부과처분은 위법한 처분이다. 판례는 이러한 경우에 그 부과처분의 하자를 중대한 하자라고 보지 않는다(대법원 2013.4.26. 선고 2012두20663 판결).[141]

② 평등의 원칙 또는 자기구속의 원칙 : 재량준칙은 행정규칙이므로 외부적 효력을 갖지 않는다.[142] 그러나 재량준칙에 벗어난 결정을 하는 경우에는 재량권의 공정한 행사의 확보, 평등의 원칙, 신뢰보호의 원칙에 따라 재량준칙과 다른 판단을 하는 합리적인 이유가 있어야 한다. 대법원은 행정규칙(재량준칙) 자체는 법적 구속력이 없지만, 지금까지 반복적으로 재량준칙을 적용해 왔다면 이에 반한 행정처분은 평등의 원칙에 반하게 되어 위법하고, 또한 반복적으로 재량준칙을 적용해 오는 관행이 성립되었다면 이에 반한 행정처분은 자기구속의 원칙에 반하게 되어 위법하다는 입장이다.[143]

---

141) 대법원 2013.4.26. 선고 2012두20663 판결 [채무부존재확인] ⇒ 공유수면 점·사용 허가 등을 받아 적법하게 사용하는 경우에는 사용료 부과처분을, 허가를 받지 않고 무단으로 사용하는 경우에는 변상금 부과처분을 하는 것이 적법하다. 그러나 적법한 사용이든 무단 사용이든 그 공유수면 점·사용으로 인한 대가를 부과할 수 있다는 점은 공통된 것이고, 적법한 사용인지 무단 사용인지의 여부에 관한 판단은 사용관계에 관한 사실 인정과 법적 판단을 수반하는 것으로 반드시 명료하다고 할 수 없으므로, 그러한 판단을 그르쳐 변상금 부과처분을 할 것을 사용료 부과처분을 하거나 반대로 사용료 부과처분을 할 것을 변상금 부과처분을 하였다고 하여 그와 같은 부과처분의 하자를 중대한 하자라고 할 수는 없다.

142) 재량준칙은 상급기관이 하급기관의 재량권행사에 관한 사무처리 기준을 정하여 주는 행정규칙을 말한다. 예컨대 사업면허를 받은 자가 어떤 위법행위를 한 경우에 면허정지를 할 것인가 또는 면허취소를 할 것인가 등에 관하여 훈령 또는 예규의 형식으로 정하는 것들이다. 그러나 최근에는 법규명령의 형식(예컨대 도로교통법시행규칙 등에서 별표로 정하는 경우)을 취하는 재량준칙도 많다. 이에 관하여 대법원은 법적 구속력을 부인하고 있다.

143) 대법원 2013.11.14. 선고 2011두28783 판결 [과징금감경결정취소청구] ⇒ 구 '부당한 공동행위 자진신고자 등에 대한 시정조치 등 감면제도 운영고시'(2009.5.19. 공정거래위원회 고시 제2009-9호로 개정되기 전의 것) 제16조 제1항, 제2항은 그 형식 및 내용에 비추어 재량권 행사의 기준으로 마련된 행정청 내부의 사무처리준칙 즉 재량준칙이라 할 것이고, 구 '독점규제 및 공정거래에 관한 법률 시행령'(2009.5.13. 대통령령 제21492호로 개정되기 전의 것) 제35조 제1항 제4호에 의한 추가감면 신청 시 그에 필요한 기준을 정하는 것은 행정청의 재량에 속하므로 그 기준이 객관적으로 보아 합리적이 아니라든가 타당하지 아니하여 재량권을 남용한 것이라고 인정되지 않는 이상 행정청의 의사는 가능한 한 존중되어야 한다. 이러한 재량준칙

③ 비례의 원칙 : 재량권의 행사가 비례의 원칙에 반해 상당성을 결한 경우에는 위법이 된다. 제재적 행정처분이 사회통념상 재량권의 범위를 일탈하였거나 남용하였는지 여부는 처분사유로 된 위반행위의 내용과 당해 처분행위에 의하여 달성하려는 공익목적 및 이에 따르는 제반 사정 등을 객관적으로 심리하여 공익침해의 정도와 그 처분으로 인하여 개인이 입게 될 불이익을 비교 교량하여 판단하여야 한다(대법원 2006.4.14. 선고 2004두3854 판결 등). 판례에 의하면, 유흥장소에 미성년자를 출입시켜 주류를 제공하였다는 단 1회의 식품위생법 위반사실을 이유로, 제재로서 가장 중한 영업취소로 응징한 처분은 책임에 대한 응보의 균형을 잃은 것으로서 행정행위의 재량을 심히 넘어선 처분이다(대법원 1977.9.13. 선고 77누15 판결).

④ 재량의 불행사·해태 : 정당한 이유 없이 행정권의 발동여부를 심사하지 않거나 부당하게 지연시킨 때에는 재량권의 불행사 또는 해태로서 재량하자의 원인이 된다. 재량권 남용의 한 종류로 보기도 한다. 재량권의 불행사로 인한 위법사유는 다음의 두 가지 유형으로 구분할 수 있다.

(a) 재량행위를 기속행위로 오인하여 여러 행위간의 형량을 전혀 하지 않고 발령한 경우에는 위법한 처분이 된다. 예컨대 법이 행정청에게 A, B, C 중 어느 하나를 선택할 수 있는 재량권을 부여하였는데, A만 해야 되는 것으로 오인하여 A, B, C 중 어느 것이 가장 행정목적에 적합한 것인지에 대한 판단을 하지 않은 경우이다. 행정청이 당해 행위를 재량행위로 보고 구체적 사안과의 관련에서 거부처분을 하였다면 그것은 위법한 처분이 되지 않으나, 이를 기속행위로 판단함으로써 거부처분을 하여야 할 기속을 받는다고 잘못 인식하였다면 재량권 불행사의 위법이 있게 된다.

(b) 행정청이 구체적 사정(예컨대 공익, 감경사유 등)을 전혀 고려하지 않고 일반적 기준에 따라 처분을 하는 경우에 그것은 위법한 처분이 된다. 즉 행정청이 구체적 사정을 검토하여 재량준칙에 따른 처분을 하는 경우에는 문제가 없으나, 그러한 과정을 거치지 않고 이 준칙에 따라 처분을 하는 것은 재량권 불행사로 위법사유가 된다(대법원 2010.7.15. 선고 2010두7031 판결).[144)]

은 일반적으로 행정조직 내부에서만 효력을 가질 뿐 대외적인 구속력을 갖는 것은 아니므로 행정처분이 이를 위반하였다고 하여 그러한 사정만으로 곧바로 위법하게 되는 것은 아니고, 다만 그 재량준칙이 정한 바에 따라 되풀이 시행되어 행정관행이 이루어지게 되면 평등의 원칙이나 신뢰보호의 원칙에 따라 행정기관은 상대방에 대한 관계에서 그 규칙에 따라야 할 자기구속을 받게 되므로, 이러한 경우에는 특별한 사정이 없는 한 그에 반하는 처분은 평등의 원칙이나 신뢰보호의 원칙에 어긋나 재량권을 일탈·남용한 위법한 처분이 된다.

나. 절차상의 하자

행정행위가 행해지기 전에 거쳐야 하는 절차상에 하자가 있는 것을 말한다. 행정행위가 실체법상 적법함에도 불구하고 절차상의 하자가 있는 경우(예컨대 유흥접객행위 조장업소에 대한 영업정지처분을 하면서 사전통지나 청문절차 등을 위반한 경우)에는 그 처분은 위법하게 된다. 절차의 하자는 그 중요도에 따라 무효사유 또는 취소사유가 되며, 경미한 하자에 불과하면 효력에 영향을 미치지 않는다. 판례는 사전통지나 의견청취의 결여를 취소사유인 단순위법사유로 본다(대법원 2009.1.30. 선고 2008두16155 판결, 대법원 2012.2.23. 선고 2011두5001 판결[145] 등).

[해설] ☞ 실무상의 처분에서 다반사로 일어나는 하자의 유형은 아니지만, 변호사시험에서는 학생들의 소장 작성능력을 검증하는 절차이므로 여러 절차상의 하자를 문제로 던져 줄 가능성이 크다고 할 것이다. 절차상의 하자는 주로 이유제시, 처분의 사전통지, 의견청취 절차 등이 문제된다.

[기재례]

3. 이 사건 처분의 위법성

가. 절차상의 하자

[법령의 규정] 행정절차법 제21조 1항, 4항, 제22조 1-4항에 의하면, 행정청이 당사자에게 의무를 과하거나 권익을 제한하는 처분을 하는 경우에는 미리 처분하려고 하는 원인이 되는 사실과 처분의 내용 및 법적 근거, 이에 대하여 의견을 제출할 수 있다는 뜻과 의견을 제출하지 아니하는 경우의 처리방법 등의 사항을 당사자 등에게 통지하여야 하고, 다른 법령 등에서 필요적으로 청문을 실시하거나 공청회를 개최하도록 규정하고 있지 아니한 경우에도 당사자 등에게 의견제출의

---

144) 대법원 2010.7.15. 선고 2010두7031 판결【과징금부과처분취소】⇒ 실권리자명의 등기의무를 위반한 명의신탁자에 대하여 부과하는 과징금의 감경에 관한 '부동산 실권리자명의 등기에 관한 법률 시행령' 제3조의2 단서는 임의적 감경규정임이 명백하므로, 그 감경사유가 존재하더라도 과징금 부과관청이 감경사유까지 고려하고도 과징금을 감경하지 않은 채 과징금 전액을 부과하는 처분을 한 경우에는 이를 위법하다고 단정할 수는 없으나, 위 감경사유가 있음에도 이를 전혀 고려하지 않았거나 감경사유에 해당하지 않는다고 오인한 나머지 과징금을 감경하지 않았다면 그 과징금 부과처분은 재량권을 일탈·남용한 위법한 처분이다.

145) 대법원 2012.2.23. 선고 2011두5001 판결【해임처분무효】⇒ 대통령이 한국방송공사 사장을 해임하면서 행정절차법 소정의 사전통지 등의 절차를 거치지 않은 위법이 있음을 이유로 그 해임처분을 취소한 사례.

기회를 주어야 하되, 당해 처분의 성질상 의견청취가 현저히 곤란하거나 명백히 불필요하다고 인정될 만한 상당한 이유가 있는 경우 등에는 처분의 사전통지나 의견청취를 하지 아니할 수 있다고 규정하고 있습니다.

[법령의 해석] 따라서 행정청이 당사자에게 의무를 과하거나 권익을 제한하는 처분(침익적 행정처분)을 하면서 당사자에게 위와 같은 사전통지를 하거나 의견제출의 기회를 주지 아니하였다면 사전통지를 하지 않거나 의견제출의 기회를 주지 아니하여도 되는 예외적인 경우에 해당하지 아니하는 한 그 처분은 위법합니다.

[이 사건 적용] 이 사건은 위 사전통지 등을 하지 않아도 되는 예외적인 경우에 해당하지 않음에도 불구하고 피고는 원고에게 사전통지 및 의견제출의 기회를 전혀 주지 아니한 채 이 사건 처분을 하였습니다.

[결론] 따라서 이 사건 처분은 절차상 하자가 있는 위법한 처분입니다.

다. 형식상의 하자

행정청이 처분을 하는 때에는 다른 법령 등에 특별한 규정이 있는 경우를 제외하고는 문서(文書)로 하여야 하고 전자문서로 하는 경우에는 당사자 등의 동의가 있어야 하며 다만 신속을 요하거나 사안이 경미한 경우에는 구술 기타 방법으로 할 수 있다(행정절차법 제24조 제1항). 이는 행정의 공정성·투명성 및 신뢰성을 확보하고 국민의 권익을 보호하기 위한 것이므로 위 규정에 위반하여 행하여진 행정청의 처분은 그 하자가 중대하고 명백하여 원칙적으로 무효이다(대법원 2011.11.10. 선고 2011도11109 판결). 실제 처분의 형식상 하자가 문제되는 경우는 별로 많지 않을 것이다.

Ⅳ. 이 사건 처분의 근거법령의 위헌성

변호사시험에서는 헌법과 행정법을 통합하여 '공법 기록형'의 한 과목으로 출제하므로, 이 사건 행정처분의 위법성을 다투면서 근거법령의 위헌성을 함께 출제할 가능성이 많다. 나아가 위헌법률심판제청신청서를 작성하라는 문제를 병합하여 출제할 수도 있다.

따라서 시험용 기록작성에서는 이 사건 처분을 하게 된 근거법령의 위헌성 여부를 확인하고 갈 필요가 있다. 헌법과 행정법, 두 과목의 기록형 실무능력을 한꺼번에 측정할 수 있는 전형적인 출제경향이기 때문이다.

1. 근거법률이 위헌인 경우

근거법률이 위헌으로 결정된 경우 그에 근거하여 발령된 행정처분의 효력이 문제된다.

1) 위헌법률에 근거한 행정처분의 효력

① 법률이 위헌으로 결정된 후 그 법률에 근거하여 발령되는 행정처분은 「헌법재판소법」제47조 제1항의 판결의 기속력에 반하므로 하자가 중대·명백하여 당연무효가 된다.

② 그러나 행정처분이 있은 후에 그 근거가 된 법률이 위헌으로 결정되어도 법률이 헌법에 위반된다는 사정이 헌법재판소의 위헌결정이 있기 전에는 객관적으로 명백한 것이라고 할 수는 없으므로, 그 행정처분은 취소사유에 해당할 뿐 당연무효는 아니라는 것이 대법원(대법원 1994.10.28. 선고 92누9463 판결,[146] 대법원 2009.5.14. 선고 2007두16202 판결)과 헌법재판소(헌재 2010.12.28. 2009헌바429 결정 등)의 입장이다.

2) 행정처분의 집행

행정처분이 있은 후에 ① 행정처분의 근거법률은 물론 그 집행의 근거법률까지 위헌결정이 된 경우에는 선행처분에 기한 집행이 허용될 수 없음에는 별 의문이 없다. ② 판례는 집행단계에서 그 처분의 근거가 된 법률이 위헌으로 결정된 경우 위헌결정의 효력에 위배돼 이루어진 집행을 위한 행위는 그 사유만으로 하자가 중대하고 객관적으로 명백하여 당연 무효로 본다(대법원 2012.2.16. 선고 2010두10907 전원합의체 판결).

◈ 대법원 2012.2.16. 선고 2010두10907 전원합의체 판결【압류등처분무효확인】

[1] 과세처분 이후 조세 부과의 근거가 되었던 법률규정에 대하여 위헌결정이 내려진 경우, 그 조세채권의 집행을 위한 압류처분이 당연무효인지 여부 :

---

146) 대법원 1994.10.28. 선고 92누9463 판결【압류처분등무효확인】 ⇒ 법률에 근거하여 행정처분이 발하여진 후에 헌법재판소가 그 행정처분의 근거가 된 법률을 위헌으로 결정하였다면 결과적으로 행정처분은 법률의 근거가 없이 행하여진 것과 마찬가지가 되어 하자가 있는 것이 되나, 하자 있는 행정처분이 당연무효가 되기 위하여는 그 하자가 중대할 뿐만 아니라 명백한 것이어야 하는데, 일반적으로 법률이 헌법에 위반된다는 사정이 헌법재판소의 위헌결정이 있기 전에는 객관적으로 명백한 것이라고 할 수는 없으므로 헌법재판소의 위헌결정 전에 행정처분의 근거되는 당해 법률이 헌법에 위반된다는 사유는 특별한 사정이 없는 한 그 행정처분의 취소소송의 전제가 될 수 있을 뿐 당연무효사유는 아니라고 봄이 상당하다. [같은 취지] ☞ 대법원 2000.6.9. 선고 2000다16329 판결, 대법원 2002.11.8. 선고 2001두3181 판결 등.

【다수의견】 조세 부과의 근거가 되었던 법률규정이 위헌으로 선언된 경우, 비록 그에 기한 과세처분이 위헌결정 전에 이루어졌고, 과세처분에 대한 제소기간이 이미 경과하여 조세채권이 확정되었으며, 조세채권의 집행을 위한 체납처분의 근거규정 자체에 대하여는 따로 위헌결정이 내려진 바 없다고 하더라도, 위와 같은 위헌결정 이후에 조세채권의 집행을 위한 새로운 체납처분에 착수하거나 이를 속행하는 것은 더 이상 허용되지 않고, 나아가 이러한 위헌결정의 효력에 위배하여 이루어진 체납처분은 그 사유만으로 하자가 중대하고 객관적으로 명백하여 당연무효라고 보아야 한다.

【대법관 3인의 반대의견】 ① 행정청이 어떠한 법률의 조항에 근거하여 행정처분을 한 후 헌법재판소가 그 조항을 위헌으로 결정하였다면 행정처분은 결과적으로 법률의 근거 없이 행하여진 것과 마찬가지로 되어 후발적으로 하자가 있게 된다고 할 것이나, 일반적으로 법률이 헌법에 위반된다는 사정은 헌법재판소의 위헌결정이 있기 전에는 객관적으로 명백한 것이라고 할 수 없으므로 특별한 사정이 없는 한 그러한 하자는 행정처분의 취소사유일 뿐 당연무효 사유라고 할 수 없고, 일정한 행정목적을 위하여 독립된 행위가 단계적으로 이루어진 경우 선행처분에 당연무효 또는 부존재인 하자가 있는 때를 제외하고 선행처분의 하자가 후속처분에 당연히 승계된다고 할 수는 없다. 과세처분과 압류처분은 별개의 행정처분이므로 선행처분인 과세처분이 당연무효인 경우를 제외하고는 과세처분의 하자를 이유로 후속 체납처분인 압류처분의 효력을 다툴 수 없다고 봄이 타당한 점, ② 압류처분 등 체납처분은 과세처분과는 별개의 행정처분으로서 과세처분 근거규정이 직접 적용되지 않고 체납처분 관련 규정이 적용될 뿐이므로, 과세처분 근거규정에 대한 위헌결정의 기속력은 체납처분과는 무관하고 이에 미치지 않는다고 보아야 한다는 점, 다수의견과 같이 유효한 과세처분에 대한 체납처분 절차의 진행을 금지하여 실질적으로 당해 과세처분의 효력을 부정하고 사실상 소멸시키는 데까지 위헌결정의 기속력 범위가 미친다고 새긴다면, 이는 기속력의 범위를 지나치게 확장하는 것이 되어 결과적으로 위헌결정의 소급효를 제한한 구 헌법재판소법(2011.4.5. 법률 제10546호로 개정되기 전의 것) 제47조 제2항 본문의 취지에 부합하지 않는다는 점 등에 비추어 보면, 선행처분에 해당하는 과세처분에 당연무효 사유가 없고, 과세처분에 따른 체납처분의 근거규정이 유효하게 존속하며, 외국의 일부 입법례와 같이 위헌법률의 집행력을 배제하는 명문의 규정이 없는 이상, 과세처분의 근거규정에 대한 헌법재판소의 위헌결정이 있었다는 이유만으로 체납처분이 위법하다고 보는 다수의견에는 찬성할 수 없다.

[2] 갑 주식회사의 체납국세에 관하여, 과세관청인 피고(서초세무서장)가 갑 회사 최대주주(父)와 생계를 함께 하는 직계비속(子) 원고를 구 국세기본법 제39조 제1항 제2호 (다)목의 제2차 납세의무자로 보아 원고에게 과세처분을 하고 처분이 확정되었는데(1997년도), 이후 위 규정에 대해 헌법재판소의 위헌결정이 있었으나(1998.5.) 과세관청이 조세채권의 집행을 위해 원고의 예금채권에 압류처분을 한(2005.10.) 사안에서, 위헌결정 이후에는 위헌법률의 종국적인 집행을 위한 국가기관의 추가적인 행위를 용납하여서는 안 된다는 전제하에 압류처분이 당연무효라고 본 사례.

2. 법규명령이 위헌·위법인 경우

법규명령의 위헌·위법 여부는 법원에서 결정하므로(헌법 제107조 2항), 처분의 근거가 되는 법규명령이 헌법(또는 법률)에 위반된다고 판단되면 법원은 그 처분을 바로 취소할 수 있다. 근거 법규명령이 위헌(또는 위법)이면 그 법규명령은 무효이지만, 처분 당시에 법규명령이 명백히 무효임을 알 수 없는 경우가 대부분이므로 이에 근거한 행정처분은 취소사유가 된다는 것이 판례의 입장이다.

따라서 법규명령이 위헌·위법이어서 무효임을 먼저 논증하고, 무효인 법규명령에 근거한 이 사건 처분은 위법하여 취소되어야 한다는 논증으로 이어지면 된다.

◈ 대법원 2012.12.20. 선고 2011두30878 전원합의체 판결【화물자동차운행정지처분취소】

【사실관계】

S물류(주) 직원 최모는 2009년 회사 화물차를 몰고 가다 승용차를 추돌하여 운전자에게 전치 3주의 상해를 입혔다. 부산광역시 남구청장은 화물자동차운수법 시행령(제6조 제1항)을 근거로 해당 차량에 5일간의 운행정지처분을 하였고, S물류는 화물자동차운행정지처분 취소소송을 제기하였다.

【판결요지】

[1] 법률의 위임 규정 자체가 그 의미 내용을 정확하게 알 수 있는 용어를 사용하여 위임의 한계를 분명히 하고 있는데도 시행령이 그 문언적 의미의 한계를 벗어났다든지, 위임 규정에서 사용하고 있는 용어의 의미를 넘어 그 범위를 확장하거나 축소함으로써 위임 내용을 구체화하는 단계를 벗어나 새로운 입법을 한 것으로 평가할 수 있다면, 이는 위임의 한계를 일탈한 것으로서 허용되지 않는다.

[2] 구 화물자동차 운수사업법(2011.6.15. 법률 제10804호로 개정되기 전의 것, 이하 '구 화물자동차법'이라고 한다)과 구 화물자동차 운수사업법 시행령(2010.11.24. 대통령령 제22502호로 개정되기 전의 것, 이하 '구 화물자동차법 시행령'이라고 한다)의 규정 형식과 내용 등에 의하면 구 화물자동차법 제19조 제1항 제11호에 규정된 "중대한 교통사고 또는 빈번한 교통사고로 많은 사상자를 발생하게 한 경우"는 빈번한 교통사고뿐 아니라 중대한 교통사고에도 '많은 사상자'의 발생을 요건으로 하고 있다고 보아야 한다. 그리고 여기에 규정된 '많은'은 문언상 복수, 즉 적어도 2인 이상을 의미하므로 1인은 포함되지 않는다고 해석하는 것이 타당하다. 나아가 위와 같이 1인의 중상자가 발생한 경우를 구 화물자동차법상 제재 대상에서 제외하더라도 화물자동차의 교통사고로 인한 인명의 사상을 억제함으로써 화물자동차 운수사업을 효율적으로 관리하고 건전

하게 육성하여 공공복리의 증진에 기여하려는 구 화물자동차법의 목적에 반한다고 보기는 어렵다. 그럼에도 구 화물자동차법 시행령 제6조 제1항 [별표 1] 제12호 (가)목은 '1건의 교통사고로 인하여 2인 이하가 중상을 입은 때'를 위반차량 운행정지처분의 대상으로 규정함으로써 결과적으로 1인의 중상자가 발생한 경우도 구 화물자동차법상 제재 대상으로 삼고 있다. 앞서 본 '많은'의 문언적 의미를 비롯하여 구 화물자동차법의 입법 목적, 규정 내용, 규정 체계 등을 종합하면, 구 화물자동차법 시행령 제6조 제1항 [별표 1] 제12호 (가)목에 규정된 '2인 이하가 중상을 입은 때' 중 '1인이 중상을 입은 때' 부분은 모법인 구 화물자동차법 제19조 제1항 및 제2항의 위임범위를 벗어난 것으로서 무효이다.

[**해설**] ☞ 모법에서 '많은 사상자'의 발생을 요건으로 하여 시행령에 위임한 경우 "많은"은 적어도 2인 이상을 의미하는 것이다. 시행령에서 '1인의 중상자가 발생한 경우'를 포함하여 규정한 경우 그 시행령은 모범의 위임한계를 벗어난 것이다.

Ⅴ. 결론

청구원인을 정리하는 마무리 부분이다. 이 사건 처분이 위법하므로 취소되어야 한다는 요지를 간결하게 작성한다. 처분의 위법성을 간단히(소제목의 나열 정도로만) 요약하는 데 그쳐야 할 것이며, 청구원인을 반복하여 기재(중언부언)하지 말 것이다.

▣ **강평 : 본론부분(처분의 위법성)에서는 언급도 하지 않다가, 결론에서 느닷없이 상세하게 주장하는 답안이 있다. 비논리적인 기술방법이다.**

[기재례]

4. 결론

- 이 사건 처분은 사실오인으로 인한 재량권의 일탈, 사전통지 절차의 불이행 등의 위법이 있으므로 취소되어야 합니다.
- 이 사건 처분은 건축계획심의를 회부하지도 아니한 실체법상의 하자, 이유부기를 하지 아니한 절차상의 하자가 있는 위법한 처분입니다. 따라서 이 사건 처분을 취소해 주시기 바랍니다.

※ [기출 모의고사 채점을 통한 일반적 강평]

(1) 청구원인에 대한 강평

① 쟁점별 명확한 주장 ; 항고소송의 대상은 "위법한 처분"인 바, 처분의 위법성에 대하여 쟁점별로 간결·명확하게 주장되어야 한다.

② 위법성 주장 사유(또는 공격방법)를 소제목 하에 기술하는 방법이 일단은 읽기에 편하고, 무엇을 주장하는지 명확해진다. 주장 내용을 나열식이 아닌 신문의 사설처럼 뭉뚱그려 기재하는 방식이나 또는 논술식 답안처럼 이론적 설명을 구체화하면 쟁점파악이 안될 뿐만 아니라, 소장의 세련미나 격이 떨어진다.

③ 법률적 쟁점이나 특정 문제에 대한 구체적 설명은 피고의 태도(답변서 기재 등)를 본 후에 소송 진행 중에 준비서면으로 문제되는 쟁점을 충분이 다툴 수 있을 것이다. 1시간에 작성해야 하는 소장에서 완벽한 주장을 하려고 하면 이것이 바로 과욕(過慾)이다.

④ 답안 중에는 취소소송의 소장을 작성하면서 구체적으로 처분의 위법사유가 무엇인지에 대해서는 명확한 주장이 없고, 처분의 위헌성 판단에만 국한한 답안이 상당수 있었다. 물론 위헌적인 처분이라는 주장이 취소사유가 될 것이지만, 너무도 헌법적 주장에 편향된 것으로 취소소송의 소장인지 또는 위헌법률심사청구서인지 정체가 불분명하였다.

⑤ 소장은 정형적인 법문서이다. 비법조인이 보통 작성하는 진정서와 구별되어야 할 것이다. 법률용어 선택과 특히 한글 문법에 세심한 주의를 요한다.

(2) 향후 대비 사항

변호사시험에서 합격률은 입학정원의 75%(1,500명)를 예정하고 있다. 응시자 중 다수가 합격하고 탈락자는 상대적으로 소수인원이다. 이러한 시험의 특성은 "면과락이면 일단 안전권이고, 일부과목 고득점이면 합격"이다.

① 면과락 후 고득점 전략(수험전략)

시험합격을 위해서는 과락 없이 골고루 득점하는 전략이 필요하다. 개개의 나무보다는 숲 전체를 보는 시각이 중요하다. 답안작성도 마찬가지이고 기록형 답안은 더욱 그러하다.

고득점은 그 후의 문제이다.

② 기록형 시험대비(수험전술)

수험생으로서는 최소한 과락을 면하기 위해서는 수험전술을 세워야 할 것이다.

소장에서 본론(청구원인 중 "처분의 위법성" 주장 부분)이 차지하는 점수는 60%를 약간 상회한다. 나머지 부분은 거의 정형화·관행화 된 작성 양식(이를 두고 본인은 "마스터 키"라고 부른다)이 존재한다. 처분의 위법성 주장은 실체법적 지식이 문제되며, 또 어떤 주장을 할 것인지 명확하지 않아 확실한 투자점수를 확보하기 미지수이다.

그러나 나머지 부분(모두와 말미의 형식적 기재사항, 청구취지, 청구원인 중 1. 이 사건 처분의 경위 2. 이 사건 소의 적법성. 3. 처분의 위법성 중에서 절차적 하자. 4. 결론)은 정형화된 관용문구를 기재하면 최소한 과락은 면한다. 이는 확실한 투자점수가 확보되는 영역이다.

③ 단정적 결론

형식적 기재사항은 모두 숙달하여야 한다. 정형화되고 관용화 된 문구이다. 어떠한 유형에서도 거의 통하는 마스터 키(master key)와 같다. 이러한 마스터 키만 잘 활용하면 적어도 과락은 면하고 최소한의 합격점수는 보장된다.

소장은 요식행위이다. 형식이 무너지면 내용도 품격도 모두 떨어진다. 주어진 양식에 따라서 우선 마스터 키를 적용하여 최소한의 형식을 갖추고, 차분히 내용(실체적 위법사항)을 정리하기 바란다. 기록형 답안으로는 훌륭한 소장이 된다.

※ [2015년 모의고사 (기록형) 채점 강평 자료][147)]

❀ 2015년도 제1차 모의시험 (2015.6.22. 시행)

Ⅰ. 기록 보기

1. 문제

(1) 취소소송 소장작성 [50점]

청년실업문제에 대한 사회운동가 김철수는 2015.2.18. 법무법인 승소 소속 이장수 변호사를 찾아와, "청년 일자리 대책마련 촉구 결의대회"라는 명칭으로 옥외집회(이하 "이 사건 집회")를 2015.2.25.에 개최하려 하였으나, 경찰이 금지통고를 하였기에 이에 불복을 하고 싶다고 하면서 법적절차를 밟아 줄 것을 요청하였다.

기록에 첨부된 소장양식에 따라 취소소송 소장을 작성하시오.(2.'소의 적법성'은 작성하지 아니하고, 소장 작성일은 양식에 주어진 바와 같이 2015.2.19.로 작성할 것)

(2) 검토보고서 [50점]

(헌법소원의 적법요건 30점, 공무원개인의 국가배상 책임 20점)

위 문제를 염두에 두고서 기록을 보기 시작한다. 기록을 보면서 관련 부분을 체크해 가면, 기록을 다 읽고 나면 문제의 쟁점이 정리될 수 있을 것이다.

2. 기록 검토

대체적으로 '법률상담 일지'에 쟁점이 거의 정리되어 있다.

이 사건 기록은 소장 작성용과 검토보고서용으로 2개의 '법률상담일지'가 기록에 있는바, 사실관계에 대하여는 '법률상담일지'를 기본으로 하여 작성하면 될 것이다.

---

147) 법학전문대학원협의회 주최로 매년 3회에 결쳐 변호사시험 모의고사를 실시하고 있다. 이하는 2015년도 모의고사(기록형) 시행 후 로스쿨에서 응시생 대상으로 작성한 강평자료이다.-

기록검토는 상세하게 하여야 한다. 2시간의 시험시간 중 적어도 30분 이상은 기록검토와 메모에 할애하여야 할 것이다.

(기록에서 주어진 문제와 주의사항을 무시한 답안이 있는데, 이는 수험생의 자세가 아니다)

3. 쟁점

(1) 처분의 위법성

행정소송(취소소송)의 소장에서 주장할 사항은 처분의 위법성이다. 취소소송의 소송물은 처분의 위법성 그 자체(또는 처분의 위법성 일반)인바, 개개의 위법사유에 관한 주장은 공격 방어방법에 불과하다.

변호사시험에서의 소장 작성은 위법사유를 모두 제시하여 각 위법성을 논증하는 것이다(각 위법사유 마다 점수 배점이 있는바, 누락하면 감점된다).

위법사유는 절차적, 형식적, 실체적 사유로 구분하여 작성하는 것이 일목요연하다.

① 절차적 위법사유 - 금지통고에 대한 송달

② 실체적 위법사유 - 재량권의 일탈·남용으로 위법

(2) 변호사시험의 특성상 소송요건에 대한 적법성이 출제되는 경우가 많이 있는데, 이번 모의고사 소장에서는 소의 적법성 부분은 생략하라고 하였으므로, 논술할 필요가 없다.

일부 답안에서는 금지통고가 항고소송의 대상이 되는 처분에 해당된다고 답안 작성하고 있는데, 왜 그러시나? 생략하라고 한 부분인데---, 당연히 배점도 없을 터이고.

이는 문제를 건성으로 읽은 때문이든지 아니면 '소송요건'이나 소장의 '적법성' 주장이 무슨 의미인지 모르는 소치로 해석될 수 있습니다.

[치유책] ☞ 문제를 정성껏 읽읍시다. 精神一到 何事不成.

Ⅱ. 기록 작성

1. 답안지 작성에서 일반적 강평

(1) 답안지를 여유롭게 작성할 것.

주어진 시간에 비해 답안지의 양이 넉넉할 텐데, 소제목도 없고 여백도 없이 빽

빽하게 작성한 답안지는 채점자에게 답답한 첫 인상을 준다.

답안지 작성의 방식으로는 두 줄 쓰고 한 줄 띄는 식으로 여유 있게 작성하는 것이 좋다. 나중에 추가로 답안을 보충하기도 쉽고.

(2) 답안작성하면서 항목별 배점과 시간안배에 유의할 것

중요한 항목(예컨대 청구원인에서 위법사유)에 대해서는 배점에 걸맞게 많은 양을 충분히 작성하고, 덜 중요한 항목(예컨대, 원고의 표시에서 주소 등)은 배점이 미미하므로 시간을 아낄 필요가 있다.

청구원인에서도, 처분의 경위(청구원인의 들머리 격이다. 위법사유를 적시하기 위한 초입단계에 불과)에서 시간과 정력을 모두 써버리면 본론인 처분의 위법성에서는 시간부족으로 허둥지둥하게 된다.

(3) 답안의 구성 (이번 모의고사)

100점의 기록형 문제에서 배점은 소장이 50점, 검토보고서가 50점이다. 답안지도 같은 비율로 구성하고, 분량도 같은 비율로 작성하는 것이 원칙이다(다만, 소장은 본론부분 이외에도 형식상 당사자 표시, 말미의 형식적 기재 부분 등이 있어 좀 길어지는 것은 그 특성상 어쩔 수 없다).

문제에서 요구하는 많은 쟁점을 짧은 시간(기록 검토 후에 답안작성은 약 1시간 30분 정도)에 모두 상세하게 작성하기는 불가능하다.

쟁점이 많을수록 배점이나 채점은 key word 위주로 할 수밖에 없을 것인바, 답안지 작성도 key word가 누락 되지 않도록 쟁점별로 간결하게 작성하여야 할 것이다.

특정부분에 대하여 너무 상세하게 기재하는 소위, 과잉기재는 금물이다. 수험생이 특정 문제에 집중하다보면, 나머지 쟁점에 대해서는 시간부족으로 답안작성을 못하게 된다. 이는 최악의 패착(敗着)이다. 소탐대실(小貪大失)의 전형이다. 기분만 내고 과락을 당하는 경우가 바로 이런 때이다.

Ⅲ. 채점 기준

1. 소장의 채점 기준 (50점)

(1) 일반적 기재사항

① 모두의 기재사항(원고, 피고, 사건표시) : 4점

② 청구취지 : 2점 (* 배점이 너무 인색하다)

③ 처분의 경위 : 4점

④ <u>처분의 위법성 : 39점</u>

⑤ 결론 : 1점

⑥ 말미의 기재사항(입증방법, 첨부서류, 대리인 표시) : 3점

⑦ 관할법원 표시 : 2점

(2) 처분의 위법성 (39점)

① 집시법 위반 : 14점 (금지통고 한계시간 위반 7점, 송달방법 위반 7점)

② 재량하자 : 20점 (비례원칙 위반 10점, 평등원칙 위반 10점)

2. 구체적 강평

(1) 원고

(2) 피고 : 서울지방경찰청장. ☞ '대한민국'은 틀림

(3) 소명 : 옥외집회 금지통고처분 취소 청구의 소

(4) **청구취지** :

1. 피고가 2015. 2. 17. 원고에 대하여 한 옥외집회 금지통고처분을 취소한다.
2. 소송비용은 피고가 부담한다.

라는 판결을 구합니다.

(5) 처분의 경위 : 당사자 지위, 처분(일자와 사유 특정할 것), 수령일자,

(6) 집시법 위반 중 금지통고 한계시간 위반 (7점)

(* 집시법 제8조 1항에 48시간 이내에 통고하도록 규정되었는데, 이 사건에서는 48시간 초과되어 위법하다는 것임 ☞ 첨부 서류에 관련 법규 제시되지 않았음에도 중요한 위법사유(배점 7점/총 39점)로 출제한 이 항목은 수험생에게 너무 야속한 문제이다. 채점결과 129명 중 이 부분을 적시한 답안은 10명 미만이었다.)

(7) 집시법 위반 중 송달방법 위반 (7점)

(우편함에 넣어두는 방법은 적법한 송달 아님--- 위법하다)

(8) 재량권의 일탈 남용이 있어 위법하다.

옥외집회금지는 법규의 성질상 재량행위이다. 재량처분을 함에 있어 비례원칙과 평등원칙에 위반되어 재량권의 일탈 남용에 해당하며, 결국 옥외집회금지통고

처분은 위법한 처분이다. (**** 왜 재량하자가 있는지 논증에 유의할 것)

(9) 비례원칙 (10점) [비례원칙 일반론, 이 사건의 적용]

(10) 평등의 원칙 (10점) [평등의 원칙 일반론, 이 사건의 적용]

(11) 결론 (1점) : 아주 간단히 정리만 할 것, 본론을 요약하는 것은 사족이 된다.

(12) 입증방법, 첨부서류 : 각 3개만 작성하라고 하였는데(기록 3면 참조), 생략한 경우 많았는데, 배점표에 따라 점수를 줄 수 없었다. 당연한 점수를 잃지 않도록 할 것이다. 어떤 답안은 입증방법을 7-8개 장황하게 기록한 경우 있는데, 정신 차리실 것!

(13) 작성일, 작성자

(14) 관할 법원(2점) : '서울행정법원' 귀중
☞ 서울중앙지방법원(아주 많음), 서울서부지방법원, 서울남부지방법원, 서울고등법원, 행정법원은 모두 틀림. ---당연한 점수인데, 어디서 득점하려고(집중력 부족)!!!

3. 검토 보고서

(1) 헌법소원 관련 검토 (30점)

(2) 국가배상 관련 검토 (20점)
가. 불심검문의 적법성 검토 (10점)
나. 공무원개인의 배상책임 (10점)

❀ 2015년도 제2차 모의시험 기록형 (2015.8.10. 시행)

1. 문제 : 행정소송 소장 [30점]
위헌법률심판제청신청서 [70점]

2. 기록 검토

위 문제를 염두에 두고서 기록을 보기 시작한다. 기록을 보면서 관련 부분을 체크해 가면, 기록을 다 읽고 나면 문제의 쟁점이 정리될 수 있을 것이다. 시간안배에 특히 유의하여야 한다. 30점과 70점의 비율에 맞게끔 내용과 분량을 조절하여야 할 것이다.

대체적으로 '법률상담 일지'와 '내부회의록'에 쟁점이 거의 정리되어 있다.

3. 소장의 작성

가. 소송의 대상

4. 22. 거부처분과 5. 21. 거부처분이 있다.

침익적 행정처분이 내려진 후의 동일한 내용의 반복적 침익적 행정처분은 항고소송의 대상이 되는 처분이 아니다. 다만, 거부처분의 경우에는 국민이 신청할 수 있는 횟수 등을 제한하는 법규가 없는 이상, 동일한 내용을 수차 신청할 수 있고 그에 따라 거부처분이 수회 있을 수 있게 되는데, 이러한 거부처분은 각 독립적인 처분으로서 각각 항고소송의 대상이 된다.(대법원 2002.3.29. 선고 2000두6084 판결).

이 사건에서 취소소송의 대상이 되는 처분은 2015. 4. 22. 처분이 아닌 2015. 5. 21,자 거부처분이다.[148)]

나. 청구취지 ------------------------ [4점]

1. 피고가 2015. 5. 21. 원고에 대하여 한 [충청북도 단양군 가곡면 영춘 제80호(등록번호 제60132호) 광업권에 관한] 채굴허가거부처분을 취소한다.[149)] 2. 소송비용은 피고가 부담한다. 라는 판결을 구합니다.

148) 이철환(행정구제법), 제3판, 269면 참조.
149) [ ] 부분은 생략하더라도 소송의 대상이 되는 거부처분이 특정되므로 생략 가능함. 다만, 2개

[강평] : 소송의 대상은 2015. 5. 21.자 거부처분이다. 4. 22.자로 기재하면 틀린 청구취지이다. 4. 22.자 처분과 5. 21.자 처분을 모두 취소하라고 한 청구도 감점 대상이다.

다. 청구원인 중 적법요건150) ---------------- [9점]

1) 처분성 : 거부처분이 행정소송의 대상이 되는 행정처분에 해당하기 위해서는 ① 공권력의 행사 또는 이에 준하는 행정작용, ② 거부행위가 신청인의 법률관계에 어떤 변동을 일으키는 것, ③ 신청인에게 법규상 또는 조리상 신청권이 있을 것 ☞ 암기 요망

2) 원고적격 : 한 줄만 언급(처분의 상대방이다). ☞ 별 쟁점 없는데, 법률상 이익의 해석론까지 많이 쓴 답안지는 점수 안 되는 헛수고. 어떤 답안은 '법인'에게 원고적격이 있는지 다툼 있다고 하면서 판례까지 들먹이며 법인도 원고적격이 있다고 강조함. 사족(蛇足)이다.

3) 피고적격 : (행정소송법 제13조), 충북도지사가 처분 행정청이다.

4) 소의 이익 : 한 줄만 언급

5) 제소 기간 : 한 줄만 언급

라. 청구원인 중 처분의 위법성 ---------------- [17점]

(제1회 모의고사 강평문 참조)

1) 채굴허가의 법적 성격 : 기속행위인지 재량행위인지

2) 위법성 (재량의 일탈 남용) : 재량권의 일탈, 남용이 있는 경우에는 위법한 처분이 된다.

(1) 비례원칙 위배

(2) 평등원칙 위배

[강평] : 아래 ①, ②를 기재한 답안이 많았다. 이 사건에서 해당되지 않는 주장(법원에서 받아들일 가능성이 없는 주장)을 펼친 것은 각 감점사항이다.

① 절차법적 위반(사전통지, 의견진술 절차 등) - 거부처분의 경우에도 적용되

이상의 거부처분이 있을 때에는 특정을 위하여 [ ] 부분을 기재하여야 할 것이다.

150) 소장 작성에서 '이 사건 소제기의 적법성' 부분에 관하여 상세히 기재하는 것은 금물이다. 소장에서는 '이 사건 처분의 위법성' 부분이 본론이므로 처분이 위법하다는 부분에 전력투구하기 위함이다.

는지? - 판례의 입장(소극적 입장)[151]

② 보상하지 않고 있다. 그러므로 위법하다는 주장 - 보상하지 않는 것은 거부처분이나 재량권 행사와 무관하다. 보상금청구소송(당사자소송)의 대상이 될 뿐이다.

4. 판례 공부의 중요성 --- 이 사건 기록은 헌재 2014.2.27. 2010헌바483 광업법 제44조 제1항 제1호 위헌소원사건을 재구성한 것이다.

공법출제경향 참조 ☞ 헌법과 행정법 각 동등 지분 유지. 행정처분과 관련된 위헌소원사건 유의할 것.

5. 답안지 작성에서 일반적 강평 ---- (제1회 모의고사 강평문 참조)

(1) 답안지를 여유롭게 작성할 것.

(2) 답안작성하면서 항목별 배점과 시간안배에 유의할 것

(3) 답안의 구성 (이번 모의고사)

(4) 글씨 : 해독이 불가능한 답안지 있다. 채점관이 읽지 못한 위험부담은 작성자 책임이다.

151) 이철환(행정구제법), 제3판, 37면 참조.

❀ 2015년도 제3차 모의시험 기록형

※ 시행일자 : 2015. 10. 23.

※ 응시생 : 139명

※ 문제 및 배점 : 행정소송 소장 [70점], 준비서면 [30점]

※ 강평 자료

1. 소장의 작성 ———————— [70점]

가. 피고 : 무안군수 [2점]

☞ 무안군, 무안군청, 무안군수 고향석 등은 모두 틀린 답입니다.

나. 청구취지 [주위적, 예비적 청구]

1. 주위적으로, 피고가 2014.6.27. 청정영농조합법인에 대하여 한 건축허가처분 및 2015.3.20. 원고에 대하여 한 공사중지명령 거부처분은 각 무효임을 확인한다. 2. 예비적으로, 피고가 2014.6.27. 청정영농조합법인에 대하여 한 건축허가처분 및 2015.3.20. 원고에 대하여 한 공사중지명령 거부처분을 각 취소한다. 3. 소송비용은 피고의 부담으로 한다. 라는 판결을 구합니다.	[8점]

[강평] : 청구취지를 틀리면 청구원인 채점에도 영향이 미칩니다. 변호사시험에서 청구취지 틀리는 것은 있을 수 없는 일입니다. 예컨대, "--- 취소하라"는 절대 금물.

다. 청구원인

1) 소의 적법성

(영농조합법인에 대한) 건축허가처분에서 원고적격 인정 환경소송에서 원고적격 - 원고는 환경상 침해 예상되는 지역에 거주(시설지역 500m)	[12]
(원고에 대한) 거부처분(민원회신)의 처분성 인정 거부행위가 거부처분이 되기 위한 요건 ① 공권력의 행사 또는 이에 준하는 행정작용 ② 거부행위가 신청인의 법률관계에 어떤 변동을 일으키는 것 ③ 신청인에게 법규상 또는 조리상 신청권이 있을 것, 이 사건 거부행위는 이에 해당한다.	[12]
제소기간 (행소법 제20조 1항, 안 날부터 90일 이내) 1처분 - 2015.1.26. 2처분 - 2015.3.20. 따라서 1.26.부터 90일 이내 소제기	[4]

[강평] : 청구원인의 핵심은 처분의 위법성이다. 다만, 이 사건 소장에서는 원고가 제3자(영농조합법인)에 대한 처분과 자신에 대한 거부처분을 다투고 있는바, 소송요건 중에서 원고적격, 거부행위의 소송대상인 처분성, 소제기 기간이 쟁점이 되고 있는 기록이어서 '소의 적법성'에 대하여 비중 있는 기재를 요한다.

나머지 소송요건에 관하여는 별 쟁점이 없으므로 생략이 가능하고 기재하더라도 아주 간단히 언급하는 것이 좋을 것이다. 더구나 문제에서도 "소의 적법성 부분에서는 처분성, 원고적격, 제소기간 등 각 처분에 대하여 문제될 수 있는 적법요건을 중심으로 검토할 것"이라고 하여 쟁점을 제시하고 있다.

그럼에도 불구하고 소송요건의 전반(예컨대 법률상이익에 대한 학설, 소의 이익, 행정심판전치주의 등)에 관하여 모두 기재한 답안이 있는데, 이들은 사족이 될 것이다.

2) 처분의 위법성

관련법령 및 해석 - 1일 처리용량 100KL 이상 환경영향평가 대상사업 - 환경영향평가시기는 건축허가 전에 실시	[15] ⇒ 수정 [10]
건축허가처분의 위법성 (환경영향평가 없는 상태에서 건축허가 - 위법)	[3] ⇒ [5]

공사중지명령 거부처분의 위법성(원고에게 보호받을 환경상 이익이 있으므로 신청권이 있는 것)	[2] ⇒ [5]
각 처분의 효력 (주위적으로 당연 무효, 예비적으로 위법하여 취소) 환경영향평가의 입법취지, 당연무효라는 판례. 명백한 하자라고 보기 어렵더라도 위법한 처분이므로 취소사유 해당.	[8]

[강평] : 채점표상의 점수가 '관련법령 및 해석'에 치우친 감이 있어서 다소 수정하여 채점하였다(관련법령 및 해석보다는 건축허가의 위법성, 거부처분의 위법성에 더 큰 배점을 두었어야 할 것으로 보인다).

3) 청구원인 기재 방법

이 사건 처분이 두 건인바, 각 처분마다 소의 적법성과 처분의 위법성을 별개로 기재하는 것도 한 방법일 것이다. 그런데 별개로 기재할 때에는 1처분과 2처분에서 중복하여 기재하는 단점이 생긴다. 실제 답안지 중에는 그렇게 중복 기재한 답안이 아주 많았다. 이러한 기재방법은 시간이 많이 걸리며, 중요한 쟁점을 시간 부족으로 헤맬 가능성이 크다.

따라서 제시된 소장 양식의 순서대로 1) 소의 적법성(원고적격, 처분성, 소제기기간) 2) 처분의 위법성 (법령 및 해석, 처분의 위법, 무효사유 예비적으로 취소사유 해당)의 순서대로 작성하는 것이 더 간결하고 쟁점이 돋보이는 방법으로 사료된다.

라. 소제기일 : 2015.4.27. [2]

[강평] : 원고가 건축허가처분 알게 된 것은 늦어도 2015.1.26.이므로, 이로부터 90일 되는 날은 2015.4.26.이다. 4.26.은 일요일이므로 4.27.이 적법하게 취소소송을 제기할 수 있는 최종일이다. 기록에 제시된 달력을 확인하기 바람.

마. 제출법원 : 광주지방법원 [2]

☞ 서울행정법원, 광주고등법원, 광주행정법원, 광주지방법원 목포지원, 목포지방법원, 전주지방법원 등은 모두 틀린 답안이다.

☀ 항고소송의 관할은 행정법원이다. (서울의 경우에 서울행정법원)

행정법원이 설치되지 않은 곳은 지방법원 본원이 관할한다. (행정법원은 서울에만 설치됨, 따라서 서울이외의 지역은 지방법원 본원 관할이다).

☀ 제출법원은 출제되면 '보너스 수준'이니 틀리면 안 됩니다.

2. 준비서면 ———————— [30점]

가. 사정판결의 대상 [5점]

무효등 확인소송의 경우에는 사정판결의 적용되지 않는다는 것이 판례의 입장이다(행정구제법 강의 제2판, 378면).

피고가 주장하는 사정판결에 대하여, 이 사건 처분은 각 무효이므로 사정판결의 대상이 될 수 없다. [가사 이 사건 건축허가처분 등의 하자가 객관적으로 명백한 것이라고 볼 수 없어 당연무효가 아니라고 하더라도, 아래와 같은 이유에서 피고의 사정판결 주장은 받아들일 수 없다.]

나. 사정판결제도의 위헌성 [20점]

내용	배점
민주주의 원칙, 평등원칙 위배 [사정판결제도는 군국주의를 경험한 일본에서 제2차 세계대전 이후 생성, 발전된 것을 우리나라가 계수한 것으로 서구 민주주의 국가에서는 찾기 어렵습니다. 다른 소송의 경우와 달리 행정청을 상대로 하는 항고소송(취소소송)에서만 유독 상대방인 국민을 불리하게 취급한다는 점에서 민주주의원칙 및 평등원칙에 위배됩니다.]	[3]
법치주의 원칙 위배 [(법치주의의 의미) 그런데 사정판결제도는 쟁송의 대상인 처분등이 위법하여 원고의 청구가 이유 있다고 인정됨에도 불구하고 공공복리라는 명분으로 사실의 규범력을 앞세워 원고의 청구를 기각하고 위법한 처분등을 그대로 유지하는 제도인바, 위법한 행정처분을 유지함으로써 법치주의를 파괴하는 것 자체가 공공복리에 반하는 것으로서 헌법상 법치주의, 법치행정의 원리에 반합니다.]	[7]
재판청구권 침해 [(재판청구권의 의미) 그런데 행정청의 위법한 처분에 의하여 기본권을 침해당한 원고의 청구가 이유 있음에도 원고는 청구를 기각당하고 위법한 처분등은 그대로 유지됨으로써, 원고는 재판을 통하여 실질적 권리구제를 받지 못하게 되므로 원고의 재판청구권이 침해되는 결과를 초래합니다.	[8]

사정판결의 요건으로 제시된 '공공복리'는 헌법 제37조 제2항의 기본권제한의 목적 중 하나로 규정된 '공공복리'의 동어반복으로서 불확정적, 추상적 개념이므로 법관의 자의적인 해석이 불가피하게 됩니다.]	
소결 [이상 살펴본 바와 같이 사정판결제도는 헌법에 위반되므로 이를 적용하여 사정판결을 할 수는 없습니다. 설사 사정판결제도가 합헌이라고 하더라도 사정판결제도에 내재된 위헌성을 제거하기 위해서는 극히 엄격한 요건하에 제한적으로 해야 합니다.]	[2]

다. 사정판결의 요건 충족 여부 [5점]

사안의 경우 아래에서 보는 바와 같이 '처분 등의 취소가 현저히 공공복리에 적합하지 아니할 것'(행정소송법 제28조)이라는 요건을 충족하지 못합니다.

1) 환경영향평가를 거치지 아니한 점

2) 가축분뇨의 해양배출물량 감소에 대한 증거나 자료제출 없음

3) 원고를 비롯한 인근 주민들이 입게 될 환경피해의 중대성

4) 이 사건 사업은 기본적으로 이 사건 법인이 사적으로 추진하는 사업임

3. 답안지 작성에서 일반적 강평 ———————— (제1회 모의고사 강평문 참조)

가. 답안지를 여유롭게 작성할 것

나. 항목별 배점과 시간안배에 유의할 것

다. key word 위주로 답안 작성할 것. 특히 기록형(소장) 시험에서는 '나무보다는 숲'이 중요하다.

라. 글씨 - 읽지 못하게 쓰는 글씨는 대책이 없다. 또박또박 쓰는 연습이 필요하다.

2015. 10. 28.

담당 교수 이 철 환

※ [2016년 모의고사 강평 자료

❀ 2016년도 제1차 모의시험 공법 기록형 강평자료

☼ 일자 : 2016.6.20.

☼ 응시생 : 150명

☼ 문제유형 및 배점 : 행정소송 소장 [50점], 헌법소원심판청구서 [50점]

Ⅰ. 기록 보기

1. 문제

중앙선거관리위원회는 <활빈당>이라는 정당이 정당법 제44조 제1항 제3호[152]에 해당되어 중앙당 등록을 취소하였다. <활빈당>의 대표인 홍길동은 중앙당 등록 취소를 다투는 소송을 제기하려한다. 소장을 작성한다(50점). 나아가 헌법소원심판도 청구하려고 하는바, 헌법소원심판청구서 작성한다(50점).

2. 기록 검토

가. 법률상담일지 : 홍길동이 원하는 것은 <활빈당>이 정당의 지위를 가질 수 있도록 하는 것을 1차 목표로 하고 있다. 중앙당 등록취소에 대하여 홍길동이 위법이라고 주장하는 이유는 상담일지 참조. ----------(a)

나. 내부회의록 : 활빈당의 중앙당 등록을 취소한 것에 대해서 행정소송을 제기하고, 등록취소가 위법한 이유는 근거법률이 위헌이기 때문이다. 근거법률이 위헌인

---

152) 정당법 제44조(등록의 취소)

① 정당이 다음 각 호의 어느 하나에 해당하는 때에는 당해 선거관리위원회는 그 등록을 취소한다.

1. 제17조(법정시 · 도당수) 및 제18조(시 · 도당의 법정당원수)의 요건을 구비하지 못하게 된 때. 다만, 요건의 흠결이 공직선거의 선거일 전 3월 이내에 생긴 때에는 선거일 후 3월까지, 그 외의 경우에는 요건흠결시부터 3월까지 그 취소를 유예한다.
2. 최근 4년간 임기만료에 의한 국회의원선거 또는 임기만료에 의한 지방자치단체의 장선거나 시 · 도의회의원선거에 참여하지 아니한 때
3. 임기만료에 의한 국회의원선거에 참여하여 의석을 얻지 못하고 유효투표총수의 100분의 2 이상을 득표하지 못한 때

경우 처분의 무효사유가 아니고 취소사유이므로 취소소송을 제기하려고 한다. ------- (b)

정당명칭 사용과 관련된 조항은 등록취소에 적용되는 법률이 아니므로 위헌제청된 법률과 관련하여 위헌법률심판제청신청을 하고자 한다. '등록취소 된 정당과 동일한 명칭의 정당등록 신청에 대한 등록거부처분'을 집행행위로 볼 수도 있다. ----- (c)

다. 원고 : 홍길동이 원고적격이 있는가?

<활빈당>과 홍길동은 등록된 정당과 대표자 관계이다. 행정소송에서 일반적으로 단체(법인)의 주주나 대표는 법인에 대한 행정처분에 관하여 사실상이나 간접적인 이해관계를 가질 뿐이어서 스스로 그 처분의 취소를 구할 원고적격이 없는 것이 원칙이다. 그러나 그 처분으로 인하여 궁극적으로 주식이 소각되거나 주주의 법인에 대한 권리가 소멸하는 등 주주의 지위에 중대한 영향을 초래하게 되는데도 그 처분의 성질상 당해 법인이 이를 다툴 것을 기대할 수 없고 달리 주주의 지위를 보전할 구제방법이 없는 경우에는 주주도 그 처분에 관하여 직접적이고 구체적인 법률상 이해관계를 가진다고 보이므로 그 취소를 구할 원고적격이 있다고 본다(대법원 2004.12.23. 선고 2000두2648 판결, 대법원 2005.1.27. 선고 2002두5313 판결 등).[153]

이 사건에서 원고를 <활빈당>으로 할 것인지, 대표인 홍길동으로 할 것인지 쟁점이 될 수 있는데, 기록에서 <활빈당>과 홍길동을 모두 원고로 표시하였으므로 고민할 대상은 아니다.

다만, 원고가 둘이므로 청구취지에서 원고의 특정에 유의해야 할 것이다.

[강평] : 원고 1에게, 원고 2에게, 또는 원고들에게--- 등으로 표기하여 원고의 범위를 특정해야 한다, '원고에게'라는 표기는 원고 누구인지 특정이 안 된 것으로 부정확한 표시이다.

라. 송달일자 : 이 사건에서 '중앙당등록취소 통보'는 2012.4.12.에 송달되었다. (기록 16면 참조). 많은 답안지에 2012.4.16. 이라고 작성하였는데, "4.16."은 서류를 송달한 날짜가 아니고, 우편집배원이 '우편송달통지서'를 작성한 날에 불과하다. 서류 송달일이 틀리니 소제기 기한을 틀릴 수밖에 없다. 4.12. 송달일(안날)로 보더라도 안날부터 90일의 계산은 달력을 보면서 신중히 하여야 할 것이다. 그저 주는 보너스 점수를 던져버리면 안 된다.

---

153) 이철환, 행정구제법강의(제3판), 202면.

3. 쟁점

가. 출제 의도 : 이 사건은 헌재 2014.1.28. 2012헌마431, 2012헌가19(병합) 정당법 제41조 제4항 위헌확인 사건을 응용한 것이다. 이 모의고사 기록은 위 사건의 기초사실을 근거로 하여 행정소송과 위헌법률심판제청신청(기각되는 경우에는 헌법소원)에 관해 실력을 평가해 볼 수 있는 사안이다.

나. 쟁점 정리 : 위 기록 검토의 (a), (b) 부분은 행정소송의 쟁점을 정리해 주었고, (c) 부분은 헌법소원의 쟁점을 정리해 주었다. 기록에서 제시해 준 쟁점만 잘 정리해도 훌륭한 답안(소장, 헌법소원심판청구서)이 될 것이다.

다. 피고 : 중앙선거관리위원회

라. 소송의 대상 : 소송의 대상인 처분이 무엇인가?

소송의 대상과 헌법소원심판청구의 대상을 구별해야 할 것이다. 특히 헌법소원은 보충성의 원칙에 의하여 행정소송으로 구제를 받을 수 있는 경우에는 청구할 수 없음을 상기하여야 한다.

이 사건에서 소송의 대상(대상적격)은 중앙당등록취소처분이다. 소송물은 중앙당등록취소처분의 위법성이다. 소송의 대상이 헷갈리니 청구취지가 틀리는 것은 당연한 일!!!

청구취지에 '위헌법률심판제청 신청' 또는 '집행정지 신청'을 기재한 답안은 모두 틀린다. 설혹 '위헌법률심판제청 신청'이나 '집행정지 신청'이 필요한 경우라면 취소소송의 소장과는 별건으로 신청하여야 한다.

마. 청구원인 : 처분의 위법성

1) 소의 적법성 : 소장의 본론은 청구원인 중 '처분의 위법성' 부분이다. 본론도 가기 전에 '소의 적법성' 부분에서 시간과 답안지면을 모두 써버리면, 본론 없는 소장이 된다. '소의 적법성' 부분은 피고 또는 재판장이 이의제기(본안전 항변)나 소송요건의 흠결(직권조사 사항)에 대비하는 한도에서 작성에 그치면 된다.

이 사건 소장에서는 대상적격, 피고적격(합의제행정청), 제소기간(소장제출일을 제소기간 내 최종일로 기재하라고 문제에서 제시함) 정도만 언급하면 충분할 것이다. 원고적격에 대해서는 별 쟁점도 없는데 실력 과시하듯 학설까지 기재한 답안은 철모른(?) 소치라고 볼 수밖에.

2) 처분의 위법성 : 소장의 본론이다. 이 사건 채점표에서도 50점 중에서 32점이

배정되었다.

일반적인 사건에서는 행정처분(대부분의 경우 재량행위)의 위법성이 문제된다. 따라서 행정처분의 과정상 절차적 위법성(사전통지, 청문절차, 이유제시 등)과 실체법상의 위법성(법규위반, 재량행위의 일탈 남용, 재량행위의 위법성 판단 기준으로 평등원칙 · 비례의 원칙 등이 잣대가 필요하다)이 보편적인 체계이다.

그러나 이 사건에서는 처분이 위헌법률에 근거한 것이므로 위법하다는 것이다. 기록 검토에서 법률상담일지, 내부회의록에서 답안작성의 길을 제시하고 있지 않는가? 따라서 처분의 위법성에서는 근거법률의 위헌성에 대해 주장하는 것이 쟁점일 것이고, 그 내용은 헌법 제8조 1항 전단의 '정당설립의 자유'일 것이다.

Ⅱ. 기록 작성

1. 당사자 표시

원고는 문제지(모의고사 기록)에서 "1. 활빈당 2. 홍길동"으로 주어졌으므로 또 작성할 필요가 없다.

피고는 처분행정청인 "중앙선거관리위원회"가 된다.

[강평] : 중앙선거관리위원회는 합의제 행정청이다. 따라서 중앙선거관리위원회 자체가 행정소송법 제13조의 처분행정청이고 피고가 된다. 중앙선거관리위원회의 대표인 위원장이 피고가 된다거나 중앙당등록취소통보(기록 15면)를 중앙선거관리위원회 위원장이 하였으므로(기록 15면) 위원장이 피고라는 답은 틀린다. [취소 공고는 중앙선거관리위원회 명의로 하였다. 기록 14면]

2. 청구취지 —— [5점]

> 1. 피고가 2012.4.12. <u>원고 활빈당에 대하여</u> 한 중앙당등록취소처분(<u>선거관리위원회 공고 제2012-100호</u>)을 취소한다.
> 2. 소송비용은 피고가 부담한다.
>
> 라는 판결을 구합니다.

[강평]

① 청구취지 1의 주어는 피고가 아니다. "<u>피고는</u> ---- 취소한다"라고 기재하면 국어문법에도 맞지 않는다. 또한 취소소송이므로 "--- 처분을 <u>취소하라</u>"고 기재하

면 이행의 소송이 되므로 틀린다.

② 소장에서 주어진 원고는 1, 2 둘이다. 원고가 둘이므로 청구취지에서 원고의 특정에 유의해야 할 것이다.

예컨대 "원고 1에 대하여 한 -" , "원고 2에 대하여 한 -", 또는 "원고들에 대하여 한 -" 등으로 표기하여 원고의 범위를 특정해야 한다,

"원고에 대하여 한 - "이라는 표기는 원고 누구인지 특정이 안 된 것으로 부정확한 표시이어서 틀린다.

③ (선거관리위원회 공고 제2012-100호) : 청구취지에서 소송물이 되는 처분은 '피고가 2012.4.12. 원고 활빈당에 대하여 한 중앙당등록취소처분'을 통해 처분이 특정되므로 (선거관리위원회 공고 제2012-100호) 부분은 생략해도 무방하다.

④ 청구취지에 '위헌법률심판제청 신청' 또는 '집행정지 신청'을 기재한 답안은 모두 틀린다. 설혹 '위헌법률심판제청 신청'이나 '집행정지 신청'이 필요한 경우라면 취소소송의 소장과는 별건으로 신청하여야 한다.

3. 소의 적법성 —— [8점]

① 취소소송의 대상 : 중앙당등록취소처분(선거관리위원회 공고 제2012-100호)이다.

② 피고적격 : 중앙선거관리위원회 (합의제 행정청이다).

③ 소의 이익 :

④ 제소기간 : 행정소송법 제20조 1항.

4. 처분의 위법성 —— [32점]

가. 위법한 처분 : 근거법률의 위헌·무효로 인한 위법한 처분이다. 처분은 취소사유에 해당한다.

나. 근거법률의 위헌 : 헌법 제8조 1항의 정당설립의 자유에 위반한다. 정당설립의 자유에는 정당활동의 자유가 포함.

다. 위헌의 기준 : 과잉금지원칙 위반, 엄격한 비례심사

라. 절차적 위법 : 사전통지 등 행정절차법 위반

5. 소 제기일 —— [2점]

[강평] : 점수 배점은 적지만, 보너스 점수에 해당하므로 틀리면 그 사람만 손해이

다. 처분이 있음을 안날부터 90일이니, 먼저 처분의 송달일(4월 12일)을 기록에서 확인하고, 기록에 첨부된 달력을 참조하여 90일을 되는 날을 기재한다. 대충 월력(3월)을 기재하여 틀린 답안이 있다.

6. 제출법원 —— [1점]

[강평] : 제출법원은 관할 법원을 의미하는바 점수 배점은 적지만, 이 또한 보너스 점수에 해당한다. 행정소송의 제1심 관할법원은 피고의 소재지를 관할하는 행정법원이다(법원조직법 제40조의 4). 취소소송의 제1심 관할법원은 피고의 소재지를 관할하는 행정법원으로 한다(행소법 제9조 1항), 다만 "중앙행정기관, 중앙행정기관의 부속기관과 합의제행정기관 또는 그 장"에 대하여 취소소송을 제기하는 경우에는 대법원소재지를 관할하는 행정법원에 제기할 수 있다(행소법 제9조 2항 1호).

이 사건에서 피고(중앙선거관리위원회)의 주소지는 경기도 과천시이므로(기록 15면 중앙당등록취소 통보), (행소 9조 1항에 의해서)과천시를 관할하는 행정법원인 수원지방법원이 관할법원이다(기록 제21-23면 관할구역표 참조), 다만 행소 제9조 2항에 의해서 대법원소재지를 관할하는 행정법원에 제기할 수 있으므로, 서울행정법원에 제기할 수 있다.

서울중앙지방법원, 수원지방법원 안양지원, 서울고등법원 등의 기재는 모두 틀린 답안이다. 비록 1점의 적은 배점이지만 보너스를 차버리면 안될 것임. 재판의 관할에 관하여는 기록형시험에서는 배점이 적지만(기록형은 처분의 위법성이 본론이므로), 사례형시험에서는 관할이 주요쟁점으로 주어질 수도 있다.

Ⅲ. 강평 후기

1. 소장의 기본적 구조 이해

답안지 중에는 소장의 기본적 구조(청구원인의 작성)를 이해하지 못한 답안이 있다. 마치 사례형 문제의 답안과 같이 쟁점을 정리하고 학설을 나열하는 방식은 실무적 소장기재 방식과 너무 동떨어진 답안이다. 소장을 한 번도 읽어보지 못한 듯하다.

2. 읽기 어려운 글씨

답안을 채점관이 읽을 수 없다면, 아무리 좋은 내용인들 무슨 소용이 있으리까? 답안지는 남에게 보이는 문서입니다. 혼자 보는 일기장이나 메모지와는 전혀 다릅니다. 채점관이 내 답안을 못 읽는다면 상상불가 --- 유구무언(有口無言).

3. 출제의 편향성

기록형의 출제에 있어서 위헌확인 기록을 자료로 사용하다 보니, 결과적으로 출제가 헌법문제(법률의 위헌성)에 치우치게 되었다. 행정소송의 경우에도 근거법률의 위헌성으로 처분이 위법한 경우가 당연히 있기는 하지만, 대부분의 행정소송은 처분(행정행위)의 실체적 위법(예컨대 재량권의 일탈 남용)이 문제되는 경우일 것이다. 나아가 강학상 또는 변호사시험에서는 절차적 위법(행정절차 위반)을 첨가하여 실력을 평가하는 것이 일반적이라 할 것이다.

2016. 6. 28.

담당 교수 이 철 환

제3항 소장 작성 사례연습

Ⅰ. 모의고사 기록 보기 (법무부 모의고사 [2010.1.19. 시행])

1. [문제] 기록작성

목 차

작 성 요 강

❑ 사건의 설명

1. 의뢰인 강준수는 2010.1.18. 서류(기록 2번~13번)를 가지고 법무법인 동방 소속의 이윤호 변호사를 찾아와 취소된 운전면허를 회복하고 싶다며 법적 절차를 밟아 줄 것을 요청하였다.
2. 이윤호 변호사는 강준수가 가져온 서류를 검토하고 강준수와 면담한 결과, 강준수에 대한 운전면허취소가 위법하다는 결론을 내리고 가능한 모든 법적 절차를 취하기로 하면서 강준수와 소송위임 계약을 체결하였다.
3. 수험생은 이윤호 변호사가 작성하였을 것으로 예상되는 서류를 설문에 따라 작성하도록 한다.

❑ 유의사항

1. 기록에 나타난 사실관계만을 기초로 하고, 그것이 사실임을 전제로 할 것
2. 접수절차나 결재절차 등 각종 필요한 절차는 적법하게 갖춘 것으로 간주할 것.
3. 각종 서류 등에 필요한 서명과 날인 또는 무인과 간인 등은 모두 갖추어진 것으로 볼 것.
4. 기록 중 일부 생략된 것이 있을 수 있고, 오기나 탈자 등이 있을 수 있음에 유의할 것.
5. 작성일과 제출일이 일치하는 것으로 하고 불변기간에 유의할 것.
6. 참고자료에 수록된 도로교통법, 같은 법 시행령, 같은 법 시행규칙 이외의 법률은 제공된 법전 내의 법령이 서면작성 시점에 시행되고 있는 것으로 가정할 것.
7. 서술어는 관행상 경어를 사용할 것.
8. 시험을 위해 제공된 메모지 이외의 종이를 사용할 수 없음.
9. 시험시간은 기록 배부 시부터 서면 작성완료 시까지 2시간임.

기록 내용 시작

법무법인 동방
진주시 상대동 200-2
☎ 055-752-0075

상 담 일 지

2010.1.18.

○ 의뢰인 강준수 사무실 내왕

○ 자신의 1종 대형 및 보통 운전면허가 취소되었다며 이를 회복할 수 있는 법적 조치를 취해달라고 요청

○ 2009.10.21. 의뢰인은 경남지방경찰청에 진정서(기록 5번, 8쪽)를 제출한 바 있는데, 이에 대해서는 아직까지 행정청으로부터 어떠한 답변도 듣지 못하였고 서류 등을 받은 적도 없다고 함

○ 형사사건은 약식명령에 대해 정식재판을 청구하여 현재 1심 계류 중임

보내는 사람

경남지방경찰청장
창원시 사림동 1

641-797

경찰청우체국
요금후납

행 정 우 편

받는 사람
강준수 귀하
경남 진주시 상대동 28
660-321

제 1110-2003-42348 호 [1차]

자동차운전면허(□정지 · ■취소) 결정통지서

①성 명	강 준 수	②주민등록번호	****** - *******
③주 소	경남 진주시 상대동 28		
④면허번호	경남 01-184231-81 [1종 대형], 경남 96-177582-28 [1종 보통]		
⑤차량번호	경남 37바4020		
⑥행정처분 결정내용	□ 정지기간		
	■ 취소일자	2009. 8. 31.(결격기간 2009. 8. 31.~2010. 8. 30. 까지)	
⑦사 유	도로교통법 제93조 1항 1호 음주만취운전(혈중알콜농도 0.1% 이상)		

도로교통법 제93조 규정에 의하여 위와 같이 행정처분(취소)이 결정되어 같은 법 시행규칙 제93조의 규정에 의하여 통지하오니, 같은 법 제95조의 규정에 의하여 2009.8.10. 까지 경남지방경찰청 진주경찰서 교통(면허)계에 출석하여 운전면허증을 반납하시기 바랍니다. (이미 반납한 사람은 제외)

안내전화: 1566-0112 담당자: 정수정

2009년 8월 3일

경남지방경찰청장 경남지방경찰청장인

※ 알려드립니다.

1. 운전면허 행정처분에 대하여 이의가 있는 사람은 행정처분이 있음을 안 날로부터 90일 안에 행정심판을 청구할 수 있으며, 행정소송은 행정심판의 재결을 거치지 아니하면 제기할 수 없습니다.
2. 운전면허 취소의 처분을 받은 사람이 다시 운전면허를 받고자 할 경우에는 도로교통공단에서 실시하는 특별한 교통안전교육(6시간)을 의무적으로 받아야 합니다.

— 4 —

창 원 지 방 법 원 진 주 지 원

약 식 명 령

사 건	2009고약2238 도로교통법위반(음주운전) (2009형제12938)
피 고 인	강 준 수(****** - *******), 무직 주거 및 등록기준지 진주시 상대동 28
주형과 부수처분	피고인을 벌금 2,000,000(일백만)원에 처한다. 위 벌금을 납입하지 아니하는 경우 금 50,000(오만)원을 1일로 환산한 기간 노역장에 유치한다. 피고인에게 위 벌금에 상당한 금액의 가납을 명한다.
범죄사실	별지기재와 같다(단 피의자는 피고인으로 한다).
적용법령	도로교통법(2009.4.1. 법률 제9580호로 개정되기 전의 것) 제150조 제1호, 제44조 제1항, 형법 제70조, 제69조 제2항, 형법 제57조, 형사소송법 제334조 제1항

검사 또는 피고인은 이 명령등본을 송달받은 날로부터 7일 이내에 정식재판을 청구할 수 있습니다.

2009. 10. 24.

판 사 공 민 호 ㉑

범 죄 사 실

피의자는 경남 37바4020호 뉴이에프 쏘나타 승용자동차를 운전한 자인바,

2009.5.29. 22:30경 진주시 가좌동 생활까스 앞 노상에서 혈중알콜농도 0.21%의 주취 상태로 위 차량을 운전하여 같은 동 550 앞 노상까지 약 200미터 가량을 운행한 것이다.

본 사이트에서 제공된 사건정보는 법적인 효력이 없으니 참고자료로만 활용하시기 바랍니다.
보다 상세한 내용은 해당 법원에 문의하시기 바랍니다.

사건일반내역 사건진행내역 » 인쇄하기 » 나의 사건 검색하기

▶사건번호 : 창원지방법원 진주지원 2009고정223

○ 기본내역 » 청사배치

사건번호	2009고정223		
원고	강준수	재판부	형사3단독
접수일	2009.10.29.	종국결과	
형제번호	2009형제12938		
수리구분	제소	병합구분	없음
상소제기내역			

○ 최근기일내역 » 상세보기

일 자	시 각	기일구분	기일장소	결과
2009.12.17	10:30	공판기일	102호법정	속행
2010.01.21	16:20	공판기일	102호법정	

최근 기일 순으로 일부만 보입니다. 반드시 상세보기로 확인하시기 바랍니다.

○ 최근 제출서류 접수내역 » 상세보기

일 자	내 용
2009.12.10	피고인 강준수 진술서 제출

최근 제출서류 순으로 일부만 보입니다. 반드시 상세보기로 확인하시기 바랍니다.

○ 관련사건내역

법 원	사건번호	구 분
창원지방법원 진주지원	2009고약2238	약식사건

— 이하 생략 —

▲ TOP

— 7 —

진　　정　　서

수　신 : 경남지방경찰청장님(창원시 사림동 1)
발　신 : 강준수(경남 진주시 상대동 28)

안녕하십니까?

저는 진주시에 살고 있는 강준수라고 합니다.

2009.8.5. 경남지방경찰서에서 발송한 우편물이 저희 집에 배달되어 와 깜짝 놀란 마음에 살펴보니 자동차운전면허 취소결정통지서라는 것이었습니다. 제가 2009.5.29. 밤에 음주운전을 하여 저의 운전면허를 취소한다는 내용인 듯하였습니다. 너무나 어이가 없고 기가 막히는데 법에 문외한 저로서는 당황한 나머지 무엇을 어떻게 해야 할지 몰랐습니다. 현재 저는 (주)경남운수에서 시내버스 운전기사로 근무하고 있기 때문에 저에게 자동차운전면허는 생명줄이나 다름없는데, 운전면허취소라니요? 청천벽력이 따로 없습니다.

사정을 알고 보니 제 쌍둥이 동생이 음주운전으로 적발되자 제 운전면허증을 제시하는 바람에 제가 운전한 것으로 되었다고 합니다. 단속된 그 시간에는 저는 (주)경남운수의 133번 시내버스를 운행하며 근무 중이었습니다. 시내버스를 운전하고 있는 사람이 어떻게 같은 시간에 술에 취해 승용차를 운전할 수 있었겠습니까? 이 점은 첨부된 자료를 보시면 명백히 아실 수 있을 것으로 생각됩니다.

저는 80세에 다다른 노부모와 4인 가족의 생계를 책임지고 있습니다. 만약 저의 운전면허가 취소되어 직장을 잃게 된다면 저희 가족은 살아갈 수 없습니다.

이러한 점을 두루 살피셔서 부디 저에 대한 운전면허 취소를 없었던 것으로 해주시길 간절히 부탁드립니다. 저에게 잘못이 있다면 제 운전면허증을 동생에게 맡긴 죄뿐입니다. 경찰청장님의 높은 혜안으로 잘못된 행정을 바로 잡아주시리라 굳게 믿습니다.

2009. 10. 21.

강 준 수 드림

— 8 —

제 2009-0021호

在 職 證 明 書

본 적 : 서울 구로구 오류동 산 8
현 주 소 : 진주시 상대동 28
재직기간 : 2005년 4월 1일 ~ 2009년 10월 20일 (현재)
직 위 : 주임(기사)
성 명 : 강 준 수
생년월일 : 1968년 7월 17일
용 도 : 경찰서 제출용

상기와 같이 證明함.

서기 2009년 10월 20일
주식회사 경남운수
대표이사 국민호

(주)경남
운수대표
이사의인

운 행 일 지

■ 2009. 5. 29.

차량번호 : 9971(133번)

순번	출발일시	복귀일시	담당 기사
이상 생략			
22	21 : 55	23 : 03	김갑동
23	22 : 10	23 : 25	강준수
24	22 : 25	23 : 37	조기현
이하 생략			

위 내용은 원본과 동일함을 증명함

서기 2009년 10월 20일

주식회사 경남운수
대표이사 국민호

(주)경남
운수대표
이사의인

가	족

가족관계증명서

등록기준지	진주시 상대동 28

구분	성 명	출생연월일	주민등록번호	성별	본
본인	강준수(姜俊洙)	19**년 07월 17일	****** - *******	남	

가족사항

구분	성 명	출생연월일	주민등록번호	성별	본
부	강배산				
모	박옥란				
배우자	전경숙(全京淑)	19**년 03월 15일	****** - *******	여	羅州
자녀	강길동(姜吉童)	19**년 04월 20일	****** - *******	남	晉州
자녀	강수현(姜殊賢)	20**년 10월 22일	****** - *******	여	晉州

위 가족관계증명서는 가족관계등록부의 기록사항과 틀림없음을 증명합니다.

2009년 10월 19일

경상남도 진주시장 홍인표

발급시각 : 14시 02분
발급담당자 : 김영규
☏ : 055-***-****
신청자 : 전경숙

경상남도진주시장 (직인)

가 족

가족관계증명서

등록기준지	진주시 가좌동 550

구분	성 명	출생연월일	주민등록번호	성별	본
본인	강천수(姜千洙)	19**년 07월 17일	****** - *******	남	晉州

가족사항

구분	성 명	출생연월일	주민등록번호	성별	본
부	강배산				
모	박옥란				
배우자	임소희(林素姬)	19**년 05월 09일	****** - *******	여	醴泉
자녀	강동우(姜東宇)	19**년 11월 19일	****** - *******	남	晉州

위 가족관계증명서는 가족관계등록부의 기록사항과 틀림없음을 증명합니다.

2009년 10월 19일

경상남도 진주시장 홍인표

발급시각 : 14시 03분
발급담당자 : 김영규
☏ : 055-***-****
신청자 : 전경숙

경상남도진주시장 (직인)

— 12 —

주 민 등 록 표
(등 본)

이 등본은 세대별 주민등록표의 원본내용과 틀림없음을 증명합니다.
담당자: 나창길 ☎ (055) 693-8729
2009년 10월 19일

위 용지는 위조식별 표시가 되어있음 **경남 진주시 상대동장**

세 대 주 호주 및 관계	강 준 수 강 준 수 의 본인	세 대 구 성 사유 및 일자	전입세대구성 2002. 10. 21.

번호	주 소(통/반)	전 입 일 변 동	변 동 일 사 유
1	경남 진주시 상대동 28	----------	

번호	세대주 관계	성 명 주민등록번호	전 입 일 변 동	변 동 일 사 유	호 주 성 명
1	본인	강 준 수 (姜俊洙) ****** - *******			
2	처	전 경 숙 (全京淑) ****** - *******			
3	부	강 배 산 (姜培傘) ****** - *******			
4	모	박 옥 란 (朴鈺蘭) ****** - *******			
3	자	강 길 동 (姜吉童) ****** - *******			
4	자	강 수 현 (姜殊賢) ****** - *******			
6		== 이	하 여	백 ==	

수입 증지
350원
경남 진주시

서기 2009년 10월 19일
경남 진주시 상대동장
(수입증지가 인영(첨부)되지 아니한 증명은 그 효력을 보증할 수 없습니다)

상대동장의인민원용

진 술 서

저는 강준수의 쌍둥이 동생인 강천수입니다. 얼마 전에 형으로부터 운전면허가 취소되었다고 경찰서에서 연락이 왔는데 어찌된 일이냐고 물어와 형의 운전면허가 모두 취소된 사실을 알게 되었습니다.

이 모든 것은 저의 잘못에 비롯된 것입니다. 사건 당일 저는 근무를 마치고 저녁에 고등학교 동창회에 참석하여 술을 마시게 되었습니다. 물론 승용차를 가지고 갔기 때문에 대리운전을 할 생각이었고, 그런 생각이었기에 별 부담 없이 많은 술을 마시게 되었다.

자리를 끝내고 원래 계획대로 대리운전 기사를 불러 대리운전을 하도록 하였는데, 집 근처에 오게 되자 갑자기 대리운전 기사가 이미 받은 돈 외에 추가로 돈을 더 달라고 요구했습니다. 만취한 상태여서 그 때 대리운전 기사가 왜 돈을 더 달라고 하였는지는 정확히 기억나지 않습니다. 하여튼 그로 인해 대리운전 기사와 말다툼을 하게 되었고 대리운전 기사는 집 근처 도로가에 승용차를 세워두고는 그냥 가버렸습니다.

저도 그 때 차를 그대로 세워 두고 집까지 걸어갔으면 아무 문제가 없었습니다. 순전히 술 때문이겠지요. 갑자기 주차위반 딱지를 떼일 것도 생각나고 이러다가 견인되면 내일 아침 출근은 어떡하나 하는 생각도 났습니다. 집까지 거리도 불과 200여 미터 정도밖에 떨어지지 않았습니다.

그런데 대리운전 기사가 앙심을 품고 저를 지켜보고 있었던 모양입니다. 제가 집 앞에 차를 주차시키자마자 경찰이 와서 저에게 음주측정을 요구했습니다. 나중에 생각해 보면, 대리운전 기사와 경찰이 짜고 한 일이 아닌가 할 정도로 의심스러운 상황이었습니다. 몇 번이고 사정을 했는데도 경찰은 계속 음주측정을 요구하면서 측정에 불응하면 더 엄한 죄로 처벌된다고 하였습니다. 결국 음주측정에 응할 수밖에 없었습니다.

정말 형의 운전면허증을 제시할 생각은 꿈에도 없었습니다. 그런데 수치가 너무 높게 나왔던 것입니다. 순간 공무원인 제가 면직될 거라는 두려움이 너무 컸습니다. 제가 근무하는 동사무소의 동장님이나 동료 직원을 볼 수도 없다는 생각도 들었습니다. 그 때 왜 형의 운전면허증을 가지고 있다는 생각이 들었을까요?

형의 운전면허증은 당첨받은 아파트의 중도금을 납부하기 위해 대출을 받으면서 형이 연대보증을 서 주기로 해 가지고 있었던 것입니다. 정말 모든 것이 짜여진 각본 같습니다.

경찰서로 가서 조사를 받는데 제가 형의 운전면허증을 사용한 것이 생각났습니다. 겁이 덜컥 나서 어떻게든 수습을 하려 했는데 용기가 없었습니다.

그 때 만약 조사하던 경찰관이 대형면허까지 취소된다고 하였으면 당연히 사실대로 말했을 것입니다. 그런데 그 경찰관이 초범이고 운전거리도 얼마 안 되니까 (대리운전을 하였다는 사실은 음식점 주인이 증언해 주었습니다) 1종 보통면허는 몰라도 대형면허까지 취소되지는 않을 거라고 하여 그런 줄로만 알았습니다. 형은 버스회사의 기사니까 대형면허만 취소되지 않으면 1종 보통이 취소되더라도 큰 문제가 없고 해서 괜찮겠다 싶었습니다. 물론 제 욕심이지만요.

그런데 형의 대형면허까지 취소되었다는 말을 들었습니다. 이렇게 국민의 신뢰를 저버릴 수 있는 것인가요. 그 때 경찰관의 말을 믿은 제가 한스러울 뿐입니다.

그 날 운전한 사람이 저라는 사실은 하늘에 맹세코 분명합니다. 그리고 경찰관으로부터 대형면허까지는 취소되지 않을 거라는 말도 분명히 들었습니다. 그러니 형의 운전면허를 취소한 것은 무조건 잘못된 것이며 적어도 대형면허만큼은 반드시 회복시켜 주어야 마땅하다고 생각합니다.

저는 어떠한 처벌도 달게 받을 각오가 되어 있습니다. 그리고 지금까지의 제 말은 공무원으로서 한 치의 거짓도 없음을 맹세할 수 있습니다. 부디 선처를 부탁드립니다.

2009. 10. 20.

강 천 수 드림 (洙姜印千)

인감증명발급사실 확인용 발급번호	(생략)

※ 이 용지는 위조식별표시가 되어 있음.

주민등록번호	* ***** -	인 감 증 명 서	본인	대리
	* ******		○	
성명(한자)	강 천 수(姜 千 洙)	인감	洙姜印千	

주소이동사항	순서	주소	(통/반)	전 입	
	1	진주시 가좌동 550	3/4	1996. 03. 07.	확인
	2		/	. .	
	3		/	. .	
	4		/	. .	
	5		/	. .	
여행중의 주소			국적(외국인)		
국외주소지					
부동산 매수자	성별(법인명)		주민등록번호		
	주소				
비고					

1. 인감증명서를 발급할 때 주소이동사항은 "최종주소"로 발급하며 민원인의 요청이 있는 경우에는 전 주소지를 기재하여 발급합니다.
2. 부동산매수자란에는 부동산매도용으로 인감증명을 발급받고자 하는 경우에 한하여 이를 기재하고, 부동산매도용외의 경우에는 "빈란"임을 표시하여야 합니다.
3. 금치산자 또는 한정치산자의 표시와 법정대리인의 성명 및 주민등록번호는 비고란에 기재합니다.
4. 재외국민의 경우에는 여권번호, 국내거소신고자의 경우에는 국내거소신고번호를 외국인의 경우에는 외국인등록번호를 주민등록번호란에 기재하고, 대한민국국민의 경우에 한하여 그 아래의 여백에 주민등록번호를 (　)로 표기하여 발급할 수 있습니다.
5. 인감보호신청제도는 본인의 인감을 보호하기 위하여 인감증명의 발급대상을 본인 또는 본인이 지정하는 대상으로 제한하거나 온라인 발급등을 금지시킬 수 있는 제도입니다. 이러한 인감보호신청은 전국의 모든 시·군·구 청이나 읍·면·동사무소에 신청할 수 있습니다.
6. 인감증명서의 발급사실을 확인하고자 하는 경우에는 전자민원창구를(www.egov.go.kr) 통하여 「발급일자·인감증명발급사실확인용발급번호·주민등록번호·발급기관」으로 확인할 수 있습니다.

발급번호	5248

위 인감은 신고되어 있는 인감임을 증명합니다.

2009 년 10 월 19 일

경남 진주시 가좌동장 (직인)

사용용도	경찰서 제출용

※ 사용용도란은 수요처에서 요청하는 내용을 민원인이 직접 기재하여 제출하면 됩니다.
[예시 : 근저당설정용, 자동차매도용(매수인의 성명·주민등록번호), 대출보증용, (매수인의 성명등) 등으로 기재]

제 2009-0088호

在 職 證 明 書

본 적 : 서울 구로구 오류동 산 8
현 주 소 : 진주시 가좌동 550
재직기간 : 1996년 3월 1일 ~ 2009년 10월 20일 (현재)
직 위 : 7급 일반직 공무원
근 무 처 : 진주시 봉곡동 동사무소
성 명 : 강 천 수
생년월일 : 1968년 7월 17일
용 도 : 경찰서 제출용

상기와 같이 證明함.

서기 2009년 10월 20일
진주시장 홍인표

경남 진주시장의인

변호사시험 공법계 기록형시험 참고자료

▣ 도로교통법

제44조 (술에 취한 상태에서의 운전금지)

①누구든지 술에 취한 상태에서 자동차등(「건설기계관리법」 제26조제1항 단서의 규정에 의한 건설기계 외의 건설기계를 포함한다. 이하 이 조, 제45조, 제47조, 제93조제1항제1호 내지 제4호 및 제150조에서 같다)을 운전하여서는 아니된다.

②경찰공무원(자치경찰공무원을 제외한다. 이하 이 항에서 같다)은 교통의 안전과 위험방지를 위하여 필요하다고 인정하거나 제1항의 규정을 위반하여 술에 취한 상태에서 자동차등을 운전하였다고 인정할 만한 상당한 이유가 있는 때에는 운전자가 술에 취하였는지의 여부를 호흡조사에 의하여 측정할 수 있다. 이 경우 운전자는 경찰공무원의 측정에 응하여야 한다. <개정 2006.7.19>

③제2항의 규정에 의하여 술에 취하였는지의 여부를 측정한 결과에 불복하는 운전자에 대하여는 그 운전자의 동의를 얻어 혈액채취 등의 방법으로 다시 측정할 수 있다.

④제1항의 규정에 따라 운전이 금지되는 술에 취한 상태의 기준은 혈중알콜농도가 0.05퍼센트 이상으로 한다.

제80조 (운전면허)

②지방경찰청장은 운전을 할 수 있는 차의 종류를 기준으로 다음과 같이 운전면허의 범위를 구분하고 이를 관리하여야 한다. 이 경우 운전면허의 범위에 따른 운전할 수 있는 차의 종류는 행정안전부령으로 정한다. <개정 2008.2.29>

1. 제1종 운전면허
   가. 대형면허　　나. 보통면허
   다. 소형면허　　라. 특수면허
2. 제2종 운전면허
   가. 보통면허　　나. 소형면허
   다. 원동기장치자전거면허
3. 연습운전면허
   가. 제1종 보통연습면허　　나. 제2종 보통연습면허

제93조 (운전면허의 취소·정지)

①지방경찰청장은 운전면허(연습운전면허를 제외한다. 이하 이 조에서 같다)를 받은 사람이 다음 각 호의 어느 하나에 해당하는 때에는 행정안전부령이 정하는 기준에 의하여 운전면허를 취소하거나 1년 이내의 범위에서 운전면허의 효력을 정지시킬 수 있다. 다만, 제2호·제3호, 제6호 내지 제8호(정기적성검사기간이 경과된 때를 제외한다), 제11호, 제13호,

제15호, 제16호 또는 제17호에 해당하는 때에는 운전면허를 취소하여야 한다. <개정 2006.4.28, 2008.2.29>

1. 제44조제1항의 규정을 위반하여 술에 취한 상태에서 자동차등의 운전을 한 때
2. 제44조제1항 또는 제2항 후단의 규정을 2회 이상 위반한 사람이 다시 동조제1항의 규정을 위반하여 운전면허 정지사유에 해당된 때
3. 제44조제2항 후단의 규정을 위반하여 술에 취한 상태에 있다고 인정할 만한 상당한 이유가 있음에도 불구하고 경찰공무원의 측정에 응하지 아니한 때
4. 제45조의 규정을 위반하여 약물의 영향으로 인하여 정상적으로 운전하지 못할 우려가 있는 상태에서 자동차등을 운전한 때
5. 교통사고로 사람을 사상한 후 제54조제1항 또는 제2항의 규정에 의한 필요한 조치 또는 신고를 하지 아니한 때
6. 제82조제1항제2호 내지 제5호의 규정에 의한 운전면허를 받을 수 없는 사람에 해당된 때
7. 제82조의 규정에 의하여 운전면허를 받을 수 없는 사람이 운전면허를 받거나 허위 그 밖의 부정한 수단으로 운전면허를 받은 때 또는 운전면허효력의 정지기간 중 운전면허증 또는 운전면허증에 갈음하는 증명서를 교부받은 사실이 드러난 때
8. 제87조제1항 또는 제88조제1항의 규정에 의한 적성검사를 받지 아니하거나 그 적성검사에 불합격된 때
9. 제87조제3항의 규정에 의한 기간 이내에 운전면허증을 갱신하지 아니하고 1년이 경과된 때
10. 운전 중 고의 또는 과실로 교통사고를 일으킨 때
11. 운전면허를 받은 사람이 자동차등을 이용하여 살인 또는 강간 등 행정안전부령이 정하는 범죄행위를 한 때
12. 다른 사람의 자동차등을 훔치거나 빼앗은 때
13. 다른 사람이 부정하게 운전면허를 받도록 하기 위하여 제83조의 규정에 의한 운전면허시험에 응시한 때
14. 이 법에 의한 교통단속임무를 수행하는 경찰공무원등 및 시·군공무원에 대하여 폭행한 때
15. 운전면허증을 다른 사람에게 빌려주어 운전하게 하거나 다른 사람의 운전면허증을 빌려 이를 행사한 때
16. 「자동차관리법」의 규정에 의하여 등록되지 아니하거나 임시운행허가를 받지 아니한 자동차(이륜자동차를 제외한다)를 운전한 때
17. 제1종 보통면허 및 제2종 보통면허를 받기 전에 연습운전면허의 취소사유가 있었던 때
18. 다른 법률의 규정에 의하여 관계 행정기관의 장이 운전면허의 취소 또는 정지의 처분을 요청한 때
19. 이 법이나 이 법에 의한 명령 또는 처분을 위반한 때

②지방경찰청장은 제1항의 규정에 의하여 운전면허를 취소하거나 운전면허의 효력을 정

지함에 있어서 그 기준으로 활용하기 위하여 교통법규를 위반하거나 교통사고를 일으킨 자에 대하여는 행정안전부령이 정하는 바에 의하여 그 위반 및 피해의 정도 등에 따라 벌점을 부과할 수 있으며, 그 벌점이 행정안전부령이 정하는 기간동안 일정한 점수를 초과하는 경우에는 행정안전부령이 정하는 바에 의하여 운전면허를 취소 또는 정지할 수 있다. <개정 2008.2.29>

③지방경찰청장은 연습운전면허를 교부받은 사람이 운전 중 고의 또는 과실로 교통사고를 일으키거나 이 법이나 이 법에 의한 명령 또는 처분을 위반한 때에는 연습운전면허를 취소하여야 한다. 다만, 본인에게 귀책사유가 없는 경우 등 대통령령이 정하는 경우에는 그러하지 아니하다.

④지방경찰청장은 제1항 또는 제2항의 규정에 의하여 운전면허의 취소 또는 정지의 처분을 하고자 하거나 제3항의 규정에 의하여 연습운전면허 취소의 처분을 하고자 하는 때에는 행정안전부령이 정하는 바에 의하여 처분의 당사자에게 처분의 내용 및 의견제출의 기한 등을 미리 통지하여야 하며, 그 처분을 한 때에는 행정안전부령이 정하는 바에 의하여 처분의 이유와 행정심판을 제기할 수 있는 기간 등을 통지하여야 한다. 다만, 제87조제1항 또는 제88조제1항의 규정에 의한 적성검사를 받지 아니하거나 제87조제3항의 규정에 의한 운전면허증의 갱신교부를 받지 아니하여 운전면허를 취소하거나 정지하고자 하는 때에는 행정안전부령이 정하는 바에 의하여 처분의 당사자에게 적성검사 또는 갱신교부를 할 수 있는 날의 만료일 전까지 적성검사 또는 갱신교부를 받지 아니하면 운전면허가 취소되거나 정지된다는 사실의 조건부 통지로 처분의 사전 및 사후 통지를 갈음할 수 있다. <개정 2008.2.29>

제94조 (운전면허 처분에 대한 이의신청)

①제93조제1항 또는 제2항의 규정에 의한 운전면허의 취소 또는 정지의 처분이나 동조 제3항의 규정에 의한 연습운전면허 취소의 처분에 대하여 이의(이의)가 있는 사람은 그 처분을 받은 날부터 60일 이내에 행정안전부령이 정하는 바에 의하여 지방경찰청장에게 이의를 신청할 수 있다. <개정 2008.2.29>

②지방경찰청장은 제1항의 규정에 의한 이의를 심의하기 위하여 행정안전부령이 정하는 바에 의하여 운전면허행정처분 이의심의위원회를 두어야 한다. <개정 2008.2.29>

③제1항의 규정에 의하여 이의를 신청한 사람은 그 이의신청과 관계없이 「행정심판법」에 의한 행정심판을 청구할 수 있다. 이 경우 이의를 신청하여 그 결과를 통보받은 사람(결과를 통보받기 전에 「행정심판법」에 의한 행정심판을 청구한 사람을 제외한다)은 통보받은 날부터 90일 이내에 「행정심판법」에 의한 행정심판을 청구할 수 있다.

제95조 (운전면허증의 반납)

①운전면허증을 받은 사람이 다음 각 호의 어느 하나에 해당하는 때에는 그 사유가 발생한 날부터 7일 이내에 주소지를 관할하는 지방경찰청장에게 운전면허증을 반납하여야 한다.

1. 운전면허취소의 처분을 받은 때

2. 운전면허효력 정지의 처분을 받은 때
3. 운전면허증을 잃어버리고 다시 교부받은 후 그 잃어버린 운전면허증을 찾은 때
4. 연습운전면허증을 받은 사람이 제1종 보통면허증 또는 제2종 보통면허증을 받은 때

②지방경찰청장이 제1항제2호의 규정에 의하여 운전면허증을 반납받은 때에는 이를 보관하였다가 정지기간이 끝난 즉시 돌려주어야 한다.

제142조 (행정소송과의 관계) 이 법에 의한 처분으로서 해당 처분에 대한 행정소송은 행정심판의 재결(재결)을 거치지 아니하면 이를 제기할 수 없다.

제150조 (벌칙) 다음 각 호의 어느 하나에 해당하는 사람은 2년 이하의 징역이나 500만원 이하의 벌금에 처한다.

1. 제44조제1항의 규정을 위반하여 술에 취한 상태에서 자동차등을 운전한 사람
2. 술에 취한 상태에 있다고 인정할 만한 상당한 이유가 있는 사람으로서 제44조제2항의 규정에 의한 경찰공무원의 측정에 응하지 아니한 사람
3. 제45조의 규정을 위반하여 약물로 인하여 정상적으로 운전하지 못할 우려가 있는 상태에서 자동차등을 운전한 사람
4. 제77조제1항의 규정에 의한 수강내역을 허위로 보고한 교통안전교육강사
5. 제77조제2항의 규정을 위반하여 교통안전교육을 받지 아니하거나 기준에 미달하는 사람에게 교육필증을 교부한 교통안전교육기관의 장
6. 허위나 그 밖의 부정한 방법으로 제99조의 규정에 의한 학원의 등록을 하거나 제104조제1항의 규정에 의한 전문학원의 지정을 받은 사람
7. 제104조제1항의 규정에 의한 전문학원의 지정을 받지 아니하고 제108조제5항의 규정에 의한 수료증 또는 졸업증을 교부한 사람
8. 제116조의 규정을 위반하여 대가를 받고 자동차운전교육을 한 사람

▣ 도로교통법 시행규칙

제53조 (운전면허에 따라 운전할 수 있는 자동차 등의 종류) 법 제80조제2항에 따라 운전면허를 받은 사람이 운전할 수 있는 자동차등의 종류는 별표 18과 같다.

제91조 (운전면허의 취소·정지처분 기준 등)

①법 제93조에 따라 운전면허를 취소 또는 정지시킬 수 있는 기준(교통법규를 위반하거나 교통사고를 일으킨 경우 그 위반 및 피해의 정도 등에 따라 부과하는 벌점의 기준을 포함한다)과 법 제97조제1항에 따라 자동차등의 운전을 금지시킬 수 있는 기준은 별표 28과 같다.

②법 제93조제3항에 따른 연습운전면허의 취소기준은 별표 29와 같다.

③연습운전면허를 받은 사람에 대하여는 별표 28의 기준에 의한 벌점을 관리하지 아니한다.

④경찰서장 또는 운전면허시험장장은 운전면허를 받은 사람이 제1항 및 제2항에 따른 취소사유에 해당하는 때에는 즉시 그 사람의 인적사항 및 면허번호 등을 전산입력하여

지방경찰청장에게 보고하여야 한다.

제93조 (운전면허의 정지·취소처분 절차)

①지방경찰청장 또는 경찰서장이 법 제93조에 따라 운전면허의 취소 또는 정지처분을 하고자 하는 때에는 별지 제81호서식의 운전면허정지·취소처분사전통지서를 그 대상자에게 발송 또는 교부하여야 한다. 다만, 그 대상자의 주소 등을 통상적인 방법으로 확인할 수 없거나 발송이 불가능한 경우에는 운전면허대장에 기재된 그 대상자의 주소지를 관할하는 경찰관서의 게시판에 14일간 이를 공고함으로써 통지를 대신할 수 있다.

②제1항에 따라 통지를 받은 처분의 상대방 또는 그 대리인은 지정된 일시에 출석하거나 서면으로 이의를 제기할 수 있다. 이 경우 지정된 기일까지 이의를 제기하지 아니한 때에는 이의가 없는 것으로 본다.

③지방경찰청장 또는 경찰서장은 법 제93조에 따라 운전면허의 정지 또는 취소처분을 결정한 때에는 별지 제82호서식의 운전면허정지·취소처분결정통지서를 그 처분의 대상자에게 발송 또는 교부하여야 한다. 다만, 그 처분의 대상자가 소재불명으로 통지를 할 수 없는 때에는 운전면허대장에 기재된 그 대상자의 주소지를 관할하는 경찰관서의 게시판에 14일간 이를 공고함으로써 통지를 대신할 수 있다.

④운전면허의 취소대상자 또는 정지대상자(1회의 법규위반 또는 교통사고로 운전면허가 정지되는 사람에 한한다)로서 법 제138조에 따라 법규위반의 단속현장이나 교통사고의 조사과정에서 국가경찰공무원 또는 제주특별자치도의 자치경찰공무원(이하 "자치경찰공무원"라 한다)으로부터 운전면허증의 제출을 요구받은 사람은 구술 또는 서면으로 이의를 제기할 수 있다. 다만, 운전면허의 취소 또는 정지처분이 결정된 사람의 경우에는 그러하지 아니하다. <개정 2006.10.19>

⑤국가경찰공무원 또는 자치경찰공무원은 제2항 및 제4항에 따라 처분의 상대방 또는 그 대리인이 구두로 이의를 제기하는 때에는 그 내용을 별지 제83호서식의 진술서에 기재하고, 처분의 상대방 등으로 하여금 확인하게 한 후 서명 또는 날인하게 하여야 한다. 다만, 법 제44조의 규정을 위반하여 운전면허의 취소 또는 정지처분을 받아야 하는 사람이 이의를 제기하는 때에는 별지 제84호서식의 주취운전자정황진술보고서에 기재한 후 서명 또는 날인하게 하여야 한다. <개정 2006.10.19>

⑥지방경찰청장은 연습운전면허가 취소된 사람이 그 처분의 원인이 된 교통사고 또는 법규위반에 대하여 무혐의 불기소처분을 받거나 무죄의 확정판결을 받은 경우 해당연습운전면허를 교부한 운전면허시험장장에게 즉시 그 내용을 통보하고, 운전면허시험장장은 즉시 취소당시의 잔여기간을 유효기간으로 하는 연습운전면허증을 새로이 교부하여야 한다.

제95조 (운전면허 처분에 대한 이의신청의 절차) 법 제94조제1항에 따라 운전면허 처분에 이의가 있는 사람은 그 처분을 받은 날부터 60일 이내에 별지 제87호서식의 운전면허처분 이의신청서에 운전면허처분서를 첨부하여 지방경찰청장에게 제출하여야 한다.

[별표 18]

운전할 수 있는 차의 종류 (제53조 관련)

운전면허		운전할 수 있는 차량
종별	**구분**	
제1종	대형면허	○ 승용자동차 ○ 승합자동차 ○ 화물자동차 ○ 긴급자동차 ○ 건설기계 - 덤프트럭, 아스팔트살포기, 노상안정기 - 콘크리트믹서트럭, 콘크리트펌프, 천공기(트럭적재식) - 도로를 운행하는 3톤 미만의 지게차 ○ 특수자동차(트레일러 및 레커를 제외한다) ○ 원동기장치자전거
	보통면허	○ 승용자동차 ○ 승차정원 15인 이하의 승합자동차 ○ 승차정원 12인 이하의 긴급자동차(승용 및 승합자동차에 한한다) ○ 적재중량 12톤 미만의 화물자동차 ○ 건설기계(도로를 운행하는 3톤 미만의 지게차에 한한다) ○ 원동기장치자전거
	소형면허	○ 3륜화물자동차 ○ 3륜승용자동차 ○ 원동기장치자전거
	특수면허	○ 트레일러 ○ 레커 ○ 제2종보통면허로 운전할 수 있는 차량
제2종	보통면허	○ 승용자동차 ○ 승차정원 10인 이하의 승합자동차 ○ 적재중량 4톤 이하의 화물자동차 ○ 원동기장치자전거
	소형면허	○ 이륜자동차 (측차부를 포함한다) ○ 원동기장치자전거
	원동기장치자전거면허	○ 원동기장치자전거
연습면허	제1종 보통	○ 승용자동차 ○ 승차정원 15인 이하의 승합자동차 ○ 적재중량 12톤 미만의 화물자동차
	제2종 보통	○ 승용자동차 ○ 승차정원 10인 이하의 승합자동차 ○ 적재중량 4톤 이하의 화물자동차

(주)

1. 「자동차관리법」 제30조에 따라 자동차의 형식이 변경승인되거나 동법 제34조에 따라 자동차의 구조 또는 장치가 변경승인된 경우에는 다음의 구분에 의한 기준에 따라 이 표를 적용한다.
   가. 자동차의 형식이 변경된 경우
      (1) 차종이 변경되거나 승차정원 또는 적재중량이 증가한 경우 : 변경승인 후의 차종이나 승차정원 또는 적재중량
      (2) 차종의 변경없이 승차정원 또는 적재중량이 감소된 경우 : 변경승인 전의 승차정원 또는 적재중량
   나. 자동차의 구조 또는 장치가 변경된 경우 : 변경승인 전의 승차정원 또는 적재중량
2. 별표 9 (주) 제6호 각 목에 따른 위험물 등을 운반하는 적재중량 3톤 이하 또는 적재용량 3천리터 이하의 화물자동차는 제1종 보통면허가 있어야 운전을 할 수 있고, 적재중량 3톤 초과 또는 적재용량 3천리터 초과의 화물자동차는 제1종 대형면허가 있어야 운전할 수 있다.
3. 피견인자동차는 제1종 대형면허, 제1종 보통면허 또는 제2종 보통면허를 가지고 있는 사람이 그 면허로 운전할 수 있는 자동차로 견인할 수 있다. 이 경우 총중량 750킬로그램을 초과하는 피견인자동차를 견인하기 위하여는 견인하는 자동차를 운전할 수 있는 면허 외에 제1종 특수(트레일러)면허를 가지고 있어야 한다.
4. 제3호의 규정에 불구하고 「자동차관리법」 제3조에 따른 이륜자동차로는 피견인자동차를 견인할 수 없다.

— 23 —

[별표 28] <개정 2008.10.31>

운전면허 취소·정지처분 기준 (제91조제1항 관련)

1. 일반기준

가. 용어의 정의

(1) "벌점"이라 함은, 행정처분의 기초자료로 활용하기 위하여 법규위반 또는 사고야기에 대하여 그 위반의 경중, 피해의 정도 등에 따라 배점되는 점수를 말한다.

(2) "누산점수"라 함은, 위반·사고시의 벌점을 누적하여 합산한 점수에서 상계치(무위반·무사고 기간 경과 시에 부여되는 점수 등)를 뺀 점수를 말한다. 다만, 제3호 가목의 1란 및 7란에 의한 벌점은 누산점수에 이를 산입하지 아니하되, 범칙금 미납벌점을 받은 날을 기준으로 과거 3년간 2회 이상 범칙금을 납부하지 아니하여 벌점을 받은 사실이 있는 경우에는 누산점수에 산입한다.

[누산점수 = 매 위반·사고 시 벌점의 누적 합산치 — 상계치]

(3) "처분벌점"이라 함은, 구체적인 법규위반·사고야기에 대하여 앞으로 정지처분기준을 적용하는데 필요한 벌점으로서, 누산점수에서 이미 정지처분이 집행된 벌점의 합계치를 뺀 점수를 말한다.

처분벌점 = 누산점수 — 이미 처분이 집행된 벌점의 합계치
= 매 위반·사고 시 벌점의 누적 합산치 — 상계치
— 이미 처분이 집행된 벌점의 합계치

나. 벌점의 종합관리

(1) 누산점수의 관리

법규위반 또는 교통사고로 인한 벌점은 행정처분기준을 적용하고자 하는 당해 위반 또는 사고가 있었던 날을 기준으로 하여 과거 3년간의 모든 벌점을 누산하여 관리한다.

(2) 무위반·무사고기간 경과로 인한 벌점 소멸

처분벌점이 40점 미만인 경우에, 최종의 위반일 또는 사고일로부터 위반 및 사고 없이 1년이 경과한 때에는 그 처분벌점은 소멸한다.

(3) 도주차량 신고에 따른 벌점 공제

교통사고(인적 피해사고)를 야기하고 도주한 차량을 검거하거나 신고하여 검거하게 한 운전자(교통사고의 피해자가 아닌 경우에 한한다)에 대하여는 40점의 특혜점수를 부여하여 기간에 관계없이 그 운전자가 정지 또는 취소처분을 받게 될 경우, 검거 또는 신고별로 각1회에 한하여 누산점수에서 이를 공제한다.

(4) 개별기준 적용에 있어서의 벌점 합산(법규위반으로 교통사고를 야기한 경우)

법규위반으로 교통사고를 야기한 경우에는 3. 정지처분 개별기준 중 다음의 각 벌점을 모두 합산한다.

① 가. 이 법이나 이 법에 의한 명령을 위반한 때(교통사고의 원인이 된 법규위반

이 둘 이상인 경우에는 그 중 가장 중한 것 하나만 적용한다.)

② 나. 교통사고를 일으킨 때 (1) 사고결과에 따른 벌점

③ 나. 교통사고를 일으킨 때 (2) 조치 등 불이행에 따른 벌점

(5) 정지처분 대상자의 임시운전 증명서

경찰서장은 면허 정지처분 대상자가 면허증을 반납한 경우에는 본인이 희망하는 기간을 참작하여 40일 이내의 유효기간을 정하여 별지 제79호서식의 임시운전증명서를 발급하고, 동 증명서의 유효기간 만료일 다음 날부터 소정의 정지처분을 집행하며, 당해 면허 정지처분 대상자가 정지처분을 즉시 받고자 하는 경우에는 임시운전 증명서를 발급하지 않고 즉시 운전면허 정지처분을 집행할 수 있다.

다. 벌점 등 초과로 인한 운전면허의 취소·정지

(1) 벌점·누산점수 초과로 인한 면허 취소

기 간	벌점 또는 누산점수
1년간	121점 이상
2년간	201점 이상
3년간	271점 이상

1회의 위반·사고로 인한 벌점 또는 연간 누산점수가 다음 표의 벌점 또는 누산점수에 도달한 때에는 그 운전면허를 취소한다.

(2) 벌점·처분벌점 초과로 인한 면허 정지

운전면허 정지처분은 1회의 위반·사고로 인한 벌점 또는 처분벌점이 40점 이상이 된 때부터 결정하여 집행하되, 원칙적으로 1점을 1일로 계산하여 집행한다.

라. 처분벌점 및 정지처분 집행일수의 감경

(1) 특별교통안전교육에 따른 처분벌점 및 정지처분집행일수의 감경

(가) 처분벌점이 40점 미만인 사람이 교통법규교육을 마친 경우에는 경찰서장에게 교육필증을 제출한 날부터 처분벌점에서 20점을 감경한다.

(나) 면허정지처분을 받은 사람이 교통소양교육을 마친 경우에는 경찰서장에게 교육필증을 제출한 날부터 정지처분기간에서 20일을 감경한다. 다만, 해당 위반행위에 대하여 운전면허행정처분 이의심의위원회의 심의를 거치거나 행정심판 또는 행정소송을 통하여 행정처분이 감경된 경우에는 그러하지 아니하다.

(다) 면허정지처분을 받은 사람이 교통소양교육을 마친 후에 교통참여교육을 마친 경우에는 경찰서장에게 교육필증을 제출한 날부터 정지처분기간에서 30일을 추가로 감경한다. 다만, 해당 위반행위에 대하여 운전면허행정처분 이의심의위원회의 심의를 거치거나 행정심판 또는 행정소송을 통하여 행정처분이 감경된 경우에는 그러하지 아니하다.

(2) 모범운전자에 대한 처분집행일수 감경

모범운전자(법 제146조에 따라 무사고운전자 또는 유공운전자의 표시장을 받은 사

람으로서 교통안전 봉사활동에 종사하는 사람을 말한다.)에 대하여는 면허 정지처분의 집행기간을 2분의 1로 감경한다. 다만, 처분벌점에 교통사고 야기로 인한 벌점이 포함된 경우에는 감경하지 아니한다.

(3) 정지처분 집행일수의 계산에 있어서 단수의 불산입 등

정지처분 집행일수의 계산에 있어서 단수는 이를 산입하지 아니하며, 본래의 정지처분 기간과 가산일수의 합계는 1년을 초과할 수 없다.

마. 행정처분의 취소

교통사고(법규위반을 포함한다)가 법원의 판결로 무죄확정(혐의가 없거나 죄가 되지 아니하여 불기소처분된 경우를 포함한다. 이하 이 목에서 같다)된 경우에는 즉시 그 운전면허 행정처분을 취소하고 당해 사고 또는 위반으로 인한 벌점을 삭제한다. 다만, 법 제82조제1항제2호 또는 제5호에 따른 사유로 무죄가 확정된 경우에는 그러하지 아니하다.

바. 처분기준의 감경

(1) 감경사유

(가) 음주운전으로 운전면허 취소처분 또는 정지처분을 받은 경우

운전이 가족의 생계를 유지할 중요한 수단이 되거나, 모범운전자로서 처분당시 3년 이상 교통봉사활동에 종사하고 있거나, 교통사고를 일으키고 도주한 운전자를 검거하여 경찰서장 이상의 표창을 받은 사람으로서 다음의 어느 하나에 해당되는 경우가 없어야 한다.

1) 혈중알콜농도가 0.12퍼센트를 초과하여 운전한 경우
2) 음주운전 중 인적피해 교통사고를 일으킨 경우
3) 경찰관의 음주측정요구에 불응하거나 도주한 때 또는 단속경찰관을 폭행한 경우
4) 과거 5년 이내에 3회 이상의 인적피해 교통사고의 전력이 있는 경우
5) 과거 5년 이내에 음주운전의 전력이 있는 경우

(나) 벌점·누산점수 초과로 인하여 운전면허 취소처분을 받은 경우

운전이 가족의 생계를 유지할 중요한 수단이 되거나, 모범운전자로서 처분당시 3년 이상 교통봉사활동에 종사하고 있거나, 교통사고를 일으키고 도주한 운전자를 검거하여 경찰서장 이상의 표창을 받은 사람으로서 다음의 어느 하나에 해당되는 경우가 없어야 한다.

1) 과거 5년 이내에 운전면허 취소처분을 받은 전력이 있는 경우
2) 과거 5년 이내에 3회 이상 인적피해 교통사고를 일으킨 경우
3) 과거 5년 이내에 3회 이상 운전면허 정지처분을 받은 전력이 있는 경우
4) 과거 5년 이내에 운전면허행정처분 이의심의위원회의 심의를 거치거나 행정심판 또는 행정소송을 통하여 행정처분이 감경된 경우

(다) 그 밖에 정기적성검사 또는 운전면허증 갱신교부에 대한 연기신청을 할 수 없

었던 불가피한 사유가 있는 등으로 취소처분 개별기준 및 정지처분 개별기준을 적용하는 것이 현저히 불합리하다고 인정되는 경우

(2) 감경기준

위반행위에 대한 처분기준이 운전면허의 취소처분에 해당하는 경우에는 해당 위반행위에 대한 처분벌점을 110점으로 하고, 운전면허의 정지처분에 해당하는 경우에는 그 처분기준의 2분의 1로 감경한다. 다만, 다목(1)에 따른 벌점·누산점수 초과로 인한 면허취소에 해당하는 경우에는 면허가 취소되기 전의 누산점수 및 처분벌점을 모두 합산하여 처분벌점을 110점으로 한다.

(3) 처리절차

(1)의 감경사유에 해당하는 사람은 행정처분을 받은 날(정기적성검사를 받지 아니하거나 운전면허증 갱신을 하지 아니하여 운전면허가 취소된 경우에는 행정처분이 있음을 안 날)부터 60일 이내에 그 행정처분에 관하여 주소지를 관할하는 지방경찰청장에게 이의신청을 하여야 하며, 이의신청을 받은 지방경찰청장은 제96조에 따른 운전면허행정처분 이의심의위원회의 심의·의결을 거쳐 처분을 감경할 수 있다.

■ 달력

January / 2009

S	M	T	W	T	F	S
				1	2	3
4	5	6	7	8	9	10
11	12	13	14	15	16	17
18	19	20	21	22	23	24
25	26	27	28	29	30	31

February / 2009

S	M	T	W	T	F	S
1	2	3	4	5	6	7
8	9	10	11	12	13	14
15	16	17	18	19	20	21
22	23	24	25	26	27	28

March / 2009

S	M	T	W	T	F	S
1	2	3	4	5	6	7
8	9	10	11	12	13	14
15	16	17	18	19	20	21
22	23	24	25	26	27	28
29	30	31				

April/ 2009

S	M	T	W	T	F	S
			1	2	3	4
5	6	7	8	9	10	11
12	13	14	15	16	17	18
19	20	21	22	23	24	25
26	27	28	29	30		

May/ 2009

S	M	T	W	T	F	S
					1	2
3	4	5	6	7	8	9
10	11	12	13	14	15	16
17	18	19	20	21	22	23
24/31	25	26	27	28	29	30

June / 2009

S	M	T	W	T	F	S
	1	2	3	4	5	6
7	8	9	10	11	12	13
14	15	16	17	18	19	20
21	22	23	24	25	26	27
28	29	30				

July / 2009

S	M	T	W	T	F	S
			1	2	3	4
5	6	7	8	9	10	11
12	13	14	15	16	17	18
19	20	21	22	23	24	25
26	27	28	29	30	31	

August / 2009

S	M	T	W	T	F	S
						1
2	3	4	5	6	7	8
9	10	11	12	13	14	15
16	17	18	19	20	21	22
23/30	24/31	25	26	27	28	29

September / 2009

S	M	T	W	T	F	S
		1	2	3	4	5
6	7	8	9	10	11	12
13	14	15	16	17	18	19
20	21	22	23	24	25	26
27	28	29	30			

October / 2009

S	M	T	W	T	F	S
				1	2	3
4	5	6	7	8	9	10
11	12	13	14	15	16	17
18	19	20	21	22	23	24
25	26	27	28	29	30	31

November / 2009

S	M	T	W	T	F	S
1	2	3	4	5	6	7
8	9	10	11	12	13	14
15	16	17	18	19	20	21
22	23	24	25	26	27	28
29	30	31				

December / 2009

S	M	T	W	T	F	S
		1	2	3	4	5
6	7	8	9	10	11	12
13	14	15	16	17	18	19
20	21	22	23	24	25	26
27	28	29	30	31		

January/ 2010

S	M	T	W	T	F	S
					1	2
3	4	5	6	7	8	9
10	11	12	13	14	15	16
17	18	19	20	21	22	23
24/31	25	26	27	28	29	30

February / 2010

S	M	T	W	T	F	S
	1	2	3	4	5	6
7	8	9	10	11	12	13
14	15	16	17	18	19	20
21	22	23	24	25	26	27
28						

March / 2010

S	M	T	W	T	F	S
	1	2	3	4	5	6
7	8	9	10	11	12	13
14	15	16	17	18	19	20
21	22	23	24	25	26	27
28	29	30	31			

April / 2010

S	M	T	W	T	F	S
				1	2	3
4	5	6	7	8	9	10
11	12	13	14	15	16	17
18	19	20	21	22	23	24
25	26	27	28	29	30	

May / 2010

S	M	T	W	T	F	S
						1
2	3	4	5	6	7	8
9	10	11	12	13	14	15
16	17	18	19	20	21	22
23/30	24/31	25	26	27	28	29

June / 2010

S	M	T	W	T	F	S
		1	2	3	4	5
6	7	8	9	10	11	12
13	14	15	16	17	18	19
20	21	22	23	24	25	26
27	28	29	30			

■ 설문

○ 변호사가 행정소송을 제기하는 경우의 소장을 작성하라.154)

※ 작성일은 2010.1.19. 이고 같은 날 접수하는 것으로 함

※ 답안의 시작은 '소장'을 기재하는 것으로 하고, 그 끝은 '서류를 제출할 기관'을 기재하는 것으로 함

※ 처분의 위법사유로는 사실관계와 현행법 및 기존 판례 입장에 비추어 볼 때 **받아들여질 수 있는 주장**만 할 것

2. [답안] 소장 예시문

------------(답 안 지)-----------------

소　　　장

원 고　　강준수(1968.07.17. 생)
진주시 상대동 28
소송대리인 법무법인 동방
담당변호사 이윤호
진주시 상대동 200-2
전화 055-752-0075

피 고　　경남지방경찰청장

자동차운전면허취소처분취소 청구의 소

청 구 취 지

1. 피고가 2009.8.3. 원고에 대하여 한 자동차운전면허취소처분을 (or 제1종 대형 운전면허 및 제1종 보통 운전면허 취소처분을) 모두 취소한다.

---

154) 원래 모의시험의 설문은 [이윤호 변호사는 취소된 강준수의 운전면허를 회복할 수 있는 쟁송방법을 고려하고 있다. 이윤호 변호사 입장에서 작성할 수 있는 소장, 헌법소원심판청구서, 행정심판청구서, 이의신청서 중(집행정지신청은 제외) 가장 유효, 적절한 신청서 한 가지를 선택하여 작성하라.]인데, 설문을 단순하게 변형하였다.

2. 소송비용은 피고가 부담한다.

라는 판결을 구합니다.

▣ **강평** : ① "1. 피고가 2009.8.31. 원고에 대하여 한 - "이라고 기재한 소장이 많았다. 이 사건 처분의 일자는 8.3. 이고(자동차운전면허 취소결정 통지서 참조), 8.31.은 처분의 효력발생일이다.

② 운전면허취소가 2건(제1종 대형, 제1종 보통)이므로,[155] 2개의 행정처분을 '모두' 취소한다는 취지여야 한다.[156]

청 구 원 인

1. 처분의 경위

원고는 시내버스운전사이며, 소외 강천수(원고의 동생으로서 일란성 쌍둥이)는 7급 공무원입니다.

155) 운전면허는 제1종과 제2종으로 구분하고, 제1종은 대형면허, 보통면허, 소형면허, 특수면허로, 제2종은 보통면허, 소형면허, 원동기장치자전거면허로 다시 구분하며 각 그 면허의 종류에 따라 운전가능한 차종, 면허의 취득자격이나 요건, 시험의 내용 등이 다르다(도로교통법 시행규칙 [별표 18] 참조).

156) 한 사람이 여러 종류의 자동차 운전면허를 취득한 경우, 이를 취소·정지함에 있어서 대법원은 서로 별개의 것으로 개별 취급하여야 한다는 입장이다(대법원 1995.11.16. 선고 95누8850 전원합의체 판결). 따라서 여러 종류의 운전면허 취득자에게 운전면허 취소·정지의 사유가 있는 경우에 취소·정지 사유와 관련이 있는 운전면허만 취소·정지하여야 하고 모든 운전면허를 일괄하여 취소하여서는 아니 된다. 행정청이 1개의 취소처분으로 여러 운전면허의 각 면허를 취소하였어도 이는 각 면허에 대한 취소처분으로 분리하여 특정할 수 있으므로 그 위법을 다투는 행정소송에서 일부의 운전면허에 대한 취소처분에만 위법이 있는 경우에는 그 위법한 부분만 취소하여야 한다.

◈ 대법원 1995.11.16. 선고 95누8850 전원합의체 판결 [자동차운전면허취소처분취소]

[1] 한 사람이 여러 종류의 자동차 운전면허를 취득하는 경우뿐 아니라 이를 취소 또는 정지함에 있어서도 서로 별개의 것으로 취급하는 것이 원칙이고, 한 사람이 여러 종류의 자동차 운전면허를 취득하는 경우 1개의 운전면허증을 발급하고 그 운전면허증의 면허번호는 최초로 부여한 면허번호로 하여 이를 통합관리하고 있다고 하더라도, 이는 자동차 운전면허증 및 그 면허번호 관리상의 편의를 위한 것에 불과할 뿐 그렇다고 하여 여러 종류의 면허를 서로 별개의 것으로 취급할 수 없다거나 각 면허의 개별적인 취소 또는 정지를 분리하여 집행할 수 없는 것은 아니다.

[2] 외형상 하나의 행정처분이라 하더라도 가분성이 있거나 그 처분대상의 일부가 특정될 수 있는 경우, 일부 취소의 가능성

[3] 제1종 보통, 대형 및 특수면허를 가지고 있는 자가 레이카크레인을 음주운전한 행위는 위 특수면허의 취소사유에 해당될 뿐 위 보통 및 대형 면허의 취소사유는 아니라고 하여 3종의 면허를 모두 취소한 처분 전체를 취소한 원심판결 중 특수면허에 대한 부분은 위법하다고 한 사례

소외 강천수는 2009.5.29. 저녁 고등학교 동창회에 참석하여 술을 마신 후 대리운전기사가 운전한 자신의 승용차를 타고 집근처 까지 온 다음, 22:30 경 집 앞에서 약 200미터를 음주 운전하다가 경찰에 적발되었는데 혈중알콜농도는 0.21% 이었습니다. 당시 강천수는 음주운전사실이 알려지면 공무원직에서 면직될 수도 있다는 두려운 마음에서 마침 소지하고 있던 원고의 운전면허증을 제시하였습니다. 그 후 소외 강천수는 경찰서에서 음주운전과 관련하여 조사를 받았는데, 조사하는 경찰관이 1종 보통면허만 취소된다고 하여 원고의 버스운전에 필요한 1종 대형면허는 취소되지 않는다고 믿게 되었습니다.

그런데, 2009.8.3. 피고는 원고의 1종 대형 면허와 1종 보통 면허를 모두 취소하는 이 사건 처분을 하였습니다.

▣ **강평** : 통상 '처분의 경위'는 간략하게 처분을 특정하는 정도로 기재함이 보통이나, 이 사건에서는 원고가 사실관계를 다투고 있으므로, 본문과 같이 소외 강천수가 운전한 사실관계를 상세하게 기술할 필요가 있다.

그러나 사실관계를 '3, 처분의 위법성'에서 기재할 수도 있는바, 그러한 경우에는 다음과 같이 행정처분은 간략하게 특정하면 될 것이다(처분의 특정, 안날). [피고는 원고에 대하여 2009.8.3. 음주만취운전(혈중알콜농도 0.1% 이상)이라는 사유로 도로교통법 제93조 제1항 1호에 의하여 원고의 1종 대형 및 1종 보통 자동차운전면허를 취소하는 처분을 하였습니다. 원고는 2009.8.5. 위 취소처분을 송달 받았습니다.]

2. 이 사건 소제기의 적법성

▣ **강평** : 소송요건은 직권조사사항이다. 소장에 반드시 기재하지 않아도 되지만, 외견상 피고측에서 다툴 가능성이 있거나. 제소요건에 의문의 여지가 있는 경우에는 소장에 기재하는 것이 좋을 것이다.

가. 행정심판과 관계

1) 행정심판전치주의 일반론

도로교통법 제142조, 행정소송법 제18조 제1항에 의하여 도로교통법에 의한 처분으로서 해당 처분에 대한 행정소송을 제기하기 위해서는 먼저 행정심판을 제기하여야 합니다. 행정심판법 제19조, 제23조의 규정 취지와 행정심판제도의 목적에 비추어 보면 행정소송의 전치요건인 행정심판청구는 엄격한 형식을 요하지 아니하는 서면행위로 해석되므로, 위법·부당한 행정처분으로 인하여 권리나 이익을 침해당한 자로부터 그 처분의 취소나 변경을 구하는 서면이 제출되었을 때에는 그 표제와 제출기관의 여하를 불문하고 이를 행정소송법 제18조 소정의 행정심판청구로 보아야 합니다(대법원 2000.6.9. 선고 98두2621 판결 참조).

2) 사안의 적용

원고는 2009.10.21. 경남지방경찰청장에게 위법한 행정처분의 시정을 바라는 진정서를 제출한 바 있습니다. 원고는 위 진정서에서 행정처분의 내용과 심판청구의 취지 및 이유 등을 기재하였습니다. 그렇다면 위 진정서는 행정심판청구로 볼 수 있는바, 이 사건 소는 행정심판전치요건을 모두 충족한 적법한 소입니다.

▣ **강평 :** (행정심판과의 관계가 이 사건에서는 쟁점이 되므로 본문과 같이 상세히 기재함이 좋으나, 소장 전체를 작성하는 변호사 시험에서는 시간관계상 다음과 같이 약술하여도 될 것이다.)

[원고는 2009.10.21. 피고에게 운전면허취소처분의 취소를 구하는 진정서를 제출하였습니다. 원고가 제출한 진정서는 비록 문서 제목이 진정서일 뿐, 그 내용이 행정심판청구에 해당되는 것으로(대법원 2000.6.9. 선고 98두2621 판결 참조), 이 사건 소 제기 전 단계로써 행정심판을 절차를 이행하였습니다.]

나. 제소기간

행정심판은 처분이 있음을 안 날부터 90일 이내에 청구하여야 하는데(행정심판법 제27조 제1항), 원고는 2009.10.21. 행정심판청구를 하였으므로 심판청구기간을 준수하였습니다. 또한 행정심판청구가 있은 때의 취소소송 제기기간은 재결서의 정본을 송달받은 날부터 90일 이내에 소를 제기하여야 하는데(행정소송법 제20조 제1항), 2010.1.19. 현재까지 재결을 하지 않고 있습니다. 행정심판청구가 있는 날부터 60일이 지나도 재결이 없는 경우에는 행정심판의 재결을 거치지 않고 취소소송을 제기할 수 있는바(행정소송법 제18조 제2항 1호), 원고의 이 사건 소제기는 제소기간을 준수한 것으로 적법합니다.

3. 이건 처분의 위법성

가. 이 사건 처분의 법적 성격

음주운전을 한 때에는 운전면허를 취소하거나 정지시킬 수 있는바(도로교통법 제93조 제1항 제1호), 이는 내용적으로는 자동차운전면허처분이라는 수익적 행정행위에 대하여 장래에 발생한 사유를 이유로 그 효력을 소멸시키는 수익적 행정행위의 철회이며, 법적 성격은 취소 또는 정지를 선택할 재량을 갖는 재량행위입니다.

그러나 재량행위의 경우에도 아래의 구체적 사정에 따라 그 재량권의 행사에 일탈·남용이 인정되는 때에는 위법한 처분이 됩니다.

나. 사실오인 (or 무효인 행정처분)

이 사건 사실관계는 원고의 쌍둥이 동생 강천수가 음주운전을 하다가 적발되어 원고의 운전면허증을 제시한 것으로, 원고는 음주운전 한 사실이 없습니다.
[소외 강천수는 2009.5.29. 저녁 고등학교 동창회에 참석하여 술을 마신 후 대리운전기사가 운전한 자신의 승용차를 타고 집근처 까지 온 다음, 22:30 경 집 앞에서 약 200미터를 음주 운전하다가 경찰에 적발되었는데 혈중알콜농도는 0.21% 이었습니다. 당시 강천수는 음주운전사실이 알려지면 공무원직에서 면직될 수도 있다는 두려운 마음에서 마침 소지하고 있던 원고의 운전면허증을 제시하였습니다.]

▣ **강평 :** 사실오인에 대하여 상세히 기재할 필요가 있다. '1. 처분의 경위'에서 기재하는 것도 한 방법이다.

이와 같은 사실은 강천수의 진술서(갑제2호증의1 진술서)를 통해 확인되고 있으며, 강천수가 음주운전으로 적발되던 같은 시간에 원고는 ㈜경남버스의 133번 시내버스를 운행하며 근무 중이었습니다(갑제4호증 운행일지).

따라서 원고에 대하여 운전면허를 취소한 이건 행정처분은 사실오인으로 인한 재량권 남용에 의한 위법한 처분으로 그 하자가 중대·명백하여 무효입니다.

▣ **강평 :** 사실오인으로 무효사유라면 무효확인청구의 대상이 될 수 있을 것이다. 그러나 아래의 취소사유 등을 함께 다투는 것으로, 그냥 취소청구를 구함도 무방할 것이다. 그렇다면, 무효를 주장하는 이 부분은 '무효를 선언하는 의미의 취소소송'으로 볼 수 있을 것이다.

다. 비례원칙 위반

가사 이 사건 승용차를 원고가 음주 운전하였다고 하더라도 운전면허를 모두 취소하는 이 사건 처분은 비례원칙에 반합니다. 도로교통법시행규칙 [별표 28]은 벌점의 기준을 포함하여 취소·정지처분의 구체적 기준을 정하고 있는데, 위 기준은 행정청 내부의 재량준칙에 불과한 것으로서 대외적으로 국민이나 법원을 기속하는 효력이 없으므로 처분의 적법 여부는 위 기준만으로 판단할 것이 아니라 도로교통법 규정 내용과 취지에 따라 판단하여야 합니다.

이 사건에서는 대리운전기사가 일방적으로 가버린 불가피한 상황에서 원고가 음주운전 한 거리가 200m에 불과한 짧은 거리이며, 원고는 노부모와 6인 가족의 생계유지를 위해 버스운전을 하여야 하는데 1종 대형운전 면허도 취소되면 온 가족의 생계에 위협이 발생합니다.

이러한 점 등을 고려하면, 면허취소로 인하여 얻은 도로교통 안전의 공익보다 원고가 입게 되는 불이익이 훨씬 크다고 할 수 있습니다. 따라서 1종 대형 운전면허 취소처분은 비례원칙에 반한 처분으로 재량권을 남용한 위법한 처분입니다.

라. 절차적 하자

1) 사전통지 및 의견제출 절차 불이행

도로교통법 제93조 제4항 및 도로교통법 시행규칙 제93조 제1항에 의하여 운전면허의 취소 또는 정지의 처분을 하고자 할 때에는 미리 처분의 당사자에게 처분의 내용 및 의견제출의 기한 등을 미리 통지하여야 하는데, 피고는 원고에게 이러한 통지를 한 사실이 없습니다.

2) 이유부기의 하자

[법령의 규정] 도로교통법 제93조 제4항에 의하면 운전면허취소처분을 할 때 처분의 이유를 제시하도록 규정하고 있습니다.

[일반론] 이유제시는 구체적으로 어떠한 위반사실이 있었는지 여부와 처분의 근거와 처분의 이유를 제시하여야 합니다.

[사안의 적용] 그런대 이 사건처분에는 "도로교통법 제93조 제1항 제1호, 음주만취운전(혈중알콜농도 0.1%이상)"이라고 만 적혀 있는바(갑제1호증 자동차운전면허취소결정통지서), 원고가 언제 어디서 음주만취운전을 하였다는 것인지 전혀 기재되어 있지 않습니다. 따라서 이 사건 처분은 이유부기의 하자가 있는 것으로, 도로교통법 제93조 제4항이 규정한 절차를 위반한 위법한 처분입니다.

4. 결론

이 사건 행정처분은 재량권을 남용한 위법한 처분일 뿐만 아니라 절차적 하자가 있는 위법한 처분이므로 취소되어야 할 것입니다. 따라서 청구취지와 같은 판결을 바랍니다.

입 증 방 법

갑 제1호증	자동차운전면허취소 결정통지서
갑 제2호증의 1	진술서(강천수)
갑 제2호증의 2	인감증명서(강천수)
갑 제3호증	재직증명서(강준수)
갑 제4호증	운행일지
갑 제5호증의 1, 2	가족관계증명서(강준수, 강천수)
갑 제6호증	주민등록표
갑 제7호증	재직증명서(강천수)
갑 제8호증	진정서

첨부서류 (덧붙인 서류)

1. 위 입증방법	각 1부
2. 소송위임장	1부
3. 납부서	1부
4. 소장 부본	1부

2010. 1. 19.

원고의 소송대리인 법무법인 동방
담당변호사 이 윤 호 (인)

창원지방법원 귀중

Ⅱ. 기출문제 기록 보기 (제1회 변호사시험[2012.1.3.] 공법 기록형 문제)

1. 문제

2012년도 제1회 변호사시험 문제

시험과목	공 법(기록형)

응시자 준수사항

1. 시험 시작 전 문제지의 봉인을 손상하는 경우, 봉인을 손상하지 않더라도 문제지를 들추는 행위 등으로 문제 내용을 미리 보는 경우 모두 부정행위로 간주되어 그 답안은 영점처리 됩니다.
2. 답안은 흑색 또는 청색 필기구(사인펜이나 연필 사용 금지) 중 한 가지 필기구만을 사용하여 답안 작성 난(흰색 부분) 안에 기재하여야 합니다.
3. 답안지에 성명과 수험 번호를 기재하지 않아 인적사항이 확인되지 않는 경우에는 영점 처리 등 불이익을 받게 됩니다. 특히 답안지를 바꾸어 다시 작성하는 경우, 성명 등의 기재를 빠뜨리지 않도록 유의하여야 합니다.
4. 답안지에는 문제내용을 기재할 필요가 없으며, 답안 내용 이외의 사항을 기재하거나 밑줄 기타 어떠한 표시도 하여서는 아니됩니다. 답안을 정정할 경우에는 두 줄로 긋고 다시 기재하여야 하며, 수정액 등은 사용할 수 없습니다.
5. 시험종료 시각에 임박하여 답안지를 교체요구한 경우라도 시험시간 종료 후 즉시 새로 작성한 답안지를 회수합니다.
6. 시험 종료 후에는 답안지 작성을 일절 할 수 없으며, 이에 위반하여 시험시간이 종료되었음에도 불구하고 **시험관리관의 답안지 제출지시에 불응한 채 계속 답안을 작성하거나 답안지를 늦게 제출할 경우 그 답안은 영점처리** 됩니다.
7. 답안은 답안지 쪽수 번호 순으로 기재하여야 하고, **배부받은 답안지는 백지 답안이라도 모두 제출**하여야 하며, **답안지를 제출하지 아니한 경우 그 시험시간 및 나머지 시험시간의 시험에 응시할 수 없습니다.**
8. 지정된 시간까지 지정된 시험실에 입실하지 아니하거나 시험관리관의 승인을 얻지 아니하고 시험시간 중에 그 시험실에서 퇴실한 경우 그 시험시간 및 나머지 시험시간의 시험에 응시할 수 없습니다.
9. 시험시간이 종료되기 전에는 어떠한 경우에도 문제지를 시험장 밖으로 가지고 갈 수 없고, 시험 종료 후 가지고 갈 수 있습니다.

제1회 변호사시험

공법 기록형 문제

2012. 1. 3.

법 무 부

목 차

【문 제】

재미노래연습장의 영업자인 박미숙은 2011.12.22. 관련서류를 가지고 법무법인 필승 소속의 나성실 변호사를 찾아와 노래연습장 등록취소처분에 대해서 불복을 하고 싶다고 하면서 법적 절차를 밟아 줄 것을 요청하였다.

박미숙으로부터 사건을 의뢰받은 법무법인 필승의 담당변호사 나성실은 박미숙에 대한 노래연습장 등록취소처분이 위법하여 승소가능성이 있다는 결론을 내리고 관할법원에 이에 관한 소송을 제기하려고 한다.

나성실 변호사의 입장에서 소장 작성 및 제출일을 2012.1.3.로 하여, 본 기록에 첨부된 소장양식에 따라 취소소송의 소장을 작성하시오.

【작성요령 및 주의사항】

1. '이 사건 처분의 경위'는 8줄 내외로 작성할 것
2. '이 사건 소의 적법성'에서는 제소기간과 피고적격을 중심으로 작성할 것
3. '이 사건 처분의 위법성'에서는 사실관계와 참고자료에 수록된 관계법령과 제공된 법전 내 법령, 기존 판례 및 학설의 입장에 비추어 볼 때 설득력 있는 주장을 중심으로 작성할 것
4. '이 사건 처분 근거법령의 위헌성'에서는 참고자료에 수록된 음악산업진흥에 관한 법률 제22조 제1항 제4호, 제27조 제1항 제5호 및 동법 시행령 제9조 제1호의 위헌성 여부에 대해서만 작성할 것
5. '입증방법' 및 '첨부서류'에서는 각각 3개 항목만 기재하여도 무방함
6. 「음악산업진흥에 관한 법률」은 '음악진흥법'으로 약칭하여도 무방함
7. 법률상담일지, 법무법인 필승의 내부회의록 등 기록에 나타난 사실관계만을 기초로 하고, 그것이 사실임을 전제로 할 것
8. 참고자료에 수록된 관계법령(그중 일부 조문은 현행 법령과 차이가 있을 수 있음)과 제공된 법전 내의 법령이 이 사건 처분시와 소장 작성 및 제출시에 시행되고 있는 것으로 볼 것
9. 각종 서류 등에 필요한 서명, 날인 또는 무인, 간인, 접수인 등은 모두 갖추어진 것으로 볼 것

참고: 전체 배점은 100점이고, 그중 '4. 이 사건 처분 근거법령의 위헌성'에 대한 배점은 20점이다.

소장양식

소 장

원 고 ○○○

피 고 ○○○

○○○○의 소

청 구 취 지

청 구 원 인

1. 이 사건 처분의 경위
2. 이 사건 소의 적법성
3. 이 사건 처분의 위법성
4. 이 사건 처분 근거법령의 위헌성
5. 결론

입 증 방 법

첨 부 서 류

○○○○. ○○. ○○.

원고 ○○○

○○○○ 법원 귀중

— 3 —

기록내용 시작

<table>
<tr><td>수임번호
2011-301</td><td colspan="2">법률상담일지</td><td>2011. 12. 22.</td></tr>
<tr><td>의 뢰 인</td><td>박미숙
(재미노래연습장 영업자)</td><td>의뢰인
전화</td><td>041-200-1234(영업장)
-*-****(휴대전화)</td></tr>
<tr><td>의뢰인
영업장 주소</td><td>충남 천안시 동남구
안서동 11-1</td><td>의뢰인
팩스</td><td></td></tr>
<tr><td colspan="4">상 담 내 용</td></tr>
</table>

1. 의뢰인 박미숙은 충남 천안시 동남구 안서동 11-1에서 재미노래연습장이라는 상호로 노래방을 운영하다가 청소년 출입시간 위반으로 등록취소처분을 받고 본 법무법인을 방문하였다.

2. 박미숙은 초등학교 동창이 소개한 전(前) 영업자 이원숙에게서 2011.6.17. 오케이노래연습장의 영업을 양수하였다. 영업자의 지위를 승계받은 박미숙은 2011.6.24. 영업자 및 상호가 변경된 등록증을 발급받아 2011.7.1.부터 재미노래연습장이라는 상호로 영업을 시작하였다.

3. 박미숙은 2011.7.25. 오후 7시에 회사원 일행 7명을 출입시켜 영업을 하다가 오후 8시경 천안시 동남구청 담당직원의 단속을 받았다. 그런데 위 일행 중 1명이 만 17세로 밝혀졌다.

4. 박미숙은 천안시장 명의의 2011.8.12. 자 등록취소처분 사전통지서를 송달받았으나 바빠서 의견제출을 하지 않았다.

5. 박미숙의 모친인 윤숙자는 대구에 떨어져 살고 있는데, 2011.9.16. 박미숙의 집을 잠시 방문하였다가 같은 날 박미숙이 외출한 사이에 우편집배원으로부터 노래연습장 등록취소처분 통지서를 교부받았다. 윤숙자는 깜빡 잊고 위 통지서를 박미숙에게 전달하지 않은 채 이를 가지고 2011.9.17. 대구 집으로 돌아갔다.

6. 한편, 박미숙은 2011.10.13. 노래연습장 등록취소처분 통지서를 우편집배원으로부터 직접 교부받았다.

7. 박미숙은 2011.11.5. 모친인 윤숙자와 전화통화를 하는 과정에서, 윤숙자가 등록취소처분 통지서를 2011.9.16. 교부받은 채 자신에게 전달하지 않았다는 사실을 뒤늦게 알게 되었다.

8. 박미숙의 음악산업진흥에관한법률위반 피의사건에 관하여는 현재 수사진행 중이다.

9. 의뢰인 희망사항

   의뢰인 박미숙은 자신이 청소년 출입시간 위반을 1회만 했을 뿐인데 노래연습장 등록취소처분을 받아 억울하다고 하면서 등록취소처분에 대하여 소송 제기를 희망하고 있다.

법무법인 필승(담당변호사 나성실)
전화 041-555-1786, 팩스 041-555-1856, 이메일 ***@********.***
충남 천안시 신부동 76-2 법조빌딩 3층

법무법인 필승의 내부회의록

일 시 : 2011. 12. 23. 14:00 ~ 15:00
장 소 : 법무법인 필승 소회의실
참석자 : 김정통 변호사(행정소송팀장), 나성실 변호사

김 변호사 : 박미숙 사건의 소송제기와 관련하여 회의를 개최하여 승소전략을 강구하고자 합니다. 나 변호사께서 이 사건 검토 결과를 보고해 주기 바랍니다.

나 변호사 : 예, 말씀드리겠습니다. 첫째로, 천안시 담당공무원 홍민원에게 요청하여 관련자료를 받아본 결과 박미숙에 대한 등록취소처분을 하기에 앞서 사전통지는 하였으나 그 밖의 다른 의견진술 기회는 주지 않은 것으로 확인되었습니다. 둘째로, 박미숙으로부터 영업양도양수계약서를 전달받아 검토해본 결과 계약은 유효하고, 박미숙은 영업자 등이 변경된 등록증을 적법하게 발급받았습니다. 셋째로, 관련규정을 확인해 본 결과, 노래연습장에 대한 단속 및 처분권한을 갖고 있는 천안시장이 내부적인 사무처리의 편의를 도모하기 위하여 동남구청장으로 하여금 그 단속 및 처분권한을 사실상 행사하게 하고 있습니다.

김 변호사 : 박미숙이 등록취소를 받은 이유는 무엇인가요?

나 변호사 : 담당공무원 홍민원에게 확인한 바에 따르면, 박미숙과 전(前) 영업자인 이원숙이 청소년 출입시간 위반을 한 것이 합계 4회가 되어서 등록취소가 되었다고 합니다.

김 변호사 : 이원숙이 받은 제재처분의 내역을 확인해 보았나요?

나 변호사 : 관련자료를 검토해본 결과, 이원숙은 청소년출입시간을 위반하였다는 사유로 2010. 3. 3. 영업정지 10일, 2010. 11. 19. 영업정지 1월, 2011. 2. 1. 영업정지 3월의 처분을 각각 받은 사실이 확인되었습니다.

김 변호사 : 박미숙은 영업양수를 할 때 이원숙이 제재처분을 받았다는 사실을 몰랐다고 하던가요?

나 변호사 : 박미숙은 양도양수계약 당시에, 동일한 사유로 제재처분이 이미 3회 있었다는 사실을 양도인 이원숙으로부터 들어서 알고 있었다고 합니다.

김 변호사 : 법률상담일지를 보니 등록취소처분 통지서가 2회에 걸쳐 송달된 것으로 되어 있던데 어떻게 된 것인가요.

나 변호사 : 천안시 담당공무원에게 확인해본 바에 의하면, 박미숙의 모친 윤숙자가 박미숙의 집을 잠시 방문했다가 처분통지서를 2011. 9. 16. 교부받았습니다. 그 후에 담당공무원은 처분관련서류를 검토하는 과정에서 송달에 문제가 있다고 판단하여 종전의 처분통지서를 다시 발송하였고, 2011. 10. 13. 박미숙 본인이 이를 직접 교부받은 것입니다.

김 변호사 : 추가적인 질문이나 의견이 있습니까?

나 변호사 : 처분의 근거조항인 음악산업진흥에 관한 법률 시행령 조항의 위헌성 여부 이외에 법률 조항의 위헌성 여부도 소장에 포함시키려고 하는데 괜찮겠습니까?

김 변호사 : 좋은 생각입니다. 시행령 조항의 위헌성 여부를 소장에 포함시키는 것은 물론이고, 위헌법률심판제청신청을 하기 전이라도 법률 조항의 위헌성 여부도 소장에 포함시켜 주장하는 것이 좋겠습니다. 박미숙이 영업을 계속할 수 있도록 집행정지신청도 할 필요가 있는데 이 부분은 다른 변호사에게 맡겨놓았으니 나 변호사는 소장 작성 준비를 잘 해주기 바랍니다. 이상 회의를 마치겠습니다. 끝.

— 7 —

천 안 시

우 330-070 / 충남 천안시 서북구 불당동 234-1	전화 041-234-2644	전송 041-234-2647
처리과 환경위생과 　　과장 박병훈	계장 이을식	담당 홍민원

문서번호 환경위생 11-788

시행일자 2011. 9. 13.

받 음 박미숙 (상호: 재미노래연습장) 귀하

제 목 노래연습장 등록취소처분 통지

---

1. 항상 시정발전에 협조하여 주시는 귀하께 감사드립니다.
2. 귀하께서는 음악산업진흥에 관한 법률 제22조(노래연습장업자의 준수사항 등) 제1항 제4호 및 동법 시행령 제9조(노래연습장업자의 준수사항) 제1호의 규정에 의하여 당해 영업장소에 출입시간 외에 청소년을 출입하게 하여서는 아니 됨에도 불구하고 2011.7.25. 이를 위반하였으므로, 동법 제23조(영업의 승계 등), 제27조(등록취소 등) 제1항 제5호 및 동법 시행규칙 제15조(행정처분의 기준 등) [별표 2]의 규정에 의하여 붙임과 같이 행정처분하오니 양지하시기 바랍니다.
3. 만약 이 처분에 불복이 있는 경우 처분이 있음을 안 날로부터 90일 이내에 행정심판법에 의한 행정심판 또는 행정소송법에 의한 행정소송을 제기할 수 있음을 알려드립니다.

붙임 : 행정처분서(재미노래연습장)

천 안 시 장 [천안시장의인]

행정처분서

<table>
<tr><td>영업소의 소재지</td><td colspan="3">천안시 동남구 안서동 11-1</td></tr>
<tr><td>영업소의 명칭</td><td colspan="3">재미노래연습장</td></tr>
<tr><td>영업자의 성명</td><td>박미숙</td><td>주민등록번호</td><td>******-*******</td></tr>
<tr><td>위 반 사 항</td><td colspan="3">노래연습장에 출입시간 외에 청소년을 출입시킨 행위 (4차 위반)</td></tr>
<tr><td>행정처분 내역</td><td colspan="3">노래연습장 등록취소</td></tr>
<tr><td>지시(안내)사항</td><td colspan="3">생략(이 부분은 제대로 기재된 것으로 볼 것)</td></tr>
</table>

귀 업소는 위 위반사항으로 적발되어 음악산업진흥에 관한 법률 제27조 제1항 제5호, 제22조 제1항 제4호, 제23조, 동법 시행령 제9조 제1호, 동법 시행규칙 제15조 [별표 2]에 의하여 위와 같이 행정처분합니다.

2011년 9월 13일

천 안 시 장 천안시장의인

우편송달보고서

증서 2011년 제387호 2011년 9월 13일 발송

<table>
<tr><td colspan="2">1. 송달서류 노래연습장 등록취소처분 통지 및 행정처분서 1부(환경위생 11-788)
발송자 천안시장
송달받을 자 박미숙 귀하
천안시 동남구 안서동 369</td></tr>
<tr><td colspan="2">영수인 박미숙의 모 윤숙자 (서명)</td></tr>
<tr><td colspan="2">영수인 서명날인 불능</td></tr>
<tr><td>1</td><td>송달받을 자 본인에게 교부하였다.</td></tr>
<tr><td rowspan="4">2</td><td>송달받을 자가 부재 중이므로 사리를 잘 아는 다음 사람에게 교부하였다.</td></tr>
<tr><td>사무원</td></tr>
<tr><td>피용자</td></tr>
<tr><td>동거자</td></tr>
<tr><td rowspan="5">3</td><td>다음 사람이 정당한 사유 없이 송달받기를 거부하므로, 그 장소에 서류를 두었다.</td></tr>
<tr><td>송달받을 자</td></tr>
<tr><td>사무원</td></tr>
<tr><td>피용자</td></tr>
<tr><td>동거자</td></tr>
<tr><td colspan="2">송달연월일 2011. 9. 16. 16시 40분</td></tr>
<tr><td colspan="2">송달장소 천안시 동남구 안서동 369</td></tr>
<tr><td colspan="2">위와 같이 송달하였다.
2011. 9. 19.
우체국 집배원 고배달 (고배달 인)</td></tr>
</table>

우편송달보고서

증서 2011년 제402호 2011년 10월 10일 발송

<table>
<tr><td colspan="2">1. 송달서류 노래연습장 등록취소처분 통지 및 행정처분서 1부(환경위생 11-788)
발송자 천안시장

송달받을 자 박미숙 귀하
천안시 동남구 안서동 369</td></tr>
<tr><td colspan="2">영수인 박미숙 (서명)</td></tr>
<tr><td colspan="2">영수인 서명날인 불능</td></tr>
<tr><td colspan="2">송달받을 자 본인에게 교부하였다.</td></tr>
<tr><td rowspan="4">①</td><td>송달받을 자가 부재 중이므로 사리를 잘 아는 다음 사람에게 교부하였다.</td></tr>
<tr><td>사무원</td></tr>
<tr><td>피용자</td></tr>
<tr><td>동거자</td></tr>
<tr><td rowspan="5">3</td><td>다음 사람이 정당한 사유 없이 송달받기를 거부하므로, 그 장소에 서류를 두었다.</td></tr>
<tr><td>송달받을 자</td></tr>
<tr><td>사무원</td></tr>
<tr><td>피용자</td></tr>
<tr><td>동거자</td></tr>
<tr><td colspan="2">송달연월일 2011. 10. 13. 10시 50분</td></tr>
<tr><td colspan="2">송달장소 천안시 동남구 안서동 369</td></tr>
<tr><td colspan="2">위와 같이 송달하였다.
2011. 10. 17.
우체국 집배원 고배달 (인)</td></tr>
</table>

주 민 등 록 표
(등 본)

이 등본은 세대별 주민등록표의 원본 내용과 틀림없음을 증명합니다.

2011년 12월 26일

천안시 동남구 안서동장

세대주	박 미 숙	세대구성 사유 및 일자	전입세대구성 2000-5-25

번호	주 소 (통/반)	전입일 / 변동일 변 동 사 유
현주소 전입	천안시 동남구 안서동 369(5/3)	2000-5-25/2000-5-25 전입
현주소	천안시 동남구 안서동 369(5/3)	

번호	세대주 관계	성 명 주민등록번호	전입일/변동일	변 동 사 유
1	본인	박 미 숙 ******-*******		
2	자	강 민 음 ******-*******		
3	자	강 보 람 ******-*******		
	= 이 하 여 백 =			

서기 2011년 12월 26일

수입 증지 350원 충남 천안시	천안시 동남구 안서동장	안서동장의인

주 민 등 록 표

(등 본)

이 등본은 세대별 주민등록표의 원본 내용과 틀림없음을 증명합니다.

2011년 12월 26일

대구광역시 남구 대명제10동장

세대주	윤 숙 자	세대구성 사유 및 일자	전입세대구성 1978-9-27

번호	주 소 (통/반)	전입일 / 변동일 변 동 사 유
현주소 전입	대구광역시 남구 대명10동 203(1/2)	1978-9-27/1978-9-27 전입
현주소	대구광역시 남구 대명10동 203(1/2)	

번호	세대주 관계	성 명 주민등록번호	전입일/변동일	변 동 사 유
1	본인	윤 숙 자 ******-*******		
	= 이 하 여 백 =			

서기 2011년 12월 26일

수입 증지 350원 대구광역시 남구

대구광역시 남구 대명제10동장 대명10동장인

단속결과보고서

제2011-189호

수신 : 동남구청장

참조 : 보건위생과장

제목 : 음악산업진흥에 관한 법률 위반업소 단속결과보고

노래연습장 불법영업 지도·단속 계획에 따라 해당업소에 현지 출장한 결과를 아래와 같이 보고합니다.

출장일시	2011. 7. 25. 18:00 ~ 24:00
단 속 반	1개반 2명
단속업소	천안시 동남구 관할구역 내 노래연습장 5개소
중점단속사항	- 청소년 출입시간 준수 여부 - 주류 판매위반 여부
단속결과	- 위반업소 : 재미노래연습장(안서동 11-1) 음악산업진흥에 관한 법률 제22조(노래연습장업자의 준수사항 등) 제1항 제4호, 동법 시행령 제9조(노래연습장업자의 준수사항) 제1호의 규정에 따라 노래연습장업자는 당해 영업장소에 출입시간(오전 9시부터 오후 6시까지) 외에 청소년을 출입시켜서는 아니됨에도 불구하고, 위 노래연습장 영업자 박미숙이 2011. 7. 25. 20:00경 자신이 운영하는 재미노래연습장에서 청소년 정미성(만 17세)을 최성연 등 6명과 함께 노래방에 출입시간 외에 출입시켜 영업하였음을 확인하고, 박미숙, 최성연, 정미성으로부터 해당행위에 대한 자술서 및 확인서를 징구하였습니다.

위와 같이 조치결과를 보고합니다.

2011년 7월 26일

보고자 : 천안시 동남구청 6급 이점검 (이점검)

천안시 동남구청 7급 이미연 (이미연)

자 술 서

이름: 박미숙(******-*******)

주소: 충남 천안시 동남구 안서동 369번지

저는 천안시 동남구 안서동 11-1번지에서 "재미노래연습장"을 운영하고 있는 박미숙입니다. 개업 후 한 두 번 와서 얼굴을 아는 최성연을 비롯한 회사 사람들 7명이 오늘 저녁 7시쯤에 왔길래 6호실로 안내하여 주었습니다. 그런데 저녁 8시쯤 구청에서 단속반이 나와서 손님들의 나이를 조사하기 시작하였고 회사 사람들 중에서 정미성이 만 17세라는 사실이 밝혀졌습니다. 겉모습으로는 모두 성인이었기 때문에 저로서는 그들 중에 청소년이 있다고는 꿈에도 생각하지 못하였습니다.

저는 살아오면서 지금까지 한 번도 법을 어긴 사실이 없었습니다. 그런데 이번에 출입시간 외에 청소년을 출입시켰다고 하여 단속을 당하고 보니 너무 억울합니다.

앞으로는 나이 확인을 더 철저히 해서 절대로 법을 어기는 일이 없도록 할 테니 저의 어려운 처지를 생각해서 선처해 주실 것을 간절히 부탁드립니다.

2011년 7월 25일

박미숙 (서명)

확 인 서

성 명 : 최성연

주민등록번호 : ******-*******

주 소 : 천안시 성정동 689번지 제일빌라 5동 101호

저는 천안시 동남구 소재 동남전자 주식회사에 다니고 있습니다. 정미성은 직장 후배입니다. 오늘 정미성을 포함하여 직장동료들과 저녁 회식을 마치고, 그냥 헤어지기 서운해서 근처 노래방에 가서 노래를 부르기로 하였습니다. 재미노래방을 한 두 번 가본 적이 있어 일행들과 함께 오늘 저녁 7시경 노래방 6호실로 들어가 노래를 부르던 중 갑자기 구청에서 단속을 나왔는데, 신분증을 일일이 조사하는 과정에서 정미성이 1993년생으로 만 17세에 해당되어 청소년인 사실이 드러났습니다. 정미성이 나이가 들어보여서 그런지는 몰라도 노래방에 들어갈 때 신분증 검사를 따로 하지는 아니하였고, 저를 알고 있는 노래방 사장님이 곧바로 노래방 6호실로 안내하였습니다. 이번 일로 인하여 노래방 사장님께 피해가 가지 않도록 해 주십시오.

2011. 7. 25.

최성연 (서명)

확 인 서

이 름 : 정미성
주민등록번호 : ******-*******
주 소 : 천안시 원성동 245번지 제일아파트 2동 503호

저는 고등학교 과정을 검정고시로 마치고 천안시 동남구에 있는 동남전자 주식회사에 갓 취업하였습니다. 오늘 최성연 대리님 등 6명과 함께 저녁회식에 참석하였다가 식사를 마치고 그냥 헤어지기 서운해서 노래방을 가기로 하였습니다. 직장 선배들과 함께 근처에 있는 재미노래방에 왔습니다. 이 노래방은 처음 온 곳인데 노래방 사장님이 최성연 대리님을 알아봐서 그런지 따로 신분 확인을 하지는 아니하였습니다. 노래방 6호실에서 2PM의 "Hands Up"을 부르고 있는데 마침 구청에서 단속을 나와 저에게 나이를 묻길래 주민등록증을 제시했습니다. 청소년이 노래방에 왔다고 왜 단속을 하는지 모르겠습니다. 그러면 우리는 어디로 가야 합니까?

2011. 7. 25.

정미성 (서명)

— 17 —

천 안 시

우 330-070 / 충남 천안시 서북구 불당동 234-1	전화 041-234-2644	전송 041-234-2647
처리과 환경위생과 과장 박병훈	계장 이을식	담당 홍민원

수 신 자 박미숙(재미노래연습장 영업자)

시행일자 2011. 8. 12.

제 목 노래연습장 등록취소처분 사전통지서

행정절차법 제21조 제1항의 규정에 의하여 우리 기관이 하고자 하는 처분의 내용을 통지하오니 의견을 제출하여 주시기 바랍니다.

<table>
<tr><td colspan="2">1. 예정된 처분의 제목</td><td colspan="4">노래연습장 등록취소</td></tr>
<tr><td rowspan="2">2. 당사자</td><td>성명(명칭)</td><td colspan="4">박미숙(재미노래연습장)</td></tr>
<tr><td>주 소</td><td colspan="4">충남 천안시 동남구 안서동 369</td></tr>
<tr><td colspan="2">3. 처분의 원인이 되는 사실</td><td colspan="4">노래연습장에 출입시간 외에 청소년 출입(4차 위반)</td></tr>
<tr><td colspan="2">4. 처분하고자 하는 내용</td><td colspan="4">노래연습장 등록취소</td></tr>
<tr><td colspan="2">5. 법적 근거</td><td colspan="4">음악산업진흥에 관한 법률 제27조 제1항 제5호, 제22조 제1항 제4호, 제23조, 동법 시행령 제9조 제1호, 동법 시행규칙 제15조 [별표 2]</td></tr>
<tr><td colspan="2" rowspan="3">6. 의견제출</td><td>기관명</td><td>천안시청</td><td>부서명</td><td>환경위생과</td></tr>
<tr><td>주 소</td><td colspan="3">천안시 서북구 불당동 234-1</td></tr>
<tr><td>기 한</td><td colspan="3">2011. 8. 31.까지</td></tr>
</table>

천 안 시 장 천안시장의인

등록번호 제11-56호

노래연습장업 등록증

1. 성명(영업자): 박미숙
2. 생년월일: 1965. 6. 5.
3. 상호: 재미노래연습장
4. 영업소 소재지: 충남 천안시 동남구 안서동 11-1
5. 영업소 면적: 125㎡

「음악산업진흥에 관한 법률」 제20조·제21조 및 같은 법 시행규칙 제10조·제11조에 따라 노래연습장업(청소년실 [o] 유 [ ] 무)
([ ] 등록증 [o] 변경등록증)을 ([o] 발급 [ ] 재발급)합니다.

2011년 6월 24일

천 안 시 장 천안시장의인

피 의 자 신 문 조 서

피 의 자 : 박미숙

위의 사람에 대한 음악산업진흥에관한법률위반 피의사건에 관하여 2011. 10. 24. 천안동남경찰서에서 사법경찰관 경위 최순찰은 사법경찰리 경사 오배석을 참여하게 하고, 아래와 같이 피의자임에 틀림 없음을 확인하다.

문 피의자의 성명, 주민등록번호, 직업, 주거, 등록기준지 등을 말하십시오.

답 성명은 박미숙 (朴美淑)

주민등록번호는 ******-******* (만 46세)

직업은 노래연습장업자

주거는 충남 천안시 동남구 안서동 369

등록기준지는 생략

직장주소는 충남 천안시 동남구 안서동 11-1

연락처는 직장전화 041-200-1234 휴대전화 ***-****-****

입니다.

사법경찰관은 피의사건의 요지를 설명하고 사법경찰관의 신문에 대하여 형사소송법 제244조의3에 따라 진술을 거부할 수 있는 권리 및 변호인의 참여 등 조력을 받을 권리가 있음을 피의자에게 알려주고 이를 행사할 것인지 그 의사를 확인하다.

진술거부권 및 변호인 조력권 고지 등 확인

1. 귀하는 일체의 진술을 하지 아니하거나 개개의 질문에 대하여 진술을 하지 아니할 수 있습니다.
2. 귀하가 진술을 하지 아니하더라도 불이익을 받지 아니합니다.
3. 귀하가 진술을 거부할 권리를 포기하고 행한 진술은 법정에서 유죄의 증거로 사용될 수 있습니다.
4. 귀하가 신문을 받을 때에는 변호인을 참여하게 하는 등 변호인의 조력을 받을 수 있습니다.

문 피의자는 위와 같은 권리들이 있음을 고지 받았는가요.

답 예, 고지 받았습니다.

문 피의자는 진술거부권을 행사할 것인가요.

답 아닙니다.

문 피의자는 변호인의 조력을 받을 권리를 행사할 것인가요.

답 아닙니다. 혼자서 조사를 받겠습니다.

이에 사법경찰관은 피의사실에 관하여 다음과 같이 피의자를 신문하다.

문 피의자는 전과가 있나요.

답 없습니다.

문 피의자의 병역관계를 말하시오.

답 해당사항 없습니다.

문 학력 관계를 말하시오.

답 대구시 소재 상서여자상업고등학교를 졸업했습니다.

문 가족관계를 말하시오.

답 2000년 이혼한 후에 아들 강민음(15세), 딸 강보람(14세)과 함께 살고 있습니다.

문 피의자의 경력은 어떠한가요.

답 저는 이혼 후 10년간 식당에서 일하다가 모아둔 돈으로 무슨 사업을 할까 고민하다가 마침 이원숙이 노래방을 내놓았다는 이야기를 초등학교 동창을 통해 전해 듣고, 자기 사업을 하고 싶어 노래방을 양수하여 2011년 7월 1일부터 영업을 하다가 등록취소를 당했으며 그 외 특별한 경력은 없습니다.

문 재산관계를 말하시오.

답 제 소유의 부동산은 없고, 전세보증금 2천만원에 전세들어 생활하고 있습니다. 월수입 100만원으로 근근이 생활하고 있습니다.

문 피의자는 술과 담배를 어느 정도 하는가요.

답 술과 담배는 하지 않습니다.

문 피의자의 건강상태를 말하시오.

답 혈압이 높은 편이고, 건강이 그리 좋지는 못합니다.

문 피의자는 믿는 종교가 있는가요.

답 없습니다.

문 피의자는 청소년을 출입시간 외에 노래연습장에 손님으로 출입시켜 영업을 하다가 단속에 걸린 사실이 있나요.

답 예, 그런 사실이 있습니다.

문 어떻게 단속에 걸린 것인가요.

답 2011년 7월 25일 저녁 평소와 마찬가지로 영업을 하던 중, 저녁 7시경 노래방에 한 두 번 찾아왔던 최성연이 처음 보는 정미성 등 일행 6명과 함께 찾아왔습니다. 그런데 저녁 8시경 구청 단속직원들이 갑자기 들이닥쳐 손님들의 신분증을 확인하기 시작했습니다. 그 과정에서 최성연과 함께 온 정미성이 만 17세인 사실이 밝혀졌습니다.

문　피의자는 평소 노래방 손님들의 나이를 어떻게 확인하고 있나요.

답　노래방을 개업한지 얼마 안 되었고 청소년으로 보이는 손님이 출입시간 외에 온 경우는 별로 없었지만, 청소년으로 의심되는 손님이 들어오면 나이를 확인하곤 했습니다.

문　그날 손님들의 나이는 어떻게 확인하였나요.

답　최성연은 재미노래방에 이미 한 두 번 와서 아는 손님이었고 당시 일행 7명이 우르르 몰려왔는데 그 중에 청소년으로 보이는 사람이 없어서 노래방 6호실로 바로 안내하였습니다.

문　피의자는 단속 당시에 노래방을 운영한지 얼마나 되었나요.

답　이원숙으로부터 노래방을 양수하고 변경등록을 마친 후 영업을 시작한지 1달이 채 못되었습니다.

문　노래방 규모는 어떤가요.

답　노래방은 약 40평으로 청소년실 1개와 일반실 6개가 있습니다.

문　더 하고 싶은 말이 있나요.

답　탄원서를 가져왔으니 선처해주시기 바랍니다.

이때 피의자가 제출하는 탄원서를 조서 말미에 편철하다.

문　이상의 진술내용에 대하여 이의나 의견이 있는가요.

답　없습니다. ㉧

위 조서를 진술자에게 열람하게 한 바, 진술한 대로 오기나 증감, 변경할 것이 전혀 없다고 말하므로 간인한 후 서명 날인케 하다.

진술자 박미숙 ㊞

2011년 10월 24일

천안동남경찰서

사법경찰관 경위 최 순 찰 ㊞

사법경찰리 경사 오 배 석 ㊞

탄 원 서

저는 천안시 동남구 안서동 11-1번지에서 "재미노래연습장"을 운영하던 박미숙입니다. 저는 10년 전에 남편과 성격 차이 때문에 이혼하고 난 뒤에 어린 자식 둘을 어떻게 키울까 하고 걱정이 태산 같았습니다. 그 이후 10년간 식당에서 일하면서 모은 돈으로 제 사업을 하려고 알아보던 중, 초등학교 동창의 소개로 알게 된 이원숙으로부터 그녀가 운영하던 "오케이노래연습장"을 인수하게 되었습니다. 처음에는 노래방을 해 본 적이 없어서 많이 망설였는데, 이원숙이 "노래방 영업은 카운터에 앉아 있기만 하면 되고 별로 힘들 게 없으며, 또 필요하면 여러 가지로 조언을 해 주겠다"고 하여서 이원숙에게 권리금 1천만원을 주고 노래방을 인수하였습니다. 노래방 인테리어에 500만원이 들었고, 보증금 3천만원에 월 50만원씩을 임대료로 내고 있습니다.

제가 "재미노래연습장"이라는 상호로 영업을 시작한지 한 달도 채 지나지 않은 지난 2011년 7월 25일 저녁 7시쯤의 일입니다. 같은 회사 사람들로 보이는 일행 일곱 명이 제 노래방에 왔는데, 모두 나이가 들어 보였고 그 중에 청소년이 있다고는 전혀 생각하지 못하였습니다. 그런데 불시에 천안시 동남구청에서 단속을 나와서 그 손님들 중의 한 명인 정미성이 만 17세라는 사실이 밝혀졌습니다. 구청 직원은 왜 청소년을 출입시간 이외에 출입시켰느냐고 다그쳤는데, 저로서는 생각도 못한 너무 뜻밖의 일인지라 당황하여 어찌 할 바를 몰랐습니다.

제가 그 날, 제 노래방에 한두 번 와서 안면이 있던 최성연과 그 일행 여섯 명의 신분증과 나이를 일일이 확인하지 않은 것은 결과적으로 보면 제 불찰입니다. 그렇지만, 제가 노래방을 양수한 이후로 중고등학생이나 청소년으로 보이는 손님들을 저녁 6시 이후에 출입시킨 적은 한 번도 없습니다. 그런데 이번에 회사 사람들 중 한 명이 청소년이라는 이유로 저에게 등록취소처분을 하여 영업을 하지 못하게 한 것은 너무나 가혹합니다.

저로서는 노래방이 유일한 생계수단이고, 노래방을 운영하지 못하게 되면 당장의 생계가 막막하고 한창 교육비가 들어가는 자식들을 제대로 키울 수가 없습니다. 그리고, 제가 이원숙에게 지급한 권리금이나 투자한 인테리어 비용을 회수할 길이 없어서 저는 금전상으로 큰 손해를 입게 됩니다. 또, 이번 일로 노래방 등록이 취소되고 형사처벌까지 받게 된다면 저로서는 너무나 감당하기 힘든 일입니다. 그러니 이번에 한하여 저에게 관대하게 용서하여 주시기 바랍니다. 앞으로는 조금이라도 청소년이라고 의심이 드는 손님에 대해서는 그 손님이 혼자 왔든지, 여러 사람이 왔든지 간에 나이 확인을 철저히 해서 절대로 법을 어기는 일이 없도록 하겠습니다.

저의 어려운 처지를 생각해서 선처해 주실 것을 간절히 부탁드립니다.

2011년 10월 24일

탄원인 박미숙 올림 ㉰

천안동남경찰서장님 귀하

— 25 —

기록이면표지

참고자료 1 - 음악산업진흥에 관한 법률(발췌)

제1조(목적) 이 법은 음악산업의 진흥에 필요한 사항을 정하여 관련 산업의 발전을 촉진함으로써 국민의 문화적 삶의 질을 높이고 국민경제의 발전에 이바지함을 목적으로 한다.

제2조(정의) 이 법에서 사용하는 용어의 정의는 다음과 같다.

1.~12. <생략>

13. "노래연습장업"이라 함은 연주자를 두지 아니하고 반주에 맞추어 노래를 부를 수 있도록 하는 영상 또는 무영상 반주장치 등의 시설을 갖추고 공중의 이용에 제공하는 영업을 말한다.

14. "청소년"이란 함은 18세 미만의 자(「초·중등교육법」 제2조의 규정에 따른 고등학교에 재학 중인 학생을 포함한다)를 말한다.

제11조(노래연습장업자의 교육) ① 시장·군수·구청장(자치구의 구청장을 말한다. 이하 같다)은 다음 각 호의 경우에는 대통령령이 정하는 바에 따라 노래연습장업자에 대하여 준수사항, 재난예방, 제도변경사항 등에 관한 교육을 실시할 수 있다.

1. 노래연습장업을 신규등록하는 경우
2. 노래연습장업의 운영 및 재난방지방법 등 관련 제도가 변경된 경우
3. 그 밖에 시장·군수·구청장이 필요하다고 인정하는 경우

② 시장·군수·구청장은 제1항의 규정에 불구하고 제1항 제1호의 경우에는 노래연습장업자에 대한 교육을 실시하여야 한다. 이 경우 교육은 월별 또는 분기별로 통합하여 실시할 수 있다.

제16조(음반·음악영상물제작업 등의 신고) ① ~ ④ <생략>

제18조(노래연습장업의 등록) ① 노래연습장업을 영위하고자 하는 자는 문화체육관광부령으로 정하는 노래연습장 시설을 갖추어 시장·군수·구청장에게 등록하여야 한다.

② 제1항의 규정에 따른 등록의 절차·방법 및 운영 등에 관하여 필요한 사항은 문화체육관광부령으로 정한다.

제19조(영업의 제한) 제16조 및 제18조에 따라 신고 또는 등록하고자 하는 자가 다음 각 호의 어느 하나에 해당하는 때에는 제16조 및 제18조의 규정에 따른 신고 또는 등록을 할 수 없다.

1. 제27조 제1항의 규정에 따라 영업의 폐쇄명령 또는 등록의 취소처분을 받은 후 1년이 경과되지 아니하거나 영업정지처분을 받은 후 그 기간이 종료되지 아니한

자(법인의 경우에는 그 대표자 또는 임원을 포함한다)가 같은 업종을 다시 영위하고자 하는 때

2. 노래연습장업자가 제27조 제1항의 규정에 따라 영업의 폐쇄명령 또는 등록의 취소처분을 받은 후 1년이 경과되지 아니하거나 영업정지처분을 받은 후 그 기간이 종료되지 아니한 경우에 같은 장소에서 같은 업종을 다시 영위하고자 하는 때

제20조(신고증·등록증의 교부) 시·도지사 또는 시장·군수·구청장은 제16조 및 제18조의 규정에 따른 신고를 받거나 등록을 한 경우에는 문화체육관광부령이 정하는 바에 따라 신청인에게 신고증 또는 등록증을 교부하여야 한다.

제21조(신고 또는 등록사항의 변경) ① 제16조 및 제18조의 규정에 따라 신고 또는 등록을 한 자가 문화체육관광부령이 정하는 중요사항을 변경하고자 하는 경우에는 문화체육관광부령이 정하는 바에 따라 시·도지사 또는 시장·군수·구청장에게 변경신고 또는 변경등록을 하여야 한다.

② 시·도지사 또는 시장·군수·구청장은 제1항의 규정에 따라 변경신고 또는 변경등록을 받은 경우에는 문화체육관광부령이 정하는 바에 따라 신고증 또는 등록증을 갱신하여 교부하여야 한다.

제22조(노래연습장업자의 준수사항 등) ① 노래연습장업자는 다음 각 호의 사항을 지켜야 한다.

1. 영업소 안에 화재 또는 안전사고 예방을 위한 조치를 할 것
2. 접대부(남녀를 불문한다)를 고용·알선하거나 호객행위를 하지 아니할 것
3. 「성매매알선 등 행위의 처벌에 관한 법률」 제2조 제1항의 규정에 따른 성매매 등의 행위를 하게 하거나 이를 알선·제공하는 행위를 하지 아니할 것
4. 기타 대통령령이 정하는 사항을 준수할 것

② 누구든지 영리를 목적으로 노래연습장에서 손님과 함께 술을 마시거나 노래 또는 춤으로 손님의 유흥을 돋우는 접객행위를 하거나 타인에게 그 행위를 알선하여서는 아니 된다.

제23조(영업의 승계 등) ① 제16조 또는 제18조의 규정에 따라 신고 또는 등록을 한 영업자가 그 영업을 양도하거나 사망한 때 또는 그 법인의 합병이 있는 때에는 그 양수인·상속인 또는 합병 후 존속하는 법인이나 합병에 의하여 설립되는 법인은 그 영업자의 지위를 승계한다.

② <생략>

③ 제1항의 규정에 따라 영업자의 지위를 승계하는 경우 종전의 영업자에게 제27조 제1항 각 호의 위반을 사유로 행한 행정제재처분의 효과는 그 행정제재처분일로부터 1년간 영업자의 지위를 승계 받은 자에게 승계되며, 행정제재처분의 절차가

진행 중인 때에는 영업자의 지위를 승계받은 자에게 행정제재처분의 절차를 속행할 수 있다. 다만, 영업자의 지위를 승계 받은 자가 승계시에 그 처분 또는 위반사실을 알지 못한 경우에는 그러하지 아니하다.

④ <생략>

제27조(등록취소 등) ① 시·도지사 또는 시장·군수·구청장은 제2조 제8호 내지 제11호 및 제13호의 규정에 따른 영업을 영위하는 자가 다음 각 호의 어느 하나에 해당하는 때에는 그 영업의 폐쇄명령, 등록의 취소처분, 6개월 이내의 영업정지명령, 시정조치 또는 경고조치를 할 수 있다. 다만, 제1호 또는 제2호에 해당하는 때에는 영업을 폐쇄하거나 등록을 취소하여야 한다.

1. 거짓 그 밖의 부정한 방법으로 신고 또는 등록을 한 때
2. 영업의 정지명령을 위반하여 영업을 계속한 때
3. <생략>
4. 제21조의 규정에 따른 변경신고 또는 변경등록을 하지 아니한 때
5. 제22조의 규정에 따른 노래연습장업자 준수사항을 위반한 때
6. <생략>

② 제1항의 규정에 따라 영업의 폐쇄명령 또는 등록의 취소처분을 받은 자는 그 처분의 통지를 받은 날부터 7일 이내에 신고증 또는 등록증을 반납하여야 한다.

③ 제1항의 규정에 따른 행정처분의 기준 등에 관하여 필요한 사항은 문화체육관광부령으로 정한다.

제30조(청문) ① 시·도지사 또는 시장·군수·구청장은 제27조의 규정에 따라 영업의 폐쇄명령 또는 등록의 취소를 하고자 하는 경우에는 청문을 실시하여야 한다.

② <생략>

제34조(벌칙) ① ~ ⑤ <생략>

참고자료 2 - 음악산업진흥에 관한 법률 시행령(발췌)

제1조(목적) 이 영은 「음악산업진흥에 관한 법률」에서 위임된 사항과 그 시행에 관하여 필요한 사항을 규정함을 목적으로 한다.

제8조 <삭제>

제9조(노래연습장업자의 준수사항) 법 제22조 제1항 제4호에 따라 노래연습장업자가 준수하여야 할 사항은 다음 각 호와 같다.

1. 당해 영업장소에 출입시간(오전 9시부터 오후 6시까지) 외에 청소년이 출입하지 아니하도록 할 것
2. 주류를 판매·제공하지 아니할 것

참고자료 3 - 음악산업진흥에 관한 법률 시행규칙(발췌)

제1조(목적) 이 규칙은 「음악산업진흥에 관한 법률」 및 「음악산업진흥에 관한 법률 시행령」에서 위임된 사항과 그 시행에 관하여 필요한 사항을 규정함을 목적으로 한다.

제10조(신고증·등록증의 교부 및 재교부) ①~③ <생략>

제11조(신고 또는 등록사항의 변경신고 등) ① 법 제21조 제1항에 따라 음반·음악영상물제작업, 음반·음악영상물배급업 또는 온라인음악서비스제공업을 신고하거나 노래연습장업을 등록한 자가 변경신고 또는 변경등록을 하여야 하는 사항은 다음 각 호와 같다.

1. 영업자 (법인의 경우에는 그 대표자를 말한다)의 변경
2. 영업소 소재지의 변경
3. 제작품목 또는 배급품목의 변경 (음반·음악영상물제작업 및 음반·음악영상물배급업에 한한다)
4. 상호의 변경
5. 영업소 면적의 변경과 청소년실 유무의 변경 (노래연습장업에 한한다)

②~⑤ <생략>

제15조(행정처분의 기준 등) ① 법 제27조 제3항에 따른 행정처분의 기준은 별표 2와 같다.

② 시·도지사 또는 시장·군수·구청장은 제1항에 따른 행정처분을 하는 경우에는 별지 제14호 서식의 행정처분기록대장에 그 처분내용 등을 기록·관리하여야 한다.

③ 법 제23조에 따라 영업자의 지위를 승계하려는 자는 담당 공무원에게 해당영업소의 행정처분기록대장의 열람을 청구할 수 있다.

[별표 2] 행정처분의 기준(제15조 관련)

1. 일반기준

다. 위반행위의 횟수에 따른 행정처분의 기준은 최근 1년간 같은 위반행위로 행정처분을 받은 경우에 적용한다. 이 경우 행정처분 기준의 적용은 같은 위반행위에 대하여 최초로 행정처분을 한 날을 기준으로 한다.

마. 위반사항의 내용으로 보아 그 위반의 정도가 경미하거나 위반행위가 고의·과실이 아닌 사소한 부주의나 오류로 인한 것으로 인정되는 경우에는 영업정지처분에 해당되는 경우에 한하여 그 처분기준의 2분의 1의 범위에서 감경하여 처분할 수 있다.

2. 개별기준

위반사항	근거법령	행정처분 기준			
		1차위반	2차위반	3차위반	4차위반
마. 법 제22조 및 동법 시행령 제9조에 따른 노래연습장업자의 준수사항을 위반한 때	법 제27조 제1항 제5호				
1) 영업소 안에 화재 또는 안전사고 예방을 위한 조치를 취하지 아니한 때		경고	영업정지 10일	영업정지 20일	영업정지 1월
2) 접대부(남녀를 불문한다)를 고용·알선한 때		영업정지 1월	영업정지 2월	등록취소	
3) 「성매매알선 등 행위의 처벌에 관한 법률」 제2조 제1항에 따른성매매 등의 행위를 하게 하거나 이를 알선·제공하는 행위를 한 때		등록취소			
4) 청소년 출입시간 외에 청소년을 출입시킨 때		영업정지 10일	영업정지 1월	영업정지 3월	등록취소
5) 주류를 판매·제공한 때		영업정지 10일	영업정지 1월	영업정지 3월	등록취소

참고자료 4 – 법원조직법(발췌)
참고자료 5 – 각급 법원의 설치와 관할구역에 관한 법률(발췌)
참고자료 6 – 달력

[해설] ☞ 참고자료 4~6은 생략하였습니다.

확 인 : 법무부 법조인력과장 [직인생략]

— 31 —

2. 소장 예시문[157)]

소　　장

원　고　　박미숙(1965. 06. 05. 생)
천안시 동남구 안서동 369
소송대리인 법무법인 필승
담당변호사 나성실
천안시 신부동 76-2 법조빌딩 3층
전화 : 041-555-1786, 팩스 : 041-555-1856

피　고　　천안시장
(천안시 서북구 불당동 234-1)

노래연습장등록취소처분 취소청구의 소

청 구 취 지

1. 피고가 2011.9.13. 원고에 대하여 한 노래연습장등록취소처분을 취소한다.
2. 소송비용은 피고가 부담한다.

라는 판결을 구합니다.

청 구 원 인

1. 이 사건 처분의 경위

가. 원고는 2011.6.17. 전 영업자인 이원숙으로부터 천안시 동남구 안서동 11-1에 있는 오케이노래연습장을 양수하여, 2011.7.1.부터 재미노래연습장(이하 '이 사건 노래방'이라고 함)이라는 상호로 영업을 하고 있는 자입니다.

---

157) 이 소장 예시문은 교육·훈련용이므로 기록을 충분히 연구하여 작성한 상세한 소장이다. 변호사 시험에서는 2시간 내에 기록검토와 소장작성을 완성하여야 하므로 예시문과 같이 상세한 소장작성은 불가능하다. 수험생은 이 예시문을 참조하여 간결한 소장을 작성하기 바란다.

나. 피고는 2011.9.13. 원고가 2011.7.25. 19:00경 만 17세의 청소년 정미성을 노래연습장에 출입시켜 영업을 하였다는 이유로 음악산업진흥에 관한 법률(이하 '음악진흥법'이라 함) 제27조 등을 적용하여 이 사건 노래방에 대하여 등록취소처분(이하 '이 사건 처분'이라고 함)을 하였습니다. 원고는 이 사건 처분 통지서를 2011.10.13. 우편집배원으로부터 교부받았습니다.

[해설] ☞ '음악진흥법'상의 청소년의 의미 : 음악진흥법 제2조 제14호는 청소년을 18세 미만의 자로 독자적으로 정의하고 있고, 청소년보호법 제6조는 청소년유해환경의 규제에 관한 형사처벌에 있어서만 청소년보호법이 다른 법률에 우선하여 적용하도록 규정하고 있을 뿐이다. 관련자가 청소년에 해당하는지는 오로지 음악진흥법 제2조 14호 만을 준거로 삼아 판단하면 족하고, 여기에 청소년보호법 제2조 1호의 규정을 적용하거나 유추적용하여 이와 달리 판단할 여지는 없다.[158]

2. 이 사건 소의 적법성

가. 피고적격

행정소송의 피고는 다른 법률에 특별한 규정이 없는 한 처분을 행한 행정청이 됩니다(행정소송법 제13조). 관련규정에 의하면 노래연습장에 대한 단속 및 처분권한은 천안시장의 권한인데, 천안시장이 내부적인 사무처리의 편의를 도모하기 위하여 하급행정청인 동남구청장에게 그 권한을 사실상 행사하도록 내부위임 하였고, 이에 따라 동남구청장이 이 사건 처분을 천안시장 명의로 하였는바, 이 사건에서 처분을 행한 행정청은 천안시장입니다. 따라서 이 사건의 소는 피고적격을 갖추었습니다.

나. 제소기간

취소소송은 처분 등이 있음을 안 날로부터 90일 이내에, 처분 등이 있는 날로부터 1년 이내에 제기하여야 합니다(행정소송법 제20조 제1항, 제2항).

이 사건 처분 통지서의 송달에 관하여 보건대, 2011.9.16. 대구에 거주하는 원고의 어머니 윤숙자가 원고의 집에 잠시 방문하였다가 원고가 외출한 사이에 우편집배원으로부터 이 사건 처분 통지서를 받았지만 원고에게 전달하지 못하고 다음 날 대구 집으로 돌아갔습니다. 그 후 원고는 2011.10.13. 우편집배원으로부터 이 사건 처분통지서를 직접 교부받았습니다.

158) 서울행정법원 실무연구회(행정소송의 이론과 실무), 개정판, 768면.

행정절차법 제14조 2항에 의하면 교부에 의한 송달의 경우 송달하는 장소에서 송달받을 자를 만나지 못한 경우에는 그 사무원·피용자 또는 동거인으로서 사리를 분별할 지능이 있는 사람에게 교부할 수 있는데, 위 윤숙자는 원고의 '사무원·피용자 또는 동거인'에 해당하지 아니 하므로 윤숙자에게 한 송달은 적법한 송달이 될 수 없습니다. 따라서 이 사건 처분이 있음을 안 날은 2011.10.13. 원고가 우편집배원으로부터 이 사건 처분통지서를 교부받은 날이며, 이 날로부터 90일 이내인 2012.1.3.에 이 사건 소를 제기하였으므로 제소기간을 준수하였습니다.

3. 이 사건 처분의 위법성

가. 절차상의 하자

행정청이 당사자에게 의무를 부과하거나 권익을 제한하는 처분을 할 경우에는 의견청취 등의 절차를 거쳐야 하며, 의견청취 중 다른 법령 등에서 청문을 하도록 규정한 경우에는 청문을 거쳐야 합니다(행정절차법 제22조 제1항 제1호). '음악진흥법'에 의하면 시장 등은 음악진흥법 제27조의 규정에 따라 등록의 취소를 하고자 하는 경우에는 청문을 실시하여야 하는바(음악진흥법 제30조 제1항), 이는 행정절차법 제22조 제1항 제1호에서 말하는 '다른 법령에서 청문을 실시하도록 규정한 경우'에 해당합니다.

이 사건의 경우 행정절차법 제21조 제4항 사유에 해당하지 않고, 원고가 미리 의견진술의 기회를 포기한다는 의사를 밝힌 바 없음에도 불구하고, 피고는 청문절차를 거치지 않았습니다.

따라서 이 사건 처분은 음악진흥법 제30조 제1항 및 행정절차법 제22조 1항에 위반한 절차상의 하자가 있습니다.

나. 재량권의 일탈·남용

이 사건 처분의 근거 법규인 '음악진흥법'에 의하면 시장 등은 음악진흥법 제22조 위반행위가 있을 때 등록취소 등을 할 수 있다고 규정하고(음악진흥법 제27조 제1항 5호), 등록취소 등의 법적 성격은 수익적 행정행위의 철회로서 행정당국에게 법위반 행위에 대한 제재의 필요성과 개인의 불이익을 비교형량 할 재량이 필요하다는 점 등을 고려하면, 이 사건 처분은 재량행위라 할 것입니다.

그러나 재량행위의 경우에도 아래의 구체적 사정에 따라 그 재량권의 행사에 일탈·남용이 인정되는 때에는 위법한 처분이 됩니다.

다. 사실오인·법령위반

1) 이 사건 처분은 원고가 노래연습장에 미성년자를 출입시켰다는 이유로 등록취소라는 제재를 한 것입니다.

행정법규 위반에 대하여 가하는 제재조치는 행정목적의 달성을 위하여 행정법규 위반이라는 객관적 사실에 착안하여 가하는 제재이므로 위반자의 의무 해태를 탓할 수 없는 정당한 사유가 있는 등의 특별한 사정이 없는 한 위반자에게 고의나 과실이 없다고 하더라도 부과될 수 있습니다(대법원 2003.9.2. 선고 2002두5177 판결 참조).

그렇다면 의무자의 의무 해태를 탓할 수 없는 정당한 사유가 있는 경우에는 제재처분을 부과할 수 없다고 보아야 할 것입니다.

2) 이 사건 적발 당시 회사직원 일행이 한꺼번에 들어오는 와중에 손님들의 주민등록증을 일일이 확인하기는 사실상 어렵습니다. 당시 정미성의 외모가 성숙하여 보통인의 경우에 한눈에 그를 청소년이라고 구별하기가 쉽지 않은 상황이었으며, 원고로서는 그 미성년자가 평소 단골 고객의 일행이라 그도 당연히 성인이라고 생각하여 신분증제시를 요구할 생각마저 하지 못했습니다. 더구나 직장 동료 최성연도 정미성이 17세의 미성년이라는 사실을 미리 알지 못했던 점을 감안할 때 원고의 부주의를 크게 탓할 수 없는 사정입니다. 이러한 사정 등을 고려해보면, 원고에게는 의무 해태를 탓할 수 없는 정당한 사유가 있다고 할 것입니다.

3) 따라서 이 사건 처분은 사실오인·법령위반의 하자가 있으므로 위법합니다.

라. 행정처분의 기준 위반

1) 음악진흥법 시행규칙의 법적성질(재량준칙) : 음악진흥법의 위임을 받은 동법 시행규칙 [별표 2]의 처분기준 중 2, 개별기준 4)호는 부령으로 구체적인 제재처분 기준을 정한 것으로, 형식은 법규명령이나 그 실질은 행정규칙(재량준칙)에 불과합니다. 따라서 행정기관 내부의 사무처리 준칙에 불과하고 대외적으로 국민이나 법원을 기속하지 않습니다. 다만, 대법원은 특별한 사정이 없는 한 행정청은 당해 위반사항에 대하여 부령형식의 시행규칙에 따라 행정처분을 하는 것이 보통이라 할 것이므로, 만일 행정청이 이러한 처분기준을 따르지 아니하고 특정한 개인에 대하여만 위 처분기준을 과도하게 초과하는 처분을 한 경우에는 일응 재량권의 한계를 일탈하였다고 볼 만한 여지가 충분하다고 판시하였습니다(대법원 1993.6.29. 선고 93누5635 판결). 그렇다면 피고의 이 사건 처분이 시행규칙 소정의 준칙에 따라 처분을 하였다고 하더라도 재량권의 행사에 일탈·남용이 있으면 위법한 처분이 됩니다.

2) 제재사유의 승계 : 음악진흥법 제16조 또는 제18조 규정에 따라 신고 또는 등록을 한 영업자가 영업을 양도한 경우, 양수인 등은 그 영업자의 지위를 승계합니다(음악진흥법 제23조 제1항). 이 경우 종전 영업자에 대한 행정제재처분의 효과는 그 행정처분제재처분일로부터 1년간 영업자의 지위를 승계 받은 자에게 승계됩니다(음악진흥법 제23조 제3항).

이 사건에서 종전 영업자인 이원숙은 ① 2010.3.3. 영업정지 10일, ② 2010.11.19. 영업정지 1월, ③ 2011.2.1. 영업정지 3월의 각 처분을 받았습니다. 원고는 이원숙으로부터 오케이노래연습장을 양수하여 2011.7.1.부터 재미노래연습장이라는 상호로 영업을 하고 있었으므로, 위 처분 중 그 행정처분제재처분일로부터 1년간에 해당하는 ② 2010.11.19. 영업정지 1월, ③ 2011.2.1. 영업정지 3월의 처분만을 승계하게 됩니다.

3) 따라서 위 규정을 종합해 보면, 원고는 종전 영업자인 이원숙의 청소년 출입에 따른 2회 위반행위를 포함하여 이 사건 위반행위까지 총 3회의 위반행위를 한 것이 됩니다. 3회 위반의 경우 위 시행규칙 [별표 2] 1, 일반기준 다목 및 마목, 2, 개별기준 4)에 따르면 제재처분의 기준은 영업정지 3월이고, 위반의 정도가 경미하거나 위반행위가 고의·과실이 아닌 사소한 부주의나 오류로 인한 것으로 인정되는 경우에는 영업정지처분에 해당하는 경우에 한하여 그 처분기준의 2분의 1의 범위에서 감경하여 처분할 수 있으므로, 원고의 위반사유에 대한 처분은 영업정지 1월15일이 기준이라고 할 것입니다.

앞서 본바와 같이, 위 시행규칙의 기준이 비록 재량준칙이라고 하더라도, 만일 행정청이 이러한 처분기준을 따르지 아니하고 특정한 개인에 대하여만 위 처분기준을 과도하게 초과하는 처분을 한 경우에는 일응 재량권의 한계를 일탈하였다고 보아야 할 것입니다.

결국 피고는 특별한 사정이 없는 한 음악진흥법 시행규칙 [별표 2] 행정처분의 개별기준에 따라 3차 위반의 제재에 해당하는 영업정지 1월15일(또는 3개월) 범위 내에서 제재처분을 하여야 함에도 불구하고 이 사건에서는 등록취소 처분을 하였는바, 이는 행정처분의 기준을 위반한 재량권의 일탈 및 남용에 해당하여 위법한 처분입니다.

마. 평등의 원칙 내지 자기구속의 원칙 위반

1) 행정작용을 함에 있어서 특별한 사유가 없는 한 행정기관은 상대방인 국

민을 공평하게 대우해야 하며(평등의 원칙), 행정기관이 행정결정을 함에 있어서 동종의 사안에서 이미 제3자에게 행한 결정과 동일한 결정을 상대방에게 하여야(자기구속의 원칙) 합니다.

2) 재량권 행사의 준칙인 행정규칙이 그 정한 바에 따라 되풀이 시행되어 행정관행이 이루어지게 되면 평등의 원칙이나 신뢰보호의 원칙에 따라 행정기관은 그 상대방에 대한 관계에서 그 규칙에 따라야 할 자기구속을 받게 되므로, 이러한 경우에는 특별한 사정이 없는 한 그에 위반하는 처분은 평등의 원칙이나 신뢰보호의 원칙에 위배되어 재량권을 일탈·남용한 위법한 처분이 됩니다(대법원 2009.3.26. 선고 2007다88828, 88835 판결 등).

3) 피고는 청소년 출입 위반행위 3차에 대하여 영업양도인 이원숙에게는 영업정지 3월의 제재처분을 하였음에도, 같은 3차 위반행위에 해당하는 이 사건의 경우에만 등록취소라는 과중한 처분을 하였습니다. 이 사건의 경우에 등록취소라는 중대한 처분을 할 만한 다른 특별한 사정을 찾아보기 어려운바, 이는 합리적인 이유 없이 기존의 제재처분의 기준을 현저하게 일탈한 처분입니다. 따라서 이 사건 처분은 평등의 원칙 내지 자기구속의 원칙에 위반한 위법한 처분입니다.

바. 비례의 원칙 위반

행정기관이 행정작용을 함에 있어서는 행정목적 실현을 위한 구체적 수단의 선택에 있어서 달성하고자 하는 공익과 이로 인해 제한되는 개인의 권익 사이에 일정한 비례관계가 존재하여야 합니다(비례의 원칙).

① 이 사건의 경우, 원고로서는 정미성이 같은 회사 직원들과 회식자리를 함께 하고 있어서 외관상 청소년이라 파악하기 어려웠던 점에서 정상의 참작사유가 있습니다.

② 이 사건 영업을 시작한지 채 한 달이 지나지 않았고, 종전 영업자의 법위반 승계 사실을 제외하면 이 사건 금지규정을 단 한차례 위반에 불과합니다.

③ 원고는 남편과 이혼한 후 혼자서 자녀를 양육하는 가장으로, 노래방 영업을 하지 못하게 되면 당장 가족의 생계가 막막해질 뿐만 아니라 16세의 아들과 14세 딸의 교육비도 감당하기 어렵습니다.

④ 원고는 한 달 전에 이 사건 노래 연습장을 개업하였는데, 이 사건 처분으로 양도인에게 지급한 권리금 1천만 원, 인테리어 비용 500만 원, 보증금 3천만 원 등 투자비를 회수할 방법이 없어 그 손해는 막대합니다.

이상의 점을 고려한다면 이 사건 처분을 통해 추구하려는 공익에 비하여 원고의 불이익이 너무도 중대하여, 이 사건 처분은 비례의 원칙에 위반됩니다.

사. 소결

이 사건 처분은 청문절차 흠결로 인한 절차상 위법성 및 재량권의 일탈·남용에 의한 위법한 처분입니다.

4. 이 사건 처분 근거법령의 위헌성 (20점)

가. 근거법령과 쟁점

음악진흥법 제22조는 노래연습장업자의 준수사항을 규정하고 있는데, 그 중 제1항 제4호는 "기타 대통령령이 정하는 사항을 준수할 것(제4호)"이라고 정하고 있고, 이에 따른 동법 시행령 제9조 제1호는 법 제22조 제1항 제4호에 따라 노래연습장업자가 준수하여야 할 사항으로, "당해 영업장소에 출입시간(오전 9시부터 오후 6시까지) 외에 청소년이 출입하지 아니하도록 할 것(제1호)"을 정하고 있으며, 동법 제27조 제1항 제5호는 동법 제22조의 규정에 따른 노래연습장업자 준수사항을 위반한 때에는 "그 영업의 폐쇄명령, 등록의 취소처분, 6개월 이내의 영업정지명령, 시정조치 또는 경고조치를 할 수 있다."고 규정하고 있습니다.

따라서 사안에서 이 사건 처분의 근거법령이 포괄위임금지원칙에 위배되는지 여부와 과잉금지원칙에 위배하여 원고와 같은 노래방영업자의 직업수행(영업)의 자유(헌법 제15조), 청소년의 행복추구권(헌법 제10조)을 침해하는지 여부가 문제된다고 할 것입니다.

나. 포괄위임금지원칙 위배여부

헌법 제75조가 규정하고 있는 포괄위임금지원칙은 법률이 기본권 제한 사항에 관하여 하위법규에 위임할 경우에는 법률에 미리 하위법규에 규정될 내용 및 범위의 기본사항을 구체적으로 규정하여 둠으로써 행정권에 의한 자의적인 법률의 해석과 집행을 방지하고 의회입법과 법치주의의 원칙을 달성하고자 하는 원칙입니다. 포괄위임금지원칙 위배여부는 첫째 위임의 필요성, 둘째 위임입법의 예측가능성을 기준으로 판단합니다.

사안에서 먼저 청소년 출입시간 제한(오전 9시부터 오후 6시까지)은 "①특히 긴급한 필요가 있거나 미리 법률로써 자세히 정할 수 없는 부득이한 사정이 있거나, ②규율대상이 지극히 다양하거나 수시로 변화하는 성질의 것이어서 일일이 법률로 규정할 경우 상황에 맞게 적절히 대처할 수 없다거나, ③전문적인 지식을 갖춘 행정부로 하여금 이를 정하도록 할 필요가 있는 경우"가 아니므로(헌재 2007.4.26. 2004헌가29등 결정 참조) 위임입법의 필요성이 인정된다고 할 수 없습니다. 뿐만 아니라 음악진흥법 제22조 제1항 제4호가 규정하는 "기타 대통령령이 정하는 사항"으로는, 제1호 내지 제3호의 규정을 고려하더라도 도저히 대통령령에 규정될 내용의 대강 내지 기본적 윤곽을 예측할 수 없습니다(헌재 1996.8.29. 95헌바36 결정; 헌재 1999.1.28. 97헌바90 결정 등 참조). 따라서 이 사건 처분의 근거법률은 포괄위임금지원칙에 위배됩니다.

다. 과잉금지원칙 위배여부

이 사건 처분의 근거법령은 청소년은 오전 9시부터 오후 6시까지 이외에는 노래방에 출입할 수 없도록 규정하고 이를 위반한 경우 노래방영업자의 영업등록을 취소할 수 있도록 규정함으로써 노래방영업자의 직업수행(영업)의 자유를 제한할 뿐만 아니라 위 출입금지 대상에 해당하는 청소년의 행복추구권을 제한하고 있습니다. 따라서 위 조항이 과잉금지원칙을 준수하고 있는지 여부가 문제됩니다.

1) 침해의 최소성

설령, 목적의 정당성과 수단의 적합성을 인정한다고 하더라도 이 사건 처분의 근거법령은 침해의 최소성을 충족하지 못합니다. 즉, 위 조항이 정하고 있는 오전 9시부터 오후 6시까지 이외의 시간에 청소년의 노래방 출입금지는 현실적으로 청소년들의 학교수업시간을 고려할 때 거의 노래방에 출입하지 못함을 의미합니다. 또한 예컨대 부모 등 보호자와 함께 하는 경우에도 노래방에 출입하지 못하게 됩니다. 따라서 이 사건 처분의 근거법령은 침해의 최소성원칙에 어긋나는 과도한 기본권 제한이라고 하지 않을 수 없습니다.

2) 법익의 균형성

이 사건 처분의 근거법령이 추구하는 목적인 "청소년 보호 및 건전한 영업풍속 유지"라는 공익을 인정한다고 하더라도 이로 말미암아 제한되는 노래방영업자의 직업수행(영업)의 자유 및 청소년의 행복추구권의 제한이 훨씬 무거워 법익의 균형성도 충족하지 못합니다.

라. 소결

이 사건 처분의 근거법령은 기본권을 제한함에 있어 포괄위임금지원칙과 과잉금지원칙을 위배하였으므로 헌법에 위반되는 위헌의 규정입니다. 나아가 위헌의 법령에 근거한 이 사건 처분은 그 하자가 중대하여 위법하다고 할 것입니다.

5. 결론

이 사건 처분은 절차상의 하자, 재량권의 일탈·남용, 위헌법령에 근거한 위법한 처분 등의 사유가 있어 취소되어야 합니다.

입 증 방 법

1. 갑 제1호증 (노래연습장 등록증)
2. 갑 제2호증 (등록취소처분통지 및 행정처분서)
3. 갑 제3호증의 1 (확인서, 최성연)
4. 갑 제3호증의 2 (확인서, 정미성)

첨 부 서 류

1. 위 각 입증방법 각 2통
2. 소송위임장 1통
3. 담당변호사 지정서 1통
4. 소장 부본 1통

2012. 1. 3.

원고의 소송대리인 법무법인 필승
담당변호사 나성실 (인)

대전지방법원 귀중

제4절 답변서·준비서면

제1항 답변서·준비서면 작성

1. 변론의 준비

소장을 접수받은 법원에서는 피고에게 소장 부본을 송달한다. 이로서 소송(訴訟)이 계속(係屬)되고, 당사자는 변론을 준비하게 된다.

변론의 준비란 변론이 효율적이고 집중적으로 실시될 수 있도록 당사자의 주장과 증거의 정리를 목적으로 행하는 절차이다(민소 제279조 1항 참조). 재판장은 사건을 변론준비절차에 부칠 필요가 있는 경우에는 변론기일을 지정하기 전에 변론준비절차에 부치고(민소 제258조 1항 참조), 변론준비절차가 끝난 경우에는 바로 변론기일을 정하여야 한다(민소 제258조 2항).[159]

변론준비절차의 종류로는 서면에 의한 변론준비절차(민소 제280조 1항)와 기일을 지정하여 당사자를 출석하게 한 후 법원과 쌍방 당사자가 구술로 쟁점을 정리하는 변론준비기일(민소 제282조)이 있다.

변론준비절차의 진행은 재판장이 담당한다. 변론준비절차는 기간을 정하여 당사자로 하여금 준비서면 그 밖의 서류를 제출하게 하거나 당사자 사이에 이를 교환하게 하고 주장 사실을 증명할 증거를 신청하게 하는 방법으로 진행한다(민소 제280조 1항, 2항).

당사자가 변론에서 진술하고자 하는 사항을 미리 기재하여 법원에 제출하는 서류를 준비서면이라고 한다. 준비서면 중에서 특히 피고가 소장의 주장사실에 대응하여 최초로 제출하는 서면을 답변서라고 한다.

2. 답변서 제출의무

원고로부터 소장이 법원에 제출되면 제1심의 소송절차가 시작되고, 소장을 접수받은 법원은 재판장의 소장심사를 거쳐(민소 제254조) 소장 부본을 피고에게 송달한다.

피고가 원고의 청구를 다투는 경우에는 소장의 부본을 송달받은 날부터 30일 이내에 답변서를 제출하여야 한다(민소 제256조 1항). 「민사소송법」은 '법원은 피고

---

159) 2002.1.26. 전부개정 된 신 민사소송법은 변론기일을 지정하기 전에 특별한 사정이 없는 한 반드시 변론준비절차를 진행하도록 하였다(제258조 1항). 그러나 2008.12.26. 제258조를 개정하여 필요적 변론준비절차제도를 철회하였다.

가 답변서를 제출하지 아니한 때에는 청구의 원인이 된 사실을 자백한 것으로 보고 변론 없이 판결할 수 있다'고 규정하여(민소 제257조 1항) 무변론판결제도를 도입하였다. 따라서 피고가 원고의 청구내용에 대하여 다투는 경우에는 반드시 답변서를 제출하여야 한다.

반면에, 피고가 원고의 청구를 그대로 인정하는 경우에는 변론기일에 출석하지 않아도 무방하고 답변서를 제출하지 않아도 된다. 피고가 답변서를 제출하지 아니하거나 제출하였더라도 그 내용이 무자력 항변이나 기한유예 요청만을 하는 등 실질적으로 원고의 청구를 인정하는 내용인 때에는 법원이 변론절차를 거치지 않고 선고기일을 지정한다. 다만 피고에게 공시송달로 소장 부본을 송달한 경우(민소 제256조 1항 단서), 소송요건과 같이 직권으로 조사할 사항이 있는 경우(민소 제257조 1항 단서), 형성소송·가사소송·행정소송 등과 같이 변론주의 원칙의 적용이 일부 배제되는 등 그 소송의 성질상 무변론판결에 적합하지 아니한 경우에는 변론기일의 조기 지정 등의 조치를 취한다.160)

[해설] ☞ 위 설명은 민사소송에 대한 일반론이며, 행정소송(항고소송)에서는 그 성질상 무변론판결에 적합하지 아니한 경우이므로 변론기일을 지정한다.

3. 답변서의 작성

가. 답변서의 기재사항

준비서면(답변서)에는 다음의 각 사항을 적고 작성자인 당사자 또는 대리인이 이에 기명날인 또는 서명한다(민소 제274조 제1항).

① 당사자의 성명·명칭 또는 상호와 주소 ② 대리인의 성명과 주소
③ 사건의 표시 ④ 공격 또는 방어의 방법
⑤ 상대방의 청구와 공격 또는 방어방법에 대한 진술 ⑥ 덧붙인 서류의 표시
⑦ 작성한 날짜 ⑧ 법원의 표시

나. 답변서의 기재방법

답변서는 피고가 소장의 주장사실에 대응하여 최초로 제출하는 서면이다. 따라서 답변서에는 다른 준비서면과 달리, 청구취지에 대한 답변(피고가 어떠한 판결을 구하는지 그 결론)과 청구원인에 대한 답변(청구원인에 대응하여 개개의 사실에 대한 인정 여부, 항변사실과 이를 뒷받침하는 사실 및 증거방법)으로 구분하여 구체적·개별적으로 기재한다.

---

160) 대법원 2004.12.6. 재판예규 제991호 사건관리방식에 관한 예규(재일 2001-2)

1) 청구취지에 대한 답변

원고의 청구취지에 대응하는 것으로 '답변취지'라고 할 수 있다. 여기에는 본안 전 답변과 본안의 답변으로 나눌 수 있다. 여기서 본안이라고 하는 것은 청구의 당부에 관한 사항을 말한다.

① 본안 전 답변 : 본안 전 답변에는 주로 관할 위반에 의한 이송(민소법 제34조)·손해 또는 지연을 피하기 위한 이송(민소법 제35조)·지적재산권 등에 관한 소송의 이송(민소법 제36조) 등과 같은 소송이송을 구하는 신청과 소송요건의 흠결을 이유로 하는 소각하의 답변이 있다. 항고소송에서의 본안 전 답변은 주로 소송요건의 흠결을 이유로 소각하를 구하는 답변이 될 것이다. 소송요건에의 존부는 원칙적으로 법원의 직권조사사항이지만, 법원의 직권발동을 촉구하는 의미가 있으므로 소송요건의 항변도 필요하다.

기재례 : 「이 사건 소를 각하한다」는 판결을 구합니다.

② 본안의 답변 : 원고의 청구가 이유 없을 경우 피고는 청구취지에 대한 답변으로 「원고의 청구를 기각한다」라는 판결을 구하게 된다. 원고가 수 개의 청구를 병합(객관적 병합)하여 청구한 경우에는 「원고의 청구를 모두 기각한다」 또는 「원고의 피고 ○○○ 에 대한 청구를 기각한다」, 「이 사건 소 중 ○○○ 청구 부분을 기각한다」라는 판결을 구한다.

③ 부수적 답변 : 소송비용의 부담에 관한 재판은 법원이 직권으로 하게 되어 있으므로 반드시 답변이 필요한 것은 아니지만, 소장의 청구취지에 소송비용에 관하여 기재하는 것이 실무상의 관례이므로 답변서에도 이에 대한 답변을 하는 것이 관례이다. 피고가 원고의 청구기각을 구하는 경우 「소송비용은 원고가 부담한다」라고 기재한다.

통상 소송비용의 부담에 관한 재판은 비율만 정할 뿐 그 액수를 정하지는 않는다.[161] 제1심 법원은 그 재판이 확정되거나 소송비용부담의 재판이 집행력을 갖게 된 후에 당사자의 신청을 받아 결정으로 그 소송비용액을 확정한다(민소 제110조 1항). 위 소송비용액의 확정결정이 확정되어야 비로소 집행권원이 된다. 변호사의 보수도 대법원규칙이 정하는 금액의 범위 안에서 소송비용으로 인정된다(민소 제109조 1항).

④ 관례적 문구 : 청구취지에 대한 답변에는 이상의 각종 답변취지를 기재한 뒤에 줄을 바꾸어 「라는 판결을 구합니다.」라고 기재하는 것이 실무상 관례이다.

161) 소송비용 부담에 관한 재판은, 이철환(민사소액재판실무), 제2판, 387-397면 참조.

청구취지에 대한 답변 [기본형]

1. (이 사건 소를 각하한다.) ——— [본안전 항변이 있는 경우]
2. 원고의 청구를 기각한다.
3. 소송비용은 원고가 부담한다.
라는 판결을 구합니다.

2) 청구원인에 대한 답변

원고가 소장에서 주장하는 사실에 대하여 피고가 어떠한 점을 다투고 어떠한 점을 인정하는지에 대한 답변이 청구원인에 대한 답변이다. 청구취지에 대한 답변과는 달리, 청구원인에 대한 답변은 개개의 사실에 대한 인정 여부, 항변사실과 이를 뒷받침하는 사실 및 증거방법을 구체적·개별적으로 기재한다. 그에 대한 증거방법과 입증취지도 명시하여야 한다. 본안 전 답변(본안 전 항변)과 본안의 답변으로 나눌 수 있다.

① 본안 전 항변 : 소장 제출에 대하여 소송요건의 흠결이 있는 경우 피고는 본안 전 항변으로 이 사건 소의 각하 사유를 구체적으로 주장한다. 소송요건에 흠결이 없는 경우에는 본안 전 항변은 기재할 필요가 없다.

② 본안의 답변 : 처분이 위법하다는 원고의 주장에 대한 답변이다. 먼저 원고 주장을 정리한 후, 그 중에서 피고가 어떤 점을 인정하고 어떤 점을 다투는지 명백히 한다. 소장에서 청구원인의 비중이 중요하듯, 답변서에서도 청구원인에 대한 답변이 그 몸통임은 물론이다. 따라서 소장에 기재된 원고 주장의 순서에 따라 답변 내지 반박하는 방식으로 기재하는 것이 좋다.

▣ **강평 :** 원고 주장을 항목별로 동의한 답안지가 있는데, 이러한 방식은 답변서 성격에 맞지 않는다. 원고의 주장사실 중 다툴 필요가 없는 부분은 '다툼 없는 사실'이라고 간단히 정리하는 것이 요령 있는 작성법일 것이다. 예컨대 '원고의 주장 사실 중 — 사실, — 사실은 인정합니다(또는, 다툼이 없습니다)'라고 기재하면 충분하다.

[인부의 기재례]
「청구원인 제1항은 인정하고 제2항은 부인합니다.」
「청구원인 제1항 중 ○○○ 사실은 인정하고 그 나머지 사실은 모두 부인합니다.」
「원고의 주장 사실 중 ○○○ 사실은 부인하고 그 나머지 사실은 인정합니다.」

답변서에는 청구취지에 대한 답변과 청구원인에 대한 답변(인부)에 그치지 아니하고, 원고의 청구를 이유 없게 할 모든 사실상·법률상의 방어방법이 포함된다. 방어방법에는 예컨대 원고의 주장 사실과 양립하지 아니하는 사실(적극부인), 원고의 주장 사실과 양립하면서 원고 주장의 법률요건의 존재를 부정하기에 족한 특별한 사정에 해당하는 사실(항변) 등이 주로 사용된다.

방어방법(항변이나 적극부인)은 원고가 소장에서 청구원인 사실을 정리하는 것과 같은 요령으로, 주장사실을 특정하여 구체적으로 기재한다. 주장할 방어방법이 여러 개일 때에는 논리적·시간적으로 앞서는 것을 먼저 기재한다. 소송 전부를 해결할 강력한 방어방법과 일부분을 해결할 방어방법이 있을 때에는 전부를 해결할 방어방법을 먼저 기재하는 것이 보통이다.

③ 결론부분 : 소장의 결론에 대응하여, 답변서의 결론은「이 사건 소는 각하되어야 합니다.」또는「원고의 청구는 이유 없으므로 기각되어야 합니다.」,「이상과 같이 원고의 청구는 모두 이유 없으므로 기각되어야 합니다.」라고 간단히 기재한다.

3) 그 밖의 기재사항

답변서에도 피고가 주장하는 사실에 대한 입증방법이 필요할 것인바, 소장의 작성방식과 같이 입증방법, 첨부서류를 기재한다.

[해설] ☞ **증거공통의 원칙** : 법원에 제출된 증거는 원고 또는 피고 중에서 누가 제출했는지에 대하여는 의미가 없고, 서로가 유리한 증거로 사용할 수 있다. 즉, 증거조사의 결과는 그 증거제출자에게 유리하게 판단할 수도 있고 제출자에게 불리하게(오히려 상대방에게 유리하게) 사용될 수도 있는데, 이를 증거공통의 원칙이라고 한다. 따라서 원고가 제출한 증거(갑 제○호증)가 피고의 입증사실에 도움이 되면 별도로 같은 증거물(을 제○호증)을 중복하여 제출할 필요가 없이 피고가 '이익으로 원용' 하면 될 것이다.[162]

---

162) 증거공통의 원칙에 따라서 일단 증거조사가 개시된 뒤에는 상대방에게도 유리한 자료가 될 수 있으므로, 상대방의 동의가 없는 한 그 증거신청의 철회는 허용되지 않는다.

4. 답변서 예문

답 변 서

사 건 2011구합21001 영업정지처분 취소
원 고 김 미 녀
피 고 서울특별시 강남구청장

위 사건에 관하여 피고는 다음과 같이 답변합니다.

청구취지에 대한 답변

1. 원고의 청구를 기각한다.
2. 소송비용은 원고가 부담한다.

라는 판결을 구합니다.

청구원인에 대한 답변

(소장의 주장사실에 대하여 인부 및 다툴 내용을 구체적으로 기재한다)

입 증 방 법

1. 을제1호증 (진술서)

2011. 12. 15.

피고의 소송대리인

변호사 김 정 론 (인)

서울행정법원 귀중

제2항 답변서 작성 사례연습

(소장 및 답변서 보기)

Ⅰ. 사실관계

(1) 원고는 골판지 제조 및 판매 등을 주 업무로 하는 제조회사인데, 1986.7.4. 전라남도지사로부터 폐수배출시설의 설치 허가를 받아 그때부터 전남 담양군 대동면 향교리 1003-2에서 폐수처리장을 설치, 운영해오고 있으며 2006.4.24. 배출시설변경 신고를 받기까지 배출시설을 수회 변경하여 오고 있다.

(2) 전라남도지사는 2008.12.9. 원고에 대하여 2008.12.29.부터 2009.1.7.까지의 조업정지(10일)처분을 하였다. 그 처분사유는, 환경오염신고를 접수한 담양군청 직원이 시료 채취한 폐수에 대하여 오염도를 검사한 결과 수질배출허용기준을 초과하였으므로, 수질및수생태계보전에관한법률 제40조, 제71조, 같은 법 시행규칙 제105조에 의하여 이 사건 조업정지처분을 명한다는 것이다. 또한 전라남도지사는 같은 날 원고의 사업장의 배출수질이 위 수질및수생태계보전에관한법률 제32조, 같은 법 시행규칙 제34조, 같은 법 시행규칙 별표 13이 정하는 배출허용기준을 초과하였다고 하여 배출부과금 173,127,190원을 납부하라는 이 사건 부과처분을 하였다.

관계법령

[수질 및 수생태계 보전에 관한 법률]

제32조(배출허용기준)

① 폐수배출시설(이하 "배출시설"이라 한다)에서 배출되는 수질오염물질의 배출허용기준은 환경부령으로 정한다.

제37조(배출시설 등의 가동개시 신고)

① 사업자는 배출시설 또는 방지시설의 설치를 완료하거나 배출시설의 변경(변경신고를 하고 변경을 하는 경우에는 대통령령이 정하는 변경의 경우에 한한다)을 완료하여 당해 배출시설 및 방지시설을 가동하고자 하는 때에는 환경부령이 정하는 바에 의하여 미리 환경부장관에게 가동개시 신고를 하여야 한다. 신고한 가동개시일을 변경하고자 할 때에는 환경부령이 정하는 바에 따라 변경신고를 하여야 한다.

제39조(배출허용기준을 초과한 사업자에 대한 개선명령)

환경부장관은 제37조제1항의 규정에 의한 신고를 한 후 조업 중인 배출시설(폐수무방류배출시설을 제외한다)에서 배출되는 수질오염물질의 정도가 제32조의 규정에 의한 배출허용기준을 초과한다고 인정하는 때에는 대통령령이 정하는 바에 의하여 기간을 정하여 사업자(제35조제5항의 규정에 의한 공동방지시설 운영기구의 대표자를 포함한다)에게 그 수질오염물질의 정도가 배출허용기준 이하로 내려가도록 필요한 조치를 취할 것(이하 "개선명령"이라 한다)을 명할 수 있다.

제40조(조업정지명령)

환경부장관은 제39조의 규정에 의하여 개선명령을 받은 자가 개선명령을 이행하지 아니하거나 기간 이내에 이행은 하였으나 검사결과가 제32조의 규정에 의한 배출허용기준을 계속 초과할 때에는 당해 배출시설의 전부 또는 일부에 대한 조업정지를 명할 수 있다

제41조(배출부과금)

① 환경부장관은 수질오염물질로 인한 수질오염 및 수생태계 훼손을 방지 또는 감소시키기 위하여 수질오염물질을 배출하는 사업자(제48조의 규정에 의한 폐수종말처리시설, 공공하수처리시설 중 환경부령이 정하는 시설을 운영하는 자를 포함한다) 또는 제33조제1항 내지 제3항의 규정에 의한 허가·변경허가를 받지 아니하거나 신고·변경신고를 하지 아니하고 배출시설을 설치 또는 변경한 자에 대하여 배출부과금을 부과·징수한다. 이 경우 배출부과금은 다음 각 호와 같이 구분하여 부과하되, 그 산정방법 및 산정기준 등에 관하여 필요한 사항은 대통령령으로 정한다.

2. 초과배출부과금

가. 수질오염물질이 제32조의 규정에 의한 배출허용기준을 초과하여 배출되는 경우

제68조(보고 및 검사 등)

① 환경부장관 또는 시·도지사는 환경부령이 정하는 경우에는 다음의 자에 대하여 필요한 보고를 명하거나 자료를 제출하게 할 수 있으며, 관계공무원으로 하여금 당해 시설 또는 사업장 등에 출입하여 제12조제3항의 규정에 의한 방류수 수질기준, 제32조의 규정에 의한 배출허용기준, 제33조의 규정에 의한 허가 또는 변경허가의 기준 준수, 제38조의2에 따른 측정기기의 정상운영 또는 제53조제4항에 따른 준수사항 준수 여부를 확인하기 위하여 수질오염물질을 채취하거나 관계 서류·시설·장비 등을 검사하게 할 수 있다.

② 환경부장관은 제1항의 규정에 의하여 배출허용기준·방류수 수질기준 준수 여부 또는 폐수무방류배출시설에서의 수질오염물질의 배출 여부를 확인하기 위하여 수질오염물질을 채취한 때에는 환경부령이 정하는 검사기관에 오염도 검사를 의뢰하여야 한다. 다만, 현장에서 배출허용기준 또는 방류수 수질기준 초과 여부를 판정할 수 있는 수질오염물질로서 환경부령이 정하는 경우에는 그러하지 아니하다.

③ 제1항의 규정에 의하여 출입·검사를 행하는 공무원은 그 권한을 표시하는 증표를 지니고 이를 관계인에게 내보여야 한다.

[수질 및 수생태계 보전에 관한 법률 시행규칙]

제34조(배출허용기준)

법 제32조제1항에 따른 수질오염물질의 배출허용기준은 별표 13과 같다.

제105조(행정처분 기준)

① 법 제71조에 따른 행정처분 기준은 별표 22와 같다.

[별표 13] 수질오염물질의 배출허용기준(제34조 관련)

대상규모	1일 폐수배출량 2천 세제곱미터 이상		
항 목 지역구분	생물화학적 산소요구량 (mg/L)	화학적 산소요구량 (mg/L)	부유물질량 (mg/L)
청정지역	30이하	40이하	30이하

[별표 22] 행정처분기준 (제105조 제1항 관련)

2. 개별기준

가. 폐수배출시설(폐수무방류배출시설은 제외하고, 아래 표 중에서 8), 9), 14)의 경우에는 영 제8조에 따른 시설을 포함한다) 및 방지시설 등과 관련된 행정처분기준

위반사항	근거법령	행정처분기준			
		1차	2차	3차	4차
1) 법 제37조제1항에 따른 가동개시 신고를 하고 조업중인 폐수배출시설에서 배출되는 수질오염물질의 정도가 폐수배출시설 또는 방지시설의 결함·고장 또는 운전미숙 등으로 법 제32조에 따른 배출허용기준을 초과한 경우 가) 법 제32조 제5항에 따른 특별대책지역 밖에 있는 사업장의 경우	법 제39조 법 제40조	개선 명령	개선 명령	개선 명령	조업 정지 10일

비고 6. 배출허용기준을 초과하여 1) 또는 9) 의 처분기준에 따른 처분을 하여야 하는 경우로서 배출허용기준 초과율이 50퍼센트(특정수질유해물질인 경우에는 30퍼센트) 미만인 경우에는 해당처분기준보다 1단계 낮은 차수의 기준(해당 위반이 최초 또는 5회차 이상의 경우는 제외한다)을 적용하고, 배출허용기준 초과율이 200퍼센트 이상 600퍼센트 미만(특정수질유해물질인 경우에는 100퍼센트 이상 300퍼센트 미만)인 경우에는 해당처분기준보다 1단계 높은 차수의 기준을 적용하며, 배출허용기준 초과율이 600퍼센트 이상(특정수질유해물질인 경우에는 300퍼센트 이상)인 경우에는 해당 처분기준보다 2단계 높은 기준을 적용하다.

[환경오염물질배출시설 등에 관한 통합지도·점검규정 (환경부훈령 2008.4.7. 제772호)]

제4조(지도·점검 대상사업장)

① 점검기관은 관할지역 사업장외의 사업장이라 하더라도 오염물질의 불법배출을 목격하거나 환경오염사고 발생 등 긴급하게 현장조치를 할 필요가 있다고 판단하는 경우에는 관할 점검기관에 이를 통보하고 원인규명 및 <증거확보 등을 위하여> 해당 사업장에 대하여 현장지도·점검을 실시할 수 있다. 이 경우 관할 점검기관의 공무원이 현장에 도착하는 때에는 관련 조사 자료를 인계하고 합동으로 지도·점검을 실시할 수 있다.

⑤ 점검기관은 제2항 내지 제4항의 규정에 따라 사업장에 대하여 지도·점검을 실시한 경우에는 그 결과를 지체 없이 사업장 관할 점검기관에 통보하여야 한다. 이 경우 관할 점검기관은 지도·점검을 실시한 것으로 간주한다.

[환경분야 시험·검사 등에 관한 법률]

제6조(환경오염공정시험기준)

① 환경부장관은 환경오염물질, 환경오염상태, 유해성 등의 측정·분석·평가 등의 통일성 및 정확성을 기하기 위하여 다음 각 호의 분야에 대한 환경오염공정시험기준(이하 "공정시험기준"이라 한다)을 정하여 고시하여야 한다. 이 경우 「산업표준화법」 제12조에 따른 한국산업표준이 고시되어 있는 경우에는 대통령령이 정하는 특별한 사유가 없는 한 그 규격에 따른다. 5. 「수질 및 수생태계 보전에 관한 법률」 제2조제4호의 폐수 및 같은 조 제7호의 수질오염물질

[수질오염공정시험기준 (환경부고시 2008.7.10. 제2008-99호)]

제2장 일반시험방법

제3항 시료의 채취 및 보존 방법

1. 시료의 채취 방법

1.1 시료채취의 방법의 구분

시료는 배출허용기준 적합여부를 판정하기 위한 시료와 하천수 등 수질조사를 위한 시료로 구분하여 채취한다.

1.1.1 배출허용기준 적합여부 판정을 위한 시료채취

배출허용기준 적합여부 판정을 위하여 채취하는 시료는 성상, 유량, 유속 등의 시간에 따른 변화를 고려하여 현장물의 성질을 대표할 수 있도록 채취하여야 하며, 복수채취를 원칙으로 한다. 단, 신속한 대응이 필요한 경우 등 복수채취가 불합리한 경우에는 예외로 할 수 있다.

(1) 복수시료채취방법 등

(가) 수동으로 시료를 채취할 경우에는 30분 이상 간격으로 2회 아상 채취(Composite Sample)

하여 일정량의 단일시료로 한다. 단, 부득이한 사유로 6시간 이상 간격으로 채취한 시료는 각각 측정분석한 수 산술평균하여 측정분석값을 산출한다(2개 이상의 시료를 각각 측정분석한 후 산술평균한 결과 배출허용기준을 초과한 경우의 위반일 적용은 최초 배출허용기준이 초과된 시료의 채취일을 기준으로 한다).

(2) 복수시료채취방법 적용을 제외할 수 있는 경우

(가) 환경오염사고, 취약시간대(일요일, 공휴일 및 평일 18:00~09:00 등)의 환경오염감시 등 신속한 대응이 필요한 경우

(나) 수질환경보전법 제15조 제1항의 규정에 의한 비정상적 행위를 할 경우

(다) 사업장 내에서 발생하는 폐수를 회분식(Batch식) 등 간헐적으로 처리하여 방류하는 경우

(라) 기타 부득이 복수시료채취 방법으로 시료를 채취할 수 없는 경우

1.1.2 하천수 등 수질조사를 위한 시료채취

시료는 시료의 성상, 유량, 유속 등의 시간에 따른 변화(폐수의 경우 조업상황 등)을 고려하여 현장물의 성질을 대표할 수 있도록 채취하여야 하며, 수질 또는 유량의 변화가 심하다고 판단될 때에는 오염상태를 잘 알 수 있도록 시료의 채취횟수를 늘려야 하며, 이때에는 채취시의 유량에 비례하여 시료를 서로 섞은 다음 단일시료로 한다.

1.2 시료채취시의 유의사항

가. 시료는 목적시료의 성질을 대표할 수 있는 위치에서 시료채취용기 또는 채수기를 사용하여 채취하여야 하며, 채취용기는 채우기 전에 시료로 3회 이상 씻은 다음 사용한다.

마. 채취된 시료는 즉시 실험하여야 하며, 그렇지 못한 경우에는 3. 시료의 보존방법에 따라 보존하고 규정된 시간 내에 실험하여야 한다.

3. 시료의 채취방법

채취된 시료를 즉시 실험할 수 없을 때에는 따로 규정이 없는 한 표 1의 보존방법에 따라 보존하고 어떠한 경우에도 보존기간 이내에 실험을 끝내야 한다. 끝.

Ⅱ. 소장 예시문[163)]

소　　장

원 고　　무등산제지 주식회사
전남 담양군 대동면 향교리 1003-2
대표이사 홍길동
소송대리인　변호사　제공명
광주 동구 지산동 342-25

피 고　　전라남도지사

조업정지처분 등 취소청구

청 구 취 지

1. 피고가 2008.12.9. 원고에 대하여 한 조업정지(10일) 처분 및 금 173,127,190원의 배출부담금 부과처분을 모두 취소한다.
2. 소송비용은 피고가 부담한다.

라는 판결을 구합니다.

청 구 원 인

1. 처분의 경위

가. 원고는 골판지 제조 및 판매업을 영위하는 회사로서, 피고로부터 폐수배출시설 설치허가를 받아 전남 담양군 대동면 향교리 1003-2에 폐수처리장을 설치·운영하고 있습니다. 피고는 수질 및 수생태계 보전에 관한 법률(이하 '수질수생태계법'이라고 함) 제74조, 같은 법 시행령 제81조에 의하여, 환경부장관으로부터 권한

163) 실제 사건에서 제출된 소장으로, 개인 식별이 가능한 명칭과 일부 내용을 수정하여 재구성한 것임.

의 위임을 받아 허가, 신고수리, 개선명령, 조업정지명령, 과징금의 부과, 징수업무 등을 처리하고 있습니다.

나. 피고는 2008.8.26. 원고 사업장 내 폐수방지시설의 최종 방류구에서 채취한 시료(이하 '이 사건 시료'라 한다)에 대한 전라남도보건환경연구원의 오염도검사 결과 배출허용기준을 초과하는 COD(화학적 산소요구량)와 SS(부유물질)가 검출되자, 2008.12.9. 원고 회사에 대하여, 배출허용기준을 넘는 수질오염물질을 배출하였다는 이유로 수질수생태계법 제40조, 제71조를 적용하여 조업정지(10일) 처분(이하 '이 사건 조업정지처분'이라 한다)을 함과 동시에, 수질수생태계법 제41조 제1항을 적용하여 그 개선완료일인 2008.9.4.까지의 배출기간을 8일로 계산하여 산정한 배출부과금 173,127,190원의 부과처분(이하 '이 사건 부과처분'이라 하고, 이 사건 조업정지처분과 부과처분을 합하여 '이 사건 각 처분'이라 한다)을 하였습니다.

2. 이 사건 각 처분의 경위 및 위법성

가. 이 사건 시료의 채취 과정

1) 담양군청 환경녹지과 직원 김갑동은, 2008.8.25. 17:00경부터 19:00경까지 사이에 원고의 사업장, 마을 하천수, 대동천, 영산강본류에서 배출되는 방류수에서 시료를 채취하였습니다. 당시 위 김갑동은 원고의 사업장 방류수 등 위 4개 지역에서 4개의 병(무균 2리터 4병)의 시료를 채취하였고, 그 후 원고의 사업장 방류수에서 다시 2개의 병(유리용기 2리터 2병)의 시료를 채취하였습니다. 당시 위 시료 채취과정에 있어, 위 김갑동의 요청에 의하여 원고의 환경팀장 김청명이 입회하였습니다.

2) 그 다음날 2008.8.26. 10:00경에는 담양군청 환경녹지과 직원인 이을남 외 1명이 원고의 사업장을 방문하여 폐수처리장의 방류수에서 3병(무균 2리터 1병, 유리용기 2리터 2병)의 시료를 채취하였습니다. 그런데, 위 이을남 외 1명이 같은 날 14:00경 그날 오전 10시경에 채취한 시료가 운반 중 파손되었다고 하여 3병(무균 2리터 1병, 유리용기 2리터 2병)의 시료를 다시 채취하였으며, 위 김청명이 양일간 채취된 시료 중 3병의 시료(이하 '이 사건 시료'라고 한다)에 대하여 봉인확인을 하였습니다. 당시에도 위 김청명이 위 채취현장에 입회하였는데, 위 이을남 외 1명이 위 김청명에게 채수를 독촉하여 한 번에 시료를 채워주게 되었습니다.

3) 담양군청 환경녹지과에서는 그 후 전라남도 보건환경연구원에 시료의 오염

도 검사를 의뢰하였던 바, 전라남도보건환경연구원에서는 원고의 사업장 방류수의 시료에서 화학적산소요구량(COD)은 배출허용기준인 40mg/L을 초과하여 초과율 273.7%가 되는 149.5mg/L이 되고, 부유물질량은 30mg/L을 초과하여 초과율 36.6%가 되는 41.0mg/L가 된다고 하여 수질수생태계법 제32조를 위반하였다는 결과를 통보하여 왔습니다.

나. 이 사건 처분의 위법성에 대하여

1) 환경분야 시험·검사 등에 관한 법률 위반

① 환경분야 시험·검사 등에 관한 법률 제6조 제1항은, "환경부장관은 환경오염물질, 환경오염상태, 유해성 등의 측정·분석·평가 등의 통일성 및 정확성을 기하기 위하여 다음 각 호의 분야에 대한 환경오염공정시험기준을 정하여 고시하여야 한다. 이 경우 「산업표준화법」 제12조에 따른 한국산업표준이 고시되어 있는 경우에는 대통령령이 정하는 특별한 사유가 없는 한 그 규격에 따른다"라고 규정하면서 같은 항 제5호는, "「수질 및 수생태계 보전에 관한 법률」제2조 제4호의 폐수 및 같은 조 제7호의 수질오염물질"을 환경오염공정시험기준을 받는 분야로 규정하고 있습니다. — [법령 규정]

② 환경분야 시험·검사 등에 관한 법률 제6조 제1항에 따라 마련된 수질오염공정시험기준(2008.7.10. 환경부 고시 제2008-99호) 제2장 제3항은 시료의 채취 및 보존 방법에 관하여, 배출허용기준 적합여부 판정을 위하여 채취하는 시료는 복수채취를 원칙으로 하고, 수동으로 시료를 채취할 경우에는 30분 이상 간격으로 2회 이상 채취하여 일정량의 단일시료로 하며, 채취용기는 시료를 채우기 전에 시료로 3회 이상 씻은 다음 사용하여야 하고, 채취된 시료는 즉시 실험하되, 즉시 실험할 수 없을 때에는 다음과 같은 방법으로 보존하고 규정된 시간 내에 실험하여야 한다고 규정하고 있습니다. — [법령 규정]

- 다 음 -

측정항목	시료 용기	보존방법	최대보존기간 (권장보존기간)
화학적산소요구량(COD)	P,G	4℃, H_2SO_4로 pH2 이하	28일(7일)
부유물질(SS)	P,G	4℃ 보관	7일

③ 그러나, 이 사건 각 처분의 기초가 된 이 사건 시료의 채취과정을 보면, 환경분야 시험·검사 등에 관한 법률 및 이에 따른 수질오염공정시험기준 고시를 위반하여 진행된 것이므로 결국 위법하다고 할 것입니다. — [법령 위반한 처분]

첫째, 이 사건 시료는 30분 이상 간격으로 2회 이상 채취하여 일정량의 단일시료로 한다는 규정을 위반하여, 단 1회에 동시 채취한 것이므로 이는 정당하게 채취된 것으로 볼 수 없습니다.

둘째, 채취용기는 시료를 채우기 전에 시료로 3회 이상 씻은 다음 사용한다고 규정되어 있는데, 이와 같은 절차를 무시하여 채취되었습니다.

셋째, 채취된 시료는 즉시 시험하여야 하며 그렇지 못한 경우에는 시료의 보존방법(섭씨 4도에서 보관)에 따라 보존하고 규정된 시간 내에 실험하여야 함에도 불구하고 이 사건 시료는 이러한 보관방법을 위반하여 고온인 상태에서 방치한 시험을 받게 한 것이므로 당시 여름철 날씨인 점을 감안하면 충분히 변질될 위험성이 있고, 따라서 이 사건 시료의 보관방법에 위배된 것이라고 할 것입니다.

위와 같은 점을 종합하면, 이 사건 시료의 채취나 보관방법에 있어 위 법령의 절차에 따르지 아니한 것이므로, 이 사건 시료를 기초로 한 오염도의 측정은 믿기 어려운 것이고 따라서 이를 기초로 한 이 사건 각 처분은 위법합니다.

2) 수질수생태계법에 따른 점검 관할위반

수질수생태계법 제68조 제1항은 "환경부장관 또는 시·도지사는 관계공무원으로 하여금 당해 시설 또는 사업장 등에 출입하여 제32조의 규정에 의한 배출허용기준의 준수 여부를 확인하기 위하여 수질오염물질을 채취하게 할 수 있다"고 규정하고 있습니다. 한편 환경오염물질배출시설 등에 관한 통합지도·점검규정(2008.4.7. 환경부 훈령 제772호) 제4조 제1항 [별표1]에 의하면 원고의 사업장은 피고가 관할하는 사업장입니다. 따라서 담양군 소속의 담당공무원이 점검하기 위하여는 피고로부터 권한을 위임받아야 할 것인데 이러한 절차를 경유하지 아니하였고, 이 사건 점검당시에도 위임을 받았다는 아무런 증표를 제시하지 아니하였습니다. 결국 이 사건 시료의 채취는 이를 실시할 권한이 없는 자에 의하여 이루어진 것으로서 위법하고, 그 검사 결과에 기초한 이 사건 각 처분도 위법합니다.

3. 결론

따라서 이 사건 조업정지처분 및 이 사건 부과처분은 모두 위법한 행정처분으로서 당연히 취소되어야 합니다.

입 증 방 법

1. 갑 제1호증의 1 행정처분(조업정지 10일) 송부
1. 갑 제1호증의 2 행정처분 명령서
1. 갑 제2호증의 1 배출부과금 부과
1. 갑 제2호증의 2 조업내역
1. 갑 제2호증의 3 산정명세서
1. 갑 제2호증의 4 납입고지서
1. 갑 제3호증 폐수배출시설설치신고필증
1. 갑 제4호증 경위서
1. 갑 제5호증의 1, 2 각 시료채취확인서
1. 갑 제6호증의 1, 2 각 경비일지
1. 갑 제7호증 확인서

참 고 자 료

1. 수질오염공정시험기준 1통
1. 환경오염물질 배출시설 등에 관한 통합 지도·점검기준 1통

첨 부 서 류

1. 원고법인등기부등본 1통
1. 위 입증방법 각 1통
1. 원고 소송위임장 1통
1. 소장 부본 1통

2008. 12. .

원고 소송대리인 변호사 제 공 명 (인)

광주지방법원 귀중

Ⅲ. 답변서 예시문[164)]

답 변 서

사 건 2008구합0000 조업정지처분 등 취소
원 고 무등산제지 주식회사
피 고 전라남도지사

위 사건에 관하여 피고는 다음과 같이 답변합니다.

청구취지에 대한 답변

1. 원고의 청구를 모두 기각한다.
2. 소송비용은 원고가 부담한다.

라는 판결을 구합니다.

청구원인에 대한 답변

1. 이 사건 처분의 경위

1) 전라남도 담양군청 환경과 소속 공무원 김갑동 외 1명은 2008.8.25. 14:00경 영산강 본류 용산교 아래에 거품이 많이 발생하고 있어 폐수 무단방류가 의심된다는 민원인의 신고를 받고 같은 날 16:00경 원고 회사를 방문하여, 같은 날 20:00까지 원고 회사 직원 김청명의 입회하에, 원고 회사의 폐수가 영산강 본류에 합류되기 직전의 방류구에서 3개(무균 페트병 2L 1개, 유리병 2L 2개)의 시료를, 인근 하천수에서 4개(영산강 본류 합류 전 하천수, 영산강 본류 합류 후 하천수, 대동천 합류 전 하천수, 향교마을 합류 전 하천수 각 무균 페트병 2L 1개)의 시료를 채취하였는데, 검사를 의뢰하기에는 시간이 너무 늦어 일단 담양군 환경과 냉장고에 이를 보관하였습니다.

2) 그 다음날인 2008.8.26. 담양군청 환경과 소속 공무원 이을남 외 1명은 원고사업장 내 폐수방지시설의 최종 방류구에서 시료를 채취하기 위하여 피고

164) 실제 기록에 제출된 답변서로, 개인식별이 가능한 명칭과 일부 내용을 수정하여 재구성한 것임.

환경정책과 소속 지방환경 7급 박병서에게 전화하여 보고하고 승낙을 얻은 후 같은 날 10:00경 원고 회사를 방문하여, 김청명의 입회하에 원고 사업장 내 폐수방지시설의 최종 방류구에서 3개(무균 페트병 2L 1개, 유리병 2L 2개)의 시료를 채취하였으나 이를 차량으로 운반하던 중 부주의로 유리병 시료가 파손되자, 같은 날 14:00경 원고 회사를 다시 방문하여 오전과 동일하게 3개(무균 페트병 2L 1개, 유리병 2L 2개)의 이 사건 시료를 채취하였습니다.

[해설] ☞ 원고가 소장에서 담양군청 소속 공무원이 권한 없이 채취하였다고 주장하고 있다. 수질수생태계법 제68조 제1항은 "환경부장관 또는 시·도지사는 관계공무원으로 하여금 당해 시설 또는 사업장 등에 출입하여 제32조의 규정에 의한 배출허용기준의 준수 여부를 확인하기 위하여 수질오염물질을 채취하게 할 수 있다"고 규정하고 있으므로, 담양군청 공무원이 권한 있는 전라남도지사(보조기관인 전라남도 담당 직원)의 승인을 얻어 시료를 채취한 것이라는 사실관계를 자세히 설시할 필요가 있다.

3) 2008.8.25.과 8.26. 이 사건 시료를 포함한 모든 시료채취 당시 담양군청 소속 공무원들은 김청명에게 직접 시료를 채취하도록 하였고, 이에 김청명은 위 공무원들로부터 채취용기를 건네받아 한 번에 채취하였으며, 위 공무원들은 2008.8.26. 14:20 이 사건 시료를 채취한 뒤 차량으로 이동하여 같은 날 15:33 광주 서구 농성1동 291-1에 있는 전라남도보건환경연구원에 이 사건 시료에 대한 오염도 검사를 의뢰하였습니다.

[해설] ☞ 채취과정상 법정규정 준수 여부가 다툼이므로 상세히 답변할 필요가 있다.

4) 전라남도보건환경연구원이 이 사건 시료에 대하여 오염도 검사를 실시한 결과 생화학적 산소요구량(COD)이 배출허용기준(40mg/L 이하)을 초과하는 검출량 149.5mg/L 이며, 부유물질(SS)은 배출허용기준(30mg/L 이하)을 초과하여 검출량 41.0mg/L가 검출되었으며, 전라남도보건환경연구원은 2008.9.2. 피고에게 이를 통보하였습니다.

5) 피고는 원고에게 위 위반사실의 통지 및 청문의 실시 통보를 하였고, 2008.9.22. 14:00 경 원고 대리인 공장장 한태양이 참석하여 청문을 실시하였습니다. 동 청문에서 원고는 시료채취 부적법성 및 배출시설 관리관할 문제 등의 이의를 제기하였으며 피고는 원고의 이의제기 사항에 대한 종합검토를 거쳐 '수질 및 수생태계 보전에 관한 법률'(이하 "수질수생태계법"이라고 함) 제40조와 제71조 및 같은 법 시행

규칙 제105조의 규정에 의하여 2008.12.9. 원고에 대하여 조업정지 10일(2008.12.29.~ 2009.1.7.)의 행정처분을 하였으며 또한 수질수생태계법 제41조 제1항의 규정에 의하여 원고에게 초과배출부과금 173,127,190원을 부과 처분하였습니다.

2. 이 사건 처분의 적법성

가. 환경분야 시험·검사 등에 관한 법률 위반에 대하여

원고는 수질오염공정시험기준(환경부고시 제2008-99호)에 의하여 시료를 채취하여야 하나 첫째, 30분 이상 간격으로 2회 이상 채취(이하 "복수시료채취"라고 한다)하여 단일시료로 한다는 규정을 위반하여 단 1회에 동시 채취한 단일시료(이하 "단수시료채취"라고 한다)로 하였으며, 둘째, 채취용기는 시료를 채우기 전에 시료로 3회 이상 씻은 다음 사용한다고 규정되어 있는데 이와 같은 절차를 무시하여 채취하였고, 셋째, 채취한 시료는 즉시 시험하여야 하며, 그렇지 못할 경우에는 시료의 보관방법에 따라 섭씨 4도에서 보관하여야 하는데도 이를 위반하여 위법하다고 주장하고 있습니다. 그러므로 이하에서 원고주장의 타당 여부에 관하여 보겠습니다.

[해설] ☞ 원고는 법령에 위반한 처분이라고 주장하는 바, 원고 주장의 요지를 정리하고 이에 상응하는 답변을 하는 것이 일목요연하다.

1) 수질오염공정시험기준 제3항 시료의 채취 및 보존방법 중 1. 시료의 채취방법 (가)에서 '환경오염사고, 취약시간대(일요일, 공휴일 및 평일 18:00~09:00 등)의 환경오염감시 등 신속한 대응이 필요한 경우'에는 복수시료채취방법 적용을 제외할 수 있다고 규정하고 있습니다.

당시 현장점검 담당공무원인 이을남 외 1명은 원고 사업장 폐수처리장의 생물학적 처리시설이 비정상적으로 운영되어 육안상 폐수처리가 적정하게 이루어지지 않은 상태로 방류되고 있는 등 '환경오염사고가 우려되는 등 신속한 대응이 필요'하다고 판단하여 단수시료채취를 하였던 것으로, 이는 적법합니다.

2) 시료채취는 위 이을남 외 1명의 입회하에 원고 사업장 환경과장 김청명이 직접 채수하였으며, 동 채수시 시료채취용기를 3~4회 정도 씻은 다음에 채취하였는바, 시료채취 절차는 적법합니다.

3) 시료채취 시점은 2008.8.26. 14:20경으로 즉시 차량을 이용하여 전라남

도보건환경연구원으로 이동하여 같은 날 15:33경에 검사기관에 시료를 인계하고 오염도검사를 의뢰하였습니다. 약 1시간 13분 정도의 이동시간에 시료의 변질은 극히 미미할 것이며, 설령 일부가 변질되었다고 가정하더라도 동 사업장에서 배출되는 폐수의 성상으로 보아 생물화학적산소요구량(COD) 변화는 극미량이며, 오히려 시료채취용기 내의 생물화학적산소요구량(COD)은 증가하지 않고 감소하여 수질오염 검사성적 수치가 낮게 나타날 수도 있는 등 시료의 변질로 인해 수질검사 성적이 높게 나왔다는 원고의 주장은 부당합니다.

4) 또한, 수질오염공정시험기준의 제3항 시료의 채취 및 보존방법 중 시료의 보존방법은 시료채취 운반과정이 아닌 검사기관에 채취된 시료를 즉시 실험할 수 없을 때의 시료보존방법을 명시한 것으로 시료 채취 후 운반과정과는 무관합니다.

나. 권한 없는 행위라는 주장에 대하여

1) 원고는 원고 사업장은 피고가 관할하는 사업장이므로 담양군청 공무원이 원고의 사업장을 점검하기 위해서는 피고로부터 권한을 위임받아야 할 것인데, 이 사건 점검은 관할 없는 공무원에 의해 이루어진 것이어서 이를 근거로 한 이 사건 처분은 위법하다고 주장합니다. ― [원고의 주장]

2) 환경오염물질배출시설등에관한통합점검규정 제4조 제4항에서 "점검기관은 관할지역 사업장 외의 사업장이라 하더라도 오염물질의 불법배출을 목격하거나 환경오염사고 발생 등 긴급하게 현장조치를 할 필요가 있다고 판단하는 경우에는 관할 점검기관에 이를 통보하고 원인규명 및 증거확보 등을 위하여 해당 사업장에 대하여 현장 지도점검을 실시할 수 있다"라고 규정되어 있습니다. ― [법령의 규정]

3) 원고 사업장은 전라남도지사 관할 사업장이지만, 수질오염행위 신고민원이 담양군청에 접수됨에 따라 담양군청의 담당공무원이 동 규정에 근거하여 전라남도청 환경정책과 담당직원에게 전화로 보고한 이후 승낙을 받아 시료를 채취하였으므로 이는 적법한 행정행위입니다. ― [이 사건 적용]

3. 결론

위와 같이 시료채취과정 및 절차와 점검관할권한은 모두 적법하며, 피고가 행한 조업정지 10일 행정처분 및 초과배출부과금 부과처분은 모두 적법하므로 원고의 청구를 기각하여 주시기 바랍니다.

입 증 방 법

1. 을제1호증의 1, 2	담양군 민원처리 경위서 공문 및 경위서
1. 을제2호증의 1, 2	폐수 시험성적서 및 의뢰 공문
1. 을제2호증의 3	폐수시료채취 기록부
1. 을제3호증의 1, 2	하천수 검사결과 통보 공문 및 시험성적서
1. 을제4호증	수질오염공정시험기준(발췌)

첨 부 서 류

1. 위 입증방법	각 1부
1. 소송수행자 지정서	1부
1. 답변서 부본	1부

2009. 1.

피고 전라남도지사

소송수행자 지방환경사무관 천 사 표 (인)

지방환경주사 최 선 해 (인)

광주지방법원 (행정부) 귀중

제3항 준비서면 작성 사례연습

Ⅰ. 사실관계[165)]

(1) 김갑동 1997.7.20. 미국 버지니아주 샬로츠빌에서 출생하였으며, 대한민국 국적을 가진 부모 사이의 둘째 아들로써, 대한민국 국적과 미국 시민권을 동시에 취득하였다.

(2) 김갑동은 대한민국에서 조부모와 함께 거주하며 중학교를 졸업하였고, 2013. 7. 미국 고등학교로 진학하기 위한 준비과정에서 자신의 주민등록표초본을 열람하였는데, 2013.1.21.자로 국적이탈을 사유로 하여 자신의 주민등록이 말소된 것을 보고, 자신의 대한민국 국적이 이미 상실된 것으로 생각하였다. 그래서 만 18세가 되는 해로서 병역준비역에 편입된 2015년에 이르기까지 따로 국적이탈신고를 하지 않았다.

(3) 김갑동은 미국에 거주중인데, 2016.7.13.경 한국에 계신 조부모를 통하여, 자신의 주민등록이 행정착오로 말소되었다가 2015.10.21. 직권재등록된 사실과 자신이 2015.1.1.자로 병역준비역에 편입된 사실을 알게 되었다.

(4) 김갑동은 2016.8.3. 워싱턴의 주미 대사관에 국적이탈신고서를 제출하였으나, 법무부장관은 2016.9.1. '병역준비역에 편입된 때부터 3개월이 지났고, 병역의무가 해소되지 아니하였다'는 이유로 이를 반려하였고, 김갑동은 2016.9.20. 반려통지서를 수령하였다.

(5) 김갑동은 과거 주민등록이 말소된 것을 보고 자신의 국적 이탈이 잘 처리된 것으로 믿은 채 만 18세가 되기까지 별도로 국적이탈신고를 하지 않았던 것인데, 이제 와서 주민등록 직권재등록 후 위와 같이 국적이탈 신고도 받아 주지 않는 것은 신뢰원칙에도 반하는 등 부당하다고 생각한다.

(6) 이에 김갑동은 국적이탈신고 반려처분 취소청구를 하고자 하였으나 제소기간이 도과되어 소송을 제기하지 못하고, 그 후에 서울지방병무청장으로부터 병역처분을 받게 되자 그 병역처분의 취소를 제기하는 소장을 제출하였다.

---

165) 사실관계는 법학전문대학원 협의회 [2017년도 제3차 변호사시험 모의시험-논술형(기록형)] 문제를 인용하여 일부 재구성한 것임.

▣ 국적법(법률 제12421호, 2014.3.18. 일부개정)

제2조 【출생에 의한 국적 취득】 ① 다음 각 호의 어느 하나에 해당하는 자는 출생과 동시에 대한민국 국적(國籍)을 취득한다.

1. 출생 당시에 부(父)또는 모(母)가 대한민국의 국민인 자
2. 출생하기 전에 부가 사망한 경우에는 그 사망 당시에 부가 대한민국의 국민이었던 자
3. 부모가 모두 분명하지 아니한 경우나 국적이 없는 경우에는 대한민국에서 출생한 자

② 대한민국에서 발견된 기아(棄兒)는 대한민국에서 출생한 것으로 추정한다.

제12조 【복수국적자의 국적선택의무】 ① 만 20세가 되기 전에 복수국적자가 된 자는 만 22세가 되기 전까지, 만 20세가 된 후에 복수국적자가 된 자는 그 때부터 2년 내에 제13조와 제14조에 따라 하나의 국적을 선택하여야 한다. 다만, 제10조 제2항에 따라 법무부장관에게 대한민국에서 외국 국적을 행사하지 아니하겠다는 뜻을 서약한 복수국적자는 제외한다.

② 제1항 본문에도 불구하고 「병역법」 제8조에 따라 병역준비역에 편입된 자는 편입된 때부터 3개월 이내에 하나의 국적을 선택하거나 제3항 각 호의 어느 하나에 해당하는 때부터 2년 이내에 하나의 국적을 선택하여야 한다. 다만, 제13조에 따라 대한민국 국적을 선택하려는 경우에는 제3항 각 호의 어느 하나에 해당하기 전에도 할 수 있다.

③ 직계존속(直系尊屬)이 외국에서 영주(永住)할 목적 없이 체류한 상태에서 출생한 자는 병역의무의 이행과 관련하여 다음 각 호의 어느 하나에 해당하는 경우에만 제14조에 따른 국적이탈신고를 할 수 있다.

1. 현역·상근예비역 또는 보충역으로 복무를 마치거나 마친 것으로 보게 되는 경우
2. 전시근로역에 편입된 경우
3. 병역면제처분을 받은 경우

제14조 【대한민국 국적의 이탈 요건 및 절차】 ① 복수국적자로서 외국 국적을 선택하려는 자는 외국에 주소가 있는 경우에만 주소지 관할 재외공관의 장을 거쳐 법무부장관에게 대한민국 국적을 이탈한다는 뜻을 신고할 수 있다. 다만, 제12조 제2항 본문 또는 같은 조 제3항에 해당하는 자는 그 기간 이내에 또는 해당 사유가 발생한 때부터만 신고할 수 있다.

② 제1항에 따라 국적 이탈의 신고를 한 자는 법무부장관이 신고를 수리한 때에 대한민국 국적을 상실한다.

③ 제1항에 따른 신고 및 수리의 요건, 절차와 그 밖에 필요한 사항은 대통령령으로 정한다.

▣ 국적법 시행령(대통령령 25532호, 2014.8.6. 일부개정)

제18조 【대한민국 국적의 이탈 절차 등】 ① 복수국적자로서 법 제14조 제1항에 따라 대한민국 국적을 이탈한다는 뜻을 신고하려는 사람은 법무부령으로 정하는 국적이탈 신고서를 작성하여 주소지

관할 재외공관의 장에게 제출하여야 하고, 재외공관의 장은 지체 없이 이를 법무부장관에게 송부하여야 한다.

② 법무부장관은 제1항에 따른 국적이탈 신고가 법 제14조 제1항에 따른 국적이탈 요건을 갖춘 경우에만 수리한다.

③ 법무부장관은 제1항 및 제2항에 따라 국적이탈 신고를 수리한 때에는 지체 없이 그 사실을 접수지 재외공관의 장을 거쳐 본인에게 알려야 하며, 등록기준지 가족관계등록관서의 장에게 통보하고 관보에 고시하여야 한다.

④ 법무부장관은 국적이탈자가 주민등록이 되어 있을 때에는 그 주민등록관서의 장에게도 그 사실을 통보하여야 한다.

⑤ 제3항 및 제4항에 따라 등록기준지 가족관계등록관서의 장 또는 주민등록관서의 장에게 통보하는 서류에는 다음 각 호의 사항을 적어야 한다.

1. 국적이탈자의 성명, 생년월일, 성별 및 등록기준지
2. 국적이탈의 원인 및 연월일
3. 외국 국적

Ⅱ. 준비서면 작성

[문제] : 국적이탈신고가 반려된 원고 김갑동은 서울지방병무청장으로부터 병역처분을 받게 되자, 그 병역처분 취소의 소를 제기한 후, 2017.9.6.자로 준비서면을 제출하였다. 이에 대하여, 피고 서울지방병무청장을 대리하는 정부법무공단의 담당변호사 입장에서 위 김갑동의 준비서면을 반박하는 취지의 서면을 작성하시오.[166)]

166) 법학전문대학원 협의회 [2017년도 제3차 변호사시험 모의시험-논술형(기록형)] 문제를 재구성한 것.

【원고 준비서면】

준 비 서 면

사　　건　　2016구합4840　현역병입영처분취소
원　　고　　김 갑 동
피　　고　　서울지방병무청장

위 사건에 관하여 원고는 다음과 같이 변론을 준비합니다.

다　　음

1. 이 사건 국적이탈신고 반려 처분은 사전통지를 흠결하여 위법합니다.

(요지 : 법무부장관은 행정절차법 소정의 사전 통지절차를 거치지 아니한 채로 원고가 신청한 국적이탈신고에 대하여 반려처분을 하였다)

2. 이 사건 국적이탈신고 반려 처분의 하자는 이 사건 병역처분에 승계되었습니다.

(요지 : 이 사건 국적이탈신고 반려처분은 제1항 기재 사유로 인하여 위법하나, 그 제소기간이 도과되어 그 자체의 취소를 구할 수는 없게 되었다. 그러나 두 개 이상의 행정처분이 연속적으로 행하여지는 경우 선행처분에 하자가 있으면 그 하자는 후행처분에 당연히 승계되므로, 선행처분에 불가쟁력이 생겨 그 효력을 다툴 수 없게 된 경우에도 선행처분의 하자를 이유로 후행처분의 효력을 다툴 수는 있다.)

2017. 9. 6.

원 고　김 갑 동　(인)

서울행정법원 귀중

【피고 준비서면】[167)]

준 비 서 면

사　　건　　2016구합4840　현역병입영처분취소
원　　고　　김갑동
피　　고　　서울지방병무청장

위 사건에 관하여 피고는 다음과 같이 변론을 준비합니다.

다　　음

원고는 준비서면에서 첫째 이 사건 국적이탈신고 반려처분은 사전통지 절차를 거치지 아니하여 위법하고, 둘째로 이 사건 국적이탈신고 반려처분의 하자는 이 사건 병역처분에 승계되므로 결국 이 사건 병역처분은 위법하다고 주장합니다.

[해설] ☞ 상대방 주장의 정리

1. 원고의 사전통지 흠결 주장에 관하여

[해설] ☞ 상대방 주장에 1에 대한 반론

가. 사전통지제도의 의의

행정절차법 제21조 제1항은 행정청이 의무를 과하거나 권익을 제한하는 처분을 하는 경우에는 미리 법 소정의 내용을 통지하도록 하고 있습니다.

나. 이 사건 거부처분이 사전통지대상인지 여부

거부처분의 경우에도 사전통지의 대상이 된다는 견해가 있을 수 있습니다. 그러나 신청에 따른 처분이 이루어지지 아니한 경우에는 아직 당사자에게 권익이 부과되지 아니하였으므로, 특별한 사정이 없는 한 신청에 대한 거부처분이라고 하더라도 직접 당사자의 권익을 제한하는 것은 아니어서, 신청에 대한 거부처분을 행정절차법 제21조 제1항 소정의 '당사자의 권익을 제한하는 처분'

167) 원고의 준비서면에 대응하여 피고의 주장을 정리한 준비서면임

에 해당한다고 볼 수 없다는 것이 판례의 입장입니다.(대법원 2003.11.28. 선고 2003두 674 판결 참조)

따라서 법무부장관이 원고에게 한 이 사건 국적이탈신고 반려처분은 행정절차법이 정한 사전통지의 대상이 되지 아니하므로, 이를 거치지 않아도 위법하다고 할 수 없습니다.

2. 원고의 선행처분의 하자 승계 주장에 관하여

[해설] ☞ 상대방 주장에 2에 대한 반론

가. 행정처분의 하자 승계 일반론

1) 두 개 이상의 행정처분이 연속적으로 행하여지는 경우 선행처분과 후행처분이 서로 결합하여 한 개의 법률효과를 완성하는 때에는 선행처분의 하자는 후행처분에 승계되므로, 선행처분의 하자를 이유로 후행처분의 효력을 다툴 수 있습니다.

2) 선행처분과 후행처분이 서로 독립하여 별개의 법률효과를 목적으로 하는 때에는 선행처분의 하자는 후행처분에 승계되지 아니합니다. 따라서 선행처분에 불가쟁력이 생겨 그 효력을 다툴 수 없게 된 경우에는 그 하자가 중대하고 명백하여 당연무효인 경우를 제외하고는 선행처분의 하자를 이유로 후행처분의 효력을 다툴 수 없는 것이 원칙입니다.

이러한 경우에도, 후행처분에서 그 위법을 주장할 수 없도록 하는 것이 관계인에게 수인한도를 넘는 가혹함을 가져오며 그 결과가 당사자에게 예측가능한 것이 아닌 경우에는 선행처분의 하자를 이유로 후행처분의 효력을 다툴 수 있다고 봅니다(대법원 2013.3.14. 선고 2012두6964 판결).

나. 국적이탈신고 반려처분의 하자가 병역처분에 승계되는지 여부

이 사건 병역처분은 선행처분인 국적이탈신고 반려처분과는 그 처분청이 다른 별개의 독립된 처분으로, 서로 독립하여 별개의 효과를 목적으로 하는 경우에 해당합니다.

또한 원고가 선행처분인 이 사건 국적이탈신고 반려처분의 제소기간 도과에 따른 불가쟁력이나 구속력으로 말미암아 그 하자를 이유로 후행처분인 병역처분의 효력을 다툴 수 없게 하는 것이 비록 원고에게 수인한도를 넘는 가혹한

결과가 된다고 하더라도, 원고는 위 반려처분의 수령 당시 국적이탈신고가 반려됨으로써 병역처분을 받게 되는 결과를 직접적으로 예견할 수 있었다고 봄이 상당하므로, 이 사건 국적이탈신고 반려처분의 하자를 이유로 병역처분의 효력을 다툴 수는 없다고 할 것이다.

3. 결론

이상과 같이 원고의 주장은 모두 이유 없으므로, 원고의 청구를 기각해 주시기 바랍니다.

2017. 9. 12.

피고 소송대리인 정부법무공단
담당변호사 김 충 직 (인)

서울행정법원 귀중

제5절 집행정지 신청

제1항 행정소송법상의 집행정지

행정소송에서 가구제제도에는 ① 침익적 행정처분(과세처분, 허가의 정지·취소처분, 공무원에 대한 징계처분 등)에 대한 집행정지제도와 ② 급부 또는 수익적 행정처분(허가, 보조금지급결정 등)의 신청에 대한 가처분제도가 있다.

Ⅰ. 집행정지의 요건과 효력

[해설] ☞ 집행정지신청은 처분이 위법할 뿐만 아니라 집행정지의 요건이 충족되어야 하므로, 이와 관련하여 변호사시험에서는 주로 집행정지의 요건에 대하여 문제 삼을 것이다. 처분의 위법성은 소장의 청구원인 작성 문제로 출제가 되기 때문이다. 예컨대 동일한 사례에서 소장의 작성과 집행정지신청서를 함께 작성하라고 할 수 있는데, 두 시간의 한정된 시간 때문에 소장에서는 처분의 위법성에 대하여 작성하고 집행정지신청서에는 주로 집행정지의 요건에 관하여만 작성하라고 할 수도 있다.

§ 행정소송법 제23조(집행정지)

① 취소소송의 제기는 처분등의 효력이나 그 집행 또는 절차의 속행에 영향을 주지 아니한다.
② 취소소송이 제기된 경우에 처분등이나 그 집행 또는 절차의 속행으로 인하여 생길 회복하기 어려운 손해를 예방하기 위하여 긴급한 필요가 있다고 인정할 때에는 본안이 계속되고 있는 법원은 당사자의 신청 또는 직권에 의하여 처분등의 효력이나 그 집행 또는 절차의 속행의 전부 또는 일부의 정지(이하 "집행정지"라 한다)를 결정할 수 있다. 다만, 처분의 효력정지는 처분등의 집행 또는 절차의 속행을 정지함으로써 목적을 달성할 수 있는 경우에는 허용되지 아니한다.
③ 집행정지는 공공복리에 중대한 영향을 미칠 우려가 있을 때에는 허용되지 아니한다.
④ 제2항의 규정에 의한 집행정지의 결정을 신청함에 있어서는 그 이유에 대한 소명이 있어야 한다.
⑤ 제2항의 규정에 의한 집행정지의 결정 또는 기각의 결정에 대하여는 즉시항고할 수 있다. 이 경우 집행정지의 결정에 대한 즉시항고에는 결정의 집행을 정지하는 효력이 없다.
⑥ 제30조제1항의 규정은 제2항의 규정에 의한 집행정지의 결정에 이를 준용한다.

1. 집행정지의 요건

「행정소송법」제23조 제2항 및 제3항에 의하면, 집행정지의 요건은 ① 집행정지 대상인 처분이 존재하여야 하고, ② 본안소송이 계속 중이어야 하고, ③ 회복하기 어려운 손해를 예방하기 위한 것이어야 하고, ④ 긴급한 필요가 있어야 한다(적극적 요건). 한편으로는 ⑤ 공공복리에 중대한 영향을 미칠 우려가 없어야 하고, ⑥ 본안 청구의 이유 없음이 명백하지 않아야 한다(소극적 요건).

가. 처분이 존재

집행정지의 대상인 침익적 처분이 존재하여야 한다. 이미 집행이 완료되거나 처분의 목적이 달성된 경우에는 집행정지의 대상인 처분이 없게 된다.

1) 집행정지가 적용되는 소의 종류

집행정지신청이 허용될 수 있는 소송은 취소소송과 무효등확인소송이며(행소 제23조 2항, 제38조 1항), 부작위는 처분의 외관도 존재하지 아니하므로 부작위위법확인소송의 경우에는 집행정지에 관한 규정이 적용되지 않는다(행소 제38조 2항 참조). 당사자소송에서도 집행력이 인정되지 않으므로 허용되지 아니한다.

2) 거부처분

거부처분·불허가처분은 그 효력을 정지하여도 신청인의 법적지위는 거부가 없는 상태, 즉 신청시의 상태로 돌아가는 데에 불과하고 행정청에게 신청에 따른 처분을 하여야 할 의무가 생기는 것은 아니다. 따라서 거부처분에 대하여는 집행정지가 인정되지 않는 것이 원칙이다(대법원 1992.2.13. 91두47 결정 등). 그러나 사건의 성질상 집행정지가 필요한 경우가 있는바, 그러한 경우에 예외적으로 집행정지가 가능한지에 관하여 견해가 대립된다.

대법원은 신청을 거부한 불허가처분의 효력을 정지시키더라도 이로 인하여 신청인에게 허가의 효력이 회복되는 것은 아니므로 불허처분의 효력정지로서는 신청인이 입게 될 손해를 피하는 데 아무런 보탬이 되지 아니하여 그 불허처분의 효력정지를 구할 법적 이익이 없다고 하여[168] 부정설을 취하였다(대법원 1992.2.13. 91두47 결정).[169] 대법원은 그 후에도 같은 입장을 견지하고 있다(대법원 1995.6.21. 95두26 결정, 대법원 2005.1.17. 2004무48 결정).

---

168) 집행정지의 요건이 결여된 집행정지신청에 대하여 법원은 각하 결정을 한다.

169) [사실관계] ⇒ 투전기업소를 운영하고 있는 원고는 투전기업소에 대한 5년의 허가기간이 1991.12.31.에 만료될 예정이어서 1991.11.20.에 갱신허가신청을 하고 1991.12.31. 이후에도 영업을 계속하여 왔다. 원고는 1992.1.20.에 갱신불허가처분이 내려지자 1992.1.25.자로 갱신불허가처분취소소송을 제기함과 동시에 갱신불허가처분의 효력정지신청을 하였다. 원고는 비록 종전 허가의 효력은 1991.12.31. 만료되었으나 갱신불허가처분이 있을 때까지 영업을 계속해 왔으며, 종전 영업허가의 효력은 종전의 허가만료 전에 갱신허가신청을 하였으므로 합법적으로 존속하고 있다고 주장한다.

그러나 서울행정법원은 한약사국가시험에서 응시자격이 없다는 것을 이유로 원서가 반려된 사건에서 그 반려처분의 효력을 정지하여 국가시험의 응시기회를 부여하였고(서울행정법원 2000.2.18. 2000아120 결정),[170] 또 2단계로 시행된 국립대학 입학시험과 관련하여서는 1차 전형 불합격처분의 효력을 정지하여 2차 시험에 응시하도록 한 바 있다(서울행정법원 2003.1.14. 2003아957 결정).

나. 본안소송의 계속

민사소송에서는 본안소송 제기 전에 보전처분(가압류·가처분)의 신청이 가능하나, 행정소송상의 집행정지는 본안소송이 법원에 계속(係屬) 중일 것을 요한다.[171]

실무에서는 집행정지신청시에 본안소송이 제기되어 있지 않더라도 집행정지결정시까지 본안소송이 제기되면 하자가 보완되는 것으로 보고 있다.

이때의 본안소송은 소송요건(행정심판전치·제소기간 등)을 갖춘 적법한 것이어야 한다(대법원 2010.11.26. 2010무137 결정 등). 집행정지결정을 한 이후에라도 본안소송이 취하되는 등으로 소송계속의 효과가 소멸되면 집행정지결정은 당연히 그 효력이 소멸된다(대법원 1975.11.11. 선고 75누97 판결, 대법원 2007.6.28. 2005무75 결정).

◈ 대법원 2007.6.28. 자 2005무75 결정 【집행정지】

> 행정처분의 집행정지는 행정처분집행 부정지의 원칙에 대한 예외로서 인정되는 일시적인 응급처분이라 할 것이므로 집행정지결정을 하려면 이에 대한 본안소송이 법원에 제기되어 계속 중임을 요건으로 하는 것이므로 집행정지결정을 한 후에라도 본안소송이 취하되어 소송이 계속하지 아니한 것으로 되면 집행정지결정은 당연히 그 효력이 소멸되는 것이고 별도의 취소조치를 필요로 하는 것이 아니다.

---

170) 2000.2.20.에 시행될 제1회 한약사 국가시험에 응시한 원고들은 '한약관련과목의 이수가 부족하여 응시자격이 없다'는 이유로 그들의 원서가 반려되자, 반려처분을 한 '한국보건의료인 국가시험원'을 상대로 반려처분취소소송을 제기하였다(서울행정법원 2000구3817). 이 소송의 쟁점은 원고들이 이수한 과목이 한약관련과목인지의 여부이지만, 본안판결이 날 때이면 이미 시험이 끝나 소의 이익이 사라지게 될 것이다. 이에 원고들은 반려처분의 집행정지를 신청하였다(2000아120). 이 신청에 대하여 재판부는 2000.2.18. "본안에서 이 사건 반려처분의 적법성이 부정될 개연성을 배제할 수 없는데, 이 반려처분의 효력이 제1회 한약사 국가시험 시행시까지 유지된다면, 그 동안 시험을 준비해 왔고 시험에 합격할 가능성이 있는 신청인들의 응시기회가 부당히 박탈될 수 있으므로 반려처분의 효력을 정지한다"고 판시하여 집행정지신청을 인용하였다. 그 후 행정청은 원고들에게 일단 응시자격을 부여하였고, 이에 따라 원고들은 시험에 응시할 수 있게 되었다(행정재판실무편람, 85면).

171) 정확히는, 상대방에게 소장 송달까지 이루어짐에 따라 발생하는 소송법상의 효과로서의 소송계속(rechtshänig)이 아니라 소제기가 이루어진 상태(anhängig)로 족하다(행정소송의 이론과 실무, 개정판, 155면).

다. 회복하기 어려운 손해발생의 우려

집행부정지의 원칙에 따라 집행이 완료되면, 나중에 본안소송에서 처분이 취소되더라도 회복하기 어려운 손해가 발생할 수 있다. 따라서 사후의 조치로는 회복하기 어려운 손해발생의 우려가 있는 경우에는 예외적으로 집행정지를 인정할 필요가 있게 되는 것이다.

'회복하기 어려운 손해'란 특별한 사정이 없는 한 금전으로 보상할 수 없는 손해로서, 금전보상이 불가능한 경우 내지는 금전보상으로는 사회통념상 행정처분을 받은 당사자가 참고 견딜 수 없거나 또는 참고 견디기가 현저히 곤란한 경우의 유형·무형의 손해를 말한다(대법원 2003.4.25. 2003무2 결정, 대법원 2011.4.21. 2010무111 전원합의체 결정 등).

라. 긴급한 필요

회복하기 어려운 손해발생의 가능성이 시간적으로 절박하여 본안판결을 기다릴 여유가 없는 경우를 말한다(대법원 1994.1.17. 93두79 결정). 손해발생의 가능성과 시간적 절박성을 포괄하는 개념이다.

마. 공공복리에 중대한 영향을 미칠 우려가 없을 것

'공공복리에 중대한 영향을 미칠 우려'라 함은 일반적·추상적인 공익에 대한 침해의 가능성이 아니라 당해 처분의 집행과 관련된 구체적·개별적인 공익에 중대한 해를 입힐 개연성을 말한다(대법원 2004.5.12. 2003무41 결정). 구체적인 사건에서 처분의 집행에 의해 신청인이 입을 손해와 처분의 집행정지에 의해 영향을 받을 공공복리를 비교·형량하여 정하여야 한다. 집행정지가 허용되지 아니하는 경우는 처분의 집행이 단순히 공공복리에 영향을 미치는 것만으로는 부족하고, 신청인이 입게 될 손해보다 공공복리에 미칠 영향이 중대한 때를 말한다.

판례는 「출입국관리법」상 강제퇴거명령에 대하여는 집행정지를 허용하면서, 강제퇴거명령의 집행을 위한 보호명령에[172] 대하여는 외국인 출입국관리에 막대한 지장이 있다는 이유로 보호명령에 대한 집행정지 불허 결정을 한 바 있다(대법원 1997.1.20. 96두31 결정).

---

172) § 출입국관리법 제63조(강제퇴거명령을 받은 사람의 보호 및 보호해제)

① 사무소장·출장소장 또는 외국인보호소장은 강제퇴거명령을 받은 사람을 여권 미소지 또는 교통편 미확보 등의 사유로 즉시 대한민국 밖으로 송환할 수 없으면 송환할 수 있을 때까지 그를 보호시설에 보호할 수 있다.

바. 본안 청구의 이유 없음이 명백하지 않을 것

본안소송에서 처분의 취소가능성이 없음에도 불구하고 처분의 집행정지를 인정하는 것은 제도의 취지에 반하므로, 집행정지사건 자체에 의하여도 신청인의 본안청구가 이유 없음이 명백한 때에는 행정처분의 집행정지를 명할 수 없다(대법원 2008.5.6. 2007무147 결정 등).

명문의 규정은 없으나, 집행정지사건 자체에 의하여도 신청인의 본안청구가 이유 없음이 명백하지 않을 것(즉, 적법한 것)을 집행정지의 요건에 포함하는 것이 판례의 입장이다(대법원 2010.11.26. 2010무137 결정, 대법원 2013.1.31. 2011아73 결정).[173)]

2. 입증책임 및 심리

집행정지는 당사자의 신청 또는 직권에 의하여 한다(행소 제23조 2항). 관할법원은 본안이 계속된 법원으로, 상고심도 포함된다. 집행정지의 요건에 관하여는 증명이 아닌 소명(疏明)으로 족함은 민사상 보전처분의 경우와 같다(행소 제23조 4항).

'회복하기 어려운 손해' 등 적극적 요건에 대한 주장·소명책임은 신청인에게 있고, '공공복리에 중대한 영향을 미칠 우려'·'본안 청구의 이유 없음이 명백하지 않을 것'등 소극적 요건에 대한 주장·소명책임은 행정청에게 있다(대법원 2008.5.6. 2007무147 결정 등).

행정사건의 특성상 집행정지사건은 밀행성을 요구하지 아니하므로 통상 심문절차를 열어 당사자의 주장 및 소명자료의 제출을 받는다. 제재처분의 처분일과 처분의 효력발생일이 매우 근접한 사건의 경우에는 긴급성에 비추어 집행정지신청에 대한 종국적 결정을 하기 전에 심문 없이 잠정적으로 단기간(통상 2-3주)의 집행정지를 명하는 것이 실무관행이다.[174)]

3. 집행정지결정의 내용

가. 각하 · 기각 결정

집행정지의 이익이 없으면 원칙적으로 신청을 각하하여야 하나, 판례는 기각결정을 하더라도 위법한 것은 아니라고 본다(대법원 1995.6.21. 자 95두26 결정).

나. 인용결정

집행정지의 대상은 처분의 효력, 그 집행 또는 그 절차의 속행이다(행소 제23조

---

173) 법무부의 행정소송법개정법률안에는, 명문의 규정이 없었던 위 요건을 '신청인의 본안 청구가 이유 없음이 명백한 경우'로 명문화 하였다(개정안 제24조 3항).

174) 서울행정법원 실무연구회,「행정소송의 이론과 실무」, 개정판(2014년), 166면.

1항). 처분의 효력정지는 처분등의 집행 또는 절차의 속행을 정지함으로써 목적을 달성할 수 있는 경우에는 허용되지 아니한다(행소 제23조 2항 단서).

◈ 대법원 2000.1.8. 자 2000무35 결정 【집행정지】

【사실관계】

신청인들(2명)이 1998.9.18. 및 같은 해 11.14. 피신청인(서울지방병무청장)에 의하여 각각 산업기능요원으로 편입되어 지정업체인 A 회사에서 근무하던 중 2000.3.17.부터 같은 해 6.21. 경까지에는 A 회사가 아닌 B은행 강남지점에 나가 근무하였다고 본 피신청인이 이를 산업기능요원 편입 당시 지정업체의 해당 분야에 종사하지 아니한 것에 해당한다고 하여 신청인들에 대한 산업기능요원 편입처분을 2000.8.21.자로 취소하는 이 사건 처분을 하였고, 원심은 그 처분의 효력정지를 명한 제1심 결정을 그대로 유지하였다.

【결정요지】

[1] 행정소송법 제23조 제2항과 제3항의 규정에 의하여, 처분에 대한 집행정지는 원칙적으로 처분이나 그 집행 또는 절차의 속행으로 인하여 생길 회복하기 어려운 손해를 예방하기 위하여 긴급한 필요가 있고 달리 공공복리에 중대한 영향을 미치지 아니할 것을 요건으로 하여 허용되지만, 그러한 집행정지 중 처분 자체에 대한 효력정지는 처분의 집행이나 절차의 속행을 정지함으로써 목적을 달성할 수 있는 경우에는 허용되지 아니한다.

[2] 산업기능요원 편입 당시 지정업체의 해당 분야에 종사하지 아니하였음을 이유로 산업기능요원의 편입이 취소된 사람은, — 그 취소처분으로 인하여 입게 될 회복할 수 없는 손해는 그 처분에 의하여 산업기능요원 편입이 취소됨으로써 편입 이전의 신분으로 복귀하여 현역병으로 입영하게 되거나 혹은 공익근무요원으로 소집되는 부분이라고 할 것이며, 이러한 손해에 대한 예방은 그 처분의 효력을 정지하지 아니하더라도 그 후속절차로 이루어지는 현역병 입영처분이나 공익근무요원 소집처분 절차의 속행을 정지함으로써 달성할 수가 있으므로, 산업기능요원편입취소처분에 대한 집행정지로서는 그 후속절차의 속행정지만이 가능하고 그 처분 자체에 대한 효력정지는 허용되지 아니한다.[175]

그러나, 효력정지든 집행이나 절차의 속행정지든 모두 소급효를 갖지 않고 장래효만 갖는다고 보기 때문에 이를 구별할 실익은 크지 않고, 실무상으로도 이를 엄

175) 이 사건 대법원 판결의 주문은 다음과 같다.
【주문】 원심결정을 파기하고 제1심 결정을 취소한다. 피신청인이 2000. 8. 21. 신청인들에 대하여 한 산업기능요원편입취소처분은 그 당사자들 사이의 서울행정법원 2000구26711 산업기능요원편입취소처분 등 취소사건의 본안판결 선고시까지 그 절차의 속행을 각 정지한다. 신청인들의 나머지 신청을 각 기각한다.

밀히 구별하여 결정의 주문을 내고 있지도 않는다.[176]

4. 집행정지결정의 효력

가. 기속력

집행정지결정은 취소판결의 기속력에 준하여 당해 사건에 관하여 당사자인 행정청과 관계행정청을 기속한다(행소 제23조 6항, 제30조 1항). 따라서 처분에 대한 집행정지결정이 있은 후에는 행정청은 동일한 내용으로 다시 새로운 행정처분을 하거나 또는 그에 관련된 처분을 할 수 없다. 집행정지결정에 위배되는 후속 행정처분은 그 하자가 중대하고 명백하여 무효가 된다.

> ▣ **사례연구** : 법전원협의회 2013년 제3회 변호사시험모의고사(2013.10.28.) 기록형시험 참조]
> : 출입국관리사무소장이 외국인에 대하여 2014.1.10. 출국명령을 하였다(출국기한 2014.4.10). 외국인이 이에 불복하여 출국명령의 취소소송과 집행정지신청을 제기하였고, 법원은 취소소송의 1심판결선고시까지 처분(출국명령)의 집행정지 결정을 하였다. 출입국관리사무소장이 집행정지기간 중에 또다시 새로운 출국명령(출국기한 2014.8.10.)을 하였다면 이는 집행정지결정의 기속력에 반하는 것으로 무효가 된다.

나. 형성력

집행정지의 결정이 있게 되면 행정처분이 없었던 원래의 상태가 된다. 집행정지의 결정은 장래에 향해서만 효력이 발생한다. 따라서 집행정지결정은 그때까지 형성된 법률관계에 대하여는 영향을 미치지 않는다.

다. 시간적 효력(집행정지기간)

법원은 신청인이 구하는 정지 기간에 구애됨이 없이 그 집행정지의 시기(始期)와 종기(終期)를 자유롭게 정할 수 있다. 집행정지는 장래효만 존재하므로 처분의 효력을 소급하여 정지하는 것은 허용되지 않는다.

5. 집행정지결정에 대한 불복

집행정지의 결정 또는 기각결정에 대하여는 즉시항고 할 수 있다. 이 경우 집행정지의 결정에 대한 즉시항고에는 결정의 집행을 정지하는 효력이 없다(행소 제23조

176) 서울행정법원 실무연구회,「행정소송의 이론과 실무」, 개정판(2014년), 167면.

5항).[177)]

「행정소송법」제23조 제2항에서 정한 요건을 결여하였다는 이유로 집행정지나 효력정지 신청을 기각한 결정에 대하여 행정처분 자체의 적법 여부를 가지고 불복사유로 삼을 수 있는지 문제된다. 법원이 처분 자체의 적법여부를 사실상 판단할 수밖에 없지만, 판례는 행정처분 자체의 적법 여부를 가지고 불복사유로 삼을 수 없다는 입장이다(대법원 2011.4.21. 자 2010무111 전원합의체 결정).

◈ 대법원 2011.4.21. 자 2010무111 전원합의체 결정【집행정지】[178)]

[다수의견] 행정처분의 효력정지나 집행정지를 구하는 신청사건에서는 행정처분 자체의 적법 여부를 판단할 것이 아니고 행정처분의 효력이나 집행 등을 정지시킬 필요가 있는지 여부, 즉 행정소송법 제23조 제2항에서 정한 요건의 존부만이 판단대상이 된다. 나아가 '처분 등이나 그 집행 또는 절차의 속행으로 인한 손해발생의 우려' 등 적극적 요건에 관한 주장·소명 책임은 원칙적으로 신청인 측에 있으며, 이러한 요건을 결여하였다는 이유로 효력정지 신청을 기각한 결정에 대하여 행정처분 자체의 적법 여부를 가지고 불복사유로 삼을 수 없다.

[대법관 4인의 반대의견 있음]

Ⅱ. 집행정지신청서

집행정지신청서 양식은 기본적으로 소장의 구조와 같다. 다만 소장이 판결절차를 구하는 데에 비하여, 집행정지신청은 결정을 구하는 절차이므로 기본적으로 그 용어와 증명의 정도가 다르다.

1. 당사자

소장의 당사자 기재 방법과 같다. 신청인·피신청인으로 호칭만 다르다.

2. 신청취지

소장에서와 달리 판결이 아닌 결정을 구한다.

177) 민사소송에서 즉시항고는 집행을 정지시키는 효력을 가진다(민사소송법 제447조).

178) '4대강사업 위헌·위법심판을 위한 국민소송단' 회원 6,180명이 국토해양부장관 등을 상대로 '4대강살리기' 사업을 중단해 달라며 제기한 집행정지신청 재항고사건.

신청취지 (기본형)
피신청인이 2015.5.10. 신청인에 대하여 한 ○○○ 처분은 이 법원 (사건번호) ○○○○취소청구사건의 판결 선고 시까지 그 집행(또는 효력)을 정지한다. 라는 결정을 구합니다.

3. 신청이유

신청취지와 같은 신청을 하게 된 구체적 신청이유를 기재한다. 행정처분(당사자의 지위와 처분사유), 처분의 위법성, 집행정지의 요건을 순서대로 기재하는 방법이 무난하다.

4. 소명방법

소장에서는 '입증방법'을 표기하지만, 집행정지 사건은 재판절차와 집행절차에 있어서 신속성이 요구되므로 주장사실에 대한 증거는 증명까지 요구하지 아니하고 소명으로 족하도록 하고 있다(행소 제23조 4항).

[집행정지신청서 양식]

집 행 정 지 신 청

신 청 인　　김미녀(1981.10.10. 생, 金美女)
서울 강남구 역삼동 123. 지하 1층
신청대리인 법무법인 동남풍
담당변호사 제공명
서울 강남구 역삼동 823-1 동남빌딩 7층
대표전화 02-6655-7788 E-mail : bs200@hamail.net

피신청인　　서울특별시 강남구청장

영업정지처분집행정지

신 청 취 지

피신청인이 2011.9.6. 신청인에 대하여 한 영업정지 1월 15일의 처분은 이 법원 행정부 2011구합1088호 영업정지처분취소 청구사건의 판결 선고시까지 그 집행을 정지한다.
라는 결정을 구합니다.

신 청 이 유

(행정처분, 처분의 위법성, 집행정지의 요건을 순서대로 기재한다)

소 명 방 법

소갑 제1호증　　영업정지 1월 처분 통지서
소갑 제2호증　　소제기 증명원(2011구합1088호 영업정지처분취소 사건)

첨 부 서 류

1. 위 소명방법　　각 1부
2. 송달료 및 인지대 납부서　　각 1부
3. 신청서 부본　　1부

2011. 9. 16.

신청인 대리인 법무법인 동남풍
담당변호사 제공명 (인)

서울행정법원 귀중

제2항 행정소송법상의 가처분[179)]

Ⅰ. 민사집행법상의 가처분제도

1. 보전처분

민사소송에 있어서 채무자가 재판진행 중에 불리함을 예견하고 재산을 도피시켜버리면 채권자가 나중에 승소하더라도 강제집행의 대상이 없게 되어 재판의 승소는 아무런 의미가 없게 된다. 따라서 채무자의 재산을 강제집행 개시시까지 잠정적으로 보전시킬 필요가 있는바, 이와 같이 집행을 보전하기 위하여 또는 손해방지를 위하여 필요한 잠정적 조치를 보전처분이라고 한다.[180)]

보전처분은 「민사집행법」 제4편에 규정되어 있는 가압류와 가처분을 말한다.

가압류(假押留)는 금전채권이나 금전으로 환산할 수 있는 채권의 집행을 보전할 목적으로 미리 채무자의 재산을 동결시켜 채무자로부터 그 재산에 대한 처분권을 잠정적으로 빼앗는 제도이다. 가압류는 금전채권자가 취하는 채무자의 일반재산의 감소를 방지하기 위한 법적 수단이 된다.

2. 가처분

가처분(假處分)은 금전채권 이외의 권리 또는 법률관계에 관한 확정판결의 강제집행을 보전하기 위한 제도이다. 가처분은 다음 두 가지로 나뉜다.

가. 다툼의 대상에 관한 가처분(민사집행법 제300조 1항)[181)]

채권자가 금전 이외의 물건이나 권리를 대상으로 하는 청구권을 가지고 있을 때 그 강제집행시까지 다툼의 대상(계쟁물)이 처분·멸실되는 등 법률적·사실적 변경이 생기는 것을 방지하고자 다툼의 대상(계쟁물)의 현상을 동결시키는 보전처분이다. 그 청구권이 금전채권이 아니라는 점과 그 대상이 채무자의 일반재산이 아닌 특정 물건이나 권리라는 점에서 가압류와 다르다.[182)]

---

179) 이철환(행정구제법), 제3판, 373-377면 참조.

180) 보전처분은 잠정성, 밀행성, 신속성, 부수성, 자유재량성 등의 특성을 갖는다(이철환, 민사소액재판실무, 제2판, 300면 이하).

181) '계쟁물에 관한 가처분'이라고도 한다.

182) 법원실무제요(민사집행 Ⅳ), 7면.

나. 임시의 지위를 정하는 가처분(민사집행법 제300조 2항)

당사자 사이에 현재 다툼이 있는 권리 또는 법률관계가 존재하고 그에 대한 확정판결이 있기까지 현상의 진행을 그대로 방치한다면 권리자가 현저한 손해를 입거나 급박한 위험에 처하는 등 소송의 목적을 달성하기 어려운 경우에 그로 인한 위험을 방지하기 위해 잠정적으로 권리 또는 법률관계에 관하여 임시의 지위를 정하는 보전처분이다. 보전하고자 하는 권리 또는 법률관계의 종류를 묻지 아니한다.

단순히 현상을 동결함에 그치지 않고 권리 또는 법률관계에 관하여 임시의 조치를 행하는 것이므로 그 집행에 의하여 새로운 법률관계가 형성되는 것이지만 이는 확정판결의 집행을 용이하게 하고 그때까지의 손해를 방지하고자 하는 임시적인 조치에 그친다.

Ⅱ. 행정소송에서 가처분의 인정여부

1. 항고소송에서 가처분의 인정여부

집행정지제도는 침익적 행정처분에 대하여 그 효력 등을 정지시키는 소극적 기능만을 수행한다. 수익적 행정처분의 신청에 대한 부작위·거부 등에 대한 잠정적 허가·급부 등의 적극적 조치는 집행정지제도만으로는 불가능하고, 가처분제도가 허용되어야 비로소 그 구제가 가능하게 된다. 거부처분에 대하여는 집행정지의 대상이 되지 않는다는 것이 판례의 입장임은 앞서 본 바와 같다. 이에 가처분제도를 인정할 필요성이 대두된다. 여기에서의 가처분은 주로 「민사집행법」제300조 2항 소정의 '임시의 지위를 정하는 가처분'이 해당될 것이다.

현행 「행정소송법」에는 명문의 규정이 없으므로, 「행정소송법」제8조 2항을 근거로 하여, 「민사집행법」상의 가처분제도가 행정소송에도 준용될 수 있는지에 관하여 ① 부정설(「행정소송법」상의 집행정지에 관한 규정은 「민사집행법」상의 가처분제도에 대한 '특별한 규정'이므로 「민사집행법」상의 가처분을 배제한다는 뜻을 포함한다), ② 긍정설(「행정소송법」은 가처분에 관하여 아무런 규정도 두고 있지 않으므로 「행정소송법」제8조 2항에 따라 「민사집행법」상의 가처분규정을 준용할 수 있고, 가처분을 통하여 국민의 권리보호를 실효성 있게 보장할 수 있다), ③ 제한적 긍정설(예컨대 거부처분의 효력을 잠정적으로 배제할 필요가 있는 경우에는 집행정지제도로는 가구제가 안 되므로 가처분제도를 활용하여 행정처분에 따르는 불이익을 잠정적이나마 배제할 필요가 있다) 등으로 견해가 나뉜다.

요컨대, 현행법의 해석론에 의하면 부정설이 타당하다. 「행정소송법」이 「민사집행법」과 다른 가구제제도를 둔 것은 공익상의 관련성 때문에 「민사집행법」의 가처분을 배제하고 특별한 규정을 둔 것이라 할 것이다. 그러나 입법론으로는 의무이행소송과 예방적 금지소송을 인정하는 경우 권리구제의 실효성을 위하여 가처분을 인정하여야 할 것이다.[183] 2010.1.25. 전부 개정된 「행정심판법」에서는 가처분의 일종으로 임시처분제도를 도입하였다(행심 제31조).

판례도 부정설 입장이다. 「민사소송법」상의 보전처분은 민사판결절차에 의하여 보호받을 수 있는 권리에 관한 것이므로, 「민사소송법」상의 가처분으로써 행정청의 어떠한 행정행위의 금지를 구하는 것은 허용될 수 없다고 한다(대법원 1961.11.20. 4292행상2 결정, 대법원 1992.7.6. 자 92마54 결정, 대법원 2009.11.2. 자 2009마596 결정, 대법원 2011.4.18. 자 2010마1576 결정).

◈ 대법원 2011.4.18. 자 2010마1576 결정 【자동차사업면허처분금지가처분】

[1] 민사집행법상의 가처분으로 행정청의 행정행위 금지를 구하는 것은 허용될 수 없다.
[2] 채권자 갑이 채무자 을에 대한 대여금채권을 담보하기 위해 을 소유의 개인택시에 대한 근저당권을 설정하고 을에게서 '여객자동차운송사업면허 불처분각서'를 받았는데 위 개인택시와 더불어 면허를 처분할 우려가 있어서 을에 대하여 면허의 처분금지가처분을 구함과 아울러 관할 행정청을 제3채무자로 하여 위 면허의 채무자명의 변경금지가처분을 구한 사안에서, 면허의 채무자명의 변경금지를 구하는 부분은 민사집행법상의 가처분으로 행정청의 면허처분에 따른 인가 금지를 구하는 것이므로 허용될 수 없지만, 을을 상대로 면허의 처분금지를 구하는 부분은 위 각서에 기한 면허의 처분금지청구권이라는 권리관계에 대하여 임시의 지위를 정하기 위한 것으로서 허용될 수 있다고 한 사례.

2. 당사자소송에서의 가처분 등의 인정

가. 가처분

당사자소송에서는 항고소송에서의 집행정지 규정이 적용되지 아니하며(행소 제44조 1항), 당사자소송은 민사소송과 유사하므로 「민사집행법」상의 가처분이 준용된다는 것이 일반적 견해이다. 판례도 같다(대법원 2015.8.21.자 2015무26 결정). 같은 이유에서 가압류도 인정된다고 본다.

---

183) 법무부의 행정소송법개정법률안에는, 이른바 '다툼의 대상에 관한 가처분'과 당사자의 임시의 지위를 정하는 가처분을 규정하였다(개정안 제26조).

나. 가집행선고

「행정소송법」제8조 제2항에 의하면 행정소송에도 「민사소송법」의 규정이 일반적으로 준용되므로 법원으로서는 공법상 당사자소송에서 재산권의 청구를 인용하는 판결을 하는 경우 가집행선고를 할 수 있다(대법원 2000.11.28. 선고 99두3416 판결). 다만, 국가를 상대로 하는 당사자소송의 경우에는 가집행을 선고할 수 없다(행소 제43조). 그러나 국가를 상대로 하는 재산권청구로서의 당사자소송에 대해서까지 가집행선고를 할 수 없게 하는 것은 헌법상 평등원칙에 위반된다는 주장이 제기된다.[184]

제3항 행정심판법상의 가구제[185]

Ⅰ. 집행정지

1. 집행정지의 요건

행정심판이 제기되어도 처분의 효력이나 집행 또는 절차의 속행을 정지키지 아니한다. ☞ [집행부정지의 원칙]

위원회는 처분, 처분의 집행 또는 절차의 속행 때문에 중대한 손해가 생기는 것을 예방할 필요성이 긴급하다고 인정할 때에는 직권으로 또는 당사자의 신청에 의하여 처분의 효력, 처분의 집행 또는 절차의 속행의 전부 또는 일부의 정지(이하 "집행정지"라 한다)를 결정할 수 있다(행심 제30조 2항 본문).

1) 집행정지의 적극적 요건으로 ① 처분이나 그 집행 또는 절차의 속행 때문에 ② 중대한 손해가 생기는 것을 예방할 필요성이 ③ 긴급하다고 인정되어야 한다(행심 제30조 2항 본문).

2) 소극적 요건으로서 그것이 공공복리에 중대한 영향을 미칠 우려가 있을 때에는 집행정지는 허용되지 않는다(행심 제30조 3항).

2. 중대한 손해발생의 예방 필요성

전부개정 전의 「행정심판법」(제21조 2항)에 의하면 집행정지 요건으로 "회복하기

---

184) 법무부는 2011.4.1. 국가를 당사자로 하는 소송의 경우에 가집행선고를 금지하고 있는 현행 행정소송법 제43조 규정을 삭제하는 내용의 <행정소송법개정안>을 입법예고했다(법률신문 2011.4.7.자 6면 참조).

185) 이철환(행정구제법), 제3판, 469-474면 참조.

어려운 손해"의 예방을 들고 있었던바, 회복하기 어려운 손해에 대하여 판례의 입장은 원상회복 또는 금전으로 보상할 수 없는 손해로 보고 있어서[186], 금전상 손해에 대하여는 중대한 손해일지라도 집행정지를 인정하는데 오히려 제약요인으로 작용하고 있었다.

현행 「행정심판법」은 그 요건을 "중대한 손해"로 개정하여 집행정지요건을 완화하였다. 중대한 손해란 회복하기 어려운 손해 정도에는 미치지 못하지만 당사자에게 수인시키는 것이 사회통념상 가혹한 것으로 판단되는 경우가 이에 해당된다고 볼 수 있을 것이다.

3. 집행정지절차

1) 집행정지는 행정심판위원회가 직권 또는 당사자의 신청에 의하여 위원회의 결정에 의한다(행심 제30조 2항).

2) 위원회의 심리 · 결정을 기다릴 경우 중대한 손해가 생길 우려가 있다고 인정되면 위원장은 직권으로 위원회의 심리 · 결정을 갈음하는 결정을 할 수 있다[☞ 위원장의 직권결정]. 이 경우 위원장은 지체 없이 위원회에 그 사실을 보고하고 추인을 받아야 하며, 위원회의 추인을 받지 못하면 위원장은 집행정지 또는 집행정지 취소에 관한 결정을 취소하여야 한다(행심 제30조 6항).

Ⅱ. 임시처분

§ 행정심판법 제31조 (임시처분)

① 위원회는 처분 또는 부작위가 위법·부당하다고 상당히 의심되는 경우로서 처분 또는 부작위 때문에 당사자가 받을 우려가 있는 중대한 불이익이나 당사자에게 생길 급박한 위험을 막기 위하여 임시지위를 정하여야 할 필요가 있는 경우에는 직권으로 또는 당사자의 신청에 의하여 임시처분을 결정할 수 있다.

② 제1항에 따른 임시처분에 관하여는 제30조 제3항부터 제7항까지를 준용한다. 이 경우 같은 조 제6항 전단 중 "중대한 손해가 생길 우려"는 "중대한 불이익이나 급박한 위험이 생길 우려"로 본다.

③ 제1항에 따른 임시처분은 제30조 제2항에 따른 집행정지로 목적을 달성할 수 있는 경우에는 허용되지 아니한다.

---

186) 대법원 2008.5.6. 자 2007무147 결정 ⇒ '회복하기 어려운 손해'라 함은 특별한 사정이 없는 한 금전으로 보상할 수 없는 손해로서 이는 금전보상이 불능인 경우 내지는 금전보상으로는 사회관념상 행정처분을 받은 당사자가 참고 견딜 수 없거나 또는 참고 견디기가 현저히 곤란한 경우의 유·무형의 손해를 일컫는다.

1. 의의

집행정지제도는 소극적으로 침익적 처분의 효력을 정지시키는 데에 의미가 있을 뿐이며, 원칙적으로 거부처분이나 부작위의 경우 집행정지의 대상이 되지 않는다는 것이 다수 학설과 판례의 입장이다.

따라서 집행정지제도를 통해서는 구제할 수 없는 거부처분이나 부작위에 대한 가구제제도의 공백을 해소하기 위해서 임시적 구제제도를 마련할 필요가 있는바, 2010.1.25. 법률 제9968호로 전부 개정된 「행정심판법」은 집행정지제도 외에 가구제제도로서 임시처분제도를 도입하였다(행심 제31조). 임시처분은「민사집행법」상의 임시의 지위를 정하는 가처분에 해당한다. 임시처분제도가 도입됨으로써, 예컨대 행정고시 1차 시험에서 불합격된 자가 행정심판을 청구한 경우 일단 2차 시험을 볼 수 있는 자격을 임시로 부여한(임시처분) 후 나중에 본안에서 1차 시험 불합격처분의 위법 여부를 판단하는 것이 가능하게 되었다.

2. 요건

가. 적극적 요건

1) 심판청구의 계속 : 심판청구는 수익적 행정행위의 신청에 대한 거부처분의 취소심판 또는 부작위에 대한 의무이행심판청구를 의미한다.

2) 처분 또는 부작위가 위법·부당하다고 상당히 의심되는 경우일 것

3) 처분 또는 부작위 때문에 당사자가 받을 우려가 있는 중대한 불이익이나 당사자에게 생길 급박한 위험이 있을 것.

4) 이를 막기 위하여 임시지위를 정하여야 할 필요가 있을 것 : 「민사집행법」상의 '보전의 필요성' 즉, 계속되는 권리관계에 끼칠 현저한 손해를 피하거나 급박한 위험을 막기 위하여 또는 그 밖의 필요한 이유가 있을 경우(민집 제300조 제2항)에 해당한다.

나. 소극적 요건

공공복리에 대한 중대한 영향을 미칠 우려가 있는 때에는 허용되지 않는다(행심 제31조 2항, 제30조 3항).

3. 임시처분의 보충성

임시처분은 집행정지로 목적을 달성할 수 있는 경우에는 허용되지 아니한다(행

심 제31조 3항). 침익적 행정행위에 대한 취소심판은 집행정지로 목적달성이 가능할 것이므로 임시처분이 허용되지 않는다.[187)]

4. 임시처분의 절차

1) 위원회는 직권 또는 당사자의 신청에 의하여 임시처분을 결정할 수 있다(행심 제31조 1항).

2) 위원회는 임시처분을 결정한 후에 임시처분이 공공복리에 중대한 영향을 미치거나 그 정지사유가 없어진 경우에는 직권 또는 당사자의 신청에 의하여 이 결정을 취소할 수 있다(행심 제30조 4항, 제31조 2항).

3) 위원회의 심리·결정을 기다릴 경우 중대한 손해가 생길 우려가 있다고 인정되면 위원장은 직권으로 위원회의 심리·결정에 갈음하는 결정을 할 수 있다(행심 제30조 6항, 제31조 2항). [☞ 위원장의 직권결정]

4) 위원회는 임시처분 또는 임시처분의 취소에 관하여 심리·결정하면 지체 없이 당사자에게 결정서 정본을 송달하여야 한다(행심 제30조 7항, 제31조 2항).

제4항 집행정지신청 사례 연습

Ⅰ. 사실관계

제1회 변호사시험 공법 기록형 기출문제 참고(☞ 제3절 제3항 Ⅱ. 기출문제 기록보기).

Ⅱ. 집행정지신청서 예시문[188)]

---

187) 실무상 임시처분의 인정은 거의 미미한 상태이다. 중앙행정심판위원회의 내부자료에 의하면, 2012~2014년에 모두 69건의 임시처분이 신청되어 그 중 60건은 기각되고, 9건은 각하되었다 [이원, "행정심판과 행정소송의 관계", 행정법학 제8호(한국행정법학회, 2015. 3.), 86면].

188) 제1회 변호사시험 공법기록형의 사례에, 집행정지신청서 작성을 추가하여 정지신청서를 작성한 것이다.

집 행 정 지 신 청

신 청 인 박미숙(1965. 06. 05. 생)
천안시 동남구 안서동 369
신청대리인 법무법인 필승
담당변호사 나성실
천안시 신부동 76-2 법조빌딩 3층
전화 041-555-1786

피 신 청 인 천안시장
(천안시 서북구 불당동 234-1)

노래연습장등록취소처분 집행정지

신 청 취 지

피신청인이 2011.9.13. 신청인에 대하여 한 노래연습장등록취소처분은 이 법원 2012구합***호 노래연습장등록취소처분취소 청구사건의 판결 선고시까지 그 집행을 정지한다.
라는 결정을 구합니다.

신 청 이 유

1. 행정처분

신청인은 2011.6.17. 전 영업자인 이원숙에게서 천안시 동남구 안서동 11-1에 있는 오케이 노래연습장을 양수하여, 2011.7.1.부터 재미 노래연습장이라는 상호로 영업을 해오고 있습니다.

피신청인은 2011.9.13. 신청인이 2011.7.25. 오후 7시 경 만 17세의 청소년을 출입시켜 영업을 하였다는 이유로 이 사건 노래방에 대하여 등록취소처분(이하 '이 사건 처분'이라고 함)을 하였습니다(소갑 제1호증 노래연습장 등록취소처분 통지).

2. 이 사건 처분의 위법성

(기재 생략 ☞ 소장 참조 [제3절 제3항 Ⅱ.(240~244면)])

3. 집행정지의 필요성

가. 본안 소송의 계속

신청인은 2012.1.3. 귀 법원에 이 사건 처분을 취소한다는 취지의 행정소송을 제기하여 현재 그 소송이 계속 중에 있습니다(소갑 제2호증, 2012구합***호 노래연습장등록취소처분취소 청구사건 소제기 증명원).

나. 회복하기 어려운 손해

신청인은 이원숙에게 권리금 1천만 원을 주고 노래방을 인수하여 이 사건 영업을 시작한 지 채 한 달이 지나지 않은 상태에서 등록취소를 당하였습니다.

노래방 영업은 신청인에게 유일한 생계수단입니다. 신청인이 노래방영업을 중단하게 되면, 당장 생계가 막막하고 한창 교육비가 들어가는 자식들을 제대로 키울 수 없게 될 뿐만 아니라 한 달 동안 어렵게 확보한 단골 고객들을 다른 업소로 빼앗기게 되어, 나중에 본안 소송에서 승소하더라도 종전의 영업상태를 유지할 수 없게 됩니다(소갑 제3호증 주민등록표, 소갑 제4호증 탄원서 참조). 만약 본안판결 선고시까지 이 사건 처분의 효력이 유지된다면 신청인이 본안판결에서 승소하더라도 회복하기 어려운 손해가 발생하게 됩니다.

다. 긴급한 필요

이 사건 노래연습장등록취소처분은 2011.10.13. 송달받았으며, 현재 신청인은 노래연습장의 영업을 중단하고 있습니다. 신청인이 본안소송을 제기하였으나 본안판결을 기다릴 여유가 없습니다.

라. 공공복리에 미치는 영향

이 사건 처분은 신청인에게 종전의 영업자의 위반행위까지 가중하여 등록취소처분을 한 것으로, 등록취소의 시기를 본안 소송의 판결 선고시까지 조금 늦추더라도 공공복리에 중대한 영향을 미칠 우려가 있는 때에 해당하지 않으며, 영업의 계속으로 인하여 시민의 불편을 초래하는 경우도 아닙니다. 반면 등록취소로 인하여 신청인이 입는 손실은 치명적인 것이어서, 이를 비교형량하면 그 집행을 일시 정지하는 것이 집행정지 제도를 둔 취지에 부합합니다.

마. 본안 청구의 승소 가능성

이 사건 처분은 당사자에게 의무를 부과하거나 권익을 제한하는 처분이므로 사전통지(행정절차법 제21조)와 의견청취(행정절차법 제22조)·청문(음악진흥법 제30조) 절차를 실시하여야 함에도 이러한 절차를 거치지 않은 절차상의 위법이 있으며, 행정처분의 기준을 위반하여 평등의 원칙·비례의 원칙 등을 위반하여 재량권을 남용한 위법한 처분입니다.

이러한 점 등을 고려할 때 본안 청구의 승소가능성은 매우 크다고 할 것입니다.

4. 결론

이 사건 처분의 집행을 정지하지 않으면 신청인이 본안 소송에서 승소하더라도 이미 회복할 수 없는 손실을 입은 후라서 행정소송을 제기한 목적을 달성할 수 없게 됩니다. 따라서 신청인의 권리를 보호하고 본안 판결의 실효성을 확보하기 위하여 신청취지와 같은 결정을 내려주시기 바랍니다.

소 명 방 법

소갑 제1호증 노래연습장 등록취소처분 통지
소갑 제2호증 노래연습장등록취소처분취소 청구사건 소제기 증명원
소갑 제3호증 주민등록표
소갑 제4호증 탄원서

첨 부 서 류

1. 위 소명방법 각 1부
2. 송달료 및 인지대 납부서 각 1부
3. 신청서 부본 1부

2012. 1. 3.

신청인 대리인 법무법인 필승

담당변호사 나 성 실 (인)

대전지방법원 귀중

제6절 손실보상금 증·감 소송

이하에서는 당사자소송 중 형식적 당사자소송에 해당하는, 토지수용위원회의 보상금액결정 재결[189]에 불복하여 제기하는 손실보상금증액·감액 청구소송에 대하여 보기로 한다.

우선 공용수용의 절차와 효과, 수용재결에 대한 불복방법에 대하여 일견하고 실제 사건의 기록에 나타난 재결서, 소장, 답변서 등을 예시한다.

제1항 공용수용

Ⅰ. 공용수용의 절차

「공익사업을 위한 토지 등의 취득 및 보상에 관한 법률」(이하 '토지보상법'이라고 약칭)에 규정된 공용수용의 보통절차는 [사업인정] → [토지조서·물건조서의 작성] → [협의] → [재결·화해]의 단계를 거쳐 진행된다.

1. 사업인정

가. 의의

공용수용의 절차는 사업인정의 개시부터 본격적으로 시작된다. 사업시행자가 토지를 수용·사용하고자 하는 때에는 대통령령이 정하는 바에 의하여 국토교통부장관의 사업인정을 받아야 한다(토지보상법 제20조 1항).

개별법에 의해 '토지보상법' 제20조의 사업인정이 의제되는 경우가 있다. 예컨대 「택지개발촉진법」 제12조 제2항[190]에 의한 택지개발예정지구로 지정·고시되면 사업인정이 의제되므로(사업인정의 의제), 이 경우에는 사업인정을 별도로 받지 않아도 된다. 인·허가시 사업인정을 의제하는 것은 인·허가의제사업의 촉진 등 효율적인 수행을 위한 것이므로 사업인정의 의제를 받지 않고, '토지보상법'상 사업인정을 받는 것도 가능하다(대법원 2005.4.29. 선고 2004두14670 판결).

189) 토지수용위원회(합의제 행정청)의 재결은 처분에 해당한다.

190) § 택지개발촉진법 제12조

② 제3조에 따른 예정지구의 지정·고시가 있은 때에는 토지보상법 제20조 1항 및 제22조의 규정에 의한 사업인정 및 사업인정의 고시가 있는 것으로 보며, ―.

나. 사업인정의 법적 성질

사업인정은 사업시행자에게 일정한 절차를 거칠 것을 조건으로 수용권을 설정해 주는 형성행위이며(대법원 2011.1.27. 선고 2000두1051 판결), 공공필요성의 인정에 있어서 사업인정행위는 재량행위이다(대법원 1992.11.13. 선고 92누596 판결, 대법원 2005.4.29. 선고 2004두14670 판결).

다. 사업인정의 요건

사업인정처분이 행해지기 위해서는 ① 법 제4조 각 호의 1에 해당하는 공익사업이어야 하고(토지보상법 4조), ② 공공필요성이 인정되어야 하며(헌법 제23조 3항), ③ 사업시행자에게 해당 사업을 수행할 의사와 능력이 있어야 한다(대법원 2011.1.27. 선고 2009두1051 판결).

◈ 대법원 2011.1.27. 선고 2009두1051 판결【토지수용재결처분취소】

[1] 사업인정이란 공익사업을 토지 등을 수용 또는 사용할 사업으로 결정하는 것으로서 공익사업의 시행자에게 그 후 일정한 절차를 거칠 것을 조건으로 일정한 내용의 수용권을 설정하여 주는 형성행위이므로, 해당 사업이 외형상 토지 등을 수용 또는 사용할 수 있는 사업에 해당한다고 하더라도 사업인정기관으로서는 그 사업이 공용수용을 할 만한 공익성이 있는지의 여부와 공익성이 있는 경우에도 그 사업의 내용과 방법에 관하여 사업인정에 관련된 자들의 이익을 공익과 사익 사이에서는 물론, 공익 상호간 및 사익 상호간에도 정당하게 비교·교량하여야 하고, 그 비교·교량은 비례의 원칙에 적합하도록 하여야 한다.

그뿐만 아니라 해당 공익사업을 수행하여 공익을 실현할 의사나 능력이 없는 자에게 타인의 재산권을 공권력적·강제적으로 박탈할 수 있는 수용권을 설정하여 줄 수는 없으므로, 사업시행자에게 해당 공익사업을 수행할 의사와 능력이 있어야 한다는 것도 사업인정의 한 요건이라고 보아야 한다.

[2] 사업시행자가 사업인정을 받은 후 그 사업이 공용수용을 할 만한 공익성을 상실하거나 사업인정에 관련된 자들의 이익이 현저히 비례의 원칙에 어긋나게 된 경우 또는 사업시행자가 해당 공익사업을 수행할 의사나 능력을 상실하였음에도 여전히 그 사업인정에 기하여 수용권을 행사하는 것은 수용권의 공익 목적에 반하는 수용권의 남용에 해당하여 허용되지 않는다.

라. 사업인정의 효과와 실효

1) 국토교통부장관의 사업인정의 고시가 있으면(법 제22조 1항), 고시한 날로부터 사업인정의 효과가 발생하며(법 제22조 3항), 수용권이 발생하고 수용목적물의 범

위가 확정된다.

① 사업인정의 고시 후 토지 등에 관하여 새로운 권리를 취득한 사람에 대하여는, 기존권리를 승계한 자를 제외하고는, 피수용자로서의 권리가 인정되지 않는다(법 제2조 5호 단서).

② 고시된 토지에 대하여는 피수용자를 포함하여 누구도 사업에 지장이 될 우려가 있는 형질변경 등의 행위가 금지되고, 고시된 토지에 공작물의 신축·개축·증축 등을 하고자 할 때에는 미리 시장·군수 또는 구청장의 허가를 얻어야 한다. 허가 없이 이러한 행위를 하였을 때에는 보상하지 않는다(법 제25조).

③ 수용에 따른 보상액은 사업인정 당시의 공시지가를 기준으로 하여 재결시까지의 통상적인 지가상승분을 더하여 산정하게 되어 있으므로, 사업인정의 고시는 보상액을 고정하는 효과를 가진다.

2) 사업시행자가 사업인정의 고시가 있은 날로부터 1년 이내에 재결을 신청하지 아니한 때에는, 당해 사업인정은 그 기간만료일 다음날부터 그 효력을 상실한다(법 제23조 1항). 재결을 거쳤다 하더라도 사업시행자가 수용의 시기까지 재결한 보상금을 지급 또는 공탁하지 아니하거나 무효인 공탁의 경우에도 재결을 신청하지 않은 상태가 된다(대법원 1996.9.20. 선고 95다17373 판결).

마. 사업인정에 대한 불복

사업인정은 처분이므로 그 절차에 하자가 있는 경우(예컨대 이해관계인의 의견을 청취하지 아니한 경우)에는 이에 불복하는 자는 행정쟁송으로 다툴 수 있다.

사업인정이 불가쟁력이 발생된 경우에, 사업인정의 하자를 이유로 후행행위인 재결처분을 다툴 수 있는지 문제가 된다. 판례는 사업인정과 수용재결 간에 하자의 승계를 인정하지 아니한다(대법원 2000.10.13. 선고 2000두5142 판결, 대법원 2009.11.26. 선고 2009두11607 판결).

2. 토지조서·물건조서의 작성

사업인정을 받은 사업시행자는 토지조서 및 물건조서를 작성하여 서명 또는 날인을 하고 토지소유자 및 관계인의 서명 또는 날인을 받아야 한다(토지보상법 제26조 1항, 14조 1항).

토지조서와 물건조서는 공익사업을 위해 수용 또는 사용할 필요가 있는 토지 및 그 토지 위에 있는 물건의 내용을 기재하는 사업시행자가 작성하는 문서이다.

적법하게 작성된 토지조서와 물건조서는 이의가 부기된 사항을 제외하고 거기에 기재된 사항이 진실에 합치하는 것으로 추정된다. 이의를 부기하지 않은 사항에 대하여 후일 이의를 제기하기 위해서는 조서의 기재가 진실이 아니라는 것을 입증하여야 한다(법 제27조 2항). 이의가 부기된 사항에 대해서는 토지수용위원회가 수용재결시 결정을 내린다.

3. 협의

가. 협의제도의 의의

협의(協議)에는 사업인정 전의 협의(법 제16조)와 사업인정 후의 협의(법 제26조)가 있다. 수용절차로서의 협의는 사업인정 후의 협의를 의미한다. 사업인정을 받은 사업시행자는 재결신청 전에 보상계획의 공고·통지 및 열람, 보상액의 산정과 토지소유자 및 관계인과의 협의의 절차를 거쳐야 한다(법 제26조 1항).

'토지보상법'은 협의절차를 필요적 절차로 하고 있으므로, 협의를 거치지 않고 재결을 신청하는 것은 위법하다(대법원 1994.4.15. 선고 93누18594 판결 참조).

협의가 성립되면 그것으로 공용수용의 절차는 종결되고, 협의의 내용에 따라 수용의 효과가 발생한다. 협의가 성립되지 아니하거나 협의를 할 수 없을 때에는 사업시행자는 사업인정 고시가 있은 날부터 1년 이내에 대통령령이 정하는 바에 따라 관할 토지수용위원회에 재결을 신청할 수 있다(법 제28조 1항).

나. 협의의 성질

협의는 사업시행자와 피수용자 쌍방의 합의에 의하여 이루어지며, 사업시행자의 일방적 행위에 의하여 이루어질 수 없다.

협의의 법적 성질에 대하여 ① 사법상 계약설(당사자관계는 대등한 사인관계로 보고, 협의를 수용권의 행사가 아니라 사법상의 매매계약과 성질상 같은 것으로 본다)과 ② 공법상 계약설(협의는 사업시행자가 국가적 공권의 주체로서 토지소유자 및 관계인에 대하여 기득의 수용권을 실행하는 방법에 불과하고 합의가 성립되지 않으면 재결에 의하게 된다는 점에서 수용계약이라고 본다)이 대립된다. 공법상계약설이 통설이나,[191] 판례는 사법상계약설을 취하고 있다(대법원 1999.3.23. 선고 98다48866 판결, 대법원 2012.2.23. 선고 2010다91206 판결, 대법원 2013.8.22. 선고 2012다3517 판결 등). 사법상계약설을 취하는 판례에 따르면 협의성립 후에 보상금을 지급하지 아니할 경우 보상금지급청구의 소송은 민사소송에 의하게 된다.

---

191) 박균성(강의), 제12판, 1187면; 정하중(개론), 제9판, 1227면; 홍정선(특강), 제14판, 1222면.

다만, 협의성립에 대한 토지수용위원회의 확인이 있으면 그 확인을 재결로 보는 바(법 제29조 4항), 협의의 법적 성질에 관한 논의는 확인을 받지 않은 협의에 한정된다.

◈ 대법원 2013.8.22. 선고 2012다3517 판결【부당이득반환】

'토지보상법'에 의한 보상합의는 공공기관이 사경제주체로서 행하는 사법상 계약의 실질을 가지는 것으로서, 당사자 간의 합의로 같은 법 소정의 손실보상의 기준에 의하지 아니한 손실보상금을 정할 수 있으며, 이와 같이 같은 법이 정하는 기준에 따르지 아니하고 손실보상액에 관한 합의를 하였다고 하더라도 그 합의가 착오 등을 이유로 적법하게 취소되지 않는 한 유효하다. 따라서 토지보상법에 의한 보상을 하면서 손실보상금에 관한 당사자 간의 합의가 성립하면 그 합의 내용대로 구속력이 있고, 손실보상금에 관한 합의 내용이 토지보상법에서 정하는 손실보상 기준에 맞지 않는다고 하더라도 합의가 적법하게 취소되는 등의 특별한 사정이 없는 한 추가로 토지보상법상 기준에 따른 손실보상금 청구를 할 수는 없다.

다. 협의성립의 확인

사업시행자는 협의가 성립된 경우 재결의 신청기간(사업인정고시가 있은 날부터 1년) 이내에 당해 토지소유자 및 관계인의 동의를 얻어 관할 토지수용위원회에 그 확인을 신청할 수 있고(법 제29조 1항), 이 경우 확인은 재결로 보며, 사업시행자·토지소유자 및 관계인은 그 확인된 협의의 성립이나 내용을 다툴 수 없다(법 제29조 4항). 이 규정의 취지는 합의에 수용재결과 같은 효과를 부여함으로써 수용재결절차에 의하지 아니하고 수용의 목적을 달성하게 하려는 데에 있다.

확인도 일종의 처분이므로 중앙토지수용위원회에 이의를 신청할 수 있고 행정소송으로 다툴 수 있다.

4. 재결

가. 재결(裁決)의 의의 및 성질

토지수용위원회의 재결(수용재결)은 사업시행자로 하여금 토지의 소유권 또는 사용권을 취득하도록 하고 사업시행자가 지급할 손실보상액을 정하는 결정을 말한다.

재결은 사업시행자에게 부여된 수용권의 구체적 내용을 결정하고 그 실행을 완성시키는 형성적 행정행위의 성질을 갖는다. 수용재결은 행정심판의 재결과는 구별되며, 토지수용위원회(합의제 행정청)의 처분(원 행정행위)이다. 준사법적 절차에 의해 행해지는 준사법적 행정행위이므로 불가변력이 인정된다.

나. 재결사항

토지수용위원회의 재결사항은 ① 수용 또는 사용할 토지의 구역 및 사용방법, ② 손실의 보상, ③ 수용 또는 사용의 개시일과 기간, ④ 그 밖에 이 법 및 다른 법률에서 규정한 사항이다(법 제50조 1항).

토지수용위원회는 사업시행자·토지소유자 또는 관계인이 신청한 범위 안에서 재결하여야 한다. 다만, 손실의 보상에 있어서는 당사자가 신청한 범위를 넘어서 증액재결을 할 수 있다(법 제50조 2항).

토지수용위원회는 그 사업인정이 취소되지 않는 한 그 기능상 사업인정 자체를 무의미하게 하는, 즉 사업의 시행이 불가능하게 되는 것과 같은 재결(예컨대, 수용신청 자체를 기각하는 재결)을 행할 수는 없다(대법원 2007.1.11. 선고 2004두8538 판결, 1994.11.11. 선고 93누19375 판결).

Ⅱ. 수용재결의 효과

토지수용위원회의 재결이 있으면 공용수용의 절차는 종결되고, 일정한 조건 하에 공용수용의 효과가 발생한다.

즉 사업시행자는 보상금의 지급 또는 공탁을 조건으로 하여 수용의 개시일에 수용목적물에 대한 권리를 원시취득하고, 피수용자가 수용목적물의 인도·이전의무를 이행하지 아니하는 경우에 대행 또는 대집행청구권을 가진다. 피수용자는 수용목적물의 인도·이전의무를 지는 한편 손실보상청구권 및 환매권을 획득한다.

사업시행자가 수용 또는 사용의 개시일까지 관할 토지수용위원회가 재결한 보상금을 지급 또는 공탁하지 아니하였을 때에는 당해 토지수용위원회의 재결은 그 효력을 상실한다(법 제42조 1항). 사업시행자는 재결의 효력이 상실됨으로 인하여 토지소유자 또는 관계인이 입은 손실을 보상하여야 한다(같은 조 2항).

제2항 재결에 대한 불복절차

토지수용위원회의 재결도 행정처분이므로, 재결에 대하여 불복이 있는 경우에는 행정상 쟁송절차에 따라 그 취소 등을 구할 수 있다. '토지보상법'은 재결에 대한 불복절차로 이의신청과 행정소송을 제기할 수 있게 하였다. 이의신청은 임의적 절차로, 이의신청을 거치지 않고 바로 행정소송을 제기할 수 있다(법 제85조).

Ⅰ. 이의신청

1. 이의신청의 제기

토지수용위원회의 수용재결에 대한 이의절차는 행정심판의 성질을 갖는 것이므로, '토지보상법'에 특별한 규정이 있는 것을 제외하고는 행정심판법의 규정이 적용된다(대법원 1992.6.9. 선고 92누565 판결).

중앙토지수용위원회의 수용재결에 대하여 이의가 있는 자는 중앙토지수용위원회에, 지방토지수용위원회의 수용재결에 대하여 이의가 있는 자는 당해 지방토지수용위원회를 거쳐 중앙토지수용위원회에 이의를 신청할 수 있다. 이의의 신청은 재결서의 정본을 받은 날부터 30일 이내에 하여야 한다(법 제83조).

사업시행자가 관할 토지수용위원회의 수용재결에 불복하여 중앙토지수용위원회에 이의를 신청할 경우에는 자기의 예정보상금액을 미리 지급하고 재결에 의한 보상금과의 차액을 공탁하여야 한다(법 제40조 4항).

2. 이의신청에 대한 재결

중앙토지수용위원회는 이의신청이 있는 경우 심리를 통하여 원재결이 위법 또는 부당하다고 인정되는 때에는 그 재결의 전부 또는 일부를 취소하거나 보상액을 변경할 수 있다(법 제84조 1항). 보상금이 증액된 경우 사업시행자는 재결의 취소 또는 변경의 재결서 정본을 받은 날부터 30일 이내에 보상금을 받을 자에게 그 증액된 보상금을 지급하여야 한다(같은 조 2항). 사업시행자가 당해 재결에 불복할 경우에는 증액된 보상금을 공탁한 후 행정소송을 제기할 수 있다(법 제85조 1항 후문).

법정기간 내에 소송을 제기하지 아니하거나 그 밖의 사유로 이의신청에 대한 재결이 확정되었을 때에는 민사소송법상의 확정판결이 있는 것으로 보며, 이때의 재결서정본은 집행력 있는 판결의 정본과 동일한 효력을 가진다(법 제86조 1항).

Ⅱ. 행정소송

§ 공익사업을 위한 토지 등의 취득 및 보상에 관한 법률 ('토지보상법')

제85조(행정소송의 제기)

① 사업시행자, 토지소유자 또는 관계인은 제34조에 따른 재결에 불복할 때에는 재결서를 받은 날부터 60일 이내에, 이의신청을 거쳤을 때에는 이의신청에 대한 재결서를 받은 날부터 30일 이내에

> 각각 행정소송을 제기할 수 있다. 이 경우 사업시행자는 행정소송을 제기하기 전에 제84조에 따라 늘어난 보상금을 공탁하여야 하며, 보상금을 받을 자는 공탁된 보상금을 소송이 종결될 때까지 수령할 수 없다.
> ② 제1항에 따라 제기하려는 행정소송이 보상금의 증감에 관한 소송인 경우 그 소송을 제기하는 자가 토지소유자 또는 관계인일 때에는 사업시행자를, 사업시행자일 때에는 토지소유자 또는 관계인을 각각 피고로 한다.

사업시행자·토지소유자 또는 관계인은 수용재결에 불복이 있는 때에는 재결서를 받은 날부터 60일 이내에, 이의신청을 거친 때에는 이의신청에 대한 재결서를 받은 날부터 30일 이내에 행정소송을 제기할 수 있다(법 제85조 1항). 제소기간이 행정소송의 일반적인 제소기간(90일 또는 1년)보다 짧은 것은 공공사업을 신속하게 수행할 필요성에서 인정된 것이다(대법원 1992.8.18. 선고 91누9312 판결).

재결에 대한 불복의 행정소송에는 ① 재결의 취소 또는 무효확인을 구하는 항고소송(법 제85조 1항), ② 보상금의 증액 또는 감액을 청구하는 보상금증감청구소송 [형식적 당사자소송](법 제85조 2항)의 두 종류가 있다.

1. 항고소송

지방토지수용위원회 또는 중앙토지수용위원회의 재결에 대하여 이의신청을 제기하지 않고 직접 취소소송을 제기한 경우에 취소소송의 대상은 토지수용위원회의 원재결이 된다.

이의신청을 거쳐 취소소송을 제기하는 경우에 취소소송의 대상이 원재결이 되는지 또는 이의신청에 대한 재결이 되는지에 대하여 다툼이 있으나, 원재결설이 타당하다. 최근 대법원 판례도 중앙토지수용위원회가 수용재결을 하고 다시 이의재결을 한 경우, 토지수용 자체의 위법성을 다투기 위하여 취소소송을 제기하는 때에는 이의신청을 거친 경우에도 수용재결을 한 중앙토지수용위원회 또는 지방토지수용위원회를 피고로 하여 수용재결의 취소를 구해야 하고, 다만 이의신청에 대한 재결자체에 고유한 위법이 있음을 이유로 하는 경우에는 그 이의재결을 한 중앙토지수용위원회를 피고로 하여 이의재결의 취소를 구할 수 있다고 본다(대법원 2010.1.28. 선고 2008두1504 판결).

2. 보상금증감청구소송

'토지보상법'은 재결에 불복이 있어서 "제1항(재결에 불복하는 소송)에 따라 제기하려는 행정소송이 보상금의 증감에 관한 소송인 경우 그 소송을 제기하는 자가 토지소유자 또는 관계인일 때에는 사업시행자를, 사업시행자일 때에는 토지소유자 또는 관계인을 각각 피고로 한다"고 규정하고 있는데(법 제85조 2항), 이는 형식적 당사자소송에 해당한다.

형식적 당사자소송이란 행정청의 처분이나 재결에 의하여 형성된 법률관계에 관하여 다툼이 있는 경우에, 그 처분 또는 재결의 효력을 다투지 않고 직접 그 처분·재결에 의하여 형성된 법률관계에 대하여 그 일방 당사자를 피고로 하여 제기하는 소송을 의미한다. 처분·재결에 불복하는 항고소송으로서의 실질을 갖추고 있으나, 법령의 규정에 의하여 권리주체간의 당사자소송의 형식에 의하는 것이다.

이하에서는 보상금증액소송의[192] 제기와 관련된 소송요건과 소장의 내용에 관해 본다.

가. 원고적격

보상금증액소송을 제기할 수 있는 자는 토지소유자[193] 또는 관계인[194]이다. 사업인정의 고시가 있은 후에 새로운 권리를 취득한 자는 관계인이 아니나, 기존의 권리를 승계한 자는 관계인으로 본다.

나. 피고적격

토지보상법 제85조 2항은 "제1항에 따라 제기하려는 행정소송이 보상금의 증감에 관한 소송인 경우 그 소송을 제기하는 자가 토지소유자 또는 관계인일 때에는 사업시행자를, 사업시행자일 때에는 토지소유자 또는 관계인을 각각 피고로 한다."고 규정하고 있다.

사업인정의 근거가 되는 법률에 시장·군수·구청장을 사업시행자로 규정하고 있는 경우에는, 손실을 보상해야 할 의무를 지는 권리의무의 주체는 국가 또는 지방자치단체 등 공공단체이므로, 그 손실보상금의 증감에 관한 행정소송은 그 행정청이 속하는 권리의무의 주체인 국가나 지방자치단체 등 공공단체를 상대로 제기하

192) 보상금증감소송은 대부분 보상금증액소송이다.

193) "토지소유자"란 공익사업에 필요한 토지의 소유자를 말한다(토지보상법 제2조 4호).

194) "관계인"이란 사업시행자가 취득하거나 사용할 토지에 관하여 지상권·지역권·전세권·저당권·사용대차 또는 임대차에 따른 권리 또는 그 밖에 토지에 관한 소유권 외의 권리를 가진 자나 그 토지에 있는 물건에 관하여 소유권이나 그 밖의 권리를 가진 자를 말한다. 다만, 제22조에 따른 사업인정의 고시가 된 후에 권리를 취득한 자는 기존의 권리를 승계한 자를 제외하고는 관계인에 포함되지 아니한다(토지보상법 제2조 5호).

여야 하고, 그 기관에 불과한 행정청을 상대로 제기할 수는 없다(대법원 1993.5.25. 선고 92누15772 판결 등).

다. 제소기간

보상금증감소송의 경우 제소기간은 재결서를 받은 날부터 60일 이내에, 이의신청을 거쳤을 때에는 이의신청에 대한 재결서를 받은 날부터 30일 이내에 각각 행정소송을 제기하여야 한다(토지보상법 제85조 1항, 2항).

라. 소장의 구성

1) 청구취지 : 증액을 구하는 금액을 특정하여야 하는데, 원고로서는 정당한 보상금을 예측하기 어려우므로 일단 소제기 단계에서는 일부청구임을 명시하여 일정한 금액 또는 비재산권상의 소의 소가인 20,000,100원을 원금으로 하고 이에 대한 수용개시일 다음날부터의 법정 지연손해금을 구하는 것이 보통의 방법이다.

2) 청구원인 : 청구원인에는 공익사업의 내용, 재결의 경위와 보상금, 재결서를 송달받은 날, 보상금을 증액하여야 하는 사정을 기재하고, 재결의 기초가 된 감정 중 위법하거나 부당한 부분을 구체적으로 주장한다.

제3항 손실보상금 증·감 소송의 사례 연습

Ⅰ. 재결서 예문

재　　결　　서

수용재결 : 도시계획시설사업
(○○동 한강로변 도로확장공사)

서울특별시지방토지수용위원회

재 결 서

사 업 명 : 도시계획시설사업(○○동 한강로변 도로확장공사)
사업시행자 : 동작구청장
소 유 자 : 부천시 원미구 **동 ***. 양이남 외 1인
관 계 인 : 서울특별시 도시기반시설본부
재 결 일 : 2009. 4. 24.

이 건 수용재결 신청에 대하여 다음과 같이 재결한다.

주 문

1. 사업시행자는 위 사업을 위하여 별지 기재 토지 등을 수용하고, 손실보상금은 금523,989,680원(개별 보상내역은 별지기재와 같이함)으로 한다.
2. 수용의 개시일은 2009년 6월 12일로 한다.

[해설] ☞ 토지수용위원회의 재결사항은 ① 수용 또는 사용할 토지의 구역 및 사용방법, ② 손실의 보상, ③ 수용 또는 사용의 개시일과 기간, ④ 그 밖에 이 법 및 다른 법률에서 규정한 사항이다(법 제50조 1항).

이 유

1. 재결신청의 경위 및 적법성 판단

가. 경위

사업시행자는 위 사업을 위하여 「국토의 계획 및 이용에 관한 법률」 제88조의 규정에 의하여 실시계획인가를 받고, 같은 법 제91조의 규정에 의거 이를 동작구 고시 제2008-54호(2008.10.30.)로 고시한 후 위 사업에 편입되는 별지 기재 토지 등의 수용을 위하여 소유자와 협의를 하였으나, 성립되지 아니하여 재결신청에 이르렀다.

나. 적법성 판단

살펴보건대, 이 건 사업은 「국토의 계획 및 이용에 관한 법률」제95조의 규정에

의하여 사업에 필요한 토지·건축물 또는 그 토지에 정착된 물건 및 그 토지나 물건에 관한 소유권 이외의 권리를 수용할 수 있고, 같은 법률 제96조 제2항의 규정에 의하면 같은 법률 제91조의 규정에 의한 실시계획의 고시가 있은 때에는 「공익사업을 위한 토지 등의 취득 및 보상에 관한 법률」(이하 "토지보상법"이라함) 제20조 제1항 및 제22조 규정에 의한 사업인정 및 그 고시가 있는 것으로 보고 있으므로 사업시행자는 위 사업에 편입되는 토지 등을 수용할 수 있음이 인정되는바, 별지 기재 토지를 수용하고 당사자 간의 다툼에 대하여 다루어 보기로 한다.

2. 당사자의 주장

가. 소유자의 주장

토지보상법 제31조의 규정에 의한 재결신청서류 열람공고기간 중에 소유자 양일동, 양이남은 이 사건의 토지가 부동산등기부나 토지대장 등에 도로와 대지가 구분 되어있지 않고, 재산세 및 종합부동산세를 이 사건 토지 전체에 대하여 현황도로가 아닌 대지로 부과하면서 보상시에는 108m^{2}중 일부인 57m^{2}만을 대지로 평가하고 51m^{2}는 도로로 평가하여 모순된 보상금을 제시하여 정당한 보상액으로 볼 수 없으니 객관적이고 재산가치를 완전하게 평가되도록 도로평가를 대지로 평가한 현시가 보상을 요구한다는 의견을 제출하였다.

나. 사업진행자 의견

토지의 일부가 도시계획시설결정일(2007.7.19) 이전부터 현재까지 현황도로로 사용되고 있으므로 토지보상법 시행규칙 제26조의 사실상 사도부지로 봄이 타당하고, 법에서 정하고 있는 보상기준, 방법, 절차 등의 규정에 의하여 적정가격임이 판단된다는 의견을 제출하였다.

3. 위원회 판단

양일동, 양이남이 주장하는 토지에 대하여 측량성과도, 현장사진 등 관련자료를 검토해 본 결과 토지보상법 제70조 및 같은 법 시행규칙 제26조의 규정에 의하여 현실적인 이용상황과 일반적인 이용방법을 고려하여 적정하게 평가하였으므로 의견을 받아들이지 않기로 한다.

당사자 간의 다툼이 되고 있는 보상액 결정과 관련하여, 토지에 대한 보상은 토지보상법 제70조 제1항의 규정에 의하여 「부동산가격공시 및 감정평가에 관한 법률」에 의한 공시지가를 기준으로 하되, 그 공시 기준일부터 가격시점까지의 관계법령에 의한 당해 토지의 이용계획, 당해 공익사업으로 인한 지가의 영향을 받지 아니하는 지역의 지가변동률, 생산자 물가상승률, 그 밖에 당해 토지의 위치·형상·환경·이용상황 등을 참작하여 평가한 적정가격으로 행하도록 되어 있고, 가격시점에 있어서의 현실적인 이용상황과 일반적인 이용방법에 의한 객관적 상황을 고려하여 산정하되, 일시적인 이용상황 토지소유자 또는 관계인이 갖는 주관적 가치 및 특별한 용도에 사용할 것을 전제로 한 경우 등은 이를 고려하지 않도록 되어 있어, 우리 위원회는 위 규정에 의한 보상액을 정하기 위하여 토지보상법 제58조 제1항 제2호 및 같은 법 시행규칙 제16조 제6항의 규정에 의하여 우리 위원회 직권으로 2개 평가기관에 감정평가를 의뢰, 이 평가액을 산술평균하여 보상금을 산정한 결과 손실보상금으로 금523,989,680원(개별 보상내역은 별지기재와 같이 함)을 보상함이 적정한 것으로 판단되므로 위와 같이 보상하기로 한다.

4. 수용의 시기

수용의 개시일은 2009년 6월 12일로 하고, 위와 같은 이유로 주문과 같이 재결한다.

보 상 금 내 역 서

사업명 : ○○동 한강로변 도로확장공사

수용할 토지 및 이전할 물건의 표시						보 상 액 (원)		소 유 자		관 계 인		
소재지	구분	지목 (종류)	이용 상황 (구조)	편입 면적 (m^2,주)	소유 지분	단가	금액	주소	성명	주소	성명	권리 종류 (비고)
계						125,584,790		- 토지보상금 : 125,584,790 - 물건보상금 :				
서울시 동작구 ○○동 2-31	토지	대	대지	57.00	1/2	3,399,950	96,898,570	성남시 분당구	양일동			
			도로	51.00	1/2	1,124,950	28,686,220					

보 상 금 내 역 서

사업명 : ○○동 한강로변 도로확장공사

수용할 토지 및 이전할 물건의 표시						보 상 액 (원)		소 유 자		관 계 인		
소재지	구분	지목 (종류)	이용 상황 (구조)	편입 면적 (m^2,주)	소유 지분	단가	금액	주소	성명	주소	성명	권리 종류 (비고)
계						125,584,790		- 토지보상금 : 125,584,790 - 물건보상금 :				
서울시 동작구 ○○동 2-31	토지	대	대지	57.00	1/2	3,399,950	96,898,570	부천시 원미구	양이남			
			도로	51.00	1/2	1,124,950	28,686,220					

서울특별시지방토지수용위원회

위 원 장 직무대행	김 ○ ○
위　　원	이 ○ ○
위　　원	박 ○ ○
위　　원	최 ○ ○
위　　원	정 ○ ○
위　　원	조 ○ ○
위　　원	강 ○ ○

Ⅱ. 소장 예시문[195)]

소 장

원 고 1. 양일동(생년월일)
성남시 분당구 —
2. 양이남(생년월일)
부천시 원미구 —
원고들 소송대리인 법무법인 동남풍
담당 변호사 제공명
(전화) 010-6360-0000 (팩스) 02-6360-0000

피 고 서울특별시 동작구
서울 동작구 장승배기길 16(노량진동 47-2)
대표자 구청장 김○○

보상금증액 청구의 소

청 구 취 지

1. 피고는 원고들에게 각 금 100,000,000원과 각 이에 대하여 이 사건 소장부본 송달 일부터 갚는 날까지 연 20%의 비율로 계산한 돈을 지급하라.
2. 소송비용은 피고가 부담한다.
3. 제1항은 가집행할 수 있다.

라는 판결을 구합니다.

청 구 원 인

1. 재결의 경위

가. 사업의 승인 및 고시

- 도로계획시설사업(○○동 한강로변 도로확장공사)
- 2008.10.30. 동작구 고시 제2008-54호

195) 실제 사건에 제출된 소장으로, 개인 식별이 가능한 명칭과 일부 내용을 수정하여 재구성한 것임.

나. 서울특별시 지방토지수용위원회의 2009.4.24.자 수용재결

- 수용대상 : 원고들 소유의 서울 동작구 ○○동 2-31 대 108㎡(이하 '이 사건 토지'라고 한다)
- 수용보상금 : 합계 251,169,580원(=원고들 각 1/2 지분 125,584,790원 × 2)
- 수용개시일 : 2009.6.12.
- 감정평가법인 : 주식회사 동서 감정평가법인, 주식회사 남북 감정평가법인

2. 수용재결의 위법성

가. 헌법상 '정당한 보상'에 관하여

헌법 제23조 제3항은 "공공필요에 의한 재산권의 수용·사용 또는 제한 및 그에 대한 보상은 법률로써 하되, 정당한 보상을 지급하여야 한다."라고 규정하고 있는바, 여기서 '정당한 보상'의 의미에 관하여 헌법재판소 1990.6.25. 고지 89헌마107 결정은 "원칙적으로 피수용재산의 객관적인 재산가치를 완전하게 보상하는 것을 뜻"하는 것이라고 판시하고 있습니다.

따라서 헌법상 '정당한 보상'의 원칙에 의하면 원고들이 이 사건 토지를 수용당하여 보상금을 수령하게 되면 적어도 위 보상금으로 인근에서 유사한 형상 및 면적을 가진 토지를 매수할 정도는 되어야 한다는 것을 의미합니다. 그런데 피고 및 재결청이 결정한 보상금은 현시세와 비교해 볼 때 너무나도 낮게 책정되었는바, 이는 거래의 실정이나 피수용자의 상황을 전혀 고려하지 않은 것으로, 이와 같은 수용은 보상금액의 산정에 있어서 재량권의 남용이라 할 것입니다.

나. 이 사건 보상금 산정의 위법성

피고는 이 사건 토지 $108m^2$ 중 $57m^2$에 대하여는 그 지목을 "대(대)"로, 나머지 $51m^2$에 대하여는 그 지목을 "대(도로)"로 구분하고, 후자의 토지에 대하여는 도시계획시설결정일인 2007.7.19. 이전부터 현재까지 현황도로로 사용되고 있으므로「공익사업을 위한 토지등의 취득 및 보상에 관한 법률 시행규칙」제26조상의 사실상 사도부지로 보는 것이 타당하다는 이유로 전자의 토지에 비해 무려 1/3 이하의 낮은 금액으로 그 보상금액을 산정하였습니다.

그러나 이 사건 토지와 관련된 공부인 부동산등기부등본(갑제1호증의1), 토지대장등본(갑제1호증의2) 어디에도 전자의 토지를 "대(대)"로, 후자의 토지를 "대(도로)"로 보는 근거가 없습니다.

그동안 피고는 이 사건 토지 전체를 '대지'로 평가하여 재산세를 부과하여 왔고, 관할 세무서 역시 이 사건 토지 전체를 대지로 평가하여 종합부동산세를 부과하여 왔던 것으로(갑제3호증 종합 합산토지분 과세대상물건명세서). 이 사건 토지를 대지와 도로로 구분하여 후자의 토지에 대하여 도로에 해당하는 세금을 부과한 바는 없습니다. 그럼에도 불구하고 피고는 세금을 부과할 때에는 이 사건 토지 전체를 '대지'로 평가하고, 보상금을 산정할 때에는 세금을 부과할 때와는 달리 이 사건 토지를 대지와 도로로 구분하여 후자의 토지에 대해서는 '도로'로 평가하여 이에 근거하여 낮은 금액으로 보상금을 산정하는 재결을 하였습니다.

그렇다면 이와 같은 보상금 산정은 신뢰보호의 원칙 및 자기구속의 원칙에도 위배되는 것이며, 이에 따른 재결은 위법한 처분입니다.

3. 결론

위 수용재결에서 정한 보상금액은 위법하므로, 원고들은 피고에 대하여 정당한 보상금액만큼의 차액을 증액해 줄 것을 구하고 있는바, 정확한 증액 금액은 추후 감정평가를 거쳐 확장하기로 하고, 일단 청구취지 기재금액의 증액을 구합니다.

입 증 방 법

1. 갑 제1호증의1	부동산등기부등본
1. 갑 제1호증의2	토지대장등본
1. 갑 제2호증	수용재결서
1. 갑 제3호증	종합합산토지분 과세대상 물건명세서

첨 부 서 류

1. 위 입증방법	각 1부
2. 위임장	1부
3. 소장 부본	1부

2009. 6.

원고들 소송대리인 법무법인 동남풍

담당 변호사 제공명 (인)

서울행정법원 귀중

Ⅲ. 답변서 예시문[196]

답 변 서

사 건 2009구합○○○ 보상금증액
원 고 양일동 외 1인
피 고 서울특별시 동작구

위 사건에 관하여 피고 소송대리인은 아래와 같이 답변합니다.

청구취지에 대한 답변

1. 원고들의 청구를 모두 기각한다.
2. 소송비용은 원고들이 부담한다.

라는 재판을 구합니다.[197]

청구원인에 대한 답변

1. 다툼 없는 사실

가. 동작구청장이 도시계획시설사업(○○동 한강로변 도로확장공사) 시행자로 실시계획인가를 받고, 2008.10.30. 이를 고시한 사실(동작구고시 제2008-54호, 을 제1호증의 1),

나. 피고가 이 사건 도시계획시설사업으로 인한 보상을 위하여 원고들과 협의하였으나 협의가 이루어지지 않아 수용재결을 신청한 사실,

다. 서울특별시지방토지수용위원회가 2009.4.24. 원고들 소유의 서울 동작구 ○○동 2-31 대 108㎡(이하 '이 사건 토지'라 함)에 대하여 수용개시일 2009.6.12. 손실보상금 251,169,580원(원고들 각 125,584,790원)으로 정하여 수용재결을 한 사실 등에 대하여 피고는 다툼이 없습니다.

---

196) 실제 기록에 제출된 답변서로, 개인식별이 가능한 명칭과 일부 내용을 수정하여 재구성한 것임.
197) ▣ **강평 :** 보통 「라는 판결을 구합니다.」라고 표기한다. 그러나 엄밀히 살피면 (1.)은 판결에, (2.)는 결정에 해당하므로, 「라는 '재판'을 구합니다.」고 표기하는 것이 더 정확하다고 할 수 있다. 그러나 별 의미가 있는 구분은 아니다.

2. 원고들 주장의 요지

원고들은, 토지수용위원회가 이 사건 토지의 손실보상액을 평가함에 있어 ① 이 사건 토지는 공부상 지목이 대지임에도 이 사건 토지 중 $51m^2$를 사실상 사도로 보아 낮은 보상금액으로 평가하였고, ② 이 사건 토지의 현시세와 비교하여 지나치게 적은 금액으로 평가한 잘못이 있다고 주장하면서 이 사건 토지에 대한 보상금액의 증액을 구하고 있습니다.

3. 이 사건 처분의 적법성

가. 이 사건 토지의 현황

1) 원고들은 이 사건 토지 $108m^2$ 중 $57m^2$에 대하여는 지목을 "대(대)"로, 나머지 $51m^2$에 대하여는 지목을 "대(도로)"로 구별한 후, 후자에 대하여 낮은 보상금액을 책정하였다고 주장합니다.

2) 이 사건 토지는 ○○초등학교 북서측 인근에 소재하는 평탄한 세장형의 토지로서 인근은 노선상가와 학교 등의 공공시설이 혼재한 지대입니다. 또한 이 사건 토지까지 차량접근이 가능하고, 인근에 노선버스정류장이 있고 지하철역(○○입구역, 9호선)이 건설 중이어서 대중교통여건은 대체로 양호하며, 이 사건 토지 중 $51m^2$에 대하여는 현재 도로로 이용 중입니다.

3) 더구나, 원고들은 이 사건 토지를 피고가 도로로 점유하고 있다고 주장하면서 부당이득반환청구소송을 제기한 사실이 있는데, 위 소송에서 원고들은 피고가 대지로 인정하여 평가한 부분까지 포함한 이 사건 토지 전체가 도로로 이용되고 있다고 주장하였습니다.

위 부당이득반환청구소송을 담당한 법원은 이 사건 토지는 1967년경부터 일반공중의 통행로로 이용되어 온 이래 지금까지 콘크리트 포장이 되어 도로로 이용되는 사실을 인정하였으나, 다만 피고 또는 서울시가 도로를 개설한 사실이 없다는 이유에서 원고들의 청구를 기각하였습니다. 즉, 이 사건 토지가 통행로(도로)로 이용되고 있다는 사실에 대하여는 법원도 인정을 하였던 것입니다(을 제3호증의 1, 2, 3 각 판결문 참도).

원고들은 자신들이 제기한 소송에서 이 사건 토지 전체가 도로로 이용되고 있다고 주장하여 놓고, 이제 와서는 도로가 아닌 대지로 평가하여 더 높은 가격으로 보상해야 한다고 주장합니다. 그러나 이러한 주장은 신의성실의 원칙에 반하는 주장일 뿐만 아니라, 전혀 근거 없는 주장이며 법원 역시 이 사건 토지가 도로로 이용되고 있다는 사실을 인정하였습니다.

따라서 이 사건 토지를 '대지'로 평가하여야 한다는 원고들의 주장은 아무런 이유가 없다할 것입니다.

나. 이 사건 토지에 대한 보상가격 산정

1) 토지에 대한 보상은 「공익사업을 위한 토지 등의 취득 및 보상에 관한 법률(이하 '토지보상법'이라고 함)」제70조 제1항에 따라 「부동산가격공시 및 감정평가에 관한 법률」에 의한 공시지가를 기준으로 하여, 그 공시기준일부터 가격시점까지의 관계 법령에 따라 당해 토지의 이용계획, 당해 공익사업으로 인한 지가의 영향을 받지 아니하는 지역의 지가변동률, 생산자 물가상승률 기타 당해 토지의 위치·형상·환경·이용상황 등을 참작하여 평가한 적정가격으로 이루어집니다.

2) 이 사건 수용재결을 위한 감정은 (주) 동서 감정평가법인, (주) 남북 감정평가법인에서 담당하였습니다(을제2호증의 1,2).

수용재결을 위한 이 사건 토지감정에 대하여 보면, 유사한 이용가치를 가진 표준지를 선정하여 그 표준지의 공시지가를 기준으로 공시기준일부터 가격시점까지의 지가변동추이, 표준지와 대상토지의 위치, 형상, 환경, 이용상황 등 토지의 객관적 가치에 영향을 미치는 요인 및 지역요인, 개별요인에 대한 비교분석과 보상선례 등을 바탕으로 이루어졌습니다.

위와 같은 감정결과에 대하여 서울특별시지방토지수용위원회에서는 감정인들의 감정이 적정하다고 판단하여 감정가의 산술평균의 근사치인 251,169,580원을 수용재결 금액으로 산정한 것입니다.

다. 이 사건 수용재결의 적법성

1) 이 사건 토지에 대한 감정평가는 공신력 있는 감정기관에서 합리적이고 적정하게 이루어졌습니다. 수용 및 재결 등에 있어서 공신력 있는 감정기관의 감정평가에 따라 보상가격을 결정하였다면, 그 산정은 특별한 사정이 없는 이상 적정한 것으로 보아야 할 것입니다(대법원 1974.3.12. 선고 73누214 판결, 대법원 1989.11.24. 선고 89누3687 판결 등). 이 사건 수용재결을 위하여 이루어진 감정평가가 위법하여 산정의 기초로 삼기에 부적합하다는 합리적인 이유를 찾을 수 없는 이상, 보상금의 산정은 적당합니다.

2) 그렇다면 이 사건 수용재결은 적정한 보상가격 감정에 기초하였고, 이외에도 수용 및 협의, 재결절차에 위법성을 찾아볼 수 없는 이상, 적법한 처분이라고 할 것입니다.

4. 결론

이 사건 이의재결은 위에서 본 바와 같이 적법하게 이루어졌으므로, 원고들의 청구는 이유가 없어 기각되어야 할 것입니다.

입 증 방 법

1. 을 제1호증의 1, 2	각 관보
1. 을 제2호증의 1, 2	각 감정서(수용재결)
1. 을 제3호증의 1, 2, 3	각 판결문
1. 을 제4호증의 1, 2	공탁서
1. 을 제5호증의 1	위치도
1. 을 제5호증의 2	현장사진
1. 을 제5호증의 3	측량성과도

첨 부 서 류

1. 위 입증방법	각 1부
1. 위임장	1부

2009. 7. ○○.

피고 소송대리인 정부법무공단

담당변호사 문무겸 (인)

담당변호사 황보국 (인)

서울행정법원 귀중

제7절 행정심판

1. 행정소송과 행정심판의 비교

	행정소송	행정심판
제도 목적	국민의 권리구제(행소 제1조)	권리구제, 행정의 적정운영(행심 제1조)
심판기관	법원	행정기관(행정심판위원회)
쟁송대상	위법한 처분, 부작위	위법·부당한 처분, 부작위
쟁송종류	행소 제4조 취소소송(거부처분) 무효등확인소송 *부작위위법확인소송(부작위)	행심 제5조 취소심판(거부처분이 대상되는지?) 무효등확인심판 *의무이행심판(거부처분·부작위)
대상(처분)	처분 등(처분+재결)	*거부처분이 취소심판의 대상이 되는지? 의무이행심판의 대상이지 취소심판의 대상 아니라는 견해. 취소심판의 대상이라는 견해(판례).
집행정지	*회복하기 어려운 손해(행소 제23조 2항)	*중대한 손해(행심 제30조 2항) *위원장의 직권결정(행심 제30조 6항)
가처분	없음(인정여부 논의)	*임시처분 인정(행심 제31조) - 중대한 불이익이나 급박한 위험
판결·재결 범위	*부작위위법확인소송의 심리범위⇒ 절차적 심리설, 실체적 심리설. 판례- 전자	*불이익변경금지(행심 제47조 2항) *의무이행재결⇒청구내용대로 처분하라는 의미 아니고, 재처분명령재결 성격
판결효력 (재처분의무)	*거부처분취소 · 부작위위법확인소송 ⇒ 간접강제(행소 제34조 1항)	*기속력(거부처분 취소심판의 인용재결) ⇒ **재처분의무 발생(행심 제49조 2항)** *의무이행심판 ⇒ 직접처분(행심 제50조) ⇒ **간접강제 인정(행심 제50조의2)**
불복	상소	*재심판청구의 금지(행심 제51조) *행정소송(행정청은 인용재결이 있는 경우, 재결의 기속력으로 인하여 취소소송을 제기할 수 없다)

2. 의무이행심판

가. 의의

행정청의 위법 또는 부당한 거부처분이나 부작위에 대하여 일정한 처분을 하도록 하는 행정심판이다(행심 제5조 3호).[198]

나. 의무이행재결

1) 유형 : 위원회는 의무이행심판 청구가 이유 있다고 인정하면 지체 없이 신청에 따른 처분을 하거나[⇒ 처분재결] 처분을 할 것을 피청구인에게 명한다[⇒ 처분명령재결](행심 제43조 5항). 처분재결은 위원회가 스스로 처분을 하는 것이므로 형성재결의 성질을 갖으며, 처분명령재결은 처분청에게 처분을 명하는 재결이므로 이행재결의 성질을 가진다.

2) 재결의 범위 : 재량행위에서 위원회의 재결은 반드시 처분청으로 하여금 청구내용대로 처분을 하라는 의미가 아니라, 다시 결정을 하라는 재처분명령재결이 된다. 판례도, "교원소청심사위원회의 소청심사결정 중 임용기간이 만료된 교원에 대한 재임용거부처분을 취소하는 결정은 재임용거부처분을 취소함으로써 학교법인 등에게 해당 교원에 대한 재임용심사를 다시 하도록 하는 절차적 의무를 부과하는 데 그칠 뿐, 학교법인 등에게 반드시 해당 교원을 재임용하여야 하는 의무를 부과하거나 혹은 그 교원이 바로 재임용되는 것과 같은 법적 효과까지 인정되는 것은 아니다"는 입장이다(대법원 2011.9.8. 선고 2009다65249 판결, 대법원 2010.9.9. 선고 2008다6953 판결 참조).

3) 처분재결과 처분명령재결의 관계 : 처분재결과 처분명령재결이 모두 가능한 경우에, ① 처분청의 권한존중을 이유로 원칙적으로 처분명령재결을 하여야 하고 예외적으로 처분재결이 인정된다는 견해가 있으나,[199] ② 행정심판위원회는 재결의 선택에 있어 재량권을 갖는다고 보아야 할 것이다.[200] 재량행위인 경우에 처분청이 부관을 붙일 것으로 예상되는 경우에는 처분명령재결을 하는 것이 타당하고, 당사자의

---

198) (의무이행심판의) 청구취지 기재 례
* 피청구인은 청구인이 2013.9.10. 신청한 건축을 허가하라.
* 피청구인은 청구인이 2012.1.10. 신청한 비영리법인의 설립을 허가하라. ☞ [청구인은 피청구인(국방부장관)에게 '군 사격피해예방 협회'라는 비영리법인의 설립허가를 신청하였으나, 피청구인이 2012.12. 청구인에게 위 협회의 필요성 및 설립허가 승인여부는 군 자체 예방프로그램 적용 결과에 따라 최종 검토하겠다는 통지를 한 후 아무런 조치를 취하지 아니하여, 행정심판에 이르렀다] 법제소식 2013년 9월호 22면 참조.

199) 정하중(개론), 제11판, 666면.

200) 박균성(강의), 제13판, 658면; 김유환(강의), 412면.

구제차원에서 신속히 처분재결을 하는 것이 더 효율적인 경우도 있기 때문이다.

3. 기속력

§ **행정심판법 제49조** (재결의 기속력 등)
① 심판청구를 인용하는 재결은 피청구인과 그 밖의 관계 행정청을 기속한다.
② 재결에 의하여 취소되거나 무효 또는 부존재로 확인되는 처분이 당사자의 신청을 거부하는 것을 내용으로 하는 경우에는 그 처분을 한 행정청은 재결의 취지에 따라 다시 이전의 신청에 대한 처분을 하여야 한다. <신설 2017.4.18. 시행 2017.10.19.>
③ 당사자의 신청을 거부하거나 부작위로 방치한 처분의 이행을 명하는 재결이 있으면 행정청은 지체 없이 이전의 신청에 대하여 재결의 취지에 따라 처분을 하여야 한다.
④ 신청에 따른 처분이 절차의 위법 또는 부당을 이유로 재결로써 취소된 경우에는 제2항을 준용한다.
⑤ 법령의 규정에 따라 공고하거나 고시한 처분이 재결로써 취소되거나 변경되면 처분을 한 행정청은 지체 없이 그 처분이 취소 또는 변경되었다는 것을 공고하거나 고시하여야 한다.
⑥ 법령의 규정에 따라 처분의 상대방 외의 이해관계인에게 통지된 처분이 재결로써 취소되거나 변경되면 처분을 한 행정청은 지체 없이 그 이해관계인에게 그 처분이 취소 또는 변경되었다는 것을 알려야 한다.

재결의 기속력이란 심판청구의 당사자인 행정청과 관계 행정청이 재결의 취지에 따르도록 구속하는 효력을 말한다. 「행정심판법」은 재결의 기속력을 명시적으로 규정하고 있다(행심 제49조 1항).

재결의 기속력은 인용재결의 효력이며, 각하재결이나 기각재결에는 인정되지 않는다. 각하재결이나 기각재결은 청구인의 심판청구를 배척하는 데 그치고, 관계 행정청에 원처분을 유지할 의무를 부과하는 것은 아니기 때문이다.

가. 반복금지효

어떠한 행정처분에 위법한 하자가 있다는 이유로 그 행정처분을 취소하는 재결이 있는 경우에 처분행정청이 다시 동일한 행정처분을 하는 것은 재결의 기속력에 저촉되어 허용될 수 없고(대법원 2003.4.25. 선고 2002두3201 판결), 이와 같은 행정처분은 그 하자가 명백하고 중대한 경우에 해당되어 당연무효가 된다.

나. 원상회복의무

예컨대 건축철거명령이 취소되면 행정청은 이 처분을 전제로 한 계고처분을 취소하여야 하고, 운전면허취소처분이 취소되면 면허증을 새로이 교부하여야 한다.

다. 재처분의무

1) 재결에 의하여 취소되거나 무효 또는 부존재로 확인되는 처분이 당사자의 신청을 거부

하는 것을 내용으로 하는 경우에는 그 처분을 한 행정청은 재결의 취지에 따라 다시 이전의 신청에 대한 처분을 하여야 한다(행심 제49조 2항. <신설 2017.4.18. 시행 2017.10.19.>).[201]

2) 당사자의 신청을 거부하거나 부작위로 방치한 처분의 이행을 명하는 재결이 있으면 행정청은 지체 없이 이전의 신청에 대하여 재결의 취지에 따라 처분을 하여야 한다(행심 제49조 3항). 신청에 따른 처분이 절차의 위법 또는 부당을 이유로 재결로써 취소된 경우에도 행정청은 지체 없이 이전의 신청에 대한 처분(신청에 따른 처분 또는 신청을 기각하는 처분)을 하여야 한다(행심 제49조 4항).

4. 직접처분(直接處分)

§ **행정심판법 제50조** (위원회의 직접처분)

① 위원회는 피청구인이 제49조 제3항에도 불구하고 처분을 하지 아니하는 경우에는 당사자가 신청하면 기간을 정하여 서면으로 시정을 명하고 그 기간에 이행하지 아니하면 직접 처분을 할 수 있다. 다만, 그 처분의 성질이나 그 밖의 불가피한 사유로 위원회가 직접 처분을 할 수 없는 경우에는 그러하지 아니하다.

② 위원회는 제1항 본문에 따라 직접 처분을 하였을 때에는 그 사실을 해당 행정청에 통보하여야 하며, 그 통보를 받은 행정청은 위원회가 한 처분을 자기가 한 처분으로 보아 관계 법령에 따라 관리·감독 등 필요한 조치를 하여야 한다.

가. 제도의 취지

당사자의 신청을 거부하거나 부작위로 방치한 처분의 이행을 명하는 재결이 있으면 행정청은 지체 없이 이전의 신청에 대하여 재결의 취지에 따라 처분을 하여야 한다. 그러나 관계행정청이 이에 따르지 않고 처분을 하지 아니하는 때에는 관계인의 권리는 실효적으로 보장되지 못하게 되는바, 직접처분은 의무이행재결의 실효성을 확보하기 위하여 위원회가 당해 처분을 직접 행하는 이행강제제도이다. 「행정심판법」은 제50조 1항 본문에서 "위원회는 피신청인이 제49조 3항에도 불구하고 처분을 하지 아니하는 경우에는 당사자가 신청하면 기간을 정하여 서면으로 시정을 명하고 그 기간에 이행하지 아니하면 직접 처분을 할 수 있다"고 규정하고 있다.

나. 인정범위

직접처분은 처분명령재결(의무이행재결)에 따른 처분을 하지 않은 경우에만 인정

201) 2017.4.18. 이 조항이 신설되기 전에는 거부처분에 대한 취소심판청구를 인용하는 재결에 대하여 처분청의 재처분의무를 인정하는 명시적 규정이 없어서, 거부처분취소심판의 인용재결이 있는 경우에 처분청은 「행정심판법」 제49조 2항(현행법 제49조 3항)에 의해 재처분의무를 지는가에 대하여는 견해가 갈리고 있었다.

된다(처분재결은 이미 처분 자체로 완료되므로). 「행정심판법」은 “그 처분의 성질이나 그 밖의 불가피한 사유로 위원회가 직접 처분을 할 수 없는 경우에는 그러하지 아니하다”고 규정하고 있는바(제50조 1항 단서), 특히 정보공개청구의 경우 피청구인인 행정청이 재처분의무를 불이행하는 경우에 위원회는 정보를 보유하고 있지 아니하여서 직접처분을 할 수 없는 한계가 있다.

다. 요건

「행정심판법」제50조 1항의 요건(① 처분명령재결이 있었을 것, ② 위원회가 당사자의 신청에 따라 시정을 명하였을 것, ③ 당해 행정청이 그 기간 내에 시정명령을 이행하지 아니 하였을 것)이 충족되는 때에는 위원회는 관계행정청의 처분에 대신하여 직접처분하고, 그 사실을 지체 없이 청구인 및 피청구인인 행정청에 통보하여야 한다.

당해 행정청이 어떠한 처분을 하였다면 그 처분이 재결의 내용에 따르지 아니하였다고 하더라도 위원회가 직접 처분을 할 수는 없다(대법원 2002.7.23. 선고 2000두9151 판결).

5. 간접강제

「행정심판법」은 2017.4.18. 일부개정 [시행 2017.10.19.]하여 위원회에 간접강제 권한을 부여하였다.

§ 행정심판법 제50조의2(위원회의 간접강제) [본조신설 2017.4.18.]

① 위원회는 피청구인이 제49조제2항(제49조제4항에서 준용하는 경우를 포함한다) 또는 제3항에 따른 처분을 하지 아니하면 청구인의 신청에 의하여 결정으로 상당한 기간을 정하고 피청구인이 그 기간 내에 이행하지 아니하는 경우에는 그 지연기간에 따라 일정한 배상을 하도록 명하거나 즉시 배상을 할 것을 명할 수 있다.

② 위원회는 사정의 변경이 있는 경우에는 당사자의 신청에 의하여 제1항에 따른 결정의 내용을 변경할 수 있다.

③ 위원회는 제1항 또는 제2항에 따른 결정을 하기 전에 신청 상대방의 의견을 들어야 한다.

④ 청구인은 제1항 또는 제2항에 따른 결정에 불복하는 경우 그 결정에 대하여 행정소송을 제기할 수 있다.

⑤ 제1항 또는 제2항에 따른 결정의 효력은 피청구인인 행정청이 소속된 국가·지방자치단체 또는 공공단체에 미치며, 결정서 정본은 제4항에 따른 소송제기와 관계없이 「민사집행법」에 따른 강제집행에 관하여는 집행권원과 같은 효력을 가진다. 이 경우 집행문은 위원장의 명에 따라 위원회가 소속된 행정청 소속 공무원이 부여한다.

⑥ 간접강제 결정에 기초한 강제집행에 관하여 이 법에 특별한 규정이 없는 사항에 대하여는 「민사집행법」의 규정을 준용한다. 다만, 「민사집행법」 제33조(집행문부여의 소), 제34조(집행문부여 등에 관한 이의신청), 제44조(청구에 관한 이의의 소) 및 제45조(집행문부여에 대한 이의의 소)에서 관할 법원은 피청구인의 소재지를 관할하는 행정법원으로 한다.

제3장
헌법 기록형 문제 답안작성방법

제1절 헌법소송의 유형 및 기록형 문제의 답안작성

제1항 헌법소송의 유형

헌법 제111조 제1항 및 헌법재판소법(이하 "헌재법"이라고 약칭한다) 제2조의 규정에 의하면 헌법재판소는 위헌법률심판, 탄핵심판, 정당해산심판, 권한쟁의심판, 그리고 헌법소원심판을 관장한다. 그 밖에 이들 심판에 부수하는 가처분결정(헌재법 제57조, 제65조), 국선대리인선정결정(헌재법 제70조), 증거채부결정(헌재법 제31조) 등을 행한다. 이 항에서는 변호사시험의 기록형 문제와 관련된 부분을 중심으로 위 관장사항을 간략히 설명하기로 한다.

1. 위헌법률심판

현행 헌법상 위헌법률심판은 국회가 제정한 법률의 위헌여부가 일반법원에서 재판의 전제가 되는 경우에 법원이 헌법재판소에 위헌심판을 제청하고 헌법재판소가 그 위헌여부를 심사·판단하는 사후적·구체적인 규범통제제도이다(헌법 제107조 제1항, 제111조 제1항 제1호). 즉 법률에 대한 '위헌제청권'은 일반법원이 담당하며, '위헌결정권'은 헌법재판소가 담당하는 구조로 되어 있다.[1] 따라서 법률이 헌법에 위반되는지 여부가 재판의 전제가 되어 당해사건을 담당하는 법원이 직권 또는 당사자의 신청에 의하여 위헌제청결정을 하고(헌재법 제41조 제1항), 위헌법률심판 제청서 정본이 대법원을 거쳐(헌재법 제41조 제5항) 헌법재판소에 접수되면 심판절차가 진행하게 된다.

---

1) 헌법재판소(실무제요), 92면.

2. 헌법소원심판

현행법상의 헌법소원제도는 공권력의 행사 또는 불행사로 인하여 헌법상 보장된 기본권을 침해받은 자가 제기하는 헌재법 제68조 제1항에 의한 (권리구제형) 헌법소원과, 법원에 위헌법률심판 제청신청을 하였으나 기각된 경우에 제청신청 당사자가 헌법재판소에 제기하는 헌재법 제68조 제2항에 의한 (규범통제형) 헌법소원으로 나누어 규율되고 있다.

헌재법 제68조 제1항에 의한 헌법소원심판은 주관적 권리구제의 헌법소원으로서, 개별적인 공권력의 행사 또는 불행사로 인하여 헌법상 보장된 기본권을 침해받은 자가 청구할 수 있고 이 경우 헌재법 제75조 제5항에 의하여 부수적으로 공권력행사의 근거가 된 법률이 위헌선언될 수 있음에 대하여,[2] 헌재법 제68조 제2항에 의한 헌법소원심판은 구체적 규범통제의 헌법소원으로서 헌재법 제41조 제1항의 규정에 의한 법률의 위헌여부심판의 제청신청이 법원에 의하여 기각된 때에 그 신청을 한 당사자가 헌법재판소에 제청신청이 기각된 법률의 위헌여부를 가리기 위한 헌법소원심판을 청구하는 것으로서, 헌재법 제68조 제1항과 같은 조 제2항에 규정된 헌법소원은 그 심판청구의 요건과 그 대상이 각기 다르다.[3]

3. 권한쟁의심판

권한쟁의심판은 국가기관 상호간 또는 국가기관과 지방자치단체 간 그리고 지방자치단체 상호간에 헌법과 법률에 의한 권한과 의무의 유무와 범위에 관하여 다툼이 발생한 경우에 헌법소송을 통하여 이를 유권적으로 심판함으로써(헌법 제111조 제1항 제4호, 헌재법 제2조 제4호), 각 기관에게 주어진 권한을 보호함과 동시에 객관적 권한질서의 유지를 통해서 국가기능의 수행을 원활히 하고, 국가기관 및 지방자치단체라는 수평적 및 수직적 권력 상호간의 견제와 균형을 유지시켜 헌법이 정한 권능질서의 규범적 효력을 보호하기 위한 제도이다.[4]

4. 탄핵심판

탄핵심판이란 일반적인 사법절차나 징계절차에 따라 소추하거나 징계하기가 곤란한 행정부의 고위직 공무원이나 법관 등과 같이 신분이 보장된 공무원이 직무상

2) 물론 (법률을 포함한) 법령에 대한 직접적인 헌법소원심판도 가능하다.
3) 헌재 1994.4.28. 89헌마221 결정 참조.
4) 헌재 2011.8.30. 2011헌라1 결정 참조.

중대한 비위를 범한 경우에 이를 의회가 소추하여 처벌하거나 파면하는 절차로서,[5] 고위직공직자에 의한 헌법침해로부터 헌법을 보호하기 위한 헌법재판제도이다. 즉, 탄핵심판제도는 대통령을 비롯한 고위직공직자를 대상으로 그 법적인 책임을 헌법이 정하는 특별한 소추절차에 따라 추궁함으로써 헌법을 보호하는 제도이다.

5. 정당해산심판

정당해산심판제도는 헌법재판소의 심판을 통하여 정당을 해산하는 제도로서 강제해산의 일종이라고 할 수 있다. 헌법 제8조 제4항은 민주주의에 필수적인 기능을 하는 정당의 중요성을 인정하는 전제 아래, 그러한 정당이 오히려 민주주의를 파괴하는 도구로 활용되는 것을 방지하기 위해 정당해산제도를 두면서도 동시에 헌법재판에 의해서만 정당의 해산이 가능하도록 하고 있다. 즉, 정당해산제도는 정당에 대하여 일반 결사와 달리 엄격한 요건과 절차에 의해서만 해산되도록 한다는 정당보호라는 의미와, 정당이 정당활동의 자유라는 미명으로 헌법을 공격하여 파괴하는 것을 방지한다는 헌법보호라는 의미를 가진다. 따라서 정당해산제도는 정당존립의 특권을 보장함(정당의 보호)과 동시에, 정당활동의 자유에 관한 한계를 설정한다(헌법의 보호)는 이중적 성격을 가진다.[6]

6. 가처분결정

가처분은 종국결정의 실효성을 확보하고 잠정적인 권리보호를 위해서 일정한 사전조치가 필요한 경우 헌법재판소가 하는 잠정적인 조치이다. 가처분은 회복할 수 없는 심각한 불이익의 발생을 예방하고 불가피한 공익목적을 달성하기 위해서 행해진다.[7] 헌법재판소는 2000.12.8.자 2000헌사471 결정에서, "헌재법은 정당해산심판과 권한쟁의심판에 관해서만 가처분에 관한 규정(제57조 및 제65조)을 두고 있을 뿐, 다른 헌법재판절차에 있어서도 가처분이 허용되는가에 관하여는 명문의 규정을 두고 있지 않다. 그러나 위 두 심판절차 이외에 같은 법 제68조 제1항 헌법소원심판절차에 있어서도 가처분의 필요성은 있을 수 있고, 달리 가처분을 허용하지 아니할 상당한 이유를 찾아볼 수 없으므로 위 헌법소원심판청구사건에서도 가처

5) 헌재 1996.2.29. 93헌마186 결정 참조.

6) 헌재 2014.2.27. 2014헌마7 결정 참조. 그 밖에 정당해산심판제도의 의의와 정당해산심판의 사유에 대하여는 헌재 2014.12.19. 2013헌다1 (통합진보당 해산) 결정 참조.

7) 헌재 2014.2.27. 2014헌마7 결정 참조.

분이 허용된다."고 판시하였다.[8)]

제2항 기록형문제의 답안작성

1. 헌법 기록형문제의 구성

그동안 변호사시험에서 헌법기록형 문제는 ①행정처분 취소소송의 소장에서 처분의 근거법령의 위헌성을 주장하는 형태로,[9)] ②헌재법 제68조 제1항의 규정에 따른 헌법소원심판청구서 작성의 형태로,[10)] 또는 ③헌재법 제68조 제2항의 규정에 따른 헌법소원심판청구서 작성의 형태로[11)] 출제되었다. 전자(①)는 공법 기록형문제의 총 배점 100점 중 20점, 후2자(②·③)는 각 80점이 배정되었다.[12)]

전자의 경우는 사례형의 본안판단 부분 작성과 유사하다. 다만, 청구인의 주장이므로 해당 법령의 위헌성을 논증하는 "주장제기형" 형태가 된다. 후2자의 경우 답안작성은 첫째, 모두(冒頭)와 말미(末尾)의 서식부분과, 둘째, 적법요건에 대한 주장, 그리고 셋째, 본안에 대한 주장으로 나누어지는데, 일반적으로 배점은 뒤로 갈수록 높아진다. 즉, 배점의 비율로 보면 "서식부분 〈 적법요건의 구비여부 〈 본안에 대한 주장"의 순서로 배점이 커진다.[13)] 그러므로 답안작성에 있어서 본안판단 부분, 즉 법령의 위헌성 논증 부분에 시간과 답안 분량의 비중을 두어야 함을 알 수 있다.

2. 모두(冒頭)의 서식 부분

모두의 서식으로는 사건 및 당사자(대리인 포함) 표시, 신청취지 또는 청구취지, 침해된 권리, 침해의 원인이 되는 공권력의 행사 또는 불행사 등을 기재한다. 각 심판청구 유형별 구체적인 모두 부분 서식은 다음 절 이하를 참조.

---

8) 同旨, 헌재 2006.2.23. 2005헌사754 결정 참조.
9) 제1회 변호사시험 공법기록형 문제 참조.
10) 제2회 변호사시험 공법기록형 문제 참조.
11) 제3회 변호사시험 공법기록형 문제 참조.
12) 그 밖에 제4회 이후 변호사시험 공법기록형 문제의 경우 행정법 부분에 50점, 헌법 부분에 50점이 각 배점으로 주어지고 있다. 이러한 유형의 경우 시간 및 배점 관계상 행정소장 및 헌법소원심판청구서, 위헌제청신청서 등 작성에 있어서 일부를 생략하도록 함으로써 기록형 문제로서의 한계를 노정하고 있다.
13) 구체적인 배점비율은 전술한 변호사시험 경향분석표 참조.

3. 적법요건 부분

각 심판유형의 적법요건의 일반을 나열하고, 각 적법요건의 충족여부를 기재한다. 예를 들어 청구인(신청인)의 경우는 적법요건이 충족되었음을 논증하고, 피청구인(피신청인) 또는 이해관계인은 적법요건이 충족되지 않았음을 항변한다.[14] 각 심판청구 유형별 구체적인 적법요건은 다음 절 이하를 참조.

4. 본안에 대한 주장 부분

본안에 대하여는 청구인(신청인)의 경우에는 적극적으로 법령의 위헌성[15]을 논증하고, 피청구인이나 이해관계인의 경우에는 당해 법령의 합헌성을 논증한다. 따라서 이 부분도 "주장제기형"에 해당하는 답안을 작성해야 한다. 주장제기형 답안을 작성해야 한다는 점, 그리고 답안작성에 경어를 사용할 것을 요구한다는 점을 제외하면 사례형 문제의 답안작성 방법과 크게 다르지 않다.

이제까지 대부분의 시험(변호사시험 및 모의시험)에서는 법령의 위헌성을 논증하는 문제였고,[16] 앞으로도 그럴 가능성이 높다. 그리고 대부분 기본권침해 여부가 쟁점이고, 이 경우 어떤 심사기준을 적용할 것인지가 또한 중요한 핵심 포인트가 된다. 따라서 개별 기본권의 내용 및 위헌심사기준에 대한 공부와 대비가 필요하다. 이를 위하여 개별 기본권에 해당하는 내용 중 보호영역을 중심으로 제8절에서 기술하였고, 헌법재판실무 및 변호사시험에서 자주 사용되는 위헌심사기준은 제9절에서 기술하였다.

5. 말미(末尾)의 서식 부분

말미의 서식으로는 첨부서류, 서류작성날짜, 서류작성자(보통 당사자의 대리인을 표기한다), 서류의 수신처(헌법재판소 또는 당해소송 법원) 등을 기재한다. 각 심판청구 유형별 구체적인 말미 부분 서식은 다음 절 이하를 참조.

---

14) 물론, 피청구인(이해관계인)의 입장에서 볼 때 적법요건에 문제점을 발견할 수 없는 경우에는 이를 인정하고 본안에 관한 주장에서 합헌임을 논증하면 된다.

15) 가처분신청의 경우에는 가처분의 필요성

16) 다만 2013년도 법학전문대학원협의회 주관 제1회 모의시험 공법 기록형 문제 중 헌법 부분의 경우, 이해관계인의 입장에서 합헌론을 전개하는 문제였다.

제2절 위헌법률심판제청신청서의 작성

제1항 위헌법률심판제청신청서의 기재사항

Ⅰ. 당사자의 위헌제청신청

일반법원의 재판계속 중 당해사건에 적용될 법률 또는 법률조항이 헌법에 위반된다고 주장하는 당사자는 당해사건을 담당하는 법원에 위헌제청의 신청을 할 수 있다. 위헌제청의 신청서에는 '민사소송 등 인지법'의 규정에 의한 인지를 첩부하지 아니한다[대법원의 '위헌법률심판 제청사건의 처리에 관한 예규'(재일 88-3, 2011.11.10. 재판예규 제1356호로 개정된 것) 제3조].

Ⅱ. 위헌제청신청서의 기재사항

1. 본안사건 및 당사자의 표시와 신청인 기재

위헌제청신청서에는 본안사건의 표시와 당사자를 기재하고, 줄을 바꾸어 신청인을 기재한다. 신청인은 당사자 중의 하나일 것이므로, 민사사건 및 행정사건의 경우에는 원고나 피고, 그리고 형사사건의 경우에는 피고인이 신청인이 될 것이다. 위헌제청신청에는 변호사강제주의(헌재법 제25조 제3항)가 적용되지 아니하나 소송대리인이 선임되어 있다면 이를 기재한다. 신청인이 여럿인 경우에는 각 신청인 이름 앞에 일련번호를 붙이고, 소송대리인의 기재는 "신청인들의 소송대리인[17] 변호사[18] ○○○"라고 기재한다.

행정소송의 피고 또는 그 (보조)참가인인 행정청의 경우 위헌제청신청 및 동 신청에 대한 기각결정에 따른 헌재법 제68조 제2항의 헌법소원심판을 청구할 수 있는지가 문제되나, 헌법재판소는 "헌재법 제68조 제2항은 기본권의 침해가 있을 것을 그 요건으로 하고 있지 않을 뿐만 아니라, 청구인적격에 관하여도 '법률의 위헌여부심판의 제청신청이 법원에 의하여 기각된 때에는 그 신청을 한 당사자'라고만 규정하고 있는바, 위 '당사자'는 행정소송을 포함한 모든 재판의 당사자를 의미하

17) 형사사건인 경우에는 "신청인들의 변호인"이라고 기재한다.

18) 법무법인이 소송대리인이라면 "신청인들의 소송대리인 법무법인 ◇◇ (줄을 바꾸어) 담당변호사 ○○○"과 같이 기재한다.

는 것으로 새겨야 할 것이고, 행정소송의 피고인 행정청만 위 '당사자'에서 제외하여야 할 합리적인 이유도 없다. 행정청이 행정처분 단계에서 당해 처분의 근거가 되는 법률이 위헌이라고 판단하여 그 적용을 거부하는 것은 권력분립의 원칙상 허용될 수 없지만, 행정처분에 대한 소송절차에서는 행정처분의 적법성·정당성뿐만 아니라 그 근거법률의 헌법적합성까지도 심판대상으로 되는 것이므로, 행정처분에 불복하는 당사자뿐만 아니라 행정처분의 주체인 행정청도 헌법의 최고규범력에 따른 구체적 규범통제를 위하여 근거법률의 위헌여부에 대한 심판의 제청을 신청할 수 있고, 헌재법 제68조 제2항의 헌법소원을 제기할 수 있다고 봄이 상당하다." 고 판시하였다.[19)]

2. 위헌제청신청의 대상

위헌법률심판 및 규범통제형 헌법소원심판의 대상은 "법률"인바(헌재법 제41조 제1항, 제68조 제2항), 여기에서 말하는 법률은 형식적 의미의 법률 및 그와 동일한 효력을 가진 명령이다. 그 밖에 조약, 관습법[20)][21)]이나 유신헌법하의 긴급조치[22)][23)]도

19) 헌재 2008.4.24. 2004헌바44 결정 참조.

20) 헌재 2013.2.28. 2009헌바129 결정 : "법률과 동일한 효력을 갖는 조약 등을 위헌법률심판의 대상으로 삼는 것은 헌법을 최고규범으로 하는 법질서의 통일성과 법적안정성을 확보할 수 있을 뿐만 아니라, 합헌적인 법률에 의한 재판을 가능하게 하여 궁극적으로는 국민의 기본권 보장에 기여할 수 있다. 그런데 이 사건 관습법(호주가 사망한 경우 딸에게 분재청구권을 인정하지 아니한 구 관습법)은 민법 시행 이전에 상속을 규율하는 법률이 없는 상황에서 재산상속에 관하여 적용된 규범으로서 비록 형식적 의미의 법률은 아니지만 실질적으로는 법률과 같은 효력을 갖는 것이므로 위헌법률심판의 대상이 된다."

21) 대법원은 반대의 입장이다. 즉 대법원은 2003.7.24. 선고한 2001다48781 판결에서, "관습법이란 사회의 거듭된 관행으로 생성한 사회생활규범이 사회의 법적 확신과 인식에 의하여 법적 규범으로 승인·강행되기에 이른 것을 말하는 바, '상속회복청구권은 상속이 개시된 날부터 20년이 경과하면 소멸한다'는 관습은 헌법을 최상위 규범으로 하는 법질서 전체의 이념에 부합하지 아니하므로 법적 규범인 관습법으로서의 효력을 인정할 수 없다."고 판시하면서 헌법재판소에 위 '관습법'의 위헌여부심판을 제청하지 아니한 채, 종전에 '위 관습을 법적 규범인 관습법으로서의 효력이 있는 것으로 보아 이를 적용할 수 있다'고 한 선례(대법원 1981.1.27. 선고 80다1392 판결; 대법원 1991.4.26. 선고 91다5792 판결; 대법원 1998.4.24. 선고 96다8079 판결 등)를 변경하였다. 그리고 대법원 2009.5.28.자 2007카기134 결정에서는, 관습법은 헌법재판소의 위헌법률심판의 대상이 아니라는 이유로 위헌법률심판제청신청을 각하하였다. 이 각하결정에 대하여 청구인이 헌법소원심판청구를 제기한 것이 위 헌재 2009헌바129 사건이다.

22) 헌재 2013.3.21. 2010헌바70등 결정 : "긴급조치는 유신헌법 제53조에 근거한 것으로서 그에 정해진 요건과 한계를 준수해야 한다는 점에서 이를 헌법과 동일한 효력을 갖는 것으로 보기는 어렵다. (…) 유신헌법이 규정하고 있던 적법절차의 원칙(제10조 제1항), 영장주의(제10조 제3항), 죄형법정주의(제11조 제1항), 기본권제한에 관한 법률유보원칙(제32조 제2항) 등을 배제하거나 제한하고, 표현의 자유 등 국민의 기본권을 직접적으로 제한하는 내용이 포함된 이 사건 긴급조치들의 효력을 법률보다 하위에 있는 것이라고 보기도 어렵다. 결국 이 사건 긴급조치들

법률의 효력을 가지는 것이므로 위 규범통제 심판의 대상이 되고, 따라서 위헌제청신청의 대상도 된다.

3. 신청취지

신청취지는 당해소송 법원으로 하여금 해당 법률조항에 대한 위헌여부의 심판을 헌법재판소에 제청해 줄 것을 구하는 방식으로 기재한다(후술하는 예시문 참조). 여기에서는 해당 법률조항을 특정하는 것이 문제된다. 구체적으로는 아래에서 보는 재판의 전제성이 있는 법률조항 부분을 특정해야 한다. 또한 법률조항의 개정연혁도 밝혀주어야 한다.

즉, 신청 당시 시행중인 현행 법률인 경우 법률의 명칭 뒤에 ( ) 안에 예컨대 "2014.6.30. 법률 12345호로 전부(또는 일부) 개정된 것" 또는 "2014.6.30. 법률 12345호로 제정된 것"이라는 문구를 기재한다. 신청 당시는 이미 개정되어 구법 조항이 된 경우에는 법률명 앞에 "구"자를 기재하여 구법임을 표기한다. 이때 법률명의 뒤에 이어지는 ( ) 안에는 예컨대 "2010.12.30. 법률 제10000호 개정되고 2014.6.30. 법률 제12345호로 전부 개정되기 전의 것"이라고 기재한다.[24]

한편, 구성요건조항과 제재조항이 따로 있는 경우에 위헌법률심판제청신청서나 규범통제형 헌법소원심판청구서에서 신청취지(청구취지)의 심판대상 법률조항의 표시는, 예컨대 "구 '총포·도검·화약류 등 단속법'(1989.12.30. 법률 제4154호로 개정되고, 2015.1.6. 법률 제12960호로 개정되기 전의 것) 제18조 제4항 및 구 '총포·도검·화약류 등 단속법'(2003.7.29. 법률 제6948호로 개정되고, 2015.1.6. 법률 제12960호로 개정되기 전의 것) 제72조 제6호 중 '제18조 제4항의 규정에 의한 기술상의 기준에 따르지 아니한 사람' 부분"[25] 또는 "구 지방세법(2013.12.26. 법률 제12118호로 개정되고, 2015.7.24. 법률 제13427호로 개정되기 전의 것) 제11조 제1항 제8호 및 지방세법(2013.12.26. 법률 제

은 최소한 법률과 동일한 효력을 가지는 것으로 보아야 하고, 따라서 그 위헌여부 심사권한도 헌법재판소에 전속한다."

23) 대법원은 반대의 입장이다. 즉, 대법원은 2010.12.16. 선고한 2010도5986 (대통령긴급조치위반 등의 범죄사실로 유죄가 확정된 판결에 대한 재심절차의 상고심) 판결에서 대통령긴급조치위반의 점에 대해 무죄를 선고하면서, "(유신헌법 제53조 제1항 및 제2항에 따른) 긴급조치는 국회의 승인이나 동의 등 입법권 행사라는 실질을 전혀 가지지 못한 것으로 헌법재판소의 위헌심판대상이 되는 '법률'에 해당한다고 볼 수 없어 긴급조치의 위헌여부에 대한 심사권은 최종적으로 대법원에 속한다."고 판시하였다.

24) 2014년 제3회 변호사시험 공법 사례형 문제(헌법)에서 심판대상조항을 확정하는 문제가 출제되었다.

25) 헌재 2017.9.28. 2016헌가20, 공보 252, 972, 973. [형벌조항]

12118호로 개정된 것) 제11조 제2항 중 구 지방세법(2013.12.26. 법률 제12118호로 개정되고, 2015.7.24. 법률 제13427호로 개정되기 전의 것) 제11조 제1항 제8호에 관한 부분"으로 표시한다.[26] 이에 반하여, 권리구제형 헌법소원심판청구서의 경우에 청구인이 제재조항의 고유한 위헌성을 주장하지 않는 때에는 구성요건조항만을 기재한다.[27]

4. 신청이유

위헌법률심판제청신청서의 핵심이 되는 부분으로 쟁점의 정리 또는 사건의 개요, 적법요건에 대한 주장, 그리고 본안에 대한 주장으로 나뉜다. 적법요건에 관한 부분은 전술한 신청대상(법률)을 제외하면 재판의 전제성 충족여부가 핵심이 된다.

가. 쟁점의 정리 또는 사건의 개요

사안에서 문제되는 적법요건(적법요건의 쟁점)과 본안의 당해 법률에 의하여 제한되는 기본권 및 위헌심사기준(본안에 관한 쟁점) 등을 언급한다. 문제에 따라서는 "쟁점의 정리" 대신에 "사건의 개요"를 기재할 것을 요구하기도 한다.[28]

나. 적법요건의 구비여부 : 재판의 전제성

1) 의의

재판의 전제성이라 함은, 위헌법률심판제청(헌법 제107조 제1항, 헌재법 제41조)이나 규범통제형 헌법소원심판청구(헌재법 제68조 제2항)에는 법률이 헌법에 위반되는 여부가 법원(군사법원 포함)이 담당하는 당해사건의 재판에 전제가 되어야 한다는 것을 말한다. 이러한 재판의 전제성 요건은 위헌법률심판절차 또는 규범통제형 헌법소원심판절차의 "구체적" 규범통제절차로서의 본질을 드러내 주는 요건으로, 이들 절차를 "추상적" 규범통제절차와 구분해 주는 의미를 갖는다.

2) '재판'의 의미

재판이란 재판기관의 판단 또는 의사표시로서 이에 의해 소송법상 일정한 효과가 발생하는 법원의 소송행위를 말하는데, 법률의 위헌여부가 재판의 전제가 된

---

26) 헌재 2017.9.28. 2016헌바143등, 공보 252, 989, 990. [조세조항]

27) 헌재 2017.9.28. 2015헌마653 : "청원경찰법 제11조는 그 전제가 되는 구성요건조항인 제5조 제4항이 따로 있고 이를 위반하는 경우에 벌칙을 부과하는 벌칙조항인데, 청구인은 위 벌칙조항 자체의 고유한 위헌성을 다투는 것이 아니라 전제되는 구성요건조항이 위헌이어서 그 제재조항도 당연히 위헌이라는 취지로 주장하고 있을 뿐이므로, 청원경찰법 제11조는 심판대상으로 삼지 않는다."

28) 예컨대, 2014년 제1회 모의시험 공법 기록형 문제(헌법) 참조.

때의 '재판'은 그 절차나 형식에 관계없이 모든 형태의 법원의 실질적인 사법작용을 모두 포괄하는 의미이다.[29] 또한, 여기에서 말하는 '재판'이라 함은 원칙적으로 그 형식여하와 본안에 관한 재판이거나 소송절차에 관한 것이거나를 불문하고 "판결"과 "결정" 그리고 "명령"이 모두 포함되며, 심급을 종국적으로 종결시키는 종국재판뿐만 아니라 중간재판도 이에 포함된다. 따라서 체포·구속·압수·수색영장, 구속적부심사청구, 보석허가, 증거채부에 관한 재판도 여기서 말하는 재판의 개념에 포함된다.

지금까지 변호사시험 또는 모의시험에서, 규범통제 사건인 사안에서 '재판'인지 여부가 쟁점의 하나로 출제된 적은 없었으나 예컨대 위와 같은 체포·구속·압수·수색영장, 구속적부심사청구, 보석허가, 증거채부에 관한 재판단계에서 위헌제청신청을 한다면 이 부분에 대하여도 답안에서 언급해야 할 것이다.

3) 재판의 '전제성'

재판의 '전제성'이라 함은 원칙적으로, 첫째, 구체적인 사건이 법원에 적법하게 계속 중이어야 하고, 둘째, 위헌여부가 문제되는 법률이 당해사건의 재판에 적용되는 것이어야 하며, 셋째, 그 법률이 헌법에 위반되는지의 여부에 따라 당해사건을 담당하는 법원이 다른 내용의 재판을 하게 되는 경우를 말한다. 위 각 요건들을 개별적으로 살펴보면 다음과 같다.

가) 구체적인 사건이 법원에 적법하게 계속 중일 것

"구체적인 사건이 법원에 계속 중이어야" 한다는 것은, 헌재법 제41조 소정의 위헌법률심판 제청사건의 경우에는 위헌제청결정 당시는 물론이고 헌법재판소의 결정시까지 구체적 사건이 법원에 계속 중이어야 한다는 의미이다.[30] 이에 비하여 헌재법 제68조 제2항 소정의 규범통제형 헌법소원사건의 경우에는 "위헌제청신청시" 구체적 사건이 법원에 계속 중이어야 한다는 의미이다.

다만, 위헌법률심판제청신청서라는 측면에서 보면, 사안에서 제시한 법원의 구체적 사건을 찾아 서기년도, 사건부호 및 사건명으로 이루어진 소위 "사건번호"를 기재한다. 예를 들어, 2017년 시행 제6회 변호사시험의 공법기록형(헌법) 문제의 경우 "춘천지방법원 속초지원[31] 2016고단623 성매매알선등행위의처벌에관한법률위

29) 따라서 법원이 하는 '사법행정'은 재판이 아니다.

30) 다만, 위헌제청신청에 대하여 판단하는 법원의 입장에서는 "위헌제청결정 당시까지" 구체적 사건이 법원에 계속 중이어야 한다는 의미이다.

31) 실무에서는 당해사건이 계속중인 법원에 위헌제청신청을 하는 것이므로, 법원표시를 생략하거

반(성매매)"으로 기재하면 된다.

나) 위헌여부가 문제되는 법률이 당해사건의 재판에 적용될 것

어떤 법률규정이 위헌의 의심이 있다고 하더라도 그것이 당해사건에 적용될 것이 아니라면, 재판의 전제성 요건은 충족되지 않는다.

한편, 심판의 대상이 되는 법률은 법원의 당해사건에 직접 적용되는 법률인 경우가 대부분이겠지만, 당해재판에 적용되는 법률이라면 반드시 직접 적용되는 법률이어야 하는 것은 아니다. 즉, 제청 또는 청구된 법률조항이 법원의 당해사건의 재판에 직접 적용되지는 않더라도 그 위헌여부에 따라 ①당해사건의 재판에 직접 적용되는 법률조항의 위헌여부가 결정되거나, ②당해재판의 결과가 좌우되는 경우 등과 같이 양 규범 사이에 내적 관련이 있는 경우에는 간접 적용되는 법률규정에 대하여도 재판의 전제성을 인정할 수 있다.

구체적 사안의 경우, 예컨대 위헌법률심판제청신청서의 경우에는 신청대상인 법률조항이 당해사건에 어떻게 적용되는지 여부를 기재하게 된다.

다) 그 법률이 헌법에 위반되는지의 여부에 따라 당해사건을 담당하는 법원이 다른 내용의 재판을 하게 되는 경우일 것

이 요건은 다시 다음의 2가지 면에서 살펴볼 수 있다. 첫째, 법원이 심리중인 당해사건의 재판의 결론이나 주문에 어떤 영향을 주는 경우이다.[32] 둘째, 재판의 이유를 달리함으로써 재판의 내용과 효력에 관한 법률적 의미가 달라지는 경우에도 이 요건은 충족된다.[33]

나 "귀원"이라고 표시하면 될 것이다.

32) 헌법재판소는 이 요건은 "법률이 위헌일 때는 합헌일 때와 다른 판단을 할 수밖에 없는 경우, 즉 판결주문이 달라질 경우"에 충족된다고 판시하였다.(헌재 1990.6.25. 89헌가98등 결정 참조)

33) 헌재 1992.12.24. 92헌가8 결정 참조. 한편 헌법재판소는 처음에, 여기서 '다른 내용의' 재판을 하게 되는 경우라 함은 위의 첫째와 둘째의 경우뿐만 아니라 (셋째) 재판의 결론을 이끌어내는 이유를 달리하는 데 관련되어 있는 경우도 포함된다."고 판시하였다(헌재 1992.12.24. 92헌가8 결정; 헌재 1993.2.24. 93헌가2 결정; 헌재 2002.11.28. 2001헌가28 결정 등 참조). 그런데 헌법재판소는 그 후 헌재 2008.7.31. 2004헌바28 결정, 헌재 2009.5.28. 2006헌바109등 결정, 그리고 헌재 2010.12.28. 2009헌가30 결정 등에서 "그 법률조항의 위헌여부에 따라 재판의 결론이 달라지거나, 이유를 달리함으로써 재판의 내용과 효력에 관한 법률적 의미가 달라지는 경우라야 한다."고 변경하여 판시함으로써 위 (셋째) 부분은 언급하지 않고 있다. 나아가 헌재 2011. 11.24. 2010헌바353 결정에서는, "청구인들은 불법행위책임의 요건사실 중 하나인 위법성 부분에 관한 판단은 이 사건 법률조항들{정보통신서비스 제공자의 정보 삭제 또는 임시조치에 관하여 규정한 '정보통신망 이용촉진 및 정보보호 등에 관한 법률'(2008.6.13. 법률 제9119호로 개정된 것) 제44조의2 제1항, 제2항, 제4항}의 위헌여부에 따라 달라지게 되므로 적어도 당해사건의 재판의 이유를 달라지게 할 것이라고 주장하나, 가사 이유 중 일부분의 기재가 달라질 수는

이 항목에서도 신청대상인 법률이 위헌일 때는 당해사건 재판의 내용이 어떻게 달라지는지 여부를 위 첫째와 둘째 중에서 택하여[34] 기재하면 된다.

4) 주의할 점

위헌제청신청서에서는 위와 같은 재판의 전제성을 갖추었다는 점을 논증해야 한다. 다만, 특별히 문제가 되지 않는 부분에 대하여는 위 3가지의 기본적인 요건의 충족여부만 쓰면 되고, 위에서 본 바와 같은 문제가 제기된 경우에는 그 부분을 좀 더 부각시키는 답안을 작성해야 한다.

다. 본안에 관한 주장

여기에서는 해당 법률조항이 위헌임을 논증한다. 구체적으로는 해당 법률조항으로 말미암아 제한되는 기본권이 무엇인지에 대한 설명과 어떠한 심사기준으로 위헌여부를 논증할 것인지를 제시한다. 때때로 어떤 제도의 위헌성이 문제되는 경우 당해 제도를 설명해 주어야 할 필요가 있는 경우도 있다. 예컨대, 2013년도 법학전문대학원협의회 주관 제1회 모의시험 공법기록형 중 헌법문제의 경우 이해관계기관의 「의견서」를 작성하는 문제였는데 이 의견서에서 "행정상 즉시강제"가 무엇인지를 기재하여야 했다. 위헌제청신청서를 작성하는 문제였더라도 마찬가지로, 행정상 즉시강제가 무엇인지 언급해야 한다. 왜냐하면, 그 이하의 논증에서 행정상 즉시강제의 개념이 앞에서 기술된 것을 전제로 하고 있기 때문이다.

5. 첨부서류 및 말미 부분

여기에서 말하는 "첨부서류"로는 기록형 문제의 일부로 첨부된 서류 중 위 적법요건이나 본안에 관한 주장의 논거를 뒷받침할 수 있는 서류를 골라 기재한다. 또한 위헌제청서 작성일자 및 신청인의 소송대리인 표시를 정확히 하도록 한다. 위헌제청신청은 당해 소송을 담당하고 있는 법원에 제기하는 것이고, 이때의 법원은 조직법상의 법원이 아니라 담당 재판부임을 잊지 말아야 한다. 그러므로 예컨대 "○○지방법원 제1민사부" 등으로 표기한다. 수신처가 헌법재판소가 아님을 주의한다.

있다 하더라도, 앞서 본 바와 같이 이 사건 법률조항들의 위헌여부에 관계없이 고의 또는 과실이 인정되지 아니한다는 동일한 이유로 이 부분 청구가 받아들여지지 않는다는 동일한 결론에 이를 것인 이상, 이 사건 법률조항들의 위헌여부에 따라 재판의 내용과 효력에 관한 법률적 의미가 달라진다고는 볼 수 없다. 따라서 이 사건 법률조항들의 위헌여부가 불법행위 부분에 관한 재판의 전제가 된다고 할 수도 없다."고 판시하였다.

34) 실제 시험에서는 대부분의 경우 첫째의 경우에 해당한다.

제2항 위헌법률심판제청신청서의 문제[35]와 예시문

Ⅰ. 문제 1과 예시문

문 제 〈1〉[36]

김신뢰 변호사는 피재근로자인 '김일이'와 '이삼사'에게 적용된 산업재해보상보험에 관한 법률(2007.12.31. 법률 제6100호로 개정된 것) 중 이른바 "최고보상제"를 도입한 입법자의 결정(동법 제38조 제6항) 자체는 나름대로 합리적인 이유가 있으나, 그 경과조치인 부칙 제7조는 헌법에 위반된다는 결론을 내리고, 담당재판부에 이에 관한 위헌법률심판제청신청서를 제출하기로 하였다. 김신뢰 변호사의 입장에서 위 신청서를 작성하시오.

※ 주의사항

(1) '쟁점의 정리' 부분은 먼저 '사건의 경위'를 간략히 기재하고, 이어서 이 사건의 쟁점을 위헌법률심판제청신청 대상 법률조항의 위헌성을 논증하는 심사기준을 고려하여 작성할 것

(2) '재판의 전제성' 부분에서는 재판의 전제성에 관한 일반이론을 기재하고, 이 사례에 어떻게 적용되는지를 중심으로 작성할 것

(3) '이 사건 법률조항의 위헌성' 부분에서는 사실관계 및 기존 학설과 판례의 입장에 비추어 볼 때 받아들여질 수 있는 주장을 중심으로 작성할 것

(4) 위헌법률심판제청신청서 작성일은 2011.11.2.로 하여 기록 말미의 첨부양식에 따라 아래 기준에 맞추어 작성하되, 사안에 맞게 수정하여 작성할 것.

---

35) 이하에서 문제에 따르는 참고자료(기록)는 지면관계상 많이 생략했음을 밝힌다.

36) 이 문제는 헌재 2009.5.28. 2005헌바20등 [8(위헌):1(헌법불합치) - 위헌] 결정을 기초로 재구성한 것이다.

면담내용

수임번호 2011 - 200	사건상담기록		2011. 10. 1.
의뢰인	피재근로자인 김일이, 이삼사	의뢰인 전　화	010-3598-2655 (김) 010-2345-6789 (이)
의뢰인 주　소	서울 강동구 고덕동 ○○○ (김) 서울 송파구 방이동 × × × (이)		

상 담 내 용

1. 김일이는 외국계 회사인 A주식회사의 직원으로 20여 년간 재직하여 오다가 1999.11.4. 부사장의 직책으로 위 회사 사무실에서 회의하던 중 쓰러져, 뇌경색의 진단을 받고 6개월간 입원 치료하였으나 완치되지 못하고 좌반신 마비의 장해를 입게 되었고, 2001.5.23. 근로복지공단(이하 "공단"이라 한다)으로부터 장해등급 제1급을 판정받아 2010년 12월분의 경우 7,630,670원의 장해보상연금을 수령하고 있었다.

2. 이삼사는 B주식회사에 근무하다가 2003.4.16. 다발성 늑골골절, 뇌좌상 등의 재해를 입고 2004.6.26. 치료종결된 후 공단으로부터 장해등급 제3급의 판정을 받아 2004.7.1.부터 장해급여를 연금형태로 지급받아 오고 있었다(2010년 12월분의 경우 5,882,200원).

3. 그런데 2007.12.31. 법률 제6100호로 '산업재해보상보험에 관한 법률'이 개정되어 이른바 '최고보상제도'가 시행됨에 따라, 공단은 노동부장관이 고시한 1일 최고보상기준금액인 133,070원을 평균임금으로 산정하여 2011년 1월분부터 위 김일이, 이삼사에게 각 2,140,200원으로 감액한 장해보상연금만을 지급하고 종전 지급액 중 이를 초과하는 부분을 지급하지 아니하였다.

4. 이에 의뢰인들은 공단을 상대로 서울행정법원에 2011구합100호로 기존의 평균임금을 기준으로 지급받아야 할 장해보상연금과 최고보상제도를 적용하여 지급받은 장해보상연금액의 차액에 해당하는 금원의 지급을 구하는 소를 제기하였고, 위 소송은 제3부에 배당되었다.

5. 기타

- 의뢰인들은 장해등급 제1급 또는 제3급에 해당하는 중증 장애인들로서 장해정도에 따라 계속적인 치료를 받아야 하고, 의족·의수 등 보조기구를 주기적으로 구입하여야 하는 경우도 있으며, 높은 노동능력상실률로 말미암아 장해

보상연금 외에 달리 생계수단이 없고, 의료보조기 구입, 치료, 간병 등으로 산재를 입기 전보다 생활비에 소요되는 비용이 늘어났다.
- 의뢰인들은 중고생이나 대학생 자녀를 두는 등 경제적 지출이 많은 연령으로, 장해급여의 갑작스런 삭감으로 곤경에 처하였다. 끝.

법무법인 정의 (담당변호사 김신뢰)

☏ 555-1111, 팩스 555-2222, 전자우편 justice@hanmail.net

서울특별시 서초구 서초동 200 로빌딩 303호

관계법령

▣ 산업재해보상보험에 관한 법률

[법률 제6100호, 2007.12.31, 일부개정]

제1장 총칙

제1조(목적) 이 법은 산업재해보상보험사업(이하 "보험사업"이라 한다)을 행하여 근로자의 업무상의 재해를 신속하고 공정하게 보상하고, 재해근로자의 재활 및 사회복귀를 촉진하기 위하여 이에 필요한 보험시설을 설치·운영하며 재해예방 기타 근로자의 복지증진을 위한 사업을 행함으로써 근로자 보호에 이바지함을 목적으로 한다. <개정 2007.12.31>

(중략)

제4장 보험급여

제38조(보험급여의 종류와 산정기준 등<개정 2007.12.31>) ①보험급여의 종류는 다음 각호와 같다. <개정 2007.12.31>

1. 요양급여
2. 휴업급여
3. 장해급여

3의2. 간병급여

4. 유족급여
5. 상병보상연금

6. 장의비

⑥보험급여(장의비를 제외한다)의 산정에 있어서 당해근로자의 평균임금 또는 제3항 내지 제5항의 규정에 의하여 보험급여의 산정기준이 되는 평균임금이 대통령령이 정하는 바에 따라 매년 노동부장관이 고시하는 최고보상기준금액을 초과하거나 최저보상기준금액에 미달하는 경우에는 그 최고보상기준금액 또는 최저보상기준금액을 각각 당해근로자의 평균임금으로 한다. 다만, 최저보상기준금액을 적용함에 있어서 휴업급여 및 상병보상연금의 경우에는 그러하지 아니하다. <개정 2007.12.31>

(중략)

부 칙 〈제6100호, 2007.12.31〉

제1조(시행일) 이 법은 2008년 7월 1일부터 시행한다.

(중략)

제7조(최고보상기준금액에 관한 경과조치) 이 법 시행일 이전에 제4조 제1호의 규정에 의한 업무상 재해를 입은 자는 제38조 제6항의 개정규정에 불구하고 2010년 12월 31일까지는 종전의 규정에 의한다.

(하략)

위헌법률심판제청신청서[37]

사 건 : 2011구합100 장해보상연금

원 고 : 1. 김 일 이

서울 강동구 고덕동 ○○○

2. 이 삼 사

서울 송파구 방이동 × × ×

원고들 소송대리인 법무법인 정의

담당변호사 김 신 뢰

피 고 : 근로복지공단

위 사건에 관하여 원고(신청인, 이하 "신청인"이라고 합니다)들은 아래와 같이 위헌법률심판제청을 신청합니다.

신 청 취 지

"'산업재해보상보험에 관한 법률'(2007.12.31. 법률 제6100호로 개정된 것) 부칙 제7조 중 '2010년 12월 31일까지는' 부분의 위헌여부에 대한 심판을 제청한다." 라는 결정을 구합니다.

신 청 이 유

Ⅰ. 쟁점의 정리

1. 사건의 경위

신청인 김일이는 근로복지공단(이하 "공단"이라고 합니다)으로부터 장해등급 제1급을 판정받아 장해보상연금을 수령하고 있었고(2010년 12월분의 경우 7,630,670원), 신청인 이삼사도 각 장해등급 제3급의 판정을 받아 장해보상연금을 지급받아 왔습니다(2010년 12월분의 경우 5,882,200원). 그런데 2007.12.31. 법률 제6100호로 '산업재해보상보험에 관한 법률'(이하 "산재법"이라고 합니다)이 개정되어 이른바 '최고

37) 실제 답안에서는 시간 및 답안의 지면관계상 내용을 압축하여 기재해야 할 것이다. 이하 같다.

보상제도'(산재법 제38조 제6항)가 2008.7.1.부터 시행되었고, 공단은 노동부장관이 고시한 1일 최고보상기준금액인 133,070원을 평균임금으로 산정하여 2011년 1월분부터(산재법 부칙 제7조) 위 신청인들에게 2,140,200원으로 감액한 장해보상연금만을 지급하였습니다. 이에 신청인들은 공단을 상대로 서울행정법원에 2011구합100호로 기존의 평균임금을 기준으로 지급받아야 할 장해보상연금과 최고보상제도를 적용하여 지급받은 장해보상연금액의 차액에 해당하는 금원의 지급을 구하는 "장해보상연금" 청구의 소를 제기하였고, 위 소는 서울행정법원 제3부에 배당되었습니다.

2. 이 사건의 쟁점

이와 같이 서울행정법원 2011구합100호 사건(이하 "당해사건"이라고 합니다)에서 신청인들에게 적용되는 산재법 부칙 제7조 중 '2010년 12월 31일까지는' 부분(이하 "이 사건 법률조항"이라고 합니다)이 위헌의 소지가 있어 위헌법률심판제청신청을 하고자 하는바, 이 경우 이 사건 법률조항이 재판의 전제성이 있는지, 이 사건 법률조항이 진정소급입법으로 허용되는 경우인지와 진정소급입법이 아닌 경우 신뢰보호원칙에 위배되는지 여부가 문제된다고 할 것입니다.

Ⅱ. 재판의 전제성

1. 재판의 전제성에 관한 일반이론

재판의 전제성이라 함은 원칙적으로, 첫째, 구체적인 사건이 법원에 적법하게 계속 중이어야 하고, 둘째, 위헌여부가 문제되는 법률이 당해사건의 재판에 적용되는 것이어야 하며, 셋째, 그 법률이 헌법에 위반되는지의 여부에 따라 당해사건을 담당하는 법원이 다른 내용의 재판을 하게 되는 경우를 말합니다.[38)]

2. 이 사건에의 적용

첫째, 이 사건의 당해 소송은 기존의 평균임금을 기준으로 지급받아야 할 장해보상연금과 최고보상제도를 적용하여 지급받은 장해보상연금의 차액에 해당하는 금원의 지급을 구하는 공법상 당사자소송의 형태로 제기되어 서울행정법원 2011

---

38) 헌재 1995.7.21. 93헌바46 결정; 헌재 2007.4.26. 2006헌바10 결정; 헌재 2011.2.24. 2008헌바56 결정 등 참조.

구합100호로 적법하게 소송계속 중이고,[39] 둘째, 신청인들은 이 사건 법률조항으로 인하여 장해보상연금이 2011년 1월부터 감액되었고 이와 같이 감액된 차액에 해당하는 장해보상연금 청구의 소를 제기한 것이므로 이 사건 법률조항은 위 당해사건에 직접 적용되는 법률조항이며, 셋째 이 사건 법률조항의 위헌여부에 따라 산재법 제38조 제6항의 적용여부가 좌우되어 당해사건 청구의 인용여부가 달라져 판결의 주문이 달라지는 경우에 해당하므로, 이 사건 법률조항은 당해사건 재판의 전제가 됩니다.

Ⅲ. 이 사건 법률조항의 위헌성

1. 산재보험수급권의 법적 성격 및 제한되는 기본권

가. 산재보험수급권의 법적 성격

산재보험제도는 주로 보험가입자(사업주)가 납부하는 보험료(산재법 제57조, 제62조)와 국고부담을 재원으로 하여 근로자에게 발생하는 업무상 재해라는 사회적 위험을 보험방식에 의하여 대처하는 사회보험제도이므로(사회보장기본법 제3조 제2호), 이 제도에 따른 산재보험수급권은 이른바 '사회보장수급권'의 하나에 속합니다. 그런데 이러한 산재보험수급권은 국가에 대하여 적극적으로 급부를 요구하는

39) 한편, 당해사건 소송에 있어서 제청신청인들이 당해사건 법원에 "장해연금감액처분의 취소"를 구하였다면 어떨까? 살피건대, 사안에서 본 바와 같이 법률의 개정 및 시행에 따라 2011.1.1.부터 기존의 장해보상연금 중 최고보상기준금액을 기준으로 계산한 연금액을 초과하는 부분이 감액된 것인바, 그에 있어서 공단의 급여에 관한 어떠한 결정이 개입될 여지가 없고, 어떤 결정이 있었다 하더라도 이를 처분이라 보기 어려우며, 공단의 감액결정 여부와 관계없이 곧바로 최고보상기준금액을 기준으로 계산한 금액을 한도로 하는 장해보상연금이 확정된다. 따라서 법령의 개정에 따른 공단의 장해보상연금 감액조치에 대하여 이의가 있는 장해보상연금 수급권자는 항고소송을 제기하는 방법으로 감액조치의 효력을 다툴 것이 아니라, 직접 공단을 상대로 정당한 장해보상연금액과 지급된 장해보상연금액과의 차액의 지급을 구하는 공법상 당사자소송을 제기하는 방법으로 이를 다투어야 한다(대법원 2003.9.5. 선고 2002두3522 판결 참조). 그러나 이 경우 법원으로서는 그 의사표시가 항고소송의 대상인 처분에 해당하는지를 살핀 후, 처분에 해당되지 않는다고 판단될 경우에는 당해사건 청구에 정당한 장해보상연금과의 차액의 직접 지급을 구하는 취지도 포함된 것인지를 석명하여, 제청신청인 등으로 하여금 그 취지에 맞춘 **소 변경** 등의 절차를 취할 기회를 준 다음 그에 대한 종국판단에 나아가야 할 것인바(대법원 2004.7.8. 선고 2004두244 판결 참조), 당해사건은 현재 서울행정법원에 계속 중이므로, 제청신청인들은 법원에서 "공법상 당사자소송"의 형태로 그 청구취지를 변경할 수 있을 것으로 보이며, 그렇게 되는 경우 이 사건 법률조항의 위헌여부에 따라 산재법 제38조 제6항의 적용여부가 좌우되어 당해사건 청구의 인용여부가 달라질 것이므로, 이 사건 법률조항은 위 당해사건의 재판의 전제가 된다. [헌재 2009.5.28. 2005헌바20등 결정 참조]

것이므로 헌법규정만으로는 이를 실현할 수 없고 법률에 의한 형성을 필요로 합니다. 즉, 산재보험수급권의 구체적 내용인 수급요건·수급권자의 범위·급여금액 등은 법률에 의하여 비로소 확정됩니다.[40] 산재법은 제4장에서 업무상의 재해에 대한 보험급여의 내용으로 요양급여, 휴업급여, 장해급여, 간병급여, 유족급여, 상병보상연금, 장의비를 규정하고, 각 지급사유, 수급권자, 산정기준, 지급시기 등을 정하고 있습니다. 따라서 산재보험수급권은 법률에 의하여 구체적으로 형성되는 권리라고 할 것입니다.[41]

나. 제한되는 기본권 : 산재보험수급권의 재산권성

이와 같이 보상금수급권은 법률에 의하여 비로소 인정되는 권리이지만, 법정 요건을 갖춘 후 발생하는 보상금수급권은 구체적인 법적 권리로 보장되고, 그 성질상 경제적·재산적 가치가 있는 공법상의 권리라 할 것입니다.[42] 공법상의 권리인 사회보험수급권이 재산권적인 성질을 가지기 위해서는, 첫째 공법상의 권리가 권리주체에게 귀속되어 개인의 이익을 위해 이용 가능해야 하고(사적 유용성), 둘째 국가의 일방적인 급부에 의한 것이 아니라 권리주체의 노동이나 투자, 특별한 희생에 의하여 획득되어 자신이 행한 급부의 등가물에 해당하는 것이어야 하며(수급자의 상당한 자기기여), 셋째 수급자의 생존의 확보에 기여해야 합니다(생존보장에 기여). 이러한 기준에 비추어 볼 때, 신청인들은 산재법 소정의 요건을 갖추어 장해보상연금을 이미 수령하던 자들이므로 신청인들의 장해보상연금청구권은 헌법상 보장되는 재산권의 범위에 속한다고 할 것입니다. 그런데 신청인들은 이 사건 법률조항의 적용으로 앞에서 본 바와 같이 장해보상연금이 2011년 1월분부터 감액되었으므로 헌법상 보장된 재산권을 제한받은 것입니다.

2. 이 사건 법률조항의 위헌성

이 사건 법률조항은 아래에서 보는 바와 같이 위헌임을 면할 수 없습니다.

가. 진정소급입법이고 헌법상 정당화될 수 없으므로 위헌입니다.

진정소급입법은 새로운 입법으로 이미 종료된 사실관계 또는 법률관계에 작용하도록 하는 것을 말합니다. 이러한 진정소급입법은 개인의 신뢰보호와 법적안정

40) 헌재 1999.4.29. 97헌마333 결정 참조.
41) 헌재 2004.11.25. 2002헌바52 결정 참조.
42) 헌재 2006.11.30. 2005헌바25 결정 참조.

성을 내용으로 하는 법치국가원리에 의하여 특단의 사정이 없는 한 헌법적으로 허용되지 아니하는 것이 원칙이나 예외적으로 국민이 소급입법을 예상할 수 있었거나 법적 상태가 불확실하고 혼란스러웠거나 하여 보호할 만한 신뢰의 이익이 적은 경우와, 소급입법에 의한 당사자의 손실이 없거나 아주 경미한 경우, 그리고 신뢰보호의 요청에 우선하는 심히 중대한 공익상의 사유가 소급입법을 정당화하는 경우에는 허용될 수 있다는 것이 헌법재판소의 판례입니다.[43)]

신청인들은 위와 같이 공단의 1회적인 보험급여 지급결정으로 당시 신청인들의 평균임금을 기준으로 산정한 장해보상연금을 사망할 때까지 받을 수 있는 권리 즉 재산권을 취득하였는바, 이 사건 법률조항은 산재법 제38조 제6항의 시행일 이전에 장해사유가 발생한 자들에게까지 위 조항을 적용함으로써 신청인들의 재산권을 소급적으로 박탈하고 있으므로 진정소급입법이라고 보아야 합니다.[44)] 그리고 이 사건 법률조항의 입법을 통하여 추구하려고 하는 공익은, 한정된 재원으로 보다 많은 재해근로자와 그 유족들에게 적정한 사회보장적 급여를 실시하고 재해근로자 사이에 보험급여의 형평성을 제고하며 소득재분배 기능을 수행하려는 최고보상제도의 도입취지와 아울러 최고보상제도를 기존의 장해급여 수급자에게도 적용함으로써 절감되는 보험급여액으로 다수의 근로자에게 혜택이 돌아가는 간병급여의 신설, 유족급여의 확대, 후유증상 진료제도를 도입하여 보험급여의 폭을 확대하고, 휴업급여 등의 최저기준을 인상하여 보험급여의 지급수준을 상향조정하는 등의 재원으로 삼고자 하는 데 있다고 할 것인바[대한민국관보 2007.12.31.자 참조], 이와 같은 공익을 인정한다 하더라도 신청인들을 포함한 국민이 그와 같은 소급입법을 예상할 수 있었거나, 신청인들의 경우 법적 상태가 불

43) 헌재 1996.2.16. 96헌가2등 결정; 헌재 1999.7.22. 97헌바76등 결정 등 참조.

44) 헌재 2003.9.25. 2001헌마93등 결정의 재판관 김영일의 반대의견 참조. 다만, 헌법재판소는 헌재 2009.5.28. 2005헌바20등 결정에서 "이 사건 법률조항에 의하면, 기존에 장해급여를 연금형태로 수급하여 오던 자에 대하여는 최고보상제도가 시행되는 2008.7.1.부터 2년 6월의 유예기간이 경과한 다음 날인 2011.1.1. 이후 지급받는 장해급여부터 최고보상제도가 적용된다. 즉, 이 사건 법률조항은 청구인들과 같은 기존의 장해보상연금 수급권자들에 대하여 이미 발생하여 이행기가 도래한 장해연금 수급권의 내용을 변경하지는 아니하고, 이 사건 법률조항 시행 이후의 법률관계, 즉 장래 이행기가 도래하는 장해연금 수급권의 내용을 변경하는 것에 불과하므로, 이미 종료된 과거의 사실관계 또는 법률관계에 새로운 법률이 소급적으로 적용되어 과거를 법적으로 새로이 평가하는 진정소급입법에는 해당하지 아니한다. 따라서 이 사건에서는 소급입법에 의한 재산권 침해는 문제될 여지가 없고, 다만 청구인들이 지니고 있는 기존의 법상태에 대한 신뢰를 법치국가적인 관점에서 헌법적으로 보호해 주어야 할 것인지 여부가 문제된다."고 판시하였다(이 부분은 전원일치 의견. 날짜는 이 문제에 맞게 수정하였음). 또한 같은 취지의 헌재 2014.6.26. 2012헌바382등 결정(전원일치 의견) 참조.

확실하고 혼란스러웠거나 하여 보호할 만한 신뢰의 이익이 적다거나 소급입법에 의한 손실이 없거나 아주 경미하다고 볼 수 없으며, 또한 신뢰보호의 요청에 우선하는 심히 중대한 공익상의 사유가 소급입법을 정당화하는 경우로 볼 수도 없습니다. 따라서 이 사건 법률조항은 진정소급입법이고 이를 헌법상 정당화할 수 없는 경우이므로 위헌이라고 할 것입니다.

나. 진정소급입법이 아니라고 하더라도 신뢰보호원칙에 위배되어 위헌입니다.

1) 신뢰보호원칙 위배여부를 판단하는 심사기준

신뢰보호의 원칙은 헌법상 법치국가 원리로부터 파생되는 것으로, 법률이 개정되는 경우에는 기존 법질서와의 사이에 어느 정도의 이해관계의 상충은 불가피하다고 할 것인바, 이 경우 기존의 법질서에 대한 당사자의 신뢰가 합리적이고 정당한 반면, 법률의 제정이나 개정으로 야기되는 당사자의 손해가 극심하여 새로운 입법으로 달성코자 하는 공익적 목적이 그러한 당사자의 신뢰가 파괴되는 것을 정당화할 수 없는 경우, 그러한 새 입법은 허용될 수 없다는 것입니다.[45] 이러한 신뢰보호원칙의 위반여부를 판단함에 있어서는, 첫째, 보호가치 있는 신뢰이익이 존재하는가, 둘째, 과거에 발생한 생활관계를 현재의 법으로 규율함으로써 달성되는 공익이 무엇인가, 셋째, 개인의 신뢰이익과 공익상의 이익을 비교형량하여 어떠한 법익이 우위를 차지하는가를 살펴보아야 할 것입니다.[46]

2) 사안에의 적용

(가) 장해급여가 일시금 외에 연금으로도 지급되기 시작한 것은 1970.12.31. 법률 제2271호로 개정된 산재법이 장해등급 제1급 내지 제3급 장해자에 대한 연금지급을 규정하면서부터였고, 현재와 같이 제1급 내지 제7급 장해를 입은 재해근로자에게 장해보상연금을 지급하는 장해보상연금의 산정제도는 1981.12.17. 법률 제3467호로 개정된 산재법에서 채택되어 위와 같이 2007.12.31. 최고보상제도가 도입되기까지 26년 동안 지속되어 왔던 것입니다. 더욱이 산재보험제도는 국가에 의하여 강제적으로 시행·관리되고, 제1급 내지 제3급 장해를 입은 재해근로자들의 경우 장해급여는 원칙적으로 연금의 형태로 지급되므로(산재법 제42조 제3항 단서, 산재법시행령 제31조 제5항 참조), 개인으로서는 제도의 이용여부에 관한 선택의 여지도 없었습니다.

45) 헌재 1995.6.29. 94헌바39 결정 참조.
46) 헌재 2009.5.28. 2005헌바20등 결정 참조.

그런데, 신청인들은 2011.1.1.부터 기존의 장해보상연금액 중 최고보상기준금액을 기준으로 산정한 최고보상금액을 초과한 부분을 일괄 삭감당하였습니다. 예를 들면, 신청인 김일이의 경우 최고보상제도가 적용되기 전에는 월 7,630,670원의 연금을 지급받고 있었으나, 최고보상제도의 적용으로 말미암아 2011년 1월분부터 2,140,200원으로 감액된 연금을 지급받았는바, 이는 원래 받던 금액의 28% 정도밖에 되지 않는 것으로 최고보상제의 적용으로 인한 연금 삭감률이 무려 72%에 이릅니다. 그러므로, 산재법이 당시에는 존재하지 않았던 최고보상제도를 새로이 만들어 시행함에 있어 이를 제도 시행 이전의 재해근로자인 신청인들에게까지 적용하여 기존의 장해보상연금액을 최고보상기준금액에 의한 급여수준으로 일괄하여 감액하는 것은 장해보상연금에 의존하여 생활하는 신청인들에게 미치는 손해가 지대하다고 보지 않을 수 없습니다.

요컨대, 이 사건 법률조항은 실제 평균임금이 노동부장관이 고시하는 한도금액 이상일 경우 그 한도금액을 실제임금으로 의제하는 최고보상제도를 2011.1.1.부터 기존 재해근로자인 신청인들에도 적용함으로써, 평균임금에 대한 신청인들의 정당한 법적 신뢰를 심각하고 예상하지 못한 방법으로 제약하여 신청인들에게 불이익을 초래하였습니다.

(나) 위에서 본 바와 같이 이 사건 법률조항이 달성하려는 공익은 한정된 재원으로 보다 많은 재해근로자와 그 유족들에게 적정한 사회보장적 급여를 실시하고 재해근로자 사이에 보험급여의 형평성을 제고하여 소득재분배의 기능을 수행하는 데 있는 것으로 보입니다.

(다) 그러나 장해급여제도는 본질적으로 소득재분배를 위한 제도가 아니고 손해배상 내지 손실보상적 급부인 점에 그 본질이 있는 것으로, 산업재해보상보험이 갖는 두 가지 성격 중 사회보장적 급부로서의 성격은 상대적으로 약하고 재산권적인 보호의 필요성은 보다 강하다고 볼 수 있어, 다른 사회보험수급권에 비하여 보다 엄격한 보호가 필요합니다. 또한 장해급여제도에 사회보장 수급권으로서의 성격도 있는 이상 소득재분배의 도모나 새로운 산재보상사업의 확대를 위한 자금마련의 목적으로 최고보상제를 도입하는 것 자체는 입법자의 결단으로서 형성적 재량권의 범위 내에 있다고 보더라도, 그러한 입법자의 결단은 최고보상제도 시행 이후에 산재를 입는 근로자들부터 적용될 수 있을 뿐, 제도 시행 이전에 이미 재해를 입고 산재보험수급권이 확정적으로 발생한 신청인들에 대하여 그

수급권의 내용을 일시에 급격히 변경하여 가면서까지 적용할 수 있는 것은 아니라고 보아야 할 것입니다.

(라) 따라서, 이 사건 법률조항은 신뢰보호의 원칙에 위배하여 신청인들의 재산권을 침해하는 것으로서 헌법에 위반된다고 할 것입니다.

Ⅳ. 결론

1. 위에서 살펴본 바와 같이 이 사건 법률조항은 이 사건에 재판의 전제성이 있습니다.
2. 이 사건 법률조항은 진정소급입법인바 이를 헌법상 정당화할 수 없어서 위헌이며, 가사 진정소급입법이 아니라고 하더라도 위에서 살펴본 바와 같이 신뢰보호원칙에 위배되어 신청인들의 재산권을 침해하고 있으므로 위헌인 규정입니다.
3. 따라서 이 사건 법률조항에 대하여 '헌법재판소에 위헌여부심판을 제청하는' (또는 '신청취지와 같은') 결정을 내려주시기 바랍니다.

2011. 11. 2.

신청인들 소송대리인 법무법인 정의
담당변호사 김 신 뢰 (인)

서울행정법원 제3부 귀중

※ 평등권[47)]침해 심사여부의 문제

평등권침해 심사여부에 대하여 보건대, 비교대상으로는 장해보상연금 대신 '장해보상일시금을 선택한 산재근로자'를 상정해 볼 수 있으나 최고보상제는 그 성격상 장해보상일시금에는 적용할 수 없고 장해보상연금에 대하여만 적용이 가능한 특성을 가지고 있으므로, 평등권침해를 논할 비교대상이 된다고 보기 어렵다고 할 것이다.

---

47) 헌법재판소의 실무에서는 위헌법률심판과 규범통제형 헌법소원심판에서는 권리구제형 헌법소원심판과 달리 공권력행사(법률조항)의 기본권 제한여부가 적법요건이 아니기 때문에 "평등권" 침해여부 심사 대신에 주로 "평등원칙" 위배여부 심사로 표시한다. 그러나 양자의 심사내용은 같다. 따라서 시험에서도 양자를 배점에서 구분하지 않는다. 최근에는 권리구제령 헌법소원에서도 '평등권' 대신에 '평등원칙'이라는 용어를 사용하기도 한다(헌재 2012.12.27. 2011헌마285; 헌재 2013.6.27. 2012헌마426; 헌재 2013.8.29. 2010헌마196; 헌재 2014.1.28. 2013헌마105 결정 등 참조). 한편, 헌재 2012.10.25. 2011헌마307 결정에서는 "평등권 침해여부 내지 평등원칙 위반여부를 심사함에 있어" 라는 표현을 사용하였다.

Ⅱ. 문제 2와 예시문

문 제 〈2〉[48)]

1. 사건의 개요

(1) 당해사건의 피고인인 제청신청인 홍길동은 북한 노동당내 대남공작사업 담당기구인 '통일전선부' 산하 조국평화통일위원회가 2000.11.20. 독일 베를린에서 남한 및 해외 친북세력을 결집시켜 출범시킨 단체인 '통일범민족연합'의 남측본부 의장, 사무처장, 정책위원장 등의 직책을 수행하면서 2012.9.24. 국가보안법위반(특수잠입·탈출)으로 구속기소되어, 현재 서울중앙지방법원 제1형사부(2012고합1111호)에 재판계속 중이다.

(2) 검사는 당해사건 법원에 피고인의 유죄를 입증하기 위한 증거로 수사기관이 통신제한조치의 허가 및 그 연장허가를 통하여 수집한 이메일, 녹취자료(전화녹음), 팩스자료 등을 신청(이하 "이 사건 증거신청"이라고 한다)하고 있다.

2. 문제

홍길동은 가족을 통해 '법무법인 정의'를 변호인으로 선임하고, 위 증거자료들 대부분이 총 14회(총 30개월)에 걸쳐 연장된 통신제한조치를 통하여 수집된 것으로서, 이와 같이 통신제한조치기간의 연장을 허가함에 있어 총연장기간이나 총연장횟수의 제한을 두고 있지 않은 통신비밀보호법(2001.12.29. 법률 제6546호로 개정된 것) 제6조 제7항에 대하여 위헌법률심판제청신청서를 작성해 달라고 부탁하였다. '법무법인 정의'는 소속변호사 김진실을 이 사건 담당변호사로 지정하였다. 김진실 변호사의 입장에서, 홍길동을 위하여 위헌법률심판제청신청서를 작성하시오. [별첨 서식례의 순서 및 내용에 따르되, 주어진 사례에 맞게 적절히 변형함. 아래 관련조항은 현재 시행중임을 전제로 하고, 위헌법률심판제청신청서의 작성일자는 2012년 10월 19일로 하며, 위헌법률심판제청신청서 내의 문장에서는 경어를 사용할 것]

48) 이 문제는 헌재 2010.12.28. 2009헌가30 [7(헌법불합치):2(위헌) - 헌법불합치] 결정을 기초로 재구성한 것이다.

[관련 조항]

형사소송법

제294조(당사자의 증거신청) ①검사, 피고인 또는 변호인은 서류나 물건을 증거로 제출할 수 있고, 증인·감정인·통역인 또는 번역인의 신문을 신청할 수 있다.

②법원은 검사, 피고인 또는 변호인이 고의로 증거를 뒤늦게 신청함으로써 공판의 완결을 지연하는 것으로 인정할 때에는 직권 또는 상대방의 신청에 따라 결정으로 이를 각하할 수 있다.

제295조(증거신청에 대한 결정) 법원은 제294조(당사자의 증거신청) 및 제294조의2(피해자등의 진술권)의 증거신청에 대하여 결정을 하여야 하며 직권으로 증거조사를 할 수 있다.

통신비밀보호법

제2조(정의) 이 법에서 사용하는 용어의 정의는 다음과 같다.

1. "통신"이라 함은 우편물 및 전기통신을 말한다.
2. "우편물"이라 함은 우편법에 의한 통상우편물과 소포우편물을 말한다.
3. "전기통신"이라 함은 전화·전자우편·회원제정보서비스·모사전송·무선호출 등과 같이 유선·무선·광선 및 기타의 전자적 방식에 의하여 모든 종류의 음향·문언·부호 또는 영상을 송신하거나 수신하는 것을 말한다.

4.~5. (생략)

6. "검열"이라 함은 우편물에 대하여 당사자의 동의 없이 이를 개봉하거나 기타의 방법으로 그 내용을 지득 또는 채록하거나 유치하는 것을 말한다.
7. "감청"이라 함은 전기통신에 대하여 당사자의 동의 없이 전자장치·기계장치 등을 사용하여 통신의 음향·문언·부호·영상을 청취·공독하여 그 내용을 지득 또는 채록하거나 전기통신의 송·수신을 방해하는 것을 말한다.

제5조(범죄수사를 위한 통신제한조치의 허가요건) ①통신제한조치는 다음 각호의 범죄를 계획 또는 실행하고 있거나 실행하였다고 의심할 만한 충분한 이유가 있고 다른 방법으로는 그 범죄의 실행을 저지하거나 범인의 체포 또는 증거의 수집이 어려운 경우에 한하여 허가할 수 있다. (각호 생략)

제6조(범죄수사를 위한 통신제한조치의 허가절차) ①검사(검찰관을 포함한다. 이하

같다)는 제5조 제1항의 요건이 구비된 경우에는 법원(군사법원을 포함한다. 이하 같다)에 대하여 각 피의자별 또는 각 피내사자별로 통신제한조치를 허가하여 줄 것을 청구할 수 있다.
②사법경찰관(군사법경찰관을 포함한다. 이하 같다)은 제5조 제1항의 요건이 구비된 경우에는 검사에 대하여 각 피의자별 또는 각 피내사자별로 통신제한조치에 대한 허가를 신청하고, 검사는 법원에 대하여 그 허가를 청구할 수 있다.
⑦통신제한조치의 기간은 2월을 초과하지 못하고, 그 기간중 통신제한조치의 목적이 달성되었을 경우에는 즉시 종료하여야 한다. 다만, 제5조 제1항의 허가요건이 존속하는 경우에는 제1항 및 제2항의 절차에 따라 소명자료를 첨부하여 2월의 범위안에서 통신제한조치기간의 연장을 청구할 수 있다.
(이하 기록내용 생략)

위헌법률심판제청신청서

사　　건 : 2012고합111 국가보안법위반(특수잠입·탈출)
피 고 인 : 홍 길 동
서울 강북구 용봉로 77
변호인 법무법인 정의
담당변호사 김 진 실

위 사건에 관하여 피고인(신청인, 이하 "신청인"이라고만 합니다)은 아래와 같이 위헌법률심판제청을 신청합니다.

신 청 취 지

"통신비밀보호법(2001.12.29. 법률 제6546호로 개정된 것) 제6조 제7항 단서 중 전기통신에 관한 '통신제한조치기간의 연장'[49] 부분의 위헌여부에 대한 심판을 제청한다." 라는 결정을 구합니다.

신 청 이 유

Ⅰ. 쟁점의 정리

1. 적법요건의 쟁점

신청인은 서울중앙지방법원 2012고합111호 사건에서 검사가 신청인의 유죄를 입증하기 위하여 제시한 이 사건 증거신청의 재판에 (간접)적용되는 통신비밀보호법(2001.12.29 법률 제6546호로 개정된 것) 제6조 제7항 단서 중 전기통신에 관한 '통신제한조치기간의 연장' 부분(이하 "이 사건 법률조항"이라고 약칭합니다)이 위헌의 소지가 있어 위헌법률심판 제청신청을 하고자 하는바, 이 경우 이 사건 법률조항이 재판의 전제성이 있는지가 문제됩니다.

---

49) 이 사안은 통신비밀보호법 제6조 제7항 중 단서에 해당하는 것이고, 그 '통신' 중에서 '전기통신'에 관한 것이므로(동법 제2조 제1호 참조) "… 제6조 제7항 단서 중 전기통신에 관한 통신제한조치기간의 연장" 부분으로 심판대상을 특정하여야 한다.

2. 본안의 쟁점

이 사건 법률조항은 범죄수사를 위하여 통신제한조치를 받고 있는 자에게 법원의 허가를 통하여 그 통신제한조치기간을 2월의 범위 내에서 횟수 제한 없이 연장받을 수 있도록 하는 근거가 되어, 헌법 제18조 통신의 자유 중에서도 가장 핵심내용인 '통신의 비밀'을 제한하고 있습니다. 따라서 비록 법원의 허가를 전제로 하고 있지만 그 횟수의 제한 없이 통신제한조치의 연장을 가능하게 하는 이 사건 법률조항이 과잉금지원칙에 위배하여 통신의 비밀을 침해하는지 여부가 문제된다고 할 것입니다.

Ⅱ. 재판의 전제성

1. "재판"의 의미

여기에서 말하는 '재판'이라 함은 원칙적으로 그 형식여하와 본안에 관한 재판이거나 소송절차에 관한 것이거나를 불문하고, 판결과 결정 그리고 명령이 모두 포함되며, 심급을 종국적으로 종결시키는 종국재판뿐만 아니라 중간재판도 이에 포함되고, 법률의 위헌여부가 법원이 앞으로 진행될 소송절차와 관련한 중요한 문제점을 선행 결정하여야 하는 여부의 판단에 영향을 주는 경우도 '재판'의 전제성이 있다고 보아야 할 것입니다.[50] 헌법재판소 판례에 의하면, 체포·구속·압수·수색영장, 구속적부심사청구, 보석허가, 증거채부에 관한 재판도 여기서 말하는 재판의 개념에 포함됩니다. 따라서 이 사건에서 문제되고 있는 '이 사건 증거신청의 채부에 관한 결정' 역시 재판의 전제성에서 말하는 "재판"에 해당합니다.

2. 재판의 "전제성"

재판의 '전제성'이라 함은 원칙적으로, 첫째, 구체적인 사건이 법원에 적법하게 계속 중이어야 하고, 둘째, 위헌여부가 문제되는 법률이 당해사건의 재판에 적용되는 것이어야 하며, 셋째, 그 법률이 헌법에 위반되는지의 여부에 따라 당해사건을 담당하는 법원이 다른 내용의 재판을 하게 되는 경우를 말합니다. 위 각 요건들을 개별적으로 살펴보면 다음과 같습니다.

가. 첫째 요건

이 사건 위헌법률심판제청신청 당시 당해사건은 서울중앙지방법원 2012고합

50) 헌재 1994.2.24. 91헌가3 결정; 헌재 2011.12.29. 2010헌바459 결정 등 참조.

111호로 적법하게 계속 중이므로 이 요건을 충족합니다.

나. 둘째 요건

심판의 대상이 되는 법률은 법원의 당해사건에 직접 적용되는 법률인 경우가 대부분이겠지만, 당해재판에 적용되는 법률이라면 반드시 직접 적용되는 법률이어야 하는 것은 아닙니다. 즉, 위헌제청 또는 심판청구된 법률조항이 법원의 당해사건의 재판에 직접 적용되지는 않더라도 그 위헌여부에 따라 당해사건의 재판에 직접 적용되는 법률조항의 위헌여부가 결정되거나, 당해재판의 결과가 좌우되는 경우 등과 같이 양 규범 사이에 내적 관련이 있는 경우에는 간접 적용되는 법률규정에 대하여도 재판의 전제성을 인정할 수 있습니다.

사안에서 이 사건 법률조항은 당해사건에서 검사의 이 사건 증거신청에 대하여 법원이 증거채부결정을 함에 있어 직접 적용되는 법률조항(형사소송법 제295조)은 아닙니다. 그러나 검사의 이 사건 증거신청의 대상은 이 사건 법률조항에 근거하여 획득된 증거자료입니다. 따라서 이 사건 법률조항은 법원의 증거채부의 재판에 간접적으로 적용된다고 할 것입니다.

다. 셋째 요건

이에는 (1) 법원이 심리중인 당해사건의 재판의 결론이나 주문에 어떤 영향을 주는 경우와 (2) 재판의 이유를 달리함으로써 재판의 내용과 효력에 관한 법률적 의미가 달라지는 경우가 해당합니다.[51]

사안에서, 이 사건 법률조항이 합헌이라면 이 사건 증거신청에 대하여 법원은 형사소송법 제295조에 따라 위 증거자료에 대한 증거채부결정을 할 수 있습니다. 그러나 이 사건 법률조항이 위헌이라면 검사의 이 사건 증거신청의 대상인 증거자료들은 증거능력을 가질 수 없고, 따라서 법원은 위 증거자료들에 대하여 이를 채택하는 재판(결정)을 할 수 없습니다. 따라서 이 사건 법률조항의 위헌여부는 당해사건 법원의 증거채부결정의 대상이 된 증거자료들의 증거능력에 영향을 미침으로써, 그 위헌여부에 따라 법원이 위 증거자료들을 증거로 채택할 수 있느냐

51) 그 밖에 헌법재판소는 처음에, 여기서 '다른 내용의' 재판을 하게 되는 경우라 함은 위의 (1)과 (2)의 경우뿐만 아니라 (3) 재판의 결론을 이끌어내는 이유를 달리하는 데 관련되어 있는 경우도 포함된다."고 판시하였다. 그런데, 이 부분에 관하여는 그 후 2010.12.28. 선고한 2009헌가30 결정 등에서 "그 법률조항의 위헌여부에 따라 재판의 결론이 달라지거나, 이유를 달리함으로써 재판의 내용과 효력에 관한 법률적 의미가 달라지는 경우라야 한다."고 변경하여 판시하였다.

없느냐의 증거채부결정의 결과를 좌우하고 있다 할 것입니다.[52]

라. 소결

따라서 이 사건 법률조항은 재판의 전제성이 인정된다고 할 것입니다.

Ⅲ. 이 사건 법률조항의 위헌성

1. 제한되는 기본권과 위헌심사기준

이 사건 법률조항은 범죄수사를 위하여 통신제한조치를 받고 있는 자에게 법원의 허가를 통하여 그 통신제한조치기간을 2월의 범위 내에서 횟수 제한 없이 연장받을 수 있도록 하는 근거가 되어 헌법 제18조 통신의 자유 중에서도 가장 핵심내용인 '통신의 비밀'을 제한하고 있습니다.[53] 따라서 비록 법원의 허가를 전제로 하고 있지만 그 횟수의 제한 없이 통신제한조치의 연장을 가능하게 하는 이 사건 법률조항이 헌법 제37조 제2항이 규정하는 과잉금지원칙에 위배하여 통신의 비밀을 침해하는지 여부가 주된 판단대상이 된다고 하겠습니다.

2. 과잉금지원칙의 위배여부

가. 입법목적의 정당성

통신제한조치를 법원의 허가를 전제로 2월의 범위 내에서 연장할 수 있도록 한 것은 통신제한조치를 취하였음에도 불구하고 여전히 통신비밀보호법 제5조 제1항 통신제한조치의 허가요건이 존속하는 경우에 효과적으로 범죄수사목적을 달성하여 국가안전보장과 질서유지를 도모하기 위한 것으로서 그 입법목적의 정당성이 인정됩니다.

나. 수단의 적합성

이 사건 통신제한조치기간의 연장은 범죄수사에 이바지할 수 있음은 분명하다고 할 것이므로, 위에서 본 입법목적을 달성하기 위한 적합한 수단이라고 할 수 있습니다.

---

52) 헌재 1996.12.26. 94헌바1 결정 참조.

53) 이 사건 법률조항은 사생활의 비밀의 특별한 영역으로 헌법이 개별적인 기본권으로 보호하는 통신의 비밀을 제한하고 있다는 점에서 별도로 사생활의 비밀을 침해하는지 여부를 검토할 필요는 없다. [헌재 2001.3.21. 2000헌바25 결정 참조]

다. 침해의 최소성

통신제한조치기간은 헌법상 무죄추정의 원칙과 통신의 비밀보호에 비추어 인정되는 '불감청수사원칙'의 예외로 설정된 기간이고, 이 기간을 연장하는 것은 예외에 대하여 다시금 특례를 설정하여 주는 것이 되므로 최소한에 그쳐야 합니다. 그 최소한의 연장기간 동안 범죄혐의를 입증할 증거를 수집하지 못하였다면 범죄혐의가 없는 것으로 보거나 범죄혐의가 있어도 그 입증수단이 과도한 것으로 보아 통신제한조치를 중단하여야 합니다.

만약 위와 같이 최소한의 연장기간 동안 범죄혐의를 입증하지 못하는 경우 통신제한조치를 중단하게 한다고 하여도, 여전히 통신제한조치를 해야 할 필요가 있으면 법원에 새로운 통신제한조치의 허가를 청구할 수 있으므로 이로써 수사목적을 달성하는데 충분합니다. 이렇게 통신제한조치가 연장될 수 있는 총기간이나 연장횟수를 제한하는 방식으로 통신제한조치 기간의 연장이 허가될 수 있는 기간을 한정하는 것은 통신제한조치의 연장이 남용되는 것을 막고 개인의 통신의 비밀을 덜 제한하면서도 충분히 수사목적을 달성할 수 있는 수단이 됩니다.

그럼에도 불구하고 통신제한조치의 총연장기간이나 총연장횟수를 제한하지 않고 계속해서 통신제한조치가 연장될 수 있도록 한 이 사건 법률조항은 최소침해성원칙을 위배한 것입니다.

라. 법익균형성

통신제한조치가 내려진 피의자나 피내사자는 자신이 감청을 당하고 있다는 사실을 모르는 기본권제한의 특성상 방어권을 행사하기 어려운 상태에 있으므로, 통신제한조치기간의 연장을 허가함에 있어 횟수나 기간제한을 두지 않는다면 수사와 전혀 관계없는 개인의 내밀한 사생활의 비밀이 침해당할 우려가 심히 크고, 나아가 피의자나 피내사자뿐만 아니라 그들과 전자적 방식으로 접촉한 제3자의 수사와 관련 없는 내밀한 사생활의 비밀도 침해당할 우려도 심히 큽니다.

반면 통신제한조치기간의 연장을 통하여 추구하고자 하는 수사목적은 일정한 연장기간이 종료될 때까지 통신제한조치를 통해 범죄혐의를 입증하지 못한 경우 오히려 그러한 범죄혐의가 불필요했던 것은 아닌가라는 평가를 받을 수 있고, 여전히 범죄혐의가 있다면 새로운 청구를 통해서도 충분히 실현될 수 있는 정도에 지나지 않습니다.

결국 이 사건 법률조항은 추구하고자 하는 범죄수사 목적에 비해 개인의 기본권인 통신의 비밀을 과도하게 제한하고 있으므로 법익균형성을 갖추었다고 볼 수 없습니다.

마. 소결

그러므로 이 사건 법률조항은 과잉금지원칙에 위배하여 청구인의 통신의 비밀을 침해하였다고 할 것입니다.

Ⅳ. 결론

위에서 살펴본 바와 같이 이 사건 법률조항은 당해사건에 재판의 전제성이 있고, 과잉금지원칙에 위반하여 신청인의 통신의 비밀을 침해하였으므로 헌법에 위반된다고 할 것입니다. 따라서 이 사건 법률조항에 대하여 헌법재판소에 위헌여부심판을 제청하는 (또는 '신청취지와 같은') 결정을 내려주시기 바랍니다.

2012. 10. 19.

신청인의 변호인 법무법인 정의
담당변호사 김 진 실 (인)

서울중앙지방법원 제1형사부 귀중

제3절 규범통제형 헌법소원심판청구서의 작성

제1항 규범통제형 헌법소원심판청구서의 기재사항

Ⅰ. 규범통제형 헌법소원제도의 법적 성격

헌재법 제68조 제2항은 국민의 위헌제청신청이 기각된 경우 국민이 직접 법률에 대한 헌법소원을 제기할 수 있는 가능성을 제공하고 있다. 재판의 기초가 된 법률이 위헌인 경우에 법원이 스스로 위헌제청을 하지 않는다면, 청구인은 원칙적으로 모든 심급을 경유한 후에 위헌적인 법률을 적용한 재판에 대하여 헌법소원을 제기할 수밖에 없다. 그러나 우리 헌법재판제도에서는 재판소원을 배제하고 있고, 이로써 청구인이 법원을 경유한 후에 재판소원의 형태로 법률의 위헌성을 물을 수 있는 길이 막혀 있기 때문에, 이에 대하여 헌재법은 미리 제68조 제2항의 헌법소원을 제기할 수 있는 길을 열어 놓았다. 그리하여 헌재법 제68조 제2항의 헌법소원심판은 법원이 제청하는 위헌법률심판과 함께 구체적 규범통제의 한 유형으로서 법률의 위헌여부를 심판하는 제도로 확립되었다.[54]

Ⅱ. 규범통제형 헌법소원심판청구서의 기재사항

1. 청구인 및 대리인의 표시

위헌제청신청서가 본안사건이 계속 중인 법원에 제출하는 것과는 달리 규범통제형 헌법소원심판청구서는 헌법재판소에 처음으로 제출하는 서류가 된다. 따라서 당사자(청구인)와 당해사건을 정확히 표시하는 것이 필요하다. 청구인의 경우 이름과 주소가 필수적 기재사항이 된다.

헌법재판소는 청구인이 당해사건의 보조참가인인 사건에서, "헌재법 제68조 제2항은 동법 제41조 제1항의 규정에 의한 법률의 위헌여부심판의 제청신청이 기각된 때에는 그 신청을 한 '당사자'는 헌법재판소에 헌법소원심판을 청구할 수 있다

---

54) 헌법재판소(실무제요), 175-176면. 헌법재판소 판례의 입장이고 학계의 다수설이다. 이에 대하여 위헌법률심판과 헌법소원심판의 성질을 함께 가지고 있다는 견해도 있다. 권영성(원론), 1170면; 성낙인(헌법학), 806면; 이명웅, "헌법재판소법 제68조 제2항 헌법소원제도", 헌법논총 제12집, 헌법재판소, 2011, 315-320면 참조.

고 규정하고 있고, 동법 제41조 제1항은 법률이 헌법에 위반되는 여부가 재판의 전제가 된 때에는 당해사건을 담당하는 법원은 직권 또는 당사자의 신청에 의한 결정으로 헌법재판소에 위헌여부의 심판을 제청한다고 규정하여 보조참가인이 위헌심판제청신청의 당사자라고 명시하고 있지는 않다. 그러나 헌재법 제40조에 의하여 준용되는 민사소송법에 의하면 보조참가인은 피참가인의 소송행위와 저촉되지 아니하는 한 소송에 관하여 공격·방어·이의·상소, 기타 일체의 소송행위를 할 수 있는 자(민사소송법 제76조 제1항 본문)이므로 헌재법 소정의 위헌심판제청신청의 '당사자'에 해당한다고 할 것이고, 이와 같이 해석하는 것이 구체적 규범통제형 위헌심사제의 입법취지 및 기능에도 부합한다고 할 것이다."라고 하여 당사자적격을 인정하였다.[55] 또한, 행정소송의 피고 또는 그 (보조)참가인인 행정청도 헌재법 제68조 제2항의 헌법소원심판을 청구할 수 있다는 점에 관하여는 위 위헌제청신청서의 기재사항을 참조.

2. 규범통제형 헌법소원심판의 청구대상

이에 관하여는 위 위헌제청신청의 대상과 같으므로 이를 참조.

3. 청구취지 및 위헌이라고 해석되는 법률조항

청구취지는 헌법재판소로 하여금 심판청구 대상 법률조항에 대한 위헌결정을 내려줄 것을 구하는 방식으로 기재한다(후술하는 예시문 참조). 여기에서도 해당 법률조항을 특정하는 것이 문제되며 이에 대하여는 위 위헌제청서의 신청취지란을 참조.

"위헌이라고 해석되는 법률조항" 부분은 위 청구취지에서 확정한 해당 법률조항을 말한다. 따라서 실제 시험에서는 위 청구취지와 통합하여 채점하는 것이 보통이다.

4. 당해사건

이는 청구인이 당사자가 되어 법원에 계속 중인 구체적 사건을 말하는데, "법원·사건번호·사건명"으로 구성되어 있다. 예를 들어 "서울행정법원 2013구합246 퇴학처분등취소"[56]와 같이 기재한다.

---

55) 헌재 2003.5.15. 2001헌바98 결정 참조.

56) 2014년도 시행 제3회 변호사시험 공법 기록형 문제 참조.

5. 청구이유

규범통제형 헌법소원심판청구서의 핵심이 되는 부분으로 쟁점의 정리, 적법요건에 대한 주장, 그리고 본안에 대한 주장으로 나뉜다.

가. 쟁점의 정리

사안에서 문제되는 적법요건(적법요건의 쟁점)과 본안의 당해 법률조항에 의하여 제한되는 기본권 및 위헌심사기준(본안에 관한 쟁점) 등을 언급한다. 문제에 따라서는 "쟁점의 정리" 대신에 "사건의 개요"를 기재할 것을 요구하기도 한다.[57]

나. 적법요건의 구비여부

헌재법 제68조 제2항에 따른 헌법소원의 적법요건으로는 ①대상적격(법률), ②청구인적격(위헌제청신청에 대한 법원의 기각 또는 각하 결정을 받은 자가 청구할 것), ③재판의 전제성, ④청구기간, ⑤변호사강제주의, ⑥일사부재리 등이 요구된다. 이 중 ①과 ③에 대하여는 위헌법률심판제청신청서 부분에서 기술하였으므로 여기에서는 나머지 적법요건에 대하여 살핀다.

1) 위헌제청신청 기각 또는 각하 결정을 받은 자가 청구할 것

헌재법 제68조 제2항은 "법률의 위헌여부심판의 제청신청이 '기각'된 때에는" 그 신청을 한 당사자가 헌법재판소에 헌법소원심판을 청구할 수 있다고 규정하고 있다. 그러나 헌법재판소 판례에 의하면, 당사자가 위헌법률심판 제청신청의 대상으로 삼지 않았고 또한 법원이 기각 또는 각하결정의 대상으로도 삼지 않았음이 명백한 법률조항이라 하더라도 예외적으로 ①위헌제청신청을 기각 또는 각하한 법원이 위 조항을 실질적으로 판단하였거나, ②위 조항이 명시적으로 위헌제청신청을 한 조항과 필연적 연관관계를 맺고 있어서 법원이 위 조항을 묵시적으로나마 위헌제청신청으로 판단을 하였을 경우[58]에는 헌재법 제68조 제2항에 따른 헌법소원으로서 이 요건을 충족한다.[59]

---

57) 예컨대, 2014년 제1회 모의시험 공법 기록형 문제 참조.

58) 예컨대, 헌재 2012.3.29. 2010헌바432 결정: "이 사건 고용의무조항은 청구인이 당해 법원에 위헌제청신청을 하지 않은 조항으로 법원의 기각결정도 없었으나, 이 사건 고용부담금조항이 헌법에 위반되지 않는다고 본 당해법원의 판단 속에는 사업주의 장애인 고용의무에 대한 판단이 포함되어 있어 당해 법원이 이 사건 고용의무조항을 묵시적으로 판단하였다고 볼 수 있다."

59) 헌재 1998.3.26. 93헌바12 결정; 헌재 2001.1.18. 2000헌바29 결정; 헌재 2001.2.22. 99헌바93 결정 등 참조.

2) 청구기간

헌재법 제68조 제2항에 따른 헌법소원심판은 위헌여부심판의 제청신청을 기각(또는 각하)하는 결정을 통지받은 날부터 30일 이내에 청구하여야 한다(헌재법 제69조 제2항). 또한 헌법소원심판을 청구하려는 자가 변호사를 대리인으로 선임할 자력이 없는 경우에는 헌법재판소에 국선대리인을 선임하여 줄 것을 신청할 수 있는바, 이 경우 헌재법 제69조에 따른 청구기간은 국선대리인의 선임신청이 있는 날을 기준으로 정하며(헌재법 제70조 제1항), 헌법재판소가 국선대리인을 선정하지 아니한다는 결정을 한 때에는 신청인이 선임신청을 한 날부터 그 통지를 받은 날까지의 기간은 헌재법 제69조의 청구기간에 산입하지 아니한다(헌재법 제70조 제4항).

기간의 말일이 토요일 또는 공휴일에 해당한 때에는 기간은 그 익일로 만료한다(헌재법 제40조 제1항, 민법 제161조).

3) 기타

헌법소원심판절차에서는 변호사강제주의가 적용되는바(헌재법 제25조 제3항), 청구인은 대리인을 선임하거나 헌법재판소에 국선대리인선임신청을 하여(헌재법 제70조) 선정된 국선대리인이 헌법소원심판청구서를 제출하여야 한다.

그 밖에 헌법재판소는 이미 심판을 거친 동일한 사건에 대하여는 다시 심판할 수 없다(일사부재리, 헌재법 제39조). 다만 헌법재판소는, 헌법재판소에서 이미 합헌결정을 선고받은 같은 당사자(청구인)가 같은 법률조항에 대하여 재차 같은 유형의(규범통제형) 헌법소원을 청구하는 경우라도 당해사건이 다르다면 일사부재리에 위반되는 것이 아니라고 하였다.[60)]

다. 본안에 관한 주장

여기에서는 위 위헌법률심판제청신청서와 마찬가지로 해당 법률조항이 위헌임을 논증한다. 이에 대하여는 위헌법률심판제청신청서의 기재사항 중 해당란을 참조.

6. 첨부서류 및 말미 부분

첨부서류는 기록형 문제에 첨부된 서류 중 위 적법요건이나 본안에 관한 주장의 논거를 뒷받침할 수 있는 서류를 골라 기재한다. 또한 심판청구서 작성일자 및 청구인의 대리인 표시를 정확히 기재하도록 한다. 위헌법률심판제청신청서가 당해소송을 담당하고 있는 법원에 제출하는 것과는 달리, 규범통제형 헌법소원심판청

60) 헌재 2001.6.28. 2000헌바48 결정 참조.

구의 수신처는 헌법재판소가 된다.

제2항 규범통제형 헌법소원심판청구서의 문제와 예시문

Ⅰ. 문제 1과 예시문

문 제 〈1〉[61)]

홍길동은 2007.3.27. 및 2008.7.22. 각 음주운전으로 운전면허정지처분을 받은 사실이 있는데, 2013.2.8. 다시 혈중알콜농도 0.071%로 음주운전을 하다가 적발되어 같은 해 2.18. 서울지방경찰청장으로부터 운전면허를 취소한다는 처분을 받았다. 이에 홍길동은 행정소송법상의 제소기간 내에 서울중앙지방법원에 위 운전면허취소처분의 취소를 구하는 소(2013구합100 자동차운전면허취소처분취소)를 제기하는 한편, 동 소송 계속 중 위 처분의 근거가 된 도로교통법(2005.12.23. 법률 제9000호로 일부 개정된 것) 제78조 제1항 제14호에 대하여 위헌제청신청(2013아10)을 하였으나, 동 법원은 2014.3.3. 홍길동의 청구를 기각하는 판결을 선고하면서 위 위헌제청신청 역시 기각하는 결정을 하였다. 이에 홍길동은 별첨 자료와 같이 위 기각결정문을 송달받고[62)] 헌법재판소에 국선대리인선임신청서를 제출하였고,[63)] 헌법재판소는 변호사 김유신을 국선대리인으로 선정하였다. 한편 위 판결은 홍길동이 항소하지 않아 확정되었고, 도로교통법은 2014.3.31. 법률 제12345호로 전부 개정되었다(개정된 법에서는 위 조항의 내용과 조문위치가 달라졌음). 김유신 변호사의 입장에서, 별첨 서식례(생략)에 따라 홍길동을 위하여 헌법재판소법 제68조 제2항에 따른 헌법소원심판청구서를 작성하시오. [작성일자는 2014.4.17.로 함]

61) 이 문제는 헌재 2006.5.25. 2005헌바91 [전원일치 합헌] 결정을 기초로 재구성한 것이다.
62) 기록상 2014.3.6.이다.
63) 기록상 2014.4.7.이다.

[관련 조항]

도로교통법

제41조(주취 중 운전금지) ①누구든지 술에 취한 상태에서 자동차 등(건설기계관리법 제26조 제1항 단서의 규정에 의한 건설기계 외의 건설기계를 포함한다. 이하 이 조·제42조·제43조 및 제107조의2에서 같다)을 운전하여서는 아니 된다.

②경찰공무원은 교통안전과 위험방지를 위하여 필요하다고 인정하거나 제1항의 규정에 위반하여 술에 취한 상태에서 자동차 등을 운전하였다고 인정할 만한 상당한 이유가 있는 때에는 운전자가 술에 취하였는지의 여부를 측정할 수 있으며, 운전자는 이러한 경찰공무원의 측정에 응하여야 한다.

제78조(면허의 취소·정지) ①지방경찰청장은 운전면허(연습운전면허를 제외한다. 이하 이 조에서 같다)를 받은 사람이 다음 각 호의 1에 해당하는 때에는 안전행정부령이 정하는 기준에 의하여 운전면허를 취소하거나 1년의 범위 안에서 그 운전면허의 효력을 정지시킬 수 있다. 다만, 제1호·제2호, 제3호(정기적성검사기간이 경과된 때를 제외한다), 제5호 내지 제8호, 제10호·제11호·제13호 및 제14호에 해당하는 때에는 그 운전면허를 취소하여야 한다.

4. 교통사고로 사람을 사상한 후 필요한 조치 또는 신고를 하지 아니한 때

12. 운전 중 고의 또는 과실로 교통사고를 일으킨 때

14. 제41조 제1항 또는 제2항의 규정을 2회 이상 위반한 사람이 다시 제41조 제1항의 규정을 위반하여 운전면허 정지사유에 해당된 때

헌법소원심판청구서

청구인 : 홍 길 동
서울 강북구 양산택지소로 20, 101동 305호
국선대리인 변호사 김 유 신

청 구 취 지

"구 도로교통법(2005.12.23. 법률 제9000호로 일부 개정되고, 2014.3.31. 법률 제12345호로 전부 개정되기 전의 것) 제78조 제1항 단서 제14호 중 '제41조 제1항의 규정을 2회 이상 위반한 사람이 다시 제41조 제1항의 규정을 위반하여 운전면허 정지사유에 해당된 때' 부분은 헌법에 위반된다."라는 결정을 구합니다.

당 해 사 건

서울중앙지방법원 2013구합100 자동차운전면허취소처분취소

위헌이라고 해석되는 법률조항

구 도로교통법(2005.12.23. 법률 제9000호로 일부 개정되고, 2014.3.31. 법률 제12345호로 전부 개정되기 전의 것) 제78조 제1항 단서 제14호 중 '제41조 제1항의 규정을 2회 이상 위반한 사람이 다시 제41조 제1항의 규정을 위반하여 운전면허 정지사유에 해당된 때' 부분(이하 "이 사건 법률조항"이라고 합니다)

청 구 이 유

Ⅰ. 쟁점의 정리

1. 적법요건의 쟁점

사안에서 법원에 구체적 사건이 계속 중에 법률(도로교통법)조항에 대하여 위헌법률심판 제청신청을 하였다가 법원이 기각결정을 하였으므로, 주로 재판의 전제성과 청구기간, 변호사강제주의 등이 문제됩니다.

2. 본안의 쟁점

사안에서 이 사건 법률조항에 의하여 제한되는 기본권이 무엇인지, 그리고 이

사건 법률조항이 과잉금지원칙에 위배하여 이와 같은 기본권을 침해하는지, 그리고 평등권을 침해하는지(또는 평등원칙에 위배되는지) 여부가 문제됩니다.

Ⅱ. 적법요건의 구비여부

헌법재판소법(이하 "헌재법"이라고 약칭합니다) 제68조 제2항에 따른 헌법소원의 적법요건으로는 대상적격(법률), 법원의 위헌제청신청에 대한 기각결정, 재판의 전제성, 청구기간, 변호사강제주의, 일사부재리 등이 요구됩니다.

1. 대상적격 및 위헌제청신청 기각결정

헌재법 제68조 제2항은 법률의 위헌여부심판의 제청신청이 기각된 때에는 그 신청을 한 당사자가 헌법재판소에 헌법소원심판을 청구할 수 있다고 규정하고 있습니다. 사안에서 청구인의 이 사건 법률조항에 대한 위헌법률심판제청신청에 대하여 서울중앙지방법원의 기각결정이 2014.3.3. 있었으므로 이 요건을 충족합니다.

2. 재판의 전제성

가. 의의

재판의 전제성이라 함은, 위헌법률심판제청(헌법 제107조 제1항, 헌재법 제41조)이나 규범통제형 헌법소원심판청구(헌재법 제68조 제2항)에는 법률이 헌법에 위반되는 여부가 법원(군사법원 포함)이 담당하는 당해사건의 재판에 전제가 되어야 한다는 것을 말합니다.

나. 요건 및 사안에의 적용

1) 구체적인 사건이 법원에 적법하게 계속 중일 것

사안에서 청구인에 대한 서울지방경찰청장의 2013.2.18.자 자동차운전면허취소처분에 대한 취소소송(서울중앙지방법원 2013구합100)이 적법하게 제기되어 있던 중 이 사건 법률조항에 대한 위헌제청신청을 하였으므로, "구체적인 사건이 법원에 적법하게 계속 중"이어야 한다는 요건을 충족합니다.

2) 위헌여부가 문제되는 법률이 당해사건의 재판에 적용될 것

사안에서 당해사건은 서울지방경찰청장이 이 사건 법률조항을 적용하여 발한 청구인에 대한 자동차운전면허취소처분의 취소를 구하는 소송이므로, 이 사건 법

률조항은 당해사건에 적용되는 법률임이 분명합니다.

3) 그 법률이 헌법에 위반되는지의 여부에 따라 당해사건을 담당하는 법원이 "다른 내용의 재판"을 하게 되는 경우일 것

이에는 (1) 법원이 심리중인 당해사건의 재판의 결론이나 주문에 어떤 영향을 주는 경우와 (2) 재판의 이유를 달리함으로써 재판의 내용과 효력에 관한 법률적 의미가 달라지는 경우가 해당됩니다.

이 사건의 당해사건은 이미 법원에서 청구인 패소판결이 확정되었지만, 헌재법 제75조 제7항의 규정에 의하면 헌재법 제68조 제2항에 의한 헌법소원이 인용된 경우에 당해 헌법소원과 관련된 소송사건(당해사건)이 이미 확정되었더라도 당사자는 법원에 재심을 청구할 수 있고, 이 경우에는 다른 내용의 재판을 할 수 있게 됩니다. 즉, 이 사건 법률조항이 위헌이라면 합헌인 경우와는 달리 당해사건의 재판의 주문이 달라지는 경우에 해당합니다.

4) 이상 살펴본 바와 같이 이 사건 법률조항은 재판의 전제성이 인정됩니다.

3. 청구기간

헌재법 제68조 제2항에 따른 헌법소원심판은 위헌여부심판의 제청신청을 기각하는 결정을 통지받은 날부터 30일 이내에 청구하여야 합니다(헌재법 제69조 제2항). 그리고 국선대리인선임신청을 한 경우에는 위 청구기간은 국선대리인선임신청이 있는 날을 기준으로 하여 정합니다(헌재법 제70조 제1항). 사안에서 청구인은 법원의 위헌제청신청 기각결정문을 2014.3.6. 송달받았으므로 그로부터 30일째 되는 2014.4.5.까지 헌법소원심판을 청구하여야 하나, 4.5.은 토요일이고 4.6.은 일요일이므로 민법 제157조, 제161조에 따라 월요일인 4.7.에 국선대리인선임신청을 한 이 사건은 청구기간을 준수하였습니다.

4. 변호사강제주의 등

헌법소원심판절차에서는 변호사강제주의가 적용되는바(헌재법 제25조 제3항), 청구인은 헌법재판소에 국선대리인 선임신청을 하여 헌법재판소에 의하여 변호사 김유신이 청구인을 위한 국선대리인으로 선정되었고, 동 선정결정문 정본을 첨부하여 이 사건 헌법소원심판청구서를 제출하는 것이므로 이 요건도 충족합니다. 그 밖에 일사부재리는 이 사안에서 문제되지 아니합니다.

5. 소결

이상 살펴본 바와 같이 이 사건 심판청구는 헌재법 제68조 제2항에 따른 헌법소원으로서의 적법요건을 모두 갖추었습니다.

Ⅲ. 위헌이라고 해석되는 이유

1. 제한되는 기본권과 위헌심사기준

이 사건 법률조항으로 인하여 운전면허가 취소되면 3년이 지나지 아니하면 다시 운전면허를 취득할 수 없는바(도로교통법 제82조 제2항 제5호 참조), 청구인은 운전을 직업으로 하지 않는 자이므로 일반적 행동의 자유가 제한됩니다. 한편, 이 조항은 운전을 직업으로 사람의 직업선택의 자유도 제한하고 있습니다.

한편, 도로교통법 제78조 제1항은 같은 항 제4호 및 제12호의 경우는 이를 임의적 취소사유로 규정하고 있는바, 이들 사유와 비교할 때 이 사건 법률조항이 청구인의 평등권을 침해하는지 여부도 문제가 됩니다.

2. 일반적 행동자유권의 침해여부

가. 일반적 행동자유권의 의의

헌법 제10조는 행복추구권을 보장하고 있으며, 행복추구권은 그의 구체적인 표현으로서 일반적인 행동자유권과 개성의 자유로운 발현권을 포함하는데, 일반적 행동자유권은 개인이 행위를 할 것인가의 여부에 대하여 자유롭게 결단하는 것을 전제로 하여 이성적이고 책임감 있는 사람이라면 자기에 관한 사항은 스스로 처리할 수 있을 것이라는 생각에서 인정되는 포괄적인 의미의 자유권으로서 일반조항적인 성격을 가지는 기본권입니다.[64)]

이하에서는 이 사건 법률조항이 과잉금지원칙에 위배하여 청구인의 일반적 행동자유권을 침해하는지 여부를 살펴보겠습니다.

나. 과잉금지원칙 위배여부

1) 목적의 정당성

이 사건 법률조항은 주취 중 운전금지 규정을 상습적으로 위반한 자에 대하여는 그 면허를 취소함으로써 국민의 생명, 신체 및 재산을 보호하고 도로교통과 관

64) 헌재 1991.6.3. 89헌마204 결정; 헌재 2000.6.1. 98헌마216 결정: 헌재 2012.4.24. 2011헌바40 결정 등 참조.

련된 안전을 확보하고자 하는데 그 입법목적이 있는바, 이는 헌법 제37조 제2항이 정한 질서유지 내지 공공복리를 위한 것으로서 정당성이 인정된다고 할 것입니다.

2) 수단의 적합성

주취 중 운전금지 규정을 3회 이상 위반한 자는 교통법규준수에 관한 책임의식, 교통관여자로서의 안전의식 등이 현저히 결여되어 있다고 볼 수 있는바, 이와 같은 사람에게 운전을 계속하도록 한다면 국민의 생명·신체·재산 및 도로교통에 관련된 공공의 안전에 심각한 위험을 초래할 가능성이 높다고 할 것이므로 이 사건 법률조항에 해당하는 자에 대하여 운전면허를 취소하도록 한 것은 위와 같은 입법목적의 달성에 적절한 수단이라고 할 것입니다.

3) 침해의 최소성

어떤 법률의 입법목적이 정당하고 그 목적을 달성하기 위해 선택한 수단이 어느 정도 적합하다고 하더라도 입법자가 임의적 규정으로 법의 목적을 실현할 수 있음에도 불구하고 구체적 사안의 개별성과 특수성을 고려할 수 있는 가능성을 일체 배제하는 필요적 규정으로 법의 목적을 실현하려 한다면 이는 비례원칙의 한 요소인 침해의 최소성 원칙에 위배됩니다.[65]

그러므로 살피건대, 주취 중 운전금지 규정을 3회 이상 위반한 자에 대하여 가중된 제재를 가할 경우 3회를 반복한 기간의 차이(예를 들면 1년 이내 3회, 5년 이내 3회 등)에 따라 행위자의 위험성을 달리 평가하고 그에 상응하는 처분을 해야 함에도 불구하고 이 사건 법률조항은 3회를 한정할 수 있는 기간에 아무런 제한을 두고 있지 않을 뿐만 아니라, 주취 중 운전금지 규정을 위반한 경우라도 각 행위 태양에 따라(예를 들면 측정거부, 혈중알콜농도 0.1% 미만 또는 이상, 음주운전으로 물적·인적 피해 야기 등) 위법의 정도가 다름에도 불구하고 종전의 위반행위가 운전면허 취소사유인지 정지사유인지를 구별하지 않고 무조건 주취 중 운전금지 규정을 3회 이상 위반하면 면허를 취소하도록 규정하고 있어 침해의 최소성 원칙에 위배된다고 할 것입니다.

4) 법익의 균형성

음주운전으로 인하여 발생할 국민의 생명, 신체에 대한 위험을 예방하고 교통질서를 확립하려는 이 사건 법률조항의 입법목적을 고려하더라도 이 사건 법률조항으로 인하여 무차별적으로 자동차 등을 운전하고자 하는 사람의 기본권(일반적 행동의 자유 내지는 직업선택의 자유)을 침해하고 있으므로 법익균형성의 원칙에도 위배됩니다.

65) 헌재 2005.11.24. 2004헌가28 결정 참조.

3. 평등권 침해여부

가. 의의 및 심사기준

도로교통법 제78조 제1항은, 같은 항 제4호(교통사고로 사람을 사상한 후 필요한 조치 또는 신고를 하지 아니한 때) 및 제12호(운전중 고의 또는 과실로 교통사고를 일으킨 때)의 경우는 이 사건 법률조항이 정하는 사유보다 그 위법성이 더 큼에도 이를 임의적 취소사유로 하고 있으므로, 이 사건 법률조항의 필요적 취소사유 규정이 청구인의 평등권을 침해하는지 여부가 문제됩니다.

평등원칙은 본질적으로 같은 것은 같게, 본질적으로 다른 것은 다르게 취급할 것을 요구합니다. 따라서 평등원칙은 입법자에게 본질적으로 같은 것을 자의적으로 다르게, 본질적으로 다른 것을 자의적으로 같게 취급하는 것을 금하고 있습니다. 평등권침해(또는 평등원칙 위배) 여부를 심사함에 있어 엄격한 심사척도에 의할 것인지, 완화된 심사척도에 의할 것인지는 입법자에게 인정되는 입법형성권의 정도에 따라 달라지는데, ①헌법이 스스로 차별의 근거로 삼아서는 아니 되는 기준을 제시하거나 차별을 특히 금지하고 있는 영역을 제시하고 있다면 그러한 기준을 근거로 한 차별이나 그러한 영역에서의 차별에 대하여 엄격하게 심사하는 것이 정당화되고, 또 ②차별적 취급으로 인하여 관련 기본권에 대한 중대한 제한을 초래하게 된다면 입법형성권은 축소되어 보다 엄격한 심사척도가 적용됩니다.[66]

사안에서 이 사건 법률조항의 적용을 받는 청구인은 운전면허가 취소됨으로 인하여 일반적 행동의 자유에 대한 중대한 제한을 받는 경우라고 할 수 있으므로(운전을 직업으로 하는 사람들의 직업선택의 자유도 마찬가지입니다) 엄격한 심사척도가 적용되어야 합니다.

나. 비례원칙심사

엄격한 심사척도가 적용된다는 것은 자의금지원칙에 따른 심사, 즉 합리적 이유의 유무를 심사하는 것에 그치지 아니하고 비례성원칙에 따른 심사, 즉 차별취급의 목적과 수단 간에 엄격한 비례관계가 성립하는지를 기준으로 한 심사를 행함을 의미합니다.[67] 구체적으로는 차별목적의 정당성, 차별취급의 적합성, 차별취급의 불가피성 또는 필요성, 법익균형성이 인정되는지를 기준으로 평등권 침해여부 심사를 행합니다.

사안에서는 위 과잉금지원칙심사에서 보았듯이 차별목적의 정당성이나 차별

66) 헌재 1999.12.23. 98헌마363 결정 참조.

67) 헌재 1999.12.23. 98헌바33 결정; 헌재 2009.2.26. 2006헌마626 결정 등 참조.

취급의 적합성은 인정될 수 있다 하더라도, 도로교통법 제78조 제1항 제4호(교통사고로 사람을 사상한 후 필요한 조치 또는 신고를 하지 아니한 때) 및 제12호(운전중 고의 또는 과실로 교통사고를 일으킨 때)의 경우는 이 사건 법률조항이 정하는 사유보다 그 위법성이 더 큼에도 이를 임의적 취소사유로 하고 있음에도 불구하고, 이 사건 법률조항은 무조건 주취 중 운전금지 규정을 3회 이상 위반하면 면허를 취소하도록 규정하고 있어 차별취급의 불가피성과 법익의 균형성이 인정되지 아니합니다. 따라서 이 사건 법률조항으로 말미암아 청구인의 평등권도 침해됩니다.

4. 소결

이 사건 법률조항은 과잉금지원칙에 위배하여 청구인의 일반적 행동의 자유(및 운전을 직업으로 하는 사람의 직업선택의 자유)를 침해하며, 비례원칙 심사에 의할 때 청구인의 평등권도 침해합니다.

Ⅳ. 결론

위에서 살펴본 바와 같이 이 사건 법률조항은 당해사건에의 재판의 전제성 및 그 밖에 다른 적법요건을 갖추었고, 과잉금지원칙에 위반하여 청구인의 일반적 행동의 자유(및 운전을 직업으로 하는 사람의 직업선택의 자유)를 침해하고 평등권도 침해하므로 헌법에 위반된다고 할 것입니다. 따라서 이 사건 법률조항에 대하여 헌법에 위반된다는 (또는 청구취지와 같은) 결정을 내려주시기 바랍니다.

첨 부 서 류

1. 위헌법률심판제청신청서
2. 위헌제청신청기각결정문 및 동 결정의 송달증명서(우편송달증명서)
3. 국선대리인 선임신청서
4. 국선대리인 선정결정 정본

2014. 4. 17.

청구인의 국선대리인 변호사 김 유 신 (인)

헌법재판소 귀중

Ⅱ. 문제 2와 예시문

문 제 〈2〉[68)]

(1) 김갑남과 이을녀는 부부이다. 이을녀는 아이를 임신한 후 2012.5.8.경부터 당해사건의 피고 박명의가 근무하는 A산부인과의원에서 정기적으로 검진을 받았다. 이을녀는 2012.7.22.(임신 16주) 위 의원에서 기형아 검사를 위한 트리플 마커 검사를 받았는데, 그 결과 에드워드 증후군의 위험도가 1:100 이상으로 증가되었음이 확인되었다. 이에 위 박명의는 태아가 기형아인지를 정확히 알기 위해서는 양수검사가 필요하다고 권유하였고, 이을녀의 동의 아래 2012.7.25. 양수천자검사를 실시하였다.

(2) 그런데 위 박명의는 위 검사로 인하여 발생할 수 있는 합병증 및 유산의 위험성에 관하여 이을녀에게 구체적으로 알려주지 않아 의사로서의 설명의무를 위반하였을 뿐만 아니라, 이을녀가 양수검사에 따른 합병증으로 나타나는 감염증상 및 조기 양막파수를 일으키게 되어 다시 내원하여 감기몸살 및 복통을 호소하였음에도 필요한 적절한 조치를 취하지도 않았다. 이을녀는 2012.8.3. B병원에서 초음파검사를 받았고, 그 결과 양막이 터져 양수가 거의 없음이 확인되었으며 그 다음날(임신 19주) 태아는 태내에서 사망하였다.

(3) 김갑남과 이을녀는 "태아도 권리능력이 인정되어 손해배상청구권을 가질 수 있고 태아가 사산할 경우 태아의 손해배상청구권은 정상적으로 태어났다면 친권자가 되었을 부모에게 상속된다."고 주장하며 서울중앙지방법원에 위 박명의를 피고로 한 손해배상청구소송을 제기하였으나, 이러한 내용의 청구(당해사건의 소송물 중 태아의 손해배상청구권 상속을 전제로 한 부분)는 제1심에서는 물론 항소심에서도 기각되었다. 이에 김갑남과 이을녀는 2014.5.27. 대법원에 상고(2014다3333)하여 상고심 계속 중 민법(1958.2.22. 법률 제471호로 제정된 것) 제3조와 제762조에 대하여 위헌법률심판 제청신청을 하였으나, 대법원은 2014.9.3. 상고를 기각함과 동시에 위헌법률심판 제청신청도 기각하였고, 위 위헌법률심판제청신청 기각결정은 2014.9.10. 청구인들에게 통지되었다.

---

68) 이 문제는 헌재 2008.7.31. 2004헌바81 [7(합헌):2(한정위헌) - 합헌] 결정을 기초로 재구성한 것이다.

(4) 김갑남과 이을녀는 헌법소원심판을 제기하고자 2014.9.15. 헌법재판소에 국선대리인 선임신청을 하였으나 2014.10.12. 기각되었고, 동 기각결정문은 같은 달 15. 송달되었다. 이에 김갑남과 이을녀는 변호사 최명변을 대리인으로 선임하였다. 최명변 변호사의 입장에서, 김갑남과 이을녀를 위하여 "민법 제3조와 제762조를, 살아서 출생한 태아의 경우에만 손해배상청구권을 인정하는 것으로 해석하는 것은 국가의 기본권보호의무를 규정한 헌법 제10조 제2문에 위반하여 태아의 인간으로서의 존엄과 가치 및 생명권을 침해하는 것이다." 라는 이유로 헌법재판소법 제68조 제2항에 의한 헌법소원심판청구서를 작성하시오. [작성일자는 2014.11.8.로 함]

[관련 조항]

민 법

제3조(권리능력의 존속기간) 사람은 생존한 동안 권리와 의무의 주체가 된다.

제752조(생명침해로 인한 위자료) 타인의 생명을 해한 자는 피해자의 직계존속, 직계비속 및 배우자에 대하여는 재산상의 손해없는 경우에도 손해배상의 책임이 있다.

제762조(손해배상청구권에 있어서의 태아의 지위) 태아는 손해배상의 청구권에 관하여는 이미 출생한 것으로 본다.

헌법소원심판청구서

청구인 : 김 갑 남
　　　　이 을 녀
　　　　　　청구인들의 주소 서울 강북구 양산택지소로 20, 101동 305호
　　　　청구인들 대리인 변호사 최 명 변

청 구 취 지

"민법(1958.2.22. 법률 제471호로 제정된 것) 제3조와 제762조를, '살아서 출생한 태아의 경우에만 손해배상청구권이 인정되는 것으로 해석하는 것'은 헌법에 위반된다."라는 결정을 구합니다.

당 해 사 건

대법원 2014다3333 손해배상(의)

위헌이라고 해석되는 법률조항

민법(1958.2.22. 법률 제471호로 제정된 것) 제3조와 제762조[69](이하 "이 사건 법률조항들"이라고 약칭합니다)

청 구 이 유

Ⅰ. 쟁점의 정리

1. 적법요건의 쟁점

사안에서 법원에 구체적 사건이 계속 중에 법률(민법)조항에 대하여 위헌법률심판 제청신청을 하였다가 법원이 기각결정을 하였으므로, 주로 재판의 전제성과 청구기간, 변호사강제주의 등이 문제됩니다. 그리고 청구취지와 같은 한정위헌결

69) 참고로, 한정위헌청구의 적법성을 처음으로 인정한 헌재 2012.12.27. 2011헌바117 결정은, "이 사건 심판의 대상은 형법(1953.9.18. 법률 제293호로 제정된 것) 제129조 제1항(이하 '이 사건 법률조항'이라 한다)의 '공무원'에 구 '제주특별자치도 설치 및 국제자유도시 조성을 위한 특별법'(2007.7.27. 법률 제8566호로 개정되기 전의 것)(이하 '이 사건 특별법'이라 한다) 제299조 제2항의 제주특별자치도통합영향평가심의위원회 심의위원 중 위촉위원이 포함되는 것으로 해석·적용하는 것이 위헌인지 여부"라고 판시하였다.

정을 구하는 청구가 적법한지 여부도 쟁점입니다.

2. 본안의 쟁점

사안에서 이 사건 법률조항들에 의하여 제한되는 기본권이 무엇인지, 그리고 이 사건 법률조항들이 위헌인지 여부를 판단하는 심사기준이 무엇인지, 그에 따른 심사결과 위헌인지 여부가 문제됩니다.

Ⅱ. 적법요건의 구비여부

헌법재판소법(이하 "헌재법"이라고 약칭합니다) 제68조 제2항에 따른 헌법소원의 적법요건으로는 대상적격(법률), 법원의 위헌제청신청에 대한 기각결정, 재판의 전제성, 청구기간, 변호사강제주의, 일사부재리 등이 요구됩니다.

1. 대상적격 및 위헌제청신청 기각결정

헌재법 제68조 제2항은 법률의 위헌여부심판의 제청신청이 기각된 때에는 그 신청을 한 당사자가 헌법재판소에 헌법소원심판을 청구할 수 있다고 규정하고 있습니다. 사안에서 청구인들의 이 사건 법률조항들에 대한 위헌법률심판제청신청에 대하여 대법원의 기각결정이 2014.9.3. 있었으므로 이 요건을 충족합니다.

2. 재판의 전제성

가. 의의 및 요건

재판의 전제성이라 함은, 위헌법률심판제청(헌법 제107조 제1항, 헌재법 제41조)이나 규범통제형 헌법소원심판청구(헌재법 제68조 제2항)에는 법률이 헌법에 위반되는 여부가 법원(군사법원 포함)이 담당하는 당해사건의 재판에 전제가 되어야 한다는 것을 말합니다. 구체적으로는 첫째, 구체적인 사건이 법원에 적법하게 계속 중일 것, 둘째, 위헌여부가 문제되는 법률이 당해사건의 재판에 적용될 것, 셋째, 그 법률이 헌법에 위반되는지의 여부에 따라 당해사건을 담당하는 법원이 "다른 내용의 재판"을 하게 되는 경우일 것 등의 요건을 충족해야 합니다.

나. 사안에의 적용

1) 첫째 요건

사안에서 청구인들이 위 A산부인과의원 의사인 박명의를 상대로 제기한 손해배상(의) 청구소송이 대법원에 2014다3333호로 적법하게 소송계속 중 이 사건 법률조항들에 대한 위헌제청신청을 하였으므로, "구체적인 사건이 법원에 적법하게 계속 중"이어야 한다는 요건을 충족합니다.

2) 둘째 요건

민법 제3조는 권리능력의 주체가 되는 사람의 시기와 종기에 관한 규정으로, 현재의 통설·판례인 '전부노출설'에 의하면 태아의 권리능력은 이 조항에 의하여 원칙적으로 인정되지 않게 됩니다. 그런데 당해사건의 경우 불법행위로 인하여 사망한 태아의 손해배상청구권이 문제되고 있으므로 일반적으로 태아의 권리능력을 부정하는 민법 제3조에 대해 재판의 전제성을 인정할 것인지 여부가 문제됩니다.

민법 제762조는 "태아는 손해배상의 청구권에 관하여는 이미 출생한 것으로 본다."라고 규정하고 있는바, 이 규정을 문면 그대로 해석할 경우 사산(死産)된 태아의 손해배상청구권을 인정할 여지가 있습니다. 그럼에도 불구하고 사산한 태아의 손해배상청구권이 부정되는 것은 법원이 민법 제762조를 해석함에 있어 생존한 동안에만 권리와 의무의 주체가 된다고 규정한 민법 제3조를 함께 적용하고 있기 때문입니다. 살아서 출생하지 못한 태아의 손해배상청구권이 부정되는 것은 민법 제762조의 해석 때문이 아니라 오히려 민법 제3조 때문인 것입니다. 그렇다면 당해사건에는 민법 제3조와 제762조가 함께 적용되고 있는 것으로 보아야 합니다.

3) 셋째 요건

이에는 (1) 법원이 심리중인 당해사건의 재판의 결론이나 주문에 어떤 영향을 주는 경우와 (2) 재판의 이유를 달리함으로써 재판의 내용과 효력에 관한 법률적 의미가 달라지는 경우가 해당됩니다.

사안에서 만약 헌법재판소가 "민법 제3조와 제762조를 해석함에 있어, 태아의 손해배상청구권을 살아서 출생한 태아의 경우에만 손해배상청구권을 인정하는 것으로 해석하는 것은 위헌"이라는 결정을 선고하는 경우 당해사건에서 청구인들이 승소할 수 있으므로, 다른 내용의 재판을 하게 되는 경우가 됩니다.

4) 이상 살펴본 바와 같이 이 사건 법률조항들은 재판의 전제성이 인정됩니다.

3. 청구기간

헌재법 제68조 제2항에 따른 헌법소원심판은 위헌여부심판의 제청신청을 기각하는 결정을 통지받은 날부터 30일 이내에 청구하여야 합니다(헌재법 제69조 제2항). 한편, 헌법소원심판을 청구하려는 자가 변호사를 대리인으로 선임할 자력이 없는 경우에는 헌법재판소에 국선대리인을 선임하여 줄 것을 신청할 수 있는바, 이 경우 제69조에 따른 청구기간은 국선대리인의 선임신청이 있는 날을 기준으로 정하며(헌재법 제70조 제1항), 헌법재판소가 국선대리인을 선정하지 아니한다는 결정을 한 때에는 신청인이 선임신청을 한 날부터 그 통지를 받은 날까지의 기간은 헌재법 제69조의 청구기간에 산입하지 아니합니다(헌재법 제70조 제4항).

사안에서 대법원의 위헌제청신청 기각결정문이 2014.9.10. 청구인들에게 통지되었으므로 헌법소원심판청구를 2014.10.10.까지 제출하여야 하는바, 청구인들은 위 통지일로부터 2014.9.15. 헌법재판소에 국선대리인 선임신청을 하였다가 동 신청에 대한 기각결정문을 2014.10.15. 송달받았으므로(31일 추가) 2014.11.10.까지 헌법소원심판청구서를 제출해야 합니다. 그러므로 최명변 변호사를 대리인으로 선임하여 2014.11.8. 심판청구서를 제출하는 이 사건 헌법소원은 청구기간을 준수하였습니다.

4. 변호사강제주의 등

헌법소원심판절차에서는 변호사강제주의가 적용되는바(헌재법 제25조 제3항), 청구인들은 최명변 변호사를 대리인으로 선임하여 이 사건 헌법소원심판청구서를 제출하는 것이므로 이 요건도 충족합니다. 그 밖에 일사부재리는 사안에서 문제되지 아니합니다.

5. 한정위헌청구의 적법여부

가. 문제의 제기

청구인들은 "민법 제3조와 제762조를, 태아의 손해배상청구권이 살아서 출생한 태아의 경우에만 손해배상청구권을 인정되는 것으로 해석하는 것은 국가의 기본권 보호의무를 규정한 헌법 제10조 제2문에 위반하여 태아의 인간으로서의 존엄과 가치 및 생명권을 침해하는 것이다."라는 내용을 이유로 한 한정위헌청구를 하고 있는바, 이와 같이 규범통제형 헌법소원에서 한정위헌청구가 허용되는지 여부가 문제됩니다.

나. 헌법재판소의 입장과 사안의 경우

헌법재판소는 헌재법 제68조 제2항에 따른 헌법소원에서 한정위헌청구는 원칙적으로 부적법하다는 입장이었으나, 헌재 2012.12.27. 2011헌바117 결정에서 종래의 견해를 변경하여 한정위헌청구는 원칙적으로 적법하다고 판시하였는바, 그 이유는 "첫째, 규범통제절차에 있어서 한정위헌결정은 법리상 당연하면서도 불가피한 것이기 때문에 헌법재판소가 한정위헌결정을 계속해 오면서도, 제청법원이나 헌법소원청구인은 원칙적으로 한정위헌청구를 할 수 없고 예외적인 경우에만 한정위헌청구를 할 수 있다는 종래의 선례들은 사리상으로도 합당하지 않고, 둘째, 제청법원이나 헌법소원청구인이 당해사건 재판의 근거가 되는 법률조항 그 자체나 그 전체의 위헌성을 주장하지 않고 당해 법률조항의 특정한 해석가능성이나 적용가능성에 대하여만 제한적·한정적으로 위헌을 주장한다면 헌법재판소로서는 제청법원 등이 주장하는 범위 내에서 위헌여부를 심판하는 것이 원칙이며, 그 이외의 부분까지 위헌여부를 심판하게 된다면 그것은 헌법재판에서 요구되는 직권주의를 감안하더라도 헌법재판소법상의 신청주의나 적법요건으로서의 재판의 전제성에 위반될 수 있으며, 셋째, 헌법재판소를 포함한 모든 국가기관과 국민은 헌법상의 권력분립원리에서 파생된 입법권에 의한 입법을 존중하여야 하는 것인바, 한정위헌청구에 따른 한정위헌결정은 당해 법률조항 중 위헌적인 해석이나 적용부분만을 제거하고 그 이외의 (합헌인) 부분은 최대한 존속시킬 수 있는 것이어서 입법권에 대한 자제와 존중의 결과가 되는 것이고 따라서 헌법질서에도 더욱 부합하게 되기 때문"이라는 것입니다.[70] 따라서 이 사건의 청구취지와 같은 한정위헌청구는 적법하다고 할 것입니다.

6. 소결

이상 살펴본 바와 같이 이 사건 심판청구는 헌재법 제68조 제2항에 따른 헌법소원으로서의 적법요건을 모두 갖추었습니다.

Ⅲ. 위헌이라고 해석되는 이유

1. 제한되는 기본권과 위헌심사기준

가. 이 사건 법률조항들로 인하여 제한되는 기본권

이 사건 법률조항들은 생명에 대한 침해가 있고 난 이후의 손해의 배상에 관련된 규정으로서 가령 형법의 낙태죄와 같이 생명의 직접적 보호를 위한 것은 아니지만, 생명침해에 대한 손해배상청구는 생명을 침해한 불법행위에 대하여 손해의 배상을 구하는 청구권이므로 이 사건 법률조항들의 위헌여부는 헌법상 기본권인 생명권과 직접 관련되어 있습니다.

인간의 생명은 고귀하고 이 세상에서 무엇과도 바꿀 수 없는 존엄한 인간존재의 근원입니다. 이러한 생명에 대한 권리, 즉 생명권은 비록 헌법에 명문의 규정이

70) 다만 헌법재판소는, 구체적 규범통제절차에서 법률조항에 대한 특정한 해석이나 적용부분의 위헌성을 다투는 한정위헌청구가 원칙적으로 적법하다고 하더라도, 재판소원을 금지하고 있는 헌재법 제68조 제1항의 취지에 비추어 한정위헌청구의 형식을 취하고 있으면서도 실제로는 ①당해사건 재판의 기초가 되는 사실관계의 인정이나 평가 또는 개별적·구체적 사건에서의 법률조항의 단순한 포섭·적용에 관한 문제를 다투거나, ②의미있는 헌법문제를 주장하지 않으면서 법원의 법률해석이나 재판결과를 다투는 경우 등은 모두 현행의 규범통제제도에 어긋나는 것으로서 허용될 수 없다고 하였다.

없다 하더라도 인간의 생존본능과 존재목적에 바탕을 둔 선험적이고 자연법적인 권리로서 헌법에 규정된 모든 기본권의 전제로서 기능하는 기본권 중의 기본권입니다.[71] 모든 인간은 헌법상 생명권의 주체가 되며, 형성 중의 생명인 태아에게도 생명에 대한 권리가 인정되어야 합니다. 따라서 태아도 헌법상 생명권의 주체가 되며, 국가는 헌법 제10조에 따라 태아의 생명을 보호할 의무가 있습니다.

나. 이 사안의 쟁점과 위헌심사기준

이 사안에서는 국가가 사인에 의한 태아의 생명침해에 대하여 태아 자신에게 손해배상청구권을 인정하는 입법조치를 취하지 않고 있는 입법부작위 내지 불완전한 입법이 위헌인지 여부가 문제됩니다. 이와 같은 관점에서 태아 자신에게 손해배상청구권을 허용하지 아니하는 현재의 법상태가 태아의 생명권 보호를 위한 국가의 기본권보호의무를 다하고 있는 것인지에 대한 검토가 필요합니다.

한편, 살아서 출생한 태아에 대해서는 태아 상태에서 입은 신체적 손해에 대한 손해배상청구권을 인정하면서도, 살아서 출생하지 않은 태아에 대해서는 태아 상태에서 생명이 침해된 경우임에도 살아서 출생하지 않았다는 이유로 그 손해배상청구권을 부정하는 것은 '살아서 출생한 태아의 경우'와 '살아서 출생하지 않은 태아의 경우'를 단지 출생이라는 사실을 요건으로 차별취급하는 결과가 됩니다. 따라서 평등원칙 위배여부도 심사할 필요가 있습니다.

2. 기본권보호의무 위반여부

가. 민법 제3조와 제762조에 대한 대법원의 해석

민법은 제3조에서 "사람은 생존한 동안 권리와 의무의 주체가 된다."고 규정하고 있고, 여기서 "생존한 동안"은 출생 시부터 사망 시까지로 해석되고 있습니다. 한편, 민법 제762조는 "태아는 손해배상의 청구권에 관하여는 이미 출생한 것으로 본다."고 규정함으로써 태아의 손해배상청구권에 관해서는 민법 제3조의 특칙을 정해놓고 있습니다. 그런데 "태아는 손해배상의 청구권에 관하여는 이미 출생한 것으로 본다."고 규정한 민법 제762조를 민법 제3조에 대한 특칙으로 보지 않고, 대법원의 해석과 같이 제3조의 통상적 해석만을 내세워 '태아가 살아서 출생한 경우에만 손해배상청구권을 취득하되 다만 그 청구권의 발생시기만 태아 당시로 소급하는 것을 의미한다'고 본다면, 이는 아래에서 보는 바와 같은 이유에서 태아의 생명권을 침해하고 국가의 기본권보호의무에 위반되는 것으로 볼 수밖에 없습니다.

71) 헌재 1996.11.28. 95헌바1 결정 참조.

나. 태아의 생명권 침해

헌법 제10조 제2문은 국가로 하여금 개인이 가지는 불가침의 기본적 인권을 확인하고 이를 보장할 의무를 부여하고 있습니다. 따라서 국가는 인간의 존엄과 가치의 실현을 위해 개인의 생명을 보호하여야 할 의무가 있으며, 이를 위해 국가는 스스로 개인의 생명을 침해할 수 없음은 물론, 사인에 의한 침해로부터 개인의 생명을 보호할 법적, 제도적 장치를 마련하여야 합니다.

그런데 "태아는 손해배상의 청구권에 관하여는 이미 출생한 것으로 본다."는 민법 제762조를 '태아가 살아서 출생한 경우에만 손해배상청구권을 취득하되 다만 그 청구권의 발생시기만 태아 당시로 소급하는 것을 의미한다'고 본다면, 생명을 침해당한 태아는 이미 살아서 출생할 수 없음이 명백해졌으므로 손해배상청구권을 취득할 수 없게 되고, 태아의 생명을 침해한 자는 태아에 대하여 아무런 사법상 책임을 지지 않게 됩니다. 이는 국가가 태아의 생명을 실체적인 가치로 인정하지 않고 허구적이고 조건적인 것으로 인식함으로써 태아의 생명을 경시하는 것으로, 태아의 생명을 보호하여야 할 국가가 그 의무를 다하지 않은 결과입니다.

다. 국가의 기본권보호의무 위반

이와 같이 민법 제762조를, 살아서 출생한 태아에 한해서만 손해배상청구권을 인정함으로 인한 국가의 기본권보호의무 해태는, 태아가 불법적인 침해행위로 사망한 경우와 단지 상해만을 입어 출생한 경우를 비교해 보면 더욱 명백해 집니다. 불법적인 침해행위를 당한 태아가 상해를 입고 출생하면 태아는 가해자를 상대로 손해배상청구권을 취득하지만, 그 불법적인 침해행위로 사망한 경우에는 태아는 아무런 손해배상청구권을 취득할 수 없게 되는데, 이러한 결과는 태아의 신체를 훼손한 자는 사법상의 책임을 지지만 태아의 생명을 침해한 자는 아무런 사법상의 책임도 지지 않는다는 것을 의미하는 것으로서, 이는 헌법이 부여하고 있는 태아에 대한 기본권 보호의무에 대한 명백한 위반이라 할 것입니다.

3. 평등원칙 위배여부

가. 차별취급의 존재

민법 제3조 및 제762조를 대법원의 해석과 같이, 살아서 출생한 태아에 대해서는 태아 상태에서 입은 신체적 손해에 대한 손해배상청구권을 인정하면서도, 살아서 출생하지 않은 태아에 대해서는 태아 상태에서 생명이 침해된 경우임에도 살아서 출생하지 않았다는 이유로 그 손해배상청구권을 부정하는 것은 '살아서 출생한 태아의 경우'와 '살아서 출생하지 않은 태아의 경우'를 단지 출생이라는 사실을 요건으로 차별취급하는 결과가 됩니다.

나. 평등원칙 위배여부

평등원칙은 본질적으로 같은 것은 같게, 본질적으로 다른 것은 다르게 취급할 것을 요구합니다. 따라서 평등원칙은 입법자에게 본질적으로 같은 것을 자의적으로 다르게, 본질적으로 다른 것을 자의적으로 같게 취급하는 것을 금하고 있습니다.

그런데 앞에서 본 바와 같이 이 사건 법률조항들이 '살아서 출생한 태아의 경우'와 '살아서 출생하지 않은 태아의 경우'를 단지 출생이라는 사실을 요건으로 차별취급하는 것이 국가의 생명권에 관한 기본권보호의무를 위반하는 것으로 평가되는 한, 그와 같은 차별은 자의적인 차별이라고 할 수 있으므로 평등원칙에 반하는 것이라고 보아야 할 것입니다.

4. 소결

이 사건 법률조항들은 국가의 기본권보호의무에 위배하여 태아의 생명권을 침해하고 평등원칙에도 위배됩니다.

Ⅳ. 결론

위에서 살펴본 바와 같이 이 사건 법률조항들은 당해사건에의 재판의 전제성 및 그 밖에 다른 적법요건을 갖추었고, 이 사건 법률조항들은 국가의 기본권보호의무와 평등원칙에 위배하여 헌법에 위반된다고 할 것입니다. 따라서 이 사건 법률조항들에 대하여 청구취지와 같은 결정을 내려주시기 바랍니다.

첨 부 서 류

1. 위헌법률심판제청신청서
2. 위헌제청신청기각결정문 및 동 결정의 송달증명서(우편송달증명서)
3. 국선대리인선임신청서
4. 국선대리인선임신청에 대한 기각결정문 및 동 결정의 송달증명서(우편송달증명서)
5. 대리인 선임서

2014. 11. 14.

대리인 변호사 최 명 변 (인)

헌법재판소 귀중

제4절 권리구제형 헌법소원심판청구서의 작성

제1항 권리구제형 헌법소원심판청구서의 기재사항

Ⅰ. 권리구제형 헌법소원과 규범통제형 헌법소원의 병합제기 가능성

헌재법 제68조 제1항의 규정에 의한 헌법소원심판은 공권력의 행사 또는 불행사로 인하여 기본권의 침해를 당한 피해자의 주관적 권리구제에 관한 심판이다. 한편 헌법재판소는, ① 헌재법 제68조 제1항에 의한 헌법소원과 헌재법 제68조 제2항에 의한 헌법소원은 비록 그 요건과 대상은 다르다고 하더라도 헌법재판소라는 동일한 기관에서 재판을 받고 개인에 의한 심판청구라는 헌법소원의 측면에서는 그 성질이 동일한 점, ② 헌법재판소 판례 중에는 헌재법 제68조 제2항의 헌법소원 절차에서 청구변경의 방법으로 예비적 청구를 헌재법 제68조 제2항에 의한 청구에서 헌재법 제68조 제1항에 의한 청구로 변경하는 것을 허용한 예,[72] 법원에 위헌법률심판 제청신청을 한 적이 없는 청구인의 헌법소원심판청구를 헌재법 제68조 제1항에 의한 헌법소원심판청구로 본 예,[73] 헌재법 제68조 제1항에 의한 헌법소원심판청구와 헌재법 제68조 제2항에 의한 헌법소원심판청구를 병합하여 심판한 예[74]가 있는 점, ③ 헌법재판소가 '헌법재판소 사건의 접수에 관한 규칙'에 의하여 헌재법 제68조 제1항의 헌법소원사건의 사건부호를 '헌마'로, 헌재법 제68조 제2항의 헌법소원사건의 사건부호를 '헌바'로 달리 부여하고 있지만 이는 편의적인 것에 불과한 점, ④ 만약 이를 허용하지 않을 경우 당사자는 관련 청구소송을 하나는 헌재법 제68조 제1항에 의한 헌법소원으로, 다른 하나는 헌재법 제68조 제2항에 의한 헌법소원으로 제기하여야 하는데 이는 소송경제에 반하는 점 등을 살펴볼 때, 하나의 헌법소원으로 헌재법 제68조 제1항에 의한 청구와 헌재법 제68조 제2항에 의한 청구를 병합하여 제기함이 가능하다고 하였다.[75] 다만 실제 시험에

---

72) 헌재 2007.10.25. 2005헌바68 결정 참조. 청구인은 2005.8.2. 구 군인연금법 제21조 제5항 제1호 중 '사학연금법 제3조의 학교기관' 및 사학연금법 제32조 제1항 중 '군인' 부분이 헌법에 위반된다며 이를 주위적·예비적 청구로 하여 헌재법 제68조 제2항에 의한 헌법소원심판을 청구하였고, 그 후 2006.2.9.자 준비서면을 통하여 예비적 청구를 헌재법 제68조 제1항에 의한 심판청구로 변경하였다.

73) 헌재 2007.11.29. 2005헌바12 결정 참조.

74) 헌재 2003.10.30. 2001헌마700, 2003헌바11(병합) 결정 참조.

서는 양자 중 어느 하나만을 요구하는 것이 보통이므로, 기록형 문제의 경우 문제와 기록에 첨부된 서식을 참조하여 어떤 유형의 심판청구서를 요구하는지 판단해야 한다.

Ⅱ. 권리구제형 헌법소원심판청구서의 기재사항

1. 청구인 및 대리인의 표시

권리구제형 헌법소원심판청구서도 규범통제형 헌법소원심판청구서와 마찬가지로 헌법재판소에 처음으로 제출하는 서류가 된다. 따라서 당사자(청구인)와 대리인을 정확히 표시하는 것이 필요하다. 청구인의 경우 이름과 주소가 필수적 기재사항이 된다.

2. 권리구제형 헌법소원심판의 청구대상

규범통제형 헌법소원심판의 청구대상이 법률조항인 것과는 달리 권리구제형 헌법소원심판의 청구대상은 법률에 한정되지 아니하고 모든 공권력의 행사 또는 불행사가 심판청구의 대상이 될 수 있다.[76]

3. 청구취지 및 침해의 원인이 되는 공권력의 행사 또는 불행사

가. 개요

청구취지는 헌법재판소로 하여금 심판청구 대상 공권력행사 또는 불행사에 대하여 인용결정을 내려줄 것을 구하는 방식으로 기재한다(후술하는 예시문 참조). 시험에서는 법률을 포함한 규범이 심판청구의 대상인 것이 보통이어서 동 규범에 대한 위헌결정을 구하는 것이 보통이나,[77] 그 밖에 심판청구 대상의 유형에 따라서 다양한 형태의 주문이 있으므로 이를 염두에 두어야 한다(아래 나. 참조). "침해의 원인이 되는 공권력의 행사 또는 불행사" 부분은 위 청구취지에서 확정한 해당 공권력의 행사 또는 불행사를 말한다. 따라서 실제 시험에서는 위 청구취지와 통합하여 채점하는 것이 보통이다.

---

75) 헌재 2010.3.25. 2007헌마933 결정 참조. 헌법재판소는 이미 이전에도 하나의 헌법소원으로 제기한 헌재법 제68조 제2항에 의한 심판청구와 헌재법 제68조 제1항에 의한 심판청구를 허용하고, 하나의 결정문에서 양자를 판단한 바 있다.(헌재 1998.10.15. 96헌바77 결정 참조)

76) 그 구체적인 내용은 김현철(판례), 284면 이하 참조.

77) 2013년도 시행 제2회 변호사시험 공법 기록형 문제 참조.

한편, 헌재법 제68조 제1항에 따른 통상의 처분(또는 부작위)소원에 대하여 헌법재판소가 인용결정을 하는 때에는 인용결정서의 주문에서 "침해된 기본권"과 "침해의 원인이 된 공권력의 행사 또는 불행사"를 특정하여야 하므로(헌재법 제75조 제2항), 특히 전자에 관하여도 인용결정의 주문과 대응하여 심판청구서의 청구취지에서 언급해 주어야 한다. 그러나 법령소원을 인용하는 경우에는 주문에 침해된 기본권을 표시하지 않는데,[78] 그 이유는 법령에 대한 헌법소원은 청구인의 침해된 기본권구제의 면도 있으나 객관적인 헌법질서의 확립이라는 성질이 더 부각되어야 할 것이고, 헌재법 제75조 제2항의 취지가 동조 제3항 내지 제5항과의 관계에서 볼 때 입법권, 즉 법률에 의한 기본권침해의 경우에 부합하는 규정이라고 보여지지 않고, 오히려 동조 제6항이 헌법소원을 인용하여 법률의 위헌을 선고할 경우에는 헌재법 제45조, 제47조의 규정을 준용하도록 하고 있어서 구태여 주문에 침해된 기본권을 표시할 필요까지는 없다고 해석되기 때문이다.[79]

나. 권리구제형 헌법소원심판의 인용결정의 유형

권리구제형 헌법소원에서 법령에 대하여 인용결정을 하는 경우에는 위헌법률심판 제청사건이나 규범통제형 헌법소원 사건에서 법률에 대하여 위헌결정(변형위헌결정 포함)을 하는 경우와 같다. 권리구제형 헌법소원에서 그 밖의 인용결정으로는 다음과 같은 유형이 있다.

1) 공권력행사 취소 결정

① 헌재 1991.5.13. 90헌마133 결정

"피청구인[80])이 1990.8.13. 청구인의 청구인에 대한 무고 피고사건의 확정된 형사소송기록의 일부인 서울지방검찰청 의정부지청 89형제5571, 11958호 수사기록에 대한 복사신청에 대하여 이를 거부한 행위는 청구인의 **'알 권리'**를 침해한 것이므로 이를 취소한다."[81]

---

78) 이는 법령의 부작위에 대한 심판청구를 인용(위헌확인)하는 경우에도 마찬가지이다.

79) 헌재 1991.3.11. 91헌마21 결정 참조.

80) 서울지방검찰청 의정부지청장

81) 다만, 이 결정 이후 1994.1.1.부터 시행되고 있는 개정 '검찰보존사무규칙'(1993.12.10. 개정, 법무부령 제378호)에 재판확정기록, 불기소사건기록 및 진정·내사사건기록 등에 대하여 일정 범위의 열람·등사청구에 관한 규정(제20조, 제21조)이 신설되었고, 법원에서도 열람·등사 거부행위가 항고소송의 대상이 되는 행정처분임을 인정하기 시작하였기 때문에(서울고등법원 1998.1.14. 선고 97구19986 판결 및 그 상고심인 대법원 1999.9.21. 선고 98두3426 판결 참조), 헌법재판소는 이와 같은 경우에는 법원에의 전심절차가 필요하게 되었다고 판시하고 있다.(헌재 1998.2.27. 94헌마77 결정; 헌재 2000.2.24. 99헌마96 결정; 헌재 2001.2.22. 2000헌마620 결정 등 참조)

② 헌재 1999.6.24. 97헌마315 결정

"피청구인[82]이 1997.9.12. 서울 강서구 공항동 978 전 3,896m^2 및 같은 동 1292 전 770m^2에 관한 지적공부상의 지목을 '전'에서 '대'로 정정하여 달라는 청구인의 신청을 반려한 처분은 청구인의 **재산권**을 침해한 것이므로 이를 취소한다."[83]

③ 헌재 2007.11.29. 2004헌마290 결정

"피청구인[84]이 2004.3.9. 청구인 주식회사 문화방송에게 한 '경고 및 관계자 경고'는 동 청구인의 **방송의 자유**를 침해한 것이므로 이를 취소한다."

④ 헌재 2015. 12. 23. 2014헌마1149 결정

"피청구인[85]이 강원대학교 법학전문대학원에 대하여, 2015학년도 신입생 1명의 모집을 정지하도록 한 행위는 청구인의 대학의 자율권을 침해하므로 위헌임을 확인하고, 2016학년도 신입생 1명의 모집을 정지하도록 한 행위는 청구인의 **대학의 자율권**을 침해하므로 이를 취소한다."

2) 공권력불행사 위헌확인 결정

가) 일반적인 공권력불행사 위헌확인

① 헌재 1989.9.4. 88헌마22 결정

"피청구인[86]이 청구인으로부터 1988.3.22.부터 동년 12.10.경까지의 간에 수차에 걸쳐 문서 또는 구두로 경기도 이천군 마장면 표교리 산 18내지 산 21, 산 23, 326의 1 및 129의 2 소재 임야와 전에 대한 임야조사서 또는 토지조사부의 열람·복사신청이 있었음에도 이에 불응한 부작위는 청구인의 '**알 권리**'를 침해한 것이므로 위헌임을 확인한다."[87]

---

82) 강서구청장

83) 다만, 이 결정 이후 대법원 전원합의체는 2004.4.22. 선고한 2003두9015 (지목변경신청반려처분취소청구각하취소) 판결에서, "지목은 토지소유권을 제대로 행사하기 위한 전제요건으로서 토지소유자의 실체적 권리관계에 밀접하게 관련되어 있으므로, 지적공부 소관청의 지목변경신청 반려행위는 국민의 권리관계에 영향을 미치는 것으로서 항고소송의 대상이 되는 행정처분에 해당한다."고 판시하면서, 이와 달리 지목변경신청에 대한 반려(거부)행위를 항고소송의 대상이 되는 행정처분으로 볼 수 없다고 판시한 대법원판결(대법원 1995.12.5. 선고 94누4295 판결 등) 및 지적공부 소관청이 직권으로 지목변경한 것에 대한 변경(정정)신청 반려(거부)행위를 항고소송의 대상이 되는 행정처분에 해당한다고 할 수 없다고 본 대법원판결(대법원 1985.5.14. 선고 85누25 판결 등)을 모두 변경하였다. 따라서 앞으로는 이와 같은 경우에도 법원에의 전심절차가 필요할 것이다. [헌재(제3지정재판부) 2005.9.13. 2005헌마829 결정 참조]

84) 방송위원회

85) 교육부장관

86) 이천군수

② 헌재 2011.8.30. 2006헌마788 결정

"청구인들이 일본국에 대하여 가지는 일본군위안부로서의 **배상청구권**이 '대한민국과 일본국 간의 재산 및 청구권에 관한 문제의 해결과 경제협력에 관한 협정' 제2조 제1항에 의하여 소멸되었는지 여부에 관한 한·일 양국 간 해석상 분쟁을 위 협정 제3조가 정한 절차에 따라 해결하지 아니하고 있는 피청구인[88]의 부작위는 위헌임을 확인한다."

③ 헌재 2011.8.30. 2008헌마648 결정

"청구인들이 일본국에 대하여 가지는 원폭피해자로서의 **배상청구권**이 '대한민국과 일본국 간의 재산 및 청구권에 관한 문제의 해결과 경제협력에 관한 협정' 제2조 제1항에 의하여 소멸되었는지 여부에 관한 한·일 양국 간 해석상 분쟁을 위 협정 제3조가 정한 절차에 따라 해결하지 아니하고 있는 피청구인[89]의 부작위는 위헌임을 확인한다."

나) 입법부작위 위헌확인

① 헌재 1994.12.29. 89헌마2 결정

"재조선군사령부군정청법령 제75호 조선철도의통일(1946.5.7. 제정)을 폐지한 조선철도의통일폐지법령(1961.12.30. 법률제922호)이 시행되기 전에 같은 군정청법령 제2조에 의하여 수용된 조선철도주식회사, 경남철도주식회사 및 경춘철도주식회사 재산의 재산관계권리자로서 같은 법령 제3조에 따라 같은 군정청 운수부장에게 보상청구서면을 제출하여 위 수용으로 인한 보상청구권을 포기하지 않은 것으로 확정된 자 또는 그 보상청구권을 승계취득한 자에 대하여 위 수용으로 인한 손실보상금을 지급하는 절차에 관한 법률을 제정하지 아니하는 입법부작위는 위헌임을 확인한다."

---

87) 이는 '알 권리'를 헌법에서 직접 발생하는 기본권으로 파악하는 헌법재판소의 입장 때문에 가능한 것이었다고 할 수 있다. "민주정치체제는 사상 또는 의견의 자유로운 형성 및 그 전달을 바탕으로 하는 건전한 여론 없이는 정상적인 기능이 발휘될 수 없으므로 언론·출판의 자유는 민주주의의 기초를 이루는 핵심적인 정신적 자유권이라 할 것이며, 정보를 수집하고 처리할 수 있는 권리를 말하는 '알 권리'는 언론·출판의 자유의 한 내용으로 마땅히 보장되어야 하는 것이다."라고 판시한 헌재 1995.7.21. 92헌마177등 결정 참조.

88) 외교통상부장관

89) 외교통상부장관

다) 행정입법부작위 위헌확인

① 헌재 1998.7.16. 96헌마246 결정[90]

"피청구인[91]이 의료법과 전문의의수련및자격인정등에관한규정의 위임에 따라 치과전문의자격시험제도를 실시할 수 있는 절차를 마련하지 아니하는 입법부작위는 위헌임을 확인한다."

② 헌재 2002.7.18. 2000헌마707 결정[92]

"피청구인[93]이 산업재해보상보험법 제4조 제2호 단서와 근로기준법 시행령 제4조의 위임에 의하여 평균임금을 정하여 고시하지 아니하는 행정입법부작위는 위헌임을 확인한다."

③ 헌재 2004.2.26. 2001헌마718 결정[94]

"피청구인[95]이 구 군법무관임용법 제5조 제3항 및 군법무관임용등에관한법률 제6조의 위임에 따라 군법무관의 봉급과 그 밖의 보수를 법관 및 검사의 예에 준하여 지급하도록 하는 대통령령을 제정하지 아니하는 입법부작위는 위헌임을 확인한다."

라) 조례입법부작위 위헌확인

① 헌재 2009.7.30. 2006헌마358 결정[96]

"피청구인들[97]이 지방공무원법 제58조 제2항의 위임에 따라 사실상 노무에 종사하는 공무원의 범위를 정하는 조례를 제정하지 아니한 것은 위헌임을 확인한다."

3) 공권력행사 위헌확인 결정

헌법재판소는 당해사건에 대한 헌법재판이 헌법질서의 수호·유지를 위하여 긴

---

90) 이 결정에서 헌법재판소(법정의견)는 「(1) 행정입법의 작위의무, (2) 행정입법 지체의 정당화 사유, (3) 침해되는 기본권(직업선택의 자유, 행복추구권, 평등권)」의 순서로 판단하였다.

91) 보건복지부장관

92) 이 결정에서 헌법재판소(법정의견)는 「(1) 행정입법의 작위의무, (2) 작위의무의 내용, (3) 입법지체의 정당화 사유, (4) 기본권(재산권 및 인간다운 생활을 할 권리)의 침해」의 순서로 판단하였다.

93) 노동부장관

94) 이 결정에서 헌법재판소(법정의견)는 「(1) 행정입법의무의 성격, (2) 행정입법 부작위의 정당성 유무, (3) 침해되는 기본권(재산권)」의 순서로 판단하였다.

95) 대통령

96) 이 결정에서 헌법재판소(법정의견)는 「(1) 조례제정의무, (2) 조례제정을 지체할 정당한 사유가 있는지 여부, (3) 청구인들의 기본권(단체행동권) 침해」의 순서로 판단하였다.

97) 1. 서울특별시(대표자 교육감 공정택), 2. 인천광역시(대표자 교육감 나근형), 3. 경기도(대표자 교육감 김상곤), 4. 전라북도(대표자 교육감 최규호)

요한 사항이어서 헌법적으로 그 해명이 중요한 의미를 지니고 있는 경우에, 이미 종료된 기본권침해행위가 위헌이었음을 선언적 의미에서 확인할 수 있다. 그 예로는 다음과 같다.

① 헌재 1992.1.28. 91헌마111

"청구인이 1991.6.14. 17시부터 그날 18시경까지 국가안전기획부 면회실에서, 그의 변호인과 접견할 때 피청구인[98] 소속직원(수사관)이 참여하여 대화내용을 듣거나 기록한 것은 헌법 제12조 제4항이 규정한 **변호인의 조력을 받을 권리**를 침해한 것으로서 위헌임을 확인한다."

② 헌재 1993.7.29. 89헌마31

"피청구인[99]이 대통령에 보고하여 그 지시를 받아 1985.2.7. 청구인 경영의 국제그룹을 해체키로 기본방침을 정하고 같은 달 11. 그 인수업체를 정하는 한편, 이의 실행을 위하여 제일은행장 등에 지시하여 같은 달 13.부터 국제그룹계열사에 대한 은행자금관리에 착수하게 하고 청구인으로부터 처분위임장 등 계열사의 처분권을 위임받게 하며, 피청구인이 만든 보도자료에 의거하여 같은 달 21. 제일은행의 이름으로 해체를 언론에 발표하게 하는 등 국제그룹해체를 위하여 한 일련의 공권력의 행사는 청구인의 **기업활동의 자유**와 **평등권**을 침해한 것이므로 위헌임을 확인한다."

③ 헌재 1995.7.21. 92헌마144

"청구인 ○○○이 1992.5.26. 청구인 ×××에게 발송한 서신 및 청구인 ×××가 같은 해 6.2. 청구인 ○○○에게 보내기 위하여 발송의뢰한 서신을 피청구인[100]이 각 검열한 행위는 청구인들의 **통신의 비밀을 침해받지 아니할 권리**, 청구인 ×××의 **변호인의 조력을 받을 권리**를 침해한 것으로서 위헌임을 확인한다."

④ 헌재 2001.7.19. 2000헌마546

"청구인들이 2000.6.18. 09:00경부터 같은 달 20. 02:00경까지 서울 영등포구 당산동 3가 2의 11 소재 영등포경찰서 유치장에 수용되어 있는 동안, 차폐시설이 불충분하여 사용과정에서 신체부위가 다른 유치인들 및 경찰관들에게 관찰될 수 있고 냄새가 유출되는 실내화장실을 사용하도록 강제한 피청구인[101]의 행위는, 헌법 제

98) 국가안전기획부장
99) 재무부장관
100) 진주교도소장
101) 영등포경찰서장

10조에 의하여 보장되는 청구인들의 **인격권**을 침해한 것으로 위헌임을 확인한다."

⑤ 헌재 2001.8.30. 99헌마496

"청구인에 대한 특정범죄가중처벌등에관한법률위반 피고사건에서 검찰측 증인으로 채택된 청구외 이○○을 피청구인[102]이 별지 소환목록(1) 기재와 같이 전후 145회에 걸쳐 소환한 것은 청구인의 **공정한 재판을 받을 권리**를 침해한 것으로서 위헌임을 확인한다."

⑥ 헌재 2004.9.23. 2000헌마138

"피청구인[103]이 2000.2.16. 청구인들에 대한 피의자신문시 변호인들이 참여하여 조력할 수 있도록 해 달라는 청구인들의 요청을 거부한 행위는 청구인들의 **변호인의 조력을 받을 권리**를 침해한 것으로서 위헌임을 확인한다."

⑦ 헌재 2005.5.26. 2001헌마728

"청구인이 2001.9.28., 같은 달 29., 같은 해 10.4. 및 같은 달 5. 서울지방검찰청 동부지청 308호 검사조사실에서 조사를 받는 동안 피청구인[104] 소속 계호교도관이 포승으로 청구인의 팔과 상반신을 묶고 양손에 수갑을 채운 상태에서 피의자조사를 받게 한 것은 청구인의 **신체의 자유**를 침해한 행위로서 위헌임을 확인한다."

⑧ 헌재 2011.6.30. 2009헌마406

"피청구인[105]이 2009.6.3. 서울특별시 서울광장을 경찰버스들로 둘러싸 청구인들의 통행을 제지한 행위는 청구인들의 **일반적 행동자유권**을 침해한 것으로서 위헌임을 확인한다."

⑨ 헌재 2012.3.29. 2010헌마475

"피청구인[106]이 출정비용납부거부 또는 상계동의거부를 이유로 청구인의 행정소송 변론기일인 2010.2.26., 2010.3.26., 2010.4.20.에 청구인의 출정을 각 제한한 행위는 청구인의 **재판청구권**을 침해한 것으로서 위헌임을 확인한다."

4. 침해된 권리

당해 공권력행사 또는 불행사에 의하여 침해되었다고 주장하는 기본권을 기재한다. 이때 적법절차원칙, 과잉금지원칙 등과 같은 헌법원칙을 기재하지 않도록

---

102) 서울지방검찰청 검사
103) 서울중앙지방검찰청 검사
104) 성동구치소장
105) 경찰청장
106) 경북북부제2교도소장

주의한다.

5. 청구이유

이 역시 권리구제형 헌법소원심판청구서의 핵심이 되는 부분으로 쟁점의 정리(또는 사건의 개요), 적법요건에 대한 주장, 그리고 본안에 대한 주장으로 나뉜다.

가. 쟁점의 정리

사안에서 문제되는 적법요건(적법요건의 쟁점)과 본안의 당해 공권력에 의하여 제한되는 기본권 및 위헌심사기준(본안에 관한 쟁점) 등을 언급한다. 앞에서 본 바와 같이 문제에 따라서는 "쟁점의 정리" 대신에 "사건의 개요"를 기재할 것을 요구할 수도 있다.[107)]

나. 적법요건의 구비여부

헌재법 제68조 제1항 헌법소원의 적법요건으로는 ①기본권주체성, ②대상적격(헌법소원대상성), ③자기관련성, ④현재성, ⑤직접성,[108)] ⑥보충성, ⑦청구기간, ⑧권리보호이익, ⑨변호사강제주의, ⑩일사부재리 등이 요구된다. 여기에서는 ②대상적격(헌법소원대상성)[109)]을 제외한 나머지 적법요건에 대하여 살펴본다.

1) 기본권주체성

가) 외국인

헌법에는 외국인이 기본권의 주체가 될 수 있는가에 대해 명시적인 규정이 없고, 다만 제6조 제2항에서 "외국인은 국제법과 조약이 정하는 바에 의하여 그 지위가 보장된다."고 규정하고 있을 뿐인바, 외국인의 기본권주체성에 대하여 학설은 부정설과 긍정설로 나뉘고 있다. 한편 헌법재판소는 '국민' 또는 '국민과 유사한 지위에 있는 외국인'은 기본권의 주체가 될 수 있다고 판시하여[110)] 원칙적으로

---

107) 예컨대, 2014년 제1회 모의시험 공법 기록형 문제 참조.

108) 여기의 ③,④,⑤ 요건을 총칭하여 "법적관련성"이라고 한다. 헌법재판소(실무제요), 237면. 이는 독일연방헌법재판소가 "헌법소원청구인은 자신이 현재, 직접 기본권에 의하여 보호되는 법적 지위를 침해받고 있음을 주장해야 하고 또 주장할 수 있어야 한다."고 판시하고 있기 때문인 것으로 보인다. 정태호(번역), 독일연방헌법재판소(Klaus Schlaich 저), 헌법재판소, 1999, 1156면 참조. 참고로, 2014년 시행된 제56회 사법시험 헌법문제 <제1문>의 1.에서 "甲과 乙이 제기한 헌법소원의 적법성을 법적관련성의 관점에서 논하시오."라는 문제가 출제되었는데(10점), 이 문제에서 말하는 '법적관련성'이란 바로 자기관련성, 현재성, 직접성을 의미하는 것이다.

109) 이에 대하여는 김현철(판례), 291면 이하 참조.

110) 헌재 1994.12.29. 93헌마120 결정 참조.

외국인의 기본권주체성을 인정하였으나, 외국인에게 모든 기본권이 무한정 인정될 수 있는 것이 아니라 '인간의 권리'의 범위 내에서만 인정되는 것(권리성질설)이라고 판시하였다.[111)]

그동안 헌법재판소는 인간의 존엄과 가치, 행복추구권, 평등권에 대하여,[112)] 근로의 권리 중 "일할 환경에 관한 권리"에 대하여,[113)] 그리고 신체의 자유, 주거의 자유, 변호인의 조력을 받을 권리, 재판청구권에 대하여[114)] 외국인의 기본권주체성을 인정하였다.

나) 단체

① 법인격이 있는 사법상의 사단이나 재단

법인격이 있는 사법상의 사단이나 재단이 '성질상 기본권주체가 될 수 있는 범위에서' 청구인능력을 가진다는 점은 명백하다. 헌법재판소는 "우리 헌법은 법인의 기본권향유능력을 인정하는 명문의 규정을 두고 있지 않지만, 본래 자연인에게 적용되는 기본권규정이라도 언론·출판의 자유, 재산권의 보장 등과 같이 성질상 법인이 누릴 수 있는 기본권은 당연히 법인에게도 적용하여야 할 것으로 본다. 따라서 법인도 사단법인·재단법인 또는 영리법인·비영리법인을 가리지 아니하고 위 한계 내에서는 헌법상 보장된 기본권이 침해되었음을 이유로 헌법소원심판을 청구할 수 있다."고 판시하였다.[115)]

② 권리능력 없는 단체

권리능력 없는 단체라 하더라도 그 구성원과 독립하여 집단적으로 기본권을 행사하는 경우라면 청구인능력을 인정하여야 할 것이다. 헌법재판소도 "법인 아닌 사단·재단이라고 하더라도 ①대표자의 정함이 있고, ②독립된 사회적 조직체로서 활동하는 때에는 성질상 법인이 누릴 수 있는 기본권을 침해당하게 되면 그의 이름으로 헌법소원심판을 청구할 수 있다."고 판시하였다.[116)] 헌법재판소는 또한 권리능력 없는 사단의 일종인 정당에 대해 헌법소원청구능력을 인정하였다.[117)] 한편, 노동조합은 법인 아닌 사단으로서 기본권능력이 인정되고 특히 헌법 제33조가 정하는 바에

111) 헌재 2011.9.29. 2007헌마1083등 결정 참조.
112) 헌재 2001.11.29. 99헌마494 결정 참조.
113) 헌재 2007.8.30. 2004헌마670 결정 참조.
114) 헌재 2012.8.23. 2008헌마430 결정 참조.
115) 헌재 1991.6.3. 90헌마56 결정 참조.
116) 헌재 1991.6.3. 90헌마56 결정; 헌재 2006.1.26. 2005헌마424 결정 등 참조.
117) 헌재 1991.3.11. 91헌마21 결정 참조.

따라 기본권주체성이 인정되므로, 그 범위에서는 헌법소원을 청구할 수 있다.

2) 자기관련성

헌법소원심판절차에서 자기관련성이 입증되려면 청구인이 그 공권력작용의 수범자, 즉 상대방이라는 점이 인정되어야 한다. 한편 헌법재판소는 제3자의 자기관련성에 관하여, "제3자(청구인)의 자기관련성을 인정할 수 있는가의 문제는 무엇보다도 ①입법의 목적 및 실질적인 규율대상, ②법규정에서의 제한이나 금지가 제3자에게 미치는 효과나 진지성의 정도, 그리고 ③규범의 직접적인 수규자에 의한 헌법소원 제기의 기대가능성 등을 종합적으로 고려하여 판단하여야 한다."고 판시하였다.[118]

3) 현재성

헌법소원의 청구인은 공권력작용과 현재 관련이 있어야 하며, 장래 어느 때인가 관련될 수 있을 것이라는 것만으로는 헌법소원을 제기하기에 족하지 않다. 즉, 청구인이 현재 기본권을 침해당한 경우이어야 한다. 그러나 기본권침해가 장래에 발생하더라도 그 침해가 틀림없을 것으로 현재 확실히 예측된다면 기본권구제의 실효성을 위하여 침해의 현재성을 인정한다.[119]

4) 직접성

헌법소원의 청구인은 공권력작용으로 인하여 직접적으로 기본권이 침해되어야 하는바, 이 직접성의 요건은 법령소원에서 특히 중요한 의미를 가진다. 여기서 말하는 기본권침해의 직접성이란 "집행행위에 의하지 아니하고 법령 자체에 의하여 자유의 제한, 의무의 부과, 권리 또는 법적 지위의 박탈이 생긴 경우"를 뜻한다.[120]

그러나 집행행위가 예정되어 있는 경우라고 하더라도 ①"법령이 일의적이고 명

118) 헌재 1997.9.25. 96헌마133 결정; 헌재 2000.6.29. 99헌마289 결정 : "보건복지부장관은 법인의 해산과 권리의 포괄승계를 규정하는 법(1999.2.8. 법률 제5854호로 제정되어 1999.12.31. 법률 제6093호로 개정된 국민건강보험법을 말함) 부칙 제6조 및 제7조에 의하여 법인인 직장의료보험조합의 기본권이 침해되었을 뿐, 조합원들인 청구인들의 기본권은 침해된 바가 없다고 주장한다. 물론 법 부칙 제6조 및 제7조의 직접적인 수규자는 법인이나, 직장의료보험조합은 공법인으로서 기본권의 주체가 될 수 없을 뿐만 아니라, 법규정의 실질적인 규율대상이 수규자인 법인의 지위와 아울러 제3자인 청구인들의 법적 지위라고 볼 수 있으며, 법규정이 내포하는 불이익이 수규자의 범위를 넘어 제3자인 청구인들에게도 유사한 정도의 불이익을 가져온다는 의미에서 거의 동일한 효과를 가지고 있으므로, (…) 청구인들의 자기관련성을 인정할 수 있다."

119) 헌재 1992.10.1. 92헌마68등 결정 참조.

120) 헌재 1992.11.12. 91헌마192 결정 참조.

백한 것이어서 집행기관이 심사와 재량의 여지없이 그 법령에 따라 일정한 집행행위(기속행위)를 하여야 하는 때," 또는 "법규범의 내용이 집행행위 이전에 이미 국민의 권리관계를 직접 변동시키거나 국민의 법적 지위를 결정적으로 정하는 것이어서 국민의 권리관계가 집행행위의 유무나 내용에 의하여 좌우될 수 없을 정도로 확정된 상태"라면 그 법규범의 권리침해의 직접성이 인정되고, 또한 ②"법령의 적용에 따른 구체적인 집행행위가 존재하는 경우라도 그 집행행위를 대상으로 하는 구제절차가 없거나", "구제절차가 있다고 하더라도 권리구제의 기대가능성이 없고 다만 기본권침해를 당한 청구인에게 불필요한 우회절차를 강요하는 것밖에 되지 않는 경우"에도 당해 법률을 직접 헌법소원의 대상으로 삼을 수 있다.[121)]

5) 보충성

헌법소원은 다른 법률에 구제절차가 있는 경우에는 그 절차를 모두 거친 후에 심판청구를 하여야 한다(헌재법 제68조 제1항 단서). 이를 헌법소원의 보충성이라고 하며, 주로 처분소원에서 문제가 된다. 보충성에서 말하는 "다른 법률에 따른 구제절차를 거친 후"란 다른 법률에 따른 구제절차를 '적법하게' 거친 경우를 말한다.

그러나 헌재법에는 명문의 규정이 없으나 헌법재판소에 의하면 일정한 경우 보충성의 예외가 인정되는바, ①법령에 대한 직접적인 헌법소원과 같이 법률상 구제절차가 없는 경우나 ②사전에 구제절차를 거칠 것을 기대하기가 곤란한 경우가 그것이다.

---

121) 한편 헌법재판소는 헌재 2013.7.25. 2012헌마934 결정에서, "법령의 규정에 따라 구체적인 집행행위가 필요적으로 예정되어 있는 경우에도 그 집행행위를 대상으로 행정소송 등 구제절차를 먼저 거치지 않은 상태에서 헌법소원심판을 허용한다면, 설령 그 근거법령에 대하여 위헌결정이 있더라도 이미 집행행위가 확정되어 당연히 무효로 되거나 취소될 수 없는 경우가 발생할 수 있다. 이 경우 헌법소원심판을 청구한 사람은 오히려 권리구제를 받지 못하게 된다. 그러므로 법령에서 특정한 집행행위를 필요적으로 하도록 일의적으로 요구하고 있다는 사정만으로 그 법령 자체가 당연히 헌법소원의 대상이 된다고 볼 수는 없다."고 판시한바 있으나, 그 후 헌재 2014.3.27. 2012헌마606 결정에서는 다시, "다만 법규범의 내용이 일의적이고 명백한 것이어서 집행행위 이전에 이미 국민의 권리관계를 직접 변동시키거나 법적 지위가 그 집행행위의 유무나 내용에 의하여 좌우될 수 없을 정도로 확정된 상태인 경우(헌재 2005.12.22. 2004헌마142 참조), 또는 집행행위를 대상으로 하는 구제절차가 없거나, 구제절차가 있다고 하더라도 권리구제의 기대가능성이 없고 기본권침해를 당한 청구인에게 불필요한 우회절차를 강요하는 것밖에 되지 않는 경우(헌재 1999.11.25. 98헌마55 참조)에는 구체적인 집행행위가 예정되어 있더라도 당해 법령 등을 직접 헌법소원심판의 대상으로 삼을 수 있다."고 판시하여 종전의 입장으로 돌아가고 있다.

6) 청구기간

헌법소원의 심판은 그 사유가 있음을 안 날부터 90일 이내에, 그 사유가 있은 날부터 1년 이내에 청구하여야 한다(헌재법 제69조 제1항 본문). 그리고 헌법재판소의 판례에 의하면, 위 90일의 기간과 1년의 기간을 모두 준수하여야 적법한 청구가 되는 것이고 그 중 어느 하나라도 경과하면 부적법한 청구가 된다.[122] 한편, 법령에 대한 헌법소원의 청구기간은 그 법령의 시행과 동시에 기본권의 침해를 받게 되는 경우에는 그 법령이 시행된 사실을 안 날부터 90일 이내에, 법령이 시행된 날부터 1년 이내에 헌법소원을 청구하여야 하고, 법령이 시행된 뒤에 비로소 그 법령에 해당되는 사유가 발생하여 기본권의 침해를 받게 되는 경우에는 그 사유가 발생하였음을 안 날부터 90일 이내에, 그 사유가 발생한 날부터 1년 이내에 헌법소원을 청구하여야 한다.

또한 헌법소원심판을 청구하려는 자가 변호사를 대리인으로 선임할 자력이 없는 경우에는 헌법재판소에 국선대리인을 선임하여 줄 것을 신청할 수 있는데, 이 경우 헌재법 제69조에 따른 청구기간은 국선대리인의 선임신청이 있는 날을 기준으로 정하며(헌재법 제70조 제1항), 헌법재판소가 국선대리인을 선정하지 아니한다는 결정을 한 때에는 신청인이 선임신청을 한 날부터 그 통지를 받은 날까지의 기간은 헌재법 제69조의 청구기간에 산입하지 아니한다(헌재법 제70조 제4항). 기간의 말일이 토요일 또는 공휴일에 해당한 때에는 기간은 그 익일로 만료한다(헌재법 제40조 제1항, 민법 제 161조).

7) 권리보호이익과 헌법적 해명의 필요성

헌법소원제도는 국민의 기본권침해를 구제해 주는 제도이므로 그 제도의 목적상 권리보호의 이익이 있는 경우에 비로소 이를 제기할 수 있다. 즉, 권리보호의 이익이 없는 헌법소원심판청구는 부적법하여 각하를 면할 수 없다.[123] 그런데 헌법소원은 주관적 권리구제뿐만 아니라 객관적인 헌법질서의 보장의 기능도 겸하고 있으므로, 가사 청구인의 주관적 권리구제에는 도움이 되지 않는다 하더라도 같은 유형의 침해행위가 앞으로도 반복될 위험이 있고, 헌법질서의 수호·유지를 위하여 그에 대한 헌법적 해명이 긴요한 사항에 대하여는 심판청구의 이익을 인정할 수 있다.[124]

---

122) 헌재 2004.4.29. 2004헌마93 결정 참조.
123) 헌재 1997.1.16. 90헌마110 결정 참조.
124) 헌재 1997.11.27. 94헌마60 결정 참조.

8) 변호사강제주의

각종 심판절차에 있어서 당사자인 사인(私人)은 그가 변호사의 자격이 있는 경우가 아닌 한 변호사를 대리인으로 선임하지 아니하면 심판청구를 하거나 심판수행을 하지 못하며(헌재법 제25조 제3항), 이를 '변호사강제주의'라고 한다. 따라서 청구인은 대리인을 선임하거나 헌법재판소에 국선대리인선임신청을 하여(헌재법 제70조) 선정된 국선대리인이 헌법소원심판청구서를 제출하여야 한다.

9) 일사부재리

헌법재판소는 이미 심판을 거친 동일한 사건에 대하여는 다시 심판할 수 없다(헌재법 제39조). 헌법재판소가 이미 행한 결정에 대해서는 자기기속력 때문에 이를 취소·변경할 수 없으며 이는 법적안정성을 위하여 불가피한 일이기 때문이다.[125] 그러나 변호사인 대리인의 선임이 없어 각하된 경우 또는 다른 법률에 따른 구제절차를 거치지 아니하여 각하된 경우에, 국선대리인의 선임[126] 또는 구제절차의 경료 등 그 흠결을 보정하여 다시 청구한 경우에는 일사부재리가 적용되지 않는다.

다. 본안에 관한 주장

여기에서는 당해 공권력의 행사 또는 불행사가 청구인의 기본권을 침해하고, 그 밖에 헌법원칙을 위배하여 위헌임을 논증한다. 이에 대하여는 위헌법률심판제청신청서의 기재사항 중 해당란을 참조.

6. 첨부서류 및 말미 부분

첨부서류는 기록형 문제에 첨부된 서류 중 위 적법요건이나 본안에 관한 주장의 논거를 뒷받침할 수 있는 서류를 골라 기재한다. 또한 심판청구서 작성일자 및 청구인의 대리인 표시를 정확히 기재하도록 한다. 규범통제형 헌법소원심판청구와 마찬가지로 수신처는 헌법재판소가 된다.

---

125) 헌재 1989.7.24. 89헌마141 결정 참조.

126) 헌재 2003.9.25. 2002헌아36 결정 참조. 사선대리인을 선임한 경우도 마찬가지이다.

제2항 권리구제형 헌법소원심판청구서의 문제와 예시문

Ⅰ. 문제 1과 예시문

문 제 〈1〉[127)]

대형할인점들이 2014년 1월부터 치킨을 반값에 판매하는 행사를 경쟁적으로 열자, 이에 위기를 느낀 중소규모 치킨가게의 경영자들은 중소규모 치킨가게의 생존을 위해서는 단체를 결성하여 위 대형할인점들의 횡포에 대항하는 한편, 국회의원들에게 영향력을 행사하여 대형할인점의 영업을 제한하는 입법을 하도록 하는 것이 불가피하다는 데 의견을 모았으나, 2013.12.30. 법률 제12345호로 제정되어 시행 중인 정치자금법 제31조 제1항이 단체의 정치자금 기부를 금지하고 있음을 알았다. 이에 이들은 자신들의 권익을 보호하기 위하여 2014.3.10. '전국치킨소매인연합회'라는 단체를 결성하고, 같은 날 홍길동을 회장으로 선출하고, 전국을 4개 권역으로 나누어 수도권(강원 포함)·충청권·호남권(제주 포함)·영남권을 각 담당하는 부회장 4명을 두었으며, 회장을 도와 실무를 담당하는 총무로 김갑남을, 감사로 이을남을 각 선임하는 한편, 위 정치자금법 조항이 자신의 헌법상 보장된 기본권인 정치적 표현의 자유를 침해한다는 이유로 헌법재판소법 제68조 제1항에 따른 헌법소원심판을 헌법재판소에 청구하기로 결의하고, 우선 헌법재판소에 국선대리인 선임신청을 하였다. 그러나 헌법재판소는 동 신청을 기각하는 한편, 헌법재판소법 제25조 제3항에 따른 (사선)대리인을 선임하라는 보정명령을 내렸다. 이에 전국치킨소매인연합회 회장인 홍길동은 회원들의 후원금을 바탕으로 법무법인 정의를 전국치킨소매인연합회의 대리인으로 선임하였고, 법무법인 정의는 김진실을 담당변호사로 지정하였다.

청구인을 위하여, 김진실 변호사의 입장에서 첨부된 자료를 참조하여 정치자금법의 해당 조항을 심판청구의 대상으로 하는 헌법재판소법 제68조 제1항에 따른 헌법소원심판청구서를 작성하시오.

---

127) 이 문제는 2011년 6월 시행된 법학전문대학원협의회 제1회 변호사시험 모의시험 공법 사례형 문제 중 <제1문> 및 헌재 2010.12.28. 2008헌바89 [5(합헌):3(헌법불합치):1(위헌) - 합헌] 결정을 기초로 기록형 문제로 재구성한 것이다.

※ 주의사항

(1) 처벌조항인 정치자금법 제45조 제2항 제5호의 독자적인 위헌성은 다투지 않는 것으로 간주함.[128)]

(2) 적법요건은 기본권주체성, 대상적격, 직접성, 보충성, 청구기간, 변호사강제주의의 순서로 기재하고, 나머지 요건은 갖춘 것으로 간주함.

(3) 첨부서류는 적법요건과 관련된 자료를 기재함.

(4) 기록에 나타난 사실관계만을 기초로 하고, 그것이 사실임(달력 포함)을 전제함.

(5) 아래 심판대상조항 및 관련조항은 현재 시행중임을 전제로 하고, 심판청구서의 작성일 및 제출일자는 모두 2014.6.17.로 하며, 심판청구서 내의 문장(제목은 제외)에서는 경어를 사용함.

(6) 2014년 3월부터 6월까지 토요일과 일요일을 제외한 법정 공휴일은 없는 것으로 간주함.

[관련 법령]

정치자금법(2013.12.30. 법률 제12345호로 제정된 것) 제31조(기부의 제한) ①외국인, 국내·외의 법인 또는 단체는 정치자금을 기부할 수 없다.

②누구든지 국내·외의 법인 또는 단체와 관련된 자금으로 정치자금을 기부할 수 없다.

제45조(정치자금부정수수죄) ②다음 각 호의 어느 하나에 해당하는 자는 5년 이하의 징역 또는 1천만원 이하의 벌금에 처한다.

5. 제31조(기부의 제한)의 규정을 위반하여 정치자금을 기부하거나 받은 자

128) 벌칙·과태료 조항의 전제가 되는 구성요건조항이 별도로 규정되어 있는 경우에, 벌칙·과태료조항에 대하여는 청구인들이 그 법정형이 체계정당성에 어긋난다거나 과다하다는 등 그 자체가 위헌임을 주장하지 않는 한 직접성이 인정되지 않는다.(헌재 2006.6.29. 2005헌마165 등 결정; 헌재 2008.11.27. 2007헌마860 결정 등 참조)

국선대리인선임신청서

신 청 인 전국치킨소매인연합회
대표자 회장 홍 길 동
서울 강동구 용봉로 77

신 청 이 유

1. 헌법소원 사유

신청인은 전국에서 양념치킨 및 후라이드치킨을 판매하는 중소규모 치킨가게의 경영자들을 회원으로 하여 2014.3.10. 결성된 단체로, 회원들의 권익을 위하여 활동하고 있습니다. 그런데 2013.12.30. 법률 제12345호로 제정되어 현재 시행중인 정치자금법 제31조 제1항이 단체는 정치자금을 기부할 수 없도록 규정하고 있기에 동 조항의 위헌결정을 받고자 헌법소원심판을 청구하려고 합니다.

2. 무자력 사유

(이하 생략)

접수
No. 50
2014. 4. 1.
헌법재판소
심판사무국

2014. 4. 1.

신 청 인 전국치킨소매인연합회
대표자 회장 홍길동 전국치킨소매인연합회장인

헌법재판소 귀중

헌 법 재 판 소

제1지정재판부

결 정

사 건 2014헌사50 국선대리인 선임신청
신 청 인 전국치킨소매인연합회
대표자 회장 홍 길 동
서울 강동구 용봉로 77

주 문

이 사건 신청을 기각한다.

이 유

신청인의 국선대리인 선임신청은 그 이유 없으므로 주문과 같이 결정한다.

2014. 4. 16.

재판장 재판관 김 ○ ○
재판관 이 ○ ○
재판관 박 ○ ○

정본입니다.

헌법재판소
사무관 인

우편송달보고서

증서 2014년 제402호 2014년 4월 19일 발송

송달서류	국선대리인선임신청 기각결정정본 1부 (2014헌사50) 발송자 헌법재판소 심판사무1과
송달받을 자	전국치킨소매인연합회 (대표자 회장 홍 길 동) 서울 강동구 용봉로 77
영수인	홍길동 (서명)
영수인 서명날인 불능	
①	송달받을 자 본인에게 교부하였다.
~~2~~	송달받을 자가 부재 중이므로 사리를 잘 아는 다음 사람에게 교부하였다.
	사무원
	피용자
	동거자
~~3~~	다음 사람이 정당한 사유 없이 송달받기를 거부하므로, 그 장소에 서류를 두었다.
	송달받을 자
	사무원
	피용자
	동거자
송달연월일	2014. 4. 21. 11시 20분
송달장소	서울 강동구 용봉로 77

위와 같이 송달하였다.

2014. 4. 22.

우체국 집배원 박무섭 (박무섭인)

담 당 변 호 사 지 정 서[129)]

사 건	헌법소원심판청구
청구인	전국치킨소매인연합회 (대표자 회장 홍 길 동)

위 사건에 관하여 당 법인은 청구인의 대리인으로서 변호사법 제50조 제1항에 의하여 그 업무를 담당할 변호사를 다음과 같이 지정합니다.

담당변호사	이 방 원

2014. 5. 20.

법무법인 정 의
대표변호사 이성계 (법무법인 정 의)

서울 서초구 서초동 100-2 정의빌딩 3층
전화 02-555-**** 전송 02-555-****

헌법재판소 귀중

129) 대리인선임서(법무법인 정의)는 첨부된 것으로 간주함.

달력 ■ 2013년 7월 ~ 2014년 6월

2013년 7월

일	월	화	수	목	금	토
			1	2	3	4
5	6	7	8	9	10	11
12	13	14	15	16	17	18
19	20	21	22	23	24	25
26	27	28	29	30	31	

2013년 8월

일	월	화	수	목	금	토
				1	2	3
4	5	6	7	8	9	10
11	12	13	14	15	16	17
18	19	20	21	22	23	24
25	26	27	28	29	30	31

2013년 9월

일	월	화	수	목	금	토
1	2	3	4	5	6	7
8	9	10	11	12	13	14
15	16	17	18	19	20	21
22	23	24	25	26	27	28
29	30					

2013년 10월

일	월	화	수	목	금	토
		1	2	3	4	5
6	7	8	9	10	11	12
13	14	15	16	17	18	19
20	21	22	23	24	25	26
27	28	29	30	31		

2013년 11월

일	월	화	수	목	금	토
					1	2
3	4	5	6	7	8	9
10	11	12	13	14	15	16
17	18	19	20	21	22	23
24	25	26	27	28	29	30

2013년 12월

일	월	화	수	목	금	토
1	2	3	4	5	6	7
8	9	10	11	12	13	14
15	16	17	18	19	20	21
22	23	24	25	26	27	28
29	30	31				

2014년 1월

일	월	화	수	목	금	토
			1	2	3	4
5	6	7	8	9	10	11
12	13	14	15	16	17	18
19	20	21	22	23	24	25
26	27	28	29	30	31	

2014년 2월

일	월	화	수	목	금	토
						1
2	3	4	5	6	7	8
9	10	11	12	13	14	15
16	17	18	19	20	21	22
23	24	25	26	27	28	

2014년 3월

일	월	화	수	목	금	토
	1	2	3	4	5	6
7	8	9	10	11	12	13
14	15	16	17	18	19	20
21	22	23	24	25	26	27
28	29	30	31			

2014년 4월

일	월	화	수	목	금	토
				1	2	3
4	5	6	7	8	9	10
11	12	13	14	15	16	17
18	19	20	21	22	23	24
25	26	27	28	29	30	

2014년 5월

일	월	화	수	목	금	토
						1
2	3	4	5	6	7	8
9	10	11	12	13	14	15
16	17	18	19	20	21	22
23/30	24/31	25	26	27	28	29

2014년 6월

일	월	화	수	목	금	토
		1	2	3	4	5
6	7	8	9	10	11	12
13	14	15	16	17	18	19
20	21	22	23	24	25	26
27	28	29	30			

헌법소원심판청구서

청 구 인 전국치킨소매인연합회
대표자 회장 홍 길 동
서울 강동구 용봉로 77
대리인 법무법인 정의
담당변호사 이 방 원

청 구 취 지

"정치자금법(2013.12.30. 법률 제12345호로 제정된 것) 제31조 제1항 중 '국내의 단체' 부분[130]은 헌법에 위반된다." 라는 결정을 구합니다.

침해된 권리

정치적 표현의 자유

침해의 원인이 되는 공권력의 행사 또는 불행사

정치자금법(2013.12.30. 법률 제12345호로 제정된 것) 제31조 제1항 중 '국내의 단체' 부분(이하 "이 사건 법률조항"이라고 약칭합니다)

청 구 이 유

Ⅰ. 쟁점의 정리

1. 적법요건의 쟁점

헌법재판소법(이하 "헌재법"이라고 약칭합니다) 제68조 제1항 헌법소원의 적법요건으로는 기본권주체성, 대상적격(헌법소원대상성), 자기관련성, 현재성, 직접성, 보충성, 청구기간, 권리보호이익, 변호사강제주의, 일사부재리 등이 요구됩니다. 이 사안에서는 기본권주체성, 대상적격, 직접성, 보충성, 청구기간, 변호사강제주의만을 기재하기를 요구하고 있으므로 이들 요건에 대하여 살펴보겠습니다.

130) '국내의 단체는 정치자금을 기부할 수 없다'는 부분도 가능함.

2. 본안의 쟁점

본안판단과 관련해서는, 이 사건 법률조항이 죄형법정주의가 요구하는 명확성 원칙에 위배되는지, 기본권제한의 수권규범이자 한계규범인 헌법 제37조 제2항이 규정하고 있는 과잉금지원칙에 위배하여 청구인의 정치적 표현의 자유를 침해하는지, 그리고 기본권의 본질적 내용 침해금지 원칙에 위배되는지 여부가 문제된다고 할 것입니다.

Ⅱ. 적법요건의 구비여부

1. 단체의 기본권주체성

헌법재판소 판례에 의하면, 법인격이 있는 사법상의 사단이나 재단은 '성질상 기본권주체가 될 수 있는 범위에서' 청구인능력을 가집니다(권리성질설).[131] 권리능력 없는 단체라 하더라도 그 구성원과 독립하여 집단적으로 기본권을 행사하는 경우라면 청구인능력이 인정되어야 합니다. 헌법재판소도 "법인아닌 사단·재단이라고 하더라도 ①대표자의 정함이 있고 ②독립된 사회적 조직체로서 활동하는 때에는 성질상 법인이 누릴 수 있는 기본권을 침해당하게 되면 그의 이름으로 헌법소원심판을 청구할 수 있다."고 판시하였습니다.[132]

사안에서 전국치킨소매인연합회(이하 "치킨연합"이라고 약칭합니다)은 대표자(회장 홍길동)의 정함이 있고, 그밖에 전국을 4대 권역별로 나눈 부회장 4인과 총무 및 감사 등의 조직을 갖추고 치킨연합의 이름으로 사회적 활동을 하고 있으므로, 그 구성원과 독립하여 집단적으로 기본권을 행사하는 경우라고 볼 수 있으므로 청구인능력, 즉 기본권주체성이 인정됩니다.

2. 헌법소원대상성

우리 헌재법에는 독일연방헌법재판소법(제93조·제95조)과 같이 법률이 헌법소원의 대상이 된다는 규정은 없지만 헌재법 제68조 제1항 본문에 규정된 공권력 가운데는 입법권도 당연히 포함되므로 법률에 대한 헌법소원도 가능합니다. 따라서 이 사건 법률조항은 헌법소원대상성이 인정됩니다.

---

131) 헌재 1991.6.3. 90헌마56 결정; 헌재 2006.1.26. 2005헌마424 결정 등 참조.
132) 헌재 1991.6.3. 90헌마56 결정 참조.

3. 직접성

헌법소원의 청구인은 공권력작용으로 인하여 직접적으로 기본권이 침해되어야 하는바, 이 직접성의 요건은 법령소원에서 특히 중요한 의미를 가집니다. 여기서 말하는 기본권침해의 직접성이란 집행행위에 의하지 아니하고 법령 자체에 의하여 자유의 제한, 의무의 부과, 권리 또는 법적 지위의 박탈이 생긴 경우를 뜻합니다.[133)]

사안에서 청구인은 별도의 집행행위가 필요 없이 이 사건 법률조항에 의하여 직접, 정치자금을 기부할 수 있는 정치적 표현의 자유가 제한됩니다. 따라서 직접성의 요건도 충족됩니다.

4. 보충성

헌법소원은 다른 법률에 구제절차가 있는 경우에는 그 절차를 모두 거친 후에 심판청구를 하여야 하는데(헌재법 제68조 제1항 단서). 이를 헌법소원의 보충성이라고 합니다. 그러나 헌재법에는 명문의 규정이 없으나 헌법재판소 판례에 의하면 일정한 경우 보충성의 예외가 인정되는데, ①법령에 대한 직접적인 헌법소원과 같이 법률상 구제절차가 없는 경우나 ②사전에 구제절차를 거칠 것을 기대하기가 곤란한 경우가 그것입니다.

사안에서 심판청구의 대상은 법률인바, 법률에 대하여는 법률상 구제절차가 없는 경우이므로 보충성의 예외(비적용)에 해당하여 보충성 요건을 충족합니다.

5. 청구기간

헌법소원의 심판은 그 사유가 있음을 안 날부터 90일 이내에, 그 사유가 있은 날부터 1년 이내에 청구하여야 합니다(헌재법 제69조 제1항 본문). 그리고 헌법재판소의 판례에 의하면, 위 90일의 기간과 1년의 기간을 모두 준수하여야 적법한 청구가 되는 것이고 그 중 어느 하나라도 경과하면 부적법한 청구가 됩니다.[134)] 한편, 법령에 대한 헌법소원의 청구기간은 그 법령의 시행과 동시에 기본권의 침해를 받게 되는 경우에는 그 법령이 시행된 사실을 안 날부터 90일 이내에, 법령이 시행된 날부터 1년 이내에 헌법소원을 청구하여야 하고, 법령이 시행된 뒤에 비로소 그 법령에 해당되는 사유가 발생하여 기본권의 침해를 받게 되는 경우에는

133) 헌재 1992.11.12. 91헌마192 결정 참조.
134) 헌재 2004.4.29. 2004헌마93 결정 참조.

그 사유가 발생하였음을 안 날부터 90일 이내에, 그 사유가 발생한 날부터 1년 이내에 헌법소원을 청구하여야 합니다. 또한 헌재법 제70조 제1항은, 헌법소원심판을 청구하려는 자가 변호사를 대리인으로 선임할 자력이 없는 경우에는 헌법재판소에 국선대리인을 선임하여 줄 것을 신청할 수 있는바, 이 경우 제69조에 따른 청구기간은 국선대리인의 선임신청이 있는 날을 기준으로 정한다고 규정하고 있습니다. 한편, 헌법재판소가 국선대리인을 선정하지 아니한다는 결정을 한 때에는 신청인이 선임신청을 한 날부터 그 통지를 받은 날까지의 기간은 헌재법 제69조의 청구기간에 산입하지 아니합니다(헌재법 제70조 제4항).

사안에서 청구인은 이 사건 법률조항이 시행된 이후인 2014.3.10. 단체가 결성되었으므로 동일자가 청구기간의 기산점이 됩니다. 기록에 의하면 청구인은 2014.4.1. 헌법재판소에 국선대리인선임신청을 하였으나 같은 달 16. 동 신청이 기각되었고, 동 기각결정문(정본)이 같은 달 21.에 송달되자 같은 해 5.20. 법무법인 정의를 대리인으로 선임하였습니다. 따라서 사안에서 청구기간의 기산점은 2014.3.10.이고 그때로부터 90일 이내에 헌법소원심판청구서를 제출하여야 하는바, 헌재법 제70조 제1항 및 제4항에 의하면 2014.4.1.부터 같은 달 4.21.까지의 21일은 청구기간의 계산에서 제외됩니다(즉, 그만큼 청구기간이 늘어나는 효과가 있습니다). 따라서 2014.3.10.부터 111일(90+21)이 되는 날인 2014.6.29.까지 심판청구서를 제출해야 하는데, 2014.6.17.자로 심판청구서를 제출하는 것으로 하였으므로, 청구기간 요건 역시 충족되었습니다.

6. 변호사강제주의

각종 심판절차에 있어서 당사자인 사인(私人)은 그가 변호사의 자격이 있는 경우가 아닌 한 변호사를 대리인으로 선임하지 아니하면 심판청구를 하거나 심판수행을 하지 못하는데(헌재법 제25조 제3항), 사안에서 청구인은 법무법인 정의를 대리인으로 선임하여 이 헌법소원심판청구서를 작성·제출하는 것이므로, 변호사강제주의 요건도 충족합니다.

7. 소결

기타 적법요건은 충족된 것으로 간주하였으므로, 이상 살펴본 바와 같이 이 헌법소원은 적법요건을 모두 갖춘 것입니다.

Ⅲ. 이 사건 법률조항의 위헌성

1. 제한되는 기본권 및 위헌심사기준

특정한 정당이나 정치인에 대한 정치자금의 기부는 그의 정치활동에 대한 지지·지원인 동시에 정책적 영향력 행사의 의도 또는 가능성을 내포하고 있다는 점에서 일종의 정치활동 내지 정치적인 의사표현이라 할 것인바, 국내의 단체는 정치자금을 기부할 수 없도록 한 이 사건 기부금지 조항은 정치활동의 자유 내지 정치적 의사표현의 자유에 대한 제한이 된다고 볼 수 있습니다. 그리고 이와 같은 기본권 제한에 대하여는 죄형법정주의가 요구하는 명확성원칙, 헌법 제37조 제2항이 규정하고 있는 과잉금지원칙과 본질적 내용 침해금지 원칙에 위배되지 않아야 합니다.

2. 명확성원칙 위배여부

가. 죄형법정주의의 명확성의 원칙 및 정치적 표현의 자유 규제입법

죄형법정주의의 명확성의 원칙은 법률이 처벌하고자 하는 행위가 무엇이며 그에 대한 형벌이 어떠한 것인지를 누구나 예견할 수 있고, 그에 따라 자신의 행위를 결정할 수 있게끔 구성요건을 명확하게 규정할 것을 요구합니다. 형벌법규의 내용이 애매모호하거나 추상적이어서 불명확하면 무엇이 금지된 행위인지를 국민이 알 수 없어 법을 지키기가 어려울 뿐만 아니라, 범죄의 성립여부가 법관의 자의적인 해석에 맡겨져서 죄형법정주의에 의하여 국민의 자유와 권리를 보장하려는 법치주의의 이념은 실현될 수 없기 때문입니다.[135)]

이 사건 법률조항은 단체의 정치자금 기부를 금지하고 이를 처벌함으로써(정치자금법 제45조 제2항 제5호 참조) 정치적 의사표현의 자유를 제한하는바, 표현의 자유 규제입법으로서 규제되는 표현의 개념을 세밀하고 명확하게 규정할 것이 헌법적으로 요구된다고 할 것입니다.[136)]

나. 판단

이 사건 법률조항은 "국내의 단체"는 정치자금을 기부할 수 없도록 하는바, 위 조항의 "단체"라는 개념은 '다수인의 지속적 모임'이라는 통상의 이해를 조금도 구체화시키지 못합니다. 이 사건 법률조항의 입법연혁과 입법시의 구체적인 논의를 살펴보더라도, 이 사건 법률 조항은 '기업'의 음성적인 정치헌금 규제를 위한

135) 헌재 1996.12.26. 93헌바65 결정 참조.
136) 헌재 1998.4.30. 95헌가16 결정 참조.

것이라고 할 것인바, 비영리·공익 목적의 단체 등의 경우와 같이 단체의 정치자금 기부로 인한 이권개입의 문제가 발생하기 어려운 단체나 단체구성원의 일치된 의사에 의한 활동만이 가능하여 단체의 정치자금 기부가 그 구성원의 정치적 의사를 왜곡한다고 보기 어려운 경우의 단체도 이 사건 법률조항의 적용을 받는지 여부를 판단하기 어렵습니다.

한편, 입법배경이나 취지를 고려하여서만 그 의미 내용이 확정될 수 있는 것이라면, 과연 건전한 상식과 통상적인 법감정을 가진 일반인에게 예측가능성을 제공할 수 있는지도 의문입니다. 이와 같이 불명확한 형벌조항은 그 집행의 자의성을 초래하기 마련이고, 수사기관이나 재판기관은 객관적이고 구속적인 해석 및 집행의 기준을 제공받지 못하므로 자의적·선별적인 법집행에로 이끌리기 쉽습니다. 만약 입법자가 단체의 탈법적인 정치자금 기부를 방지하고자 하였다면, 단체의 자산이나 단체가 자신의 명의로 조성한 자금 등으로 그 범위를 한정하거나, 적어도 예시적 입법형식을 취하여 해석의 기준을 마련하였어야 하고, 이것이 입법기술상 불가능하거나 현저히 곤란한 것이라고 보이지도 않습니다.

결국 이 사건 법률조항은 법적용기관인 법관의 보충적 법해석을 통하여도 그 규범내용이 확정될 수 없는 모호하고 막연한 형벌조항으로서 죄형법정주의의 명확성원칙에 위배됩니다.

3. 과잉금지원칙 위배여부

가. 목적의 정당성

단체의 정치자금 기부금지의 목적은 크게 다음과 같은 두 가지로 나누어 볼 수 있습니다. 첫째는, 단체의 정치자금 기부를 통한 정치활동이 민주적 의사형성과정을 왜곡하거나, 선거의 공정을 해하는 것을 방지하는 것입니다. 이는 개인에 비하여 자금동원력이 강한 단체의 이익이 상대적으로 정치체제에 과대하게 대표됨으로써, "1인 1표 1가치"의 민주주의 원리가 침해되고 단체가 주권자인 개인의 지위를 차지하여 국민주권의 원리를 훼손시키는 것을 막기 위한 것으로서 그 입법목적의 정당성을 인정할 수 있습니다. 둘째는, 단체 구성원의 의사에 반하는 정치자금 기부로 인하여 단체 구성원의 정치적 의사표현의 자유가 침해되는 것을 방지하는 것입니다. 단체의 재산을 특정인의 의사에 따라서, 또는 다수결에 의하여 정치자금으로 기부하는 것은 그에 반대하는 단체구성원의 정치적 기본권을 부정하는 것이 되고, 표면적으로 단체의 구성원의 의사가 일치된 경우에도 의사형성 과정에서의 외압을 배제하기 어렵다는 점을 고려할 때 위와 같은 입법목적 역시 그 정당성을 인정할 수 있습니다. 따라서 이 사건 법률조항의 입법목적의 정당성은 인정된다고 할 것입니다.

나. 수단의 적합성

단체의 목적을 달성하기 위하여 필요한 경우에는 그 단체의 목적을 지지하는 정당이나 정치인에 대하여 정치자금을 기부할 수 있고, 그러한 정치적 활동도 결사의 자유로서 보호되어야 합니다. 그러므로 비정치적 단체의 정치자금 기부가 민주적 의사형성과정을 왜곡하거나 선거의 공정을 해칠 우려가 있다고 하더라도, 이러한 부작용을 방지할 제도적 장치조차 강구하지 아니한 채 단체의 목적을 달성하기 위하여 필요한 경우에도 일률적으로 정치자금 기부를 금지하는 것은 적절한 수단이라고 할 수 없습니다. 또한 단체의 정치자금 기부는 일응 그 내부의 민주적 의사결정과정을 거쳤다고 보아야 하므로 단순히 단체 구성원의 의사에 어긋날 우려가 있다는 이유로 단체의 정치자금 기부 자체를 일률적으로 제한하는 것 역시 입법목적 달성을 위한 적합한 방법이라고 할 수 없습니다.137)

다. 침해의 최소성

단체의 정치자금 기부를 전면적으로 금지하는 것보다 훨씬 덜 침해적이면서도 정치자금 기부의 투명성과 공정성을 확보할 수 있는 대체수단을 마련할 수 없는 것이 아닙니다. 예컨대, 단체 간의 자금동원력에 따라 불공정한 결과가 발생하지 않게끔 단체들이 기부하는 정치자금의 한도를 정한다거나, 단체가 통상의 예산과 별도로 정치자금으로 기부할 목적을 공개적으로 밝혀 조성한 재원만을 기부할 수 있게 하거나, 단체 구성원의 의사가 왜곡되지 않게끔 단체 본래의 목적에 부합하는 경우에만 정치자금을 기부하도록 하거나, 단체 구성원에게 모금 및 기부를 거부할 권리를 보장하여 주는 등 여러 제도적 장치를 보완함으로써 입법목적을 달성하면서도 단체의 정치적 표현의 자유에 대한 제한을 필요최소한 범위 내로 한정할 수 있는 것입니다. 따라서 이 사건 법률조항은 침해의 최소성 원칙에 위배됩니다.

라. 법익의 균형성

단체의 정치자금 기부를 통한 정치활동이 민주적 의사형성과정을 왜곡하거나, 선거의 공정을 해하는 것을 방지하고, 단체 구성원의 의사에 반하는 정치자금 기부로 인하여 단체 구성원의 정치적 의사표현의 자유가 침해되는 것을 방지하고

137) 수단의 적합성이 인정된다는 설명도 가능할 것이다.

자 하는 이 사건 법률조항의 입법목적을 고려한다고 하더라도, 이로 인하여 단체의 정치적 의사표현의 자유의 제한의 정도가 지나치게 과도하므로 법익의 균형성 원칙에도 위배됩니다.

마. 소결

결국 이 사건 법률조항은 과잉금지원칙에 위배하여 단체의 정치적 표현의 자유를 과도하게 제한하고 있으므로 헌법에 위반된다고 할 것입니다.

4. 기본권의 본질적 내용 침해금지 원칙 위배여부

이 사건 법률조항은 정치적 활동을 결사의 목적으로 하는 정치적 단체에 대해서도 적용되는바, 정치적 단체의 정치자금 기부를 금지하고 그 자금에 의한 정치자금 기부를 금지하는 것은 정치적 단체의 정치적 표현의 자유를 본질적으로 침해하는 것이라고 할 것입니다.

Ⅳ. 결론

위에서 살펴본 바와 같이 이 사건 헌법소원은 심판청구의 적법요건을 갖추었고, 이 사건 법률조항은 형사처벌조항의 구성요건에 해당하는 조항으로서 죄형법정주의가 요구하는 엄격한 명확성원칙에도 위배되고, 과잉금지원칙에 위배하여 청구인의 정치적 표현의 자유를 침해할 뿐만 아니라, 이 사건 법률조항이 정치적 단체에 적용되는 경우에는 기본권 제한의 본질적 내용침해금지 원칙에 위배됩니다. 따라서 이 사건 법률조항에 대하여 청구취지와 같은 결정을 선고해 주시기 바랍니다.

첨 부 서 류

1. 국선대리인 선임신청서(부본)
2. 국선대리인 선임신청 기각결정(정본)
3. 우편송달보고서
4. 대리인 선임서 및 담당변호사 지정서

2014. 6. 17.

청구인의 대리인 법무법인 정의

담당변호사 이 방 원 (인)

헌법재판소 귀중

Ⅱ. 문제 2와 예시문

문 제 〈2〉[138)]

홍길동은 2009.5.16.경 자신이 운영하는 횟집 앞 도로에서 종업원이 손짓을 하는 등으로 지나가는 손님을 끌어들이는 행위를 하여 식품위생법을 위반하였다는 혐의로 2009.11.27. 서울중앙지방검찰청 검사로부터 기소유예의 불기소처분(서울중앙지방검찰청 2009년 형제12345호, 이하 '이 사건 기소유예처분'이라 한다)을 받았다(다만, 위 기소유예처분의 통지는 받지 못했다). 그 후 홍길동은 2010.11.4. 자신에 대한 사건이 어떻게 되었나 궁금하여 서울중앙지방검찰청을 방문하여 이를 문의한 바, 당일 위와 같은 기소유예처분사실확인서를 교부받고 이를 알게 되었다. 이에 홍길동은 같은 달 20. '법무법인 정의'를 대리인으로 선임하였으며, 동 법무법인은 소속변호사 '이방원'을 이 사건의 담당변호사로 지정하였다. 이방원 변호사의 입장에서, 홍길동을 위하여 헌법재판소법 제68조 제1항에 따른 헌법소원심판청구서를 작성하시오.

※ 주의사항

(1) 헌법재판소는 이 사건 기소유예처분 이후인 2010.7.29. 동 처분의 근거가 된 식품위생법(1986.5.10. 법률 제3823호로 전부개정된 것) 제79조 중 "개인의 대리인·사용인 기타의 종업원이 그 개인의 업무에 관하여 제77조 제1호 및 제5호의 위반행위를 한 때에는 그 개인에 대하여도 해당 각 조의 벌금형을 과한다."라는 부분에 대하여, 형벌에 관한 책임주의에 반하므로 헌법에 위반된다고 판단하여 위헌결정을 선고하였다.[139)]

(2) 위 위헌결정 전에 동 조항에 대한 헌법재판소의 합헌결정은 없었던 것으로 간주함.

(3) 적법요건은 대상적격, 보충성, 청구기간, 변호사강제주의의 순서로 기재하고, 나머지 요건은 갖춘 것으로 간주함.

---

138) 이 문제와 예시문은 헌재 2011.2.24. 2010헌마110 [전원일치 인용(취소)] 결정을 참조하여 재구성한 것이다.

139) 헌재 2010.7.29. 2009헌가16등 결정 참조.

(4) 심판청구서의 작성일 및 제출일자는 모두 2010.11.25.로 하며, 심판청구서 내의 문장(제목은 제외)에서는 경어를 사용함.

[관련 법령]

헌법재판소법 제47조(위헌결정의 효력) ②위헌으로 결정된 법률 또는 법률의 조항은 그 결정이 있는 날부터 효력을 상실한다. ③제2항에도 불구하고 형벌에 관한 법률 또는 법률의 조항은 소급하여 그 효력을 상실한다. 다만, 해당 법률 또는 법률의 조항에 대하여 종전에 합헌으로 결정한 사건이 있는 경우에는 그 결정이 있는 날의 다음 날로 소급하여 효력을 상실한다.

헌법소원심판청구서

청 구 인　　홍 길 동
　　　　　　서울 강동구 용봉로 77
　　　　　　대리인 법무법인 정의
　　　　　　담당변호사 이 방 원
피청구인　　서울중앙지방검찰청 검사

청 구 취 지

"서울중앙지방검찰청 2009년 형제12345호 식품위생법위반 피의사건에서 피청구인이 2009.11.27. 청구인에 대하여 한 기소유예처분은 청구인의 평등권과 행복추구권을 침해한 것이므로 이를 취소한다." 라는 결정을 구합니다.

침해된 권리

평등권, 행복추구권

침해의 원인이 되는 공권력의 행사 또는 불행사

서울중앙지방검찰청 2009년 형제12345호 식품위생법위반 피의사건에서 피청구인이 2009.11.27. 청구인에 대하여 한 기소유예처분(이하 "이 사건 기소유예처분"이라고 약칭합니다)

청 구 이 유

Ⅰ. 쟁점의 정리

1. 적법요건의 쟁점

헌법재판소법(이하 "헌재법"이라고 약칭합니다) 제68조 제1항 헌법소원의 적법요건으로는 기본권주체성, 대상적격(헌법소원대상성), 자기관련성, 현재성, 직접성, 보충성, 청구기간, 권리보호이익, 변호사강제주의, 일사부재리 등이 요구됩니다. 이 사안에서는 대상적격, 보충성, 청구기간, 변호사강제주의만을 기재하기를 요구하고 있으므로 이들 요건에 대하여 살펴보겠습니다.

2. 본안의 쟁점

본안판단과 관련해서는, 이 사건 기소유예처분의 근거 법률조항이 이 사건 기소유예처분 이후에 헌법재판소에서 위헌결정을 받은 경우에 동 위헌결정의 기속력이 이 사건 기소유예처분의 효력에 어떠한 영향을 미치는지가 문제된다고 할 것입니다.

Ⅱ. 적법요건의 구비여부

1. 헌법소원대상성

헌재법 제68조 제1항은 "공권력의 행사 또는 불행사"로 인하여 기본권을 침해받은 자가 헌법소원을 청구할 수 있다고만 되어 있을 뿐, 헌법소원의 대상으로서의 "공권력의 행사 또는 불행사"가 무엇을 의미하는 것인가에 대하여 구체적으로 규정하고 있지 않지만, 헌법소원심판의 대상이 되는 공권력의 행사 또는 불행사는 헌법소원의 본질상 대한민국 국가기관의 공권력작용을 의미하고 외국이나 국제기관의 공권력작용은 이에 포함되지 아니합니다.[140)]

사안에서 피청구인의 이 사건 기소유예처분은 대한민국 국가기관의 공권력작용이 분명하므로 헌법소원의 대상성을 갖추었습니다.

2. 보충성

헌법소원은 다른 법률에 구제절차가 있는 경우에는 그 절차를 모두 거친 후에 심판청구를 하여야 하는데(헌재법 제68조 제1항 단서). 이를 헌법소원의 보충성이라고 하며, 주로 처분소원에서 문제가 됩니다. 그러나 헌재법에는 명문의 규정이 없으나 헌법재판소에 의하면 일정한 경우 보충성의 예외가 인정되는데, ①법령에 대한 직접적인 헌법소원과 같이 법률상 구제절차가 없는 경우나 ②사전에 구제절차를 거칠 것을 기대하기가 곤란한 경우가 그것입니다.

사안에서 심판청구의 대상은 피의자였던 청구인에 대한 검사의 기소유예처분인바, 이에 대하여는 검찰청법(제10조)상 항고의 대상이 아니고 형사소송법(제260조)상 재정신청의 대상도 아니어서 구제절차가 없는 경우이므로, 보충성의 예외(비적용)에 해당하여 보충성 요건을 충족합니다.

140) 헌재 1997.9.25. 96헌마159 결정 참조.

3. 청구기간

헌법소원의 심판은 그 사유가 있음을 안 날부터 90일 이내에, 그 사유가 있은 날부터 1년 이내에 청구하여야 합니다(헌재법 제69조 제1항 본문). 그리고 헌법재판소의 판례에 의하면, 위 90일의 기간과 1년의 기간을 모두 준수하여야 적법한 청구가 되는 것이고 그 중 어느 하나라도 경과하면 부적법한 청구가 됩니다.[141]

사안에서 이 사건 기소유예처분일은 2009.11.27.이고, 청구인이 이 사건 기소유예처분 사실을 알 날은 2010.11.4.이므로 위 기소유예처분일로부터 1년 이내인 2010.11.27.과 위 기소유예처분을 안 날부터 90일인 2011.2.2. 중 먼저 도래하는 2010.11.27.까지 헌법소원심판청구서를 제출해야 합니다. 그런데 사안에서는 2010.11.25.자로 심판청구서를 제출하는 것이므로, 청구기간 요건 역시 충족되었습니다.

4. 변호사강제주의

각종 심판절차에 있어서 당사자인 사인(私人)은 그가 변호사의 자격이 있는 경우가 아닌 한 변호사를 대리인으로 선임하지 아니하면 심판청구를 하거나 심판수행을 하지 못하는데(헌재법 제25조 제3항), 사안에서 청구인은 법무법인 정의를 대리인으로 선임하여 이 헌법소원심판청구서를 작성·제출하는 것이므로, 변호사강제주의 요건도 충족합니다.

5. 소결

기타 적법요건은 충족된 것으로 간주하였으므로, 이상 살펴본 바와 같이 이 헌법소원은 적법요건을 모두 갖춘 것입니다.

Ⅲ. 이 사건 기소유예처분의 위헌성

1. 제한되는 기본권

검사가 명백한 '혐의없음' 불기소처분을 하여야 할 사안인데도 경솔하게 범죄의 충분한 혐의가 있다고 보아 기소유예처분을 하면, 차라리 공소제기되어 무죄판결을 받아 완전히 범죄의 혐의를 벗고 그 혐의사실에 대해서는 수사당국으로 하여금 앞으로 재론 못하게 하는 길만 막아버리는 결과가 되어 공소를 제기한

141) 헌재 2004.4.29. 2004헌마93 결정 참조.

것보다 더 불리할 수 있어 헌법 제11조 제1항 소정의 평등권이 침해되며, 더 나아가 보면 공소제기에 충분한 혐의가 있다고 인정한 기소유예처분이 유죄판결에 준하는 취급을 받아 법률적·사실적 측면에서 사회생활에 유형·무형의 불이익과 불편을 주는 것이 실상이라면 어느 모로 보아도 혐의 없고 무고함에 의심 없는 사안에 대해 검사가 자의로 기소유예처분에 이른 것은 헌법 제10조 소정의 행복추구권이 침해됩니다.[142] 따라서 이 사건 기소유예처분으로 말미암아 제한되는 기본권은 평등권과 행복추구권입니다.

2. 이 사건 기소유예처분의 근거법률조항에 대한 위헌결정

헌법재판소는 헌재 2010.7.29. 2009헌가16등 결정에서 식품위생법(1986.5.10. 법률 제3823호로 전부개정된 것) 제79조 중 "개인의 대리인·사용인 기타의 종업원이 그 개인의 업무에 관하여 제77조 제1호 및 제5호의 위반행위를 한 때에는 그 개인에 대하여도 해당 각 조의 벌금형을 과한다."라는 부분에 대하여, 위 조항은 개인이 고용한 종업원 등이 일정한 범죄행위를 저지른 사실이 인정되면, 종업원 등의 범죄행위에 대한 개인 영업주의 가담여부나 종업원 등의 행위를 감독할 주의의무의 위반여부를 영업주에 대한 처벌 요건으로 규정하지 아니하고, 달리 개인 영업주가 면책될 가능성에 대해서도 규정하지 아니하고 있어, 아무런 비난받을 만한 행위를 한 바 없는 자에 대해서까지, 다른 사람의 범죄행위를 이유로 처벌할 수 있게 하여 형벌에 관한 책임주의에 반하므로 헌법에 위반된다고 판단하여, 위헌결정을 한 바 있습니다.

3. 형벌에 관한 법률조항에 대한 위헌결정의 효력

원칙적으로 위헌으로 결정된 법률 또는 법률의 조항은 그 결정이 있는 날로부터 효력을 상실하지만, 형벌에 관한 법률 또는 법률의 조항은 소급하여 그 효력을 상실하는바(헌재법 제47조 제3항 본문), 위 조항은 종업원 등의 식품위생법 위반을 이유로 개인 영업주에게 해당조문의 벌금형을 과하는 것을 그 내용으로 하고 있고, 벌금형은 형법 제41조 제6호에 규정된 형의 종류에 해당하므로 형벌에 관한 법률조항에 해당합니다. 그리고 이 사건 기소유예처분 후 동 법률조항에 대하여 헌법재판소가 합헌결정을 내린 사실도 없습니다(헌재법 제47조 제3항 단서 참조). 그러므로 식품위생법 제79조는 헌재법 제47조 제3항 본문에 따라 헌법재판소가

---

142) 헌재 1989.10.27. 89헌마56 결정 참조.

2010.7.29. 선고한 2009헌가16등 결정에 의하여 소급하여 그 효력을 상실하였다고 봄이 상당합니다.[143)]

4. 이 사건 기소유예처분의 효력

따라서 이 사건 기소유예처분은 근거되는 법률조항이 헌법재판소의 위헌결정으로 소급하여 그 효력을 상실함으로써 청구인의 행위가 범죄를 구성하지 않게 되었음에도 불구하고, 그 혐의가 인정됨을 전제로 처분의 효력을 지속하고 있으므로 그로 말미암아 청구인의 평등권과 행복추구권이 침해되었다고 할 것입니다.

Ⅳ. 결론

위에서 살펴본 바와 같이 이 사건 헌법소원은 심판청구의 적법요건을 갖추었고, 이 사건 기소유예처분은 그 근거법률조항이 헌법재판소에 의하여 위헌결정이 선고되어 청구인의 행위가 범죄를 구성하지 않게 되었으므로 청구취지와 같은 결정을 선고해 주시기 바랍니다.

첨 부 서 류

1. 기소유예처분사실확인서 (2010.11.4.자)
2. 헌법재판소 결정문 2건 (헌재 2010.7.29. 2009헌가16등 및 헌재 2010.7.29. 2009헌마205)
3. 대리인 선임서 및 담당변호사 지정서

2010. 11. 25.

청구인의 대리인 법무법인 정의
담당변호사 이 방 원 (인)

헌법재판소 귀중

143) 헌재 2010.7.29. 2009헌마205 결정 참조.

제5절 권한쟁의심판청구서의 작성

제1항 권한쟁의심판청구서의 기재사항

Ⅰ. 권한쟁의심판의 유형

우리 헌법상 권한쟁의심판제도에는 국가기관간의 권한분쟁(헌재법 제62조 제1항 제1호)인 이른바 기관소송의 유형뿐만 아니라, 상이한 법주체인 국가기관과 지방자치단체 간(동조 동항 제2호) 및 지방자치단체 상호 간(동조 동항 제3호)의 권한분쟁도 포함된다.

Ⅱ. 권한쟁의 심판청구서의 기재사항

1. 당사자 및 대리인의 표시

권한쟁의심판을 청구할 수 있는 당사자(청구인)는 국가기관 또는 지방자치단체이다. 이 경우 주소는 불필요하다. 다만 국회의원과 같이 개인이 독립된 국가기관인 경우에는 주소의 기재가 필요한바, 그 주소는 국회의사당의 의원회관의 주소와 호실을 적는 것으로 족하다. 대리인이 있는 경우에는 대리인을 기재하도록 한다.

권한쟁의심판은 대심적(對審的) 구조의 재판형태이므로 피청구인의 기재가 반드시 필요하다. 지방자치단체가 당사자(청구인 또는 피청구인)인 경우 당해 지방자치단체를 당사자로 기재하고, 그 대표자를 기재하도록 한다. 예컨대, "청구인 경기도(줄을 바꾸어) 대표자 지사 홍길동" 등과 같이 기재한다. 다만, 국가기관의 입장에서 기관위임사무를 처리하는 자치단체장의 경우는 예컨대 "피청구인 경기도지사"라고 기재한다.[144] 물론 이들 경우에 대리인이 있는 경우에는 대리인을 기재한다.

한편, 헌재법 제62조 제2항은 "권한쟁의가 '지방교육자치에 관한 법률' 제2조의 규정에 의한 교육·학예에 관한 지방자치단체의 사무에 관한 것인 때에는 교육감이 제1항 제2호 및 제3호의 당사자가 된다."고 규정하고 있는데, 이는 교육감이 이들 지방자치단체를 대표한다는 의미로 새겨야 할 것이다. 그러므로 예컨대, "피청구

144) 예컨대, 헌재 1999.7.22. 98헌라4 결정 : "이 사건의 쟁점은 피청구인이 재결청의 지위에서 (구) 행정심판법 제37조 제2항의 규정에 따라 행한 직접처분이 청구인의 권한을 침해하는가 여부이다. 따라서 이 사건은 지방자치단체인 청구인(성남시)과 국가기관인 재결청으로서의 피청구인(경기도지사) 사이의 권한쟁의 사건이라고 할 것이다."

인 서울특별시 (줄을 바꾸어) 대표자 교육감 ○○○"라고 기재한다.[145]

2. 청구취지

가. 개요

권한쟁의심판청구서의 청구취지도 헌법재판소가 심판대상인 피청구인의 처분 등에 대하여 선고하는 주문에 대응하여 기재한다.

나. 권한쟁의심판의 인용결정의 유형

1) 권한의 유무 및 범위 확인

헌법재판소 판례에 의하면, 피청구인의 처분 또는 부작위에 의하여 청구인 자신의 권한이 침해되었다고 청구하는(헌재법 제66조 제1항) 경우에는, 청구인에게 권한이 존재하는지 여부와 그 권한의 범위확인 및 청구인의 권한이 침해되었는지 여부가 청구취지가 된다고 한다.[146]

〈결정례〉

① 헌재 2004.9.23. 2000헌라2 결정

"별지도면 표시 '가, 나, 다, 라, 마, 바, 사, 아, 자, 차, 카, 타, 가' 각 점을 순차적으로 연결한 선내 부분에 해당하는 면적 $32,834.8m^2$의 제방에 대한 관할권한은 청구인[147]에게 있음을 확인한다."

② 헌재 2010.6.24. 2005헌라9등 결정

"2. 부산 신항만 내 북쪽 컨테이너부두 13선석 및 그 배후부지로 조성된 공유수면 매립지 $5,200,180.3m^2$ 중 [별지] 도면 표시 가, 나, 다, 라, 마, 바, 사의 각 점을 순차 연결한 선의 왼쪽(북서쪽) 부분에 대한 관할권한은 청구인 겸 피청구인 경상남도, 경상남도 진해시에 있고, 위 선의 오른쪽(남동쪽) 부분에 대한 관할권한은 피청구인 겸 청구인 부산광역시, 부산광역시 강서구에 있음을 확인한다."

③ 헌재 2009.5.28. 2006헌라6 결정

"피청구인[148]이 2006.9.14.부터 2006.9.29.까지 청구인[149]의 [별지] 목록 기재

145) 전술한 헌재 2009.7.30. 2006헌마358 결정의 피청구인 표시 참조.

146) 헌재 1997.7.16. 96헌라2 결정 참조.

147) 당진군

148) 행정안전부장관

149) 서울특별시

의 자치사무에 대하여 실시한 정부합동감사는 헌법 및 지방자치법에 의하여 부여된 청구인의 지방자치권을 침해한 것이다.”

④ 헌재 2009.10.29. 2009헌라8등 결정

“2. 피청구인 국회의장이 2009.7.22. 15:35경 개의된 제283회 국회임시회 제2차 본회의에서 ‘신문 등의 자유와 기능보장에 관한 법률 전부 개정법률안’의 가결을 선포한 행위 및 ‘방송법 일부개정법률안’의 가결을 선포한 행위는 청구인들의 법률안 심의·표결권을 침해한 것이다.”

2) 처분의 취소 또는 무효확인, 부작위의 위헌확인 또는 위법확인

청구인이 권한의 침해가 있었다고 주장하며 청구인의 권한을 이미 침해한 피청구인의 처분을 취소하거나 그 무효를 확인해 주도록 청구하는(헌재법 제66조 제2항) 경우에는 “처분의 취소” 또는 “처분의 무효확인”이 청구취지가 된다. 그리고 피청구인의 ‘부작위’를 심판대상으로 하는 경우에는 “부작위 위헌확인” 또는 “부작위 위법확인”을 청구취지로 기재해야 한다.

〈결정례〉

① 헌재 1999.7.22. 98헌라4 결정

“1. 피청구인[150]이 1998.4.16. 경기도고시 제1998-142호로 행한 성남도시계획시설(서현근린공원내 골프연습장·도시계획도로)에 대한 도시계획사업시행자지정 및 실시계획인가처분 중, 동 공원구역외의 도시계획도로(등급: 소로, 류별: 3, 번호: 200, 폭원: 6m, 기능: 골프연습장 진입도로, 연장: 21m, 면적: 149m2, 기점 및 종점: 성남시 분당구 이매동 128의 11 일원)에 대한 도시계획사업시행자지정처분은 도시계획법 제23조 제5항에 의한 청구인[151]의 권한을 침해한 것이다. 2. 피청구인의 위 처분은 무효임을 확인한다.”

② 헌재 2006.8.31. 2004헌라2

“2. 피청구인[152]이 위 각 토지에 관하여 지방자치법 제5조에 의한 사무와 재산의 인계를 청구인[153]에게 행하지 아니하는 부작위는 위법함을 확인한다. 3. 피청구인이 2004.3.10. 진해시 용원동 1307 도로에 대한 점용을 이유로 청구외 박○원, 황○규, 김○균, 이○화, 유○옥에게 행한 각 점용료부과처분은 이를 취소한다.”

---

150) 경기도지사
151) 성남시
152) 진해시
153) 부산광역시 강서구

3. 침해된 청구인의 권한

권한쟁의의 대상이 되는 법적 분쟁은 헌법상의 분쟁뿐만 아니라 법률상의 공법적인 분쟁도 포함하는 것으로 규정하고 있다(헌재법 제61조 제2항). 그리고 헌재법은 '권한의 유무[154] 및 범위에 관하여 다툼이 있을 때'(제61조 제1항) 및 '헌법 및 법률에 의하여 부여받은 권한이 침해되었을 때'(제61조 제2항) 권한쟁의 심판청구가 허용되는 것으로 규정하고 있지만, 객관소송에서 주장되는 권한침해는 소송을 위해 주관적인 것으로 의제된 권한이라고 이해된다. 즉, 권한쟁의심판에서의 '권한'(Kompetenz)이란 주관적 권리의무가 아니라 국가나 지방자치단체 등 공법인 또는 그 기관이 헌법 또는 법률에 의하여 부여되어 법적으로 유효한 행위를 할 수 있는 능력 또는 그 범위를 말하며,[155] 이것은 한편에서 보면 적극적 권능으로서의 능력을 의미하나, 그 반면에서 보면 직무상 의무의 범위를 의미하게 된다.[156]

따라서 기록형 문제에서 침해되었다고 주장하는 청구인의 권한은 헌법 또는 법률에서 부여된 권한이어야 하고 답안에서 이를 밝혀주어야 한다. 다만, 이 항목에서는 권한 자체만을 기재하고 청구이유 중에서 구체적으로 밝히면 될 것이다. 예컨대, 위 헌재 2009.5.28. 2006헌라6 결정의 경우 "지방자치권", 헌재 2009.10.29. 2009헌라8등 결정의 경우 "법률안 심의·표결권", 헌재 1999.7.22. 98헌라4 결정의 경우 "도시계획법 제23조 제5항에 의한 도시계획사업시행자지정처분 권한", 헌재 2006.8.31. 2004헌라2 결정의 경우 "(관할구역에 대한) 자치권한"이 될 것이다.

4. 침해의 원인이 되는 피청구인의 처분 또는 부작위

이 부분 역시 청구취지와 대응되는 내용으로서 청구인의 권한침해가 피청구인의 처분 또는 부작위에 의하여 초래되었다고 주장하는 경우에 그 피청구인의 처분 또는 부작위를 기재한다.

예컨대, 위 헌재 2009.5.28. 2006헌라6 결정의 경우 "피청구인이 2006.9.14.부터 2006.9.29.까지 청구인의 [별지] 목록 기재의 자치사무에 대하여 실시한 정부합동감사", 헌재 2009.10.29. 2009헌라8등 결정의 경우 "피청구인이 2009.7.22. 15:35경 개의된 제283회 국회임시회 제2차 본회의에서 '신문 등의 자유와 기능보장에 관한 법

154) 2011.4.5. 법률 제10546호로 개정되기 전의 법은 "권한의 **존부**"라고 규정하였다.

155) 헌재 2010.12.28. 2009헌라2 결정; 헌재 2011.8.30. 2011헌라1 결정 등 참조.

156) 그렇기 때문에 위헌법률심판이나 헌법소원심판에서는 위헌결정 내지는 인용결정만이 기속력이 있는(헌재법 제47조 제1항, 제75조 제1항, 제6항) 것에 비하여, 권한쟁의심판에서는 인용결정뿐만 아니라 기각결정도 기속력을 갖는다(제67조 제1항).

률 전부 개정법률안'의 가결을 선포한 행위 및 '방송법 일부개정법률안'의 가결을 선포한 행위", 헌재 1999.7.22. 98헌라4 결정의 경우 "피청구인이 1998.4.16. 경기도고시 제1998-142호로 행한 성남도시계획시설(서현근린공원내 골프연습장·도시계획도로)에 대한 도시계획사업시행자지정 및 실시계획인가처분 중, 동 공원구역외의 도시계획도로(등급: 소로, 류별: 3, 번호: 200, 폭원: 6m, 기능: 골프연습장 진입도로, 연장: 21m, 면적: 149m^2, 기점 및 종점: 성남시 분당구 이매동 128의 11 일원)에 대한 도시계획사업시행자지정처분", 헌재 2006.8.31. 2004헌라2 결정의 경우 "피청구인이 위 각 토지에 관하여 지방자치법 제5조에 의한 사무와 재산의 인계를 청구인에게 행하지 아니하는 부작위" 및 "피청구인이 2004.3.10. 진해시 용원동 1307 도로에 대한 점용을 이유로 청구외 박○원, 황○규, 김○균, 이○화, 유○옥에게 행한 각 점용료부과처분"이 될 것이다.

5. 청구이유

권한쟁의 심판청구서의 핵심이 되는 부분으로 쟁점의 정리, 적법요건에 대한 주장, 그리고 본안에 대한 주장으로 나뉜다.

가. 쟁점의 정리

사안에서 문제되는 적법요건의 쟁점과 본안에 관한 쟁점 등을 언급한다. 문제에서 "쟁점의 정리" 대신에 "사건의 개요"를 기재할 것을 요구하는 경우에는 이를 기재한다.

나. 적법요건의 구비여부

권한쟁의 사건의 적법요건으로는 ①당사자능력 및 당사자적격,[157] ②피청구인의 처분 또는 부작위의 존재, ③권한의 침해 또는 현저한 침해위험의 가능성, ④청구기간, ⑤권리보호이익(심판의 이익) 등이 요구된다.

1) 당사자능력

가) 국가기관의 경우

헌재법 제62조 제1항 제1호는 권한쟁의의 당사자가 될 수 있는 국가기관으로서 "국회, 정부, 법원 및 중앙선거관리위원회"만이 규정되어 있다. 이 규정이 열거규

---

157) **당사자적격**은 특정의 권한쟁의 사건에서 정당한 당사자로서 심판을 수행하고 본안결정을 받기에 적합한 자격을 말하므로, 당사자능력을 가지는 것을 전제로 구체적인 사안에서 누가 청구인(또는 피청구인)이 될 것인가의 문제이다. 후술하는 "제3자 소송담당"은 당사자적격의 대표적인 문제이다.

정인가 예시규정인가에 관하여 논란이 있었는데, 헌법재판소는 1995.2.23. 선고한 90헌라1 (국회의원과 국회의장간의 권한쟁의) 사건에서 이 조항을 열거규정으로 보아 당사자능력의 범위를 엄격하게 축소하였다. 그러나 헌법재판소는 1997.7.16. 선고한 96헌라2 (국회의원과 국회의장간의 권한쟁의) 사건에서 헌재법 제62조 제1항 제1호를 한정적·열거적인 조항이 아니라 예시적인 조항으로 해석하는 것이 헌법에 합치된다고 판시함으로써 종전의 입장을 변경하고 당사자의 범위를 크게 확대하였다.

이 결정에서 헌법재판소는, "권한쟁의심판에 있어서 당사자가 될 수 있는 국가기관이란 '국가의사 형성에 참여하여 국법질서에 대하여 일정한 권한을 누리는 헌법상의 지위와 조직'이라고 할 수 있다. 헌법 제111조 제1항 제4호 소정의 '국가기관'에 해당하는지 아닌지를 판별함에 있어서는 ①그 국가기관이 헌법에 의하여 설치되고 헌법과 법률에 의하여 독자적인 권한을 부여받고 있는지 여부, ②헌법에 의하여 설치된 국가기관 상호간의 권한쟁의를 해결할 수 있는 적당한 기관이나 방법이 있는지 여부 등을 종합적으로 고려하여 판단해야 한다."고 판시하여 그 기준을 제시하였다.[158]

[그런데 헌재 2010.10.28. 2009헌라6 결정에서 재판관 3인의 반대의견은 "헌법 제111조 제1항 제4호는 '국가기관'이라는 용어를 사용하고 있을 뿐, '헌법기관'이라 표현하고 있지 않다. 또한, 헌재법 제61조 제2항은 '헌법 또는 법률에 의하여 부여받은 권한'을 침해받았거나 침해받을 현저한 위험이 있을 경우 권한쟁의심판청구를 할 수 있다고 규정하여 '법률상 부여된 권한'의 침해도 권한쟁의심판의 청구사유가 될 수 있음을 명언하고 있다. 위 규정들을 살펴보건대, 권한쟁의심판청구를 할 수 있는 국가기관을 '헌법에 의하여 설치된 국가기관'으로 한정하는 것은 전혀 근거가 없을 뿐만 아니라 오히려 규정의 문언에 반하는 것"이라는 의견을 제시하였다.][159]

나) 지방자치단체의 경우

권한쟁의심판청구는 헌법과 법률에 의하여 권한을 부여받은 자가 그 권한의 침해를 다투는 헌법소송이다. 이러한 권한쟁의심판을 청구할 수 있는 자에 대하여는

---

158) 그러나 헌법기관이지만 권한쟁의심판에 있어서 심판자가 되는 **헌법재판소**는 자신이 관련된 분쟁을 스스로 결정할 수 없다는 절차적 정의의 원칙상 권한쟁의의 당사자가 될 수 없다. [헌재 1995.2.23. 90헌라1, 판례집 7-1, 140, 148]

159) 동 3인의 재판관은 이어서, "①권한쟁의심판에 관한 헌법 및 헌재법의 관련 규정, ②권한쟁의심판과 기관소송의 관계, ③청구인(국가인권위원회)의 헌법적 위상 및 독립성, ④기타 구제가능성 등을 종합하면, 이 사건 권한쟁의심판청구 사건에서 청구인의 당사자능력은 인정되어야 한다."고 주장하였다.

헌법과 헌재법이 정하고 있는바, 헌법 제111조 제1항 제4호는 국가기관 상호 간, 국가기관과 지방자치단체 간 및 지방자치단체 상호 간의 권한쟁의심판에 관하여 규정하고 있다. 한편, 헌재법 제62조 제1항 제3호는 지방자치단체 상호 간의 권한쟁의심판의 종류로 ①특별시·광역시·도 또는 특별자치도 상호 간의 권한쟁의심판, ②시·군 또는 자치구 상호 간의 권한쟁의심판, ③특별시·광역시·도 또는 특별자치도와 시·군 또는 자치구 간의 권한쟁의심판만을 규정하고 있다.

따라서 지방자치단체 상호 간의 권한쟁의에서 당사자는 특별시·광역시·도 또는 특별자치도와 시·군·자치구이며, 각 지방자치단체장이 대표한다(지방자치법 제101조). 그러므로 지방자치단체의 장은 - 국가위임사무를 처리하는 국가기관의 지위[160]가 아닌 한 - 원칙적으로 권한쟁의 심판청구의 당사자가 될 수 없다. 한편, 지방자치단체의 의결기관인 지방의회를 구성하는 '지방의회 의원'과 그 지방의회의 대표자인 '지방의회 의장' 간의 권한쟁의심판은 헌법 및 헌재법에 의하여 헌법재판소가 관장하는 지방자치단체 상호간의 권한쟁의심판의 범위에 속한다고 볼 수 없다.[161] 이와 같이 국가의 기관이 권한쟁의심판의 당사자가 될 수 있는 것과는 달리 지방자치단체의 기관, 예컨대 지방자치단체의 장[162]이나 지방의회는 권한쟁의심판의 당사자가 될 수 없다.[163]

2) 피청구인의 처분 또는 부작위의 존재

권한쟁의심판청구가 적법하기 위해서는 피청구인의 처분 또는 부작위가 존재하여야 한다(헌재법 제61조 제2항).

가) 처분

여기서의 처분은 입법행위와 같은 법률의 제정과 관련된 권한의 유무 및 행사상의 다툼, 행정처분은 물론 행정입법과 같은 모든 행정작용 그리고 법원의 재판 및

---

160) 헌법재판소의 사례로는 '성남시'가 국가기관인 재결청으로서의 "경기도지사"를 상대로 제기한 헌재 1999.7.22. 98헌라4 사건이 있다.

161) 헌재 2010.4.29. 2009헌라11 결정. 이에 대하여 재판관 2인은 "헌재법 제62조 제1항 제3호가 지방의회 의원과 지방의회 또는 그 기관 사이의 권한쟁의를 헌법재판소의 심판대상으로 규정하지 않았다고 하더라도, 그러한 규정은 헌법재판소의 권한쟁의 심판사항을 한정적으로 제한하는 것이 아니고, 지방의회의 의결절차도 법률을 위반하지 않도록 통제하여 적법성을 확보할 필요가 있는 이상, 지방의회 의원도 지방의회나 위원회의 의결절차가 위법하게 자신의 심의·표결권을 침해하는 경우에는 지방의회나 위원회 또는 그 의장을 상대로 권한쟁의심판을 청구할 수 있다고 봄이 상당하다."는 반대의견을 개진하였다.

162) 헌재 2006.8.31. 2003헌라1 결정 참조.

163) 반대견해로 정종섭(소송법), 522면.

사법행정작용 등을 포함하는 넓은 의미의 공권력처분을 의미하는 것으로 보아야 한다. 권한쟁의심판의 '처분'을 이와 같이 이해하는 경우 독일연방헌법재판소와 같이 법률에 대한 권한쟁의심판도 허용된다고 볼 여지도 있으나, 우리 헌법재판소는 권한쟁의심판과 위헌법률심판은 원칙적으로 구분되어야 한다는 점에서, 법률에 대한 권한쟁의심판은 '법률 그 자체'가 아니라 '법률의 제정과 관련된 행위'[164] 내지 '법률의 제정행위'[165]를 그 심판대상으로 해야 할 것이라고 하였다.

나) 부작위

부작위는 관련 국가기관이 특정한 행위를 해야 할 헌법상 또는 법률상의 의무가 존재함에도 불구하고 이를 이행하지 아니하는 경우에 존재하는데, 법적으로 문제되는 부작위만이 해당된다.

다) 장래처분의 문제

① 피청구인의 장래처분이 확실하게 예정되어 있고, ② 피청구인의 장래처분에 의해서 청구인의 권한이 침해될 위험성이 있어서 청구인의 권한을 사전에 보호해 주어야 할 필요성이 매우 큰 예외적인 경우에는, 피청구인의 장래처분에 대해서도 권한쟁의심판을 청구할 수 있다.

3) 권한의 침해 또는 현저한 침해위험의 가능성

권한쟁의심판을 청구하려면, 피청구인의 처분 또는 부작위로 인해 청구인의 권한이 침해되었거나 현저한 침해의 위험성이 존재하여야 한다(헌재법 제61조 제2항).

가) 권한

권한쟁의심판은 국가기관 상호 간, 국가기관과 지방자치단체 간 및 지방자치단체 상호 간에 권한의 유무 또는 범위에 관하여 다툼이 있을 때 청구할 수 있는 것으로서(헌재법 제61조 제1항), 권한쟁의심판에서 다툼의 대상이 되는 권한이란 헌법 또는 법률이 특정한 국가기관 또는 지방자치단체에 대하여 부여한 독자적인 권능을 의미한다.

나) 침해 또는 현저한 침해위험의 가능성

'침해'는 과거에 발생하였거나 현재까지 지속되는 침해를 말한다. '현저한 침해위험'은 급박하게 조만간 권한침해에 이르게 될 개연성이 현저히 높은 상황을 이

164) 헌재 1997.7.16. 96헌라2, 판례집 9-2, 154 이하.
165) 헌재 2005.12.22. 2004헌라3, 판례집 17-2, 650 이하.

른다. 적법요건 단계에서의 '침해'요건은 청구인의 권한이 구체적으로 관련되어 침해가능성이 있다고 인정되는 경우에는 충족된다고 본다. 권한의 침해가 실제적으로 존재하고 위헌 내지 위법한지 여부는 본안심판에서 판단하게 된다.

다) 소극적 권한쟁의의 문제

소극적 권한쟁의를 인정할 수 있는지에 대하여는 논란이 있는데,[166] 만일 이를 인정하는 경우에는 이 요건을 완화하여 해석함을 요한다. 즉, '구체적인 권한침해나 그 가능성'에 이르지 않더라도 객관적 권한질서의 침해 또는 그 우려가 있으면 이 요건은 충족하는 것으로 볼 수 있다.

4) 청구기간

권한쟁의심판의 청구는 그 사유가 있음을 '안 날'로부터 60일 이내, 그 사유가 '있은 날'로부터 180일 이내에 하여야 한다(헌재법 제63조 제1항). 이 청구기간은 불변기간이다(헌재법 제63조 제2항). 처분의 경우에는 처분행위가 있는 때 권한침해 행위는 종료하고 그 위법상태가 계속될 수 있음에 비하여, 부작위의 경우에는 부작위가 계속되는 한 권한침해가 계속된다. 따라서 부작위에 대한 권한쟁의심판은 그 부작위가 계속되는 한 기간의 제약 없이 적법하게 청구할 수 있다.

5) 권리보호이익(심판의 이익)과 헌법적 해명의 필요성

권한쟁의심판도 그 제도의 목적상 권리보호의 이익이 있는 경우에 비로소 이를 제기할 수 있다. 즉, 권리보호의 이익이 없는 권한쟁의심판청구는 부적법하여 각하를 면할 수 없다. 그러나 헌법재판소는 헌법소원심판과 마찬가지로 권한쟁의심판도 주관적 권리구제뿐만 아니라 객관적인 헌법질서 보장의 기능도 겸하고 있으므로, 청구인에 대한 권한침해 상태가 이미 종료하여 이를 취소할 여지가 없어졌다 하더라도 같은 유형의 침해행위가 앞으로도 반복될 위험이 있고, 헌법질서의 수호·유지를 위하여 그에 대한 헌법적 해명이 긴요한 사항에 대하여는 심판청구의 이익을 인정할 수 있다고 보고 있다.

---

166) 이를 인정해야 한다는 견해로 전광석(한국헌법론), 827면. 한편, 소극적 권한쟁의는 지방자치단체에 의한 항고소송 등의 제기가 불가능한 경우이면서 권한의 존부에 대한 결정이 자치권 등에 직접적인 영향을 미칠 때에 한하여 매우 제한적으로 인정할 수 있을 것이라는 견해로 홍기태, 헌법실무연구회 제39회 발표회(2003.7.11) 지정토론문, 헌법실무연구 제4권, 박영사, 2003, 474면. 이에 대한 헌법재판소의 입장 및 그에 대한 학계의 견해에 대하여는 김현철(판례), 521-523면 참조.

6) 제3자 소송담당의 문제[167]

가) 부인론 (헌법재판소의 다수의견)

'제3자 소송담당'이란 권리주체가 아닌 제3자가 자신의 이름으로 권리주체를 위하여 소송을 수행할 수 있는 권능이다. 권리는 원칙적으로 권리주체가 주장하여 소송수행을 하도록 하는 것이 자기책임의 원칙에 부합하므로, '제3자 소송담당'은 예외적으로 **법률의 규정이 있는 경우**에만 인정된다. 그런데 권한쟁의심판에 있어 헌재법 제61조의 규정에 따르면, 권한쟁의심판의 청구인은 청구인의 권한침해만을 주장할 수 있도록 하고 있다. 즉, 국가기관의 부분기관이 자신의 이름으로 소속기관의 권한을 주장할 수 있는 '제3자 소송담당'의 가능성을 명시적으로 규정하고 있지 않다.[168]

그러므로 예컨대, 국회의 의사가 다수결에 의하여 결정되었음에도 다수결의 결과에 반대하는 소수의 국회의원에게 권한쟁의심판을 청구할 수 있게 하는 것은 **다수결의 원리**와 **의회주의**의 본질에 어긋날 뿐만 아니라, 국가기관이 기관 내부에서 민주적인 방법으로 토론과 대화에 의하여 기관의 의사를 결정하려는 노력 대신 모든 문제를 사법적 수단에 의해 해결하려는 방향으로 남용될 우려도 있다. 따라서 권한쟁의심판에 있어 '제3자 소송담당'을 허용하는 법률의 규정이 없는 현행법 체계 하에서 국회의 구성원인 청구인들은 국회의 조약에 대한 체결·비준 동의권의 침해를 주장하는 권한쟁의심판을 청구할 수 없다.

나) 긍정론 (헌법재판소의 소수의견)

오늘날 정부와 국회의 권력이 다수당을 중심으로 형성되는 현대의 정당국가적 권력분립구조 하에서는 의회와 행정부가 정당을 통하여 융화되는 현상을 보이고 있고, 그에 따라 의회의 대(對)정부 견제기능이 약화되는 부작용이 초래되기도 한다. 그리하여 고전적 권력분립의 원칙을 의회 내에서의 여당과 야당 간의 기능적 권력분립이론을 통해 보완하여야 한다는 실질적·기능적 권력분립이론이 주장되고 있다. 그와 같은 실질적 권력분립이론은 헌법이 지향하는 소수자보호의 이념에 부합하는 것이기도 하다. 정부와 의회가 다수당에 의해 지배되는 경우, 의회의 헌법상 권한이 행정부에 의해 침해되었거나 침해될 위험에 처하였음에도 불구하고 의

167) 헌재 2007.7.26. 2005헌라8, 판례집 19-2, 26 이하; 헌재 2015.11.26. 2013헌라3, 공보 230, 1742 이하 참조.

168) 이에 반해 권한쟁의심판에 있어 '제3자 소송담당'을 허용하고 있는 독일은 연방헌법재판소법(§64①)에 부분기관이 그가 소속된 기관을 위하여 권한쟁의심판을 청구할 수 있도록 명문의 규정을 두고 있다.

회의 다수파 또는 특정 안건에 관한 다수세력이 그에 대한 방어를 제대로 하지 않는 상황이 초래될 수 있다. 다수파나 다수세력이 의회의 권한을 수호하기 위한 권한쟁의심판 등 견제수단을 취하지 않음으로써 헌법이 명령하는 권력의 견제기능을 제대로 수행하지 않는 현상이 나타날 수 있는 것이다. 이와 같이 의회의 헌법적 권한이 제대로 수호되지 못하고 헌법의 권력분립 질서가 왜곡되는 상황 하에서는, 의회 내 소수파 의원들의 권능을 보호하는 것을 통하여 궁극적으로는 의회의 헌법적 권한을 수호하기 위하여, 그들에게 일정한 요건 하에 국회를 대신하여 국회의 권한침해를 다툴 수 있도록 하는 법적 지위를 인정할 필요가 있고, 그 구체적 방안으로서 '제3자 소송담당'을 인정할 필요가 있다.

한편, 헌재법이 제40조에서 '헌재법에 특별한 규정이 있는 경우를 제외하고는 민사, 형사 또는 행정소송에 관한 법령을 준용'하도록 규정하면서, 다시 '헌법재판의 성질에 반하지 아니하는 한도 내에서'라고 단서를 달고 있는 것은, 헌재법이 완결적이지 못함을 스스로 인정하고, 나아가 헌법재판 또는 헌법소송이 여타의 소송과는 다른 특성과 특질을 가지고 있다는 것을 표명한 것이다. 이에 비추어 볼 때, 헌법재판 또는 헌법소송에 관하여는 헌법재판소가 헌법의 원리와 지도정신에 의거한 **창조적 법형성으로 법적 흠결을 보완**해 나갈 여지가 주어져 있고, 또한 그것이 예정되어 있는 것이라고 보아야 할 것이다. 따라서 "의회의 대정부 견제기능의 정상적 작동을 전제로 한 헌법상의 권력분립이 명목적 원리로 전락하는 예외적 상황에서", 헌법재판소가 **실질적 권력분립원칙**과 **소수자보호**라는 헌법의 정신에 따라 '제3자 소송담당'을 허용할 것인지 여부 및 어떤 범위와 요건 하에서 허용할 것인지를 결정해 나감으로써 헌재법에 내재된 입법적 흠결을 스스로 보완하는 것은 법적으로 금지되는 것이 아니라, 오히려 요청되는 바라 할 것이다.

다. 본안에 대한 주장

권한쟁의심판의 본안은 위에서 살핀 인용결정의 유형에서 보듯이 다양한 형태를 띨 수 있다. 따라서 심판대상과 결정주문에 상응하는 결론에 이르도록 논증하도록 한다.

6. 첨부서류 및 말미 부분

첨부서류는 기록형 문제에 첨부된 서류 중 위 적법요건이나 본안에 관한 주장의 논거를 뒷받침할 수 있는 서류를 골라 기재한다. 또한 심판청구서 작성일자 및 청구인의 대리인 표시를 정확히 기재하도록 한다. 권한쟁의심판청구의 수신처도 헌법재판소가 된다.

제2항 권한쟁의심판청구서의 문제와 예시문

문 제[169)]

홍길동은 여당인 A당 소속 국회의원으로서 국회 보건복지위원회 상임위원으로 활동하였다. 여야 합의로 2012.2.8. 법률 제12345호로 개정된 국민건강보험법 제33조 제2항 및 부칙 제10조에 의하면 건강보험의 직장가입자와 지역가입자의 재정을 2018.1.1.부터 통합하기로 되어 있었는데, A당은 이와 같은 건강보험재정 통합방안에 반대하여 '재정분리'안을 당론으로 결정한 후 이를 2014년 12월 정기국회에서 통과시킨다는 방침을 정하였다. 홍길동은 평소 건강보험재정문제와 관련하여 '재정통합'이 올바른 길이라는 소신을 가지고 있었는바, A당 지도부는 보건복지위원회 소속 A당 위원 중 유일하게 당론에 반대하고 있는 홍길동을 동 위원회에서 강제로 사임시켜서라도 당론을 관철하고자 하였다. 그리하여 제300회 국회(임시회) 보건복지위원회 제3차 회의가 예정되어 있던 2014.12.24. A당의 교섭단체대표의원인 乙은 국회의장에게 홍길동을 보건복지위원회에서 사임시키고 홍길동 대신 같은 당 소속으로서 환경노동위원회 위원인 丙 의원의 보임을 요청하는 서류를 제출하였고, 당일 국회의장이 이 서류에 결재함으로써 그 결과 홍길동은 위 위원회에서 강제 사임되고 위 丙 의원이 보임된 후 "건강보험재정분리법안"의 심의·표결이 이루어졌다. 한편, 국회의장의 이 사건 사·보임행위 당시 보건복지위원회의 구성을 보면 홍길동이 소속된 A당 의원이 8명, 야당인 B당 및 C당 소속 의원이 7명이었고 이들 야당 소속 의원 7명은 전원 건강보험재정통합에 찬성하고 있었다.

이에 홍길동은 위와 같이 국회의장이 A당 교섭단체대표의원이 제출한 사·보임 요청서에 결재함으로써 자신을 국회 보건복지위원회에서 강제 사임시킨 행위로 말미암아 자신의 국회의원으로서의 법률안 심의·표결권 및 동 위원회의 상임위원으로서 2년의 임기 동안 활동할 수 있는 권한이 침해되었다고 주장하면서, 그 권한침해의 확인을 구하는 권한쟁의심판을 청구하고자 변호사 김신뢰를 선임하였다. 변호사 김신뢰의 입장에서, 홍길동을 위하여 권한쟁의심판청구서를 작성하

169) 이 문제는 헌재 2003.10.30. 2002헌라1 [8(기각):1(인용) - 기각] 결정을 기록형 문제로 변형시킨 것이다. 그 밖에 2014년 10월 시행된 2014년도 제3회 변호사시험 모의시험 공법 사례형 문제 중 <제1문> 참조.

시오. [동 청구서의 작성일 및 제출일은 2015.2.14.로 할 것]

[참조 법령]

국회법(2014.2.16. 법률 제16266호로 개정된 것) 제39조(상임위원회의 위원) ①의원은 2 이상의 상임위원회의 위원(이하 "상임위원"이라 한다)이 된다.

제40조(상임위원의 임기) ①상임위원의 임기는 2년으로 한다. 다만, 국회의원 총선거 후 처음 선임된 위원의 임기는 그 선임된 날부터 개시하여 의원의 임기개시 후 2년이 되는 날까지로 한다.

제48조(위원의 선임 및 개선) ①상임위원은 교섭단체 소속 의원수의 비율에 의하여 각 교섭단체대표의원의 요청으로 의장이 선임 및 개선한다. (이하 생략)
⑦의장 및 교섭단체대표의원은 의원을 상임위원회의 위원으로 선임하는 것이 공정을 기할 수 없는 현저한 사유가 있다고 인정하는 때에는 해당 상임위원회의 위원으로 선임하거나 선임을 요청하여서는 아니 된다.

권한쟁의심판청구서

청 구 인　국회의원 홍 길 동
서울 영등포구 의사당대로 1, 의원회관 333호
대리인 변호사 김 신 뢰

피청구인　국회의장

청 구 취 지

"피청구인이 2014.12.24. A당의 교섭단체대표의원 乙이 제출한, 청구인을 보건복지위원회에서 사임시키고 청구인 대신 같은 당 소속 丙 의원의 보임을 요청하는 서류에 결재함으로써 청구인을 국회 보건복지위원회에서 강제 사임시킨 행위는 청구인의 국회의원으로서의 법률안 심의·표결권 및 보건복지위원회의 상임위원으로서 2년의 임기 동안 활동할 수 있는 청구인의 권한을 침해한 것이다." 라는 결정을 구합니다.

침해된 청구인의 권한

국회의원으로서의 법률안 심의·표결권 및 보건복지위원회의 상임위원으로서 2년의 임기 동안 활동할 수 있는 권한[170)]

침해의 원인이 되는 피청구인의 처분 또는 부작위

피청구인이 2014.12.24. A당의 교섭단체대표의원 乙이 제출한, 청구인을 보건복지위원회에서 사임시키고 청구인 대신 같은 당 소속 丙 의원의 보임을 요청하는 서류에 결재함으로써 청구인을 국회 보건복지위원회에서 강제 사임시킨 행위

청 구 이 유

Ⅰ. 쟁점의 정리

이 사안에서는 권한쟁의심판청구로서의 적법요건을 갖추었는지 여부와 피청구인의 위 사·보임행위로 말미암아 국회의원인 청구인의 법률안 심의·표결권 및

170) 참고로 위 헌재 2003.10.30. 2002헌라1 결정의 다수의견은 국회의원으로서의 법률안 심의·표결권만을 언급하였다.

보건복지위원회의 상임위원으로서 2년의 임기 동안 활동할 수 있는 권한이 침해되었는지 여부가 쟁점이라고 할 수 있습니다.

Ⅱ. 적법요건의 구비여부

1. 당사자능력

헌법재판소는 처음에 국회의원의 당사자능력을 부인하였으나 1997.7.16. 선고한 96헌라2 국회의원과 국회의장간의 권한쟁의 사건에서 국회의원과 국회의장을 헌법 제111조 제1항 제4호 소정의 '국가기관'에 해당하는 것으로 해석하고 이들의 당사자능력을 인정한 바 있으며, 이러한 입장은 2000.2.24. 선고한 99헌라1 국회의원과 국회의장간의 권한쟁의 사건 및 그 이후의 사건에서도 이어지고 있습니다. 따라서 이 사건의 청구인과 피청구인은 권한쟁의심판의 당사자가 될 수 있는 능력이 있습니다.

2. 피청구인의 행위가 권한쟁의심판의 대상이 될 수 있는지 여부

국회는 국민의 대표기관이자 입법기관으로서 폭넓은 자율권을 가지고 있습니다. 그러나 이 사건은 국회의장인 피청구인이 국회의원인 청구인의 헌법 및 법률상 보장된 법률안 심의·표결권 및 보건복지위원회의 상임위원으로서 2년의 임기 동안 활동할 수 있는 권한을 침해하였다는 이유로 권한쟁의심판이 청구된 사건이므로, 피청구인의 이 사건 사·보임행위는 헌법재판소가 심사할 수 없는 국회내부의 자율에 관한 문제라고 할 수 없습니다.[171)]

한편, 이 사건에서 피청구인은 2014.12.24. A당 교섭단체대표의원이 요청한, 같은 A당 의원으로서 국회 보건복지위원회 소속이던 청구인과 환경노동위원회 소속이던 위 丙을 서로 맞바꾸는 내용의 상임위원회 위원 사·보임 요청서에 결재를 하였고, 이는 국회법 제48조 제1항에 규정된 바와 같이 교섭단체대표의원의 요청에 따른 상임위원 개선행위입니다. 위와 같은 피청구인의 개선행위에 따라 청구인은 같은 날부터 보건복지위원회에서 사임되고, 위 丙 의원이 동 위원회에 보임되었습니다. 따라서 청구인의 상임위원 신분의 변경을 가져온 피청구인의 이 사건 사·보임 결재행위는 권한쟁의심판의 대상이 되는 처분이라고 할 것입니다.

3. 헌법 또는 법률에 의하여 부여받은 권한의 침해

청구인이 주장하는 국회의원의 법률안 심의·표결권 및 보건복지위원회의 상임

171) 헌재 1997.7.16. 96헌라2 결정 참조.

위원으로서 2년의 임기 동안 활동할 수 있는 권한은 헌법 제41조 제1항에 따라 국민의 선거에 의하여 선출된 헌법상의 국가기관으로서 헌법과 법률(국회법 제40조 참조)에 의하여 부여받은 독자적인 권한임이 틀림없습니다.[172] 청구인은 피청구인의 이 사건 사·보임행위로 말미암아 2014.12.24. 열린 제300회 국회(임시회) 보건복지위원회 제3차 회의 때부터 보건복지위원회의 상임위원으로서 2년의 임기 동안 활동할 수 있는 권한과 법률안, 특히 이 사건 건강보험재정분리법안에 대한 심의·표결권을 행사하지 못하게 되었으므로 일응 이러한 권한침해의 개연성을 인정할 수 있다고 할 것입니다.

4. 청구기간

권한쟁의심판의 청구는 그 사유가 있음을 '안 날'로부터 60일 이내, 그 사유가 '있은 날'로부터 180일 이내에 하여야 합니다(헌재법 제63조 제1항). 사안에서 피청구인의 이 사건 사·보임 행위는 2014.12.24. 있었고, 이 사건 심판청구는 그 때로부터 60일 이내인 2015.2.14. 제기하는 것이므로 청구기간을 준수하였습니다.

5. 소결

이상 살펴본 바와 같이 사건 심판청구는 권한쟁의심판의 적법요건을 모두 준수하였습니다.

Ⅲ. 피청구인의 위 사·보임행위에 의한 청구인의 권한의 침해

1. 정당국가 현상과 자유위임 원리

종래 자유주의적 대의제 민주주의는 정당국가의 발전과 더불어 획기적인 변화를 맞은 것이 사실입니다. 이러한 정당국가현상은 미국과 같이 예외적인 경우도 있지만 현대국가의 일반적 경향입니다. 그리하여 정치적 중심이 '의회'로부터 '정당'으로 점차 이행하고 있고 이에 따라 국회의원의 지위도 변화하고 있음을 부인할 수 없습니다. 즉, 원래 대의제 민주주의에 있어 국회의원은 국민전체의 대표자를 의미하였으며 자유위임의 원리에 따라 어느 누구의 지시나 구속도 받지 않고 자신의 판단에 따라 독자적으로 행동하였으나 정당국가의 발전에 따라 국회의원은 특정 정당의 당원으로서 사실상 소속정당의 규율과 지시·통제에 구

172) 헌재 1997.7.16. 96헌라2 결정 참조.

속되고 그 정당의 의사를 대변하지 않을 수 없게 되었다는 것입니다. 이러한 현상은 우리나라의 경우도 예외는 아닙니다.

그러나 우리 헌법 제40조(입법권), 제41조 제1항(국회의원의 보통·평등·직접·비밀선거), 제66조 제4항(행정권), 제67조 제1항(대통령의 보통·평등·직접·비밀선거), 제101조 제1항(사법권), 공무원은 국민전체에 대한 봉사자라고 규정한 제7조 제1항, 국회의원에 대한 특권 및 의무를 규정한 제44조(불체포특권), 제45조(면책특권), 제46조 제2항(국가이익을 우선하고 양심에 따른 직무수행의무) 등의 규정을 고려할 때, 우리 헌법은 기본적으로 대의제 민주주의에 기초하고 있다고 보아야 하고 또한 국회의원의 국민전체대표성과 자유위임관계를 인정하는 것을 원칙으로 삼고 있다고 할 것입니다.[173]

오늘날 대의제 민주주의에 있어서 국회의원의 국민대표성이 정당국가적 현실에 의하여 사실상 변질되고 의원의 정당에의 예속이 일반적인 경향이라고 하더라도, 이러한 현상이 헌법규범상의 대의제 민주주의를 보충하는 현실의 한 모습에 그치는 정도를 넘어서서, 대의제 민주주의 원리를 부정하고 그 틀을 뛰어넘는 원칙의 변화를 의미한다면 이것은 결단코 용납될 수 없습니다. 근대 민주주의의 역사를 살펴보더라도 민주주의는 국회의원을 "국민의 대표"로 간주하는 대의제 민주주의를 그 핵심적 기본원리로 삼아 출발한 것이었고, 다만 투표권의 확대로 민주주의가 대중적 민주주의로 변모하면서 민주주의의 효율성을 높이는 하나의 유용한 장치로서의 정당의 역할이 긍정되어 정당국가적 민주주의가 받아들여지게 된 것일 뿐, 민주주의의 핵심적 기본원리로서의 대의제 민주주의 자체가 폐기된 것은 결코 아니기 때문입니다.

그러므로 대표적으로 이 사안과 같이 양자의 이념이 충돌하는 경우에는 자유위임을 근본으로 하는 대의제 민주주의 원리를 우선시켜야만 합니다. 특히 국회 본래의 사명인 입법을 위한 심의·표결에 관한 한, 본회의에 있어서든 상임위원회에 있어서든, 국회의원이 양심에 따라 독립하여 표결하는 권한은 불가침, 불가양의 권한이라 할 것인데 이러한 불가침의 권한을 보장하는 것이 바로 대의제 민주주의에 따른 자유위임의 원리라고 할 것입니다.

---

173) 헌법재판소도 "헌법 제7조 제1항의 '공무원은 국민전체에 대한 봉사자이며 국민에 대해 책임을 진다'는 규정, 제45조의 '국회의원은 국회에서 직무상 행한 발언과 표결에 관하여 국회 외에서 책임을 지지 아니한다'는 규정 및 제46조 제2항의 '국회의원은 국가이익을 우선하여 양심에 따라 직무를 행한다'는 규정들을 종합하여 볼 때, 헌법은 국회의원을 자유위임의 원칙하에 두었다."라고 판시한 바 있다. [헌재 1994.4.28. 92헌마153 결정 참조]

2. 사안의 경우

피청구인의 이 사건 사·보임행위 당시 보건복지위원회의 구성을 보면 청구인이 소속된 A당 의원이 8명, 야당인 B당 및 C당 소속 의원이 7명이어서 청구인의 1표는 의결의 정족수(과반수)를 결정하는 캐스팅보트(casting vote)의 역할을 할 수 있었습니다. 그런데 제300회 국회(임시회) 보건복지위원회 제3차 회의가 예정되어 있던 2014.12.24. A당의 교섭단체대표의원인 乙은, A당의 당론인 건강보험재정분리법안을 유일하게 반대하던 청구인을 동 위원회에서 배제하기 위하여, 청구인을 보건복지위원회에서 사임시키고 청구인 대신 같은 당 소속 丙 의원의 보임을 요청하는 서류를 피청구인에게 제출하였고, 피청구인이 이 서류에 결재함으로써 그 결과 청구인은 동 위원회에서 강제로 사임되고 위 丙 의원이 보임된 후 같은 날 보건복지위원회에서 A당의 당론대로 "건강보험재정분리법안"의 심의·표결이 이루어졌던 것입니다.

따라서 A당 교섭단체대표의원의 요청에 따른 피청구인의 이 사건 사·보임행위는 우선 국민의 대표인 국회의원으로서 상임위원회에서 '건강보험의 재정통합' 여부라는 중요한 쟁점, 즉 국민건강보험법중개정법률안에 관한 심의·표결 권한을 침해하였음이 명백합니다. 국회의원은 한 정당의 대표만이 아니므로 전체국민의 이익을 희생시키지 않는 범위 내에서만 소속정당의 정책과 결정에 기속된다고 보아야 하고, 따라서 이 사건의 경우 '정당기속' 내지 '교섭단체기속'보다는 "자유위임관계"가 우선하는 효력이 있다고 보아야 하기 때문입니다.

또한, 국회법 제48조는 상임위원의 '개선'은 교섭단체대표의원의 요청이 있는 경우 국회의장이 이를 할 수 있는 것으로 규정하고 있고 그 외 특별한 요건을 규정하지 않고 있으나, 그렇다고 하더라도 일반적이고 내재적인 한계는 법률해석상 당연히 있다고 보아야 합니다. 물론, 국민의 정치활동의 자유 및 정당의 단체자치는 존중되어야 하고 정당이 정당으로서 충분히 기능하기 위하여는 구성원간의 이념적 용해점이 존재해야 하므로 내부에서의 분쟁처리를 자율적으로 행할 필요가 있고, 또한 교섭단체대표의원 등 정당간부들이 상임위원회 위원의 "선임 내지는 배정" 문제에 관하여 소속의원들의 의견을 조율할 필요성이 있다는 점은 수긍할 수 있는 일입니다. 그러나 일단 상임위원회의 위원으로 배정되었다면 법이 보장하는 임기 동안에는 본인의 의사에 반하여 강제로 상임위원회에서 배제할 수는 없다고 보아야 합니다. 즉, 국회의원은 2 이상의 상임위원회의 위원이 되고(국회법 제39조 제1항) 상임위원회 위원의 임기는 2년이므로(동법 제40조 제1항),

청구인의 경우 보건복지위원회의 상임위원으로 배정되었기 때문에 특별한 사정이 없는 한 2년 동안은 동 위원회의 위원으로 활동할 수 있는 권한이 주어진 것이라고 해석해야 마땅합니다.

따라서 본인이 계속 동 위원회에서 활동하기를 원하고 있다면 국회법 제48조 제7항과 같은 사유, 즉 "의원이 기업체 또는 단체의 임·직원 등 다른 직을 겸하게 되어 그 직과 직접적인 이해관계를 가지는 상임위원회의 위원으로 계속 활동하는 것이 공정을 기할 수 없는 현저한 사유가 있다고 인정하는 때"나 기타 "그 위원회와 관련하여 위법하거나 부당한 행위를 한 사실이 인정되는 경우"가 아닌 한 본인의 의사에 반하여 강제로 위원회에서 사임시킬 수는 없다고 보아야 할 것입니다.

3. 소결

이상 살펴본 바와 같이 피청구인이 청구인을 보건복지위원회에서 강제로 사임시킨 것은 헌법과 국회법이 청구인에게 보장한 법률안에 대한 심의·표결 권한을 침해하고, 또한 국회법 제40조가 규정하는바 2년의 임기 동안 보건복지위원회의 상임위원으로 활동할 수 있는 권한을 역시 침해한 것이라고 할 것입니다.

Ⅳ. 결론

이상 살펴본 바와 같이 이 사건 권한쟁의심판청구는 적법요건을 갖추었고, 피청구인의 이 사건 사·보임 행위는 국회의원인 청구인의 권한을 침해한 것이므로 청구취지와 같은 결정을 내려주시기를 바랍니다.

첨 부 서 류

1. (생략)
1. (생략)
1. (생략)
1. (생략)
1. 대리인선임서 및 담당변호사지정서

2015. 2. 14.

청구인들 대리인 변호사 김 신 뢰 (인)

헌법재판소 귀중

제6절 가처분신청서의 작성

제1항 가처분신청서의 기재사항

Ⅰ. 신청방식

가처분의 신청 및 가처분신청의 취하는 서면으로 하여야 하는데, 다만 가처분신청의 취하는 변론기일 또는 심문기일에서 말로도 할 수 있다(헌법재판소 심판규칙 제50조 제1항). 가처분신청서에는 신청의 취지와 이유를 기재하여야 하며, 주장을 소명하기 위한 증거나 자료를 첨부하여야 한다(위 심판규칙 제50조 제2항).

Ⅱ. 가처분신청서의 기재사항

1. 모두 부분

모두 부분에 기재할 내용으로는 신청인(대리인 포함) 및 피신청인, 그리고 본안사건이 있다.

가. 신청인[174)]

신청인의 이름과 주소를 기재한다. 대리인이 변호사 개인인 경우는 (줄을 바꾸어) "대리인 변호사 ○○○"라고 기재하고, 법인인 경우에는 (줄을 바꾸어) "대리인 법무법인 ◇◇ (다시 줄을 바꾸어) 담당변호사 ○○○"라고 기재한다.

신청인의 수가 많을 경우 예를 들어 "홍길동 외 50인"이라고 기재하고 뒤에 "[별지 신청인명단과 같음]"이라고 표기한다. 대리인은 위와 같이 기재한다. 다만, 신청인이 복수이므로 '신청인들의 대리인'이라고 표기한 후에 구체적인 대리인을 기재한다.

나. 피신청인

가처분의 대상이 법령의 효력정지라면 피신청인은 없다. 그러나 어떤 공권력행사의 효력정지를 대상으로 한다면 당해 공권력을 행사한 자가 피신청인이 된다.

---

174) 여기의 신청권자에는 본안재판의 심판참가인은 포함되지만 심판절차에서 의견진술권만을 가진 이해관계인은 포함되지 아니한다.

피신청인은 본안사건의 피청구인과 일치하는 것이 보통이나 다른 경우도 있을 수 있다.[175)]

다. 본안사건

가처분 신청사건의 전제가 된 것으로서 헌법재판소에 계속 중인 사건을 말한다. 본안사건의 심판청구와 가처분신청을 동시에 접수하는 경우에는 본안사건의 사건번호[176)] 중 일련번호는 공란으로 둘 수밖에 없을 것이다.

2. 신청취지

신청사건에 대한 헌법재판소의 인용결정, 즉 주문에 해당하는 내용을 기재한다. 헌법재판소의 실무는 대부분 본안사건의 심판대상인 '법령' 또는 '피신청인의 처분'의 효력정지에 대한 것이다.

3. 신청이유

가. 본안사건의 개요

보통 가처분신청서에는 신청이유로서 먼저 본안사건의 개요를 기재한다.

나. 적법요건의 구비여부

1) 당사자능력 및 당사자적격

가처분신청을 하려면 당사자능력이 있어야 함은 물론 본안인 헌법재판의 당사자적격이 있어야 한다. 다만, 국무총리서리 임명행위의 효력정지 및 직무집행정지 가처분사건(헌재 1998.7.14. 98헌사31)에서 보듯이 본안(헌재 1998.7.14. 98헌라1)의 피청구인(대통령)과 가처분의 피신청인(대통령 및 자연인 김종필)이 같지 아니할 수도 있다.

2) 관할 및 신청기간 : 본안심판과의 관계

가처분신청을 하기 위해서는 본안심판 사건이 헌법재판소의 관할에 속하여야 한다. 그리고 가처분신청은 본안심판이 헌법재판소에 계속 중일 때 할 수 있음이 원칙이지만, 본안심판이 계속되기 전이라 하더라도[177)] 신청할 수 있다고 보아야 한다. 만일 본안심판 계속 중에만 가처분신청을 할 수 있다고 한다면 가처분제도의 실효성을 감소시킬 우려가 있기 때문이다.[178)] 본안심판이 종결된 후에 제기된 가처분신

175) 아래 나. 가처분신청의 적법요건의 1) 참조.
176) 사건번호는 접수년도, 사건부호, 일련번호로 구성되어 있다.
177) 이 경우에는 본안심판의 청구기간을 경과하지 않아야 한다.

청은 부적법하며, 본안심판절차가 충분하게 진행되어 본안결정을 내릴 수 있는 정도에 이른 시점에서의 가처분신청은 본안심판의 결정과 함께 기각될 것이다.

3) 권리보호이익

①본안에 관한 결정이 적시에 선고될 수 있는 경우에는 권리보호이익이 인정되지 않는다. 또 ②본안심판사건이 법적으로 아직 성숙되지 아니하였음에도 미리 신청하였거나, ③다른 방법으로 가처분신청의 목적을 달성할 수 있는 경우에도 마찬가지로 권리보호이익이 없다고 본다. ④본안심판청구가 부적법하거나 이유없음이 명백한 경우에는 가처분신청은 권리보호이익이 없어 부적법하게 된다.

4) 기타

가처분절차에도 변호사 강제주의(헌재법 제25조 제3항)가 적용된다. 또한 일사부재리원칙(헌재법 제39조)이 적용되기 때문에 가처분신청이 각하되거나 기각된 후 아무런 사정변경이 없음에도 동일한 사유로 가처분신청을 하는 것은 허용되지 않는다.

다. 가처분의 필요성 (가처분의 인용요건)

행정소송법 제23조 제2항과 민사집행법 제300조 제2항을 고려해 볼 때 가처분의 인용요건, 즉 가처분 사유는 다음과 같다.

1) 중대한 불이익의 방지

여기서 중대한 불이익은 침해행위 (본안소송의 소송물)가 위헌으로 결정될 경우 신청인이나 공공복리에 발생하게 될 회복하기 어려운 현저한 손해 또는 회복이 가능하다고 해도 중대한 불이익을 피할 수 없는 경우를 말한다.[179]

2) 긴급성

가처분신청은 본안심판결정이 중대한 손실을 방지하기에 적절한 시간 내에 내려질 것을 기대할 수 없을 때에만 인용될 수 있다. 다시 말하면, 가처분으로 규율하고자 하는 현상이 이미 발생하였거나 시간적으로 매우 근접해 있음을 요한다.

3) 이익형량

가처분결정을 위해서는 가처분신청을 인용할 경우 후에 본안심판이 기각되었을

178) 다만, 권한쟁의심판의 경우 가처분신청은 권한쟁의심판의 청구와 동시에 할 수는 있지만 동 심판청구 전에는 권한쟁의의 내용이 정해지지 않은 가처분은 성립할 수도 없고 무의미하기 때문에 가처분신청을 할 수 없다고 보아야 한다는 견해로 허영(소송법론), 334면 참조.

179) 허영, 헌법소송법론, 박영사, 2014, 188면.

때 발생하게 될 불이익과, 가처분신청을 기각할 경우 후에 본안심판이 인용되었을 때 발생하게 될 불이익을 형량하여 그 불이익이 적은 쪽을 선택하여야 한다.[180)]

4. 기타

가처분신청의 결론, 첨부서류, 작성일, 신청인(대리인) 표시, 수신처(헌법재판소 귀중) 등을 기재한다.

제2항 가처분신청서의 문제와 예시문

문 제[181)]

홍길동 등 야당 소속 국회의원들은 '신문 등의 자유와 기능보장에 관한 법률 전부개정법률안'과 '방송법 중 일부개정법률안'을 2009년 7월 22일 15:00경 개의된 제283회 국회임시회 제2차 본회의에서 의결하는 과정에서 '대리투표' 및 '일사부재의원칙 위반'을 들어, 국회의장을 상대로 '국회의원의 법률안 심의·표결권 침해' 및 '국회의장의 가결선포행위에 대한 무효확인'을 내용으로 하는 권한쟁의심판을 같은 달 23일에 헌법재판소에 청구하였다(2009헌라8로 접수되었다). 한편 청구인들은 위 가결선포된 법률안들이 정부로 이송되어 대통령이 서명·공포하기 이전에 위 가결선포행위에 대해 효력정지 가처분신청을 하고자 '법무법인 정의'를 대리인으로 선임하였고, 위 법무법인은 김진실을 담당변호사로 지정하였다. 위 법률안들이 공포되고 나면 설령 헌법재판소가 위 가결선포행위를 무효로 선언하는 결정을 선고하더라도, 위 법률들까지 무효로 되는지 여부가 문제된다. "자신에게 사용권한이 없는 투표단말기를 사용하여 투표한 행위"와 "투표가 종료되어 재적의원 과반수의 출석에 미달되어 부결이 확정되었음에도 재표결을 실시하여 그 결과에 따라 가결을 선포한" 사실관계 등을 고려하여, 대리인의 입장에서 청구인들을 위하여 가처분신청서를 작성하시오. [가처분신청서의 작성 및 제출일은 2009년 7월 25일로 함]

---

180) 독일 연방헌법재판소 판례상 인정되는 소위 이중가설이론(Doppelhypothese).

181) 이 문제는 헌재 2009.10.29. 2009헌라8등 [일부 권한침해 인정, 무효확인청구 기각] 결정 및 2011년도 시행 제53회 사법시험 제2차시험의 헌법문제를 가처분신청서를 작성하는 기록형 문제로 재구성한 것이다.

가처분신청서

신 청 인　국회의원 홍길동 외 129인 [별지 신청인 명단과 같음][182)]
　　　　　신청인들 대리인 법무법인 정의
　　　　　담당변호사　김 진 실
피신청인　국회의장
본안사건　2009헌라8　국회의원과 국회의장 간의 권한쟁의

신 청 취 지

"피신청인이 2009.7.22. 15:00경 개의된 제283회 국회임시회 제2차 본회의에서 '신문 등의 자유와 기능보장에 관한 법률 전부개정법률안'과 '방송법 중 일부개정법률안'을 가결선포한 행위의 효력은 헌법재판소 2009헌라8 권한쟁의심판청구사건에 대한 종국결정의 선고시까지 이를 정지한다." 라는 결정을 구합니다.

신 청 이 유

Ⅰ. 본안사건의 개요

피신청인은 2009년 7월 22일 15:00경 개의된 제283회 국회임시회 제2차 본회의에서 '신문 등의 자유와 기능보장에 관한 법률 전부개정법률안'과 '방송법 중 일부개정법률안'을 의결하는 과정에서 "자신에게 사용권한이 없는 투표단말기를 사용하여 투표한 행위"와 "투표가 종료되어 재적의원 과반수의 출석에 미달되어 부결이 확정되었음"에도 재표결을 실시하여 그 결과에 따라 가결을 선포하였습니다. 이에 신청인들은 위와 같은 '대리투표' 및 '일사부재의의 원칙 위반'을 들어, 피신청인을 상대로 '국회의원의 심의·표결권 침해' 및 '국회의장의 가결선포행위에 대한 무효확인'을 내용으로 하는 권한쟁의심판을 같은 달 23일에 헌법재판소에 청구하여 헌법재판소 2009헌라8호로 접수되었습니다.

182) 별지 신청인명단은 생략함.

Ⅱ. 적법요건의 구비여부

이 사건 가처분신청은 아래에서 보는 바와 같이 적법요건을 갖추었습니다.

1. 당사자능력 및 당사자적격

가처분신청을 하려면 본안인 헌법재판에서 당사자능력이 있어야 함은 물론 당사자적격도 있어야 하는바, 신청인들은 현직 국회의원들로서 위 본안소송인 헌법재판소 2009헌라8 권한쟁의심판 청구사건의 당사자능력이 인정될 뿐만 아니라[183] 피신청인의 위 가결선포 당시 국회본회의장에 있었던 야당 소속 국회의원으로서 동 가결선포 행위로 말미암아 위 법률안에 대한 심의·표결 권한이 침해된 당사자이므로 당사자적격도 인정됩니다.

2. 관할 및 신청기간

가처분신청을 하기 위해서는 본안심판 사건이 헌법재판소의 관할에 속하여야 하며, 본안심판이 종결된 후에 제기된 가처분신청은 부적법합니다. 위 본안사건인 헌법재판소 2009헌라8 사건은 국회의원과 국회의장 간의 권한쟁의심판 청구사건으로서 헌법재판소의 관할에 속함이 분명하며, 동 사건은 2009.7.23.에 제기되어 현재도 헌법재판소에 적법하게 계속 중입니다.

3. 권리보호이익

본안에 관한 결정이 적시에 선고될 수 있는 경우에는 권리보호이익이 인정되지 않고, 본안심판사건이 법적으로 아직 성숙되지 아니하였음에도 미리 신청하였거나, 다른 방법으로 가처분신청의 목적을 달성할 수 있는 경우에도 마찬가지로 권리보호이익이 없다고 보며, 본안심판청구가 부적법하거나 이유 없음이 명백한 경우에는 가처분신청은 권리보호이익이 없어 부적법합니다. 사안은 본안에 관한 결정이 적시에 선고될 수 있다거나 다른 방법으로 그 목적을 달성할 수 있다는 사정이 없으며, 본안심판사건의 사실관계는 이미 완료되어 성숙한 상태이고, 나아가 본안심판청구가 부적법하다거나 이유 없음이 명백한 경우가 아니므로 권리보호이익도 인정됩니다.

183) 헌재 1997.7.16. 96헌라2 결정 참조.

Ⅲ. 가처분의 필요성

이 사건은 아래에서 보는 바와 같이 가처분결정의 필요성이 인정되어 인용요건을 갖추었습니다.

1. 중대한 불이익의 방지

여기서 중대한 불이익은 '침해행위가 위헌으로 판명날 경우 발생하게 될 회복하기 어려운 현저한 손해 또는 회복 가능하지만 중대한 손해'를 말하는바, 사안에서 위와 같이 가결선포된 법률안들이 효력이 발생한 후에 나중에 헌법재판소에 의해 위 가결선포행위가 위헌이라는 결정이 내려질 경우에 이는 회복하기 어려운 현저한 손해가 될 것입니다.

2. 긴급성

가처분신청은 본안심판결정이 중대한 손실을 방지하기에 적절한 시간 내에 내려질 것을 기대할 수 없을 때에만 인용될 수 있습니다. 다시 말하면, 가처분으로 규율하고자 하는 현상이 이미 발생하였거나 시간적으로 매우 근접해 있음을 요합니다. 사안에서 위와 같이 가결선포된 법률안들은 특별한 사정이 없는 한 정부로 이송되어 대통령이 서명·공포하면 곧 효력이 발생할 것이 명백하므로 가처분으로 규율하고자 하는 현상이 시간적으로 매우 근접해 있습니다.

3. 이익형량

가처분결정을 위해서는 가처분신청을 **인용하고** 후에 본안심판이 기각되었을 때 발생하게 될 불이익과, 가처분신청을 **기각하고** 후에 본안심판이 인용되었을 때 발생하게 될 불이익을 형량하여 그 불이익이 적은 쪽을 선택하여야 합니다. 살피건대 이 사건 가처분신청을 인용한 후에 본안인 권한쟁의심판(2009헌라8)이 기각된다면 그 사이에 법률안의 효력이 정지되었다가 본안심판의 기각결정과 함께 그 효력이 발생하는 불이익에 그치는 반면에, 가처분신청을 기각하였으나 후에 본안심판에서 인용결정이 나는 경우 신청인들의 침해된 권한은 회복이 어려울 뿐만 아니라 동 법률안의 효력이 소급적으로 무효가 될 것이므로 그 혼란은 이루 말할 수 없을 것입니다. 따라서 이 사건 가처분신청은 이익형량의 요건을 갖추었습니다.

Ⅳ. 결론

이상 살펴본 바와 같이 이 사건 가처분신청은 그 적법요건 및 인용요건을 모두 갖추었으므로 신청취지와 같은 결정을 내려주시기를 바랍니다.

첨 부 서 류

1. 제283회 국회임시회 제2차 본회의 회의록
1. 대리투표 현장을 찍은 동영상
1. 목격자 진술서
1. 국회규칙(일사부재의 위반 관련)
1. 대리인 선임서 및 담당변호사 지정서

2009. 7. 25.

신청인들 대리인 법무법인 정의
담당변호사 김 진 실 (인)

헌법재판소 귀중

제7절 답변서(의견서)의 작성

제1항 답변서(의견서)의 기재사항

Ⅰ. 답변서(의견서)의 제출

청구서 또는 보정서면의 송달을 받은 피청구인은 헌법재판소에 답변서를 제출할 수 있으며, 답변서에는 심판청구의 취지와 이유에 대응하는 답변을 적는다(헌재법 제29조).

한편 헌재법은 위헌법률심판과 헌법소원심판절차에서 이른바 의견서제출제도를 규정하고 있다. 즉, 위헌법률심판사건이 접수되거나 규범통제형 헌법소원이 재판부에 심판회부된 경우에 당해 소송사건의 당사자 및 법무부장관은 헌법재판소에 법률의 위헌여부에 대한 의견서를 제출할 수 있고(헌재법 제44조, 제74조 제2항), 권리구제형 헌법소원의 경우에도 그 심판에 이해관계가 있는 국가기관 또는 공공단체와 법무부장관은 헌법재판소에 그 심판에 관한 의견서를 제출할 수 있다(헌재법 제74조 제1항).

Ⅱ. 답변서(의견서)의 기재사항

피청구인의 답변서나 이해관계기관의 의견서는 청구인의 주장에 대한 탄핵(반박)을 목적으로 한다. 그러므로 적법요건에 관한 답변(의견)에서는 청구인의 심판청구가 부적법함을 주장하고, 본안에 관한 답변(의견)에서는 "청구인의 심판청구가 설사 적법하다 하더라도 그 이유 없음"을 논증하여야 한다.

답변서(의견서)의 구성은 모두(冒頭)부분, 청구인의 주장요지, 적법요건에 대한 답변(의견), 본안에 대한 의견, 결론, 첨부서류, 제출날짜, 작성인(대리인), 수신처 등이다.[184)]

184) 자세한 내용은 후술하는 예시문 참조.

제2항 답변서(의견서)의 문제와 예시문

문 제[185)]

홍길동은 거주지인 서울 종로구에서 '대박 컴퓨터 게임장'을 운영하고 있다. 홍길동의 컴퓨터 게임장에는 같은 그림이 나오면 점수를 얻는 식으로 게임을 하는 '트로피'라는 게임물이 설치되어 있다. 게임물 '트로피'는 램프식과 릴식의 두 가지 종류가 있고, 두 가지는 외관상 분명하게 차이가 있어 쉽게 구별되는데, 릴식은 램프식 보다 사행성이 훨씬 농후하다. 문화체육관광부장관은 게임물 제작업자가 '트로피' 게임물을 램프식으로 검사받은 다음 이와는 전혀 다른 형태의 릴식 게임기로 불법 개조하여 유통하고 있다는 통보를 받고 2013.1.2. 각 시·도지사 및 시장·군수·구청장에 대하여 릴식 트로피 게임물을 같은 해 2.28.까지 자진하여 폐기하도록 조치하고, 위 일시 이후부터는 '게임산업 진흥에 관한 법률'(2011.12.31. 법률 제6473호, 이하 '게임법') 제38조 제3항 제1호의 규정에 의하여 위 게임기의 기판을 수거·폐기하도록 조치하라는 내용의 지시를 하였다. 이에 따라 종로구청장은 2013.3.5. 그 소속 공무원으로 하여금 홍길동 경영의 위 게임장을 단속하게 하여 그곳에 있던 동인 소유의 여러 게임물 중에 릴식 트로피 게임물 기판 7대를 등급분류를 받지 아니하거나 등급분류를 받은 게임물과 다른 내용의 게임물이라는 이유로 위 법률조항에 의하여 수거하게 하였다.

이에 홍길동은 서울행정법원에 위 수거처분취소 청구소송을 제기하고, 위 게임법 제38조 제3항 제1호에 대하여 위헌법률심판제청신청을 하였으나 위 법원은 동 신청을 기각하였다. 이에 홍길동은 위 게임법 제21조 제1항 제1호는 의사표현의 수단의 하나인 게임물의 제작과 판매에 대하여 게임물등급위원회로부터 등급분류를 받을 것을 규정하고 있어 헌법 제21조 제2항이 정한 검열금지의 원칙에 위반되고, 동법 제38조 제3항 제1호는 과잉금지원칙에 위배하여 청구인의 재산권을 침해하고, 게임물의 수거에 있어서 영장의 제시를 요건으로 규정하지 않았으므로 영장주의와 적법절차에 어긋난다는 이유로 헌법재판소에 헌법재판소법 제68조 제2항에 따른 헌법소원심판을 청구하였다(2013헌바100호). 의뢰인 문화체육

185) 이 문제와 예시문은 헌재 2002.10.31. 2000헌가12 [7(합헌):2(위헌) - 합헌] 결정 및 2013년도 법학전문대학원협의회 주관 제1회 모의시험 공법기록형 중 헌법문제를 전제로 재구성한 것이다.

관광부장관을 위하여 법무법인 정의의 담당 변호사 김진실의 입장에서 위 법률조항들에 대한 헌법소원사건에서 의견서를 작성하되, 작성일과 제출일은 2013.6.24.로 할 것.

[심판대상조항 및 관련조항]

게임산업 진흥에 관한 법률(2011.12.30. 법률 제6473호) 제21조(등급분류) ①게임물을 유통시키거나 이용에 제공하게 할 목적으로 다음 각 호의 게임물을 제작 또는 배급하고자 하는 자는 당해 게임물을 제작 또는 배급하기 전에 등급위원회로부터 당해 게임물의 내용에 관하여 등급분류를 받아야 한다.

1. 릴식 트로피 게임물

제24조(폐쇄 및 수거조치 등) ④제3항의 규정에 의하여 관계공무원이 당해 음반·비디오물 또는 게임물을 수거한 때에는 그 소유자 또는 점유자에게 수거증을 교부하여야 한다.

⑥제1항 및 제3항의 규정에 의하여 게시물의 부착·봉인·수거 기타 처분을 하는 관계공무원이나 협회 또는 단체의 임·직원은 그 권한을 표시하는 증표를 지니고 관계인에게 이를 내보여야 한다.

제30조(벌칙) 다음 각 호의 어느 하나에 해당하는 자는 2년 이하의 징역 또는 2천만원 이하의 벌금에 처한다.

5. 제21조 제1항의 규정을 위반하여 등급분류를 받은 게임물과 다른 내용의 게임물을 유통 또는 이용제공 및 전시·보관한 자

제38조(폐쇄 및 수거 등) ③문화체육관광부장관, 시·도지사 또는 시장·군수·구청장은 유통되거나 이용에 제공되는 게임물 또는 광고·선전물 등이 다음 각 호의 어느 하나에 해당하는 때에는 이를 수거하여 폐기하게 할 수 있다.

1. 등급분류를 받지 아니하거나 등급분류를 받은 것과 다른 내용의 게임물

식품위생법 제56조(폐기처분 등) ①식품의약품안전청장, 시·도지사, 시장·군수 또는 구청장은 영업을 하는 자가 제4조 내지 제6조, 제7조 제4항, 제8조, 제9조 제4항, 제10조 제2항, 제11조 또는 제15조의 규정에 위반한 때에는 관계공무원으로 하여금 그 식품 등을 압류 또는 폐기하게 하거나 영업을 하는 자에 대하여 식품위생상의 위해를 제거하기 위하여 용도·처리방법 등을 정하여 필요한 조치를 할 것을 명하여야 한다.

의 견 서[186)]

사 건 2013헌바100 게임산업 진흥에 관한 법률 제38조 제3항 제1호 등 위헌소원

청 구 인 홍 길 동[187)]

대리인 변호사 김 유 신

이해관계인 문화체육관광부장관

대리인 법무법인 정의

담당변호사 김 진 실

위 사건에 대하여 이해관계인 문화체육관광부장관(대리인)은 아래와 같이 의견서를 제출합니다.

Ⅰ. 청구인의 주장요지

청구인의 주장요지는, 첫째, '게임산업 진흥에 관한 법률'(2011.12.30. 법률 제6473호로 제정된 것, 이하 "게임법"이라고 약칭합니다) 제21조 제1항 제1호는 의사표현의 수단의 하나인 게임물의 제작과 판매에 대하여 게임물등급위원회로부터 등급분류를 받을 것을 규정하고 있어 헌법 제21조 제2항이 정한 검열금지의 원칙에 위반되고, 둘째, 게임법 제38조 제3항 제1호는 과잉금지원칙에 위배하여 청구인의 재산권을 침해하고, 게임물의 수거에 있어서 영장의 제시를 요건으로 하지 않으므로 영장주의와 적법절차에 어긋난다는 것입니다.

Ⅱ. 게임법 제21조 제1항 제1호에 대한 의견

1. 적법요건에 대한 의견

헌법재판소법 제68조 제2항의 규정에 따른 헌법소원은 법원에 위헌법률심판제청신청을 하였다가 기각(각하)결정을 받은 경우에 제기하는 심판청구인바, 청구인은 게임법 제21조 제1항 제1호에 대하여는 법원에서 위헌제청신청을 한 사실

186) 피청구인이 제출하는 '답변서'도 그 형식적 기재사항이 약간 다른 점 외에 그 내용은 의견서와 다르지 않다.

187) 의견서 또는 답변서에서는 청구인 주소의 기재는 필요하지 않다.

도, 법원이 동 신청에 대한 기각(각하)결정을 한 사실도 없습니다. 이러한 경우 원칙적으로 규범통제형 헌법소원의 적법요건을 충족할 수 없고, 따라서 동 조항에 대한 청구부분은 부적법합니다.

2. 본안에 대한 의견

설사 동 조항에 대한 청구가 적법하다고 하더라도, 동 조항이 규정하고 있는 등급분류제도는 헌법상 금지되는 사전검열이 아닙니다. 즉, 헌법 제21조 제2항은 "언론·출판에 대한 허가나 검열은 인정되지 아니한다."고 규정하고 있는바, 이러한 사전검열금지원칙은 모든 형태의 사전적 규제를 금지하는 것이 아니고, '의사표현의 발표여부가 오로지 행정권의 허가에 달려 있는 사전심사'만을 금지하는데,[188] 게임법 제21조 제1항 제1호는 "게임물을 유통시키거나 이용에 제공하게 할 목적으로 '릴식 트로피 게임물'을 제작 또는 배급하고자 하는 자는 당해 게임물을 제작 또는 배급하기 전에 등급위원회로부터 당해 게임물의 내용에 관하여 등급분류를 받아야 한다."고 규정하고 있을 뿐이어서 "의사표현의 발표여부가 오로지 행정권의 허가에 달려 있는 사전심사"가 아니므로 헌법 제21조 제2항이 금지하는 사전검열이 아닙니다.[189] 따라서 이 부분에 관한 청구인의 주장은 이유 없습니다.

Ⅲ. 게임법 제38조 제3항 제1호에 대한 의견

1. 적법요건에 대한 의견

이 조항에 대하여는 재판의 전제성이 인정되고, 기타 적법요건에도 문제가 없다고 사료됩니다.

2. 본안에 대한 의견

가. 행정상 즉시강제의 의의 및 한계

이 조항은 문화관광부장관, 시·도지사, 시장·군수·구청장이 게임법 제18조 제5항의 규정에 의한 등급분류를 받지 아니하거나 등급분류를 받은 게임물과 다른

---

188) 헌법재판소는, "①허가를 받기 위한 표현물 제출의무의 존재, ②행정권이 주체가 된 사전심사절차의 존재, ③허가를 받지 아니한 의사표현의 금지 및 ④심사절차를 관철할 수 있는 강제수단의 존재"의 요건을 갖춘 사전심사절차만 금지되는 것이라고 판시하고 있다. [헌재 2005.2.3. 2004헌가8 결정; 헌재 1996.10.4. 93헌가13등 결정 등 참조]

189) 헌재 1996.10.31. 94헌가6 결정에서는 음반의 등급심사제는 사전검열이 아니라고 하였고, 헌재 2008.10.30. 2004헌가18 결정에서도 영화상영에 관한 등급분류제는 사전검열이 아니라고 하였다.

내용의 게임물을 발견한 때에는 관계공무원으로 하여금 이를 수거하여 폐기하게 할 수 있도록 규정하고 있는바, 이는 어떤 하명도 거치지 않고 행정청이 직접 대상물에 실력을 가하는 경우로서, 위 조항은 행정상 즉시강제 그 중에서도 대물적(對物的) 강제를 규정하고 있습니다. 행정상 즉시강제란 행정강제의 일종으로서, 목전의 급박한 행정상 장애를 제거할 필요가 있는 경우에, 미리 의무를 명할 시간적 여유가 없을 때 또는 그 성질상 의무를 명하여 가지고는 목적달성이 곤란할 때에, 직접 국민의 신체 또는 재산에 실력을 가하여 행정상 필요한 상태를 실현하는 작용이며, 법령 또는 행정처분에 의한 선행의 구체적 의무의 존재와 그 불이행을 전제로 하는 '행정상 강제집행'과 구별됩니다.

나. 재산권 침해여부

1) 이 조항에 의하여 제한되는 기본권 및 위헌심사기준

이 조항은 문화관광부장관, 시·도지사, 시장·군수·구청장이 게임법 제18조 제5항의 규정에 의한 등급분류를 받지 아니하거나 등급분류를 받은 게임물과 다른 내용의 게임물을 발견한 때에는 관계공무원으로 하여금 이를 수거하여 폐기하게 할 수 있게 함으로써 게임제공업주 등의 재산권을 제한하는 규정입니다. 그렇다면 헌법 제37조 제2항에 따라 국가가 국민의 기본권을 제한하는 내용의 입법활동을 함에 있어 지켜야 할 기본원칙인 과잉금지원칙이 준수되어야 합니다.

2) 과잉금지원칙 위배여부

가) 목적의 정당성

이 조항의 입법목적은 등급분류를 받지 아니하거나 등급분류를 받은 게임물과 다른 내용의 게임물(이하 "불법게임물"이라 합니다)의 유통을 방지함으로써 게임물의 등급분류제를 정착시키고, 나아가 불법게임물로 인한 사행성의 조장을 억제하여 건전한 사회기풍을 조성하기 위한 것이라고 할 수 있습니다. 그렇다면 이 조항의 입법목적은 정당하다고 할 것입니다.

나) 수단(방법)의 적합성

이 조항에서 게임제공업주에 대하여 먼저 불법게임물의 사용중지나 수거·폐기를 명하지 아니하고 즉시 그 게임물을 수거·폐기할 수 있도록 하는 행정상 즉시강제의 근거를 규정한 것은 위와 같은 입법목적에 기여하는 하나의 적절한 수단이 될 수 있습니다.

다) 침해의 최소성

1) 첫째, 불법게임물에 대한 긴급한 수거의 필요성과 관련하여 이 조항이 침해의 최소성의 요건을 충족시키는지 여부를 봅니다.

불법게임물을 불법현장에서 즉시 수거하지 않으면 안 될 이유로는 i) 증거인멸의 가능성, ii) 불법게임물의 사행성으로 인한 폐해, iii) 불법게임물의 복제가능성 등을 들 수 있습니다. 아울러, iv) 불법게임물의 수거는 준사법적 기능을 가지고 있는 영상물등급위원회가 이미 행한 등급분류라는 유권적 판단에 기초한 것으로서, 불법게임물 여부의 판단에 행정청의 자의가 개입될 여지가 없으므로, 행정상 즉시강제를 허용한다고 하더라도 이로 인한 개인의 기본권 침해의 여지는 적다고 할 수 있습니다. 이상의 점들을 고려하여 보면, 불법게임물에 대하여 관계당사자에게 수거·폐기를 명하고 그 불이행을 기다려 직접강제 등 행정상의 강제집행으로 나아가는 원칙적인 방법으로는 목적달성이 곤란하다고 할 수 있으므로, 이 조항의 설정은 위와 같은 급박한 상황에 대처하기 위한 것으로서 그 불가피성과 정당성이 충분히 인정됩니다.

2) 둘째, 식품위생법 제56조 제1항이 '관계공무원으로 하여금 그 식품 등을 압류 또는 폐기하게' 하거나 '영업을 하는 자에 대하여 식품위생상의 위해를 제거하기 위하여 용도·처리방법 등을 정하여 필요한 조치를 할 것을 명하도록' 규정한 것과는 달리, 관계공무원의 수거·폐기와 당사자에 대한 수거·폐기 명령을 선택적으로 규정하고 있지 아니한 이 조항이 피해의 최소성의 요건을 충족시킬 수 있는지 여부가 문제될 수 있습니다.

그러나 선택적 규정방식을 취하고 있는 경우에도 그 규정형식상 관계공무원에 의한 즉각적인 수거·폐기가 가능하도록 되어 있을 뿐만 아니라, 가사 이러한 선택적 규정이 없다고 하더라도 행정상 즉시강제는 다른 수단으로는 그 목적달성이 곤란한 경우에만 보충적으로 발동되어야 한다는 조리상의 한계에 따라 관계당사자에 대한 수거·폐기 등 필요한 조치의 명령을 통하여 목적달성이 가능한 경우에는 관계공무원에 의한 즉각적인 수거·폐기와 같은 행정상 즉시강제의 수단을 동원하여서는 아니 될 것이기 때문에, 선택적 규정방식의 채부(採否)는 기본권의 제한정도와 관련하여 특별한 의미를 가지는 것으로 보기 어렵습니다. 따라서 이 조항이 관계공무원의 수거·폐기를 선택적인 것으로 규정하지 않았다는 이유로 피해의 최소성의 요건을 위반한 것으로는 볼 수 없습니다.

3) 셋째, 이 조항은 '수거'만이 아니라 긴급성과 무관한 것으로 보이는 '폐기'

까지 가능하도록 규정하고 있는바, 불법게임물을 수거하여 폐기할 경우 나중에 그 수거·폐기조치가 잘못된 것으로 판명되더라도 원상회복이 불가능하게 되는 점을 고려할 때, 과도한 기본권 제한이 아닌가 하는 의문이 제기될 수 있습니다.[190]

살피건대, 수거한 불법게임물의 사후처리와 관련하여 폐기의 필요성이 인정되는 경우가 있음은 부인할 수 없다고 할 것인데, 이 조항은 이러한 경우에 대비한 폐기의 근거규정의 성격을 가지고 있는 것으로서, 실제로 폐기에 나아감에 있어서는 비례의 원칙에 의한 엄격한 제한을 받습니다. 즉, 행정상 즉시강제의 발동은 여러 적합한 수단 중에서도 최소한의 침해를 가져오는 수단을 선택하여야 한다는 비례의 원칙에 의한 제한을 받기 때문에, 만일 수거만으로 행정목적의 달성이 충분히 가능함에도 폐기까지 하는 것은 비례의 원칙의 위반이 될 것입니다. 또한 불법게임물의 유통·오락제공 등은 형사처벌(게임법 제30조 제5호 참조)의 대상이 되는바, 이에 따라 수거된 불법게임물이 형사소송 등의 소송절차에서 증거물이 되는 경우 등에는 소송종결 전까지는 폐기되지 아니하며, 소송종결 이후에 검사의 지휘를 받는 등의 절차에 따라 폐기되고 있습니다. 따라서 이 조항이 폐기의 근거를 마련하고 있다고 하여, 그것만으로 이를 과도한 입법이라고 보기는 어렵습니다.

라) 법익의 균형성

이 조항이 불법게임물의 수거·폐기에 관한 행정상 즉시강제를 허용함으로써 게임제공업주 등이 입게 되는 재산권 제한이라는 사익보다는, 이를 허용함으로써 보호되는 공익(불법게임물의 유통을 방지함으로써 게임물의 등급분류제를 정착시키고 나아가 불법게임물로 인한 사행성의 조장을 억제하여 건전한 사회기풍을 조성)이 더 크다고 볼 수 있으므로, 법익균형성의 원칙을 충족합니다.

마) 소결

이 조항에 의한 행정상 즉시강제의 허용은 과잉금지의 원칙의 위배여부를 판단함에 있어 고려되어야 할 목적의 정당성, 방법의 적정성, 피해의 최소성 및 법

190) 헌재 2002.10.31. 2000헌가12 결정에서 재판관 2인의 반대의견은, "행정상 즉시강제에 관한 실정법상의 근거를 둠에 있어서는 가능하면 그 허용범위를 최소한도로 하여 규정하여야 하므로, 행정상 즉시강제 중 대물적 강제의 근거조항을 설정함에 있어서 그 범위를 수거만이 아니라 폐기까지 확장하는 것이 정당화되려면 그 대상물을 즉시 폐기해야 할 필요성, 즉 폐기 자체의 독자적인 긴급성이 인정되어야만 한다. 이 사건의 경우 행정상 즉시강제의 발동을 요구하는 행정목적의 실현은 불법게임물의 수거만으로도 충분히 가능함에도 불구하고, 행정상 즉시강제의 근거조항에서 폐기까지 가능하도록 규정하고 있는 부분은 피해의 최소성의 요건에 위배되는 과도한 입법으로서 헌법에 위반된다."는 취지의 위헌의견을 제시하였다.

익의 균형성 등 모든 요건을 충족하고 있으므로, 이 조항이 과잉금지의 원칙에 위배하여 청구인의 재산권을 침해한다고 할 수 없습니다.

다. 영장주의원칙 및 적법절차원칙 위배여부

1) 영장주의원칙 위배여부

헌법 제12조 제3항, 제16조에서 규정하고 있는 영장주의는 적법절차원칙에서 도출되는 원리로서, 형사절차와 관련하여 체포·구속·압수 등의 강제처분을 함에 있어서는 사법권 독립에 의하여 그 신분이 보장되는 법관이 발부한 영장에 의하지 않으면 아니 된다는 원칙이고, 따라서 영장주의의 본질은 신체의 자유를 침해하는 강제처분을 함에 있어서는 중립적인 법관이 구체적 판단을 거쳐 발부한 영장에 의하여야만 한다는 데에 있다고 할 수 있습니다.

살피건대, 영장주의가 행정상 즉시강제에도 적용되는지에 관하여는 논란이 있는바, 이 조항은 영장에 관하여 아무런 규정을 두지 아니하면서, 게임법 제24조 제4항 및 제6항에서 '수거증 교부' 및 '증표 제시'에 관한 규정을 두고 있는 점으로 미루어 보아 영장제도를 배제하고 있는 취지로 해석됩니다. 그런데 행정상 즉시강제는 상대방의 임의이행을 기다릴 시간적 여유가 없을 때 하명 없이 바로 실력을 행사하는 것으로서, 그 본질상 급박성을 요건으로 하고 있어 법관의 영장을 기다려서는 그 목적을 달성할 수 없다고 할 것이므로, 원칙적으로 영장주의가 적용되지 않는다는 것이 헌법재판소 판례의 입장입니다.[191] 이 조항은 앞에서 본 바와 같이 급박한 상황에 대처하기 위한 것으로서 그 불가피성과 정당성이 충분히 인정되는 경우이므로, 이 조항이 영장 없는 수거를 인정한다고 하더라도 이를 두고 헌법상 영장주의에 위배되는 것으로는 볼 수 없습니다.

2) 적법절차원칙 위배여부

헌법 제12조 제1항에서 규정하고 있는 적법절차의 원칙은 국가작용으로서의 모든 입법작용과 행정작용에 광범위하게 적용되는 헌법원리로서, 절차가 형식적 법률로 정하여지고 그 법률에 합치하여야 할 뿐만 아니라 적용되는 법률의 내용에 있어서도 합리성과 정당성을 갖춘 적정한 것이어야 한다는 원칙입니다. 적법절차원칙에서 도출할 수 있는 가장 중요한 절차적 요청으로는 ① 당사자에게 적절한 고지를 행할 것, ② 당사자에게 의견 및 자료를 제출할 기회를 부여할 것을 들 수 있습니다.

191) 헌재 2002.10.31. 2000헌가12 결정 참조.

살피건대, 이 조항은 수거에 앞서 청문이나 의견제출 등 절차보장에 관한 규정을 두고 있지 않으나, 행정상 즉시강제는 목전에 급박한 장애에 대하여 바로 실력을 가하는 작용이라는 특성에 비추어 사전적(事前的) 절차와 친하기 어렵다는 점을 고려하면, 이를 이유로 적법절차의 원칙에 위반되는 것으로는 볼 수 없습니다. 또한 게임법 제24조 제4항은 관계공무원이 당해 게임물 등을 수거한 때에는 그 소유자 또는 점유자에게 수거증을 교부하도록 하고 있고, 동조 제6항은 수거 등 처분을 하는 관계공무원이나 협회 또는 단체의 임·직원은 그 권한을 표시하는 증표를 지니고 관계인에게 이를 제시하도록 하는 등의 절차적 요건을 규정하고 있으므로, 이 조항이 적법절차원칙에 위배되는 것으로 보기도 어렵습니다.

Ⅳ. 결론

이상 살펴본 바와 같이 게임법 제21조 제1항 제1호에 대한 심판청구는 부적법합니다[가사 적법하다 하더라고 헌법 제21조 제2항이 금지하고 있는 사전검열에 해당하지 아니하므로 헌법에 위반되지 아니합니다]. 또한, 동법 제38조 제3항 제1호는 과잉금지원칙에 위배하여 청구인의 재산권을 침해하지 아니하고, 헌법상 영장주의원칙이나 적법절차원칙에 위배되지도 아니하므로 헌법에 위반되지 않습니다. 따라서 청구인의 심판청구 중 게임법 제21조 제1항 제1호에 대한 부분은 부적법하므로 이를 각하하고, 동법 제38조 제3항 제1호 부분은 그 이유 없으므로 헌법에 위반되지 아니한다는 결정을 선고해 주시기를 바랍니다.

첨 부 서 류

1. 각종 입증서류 (생략)
2. 대리인선임서 (소송위임장)

2013. 6. 24.

이해관계인 문화체육부장관
대리인 법무법인 정의
담당변호사 김 진 실 (인)

헌법재판소 귀중

제8절 기본권의 보호영역

위헌법률심판이나 헌법소원심판 등의 헌법소송을 통하여 보호받을 수 있는 기본권의 범위는 기본권의 보호영역에 의해서 정해지기 때문에 기본권의 보호영역을 파악하는 것은 매우 중요하다.[192] 이하에서는 헌법재판소 판례를 중심으로, 기본권의 보호영역을 교재작성의 편의상 종래의 기본권의 분류대로 자유권적 기본권, 청구권적 기본권, 사회권적 기본권으로 나누어[193] 기술한다.[194]

제1항 자유권적 기본권의 보호영역

1. 정당설립의 자유 [제8조]

가. 정당설립의 자유의 의의

헌법 제8조 제1항은 국민 누구나가 원칙적으로 국가의 간섭을 받지 아니하고 정당을 설립할 권리를 국민의 기본권으로 보장하면서 아울러 그 당연한 법적 산물인 복수정당제를 제도적으로 보장하고 있다.[195] 헌법 제8조 제1항이 명시하는 **'정당설립의 자유'**는 설립할 정당의 조직형태를 어떠한 내용으로 할 것인가에 관한 정당조직 선택의 자유 및 그와 같이 선택된 조직을 결성할 자유(이하 이를 포괄하여 '정당조직의 자유'라 한다)를 포함한다. 정당조직의 자유는 정당설립의 자유에 개념적으로 포괄될 뿐만 아니라, **정당조직의 자유**가 완전히 배제되거나 임의적으로 제한될 수 있다면 정당설립의 자유가 실질적으로 무의미해지기 때문이다. 또한 헌법 제8조 제1항은 **'정당활동의 자유'**도 보장한다. 정당의 설립만이 보장될 뿐 설립된 정당이 언제든지 다시 금지될 수 있거나 정당활동이 임의로 제한될 수 있다면 정당설립의 자유는 사실상 아무런 의미가 없기 때문이다.[196]

---

192) 허영(소송법론), 383면 참조.

193) 이러한 분류방법 자체가 의미있는 것은 아니다. 예컨대 후술하는 바와 같이 '알 권리'(헌법 제21)는 자유권성과 청구권성을 함께 갖고 있다.

194) 다만 평등권은 평등원칙으로도 볼 수 있는바, 평등원칙에 대하여는 제9절 위헌심사기준에서 기술하였다.

195) 헌재 1999.12.23. 99헌마135, 판례집 11-2, 800, 813.

196) 헌재 1996.3.28. 96헌마9등, 판례집 8-1, 289, 304; 헌재 2001.10.25. 2000헌마193, 판례집 13-2, 526, 537.

나. 정당의 자유의 주체

이와 같이 헌법 제8조 제1항은 정당설립의 자유, 정당조직의 자유, 정당활동의 자유 등을 포괄하는 "정당의 자유"를 보장하고 있다. 이러한 정당의 자유는 국민이 개인적으로 갖는 기본권일 뿐만 아니라, 단체로서의 정당이 가지는 기본권이기도 하다.[197]

다. 헌법 제8조 제1항의 법적 성격

정당에 관한 한, 헌법 제8조는 일반결사에 관한 헌법 제21조에 대한 특별규정이므로, 정당의 자유에 관하여는 헌법 제8조 제1항이 우선적으로 적용된다.[198]

라. 정당의 법적 지위

정당은 공직선거의 후보자를 추천 또는 지지함으로써 국민의 정치적 의사형성에 참여함을 목적으로 하는 국민의 자발적 조직(정당법 제2조)으로서,[199] 정당의 법적 지위는 적어도 그 소유재산의 귀속관계에 있어서는 법인격 없는 사단으로 보아야 한다.[200]

2. 인간의 존엄과 가치, 행복추구권 [제10조]

가. 인간의 존엄과 가치

1) 의의 및 법적 성격

헌법 제10조에서 규정한 인간의 존엄과 가치는 헌법이념의 핵심이고, 국가는 헌법에 규정된 개별적 기본권을 비롯하여 헌법에 열거되지 아니한 자유와 권리까지도 보장하여야 하며, 이를 통하여 개별 국민이 가지는 인간으로서의 존엄과 가치를 존중하고 확보하여야 함을 의미한다. 자유와 권리의 보장은 1차적으로는 헌법상 개별적 기본권규정을 매개로 이루어지지만, 어떠한 법률이 기본권제한에 있어서 인간의 존엄과 가치를 침해한다거나 기본권형성에 있어서 최소한의 필요한 보장조차 규정하지 않음으로써 결과적으로 인간으로서의 존엄과 가치를 훼손한다면 이러한 법률은 헌법 제10조에서 규정한 인간의 존엄과 가치에 위반되는 것이다.[201]

---

197) 헌재 2004.12.16. 2004헌마456, 공보 100, 125, 128.

198) 헌재 1999.12.23. 99헌마135, 판례집 11-2, 800, 810.

199) 헌재 1996.3.28. 96헌마18등, 판례집 8-1, 323, 351.

200) 헌재 1993.7.29. 92헌마262, 판례집 5-2, 211, 216.

201) 헌재 2008.10.30. 2006헌바35, 공보 145, 1427, 1432; 헌재 2009.11.26. 2007헌마734, 공보 158, 2182, 2190; 헌재 2011.3.31. 2009헌마617, 공보 174, 620, 623; 헌재 2011.4.28. 2009헌

헌법 제10조는 "모든 국민은 인간으로서의 존엄과 가치를 가지며, 행복을 추구할 권리를 가진다. 국가는 개인이 가지는 불가침의 기본적 인권을 확인하고 이를 보장할 의무를 진다."라고 하여 모든 기본권의 종국적 목적이자 기본이념이라 할 수 있는 인간의 존엄과 가치를 규정하고 있다. 이러한 인간의 존엄과 가치 조항은 헌법이념의 핵심으로 국가는 헌법에 규정된 개별적 기본권을 비롯하여 헌법에 열거되지 아니한 자유와 권리까지도 이를 보장하여야 하고, 이를 통하여 개별 국민이 가지는 인간으로서의 존엄과 가치를 존중하고 확보하여야 한다는 헌법의 기본원리를 선언한 것이라 할 것이다.[202]

◈ 헌재 2016.12.29. 2013헌마142 (인간의 존엄과 가치를 기본권으로 본 사례)

"이 사건 수용행위[203]로 인하여 헌법 제10조에 의하여 보장되는 청구인의 인간의 존엄과 가치가 침해되었는지 여부가 문제된다. 청구인은 이 사건 수용행위로 인하여 행복추구권, 인격권 및 인간다운 생활을 할 권리를 침해받았다는 주장도 하고 있으나, 위 기본권들의 침해를 다투는 청구인의 주장은 모두 인간의 존엄과 가치의 침해를 다투는 청구인의 주장에 포섭될 수 있으므로 별도로 판단하지 아니한다." [전원일치 위헌확인][204]

2) 인격권

헌법 제10조로부터 도출되는 일반적 인격권에는 개인의 명예에 관한 권리도 포함되는바, 이때 '명예'는 사람이나 그 인격에 대한 '사회적 평가', 즉 객관적·외부적 가치평가를 말하는 것이지 단순히 주관적·내면적인 명예감정은 법적으로 보호받는 명예에 포함된다고 할 수 없다.[205] 성명(姓名)은 개인의 정체성과 개별성을

마610, 공보 174, 746, 749.

202) 헌재 2001.7.19. 2000헌마546, 판례집 13-2, 103, 111-111; 헌재 2004.10.28. 2002헌마328, 공보 98, 1187, 1193-1194; 헌재 2010.2.25. 2008헌가23, 판례집 22-1상, 36, 61-62. 한편, 헌법재판소 판례 중에는 "인간의 존엄성은 최고의 헌법적 가치이자 국가목표규범으로서 모든 국가기관을 구속하며, 그리하여 국가는 인간존엄성을 실현해야 할 의무와 과제를 안게 됨을 의미한다. 따라서 인간의 존엄성은 **'국가권력의 한계'**로서 국가에 의한 침해로부터 보호받을 개인의 방어권일 뿐 아니라, **'국가권력의 과제'**로서 국민이 제3자에 의하여 인간존엄성을 위협받을 때 국가는 이를 보호할 의무를 부담한다."고 판시한 결정도 있다(헌재 2011.8.30. 2006헌마788, 공보 179, 1285, 1294).

203) 피청구인(○○구치소장)이 2012.12.8. 16:00경부터 2012.12.18. 13:00경까지 청구인을 ○○구치소 13동 하층 14실(면적 8.96㎡, 정원 6명)에 수용한 행위

204) <주문> : "피청구인이 청구인을 2012.12.8. 16:00경부터 2012.12.18. 13:00경까지 ○○구치소 13동 하층 14실에 수용한 행위는 청구인의 인간의 존엄과 가치를 침해한 것으로 위헌임을 확인한다."

205) 헌재 2005.10.27. 2002헌마425, 판례집 17-2, 311, 319-320.

나타내는 인격의 상징으로서 개인이 사회 속에서 자신의 생활영역을 형성하고 발현하는 기초가 되는 것이라 할 것이므로 자유로운 성(姓)의 사용 역시 헌법상 인격권으로부터 보호된다.[206]

배아는 정자 및 난자의 제공과 그 결합에 의해 생성되므로, 정자 및 난자 제공자는 배아생성자라 일컬을 수 있다. 배아생성자는 배아에 대해 자신의 유전자정보가 담긴 신체의 일부를 제공하고, 또 배아가 모체에 성공적으로 착상하여 인간으로 출생할 경우 생물학적 부모로서의 지위를 갖게 되므로, 배아의 관리 또는 처분에 대한 결정권을 가진다고 할 것이다. 이러한 배아생성자의 배아에 대한 결정권은 헌법상 명문으로 규정되어 있지는 아니하지만, 헌법 제10조로부터 도출되는 일반적 인격권의 한 유형으로서의 헌법상 권리라 할 것이다.[207]

나. 행복추구권

1) 의의 및 법적 성격

헌법 제10조의 행복추구권은 국민이 행복을 추구하기 위하여 필요한 급부를 국가에게 적극적으로 요구할 수 있는 것을 내용으로 하는 것이 아니라, 국민이 행복을 추구하기 위한 활동을 국가권력의 간섭 없이 자유롭게 할 수 있다는 포괄적인 의미의 자유권[208]으로서의 성격을 가진다.[209] 따라서 헌법 제10조의 행복추구권은 다른 개별적 기본권이 적용되지 않는 경우에 한하여 보충적으로 적용되는 기본권이다.[210]

---

206) 헌재 2005.12.22. 2003헌가5, 판례집 17-2, 544, 554.

207) 헌재 2010.5.27. 2005헌마346, 판례집 22-1하, 275, 295.

208) 헌재 2012.5.31. 2011헌마241 : "(따라서) 이 사건 별표 중 이명(耳鳴) 기준 부분은, 사회보장수급권의 주체인 국가유공자로 등록되기 위한 상이등급 판정기준에 관한 것으로서 자유권을 제한하는 것이 아니므로, 위 부분이 행복추구권을 침해한다고 할 수 없다." 同旨, 헌재 2015.2.26. 2013헌바419 : "행복추구권은 국민이 행복을 추구하기 위한 활동을 국가권력의 간섭 없이 자유롭게 할 수 있다는 포괄적인 의미의 자유권으로서의 성격을 가질 뿐, 행복을 추구하기 위하여 필요한 급부를 국가에 대하여 적극적으로 요구할 수 있음을 내용으로 하는 것이 아니므로, 연계신청의 허용대상에 관하여 규정한 이 사건 부칙조항{'국민연금과 직역연금의 연계에 관한 법률'(2009.2.6. 법률 제9431호로 제정된 것) 공포일 전에 공무원연금 등 직역연금에서 국민연금으로 이동한 경우를 소급적인 연계신청의 허용대상에 포함시키지 않은 연금연계법 부칙(2009.2.6. 법률 제9431호) 제2조 제2항 제2호}이 청구인의 행복추구권을 침해한다고 볼 수 없다."

209) 헌재 2008.10.30. 2006헌바35, 공보 145, 1427, 1433; 헌재 2009.11.26. 2007헌마734, 공보 158, 2182, 2190; 헌재 2011.4.28. 2009헌마610, 공보 174, 746, 749.

210) 헌재 2006.3.30. 2005헌마598 : "(따라서) 이 사건에서 행복추구권에 앞서 적용되는 공무담임권의 침해여부에 대해 판단하는 이상 따로 행복추구권 침해여부를 판단할 필요는 없다."; 헌재 2007.3.29. 2005헌마985 : "이 사건에서 행복추구권에 앞서 적용되는 선거권이나 평등권의 침해여부에 대해 판단하는 이상 따로 행복추구권 침해여부를 판단할 필요는 없다."; 헌재 2012.7.26. 2011헌마232 : "청구인은 이 사건 법률조항으로 말미암아 헌법 제10조의 인간으로서의 존엄과

2) 독자적인 기본권으로 본 사례

◈ 헌재 1998.5.28. 96헌가5

"우리 헌법 제10조 전문이 보장하는 행복추구권은 그의 구체적인 표현으로서 일반적인 행동자유권과 개성의 자유로운 발현권을 포함하기 때문에, 기부금품의 모집행위는 행복추구권에 의하여 보호된다. (…) 단체의 재정확보를 위한 모금행위가 단체의 결성이나 결성된 단체의 활동과 유지에 있어서 중요한 의미를 가질 수 있기 때문에 기부금품 모집행위의 제한이 결사의 자유에 영향을 미칠 수 있다는 것은 인정된다. 그러나 결사의 자유에 대한 제한은 기부금품모집금지법(1951.11.7. 법률 제224호로 제정되고 1970.8.12. 법률 제2235호로 개정된 것) 제3조가 가져오는 간접적이고 부수적인 효과일 뿐이다. 위 법 제3조가 규율하려고 하는 국민의 생활영역은 기부금품의 모집행위이므로, 모집행위를 보호하는 기본권인 행복추구권이 우선적으로 적용된다."[211]

◈ 헌재 2009.9.24. 2007헌마872

"이 사건 분묘는 구 '장사 등에 관한 법률' 제17조[212]가 적용되지 아니하여 그 설치기간에 제한이 없으나 이를 이장하여 새로 설치하는 분묘는 새로운 분묘로 취급되어 이 사건 부칙조항[213]에 의해 위 법 제17조의 설치기간 제한을 받게 되는바, 이로써 청구인은 부모의 분묘를 가꾸고 봉제사를 하고자 하는 권리를 제한당한다고 할 수 있다. 청구인은 이러한 권리가 헌법 제34조의 사회보장권이라고 하나 이는 헌법 제10조의 행복추구권의 한 내용으로 봄이 타당하다. 따라서 이 사건에서는 이 사건 부칙조항이 행복추구권의 한 내용으로서 청구인이 부모의 분묘를 가꾸고 봉제사

가치 및 행복추구권도 침해되었다고 주장하나, 위와 같은 기본권은 일반조항적·보충적 성격을 지닌 기본권으로서, 같은 사항에 대하여 평등권이라는 우선적으로 적용될 수 있는 기본권이 존재하여 그 침해여부를 판단하는 이상 이에 대하여는 따로 판단하지 아니한다." 그런데 위와 같이 행복추구권은 포괄적 의미의 "자유권"이기 때문에 "평등권" 침해여부에 대하여 판단하였다는 이유로 행복추구권 침해여부에 대한 판단을 생략하는 것은 모순된다고 할 것이다.

211) 그 후 헌법재판소는 헌재 2010.2.25. 2008헌바83 결정에서, "우리 헌법 제10조 전문은 '모든 국민은 인간으로서의 존엄과 가치를 지니며, 행복을 추구할 권리를 가진다.'고 규정하여 행복추구권을 보장하고 있으므로, 기부금품의 모집행위는 행복추구권에서 파생하는 **일반적 행동자유권**에 의하여 기본권으로 보장된다."고 하였다. 同旨, 헌재 2016.11.24. 2014헌바66등 결정 참조.

212) 제17조(분묘의 설치기간) ①제12조의 규정에 의한 공설묘지 및 제13조의 규정에 의한 사설묘지에 설치된 분묘의 설치기간은 15년으로 한다.

213) 분묘의 설치기간을 제한하는 규정(제17조)을 신설하면서 이를 당해 조항의 시행 후 최초로 설치되는 분묘부터 적용하도록 한 구 '장사 등에 관한 법률'(2000.1.12. 법률 제6158호로 전부개정된 것) 부칙 제2조 중 제17조에 관한 부분.

를 하고자 하는 권리를 침해하는지 여부가 문제된다."

3) 일반적 행동자유권

가) 의의 및 법적 성격

헌법 제10조 전문의 행복추구권에는 그 구체적인 표현으로서 일반적인 행동자유권이 포함되는바, 이는 적극적으로 자유롭게 행동을 하는 것은 물론 소극적으로 행동을 하지 않을 자유[214]도 포함되는 권리로서, 포괄적인 의미의 자유권이라는 성격을 갖는다.[215] 우리 헌법 제10조는 행복추구권을 보장하고 있으며, 행복추구권은 그의 구체적인 표현으로서 **일반적인 행동자유권**과 **개성의 자유로운 발현권**을 포함하는데, 일반적 행동자유권은 개인이 행위를 할 것인가의 여부에 대하여 자유롭게 결단하는 것을 전제로 하여 이성적이고 책임감 있는 사람이라면 자기에 관한 사항은 스스로 처리할 수 있을 것이라는 생각에서 인정되는 포괄적인 의미의 자유권으로서 일반조항적인 성격을 가지는 기본권이다.[216]

나) 보호영역

○ 결혼식을 축하하러 온 하객들에게 주류와 음식물을 접대하는 행위

"인류의 오래된 보편적인 사회생활의 한 모습으로서 개인의 일반적인 행동의 자유 영역에 속하는 행위라 할 것이다. 그렇다면 이는 헌법 제37조 제1항에 의하여 경시되지 아니하는 기본권이며 헌법 제10조가 정하고 있는 행복추구권에 포함

---

214) 헌재 2015.7.30. 2014헌바257 : "이사건 제출의무조항{구 '아동·청소년의 성보호에 관한 법률'(2011.9.15. 법률 제11047호로 개정되고, 2012.12.18. 법률 제11572호로 전부 개정되기 전의 것) 제34조 제2항 단서 중 '사진은 최초 등록일부터 1년마다 새로 촬영한 사진을 제출하여야 한다'는 부분}은 청구인의 외모의 변경 유무와 상관없이 최초 등록일부터는 1년마다 사진을 새로 촬영하여 제출할 의무를 부과하고 있고, 이 사건 처벌조항(같은 법 제52조 제5항 제2호 중 '제34조 제2항 단서를 위반하여 정당한 사유 없이 변경정보인 사진을 제출하지 아니한 자' 부분)은 그 의무를 위반한 경우 형벌을 가하도록 규정하고 있으므로, 청구인의 행동하지 아니할 자유를 제한하고 있다."

215) 헌재 2003.10.30. 2002헌마518, 판례집 15-2하, 185, 199.

216) 헌재 1991.6.3. 89헌마204, 판례집 3, 268, 276; 헌재 2000.6.1. 98헌마216, 판례집 12-1, 622, 648; 헌재 2012.4.24. 2011헌바40, 공보 187, 816, 819. 그런데 헌재 2012.4.24. 2011헌바40 결정에서는 "이 사건 법률조항{공무원이 취급하는 사건 또는 사무에 관하여 사건 해결의 청탁 등을 명목으로 금품을 수수하는 행위를 규제하는 구 변호사법(2000.1.28. 법률 제6207호로 개정되고, 2007.3.29. 법률 제8321호로 개정되기 전의 것) 제111조 중 '청탁한다는 명목으로 금품을 받은 자'에 관한 부분}은 공무원의 직무에 속하는 사항에 관하여 금품을 대가로 다른 사람을 중개하거나 대신하여 그 이해관계나 의견 또는 희망을 해당 기관에 진술할 수 없게 하므로, 일반적 행동자유권 및 청원권을 제한한다."고 판시하였는바, 이는 청원권을 자유권이 아닌 청구권적 기본권으로 보았기 때문으로 판단된다. [과잉금지심사 - 전원일치 합헌]

되는 일반적 행동자유권으로서 보호되어야 할 기본권이라 할 것이다.[217]

○ 사적자치의 원칙과 계약의 자유

"이른바 사적 자치의 원칙이란 자신의 일을 자신의 의사로 결정하고 행하는 자유뿐만 아니라 원치 않으면 하지 않을 자유로서 우리 헌법 제10조의 행복추구권에서 파생되는 일반적 행동자유권의 하나이다. 이런 사적 자치의 원칙은 법률행위의 영역에서는 계약자유의 원칙으로 나타나는데, 계약자유의 원칙은 계약의 체결에서부터 종결에 이르기까지 모든 단계에서 자신의 자유의사에 따라 계약관계를 형성하는 것으로서 계약의 내용, 이행의 상대방 및 방법의 변경뿐만 아니라 계약 자체의 이전이나 폐기도 당사자 자신의 의사로 결정하는 자유를 말한다.[218]

○ 위험한 스포츠를 즐길 권리

"개인의 레저활동을 규제하는 이 사건 조항들은 행복추구권에서 도출되는 일반적 행동자유권을 제한하는 것으로 볼 수 있다. 행복추구권은 그 구체적 표현으로서 일반적 행동자유권과 개성의 자유로운 발현권을 포함하는바, 일반적 행동자유권의 보호영역에는 개인의 생활방식과 취미에 관한 사항도 포함되며, 여기에는 위험한 스포츠를 즐길 권리도 포함된다."[219]

○ 유언의 자유

"유언의 자유는 단순한 재산권 처분의 권능 이외에도 사적 자치의 실현이라는 의미를 지닌다는 점에서 유언을 할지의 여부, 그 구체적인 내용의 선택, 유언의 방식 등은 기본적으로 개인의 자유로운 의사결정에 맡겨져 있다. 그러므로 이 사건 법률조항[220]과 같이 자필증서에 의한 유언에 있어서 그 방식을 제한하는 것은 헌법 제10조의 행복추구권에서 파생된 유언자의 일반적 행동의 자유를 제한하는 것이 된다."[221]

---

217) 헌재 1998.10.15. 98헌마168, 판례집 10-2, 586, 596.

218) 헌재 2003.5.15. 2001헌바98, 판례집 15-1, 534, 546-547; 헌재 2009.6.25. 2007헌바39, 공보 153, 1261, 1262-1263.

219) 헌재 2003.10.30. 2002헌마518, 판례집 15-2하, 185, 199-200; 헌재 2008.4.24. 2006헌마954, 공보 139, 631, 633.

220) 자필증서에 의한 유언의 방식으로 전문(全文)과 성명의 자서(自書)에 더하여 '날인'을 요구하고 있는 민법(1958.2.22. 법률 제471호로 제정된 것) 제1066조 제1항 중 '날인' 부분.

221) 헌재 2008.3.27. 2006헌바82, 판례집 20-1상, 355, 368; 헌재 2008.12.26, 2007헌바128, 공보 147, 103, 107.

○ 대마를 자유롭게 수수하고 흡연할 자유

"일반적 행동자유권은 적극적으로 자유롭게 행동을 하는 것은 물론 소극적으로 행동을 하지 않을 자유도 포함되고, 가치있는 행동만 보호영역으로 하는 것은 아닌 것인바,[222] 개인이 대마를 자유롭게 수수하고 흡연할 자유도 헌법 제10조의 행복추구권에서 나오는 일반적 행동자유권의 보호영역에 속한다."[223]

○ 모의총포를 소지할 자유

이 사건 법률조항[224]은 모의총포의 소지를 필요로 하는 직업을 가진 사람들(예컨대 장난감 총 판매업자, 서바이벌 게임장 사업자 등)에 대하여는 그들의 영업방법에 제약을 가하게 되므로 **영업의 자유**를 제한하고, 모의총포의 소지를 직업과는 무관하게 취미생활과 같이 일상생활의 한 부분으로서 영위하는 자에 대해서는 **일반적 행동의 자유**를 제한하는 조항이라고 보아야 한다."[225]

○ 통행의 자유

"일반 공중에게 개방된 장소인 서울광장을 개별적으로 통행하거나 서울광장에서 여가활동이나 문화활동을 하는 것은 일반적 행동자유권의 내용으로 보장됨에도 불구하고, 피청구인(경찰청장)이 이 사건 통행제지행위에 의하여 청구인들의 이와 같은 행위를 할 수 없게 하였으므로 청구인들의 일반적 행동자유권의 침해여부가 문제된다."[226]

"청구인들은 원동기장치자전거 운전면허 또는 제2종 소형자동차 운전면허를 취득하여 이륜자동차와 원동기장치자전거(이하 두 가지를 합쳐 '이륜차'라고 한다)를 운전할 수 있지만, 이 사건 법률조항[227]에 의하여 고속도로 등의 통행이 금지되므로, 이륜차를 이용하여 고속도로 등을 통행할 수 있는 자유를 제한당하고 있다. 이는 행복추구권에서 우러나오는 일반적 행동의 자유(중 통행의 자유)를 제한하는 것이다."[228]

---

222) 헌재 2003.10.30. 2002헌마518, 판례집 15-2, 98, 195.

223) 헌재 2010.11.25. 2009헌바246, 공보 170, 2087, 2088-2089.

224) 총포와 아주 비슷하게 보이는 것으로서 대통령령이 정하는 모의총포의 소지를 처벌하는 규정인 '총포·도검·화약류 등 단속법'(2003.7.29. 법률 제6948호로 개정된 것) 제73조 제1호 중 "제11조 제1항 본문" 부분.

225) 헌재 2011.11.24. 2011헌바18, 공보 182, 1848, 1853. 同旨, 헌재 2009.9.24. 2007헌마949, 판례집 21-2상, 749, 758.

226) 헌재 2011.6.30. 2009헌마406, 판례집 23-1하, 457, 467-468.

227) 이륜자동차를 운전하여 고속도로 또는 자동차전용도로(이하 '고속도로 등'이라 한다)를 통행한 자를 형사처벌하도록 규정한 도로교통법(2005.5.31. 법률 제7545호로 개정된 것) 제154조 제6호의 제63조 중 "이륜자동차는 긴급자동차에 한한다." 부분.

228) 헌재 2011.11.24. 2011헌바51, 공보 182, 1857, 1860. 헌법재판소(다수의견)는 이 결정에서, "이 사건 법률조항으로 인하여 청구인들이 퀵서비스 배달업의 수행에 지장을 받는 점이 있다

○ 공원 탐방객이 자연공원지역을 자유롭게 출입할 자유

"공원 탐방객이 자연공원지역을 자유롭게 출입할 자유도 헌법 제10조의 행복추구권에 근거한 일반적 행동자유권의 보호영역에 속한다고 봄이 상당하다. 그렇다면 자연공원구역 중 일정한 지역을 지정하여 사람의 출입을 금지하고, 그 위반 시 과태료를 부과하도록 규정하고 있는 이 사건 법률조항[229]은 청구인을 포함한 공원 탐방객의 일반적 행동자유권을 제한하고 있다고 할 것이다."[230]

○ 교도소내 점호행위

"이 사건 점호행위[231]는, 거실 내 수형자를 대상으로 인원점검을 하는 동안 2-3분 가량 정렬한 상태에서 번호를 외치게 함으로써 수형자가 하기 싫은 일을 강요함과 동시에 모욕감이나 수치심을 느끼게 한다는 점에서, 청구인의 일반적 행동자유권과 인격권을 제한한다."[232]

○ 사회봉사명령

"이 사건 법률조항[233]에 의하여 형의 집행유예와 동시에 사회봉사명령을 선고받은 청구인은 자신의 의사와 무관하게 사회봉사를 하지 않을 수 없게 되어 헌법

고 하더라도, 그것은 청구인들이 이륜자동차를 운행하고 이 사건 법률조항이 이륜자동차의 고속도로 등 통행을 금지하는 데서 비롯되는 간접적·사실상의 효과일 뿐이다. 그리고 이 사건 법률조항은 이륜자동차 운전자가 고속도로 등을 통행하는 것만을 금지할 뿐 일반도로의 통행까지 금지하는 것은 아니다. 청구인들은 기타 일반 도로를 이용하여 배달업을 하는 데에는 아무런 영향을 받지 않는다. 따라서 이 사건 법률조항은 청구인들의 **직업수행의 자유**를 침해(제한)한다고 볼 수 없다."고 판시하였는바, 이에 대하여는, "이 사건 법률조항이 이륜자동차를 이용하여 고속도로 등을 통행할 수 없게 함으로써, 가까운 거리를 선택하여 신속하게 배달해야 하는 청구인이 가깝고 빠른 고속도로 등을 제쳐두고 멀고 느린 다른 일반도로를 이용해야 하므로 배달업의 수행에 상당한 제약을 받게 된다. 이와 같이 이 사건 법률조항이 청구인이 이륜자동차를 이용하여 고속도로 등을 통행하여 배달업을 수행하지 못하게 하는 것은 직업수행자에게 미치는 단순한 간접적·사실상의 효과에 그치지 않고, 배달업자인 청구인이 직업을 수행하는 방식과 수단 및 장소를 제한하는 법적인 불이익을 초래한다고 할 것이며, 따라서 이 사건 법률조항은 청구인이 이륜자동차를 이용하여 고속도로 등을 통행하여 자신의 직업을 수행할 수 있는 자유를 제한한다."는 재판관 3인의 별개의견이 있다.

229) 구 자연공원법(2001.3.28. 법률 제6450호로 개정되고, 2008.12.31. 법률 제9313호로 개정되기 전의 것) 제86조 제2항 제2호 중 '제28조 제1항의 규정에 의하여 금지되는 지역에 출입을 한 자'에 관한 부분.

230) 헌재 2012.2.23. 2010헌바99, 공보 185, 395, 397.

231) 피청구인(공주교도소장)이 2011.4.15.부터 2011.7.12.까지 사동(舍棟)에서 인원점검을 하면서 청구인을 비롯한 수형자들을 정렬시킨 후 차례로 번호를 외치도록 한 행위.

232) 헌재 2012.7.26. 2011헌마332, 공보 190, 1442, 1445.

233) 형의 집행을 유예하면서 사회봉사를 명할 수 있도록 한 형법(1995.12.29. 법률 제5057호로 개정된 것) 제62조의2 제1항 중 사회봉사 명령에 관한 부분

제10조의 행복추구권에서 파생하는 일반적 행동의 자유를 제한받게 된다."[234]

다. 자기결정권

1) 연명치료 중단[235]에 관한 자기결정권

생명과 직결되는 치료행위라 할 수 있는 연명치료의 중단은 생명권 주체인 환자 본인의 의사를 떠나서 그 정당성을 찾을 수 없기 때문에, 여기서 '무의미한 연명치료를 중단하고 자연스럽게 죽음을 맞이할 이익'은 헌법 제10조에 근거를 둔 자기운명결정권의 한 내용으로서 '연명치료 중단에 관한 자기결정권'으로 포섭될 수 있을 것이다.[236]

2) 낙태의 자유

헌법 제10조는 "모든 국민은 인간으로서의 존엄과 가치를 가지며, 행복을 추구할 권리를 가진다. 국가는 개인이 가지는 불가침의 기본적 인권을 확인하고 이를

---

234) 헌재 2012.3.29. 2010헌바100, 공보 186, 594, 597. 헌법재판소는 이어서, "청구인은 이 사건 법률조항이 신체의 자유를 제한한다고 주장하나, 이 사건 법률조항에 의한 사회봉사명령은 청구인에게 근로의무를 부과함에 그치고 공권력이 신체를 구금하는 등의 방법으로 근로를 강제하는 것은 아니어서 이 사건 법률조항이 신체의 자유를 제한한다고 볼 수 없다. 또한, 청구인은 이 사건 법률조항이 직업의 자유를 제한한다고 주장하나, 이 사건 법률조항에 의한 사회봉사명령이 직접적으로 청구인에게 직업의 선택 및 수행을 금지 또는 제한하는 것은 아니고, 사회봉사명령 이행기간 중에 직업의 선택 및 수행이 사실상 어려워지는 면이 있다 하더라도 이는 사회봉사명령으로 인하여 일반적 행동의 자유가 제한됨에 따라 부수적으로 발생하는 결과일 뿐이므로 이 사건 법률조항이 직업의 자유를 제한한다고 볼 수도 없다."고 판시하였다.

235) 연명치료 중단의 허용기준에 관하여는 대법원 2009.5.21. 선고 2009다17417 전원합의체 판결 참조.

236) 헌재 2009.11.26. 2008헌마385, 공보 158, 2219, 2225. 헌법재판소는 이 결정에서, "죽음에 임박한 환자에 대한 연명치료 중단에 관한 다툼은 법원의 재판을 통하여 해결될 수 있고, 법원의 재판에서 나타난 연명치료 중단의 허용요건이나 절차 등에 관한 기준에 의하여 연명치료 중단에 관한 자기결정권은 충분하지 않을지는 모르나 효율적으로 보호될 수 있으며, 자기결정권을 행사하여 연명치료를 중단하고 자연스런 죽음을 맞이하는 문제는 생명권 보호라는 헌법적 가치질서와 관련된 것으로 법학과 의학만의 문제가 아니라 종교, 윤리, 나아가 인간의 실존에 관한 철학적 문제까지도 연결되는 중대한 문제이므로 충분한 사회적 합의가 필요한 사항이다. 따라서 이에 관한 입법은 사회적 논의가 성숙되고 공론화 과정을 거친 후 비로소 국회가 그 필요성을 인정하여 이를 추진할 사항이다. 또한 '연명치료 중단에 관한 자기결정권'을 보장하는 방법으로서 '법원의 재판을 통한 규범의 제시'(대법원 2009.5.21. 선고 2009다17417 전원합의체 판결 참조)와 '입법' 중 어느 것이 바람직한가는 입법정책의 문제로서 국회의 재량에 속한다 할 것이다. 그렇다면 헌법해석상 '연명치료 중단 등에 관한 법률'을 제정할 국가의 입법의무가 명백하다고 볼 수 없다. 결국 환자 본인이 제기한 '연명치료 중단 등에 관한 법률'의 입법부작위의 위헌확인에 관한 헌법소원 심판청구는 국가의 입법의무가 없는 사항을 대상으로 한 것으로서 헌법재판소법 제68조 제1항 소정의 '공권력의 불행사'에 대한 것이 아니므로 부적법하다."고 판시하였다.

보장할 의무를 진다."라고 규정하여 개인의 인격권과 행복추구권을 보장하고 있다. 개인의 인격권·행복추구권에는 개인의 자기운명결정권이 전제되는 것이고, 이 자기운명결정권에는 임신과 출산에 관한 결정, 즉 임신과 출산의 과정에 내재하는 특별한 희생을 강요당하지 않을 자유가 포함되어 있다. 자기낙태죄 조항(형법 제269조 제1항)은 "부녀가 약물 기타 방법으로 낙태[237]한 때에는 1년 이하의 징역 또는 200만 원 이하의 벌금에 처한다."고 규정함으로써, 태아의 생명을 보호하기 위하여 태아의 발달단계나 독자적 생존능력과 무관하게 임부의 낙태를 원칙적으로 금지하고 이를 형사처벌하고 있으므로, 헌법 제10조에서 도출되는 임부의 자기결정권, 즉 낙태의 자유를 제한하고 있다.[238] [4(합헌)[239]:4(한정위헌)[240] - 합헌]

3. 신체의 자유 [제12조, 제13조]

가. 헌법상 신체의 자유의 보장

신체의 안전이 보장되지 아니한 상황에서는 어떠한 자유와 권리도 무의미해질 수밖에 없기 때문에 신체의 자유는 인간의 존엄과 가치를 구현하기 위한 가장 기본적인 최소한의 자유로서 모든 기본권 보장의 전제가 된다. 인간의 자유와 권리의 역사에서 신체의 자유는 주로 통치권력과 지배자의 강압에 의하여 침해받아 왔으므로, 신체의 자유에 대한 보장은 국가공권력으로부터의 보장이 중핵을 이루고 있다. 이처럼 신체의 자유는 국가형벌권의 행사에 의하여 침해될 여지가 많기 때문에, 우리 헌법은 국가형벌권의 행사로 신체의 자유에 대한 불가피한 제한을 인정하면서도, 그와 동시에 국가형벌권의 부당한 행사에 의하여 발생할 수 있는 신체의 자유의 침해를 방지하기 위하여 그 한계를 구체적으로 정하고 있다(헌법 제12

237) 낙태라 함은 태아를 자연분만기에 앞서서 인위적으로 모체 밖으로 배출하거나 모체 안에서 살해하는 행위를 말하며, 낙태 결과 태아가 사망하였는지 여부는 본죄의 성립에 영향이 없다. (대법원 2005.4.15. 선고 2003도2780 판결)

238) 헌재 2012.8.23. 2010헌바402, 공보 191, 1581, 1584.

239) 심사기준으로 "과잉금지원칙, 책임과 형벌간의 비례원칙, 형벌의 체계정당성 및 평등원칙"이 적용되었다.

240) [재판관 4인의 반대의견] : "자기낙태죄 조항은 임신 초기(임신 1주-12주)의 낙태까지 전면적, 일률적으로 금지하고 처벌하고 있다는 점에서 침해의 최소성 원칙 및 법익균형성의 원칙에 위배하여 임부의 자기결정권을 침해하는 것으로서, 헌법에 위반된다. 따라서 이 사건 법률조항{조산사 등이 부녀의 촉탁 또는 승낙을 받아 낙태하게 한 때에는 2년 이하의 징역에 처하도록 규정한 형법(1995.12.29. 법률 제5057호로 개정된 것) 제270조 제1항 중 '조산사'에 관한 부분} 및 이와 동일한 위헌사유가 있는 형법 제269조, 제270조 제3항 중 제1항에 관한 부분의 각 '낙태'에 '임신 12주 이내의 낙태'가 포함되는 것으로 해석하는 한 헌법에 위반된다고 선언하여야 할 것이다."

조 제1항 전문, 제12조 제3항 본문, 제27조 제4항, 제37조 제2항).[241]

나. 신체의 자유의 보호영역

헌법 제12조 제1항 전문에서 '모든 국민은 신체의 자유를 가진다'라고 규정하여 신체의 자유를 보장하고 있는 것은, ①신체의 안정성[242]이 외부로부터의 물리적인 힘이나 정신적인 위험으로부터 침해당하지 아니할 자유와 ②신체활동을 임의적이고 자율적으로 할 수 있는 자유를 말하는 것이다.[243]

다. 제12조 제1항과 제12조 제3항과의 관계

헌법 제12조 제1항은 '신체의 자유'에 관한 일반규정이고, 같은 조 제3항은 수사기관의 피의자에 대한 강제처분절차 등에 관한 특별규정이라고 할 수 있다. 그렇다면, 수사기관의 피의자에 대한 구속영장청구 및 그 발부절차 등에 관련된 이 사건 법률조항[244]의 위헌성 여부는 원칙적으로 이에 관한 헌법적 특별규정인 헌법 제12조 제3항 소정의 '영장주의'에 합치되는지 여부에 달려있다고 봄이 상당하다.[245]

라. 변호인의 조력을 받을 권리 (제12조 제4항)

1) 의의 및 헌법적 근거

변호인의 조력을 받을 권리란 "국가권력의 일방적인 형벌권행사에 대항하여 자신에게 부여된 헌법상, 소송법상의 권리를 효율적이고 독립적으로 행사하기 위하여 변호인의 도움을 얻을 피의자·피고인의 권리"를 의미한다.[246]

2) 보호영역

변호인의 조력을 받을 권리에는 ①변호인을 선임하고, ②변호인과 접견하며, ③변호인의 조언과 상담을 받고, ④변호인을 통해 방어권 행사에 필요한 사항들을 준비하고 행사하는 것 등이 모두 포함된다.[247]

---

241) 헌재 2009.6.25. 2007헌바25, 공보 153, 1244, 1249-1250.

242) 한편, 헌재 2004.12.16. 2002헌마478 결정에서는 "신체의 안전성"이라고 표기하고 있는데(판례집 16-2하, 548, 563), 이와 같이 '신체의 안정성' 또는 '신체의 안전성'이라는 표기는 "신체의 완전성"을 잘못 표현한 것으로 보는 견해로, 한수웅(헌법학), 607면 참조.

243) 헌재 1992.12.24. 92헌가8, 판례집 4, 853, 874; 헌재 2011.2.24. 2008헌바40, 판례집 23-1상, 1, 5.

244) 수사기관의 피의자에 대한 강제처분에 관한 형사소송법 제201조 제1항.

245) 헌재 2003.12.18. 2002헌마593, 판례집 15-2하, 637, 647-648.

246) 헌재 2004.9.23. 2000헌마138, 판례집 16-2상, 543, 555; 헌재 2011.5.26. 2009헌마341, 공보 176, 831, 834.

247) 헌재 2011.5.26. 2009헌마341, 판례집 23-1하, 201, 207-208.

가) 변호인 선임권

변호인의 조력을 받을 권리의 출발점은 변호인선임권에 있고, 이는 변호인의 조력을 받을 권리의 가장 기초적인 구성부분으로서 법률로써도 제한할 수 없다.[248)]

나) 변호인과의 접견교통권[249)]

신체구속을 당한 사람에 대하여 변호인의 충분한 조력을 받게 하기 위하여서는 무엇보다도 먼저 신체구속을 당한 사람이 변호인과 충분한 상담을 할 수 있도록 해 주어야만 할 것이므로 변호인의 조력을 받을 권리의 필수적 내용은 신체구속을 당한 사람과 변호인과의 접견교통일 것이다. 변호인과의 자유로운 접견은 신체구속을 당한 사람에게 보장된 변호인의 조력을 받을 권리의 가장 중요한 내용이어서 국가안전보장·질서유지·공공복리 등 어떠한 명분으로도 제한될 수 있는 성질의 것이 아니다.[250)] 그러나 위 결정(헌재 1992.1.28. 91헌마111)에서 어떠한 명분으로도 제한할 수 없다고 한 것은 구속된 자와 변호인 간의 접견이 실제로 이루어지는 경우에 있어서의 '자유로운 접견', 즉 '대화내용에 대하여 비밀이 완전히 보장되고 어떠한 제한, 영향, 압력 또는 부당한 간섭 없이 자유롭게 대화할 수 있는 접견'을 제한할 수 없다는 것이지, 변호인과의 접견 자체에 대해 아무런 제한도 가할 수 없다는 것을 의미하는 것이 아니다. 변호인의 조력을 받을 권리 역시 다른 모든 헌법상 기본권과 마찬가지로 국가안전보장·질서유지 또는 공공복리를 위하여 필요한 경우에는 법률로써 제한할 수 있는 것이다(헌법 제37조 제2항). 그렇다면 변호인의 조력을 받을 권리의 내용 중 하나인 미결수용자의 변호인 접견권 역시 국가안전보장·질서유지 또는 공공복리를 위해 필요한 경우에는 법률로써 제한될 수 있음은 당연하다.[251)]

---

248) 헌재 2004.9.23. 2000헌마138, 판례집 16-2상, 543, 555.

249) "그러나 미결수용자가 갖는 변호인 아닌 자와의 접견교통권은, 미결수용자가 가족 등 외부와 연결될 수 있는 통로를 적절히 개방하고 유지함으로써, 한편으로는 가족 등 타인과 교류하는 인간으로서의 기본적인 생활관계가 인신의 구속으로 인하여 완전히 단절되어 파멸에 이르는 것을 방지하고, 다른 한편으로는 피의자 또는 피고인의 방어를 준비하기 위하여 보장되어야 하는 인간으로서의 기본적인 권리로서 헌법 제10조의 행복추구권에서 비롯된다(헌재 2009.9.24. 2007헌마738). 이 사건 녹음조항{'형의 집행 및 수용자의 처우에 관한 법률'(2007.12.21. 법률 제8728호로 전부개정된 것) 제41조 제2항 제1호, 제3호 중 '미결수용자의 접견내용의 녹음·녹화'에 관한 부분}은 미결수용자의 접견내용을 녹음·녹화하고 있을 뿐, 접견 자체를 제한하고 있지는 아니하므로 미결수용자의 변호인 아닌 자와의 접견교통권을 제한한다고 보기 어렵다."(헌재 2016.11.24. 2014헌바401, 공보 242, 1851, 1856)

250) 헌재 1992.1.28. 91헌마111, 판례집 4, 51, 59·60. [전원일치 위헌확인(공권력행사) 및 위헌(근거조항 - 부수적 규범통제]

251) 헌재 2011.5.26. 2009헌마341, 판례집 22-1하, 621, 636. [전원일치 기각] 헌법재판소는 이 결

다) 변호인과 상담하고 조언을 구할 권리

헌법재판소는 불구속 피의자들이 검사조사실에서 조사받는 동안 변호인의 도움을 받기 위하여 변호인의 신문참여를 요구한 사건에서, "피의자·피고인의 구속여부를 불문하고[252] 조언과 상담을 통하여 이루어지는 변호인의 조력자로서의 역할은 변호인선임권과 마찬가지로 변호인의 조력을 받을 권리의 내용 중 가장 핵심적인 것이 되고, 변호인과 상담하고 조언을 구할 권리는 변호인의 조력을 받을 권리의 내용 중 구체적인 입법형성이 필요한 다른 절차적 권리의 필수적인 전제요건으로서 변호인의 조력을 받을 권리(헌법 제12조 제4항 본문)[253] 그 자체에서 막바로 도출되는 것"이이라고 판시하였다.[254]

라) 변호인을 통해 방어권 행사에 필요한 사항들을 준비하고 행사할 권리

변호인의 조력을 받을 권리가 보장된다는 것은 피고인을 위한 변호인의 활동이 충분히 보장됨을 의미하는 것인데, 변호인의 변론활동 중 수사서류에 대한 검토는 피고인에게 유리한 증거를 피고인의 이익으로 원용하고, 불리한 증거에 대하여는 효율적으로 방어하기 위하여 필수적인 것이므로, 이에 대한 접근이 거부된다면 실질적인 당사자 대등이 이루어졌다고 할 수 없고, 피고인에게 변호인의 조력을 받

정에서, "체포 또는 구속된 자와 변호인 간의 접견은 변호인의 조력을 받을 권리의 필수적인 내용이므로 미결수용자와 변호인 간의 접견은 가능한 한 충분히 보장되어야 함은 물론이다. 그러나 변호인의 조력을 받을 권리를 보장하는 목적은 피의자 또는 피고인의 방어권 행사를 보장하기 위한 것이므로, 미결수용자 또는 변호인이 원하는 특정한 시점에 접견이 이루어지지 못하였다 하더라도 그것만으로 곧바로 변호인의 조력을 받을 권리가 침해되었다고 단정할 수는 없는 것이고, 변호인의 조력을 받을 권리가 침해되었다고 하기 위해서는 '접견이 불허된 특정한 시점'을 전후한 수사 또는 재판의 진행 경과에 비추어 보아, 그 시점에 접견이 불허됨으로써 피의자 또는 피고인의 방어권 행사에 어느 정도는 불이익이 초래되었다고 인정할 수 있어야만 하며, 그 시점을 전후한 변호인 접견의 상황이나 수사 또는 재판의 진행 과정에 비추어 미결수용자가 방어권을 행사하기 위해 변호인의 조력을 받을 기회가 충분히 보장되었다고 인정될 수 있는 경우에는, 비록 미결수용자 또는 그 상대방인 변호인이 원하는 특정 시점에는 접견이 이루어지지 못하였다 하더라도 변호인의 조력을 받을 권리가 침해되었다고 할 수 없는 것이다."라고 판시하였다.

252) 대법원은 소위 "송두율교수 사건"에서 구금된 피의자의 피의자신문에 변호인이 참여할 권리에 대하여, 그러한 권리를 명문으로 인정한 법률조항은 없지만 헌법 제12조 제4항, 형사소송법 제89조, 제209조, 제34조의 규정에 비추어 볼 때, **구금된 피의자**는 형사소송법 제209조(준용규정), 제89조(구속된 피고인과의 接見·受診) 등의 유추적용에 의하여 피의자신문을 받음에 있어 변호인의 참여를 요구할 수 있고 수사기관은 이를 거절할 수 없으며, 이러한 해석이 인신구속과 처벌에 관하여 적법절차주의를 선언한 헌법의 정신에 부합한다고 판시한 바 있다. (대법원 2003.11.11.자 2003모402 결정)

253) "누구든지 체포 또는 구속을 당한 때에는 즉시 변호인의 조력을 받을 권리를 가진다."

254) 헌재 2004.9.23. 2000헌마138, 판례집 16-2상, 543, 555-556.

을 권리가 충분하게 보장되었다고 할 수도 없을 것이다. 따라서 피고인이 변호인을 통하여 수사서류를 열람·등사하는 것은 피고인에게 보장된 변호인의 조력을 받을 권리의 중요한 내용을 이루게 된다.[255]

4. 거주이전의 자유 [제14조]

가. 의의 및 보호영역

헌법 제14조에서 보장하는 거주이전의 자유는 국가의 간섭 없이 자유롭게 거주와 체류지를 정할 수 있는 자유로서 정치·경제·사회·문화 등 모든 생활영역에서 개성신장을 촉진함으로써 헌법상 보장되고 있는 다른 기본권들의 실효성을 증대시켜주는 기능을 한다. 구체적으로는 ① 국내에서 체류지와 거주지를 자유롭게 정할 수 있는 자유(국내에서의 거주이전의 자유) 영역뿐만 아니라 나아가 ② 국외에서 체류지와 거주지를 자유롭게 정할 수 있는 '해외여행 및 해외이주의 자유'(국외에서의 거주이전의 자유)를 포함하고 덧붙혀 ③ 대한민국의 국적을 이탈할 수 있는 자유(국적변경의 자유)[256] 등도 그 내용에 포섭된다고 보아야 한다. 따라서 해외여행[257] 및 해외이주의 자유는 필연적으로 외국에서 체류 또는 거주하기 위해서 대한민국을 떠날 수 있는 '출국의 자유'와 외국체류 또는 거주를 중단하고 다시 대한민국으로 돌아올 수 있는 '입국의 자유'를 포함한다.[258]

---

255) 헌재 2010.6.24. 2009헌마257, 공보 165, 1193, 1199.

256) 이에 대하여 "세계인권선언도 국적을 변경할 수 있는 권리(제15조)와 거주·이전의 자유권(제13조)이 서로 다른 권리임을 분명히 하고 있듯이, 국적을 이탈하거나 변경하는 자유가 거주·이전의 자유에 포함된다는 다수의견의 논리에는 찬성할 수 없으며, 이러한 권리는 그 본질상 인간의 존엄과 가치 및 행복추구권을 규정하고 있는 헌법 제10조에서 도출되는 것으로 보아야 한다. 복수국적자가 대한민국 국적을 버릴 수 있는 자유도 마찬가지로 헌법 제10조에서 나오는 것이지 거주·이전의 자유에 포함되어 있는 것이 아니다."라는 소수의견이 있다.(헌재 2015.11.26. 2013헌마805등, 재판관 강일원의 별개의견, 판례집 27-2하, 346, 361-362)

257) 헌재 2008.6.26. 2007헌마1366 : "이 사건 고시(아프가니스탄 등 전쟁 또는 테러위험이 있는 해외 위난지역에서 여권사용을 제한하거나 방문 또는 체류를 금지한 외교통상부 고시)는 국민의 생명·신체 및 재산을 보호하기 위한 것으로 그 목적의 정당성과 수단의 적절성이 인정되며, 대상지역을 당시 전쟁이 계속 중이던 이라크와 소말리아, 그리고 실제로 한국인에 대한 테러 가능성이 높았던 아프가니스탄 등 3곳으로 한정하고, 그 기간도 1년으로 하여 그다지 장기간으로 볼 수 없을 뿐 아니라, 부득이한 경우 예외적으로 외교통상부장관의 허가를 받아 여권의 사용 및 방문·체류가 가능하도록 함으로써 국민의 거주이전의 자유에 대한 제한을 최소화하고 법익의 균형성도 갖추었다. 결국 이 사건 고시가 과잉금지원칙에 위해하여 청구인들의 거주이전의 자유를 침해하였다고 볼 수 없다."

258) 헌재 2004.10.28. 2003헌가18, 판례집 16-2하, 86, 95.

나. 보호영역이 부인된 사례

◈ 헌재 1993.12.23. 89헌마189 (해직공무원의 보상금산정에서 이민사유의 제외)

"헌법상 거주이전의 자유 속에 국외거주의 자유가 포함된다고 하여도 '1980년 해직공무원의 보상 등에 관한 특별조치법' 제2조 제5항은 그 자체 청구인이나 대한민국 국민 누구에게도 거주이전의 자유를 제한하는 것이라거나 국외이주를 제한하는 규정이 아니므로, 동조항에 따른 보상의 차별이 있더라도 동규정이 헌법상 재외국민의 평등권을 침해하였다고 할 수 없는 것과 마찬가지로 거주이전의 자유를 침해한 것이라 할 수 없다." - 평등권 침해여부 심사

◈ 헌재 2004.11.25. 2004헌바15 (해외체재자의 병역의무면제)

[일반인은 31세가 되면 입영의무가 면제되는 데 반해, 해외체재자에 대해서는 36세가 되어야 병역의무가 면제되도록 하는 병역법(1999.2.5. 법률 제5757호로 개정되고 2000.12.26. 법률 제6287호로 개정되기 전의 것) 제71조 제1항 제6호가 거주이전의 자유를 침해한다는 청구인의 주장에 대해], "이 사건 조항이 있더라도 청구인은 자유롭게 해외에 거주하거나 해외로 이전할 수 있다. 따라서 해외에 체재하게 되면 그 감면연령이 다른 사람보다 늦춰지게 된다고 해서 이를 거주이전의 자유의 제한이라고 할 수는 없다." - 평등원칙 위배여부 심사

◈ 헌재 2008.11.13. 2006헌바112등 (종합부동산세)

"청구인들은 종합부동산세의 부담이 과중하여 그 납부를 위하여 과세대상 주택을 팔고 이사할 수밖에 없거나, 종합부동산세의 부담을 피하기 위하여 거주하는 곳에서 이사하도록 강요하거나 원하는 곳으로 이사할 수 없게 함으로써 거주이전의 자유를 침해한다고 주장한다. 그러나, 종합부동산세는 주택 등이 어느 장소에 있든 이를 묻지 않고 일정 가액 이상의 주택 등에 대하여 세금을 부과할 뿐이고, 이와 같은 종합부동산세의 부과가 일정 가액 이상의 주택 등을 보유할 것인가 여부에 관한 의사결정에 영향을 주고, 주거 목적으로 한 채의 주택을 보유하는 자 중 특히 과세대상 주택 외에 따로 별다른 재산이나 소득이 없어 조세지불 능력이 낮거나 사실상 거의 없는 자 등에 대하여는 사실상 과세대상인 주택의 처분을 강요하는 영향을 미치게 되어 그들의 거주이전의 자유가 사실상 제약당할 여지가 있으나, 이는 위의 기본권에 대한 침해가 아니라 주택 등의 재산권에 대한 제한이 수반하는 반사적인 불이익에 지나지 아니하므로, 이 사건 주택분 종합부동산세 부과규정이 거주이전의 자유를 침해한다는 주장은 받아들이기 어렵다." - 헌법 제36

조 제1항 위반여부 및 재산권 침해여부 심사

◈ 헌재 2011.6.30. 2009헌마406 (서울광장 차벽)

"거주이전의 자유는 국민이 원활하게 개성신장과 경제활동을 해 나가기 위하여는 자유로이 생활의 근거지를 선택하고 변경하는 것이 필수적이라는 고려에 기하여 생활형성의 중심지, 즉 거주지나 체류지라고 볼 만한 정도로 생활과 밀접한 연관을 갖는 장소를 선택하고 변경하는 행위를 보호하는 기본권으로서, 생활의 근거지에 이르지 못하는 일시적인 이동을 위한 장소의 선택과 변경까지 그 보호영역에 포함되는 것은 아니다. 이 사건에서 서울광장이 청구인들의 생활형성의 중심지라고 할 수 없을 뿐만 아니라 청구인들이 서울광장에 출입하고 통행하는 행위가 그 장소를 중심으로 생활을 형성해 나가는 행위에 속한다고 볼 수도 없으므로 청구인들이 서울광장을 출입하고 통행하는 자유는 헌법상의 거주이전의 자유의 보호영역에 속한다고 할 수 없고, 따라서 이 사건 통행제지행위로 인하여 청구인들의 거주이전의 자유가 제한된다고 할 수는 없다." - 일반적 행동자유권(중 통행의 자유) 침해여부 심사

◈ 헌재 2012.7.26. 헌재 2009헌마499 (쌀직불금)

"이 사건 시행령조항[259]이 농업에 종사하지 않는 자가 부당하게 쌀직불금을 수령하는 것을 방지하기 위해 농촌 이외의 지역에 거주하고 있는 자가 쌀직불금을 수령할 수 있는 요건을 농촌 지역에 거주하고 있는 자에 비하여 다소 엄격하게 정하고 있다 하더라도, 그 내용이 직접적으로 거주지를 제한하거나 직업선택의 자유를 제한하는 것은 아니다. 그리고 쌀직불금을 지급받고자 하는 사람이 이 사건 시행령조항으로 인하여 비농촌 지역으로 이주하는 것이 사실상 제한되거나 경작하는 농지의 규모 또는 농산물의 연간 판매금액 등을 결정함에 있어 다소간의 제한을 받게 된다 하더라도, 이는 쌀직불금의 지급요건을 제한하는 데 따른 간접적인 효과 내지 반사적 불이익에 지나지 않으므로, 이 사건 시행령 조항이 거주·이전의 자유나 직업선택의 자유를 제한한다고 볼 수 없다." - 평등권 침해여부 심사

5. 직업의 자유 [제15조]

가. 의의 및 법적 성격

헌법 제15조에 의한 직업선택의 자유는 자신이 원하는 직업을 자유롭게 선택하

---

259) '쌀소득 등의 보전에 관한 법률 시행령'(2009.6.16. 대통령령 제21538호로 개정된 것) 제4조의 2 중 아래의 밑줄 친 농업인에 관한 부분.

는 좁은 의미의 **직업선택의 자유**와 그가 선택한 직업을 자기가 원하는 방식으로 자유롭게 수행할 수 있는 **직업수행의 자유**를 포함하는 직업의 자유를 뜻한다. 여기서 "직업"이란 생활의 기본적 수요를 충족시키기 위해서 행하는 계속적인 소득활동을 의미하며, 이러한 내용의 활동인 한 그 종류나 성질을 묻지 않는다.[260] 직업의 자유는 각자 생활의 기본적 수요를 충족시키는 방편이 되고 또한 개성신장의 바탕이 된다는 점에서 주관적 공권의 성격이 두드러진 것이기는 하나, 다른 한편으로는 국민 개개인이 선택한 직업의 수행에 의하여 국가의 사회질서와 경제질서가 형성된다는 점에서 '사회적 시장경제질서'라고 하는 객관적 법질서의 구성요소이기도 하다.[261]

나. 보호영역

1) 직업교육장 선택의 자유

헌법 제15조에 의한 직업선택의 자유라 함은 자신이 원하는 직업 내지 직종을 자유롭게 선택하는 직업선택의 자유뿐만 아니라 그가 선택한 직업을 자기가 결정한 방식으로 자유롭게 수행할 수 있는 직업수행의 자유를 포함하고, 직업선택의 자유에는 자신이 원하는 직업 내지 직종에 종사하는데 필요한 전문지식을 습득하기 위한 직업교육장을 임의로 선택할 수 있는 '직업교육장 선택의 자유'도 포함된다.[262]

2) 직장선택의 자유

헌법 제15조가 보장하는 직업선택의 자유에는 직장선택의 자유가 포함되며,[263] 이러한 직장선택의 자유는 '자신이 선택한 직업분야에서 구체적인 취업의 기회를 가지거나 이미 형성된 근로관계를 계속 유지하거나 포기함에 있어 국가의 방해를 받지 않는 자유로운 선택과 결정을 보호'하는 것을 내용으로 한다. 그러나 이 기본권은 원하는 직장을 제공하여 줄 것을 청구하거나 한번 선택한 직장의 존속보호를 청구할 권리를 보장하지 않으며, 또한 사용자의 처분에 따른 직장 상실로부터 직

---

260) 헌재 1998.3.26. 97헌마194, 판례집 10-1, 302, 314; 헌재 2008.4.24. 2006헌바68, 공보 139, 565, 568.

261) 헌재 1995.7.21. 94헌마125, 판례집 7-2, 155, 162; 헌재 2001.6.28. 2001헌마132, 판례집 13-1, 1441, 1458; 헌재 2010.6.24. 2007헌바101, 공보 165, 1103, 1111.

262) 헌재 2009.2.26. 2007헌마1262, 판례집 21-1상, 248, 259. <판시사항> : 법학전문대학원 입학자 중 법학 외의 분야 및 당해 법학전문대학원이 설치된 대학 외의 대학에서 학사학위를 취득한 자가 차지하는 비율이 입학자의 3분의 1 이상이 되도록 규정한 '법학전문대학원 설치·운영에 관한 법률'(2007.7.27. 법률 제8544호로 제정된 후 2008.2.29. 법률 제8852호로 개정된 것) 제26조 제2항 및 제3항이 청구인들의 직업선택의 자유를 침해하는지 여부 (소극)

263) 헌재 1989.11.20. 89헌가102, 판례집 1, 329, 336.

접 보호하여 줄 것을 청구할 수도 없다.[264)]

다. 직업의 자유와 단계이론

1) 단계이론의 의의 및 과잉금지원칙과의 관계

직업의 자유의 경우에 과잉금지의 원칙을 구체화 한 이론으로서 1958년 6월 11일 독일 연방헌법재판소의 약국판결[265)]을 통하여 확립된 이론이다. 단계이론은 우리 헌법 제37조 제2항의 과잉금지의 원칙과 별개의 기본권제한의 한계이론이 아니라 과잉금지의 원칙, 특히 최소침해의 원칙이 직업의 자유에서 구체화·특수화되는 경우라고 말할 수 있다.

2) 내용

가) 직업의 자유의 제한을 3단계로 구별

단계이론이란 직업의 자유를 제한하는 경우 먼저 가장 약한(최소의) 제한으로 제한의 목적을 달성해 보고 그것으로 목적달성이 어려운 경우 다음 단계의 보다 강한 제한을 하고, 그것으로도 목적이 달성되지 않는 경우 최후단계의 가장 강한 제한을 해야 한다는 것이다. 이 이론에 따르면, 직업의 자유의 제한을 제한의 정도에 따라 낮은 단계부터 (1단계) 직업수행의 자유의 제한, (2단계) 주관적 사유에 의한 직업결정의 자유의 제한, (3단계) 객관적 사유에 의한 직업결정의 자유의 제한으로 구별한다. 1단계의 제한은 직업선택은 허용하되 영업시간이나 영업방법 등 그 행사의 일부를 제약하는 것이다. 2단계의 제한은 직업결정의 자유를 기본권 주체 스스로가 충족시킬 수 있는 일정한 주관적 사유와 결부시켜서 제한하는 경우이다. 3단계의 제한은 기본권주체가 그 조건충족에 아무런 영향도 미칠 수 없는 어떤 객관

264) 헌재 2002.11.28. 2001헌바50, 판례집 14-2, 668, 678; 헌재 2011.7.28. 2009헌마408, 공보 178, 1121, 1126.

265) BverfGE 7, 377. 바이에른 주의 약국법 제1조(제1항)는 약국의 개설을 허가제로 하고, 제2조(제1항)는 약국개설 교부조건으로 신청인이 약사면허를 가질 것, 독일인일 것, 약사의 업무경험이 있을 것, 그 밖에 약사로서의 인격적 신뢰성과 적성을 요구하였으며, 제3조(제1항)는 첫째, 약국의 개업이 약품을 공급함으로써 국민생활의 보장을 위한 공공목적에 합치되고, 둘째, 신청인 본인의 경제적 기반이 충분해야 하며, 셋째, 새로운 약국의 개업으로 인근 기존 영업약국의 경제적 기반을 훼손하지 않는다고 인정되는 경우에 한하여 허가하며, 넷째, 허가시에는 균형있는 약품공급을 위하여 개설할 약국의 장소를 지정하는 부관을 부과할 수 있다고 규정하고 있었다. 청구인의 약국개설 허가신청을 당국이 약국법 제3조 제1항에 저촉된다는 이유로 거부하자 청구인은 이의신청 절차를 거쳐 헌법소원심판을 제기하였고, 연방헌법재판소는 1958.6.11. 위 약국법 제3조 제1항은 객관적 사유에 의한 직업결정의 자유에 대한 제한으로서 기본법 제12조 제1항(직업의 자유)에 위반되어 위헌이라고 하면서 위 거부처분을 무효라고 판결하였다.

적인 사유 때문에 직업결정의 자유를 제한하는 것을 말한다.

나) 직업의 자유의 제한의 단계별 순서 및 심사기준의 차이

단계이론에 따르면 직업의 자유를 제한할 때에는 가장 적은 침해를 가져오는 단계부터 제한하여야 한다. 다시 말해서 1단계로 직업행사의 자유를 제한하고 이에 의하여 그 목적달성을 할 수 없는 경우에 2단계로 주관적 사유에 의한 직업결정의 사유를 제한한다. 그에 의해서도 그 목적을 달성할 수 없는 경우에 3단계로 객관적 사유에 의한 직업결정의 자유를 제한하여야 한다. 따라서 낮은 단계의 제한을 통하여 입법목적을 달성할 수 있음에도 높은 단계의 제한을 가할 경우 과잉금지의 원칙의 내용 중 '침해의 최소성'에 위반되며 직업의 자유를 침해하게 된다. 이러한 각 단계별 제한마다 심사기준이 다른데, 제한의 정도가 클수록 입법형성의 자유가 축소되어 위헌성 판단에서 보다 엄격한 심사를 요한다. 1단계 제한에 있어서는 과잉금지의 원칙을 적용하되 합목적성의 관점이 상당히 고려될 수 있다(합리적인 공익). 2단계 제한에 있어서는 과잉금지의 원칙이 엄격하게 적용되어 개인의 자유보다 우월한 공익이 필요하다(중대한 공익). 그리고 3단계 제한의 경우에는 중대한 공익에 대한 명백하고 현존하는 위험을 방지하기 위한 것이어야 한다(월등하게 중대한 공익).

3) 우리 헌법재판소의 단계이론의 전개

우리 헌법재판소는 직업의 자유의 침해여부를 심사함에 있어서 단계이론을 적극 수용하고 있다. 헌재 1990.10.15. 89헌마178 (법무사법시행규칙) 사건에서 이성렬 재판관이 반대의견에서 단계이론의 도입 필요성을 피력하였고,[266] 헌재 1993.5.13. 92헌마80 (당구장) 사건에서 "직업선택의 자유에는 직업결정의 자유, 직업종사(직업수행)의 자유, 전직의 자유 등이 포함되지만 직업결정의 자유나 전직의 자유에 비하여 직업종사(직업수행)의 자유[267]에 대하여서는 상대적으로 더욱 넓은 법률상의

266) "그 제한의 범위 및 한계에 관하여 일반적으로 보면, 선택된 직업의 행사를 제한하는 것은 직업의 선택을 제한하는 경우보다는 개성신장에 대한 침해의 진지성이 적다고 할 것이므로 직업선택에 대한 제한은 행사에 대한 제한보다 더 엄격한 제약을 받는다 할 것이고, 나아가 직업선택의 자유를 제한하는 경우에도 그 제한의 사유가 기본권 주체에 일정한 자격을 요구하는 주관적 사유를 이유로 하는 경우보다는, 기본권 주체와는 전혀 무관하여 그 스스로는 요건을 충족시킬 수 있는 방법이 없는 객관적 사유를 이유로 하는 경우에는 직업의 자유에 대한 침해의 진지성이 가장 크다 할 것이므로 매우 엄격한 요건을 갖춘 경우에만 이를 허용할 수 있다."(판례집 2, 365, 381)

267) 한편 대법원은, "직업의 자유에 대한 제한이 직업의 선택 자체는 제한하지 않으면서 직업활동의 내용이나 태양만을 제한하는 것일 때에는 직업선택의 자유를 제한하는 것보다는 제한의 정도가 가볍다고 할 것이고, 따라서 자유를 제한할 수 있는 범위도 커서 비교적 용이하게 제한의

규제가 가능하다."고 판시하여, 법정의견에서 단계이론을 수용하였다.[268)]

6. 사생활의 비밀과 자유 [제17조]

가. 의의 및 보호영역

헌법 제17조는 "모든 국민은 사생활의 비밀과 자유를 침해받지 아니한다."고 규정하여 사생활의 비밀과 자유를 국민의 기본권의 하나로 보장하고 있다. 사생활의 **비밀**은 '국가가 사생활영역을 들여다보는 것에 대한 보호'를 제공하는 기본권이며, 사생활의 **자유**는 '국가가 사생활의 자유로운 형성을 방해하거나 금지하는 것에 대한 보호'를 의미한다. 구체적으로 사생활의 비밀과 자유가 보호하는 것은 ①개인의 내밀한 내용의 비밀을 유지할 권리, ②개인이 자신의 사생활의 불가침을 보장받을 수 있는 권리, ③개인의 양심영역이나 성적 영역과 같은 내밀한 영역에 대한 보호, ④인격적인 감정세계의 존중의 권리와 ⑤정신적인 내면생활이 침해받지 아니할 권리 등이다. 요컨대 헌법 제17조가 보호하고자 하는 기본권은 사생활영역의 자유로운 형성과 비밀유지라고 할 것이다.[269)]

필요성과 합리성을 긍정할 수 있겠지만, 이와 같은 구분도 반드시 절대적인 것은 아니어서, 형식적으로는 직업활동의 자유를 제한하는 것처럼 보이더라도 실질에 있어서는 직업선택의 자유를 제한하는 것과 다를 바가 없을 정도로 직업활동의 자유를 크게 제한할 경우에는 그 제한의 합리성을 쉽게 긍정하여서는 안 되고, 개인의 자유보다 우월한 매우 중요한 공공의 이익을 보호하기 위하여 그와 같은 제한이 필요하다고 인정되는 경우에만 그 제한을 합헌적인 것으로 보아야 할 것이다."라고 하였다. [대법원 1994.3.8. 선고 92누1728 판결, 먹는샘물(생수) 사건]

268) 한편 헌법재판소는 첫째, **직업수행의 자유**에 있어서는, 헌재 2004.10.28. 2002헌바41 결정에서 "직업수행의 자유는 직업결정의 자유에 비하여 상대적으로 그 침해의 정도가 작다고 할 것이어서, 이에 대하여는 공공복리 등 공익상의 이유로 비교적 넓은 법률상의 규제가 가능하다."고 판시하였고, 둘째, **주관적 사유에 의한 직업결정의 자유**의 제한과 관련해서는 헌재 1995.6.29. 90헌바43 결정에서 "이러한 주관적 요건을 갖추도록 요구하는 것이 누구나 제한없이 그 직업에 종사하도록 방임함으로써 발생할 우려가 있는 공공의 손실과 위험을 방지하기 위한 적절한 수단이고, 그 직업을 희망하는 모든 사람에게 동일하게 적용되어야 하며 주관적 요건자체가 제한목적과 합리적인 관계에 있어야 한다는 비례원칙이 적용되어야 한다."고 판시하였으며, 셋째, 당사자의 능력이나 자격과도 상관없는 **객관적 사유에 의한 직업결정의 자유**의 제한에 대하여는 헌재 2002.4.25. 2001헌마614 결정에서 "월등하게 중요한 공익을 위하여 명백하고 확실한 위험을 방지하기 위한 경우에만 정당화될 수 있다."고 판시한 바 있으나, 대부분의 사례에서는 주관적 사유에 의한 직업결정의 자유와 객관적 사유에 의한 직업결정의 자유를 특별히 구별하고 있지는 않는 것 같다.

269) 헌재 2007.5.31. 2005헌마1139, 공보 128, 646, 650; 헌재 2008.4.24. 2006헌마402등, 공보 139, 625, 628.

나. 보호영역에 해당하지 않는다고 본 사례

◈ 헌재 2003.10.30. 2002헌마518 (자동차 좌석안전띠 미착용에 대한 범칙금 부과)

"자동차를 운전하는 행위는 더 이상 개인적인 내밀한 행위가 아니다. 그렇다면 운전할 때 운전자가 좌석안전띠를 착용하는 문제는 더 이상 사생활영역의 문제가 아니어서 사생활의 비밀과 자유에 의하여 보호되는 범주를 벗어난 행위라고 볼 것이다." - 일반적 행동의 자유를 제한하는 것으로 봄

◈ 헌재 2010.2.25. 2008헌마324등 (선거운동기간 중 인터넷실명제)

"인터넷언론사의 공개된 게시판·대화방에서 스스로의 의사에 의하여 정당·후보자에 대한 지지·반대의 글을 게시하는 행위는 정당·후보자에 대한 단순한 의견 등의 표현행위에 불과하여 양심의 자유나 사생활 비밀의 자유에 의하여 보호되는 영역이라고 할 수 없으므로, 그 과정에서 실명확인 절차의 부담을 진다고 하더라도 이를 두고 양심의 자유나 사생활 비밀의 자유를 제한받는 것이라고 볼 수 없다." - 표현의 자유의 제한으로 봄

◈ 헌재 2010.3.25. 2007헌마1191 (복식부기의무자인 변호사의 사업용계좌 사용의무)

"공적인 영역의 활동은 다른 기본권에 의한 보호는 별론으로 하고 사생활의 비밀과 자유가 보호하는 것은 아니라고 할 것이다.[270] 따라서 청구인들의 변호사업과 관련된 영역은 경제적·사회적 활동영역으로서 헌법 제17조가 보호하고자 하는 개인의 내밀한 사생활 영역의 문제라고 보기 어려우므로, 이 사건 법률조항들[271]이 사생활의 비밀과 자유와 관련되는 것은 아니라 할 것이다." - 직업수행의 자유의 제한으로 봄

7. 통신의 비밀과 자유 [제18조]

가. 의의 및 보호이유

헌법 제18조에서는 "모든 국민은 통신의 비밀을 침해받지 아니한다"라고 규정하여 통신의 비밀보호를 그 핵심내용으로 하는 통신의 자유를 기본권으로 보장하고 있다. 통신의 자유를 기본권으로서 보장하는 것은 사적 영역에 속하는 개인간의 의사소통을 사생활의 일부로서 보장하겠다는 취지에서 비롯된 것이라 할 것이

270) 헌재 2009.10.29. 2007헌마667, 공보 157, 1997, 2003.

271) 복식부기의무자에게 사업용계좌의 사용을 의무화하고, 사업용계좌의 개설·신고 의무를 부과한 구 소득세법 제160조의5 제1항 및 제3항 본문.

다. 그런데 개인과 개인간의 관계를 전제로 하는 통신은 다른 사생활의 영역과 비교해 볼 때 국가에 의한 침해의 가능성이 매우 큰 영역이라 할 수 있다. 왜냐하면 오늘날 개인과 개인간의 사적인 의사소통은 공간적인 거리로 인해 우편이나 전기통신을 통하여 이루어지는 경우가 많은데, 이러한 우편이나 전기통신의 운영이 전통적으로 국가독점에서 출발하였기 때문이다. 사생활의 비밀과 자유에 포섭될 수 있는 사적 영역에 속하는 통신의 자유를 헌법이 별개의 조항을 통해서 기본권으로 보호하고 있는 이유는, 이와 같이 국가에 의한 침해의 가능성이 여타의 사적 영역보다 크기 때문이라고 할 수 있다.[272]

나. 보호영역

◈ 헌재 1998.8.27. 96헌마398 (수형자의 서신검열)

"징역형 등이 확정되어 교정시설에서 수용중인 수형자도 통신의 자유의 주체가 됨은 물론이다. 그러나 행형법은 교정시설의 질서를 유지하고 수형자의 교정·교화를 도모하기 위하여 수형자가 서신을 수발할 경우에는 교도소장의 허가와 교도관의 검열을 요하도록 규정하고 있다(제18조 제1항·제3항). 이 사건의 쟁점은 피청구인(안양교도소장)이 이 법률조항[273]에 따라 시행한 서신검열행위가 국가안전보장·질서유지 또는 공공복리를 위하여 "필요한 경우"에 해당하는지 여부와 그 검열이 통신의 자유의 본질적인 내용을 침해하는 것인지 여부이다."[274]

◈ 헌재 2010.12.28. 2009헌가30 (통신제한조치기간 연장)

"이 사건 법률조항[275]은 범죄수사를 위하여 통신제한조치를 받고 있는 자에게 법원의 허가를 통하여 그 통신제한조치기간을 2월의 범위 내에서 횟수 제한 없이 연장받을 수 있도록 하는 근거가 되어 헌법 제18조 통신의 자유 중에서도 가장 핵심내용인 '통신의 비밀'을 제한하고 있다. 제청법원은 그 밖에 이 사건 법률조항

---

272) 헌재 2001.3.21. 2000헌바25, 판례집 13-1, 652, 658; 헌재 2004.11.25. 2002헌바85, 판례집 16-2하, 345, 350.

273) 구 행형법 제18조 제3항 본문 중 "수형자의 서신검열" 부분

274) <주문> : "청구인이 1996.4.17. 청구외 박○운에게 보내기 위하여 발송의뢰한 서신 및 같은 달 19. 청구외 유○영에게 보내기 위하여 발송의뢰한 서신을 피청구인이 각 발송거부한 부분에 관한 심판청구와 행형법 제18조 제3항 본문 중 '수형자의 서신검열' 부분에 관한 심판청구를 각 각하하고, 피청구인이 위 각 서신을 검열한 부분에 관한 심판청구를 기각한다."

275) 통신제한조치기간의 연장을 허가함에 있어 총연장기간 또는 총연장횟수의 제한을 두지 아니한 통신비밀보호법(2001.12.29 법률 제6546호로 개정된 것) 제6조 제7항 단서 중 전기통신에 관한 '통신제한조치기간의 연장'에 관한 부분

이 사생활의 비밀을 침해한다고도 주장하지만, 이 사건 법률조항은 사생활의 비밀의 특별한 영역으로 헌법이 개별적인 기본권으로 보호하는 통신의 비밀을 제한하고 있다는 점에서 별도로 사생활의 비밀을 침해하는지 여부를 검토할 필요는 없다.[276] 따라서 비록 법원의 허가를 전제로 하고 있지만 그 횟수의 제한 없이 통신제한조치의 연장을 가능하게 하는 이 사건 법률조항이 과잉금지원칙에 위반하여 통신의 비밀을 침해하는지 여부가 주된 판단대상이 된다."[277]

◈ 헌재 2010.10.28. 2007헌마890 (신병교육기간 중 신병의 전화사용 통제)

"이 사건 지침[278]은 신병교육기간 동안 신병들의 전화사용을 통제하고 있으므로 헌법 제18조가 보장하는 통신의 자유를 제한하고 있다. 청구인은 헌법 제17조의 사생활의 자유도 침해된다고 주장하고 있으나, 여기서 사생활의 자유는 통신수단을 자유롭게 이용하는 것에 관한 자유를 의미하는 것이므로, 이 사건 지침의 기본권 침해여부는 통신의 자유 침해여부를 중심으로 살펴보기로 한다."[279]

◈ 헌재 2012.2.23. 2009헌마333 (수용자 미봉함 서신 제출)

"이 사건 시행령조항[280]은 수용자로 하여금 보내려는 서신을 봉함하지 않은 상태로 교정시설에 제출하도록 하고 있는데, 이 경우 그 서신이 교도관들에 의해서 검열을 당하거나 읽혀질 위험에 놓이게 되므로, 수용자는 청원권 행사를 위한 서신을 포함한 각종 서신의 발송을 주저하게 되는바, 이는 결국 수용자의 통신비밀의 자유에 대한 제한을 가져오게 된다."[281]

다. 통신의 비밀보호와 표현의 자유 : 기본권의 충돌

이 사건 법률조항[282]이 불법 감청·녹음 등을 통하여 취득한 타인간의 대화내용

276) 헌재 2001.3.21. 2000헌바25, 판례집 13-1, 652, 658 참조.

277) <주문> : "통신비밀보호법(2001.12.29 법률 제6546호로 개정된 것) 제6조 제7항 단서 중 전기통신에 관한 '통신제한조치기간의 연장'에 관한 부분은 헌법에 합치하지 아니한다. 위 법률조항은 2011.12.31.을 시한으로 입법자가 개정할 때까지 계속 적용한다."

278) 육군 신병교육 지침서 중 '신병훈련소에서 교육훈련을 받는 동안 전화사용을 통제하는 부분'

279) <주문> : "청구인의 심판청구를 기각한다."

280) 교도소장으로 하여금 수용자가 주고받는 서신에 금지 물품이 들어 있는지를 확인할 수 있도록 규정하고 있는 '형의 집행 및 수용자의 처우에 관한 법률'(2007.12.21. 법률 제8728호로 개정된 것) 제43조 제3항.

281) <주문> : "1. '형의 집행 및 수용자의 처우에 관한 법률'(2007.12.21. 법률 제8728호로 개정된 것) 제43조 제3항에 대한 심판청구를 각하한다. 2. '형의 집행 및 수용자의 처우에 관한 법률 시행령'(2008.10.29. 대통령령 제21095호로 개정된 것) 제65조 제1항은 헌법에 위반된다."

282) 공개되지 아니한 타인간의 대화를 녹음 또는 청취하여 지득한 대화의 내용을 공개하거나 누설한 자를 처벌하는 통신비밀보호법(2001.12.29. 법률 제6546호로 개정된 것) 제16조 제1항

을 공개·누설하는 경우, 그러한 취득행위에는 관여하지 않고 다른 경로를 통하여 그 대화내용을 알게 된 사람이라 하더라도 처벌하는 것은 위와 같이 헌법 제18조에 의하여 보장되는 통신의 비밀을 보호하기 위함이다. 그러나 이 사건 법률조항은 다른 한편으로는 위법하게 취득한 타인간의 대화내용을 공개하는 자를 처벌함으로써 그 대화내용을 공개하는 자의 표현의 자유를 제한하게 된다. (…) 따라서 이 사건 법률조항에 의하여 대화자의 통신의 비밀과 공개자의 표현의 자유라는 두 기본권이 충돌하게 된다. 이와 같이 두 기본권이 충돌하는 경우 헌법의 통일성을 유지하기 위하여 상충하는 기본권 모두 최대한으로 그 기능과 효력을 발휘할 수 있도록 조화로운 방법이 모색되어야 하므로, 과잉금지원칙에 따라서 이 사건 법률조항의 목적이 정당한 것인가, 그러한 목적을 달성하기 위하여 마련된 수단이 표현의 자유를 제한하는 정도와 대화의 비밀을 보호하는 정도 사이에 적정한 비례를 유지하고 있는가의 관점에서 심사하기로 한다.[283)] [노회찬의원 삼성X파일 사건 - 재판관 8:1[284)] 의견으로 합헌]

8. 양심의 자유 [제19조]

가. 양심의 자유의 기능

인간의 존엄성 유지와 개인의 자유로운 인격발현을 최고의 가치로 삼는 우리 헌법상의 기본권체계 내에서 양심의 자유의 기능은 개인적 인격의 정체성과 동질성을 유지하는 데 있는 것이다.[285)]

제2호 중 '대화의 내용'에 관한 부분

283) 헌재 2011.8.30. 2009헌바42, 공보 179, 1250, 1253.

284) **재판관 이강국의 한정위헌의견** : "이 사건 법률조항은, 불법 감청·녹음 등으로 생성된 정보를 합법적으로 취득한 자가 이를 공개 또는 누설하는 경우에도 그것이 진실한 사실로서 오로지 공공의 이익을 위한 경우에는 이를 처벌하지 아니한다는 특별한 위법성조각사유를 두고 있지 아니하여 상호 충돌하는 기본권 중 통신비밀 등의 보호만을 일방적으로 과도하게 보호하고 표현의 자유 보장을 소홀히 하거나 포기하여 표현의 자유를 지나치게 제한하는 결과가 되었고, 그 범위에서는 헌법에 위반된다고 할 것인바, 이러한 위헌적 부분은 한정위헌의 해석방법에 의하여 제거될 수 있을 것이다. 그러므로 이 사건 법률조항은, 불법 감청·녹음 등에 의하여 생성된 정보를 불법의 개입 없이, 즉 합법적으로 취득한 자가 진실한 사실로서 오로지 공공의 이익을 위해 그 내용을 공개하거나 누설한 경우까지 처벌하는 것으로 해석하는 한 헌법에 위반된다고 해석하여야 할 것이다."

285) 헌재 2002.4.25. 98헌마425, 판례집 14-1, 351, 363 ; 헌재 2004.8.26. 2002헌가1, 판례집 16-2상, 141, 151.

나. 양심의 의미에 관한 판례의 변화

헌법재판소는 그 동안 양심의 자유의 침해여부가 쟁점이 된 사건, 즉 ①도로교통법상의 음주측정요구조항(헌재 1997.3.27. 96헌가11), ②공직선거 및 선거부정관리법상의 문서·도화의 배부·게시 등 금지조항(헌재 2001.8.30. 99헌바92등), ③독점규제 및 공정거래에 관한 법률상의 법 위반사실의 공표조항(헌재 2002.1.31. 2001헌바43), ④가석방심사 등에 관한 규칙상의 준법서약서 제출조항(헌재 2002.4.25. 98헌마425등), ⑤도로교통법상의 안전띠 착용조항(헌재 2003.10.30. 2002헌마518), ⑥주민등록법상의 지문날인조항(헌재 2005.5.26. 선고 99헌마513등)이 심판대상조항이 된 사건에서 헌법 제19조에 의하여 보장되는 양심을 엄격히 해석하여,[286] 위 각 심판대상조항에 따른 내심의 활동은 헌법상 보장되는 양심의 자유의 보호영역에 포함되지 아니한다는 취지로 판단한 바 있다.

그런데 2008.10.30. 선고한 2006헌마1401등 사건에서 재판관 5인의 다수의견은 "헌법 제19조는 '모든 국민은 양심의 자유를 가진다'라고 규정하여 양심의 자유를 기본권의 하나로 보장하고 있다. 여기에서의 양심은 옳고 그른 것에 대한 판단을 추구하는 가치적·도덕적 마음가짐으로, 개인의 소신에 따른 다양성이 보장되어야 하고 그 형성과 변경에 외부적 개입과 억압에 의한 강요가 있어서는 아니 되는 인간의 윤리적 내심영역이다. 보호되어야 할 양심에는 세계관·인생관·주의·신조 등은 물론, 이에 이르지 아니하여도 보다 널리 개인의 인격형성에 관계되는 내심에 있어서의 가치적·윤리적 판단도 포함될 수 있다. 나아가 '양심상의 결정'이란 선과 악의 기준에 따른 모든 진지한 윤리적 결정으로서 구체적인 상황에서 개인이 이러한 결정을 자신을 구속하고 무조건적으로 따라야 하는 것으로 받아들이기 때문에 양심상의 심각한 갈등 없이는 그에 반하여 행동할 수 없는 것을 말한다."고 판시하였다.[287][288]

---

286) "양심이란 인간의 윤리적·도덕적 내심영역의 문제로서, 헌법이 보호하려는 양심은 어떤 일의 옳고 그름을 판단함에 있어서 그렇게 행동하지 아니하고는 자신의 인격적인 존재가치가 허물어지고 말 것이라는 강력하고 진지한 마음의 소리이지, 막연하고 추상적인 개념으로서의 양심이 아니다."

287) 이에 반하여 재판관 3인은 "내심의 결정에 근거한 인간의 모든 행위가 헌법상 양심의 자유의 보호영역에 당연히 포함되는 것은 아니고, '어떤 일의 옳고 그름을 판단함에 있어서 그렇게 행동하지 아니하고는 자신의 인격적인 존재가치가 허물어지고 말 것이라는 강력하고 진지한 마음의 소리'에 해당하여야만 헌법상 양심의 자유의 보호영역에 포함된다."고 하면서, "헌법상 양심의 자유의 보호영역을 위와 같이 개인의 인격형성에 관련된 진지한 내면의 결정으로 한정하는 것은, 무엇보다도 개인의 인격적 핵심에 관련된 양심의 자유의 최고가치성을 분명히 함으로써 양심의 자유를 최대한 보장하기 위한 것이고, 또한 이와 같은 진지성 요건을 구비하지 못한 내심의 활동영역은 헌법상 보호되는 양심의 자유의 영역에 속하지는 않는다 하더라도

다. 보호영역

◈ 헌재 1991.4.1. 89헌마160 (사죄광고 사건)

양심의 자유를 크게 내심의 자유와 침묵의 자유로 구분한 후 침묵의 자유에서 양심에 반하는 행위의 강제금지가 파생된다고 보았다.

◈ 헌재 1998.7.16. 96헌바35 (불고지죄 사건)

양심의 자유를 크게 내심의 자유와 양심실현의 자유로 나누고 양심실현의 자유에 적극적·소극적 양심실현의 자유가 포함된다고 보았다.

◈ 헌재 2004.8.26. 2002헌가1 (양심적 병역거부 사건)

앞의 판례를 종합적으로 정리하고 있다. 즉, 양심의 자유를 양심형성의 자유와 양심실현의 자유로 구분하고, **전자**는 외부로부터의 부당한 간섭이나 강제를 받지 않고 개인의 내심영역에서 양심을 형성하고 양심상의 결정을 내리는 자유를 말하고 **후자**는 양심을 표명하거나 표명하도록 강요받지 아니할 자유(양심표명의 자유), 양심에 반하는 행동을 강요받지 아니할 자유(부작위에 의한 양심실현의 자유), 양심에 따른 행동을 할 자유(작위에 의한 양심실현의 자유)를 모두 포함한다고 본다.[289)]

라. 보호영역에 해당하지 않는다고 본 사례

◈ 헌재 2007.8.30. 2005헌마975

"청구인들은 이 사건 조항[290)]이 양심의 자유를 침해한다고 주장하나, '전부 불

다른 기본권조항들에 의하여 그 보호가치에 상응한 보호를 받을 수 있다."는 별개의견을 제시하였다. 한편 재판관 1인은 직접성 결여를 이유로 각하의견을 제시하였다.

288) 그런데 헌재 2011.8.30. 2008헌가22등 (양심적 병역거부) 사건에서는, "여기에서의 양심은 어떤 일의 옳고 그름을 판단함에 있어서 그렇게 행동하지 아니하고는 자신의 인격적인 존재가치가 허물어지고 말 것이라는 강력하고 진지한 마음의 소리로서 절박하고 구체적인 양심이다(헌재 2002.4.25. 98헌마425등, 판례집 14-1, 351, 363; 2004.8.26. 2002헌가1, 판례집 16-2상, 141, 151)."라고 판시하여 다시 **협의설**의 입장으로 돌아갔다가, 헌재 2014.9.25. 2013헌마11 (민사집행법상 재산명시의무를 위반한 채무자에 대한 감치결정) 사건에서는 "헌법 제19조에서 말하는 '양심'은 옳고 그른 것에 대한 판단을 추구하는 가치적·도덕적 마음가짐으로, 개인의 소신에 따른 다양성이 보장되어야 하고 그 형성과 변경에 외부적 개입과 억압에 의한 강요가 있어서는 아니 되는 인간의 윤리적 내심영역이다. 보호되어야 할 양심에는 세계관·인생관·주의·신조 등은 물론, 이에 이르지 아니하여도 보다 널리 개인의 인격형성에 관계되는 내심에 있어서의 가치적·윤리적 판단도 포함될 수 있으나, 단순한 사실관계의 확인과 같이 가치적·윤리적 판단이 개입될 여지가 없는 경우는 그 보호대상이 아니다(헌재 2002.1.31. 2001헌바43 참조)."라고 하여 또다시 **광의설**로 회귀하였다.

289) 同旨, 헌재 2011.8.30. 2007헌가12등 결정 참조.

290) 공직선거에서 투표용지에 후보자들에 대한 '전부 거부' 표시방법을 마련하지 않은 공직선거법(2005.8.4. 법률 제7681호로 개정된 것) 제150조, 제151조 제8항, 공직선거관리규칙(2005. 8.

신'의 표출방법을 보장하지 않아 청구인들이 투표를 하거나 기권할 수밖에 없다고 하더라도, 이는 양심의 자유에서 말하는 인격적 존재가치로서의 '양심'과 무관하다.[291] 그러한 행위는 진지한 윤리적 결정에 관계된 것이라기보다는 공직후보자에 대한 의견의 표현행위에 관한 것이며 양심의 자유의 보호영역에 포함된다고 볼 수 없다. 따라서 이 사건 조항은 양심의 자유를 제한하지 않는다."

◈ 헌재 2008.12.26. 2007헌바128

"이 사건에서와 같이 유언자가 자신의 재산권을 처분하는 단독행위로서 유증을 하는 경우에 있어서 유언자의 의사표시는 재산적 처분행위로서 재산권과 밀접한 관련을 갖는 것일 뿐이고, 인간의 윤리적 내심영역에서의 가치적·윤리적 판단과는 직접적인 관계가 없다 할 것이므로 헌법 제19조에서 규정하는 양심의 자유의 보호대상은 아니라고 할 것이다. 따라서 이 사건 법률조항[292]이 유언자에게 그 의사표시를 함에 있어서 엄격하게 '날인' 및 '주소'의 자서(自書)를 형식적 요건으로 요구한다고 하더라도 이로써 유언자의 양심의 자유를 침해(제한)한다고 볼 수는 없다."[293]

◈ 헌재 2010.2.25. 2008헌마324등

"인터넷언론사의 공개된 게시판·대화방에서 스스로의 의사에 의하여 정당·후보자에 대한 지지·반대의 글을 게시하는 행위는 정당·후보자에 대한 단순한 의견 등의 표현행위에 불과하여 양심의 자유나 사생활 비밀의 자유에 의하여 보호되는 영역이라고 할 수 없으므로, 그 과정에서 실명확인 절차의 부담을 진다고 하더라도 이를 두고 양심의 자유나 사생활 비밀의 자유를 제한받는 것이라고 볼 수 없다."

9. 종교의 자유 [제20조]

가. 보호영역

헌법 제20조가 보장하는 종교의 자유의 구체적 내용에 관하여는 일반적으로 신앙의 자유, 종교적 행위의 자유 및 종교적 집회·결사의 자유의 3요소를 내용으로 한다.[294] **신앙의 자유**는 신과 피안(彼岸) 또는 내세(來世)에 대한 인간의 내적 확신에 대한 자유를 말하는 것으로서 이러한 신앙의 자유는 그 자체가 내심의 자유의

---

4. 중앙선거관리위원회규칙 제241호로 개정된 것) 제71조

291) 헌재 2002.4.25. 98헌마425등, 판례집 14-1, 351, 363 참조.

292) 자필증서에 의한 유언에 있어서 '주소의 자서'를 유효요건으로 규정하고 있는 민법(1958.2.22. 법률 제471호로 제정된 것) 제1066조 제1항 중 '주소' 부분.

293) 同旨, 헌재 2011.9.29. 2010헌바250등, 공보 180, 1446, 1449.

294) 헌재 2001.9.27. 2000헌마159, 판례집 13-2, 353, 360.

핵심이기 때문에 법률로써도 이를 침해할 수 없다. **종교적 행위의 자유**는 종교상의 의식·예배 등 종교적 행위를 각 개인이 임의로 할 수 있는 등 종교적인 확신에 따라 행동하고 교리에 따라 생활할 수 있는 자유와 소극적으로는 자신의 종교적인 확신에 반하는 행위를 강요당하지 않을 자유 그리고 선교의 자유, 종교교육의 자유[295] 등이 포함된다. **종교적 집회· 결사의 자유**는 종교적 목적으로 같은 신자들이 집회하거나 종교단체를 결성할 자유를 말한다. 이러한 종교적 행위의 자유와 종교적 집회·결사의 자유는 신앙의 자유와는 달리 절대적 자유가 아니므로 헌법 제37조 제2항에 의거하여 질서유지, 공공복리 등을 위해서 제한할 수 있는데, 그러한 제한은 비례의 원칙이나 종교의 자유의 본질적 내용을 침해해서는 안 된다.[296]

나. 사례

◈ 헌재 2009.7.30. 2008헌가2

"이 사건 법률조항[297]은 정화구역 내에서 납골시설을 설치하는 행위를 일반적·절대적으로 금지하고 있으므로 정화구역 내에서 납골시설을 설치·운영하려는 주체의 기본권을 침해하는 문제가 발생한다. (1) 종교단체가 설치·운영하려는 납골시설의 경우: 종교단체가 설치·운영하고자 하는 납골시설이 금지되는 경우에는 종교의 자유에 대한 침해의 문제가 발생한다. (…) 종교단체의 납골시설은 사자(死者)의 죽음을 추모하고 사후의 평안을 기원하는 종교적 행사를 하기 위한 시설이라고 할 수 있다. 따라서 종교단체가 종교적 행사를 위하여 종교집회장 내에 납골시설을 설치하여 운영하는 것은 종교행사의 자유와 관련된 것이라고 할 것이고, 그러한 납골시설의 설치를 금지하는 것은 종교행사의 자유를 제한하는 결과로 된다."[298]

---

295) 헌재 2001.9.27. 2000헌마159 : " 헌법상 보호되는 종교의 자유에는 특정 종교단체가 그 종교의 지도자와 교리자를 자체적으로 교육시킬 수 있는 **종교교육의 자유**가 포함된다."

296) 헌재 2000.3.30. 99헌바14, 판례집 12-1, 325, 337.

297) 학교정화구역 내의 납골시설의 설치·운영을 절대적으로 금지하고 있는 구 학교보건법(2005. 12.7. 법률 제7700호로 개정되고, 2007.12.14. 법률 제8678호로 개정되기 전의 것) 제6조 제1항 본문 제3호 중 "납골시설" 부분

298) "(2) 개인·가족 또는 문중·종중의 납골시설의 경우 : 개인의 납골시설은 그 곳에 봉안된 사자(死者)를 기리기 위한 시설로서 고인에 대한 기억과 추모 감정을 상징하는 공간이고, 친족 공동체가 함께 고인을 추모함으로써 만남과 유대감을 나누면서 종족문화를 공유하고 계승시키는 공간이다. 따라서 개인 또는 문중에 의하여 설치·운영되는 납골시설의 설치가 제한되는 경우에는 그 설치 주체나 구성원의 **행복추구권**을 제한하는 문제가 발생한다. (3) 직업으로서 납골시설을 설치·운영하는 경우 : 납골시설의 설치 및 운영은 직업 활동의 대상으로 될 수 있으므로, 납골시설의 설치·운영을 직업으로서 수행하고자 하는 자에게는 이 사건 법률조항이 **직업의 자유**를 제한하게 된다."

◈ 헌재 2010.11.25. 2010헌마199

"청구인이 믿고 있는 기독교의 교리에 따르면 일요일을 주일(主日)로 지키고 예배에 참석하는 등으로 거룩하게 지켜야 한다는 것인바, 이 사건 시험을 일요일에 치르도록 한 이 사건 공고에 따라 청구인으로서는 일요일 시험 응시를 하려면 위와 같은 교리에 위반할 수밖에 없다고 할 것이므로 청구인의 종교의 자유가 제한된다고 할 수 있다. 이처럼 일요일을 주일로 지키고 예배에 참석하는 등으로 거룩하게 지켜야 한다는 교리에 따라 생활할 자유는 종교적 행위의 자유에 속하는 영역인데, 종교적 행위의 자유는 절대적 자유가 아니므로 질서유지나 공공복리를 위하여 필요한 경우에 한하여 제한할 수 있는 것이다."

◈ 헌재 2011.12.29. 2009헌마527

"'형의 집행 및 수용자의 처우에 관한 법률' 제45조는 종교행사 등에의 참석 대상을 '수용자'로 규정하고 있어 수형자와 미결수용자를 구분하고 있지도 아니하고, 무죄추정의 원칙이 적용되는 미결수용자들에 대한 기본권 제한은 징역형 등의 선고를 받아 그 형이 확정된 수형자의 경우보다는 더 완화되어야 할 것임에도, 피청구인이 수용자 중 미결수용자에 대하여만 일률적으로 종교행사 등에의 참석을 불허한 것은 미결수용자의 종교의 자유를 나머지 수용자의 종교의 자유보다 더욱 엄격하게 제한한 것이다."[299]

◈ 헌재 2015.4.30. 2013헌마190

"종교적 집회·결사의 자유는 종교적 목적으로 같은 신자들이 집회하거나 종교단체를 결성할 자유를 말하는데, 이 사건 종교행사 처우(미결수용자를 대상으로 한 개신교 종교행사를 4주에 1회, 일요일이 아닌 요일에 실시한 행위)는 청구인이 종교집회에 참석하는 것을 제한한 행위이므로 청구인의 종교의 자유, 특히 종교적 집회·결사의 자유를 제한한다. 청구인은 이 사건 종교행사 처우가 청구인의 행복추구권, 무죄추정을 받을 권리, 인간다운 생활을 할 권리 등도 침해하였다고 주장하나, 이 사건 종교행사 처우는 종교의 자유, 특히 종교적 집회·결사의 자유와 밀접한 관련이 있고 이에 대해 판단하는 이상 나머지 기본권의 침해 여부에 관하여는 따로 판단하지 아니한다."

---

299) <주문> : "피청구인(대구구치소장)이 2009.6.1.부터 2009.10.8.까지 대구구치소 내에서 실시하는 종교의식 또는 행사에 미결수용자인 청구인의 참석을 금지한 행위는 청구인의 종교의 자유를 침해한 것으로서 위헌임을 확인한다."

10. 표현의 자유 [제21조]

가. 언론·출판의 자유

1) 보호영역

우리나라는 헌법 제21조에 언론·출판의 자유 즉, 표현의 자유를 규정하고 있는데 이 자유는 전통적으로는 사상 또는 의견의 자유로운 표명(발표의 자유)과 그것을 전파할 자유(**전달**의 자유)를 의미하는 것으로서, 개인이 인간으로서의 존엄과 가치를 유지하고 행복을 추구하며 국민주권을 실현하는 데 필수불가결한 것으로 오늘날 민주국가에서 국민이 갖는 가장 중요한 기본권 중의 하나이다.[300] 이러한 '자유로운' 표명과 전파의 자유에는 자신의 신원을 누구에게도 밝히지 아니한 채 익명 또는 가명으로 자신의 사상이나 견해를 표명하고 전파할 '익명표현의 자유'도 그 보호영역에 포함된다.[301]

일반적으로 문자를 통한 표현행위가 이루어지는 과정을 살펴보면 표현하고자 하는 내용이 내면적으로 형성되고 그것을 문자로 외부적으로 작성하여 그 작성된 것을 외부에 전달하거나 전파하는 단계를 거치게 되는데, **집필행위**[302]는 사람의 내면에 있는 생각이 외부로 나타나는 첫 단계의 행위란 점에서 문자를 통한 표현행위의 가장 기초적이고도 전제가 되는 행위라 할 것이다. 일반적으로 표현의 자유는 정보의 전달 또는 전파와 관련지어 생각되므로 구체적인 전달이나 전파의 상대방이 없는 집필의 단계를 표현의 자유의 보호영역에 포함시킬 것인지 의문이 있을 수 있으나, '집필'은 문자를 통한 모든 의사표현의 기본 전제가 된다는 점에서 당연히 표현의 자유의 보호영역에 속해 있다고 보아야 한다.[303]

---

300) 헌재 1992.2.25. 89헌가104; 헌재 2010.7.29. 2006헌바75

301) 헌재 2010.2.25. 2008헌마324, 판례집 22-1상, 347, 363.

302) 헌재 2005.2.24. 2003헌마289 : "집필에 대한 제한은 집필행위의 구체적인 내용이나 목적에 따라 매우 다양한 기본권과 관련되어질 수 있다. 예컨대 학술활동을 위한 글을 쓰는 경우에는 **학문의 자유**, 문학작품의 창작을 위한 경우에는 **예술의 자유**, 직업으로서의 글쓰기를 위한 경우에는 **직업의 자유**, 편지를 쓰는 경우와 같이 외부와의 연락을 위한 경우에는 **통신의 자유**, 소송서류를 작성하기 위한 경우에는 **재판청구권**, 일기나 비망록 등의 작성을 위한 경우에는 **인격권**이나 **행복추구권**과 연관될 수 있다. 그런데 이 사건 시행령조항{행형법시행령(2000.3.28. 대통령령 제16759호로 개정된 것) 제145조 제2항 본문 중 '집필' 부분}이 직접적으로 제한하고 있는 것은 집필행위 자체로서 그 집필의 목적이나 내용은 묻지 않고 있는바, 이는 기본적으로는 인간의 정신적 활동을 문자를 통해 외부로 나타나게 하는 행위, 즉 표현행위를 금지하는 것으로 볼 수 있고, 그렇다면 이 사건 시행령조항에 의하여 가장 직접적으로 제한되는 것은 표현의 자유라고 볼 수 있을 것이다."

303) 헌재 2005.2.24. 2003헌마289, 판례집 17-1, 261, 273.

2) 표현의 매개체

언론·출판의 자유의 내용 중 의사표현·전파의 자유에 있어서 의사표현 또는 전파의 매개체는 어떠한 형태이건 가능하며 그 제한이 없으므로, 담화·연설·토론·연극·방송·음악·영화·가요 등과 문서·소설·시가·도화·사진·조각·서화 등 모든 형상의 의사표현 또는 의사전파의 매개체를 포함한다.[304)]

3) 알 권리 (정보의 자유)

가) 개념

알 권리란 일반적 정보원[305)]으로부터 정보를 수집하고, 수집된 정보를 취사·선택할 수 있는 자유(자유권)[306)]와 일반적으로 접근할 수 없는 정보의 공개를 청구할 권리(청구권)를 말한다. 헌법재판소는 '공공기관의 정보공개에 관한 법률'이 제정되기 이전에 이미, 정부가 보유하고 있는 정보[307)]에 대하여 정당한 이해관계가 있는 자가 그 공개를 요구할 수 있는 권리를 알 권리로 인정하면서 이러한 알 권리는 표현의 자유에 당연히 포함되는 기본권임을 선언하였다.[308)] 어떤 문제가 있을 때 그에 관련된 정보에 접근하지 못하면 문제의 내용을 제대로 알기 어렵고, 제대로 내용을 알지 못하면 자기의 의견을 제대로 표현하기 어렵기 때문에 알 권리는 표현의 자유와 표리일체의 관계에 있고 정보의 공개청구권은 알 권리의 당연한 내용이 되는 것이다.[309)]

---

304) 헌재 1993.5.13. 91헌바17; 헌재 1996.10.4. 93헌가13등 ; 헌재 2001.8.30. 2000헌가9; 헌재 2009.5.28. 2006헌바109등 결정 참조.

305) '일반적으로 접근할 수 있는 정보원'의 예로는 신문·방송·영화 등 대중매체, 전시회·박물관·공개강연·공개행사 등을 들 수 있다. 정보원이 어디에 있는가 하는 점은 중요하지 않다. 국경을 넘는 정보나 외국신문·방송도 당연히 일반적으로 접근할 수 있는 정보원이다. 이에 대하여 '일반적으로 접근할 수 없는 정보'란 특정인 또는 개인적으로 특정될 수 있는 인적 집단을 수신인으로 하는 정보, 예컨대 특정인을 수신인으로 하는 사적 편지, 사적 대화, 전화통화, 사적인 메모, 정보기관의 정보 등이다. 한수웅(헌법학), 767면.

306) 헌재 2010.10.28. 2008헌마638 : "'알 권리'란 모든 정보원(情報源)으로부터 일반적 정보를 수집하고 이를 처리할 수 있는 권리이고, 여기서 '일반적'이란 신문·잡지·방송 등 불특정다수인에게 개방될 수 있는 것을 말하며, '정보'란 양심·사상·의견·지식 등의 형성에 관련이 있는 일체의 자료를 말한다. 일반적으로 출판되어 공중에 판매되는 도서 또한 불특정 다수인에게 개방된 매체라 할 것이고, 이러한 도서가 담고 있는 정보는 양심·사상·의견·지식 등의 형성에 관련이 있는 자료라 할 것이다."

307) '공공기관의 정보공개에 관한 법률' 제2조 제1호는 동법에서 사용하는 정보란 "공공기관이 직무상 작성 또는 취득하여 관리하고 있는 문서(전자문서를 포함한다. 이하 같다)·도면·사진·필름·테이프·슬라이드 및 그 밖에 이에 준하는 매체 등에 기록된 사항을 말한다."고 규정하고 있다.

308) 헌재 1989.9.4. 88헌마22, 판례집 1, 176, 188-189.

나) 헌법적 근거

국민의 알 권리가 인격형성의 자유로운 전개라는 행복추구권의 내용이라는 것을 고려하여 헌법 제10조에서 그 근거를 찾는 견해,[310] 의사를 표현하려면 정보공개청구와 정보원에 대한 자유로운 접근을 통해 정보를 수집할 수 있어야 하므로 알 권리는 언론의 자유에서 도출된다고 보는 견해[311] 등이 있다. 헌법재판소는 "헌법 제21조는 언론·출판의 자유, 즉 표현의 자유를 규정하고 있는데 (…) 사상 또는 의견의 자유로운 표명은 자유로운 의사의 형성을 전제로 한다. 자유로운 의사의 형성은 정보에의 접근이 충분히 보장됨으로써 비로소 가능한 것이며 (…) 알 권리는 표현의 자유와 표리일체의 관계에 있으며 (…) 알 권리는 표현의 자유에 당연히 포함되는 것으로 보아야 한다."고 판시함으로써,[312] 헌법 제21조에서 그 근거를 찾고 있다.[313]

다) 법적 성격

국민이 국가나 사인의 방해 없이 '일반적으로 접근할 수 있는 정보'를 수령할 권리를 의미할 경우, 알 권리는 **자유권성**을 지닌다. 또한 알 권리는 국민의 정부에 대한 '일반적으로 접근할 수 없는 정보'를 청구할 권리라고 볼 경우에는 **청구권성**도 지닌다.[314]

나. 집회의 자유

1) 의의

헌법 제21조 제1항은 "모든 국민은 언론·출판의 자유와 집회·결사의 자유를 가진다."고 규정하여 집회의 자유를 표현의 자유로서 언론·출판의 자유와 함께 국민의 기본권으로 보장하고 있다. 그러므로 우리 헌법상 집회의 자유는 우선, 국가에 대한 방어권으로서 집회의 주체, 주관, 진행, 참가 등에 관하여 국가권력의 간섭이

---

309) 헌재 2004.8.26. 2003헌바81, 판례집 16-2상, 284, 291; 헌재 2009.9.24. 2007헌바107, 판례집 21-2상, 533, 541.

310) 김철수(신론), 363면.

311) 홍성방(중), 161면, 계희열(중), 435면.

312) 헌재 1989.9.4. 88헌마22; 헌재 1991.5.13. 90헌마133; 헌재 1992.2.25. 89헌가104 결정 등 참조.

313) 알 권리는 그 밖에도 국민주권주의(헌법 제1조), 인간의 존엄과 가치(제10조), 인간다운 생활을 할 권리(제34조 제1항)와도 관련이 있다고 해석되고 있다.(헌재 1991.5.13. 90헌마133, 판례집 3, 234, 246-247; 헌재 2004. 8. 26. 2003헌바81, 판례집 16-2상, 284, 291; 헌재 2009. 9.24. 2007헌바107, 판례집 21-2상, 533, 541)

314) 헌재 1991.5.13. 90헌마133, 판례집 3, 234, 246.

나 방해를 배제할 수 있는 주관적 권리로서의 성격을 가지며, 아울러 자유민주주의를 실현하려는 사회공동체에 있어서는 불가결한 객관적 가치질서로서의 이중적 성격을 갖는다.[315]

'집회 및 시위에 관한 법률'에서는 집회의 개념에 대하여 규정하고 있지 않은바, 대법원은 "집시법상의 집회란 특정 또는 불특정 다수인이 특정한 목적 아래 일시적으로 일정한 장소에 모이는 것을 말하고, 그 모이는 장소나 사람의 다과에 제한이 있을 수 없다"고 하고,[316] 헌법재판소는 "일반적으로 집회는 일정한 장소를 전제로 하여 특정 목적을 가진 다수인이 일시적으로 회합하는 것을 말하는 것으로 일컬어지고 있고, 그 공동의 목적은 '내적인 유대 관계'로 족하다."고 하였다(최광의설).[317] 집회의 개념적 요소로는 ①다수인, ②공동목적, ③장소, ④집회의 평화성[318] 등을 들 수 있다.

2) 집회의 인적 요건

집회가 되기 위해서는 최소한 3인이 필요하다는 견해도 있지만,[319] 타인과의 접촉은 한 사람부터 시작하는 것이므로 2인이면 집회가 된다고 보아야[320] 할 것이다(대법원판례).[321] 다만, 타인과의 내적인 유대를 요건으로 하는 집회에서 1인집회란

---

315) 헌재 2009.9.24. 2008헌가25, 판례집 21-2상, 427, 439.

316) 대법원 1983.11.22. 선고 83도2528 판결.

317) 헌재 2009.5.28. 2007헌바22, 판례집 21-1하, 578, 588. 그 밖에, 집회의 개념에는 내적인 유대 외에 공통의 의사형성과 의사표현이라는 공동의 목적이 포함되어 있다는 견해(광의설, 다수설), 집회의 개념에 포함된 의사는 공적인 사항에 관한 것으로만 한정해야 한다고 한다는 견해(협의설), 집회에 포함된 '의사'라는 목적적 요소를 공적인 사항중에서도 정치적인 의사에 국한시키는 견해(최협의설)가 있다.

318) 헌재 2003.10.30. 2000헌바67 (외교기관 청사 100m 이내 옥외집회금지 - 위헌), 판례집 15-2하, 41, 53. 다만 이 사건에서 집회의 평화성 여부는 쟁점이 아니었다(방론). 한편, 집단적인 폭행·협박·손괴·방화 등으로 공공의 안녕질서에 직접적인 위협을 가할 것이 명백한 집회 또는 시위의 주최를 금지하고, 이에 위반한 집회 또는 시위에 그 정을 알면서 참가한 자를 형사처벌하는 구 '집회 및 시위에 관한 법률' 제5조 제1항 제2호 및 제19조 제4항 부분에 대한 헌재 2010.4.29. 2008헌바118 (합헌)결정에서는 죄형법정주의의 명확성원칙 위배여부와 아울러 과잉금지원칙 위배여부가 쟁점이었는데, 후자를 심사기준으로 적용한 것으로 보아 집회의 평화성을 집회의 개념적 요소로 본 위 선례(2000헌바67)의 판시내용이 여전히 유효한지 의문을 던지고 있다.
헌재 2010.4.29. 2008헌바118, 판례집 22-1상, 676, 676-676

319) 독일의 통설이다. 한국의 경우 계희열, 헌법학(中), 박영사, 2007, 480면; 권영성, 헌법학원론, 법문사, 2010, 536면; 성낙인, 헌법학, 법문사, 2009, 560면.

320) 양건, 헌법강의, 법문사, 2009, 499면; 이준일, 헌법학강의, 홍문사, 2007, 609면; 정종섭, 헌법학원론, 박영사, 2008, 528면; 한수웅, 헌법학, 법문사, 2011, 756면.

321) 대법원 2012.05.24. 선고 2010도11381 판결 : "집회 및 시위에 관한 법률에 의하여 보장 및 규제의 대상이 되는 **집회**란 '특정 또는 불특정 다수인이 공동의 의견을 형성하여 이를 대외적

인정될 수 없다. 따라서 집회금지 구역에서 집회를 대신하여 이루어지고 있는 이른바 '1인 릴레이 시위'는 의사표현의 일종으로 볼 수는 있어도 집회의 자유에 의하여 보호되는 '집회'라고 할 수는 없다.[322)]

3) 보호영역

집회의 자유에는 적극적으로 ①집회를 개최(開催)하는 자유, ②집회를 진행(進行)하는 자유, ③집회에 참가(參加)하는 자유 등이 포함된다. 또한 소극적으로는 ④집회를 개최하지 아니할 자유, ⑤집회에 참가하지 아니할 자유가 포함된다.[323)] 집회에서의 연설이나 토론이 집회의 자유에 의해 보호되는지 아니면 언론·출판의 자유에 의해 보호되는지가 문제되는데, 헌법재판소는 집회에는 집단적 행동과 집단적 의사표시가 있고, 집단적 행동은 '집회의 자유'에 의해, 집단적 의사표시는 '표현의 자유'에 의해 보호된다고 본다.[324)] 또한 집회의 자유에는 집회를 위해 도로, 공원, 광장 등과 같은 일정한 장소의 이용을 관리자인 공권력에 대해 요구할 수 있는 '집회장소사용권'도 포함된다고 본다.[325)]

4) 사례

가) 대법원 판례

◈ 대법원 2011.10.13. 선고 2009도13846 판결

집회 및 시위에 관한 법률(이하 '집시법'이라 한다)상 일정한 경우 집회의 자유가 사전 금지 또는 제한된다 하더라도 이는 다른 중요한 법익의 보호를 위하여 반드시 필요한 경우에 한하여 정당화되는 것이며, 특히 집회의 금지와 해산은 원칙적으로 공공의 안녕질서에 대한 직접적인 위협이 명백하게 존재하는 경우에 한하여

<u>으로 표명할 목적 아래 일시적으로 일정한 장소에 모이는 것</u>'을 말하고, 모이는 장소나 사람의 다과에 제한이 있을 수 없으므로, 2인이 모인 집회도 위 법의 규제 대상이 된다고 보아야 한다."

322) 계희열, 전게서(2007), 481면.

323) 헌재 2003.10.30. 2000헌바67등, 판례집 15-2하, 41, 54.

324) 헌재 1992.1.28. 89헌가8 : "구 집시법에서는 사회적 불안의 요인이 전자(집단적 의사표시)에 기인한 것이든 후자(집단적 행동)에 기인한 것이든 가리지 않기 때문에 이 규정에 의하여 비단 집단적 행동인 집회의 자유만이 아니라 집단적 의사표시인 표현의 자유마저 위축시키는 결과를 가져올 것이다."

325) 헌재 2005.11.24. 2004헌가17 : "집회·시위장소는 집회·시위의 목적을 달성하는데 있어서 매우 중요한 역할을 수행하는 경우가 많기 때문에 집회·시위장소를 자유롭게 선택할 수 있어야만 집회·시위의 자유가 비로소 효과적으로 보장된다. 따라서 장소선택의 자유는 집회·시위의 자유의 한 실질을 형성한다."

허용될 수 있고, 집회의 자유를 보다 적게 제한하는 다른 수단, 예컨대 시위 참가자수의 제한, 시위 대상과의 거리 제한, 시위 방법, 시기, 소요시간의 제한 등 조건을 붙여 집회를 허용하는 가능성을 모두 소진한 후에 비로소 고려될 수 있는 최종적인 수단이다. 따라서 사전 금지 또는 제한된 집회라 하더라도 실제 이루어진 집회가 당초 신고 내용과 달리 평화롭게 개최되거나 집회 규모를 축소하여 이루어지는 등 타인의 법익 침해나 기타 공공의 안녕질서에 대하여 직접적이고 명백한 위험을 초래하지 않은 경우에는 이에 대하여 사전 금지 또는 제한을 위반하여 집회를 한 점을 들어 처벌하는 것 이외에 더 나아가 이에 대한 해산을 명하고 이에 불응하였다 하여 처벌할 수는 없다.

◈ 대법원 2012.4.19. 선고 2010도6388 전원합의체 판결

집회의 자유가 가지는 헌법적 가치와 기능, 집회에 대한 허가 금지를 선언한 헌법정신, 옥외집회 및 시위에 관한 사전신고제의 취지 등을 종합하여 보면, **신고**는 행정관청에 집회에 관한 구체적인 정보를 제공함으로써 공공질서의 유지에 협력하도록 하는 데 의의가 있는 것으로 집회의 허가를 구하는 신청으로 변질되어서는 아니 되므로, 신고를 하지 아니하였다는 이유만으로 옥외집회 또는 시위를 헌법의 보호범위를 벗어나 개최가 허용되지 않는 집회 내지 시위라고 단정할 수 없다. 따라서 집회 및 시위에 관한 법률(이하 '집시법'이라고 한다) 제20조 제1항 제2호가 미신고 옥외집회 또는 시위를 **해산명령** 대상으로 하면서 별도의 해산요건을 정하고 있지 않더라도, 그 옥외집회 또는 시위로 인하여 타인의 법익이나 공공의 안녕질서에 대한 직접적인 위험이 명백하게 초래된 경우에 한하여 위 조항에 기하여 해산을 명할 수 있고, 이러한 요건을 갖춘 해산명령에 불응하는 경우에만 집시법 제24조 제5호에 의하여 처벌할 수 있다고 보아야 한다.

◈ 대법원 2014.3.13. 선고 2012도14137 판결

집회 및 시위에 관한 법률(이하 '집시법'이라 한다) 제20조 제1항은 관할 경찰관서장은 다음 각 호의 어느 하나에 해당하는 집회 또는 시위에 대하여는 상당한 시간 이내에 자진 해산할 것을 요청하고 이에 따르지 아니하면 해산을 명할 수 있다고 규정하고, 제20조 제2항은 집회 또는 시위가 제1항에 따른 해산명령을 받았을 때에는 모든 참가자는 지체 없이 해산하여야 한다고 규정하는데, 관련 규정의 해석상 관할 경찰관서장이 위 해산명령을 할 때에는 해산사유가 집시법 제20조 제1항[326] 각 호 중 어느 사유에 해당하는지 구체적으로 고지하여야 한다. 따라서 해산

명령을 하면서 구체적인 해산사유를 고지하지 않았거나 정당하지 않은 사유를 고지하면서 해산명령을 한 경우에는, 그러한 해산명령에 따르지 않았다고 하더라도 집시법 제20조 제2항을 위반하였다고 할 수 없다.

나) 헌법재판소 판례

◈ 헌재 2009.5.28. 2007헌바22[327)]

옥외집회[328)]의 사전신고의무를 규정한 구 집시법 제6조 제1항은 평화적이고 효율적인 집회를 보장하고, 공공질서를 보호하기 위한 것으로 그 입법목적이 정당하고, 집회에 대한 사전신고를 통하여 행정관청과 주최자가 상호 정보를 교환하고 협력하는 것은 위와 같은 목적 달성을 위한 적절한 수단에 해당하며, 위 조항이 열거하고 있는 신고사항이나 신고시간 등은 지나치게 과다하거나 신고불가능하다고 볼 수 없으므로 최소침해성의 원칙에 반한다고 보기 어렵다. 나아가 위 조항이 정하는 사전신고의무로 인하여 집회개최자가 겪어야 하는 불편함이나 번거로움 등 제한되는 사익과 신고로 인해 보호되는 공익은 법익균형성 요건도 충족하므로 위 조항 중 '옥외집회'에 관한 부분이 과잉금지원칙에 위배하여 집회의 자유를 침

---

326) 제20조(집회 또는 시위의 해산) ①관할경찰관서장은 다음 각 호의 어느 하나에 해당하는 집회 또는 시위에 대하여는 상당한 시간 이내에 자진(自進) 해산할 것을 요청하고 이에 따르지 아니하면 해산(解散)을 명할 수 있다. [1. 제5조제1항, 제10조 본문 또는 제11조를 위반한 집회 또는 시위, 2. 제6조제1항에 따른 신고를 하지 아니하거나 제8조 또는 제12조에 따라 금지된 집회 또는 시위, 3. 제8조제3항에 따른 제한, 제10조 단서 또는 제12조에 따른 조건을 위반하여 교통 소통 등 질서 유지에 직접적인 위험을 명백하게 초래한 집회 또는 시위, 4. 제16조제3항에 따른 종결 선언을 한 집회 또는 시위, 5. 제16조제4항 각 호의 어느 하나에 해당하는 행위로 질서를 유지할 수 없는 집회 또는 시위]

327) [판시사항] : 1. '집회'개념이 불명확하여 옥외집회를 정의한 구 '집회 및 시위에 관한 법률'(2004.1.29. 법률 제7123호로 개정되고, 2007.5.11. 법률 제8424호로 전부 개정되기 전의 것, 이하 '구 집시법') 제2조 제1호 및 제6조 제1항 중 '옥외집회'에 관한 부분, 제19조 제2항 중 '제6조 제1항의 옥외집회'에 관한 부분이 명확성원칙에 위배되는지 여부(소극) 2. 옥외집회의 사전신고의무를 규정한 구 집시법 제6조 제1항 중 '옥외집회'에 관한 부분이 과잉금지원칙에 위배하여 집회의 자유를 침해하는지 여부(소극) 3. 미신고 옥외집회 주최자를 형사처벌하도록 한 구 집시법 제19조 제2항 중 '제6조 제1항의 옥외집회'에 관한 부분이 과잉형벌을 규정한 것인지 여부(소극)

328) 집시법은 옥외집회를 "천장이 없거나 사방이 폐쇄되지 않은 장소에서의 집회"라고 규정하였는바(제2조 제1호), 헌법재판소는 이를 합헌으로 판시하였다(헌재 1994.4.28. 91헌바14 결정). 이에 대하여는, 옥내·옥외집회를 구분하는 기준은 '구분의 목적과 의미'에 의하여 결정되는데 '옥외집회'란 "불특정 다수인과의 우연한 접촉가능성으로부터 차단되지 않은 집회"를 의미하는 것이며, 따라서 '옥외집회인가 아닌가'의 구분은 집회참가자와 그 외의 자를 차단하는 4면의 벽이 있는지의 여부에 달려 있다고 보아야 한다는 비판적인 견해가 있다. 한수웅(헌법학), 788-789면.

해한다고 볼 수 없다.

어떤 행정법규 위반행위에 대하여, 직접적으로 행정목적과 공익을 침해한 행위로 보아 행정형벌을 과할 것인가, 그리고 행정형벌을 과할 경우 그 법정형의 형종과 형량을 어떻게 정할 것인가는, 기본적으로 입법권자가 제반 사정을 고려하여 결정할 그 입법재량에 속하는 문제이다. 미신고 옥외집회의 주최는 직접적으로 행정목적을 침해하고 나아가 공익을 침해할 고도의 개연성을 띤 행위라고 볼 수 있으므로 이에 대하여 행정형벌을 과하도록 한 구 집시법 제19조 제2항이 집회의 자유를 침해한다고 할 수 없고, 그 법정형이 입법재량의 한계를 벗어난 과중한 처벌이라고 볼 수 없으며, 이로 인하여 신고제가 사실상 허가제화한다고도 볼 수 없다.[329]

◈ 헌재 2014.1.28. 2011헌바174등[330]

집회시위법의 사전신고는 경찰관청 등 행정관청으로 하여금 집회의 순조로운 개최와 공공의 안전보호를 위하여 필요한 준비를 할 수 있는 시간적 여유를 주기 위한 것으로서, 협력의무로서의 신고이다. 집회시위법 전체의 규정 체제에서 보면 집회시위법은 일정한 신고절차만 밟으면 일반적·원칙적으로 옥외집회 및 시위를 할 수 있도록 보장하고 있으므로, 집회에 대한 사전신고제도는 헌법 제21조 제2항의 사전허가금지에 위배되지 않는다.

---

329) 이에 대하여 <조대현> 재판관은 "구 집시법 제6조 제1항의 신고의무가 부과되는 옥외집회는 너무 광범위하다. 사회질서를 해칠 개연성이 있는지를 묻지 않고 신고의무를 부과하고, 또한 집회 여부를 48시간 전에 예측할 수 없는 우발적인 집회나 긴급한 집회에 대하여 신고를 요구하는 것은 집회의 자유를 침해한다. 한편, 협조의무인 옥외집회 신고의무를 이행하지 않았다고 하여 그 옥외집회가 사회질서를 침해하였는지 여부도 따지지 않고 형벌을 부과하는 구 집시법 제19조 제2항은 협조의무의 강도를 필요 이상으로 과중하게 부과하여 헌법 제37조 제2항에 위반된다."는 일부 반대의견을, <김종대> 재판관은 "집회에 대한 신고의무는 단순한 행정절차적 협조의무에 불과하고, 그러한 협조의무의 이행은 과태료 등 행정상 제재로도 충분히 확보 가능함에도 구 집시법 제19조 제2항이 징역형이 있는 형벌의 제재로 신고의무의 이행을 강제하는 것은 헌법상 집회의 자유를 전체적으로 위축시키는 결과를 가져올 수 있고, 이는 신고제도의 본래적 취지에 반하여 허가제에 준하는 운용을 가능하게 하는 것이며, 미신고 옥외집회 주최자를 집시법상 금지되는 집회 또는 시위의 주최자와 동일하게 처벌하는 것은 법익침해의 정도가 질적으로 현저히 다른 것을 동일하게 처벌하는 것으로 국가형벌권 행사에 관한 법치국가적 한계를 넘어 지나치게 과중한 형벌을 규정한 것이다."라는 일부 반대의견을 제시하였다.

330) [판시사항] : 1. '집회' 개념이 불명확하여 '집회 및 시위에 관한 법률'(2007.5.11. 법률 제8424호로 전부 개정된 것, 이하 '집회시위법') 제22조 제2항 중 제6조 제1항 본문에 관한 부분(이하 '심판대상조항')이 죄형법정주의 명확성원칙에 위배되는지 여부(소극) 2. 옥외집회·시위의 사전신고제도를 규정한 심판대상조항이 헌법 제21조 제2항의 사전허가금지에 위배되는지 여부(소극) 3. 심판대상조항이 과잉금지원칙에 위배되어 집회의 자유를 침해하는지 여부(소극) 4.심판대상조항이 과잉형벌에 해당하는지 여부(소극)

심판대상조항의 신고사항은 여러 옥외집회·시위가 경합하지 않도록 하기 위해 필요한 사항이고, 질서유지 등 필요한 조치를 할 수 있도록 하는 중요한 정보이다. 옥외집회·시위에 대한 사전신고 이후 기재사항의 보완, 금지통고 및 이의절차 등이 원활하게 진행되기 위하여 늦어도 집회가 개최되기 48시간 전까지 사전신고를 하도록 규정한 것이 지나치다고 볼 수 없다. 헌법 제21조 제1항을 기초로 하여 심판대상조항을 보면, 미리 계획도 되었고 주최자도 있지만 집회시위법이 요구하는 시간 내에 신고를 할 수 없는 옥외집회인 이른바 '긴급집회'의 경우에는 신고가능성이 존재하는 즉시 신고하여야 하는 것으로 해석된다. 따라서 신고 가능한 즉시 신고한 긴급집회의 경우에까지 심판대상조항을 적용하여 처벌할 수는 없다. 따라서 심판대상조항이 과잉금지원칙에 위배하여 집회의 자유를 침해하지 아니한다.

미신고 옥외집회의 주최는 신고제의 행정목적을 침해하고 공공의 안녕질서에 위험을 초래할 개연성이 높으므로 이에 대하여 행정형벌을 과하도록 한 심판대상조항이 집회의 자유를 침해한다고 할 수 없고, 그 법정형이 입법재량의 한계를 벗어난 과중한 처벌이라고 볼 수 없으므로 과잉형벌에 해당하지 아니한다.[331]

다. 결사의 자유

1) 의의

결사의 자유는 견해 표명과 정보유통을 집단적으로 구현시켜 사회연대를 촉진하고 국가로부터 사회의 민주성과 자율성을 구현하는 자유로서, 공동의 목적을 가진 다수인[332]이 자발적으로 계속적인 단체를 조직할 수 있는 자유를 말한다. 그리고

---

331) 이에 대하여 재판관 4인은 "(1) 집회시위법은 사전신고 요건을 충족시키기 어려운 긴급집회의 경우에 그 신고를 유예하거나 즉시 신고로서 옥외집회를 가능하게 하는 조치를 전혀 취하고 있지 않다. 긴급집회의 경우 수범자에게 집회를 개최하려고 마음먹은 때부터 집회 시까지 48시간을 초과하지 못하여 집회시위법 제6조 제1항에 따른 신고를 부담하는지, 부담한다면 언제 신고를 하여야 하는지가 분명하다고 할 수 없다. 따라서 심판대상조항이 긴급집회에 대해 어떠한 예외도 규정하지 않고 모든 옥외집회에 대해 사전신고를 의무화하는 것은 과잉금지원칙에 위배되어 청구인들의 집회의 자유를 침해한다. (2) 집회에 대한 신고의무는 단순한 행정절차적 협조의무에 불과하고, 그러한 협조의무의 이행은 과태료 등 행정상 제재로도 충분히 확보 가능함에도 심판대상조항이 징역형이 있는 형벌의 제재로 신고의무의 이행을 강제하는 것은 헌법상 집회의 자유를 전체적으로 위축시키는 결과를 가져올 수 있고, 이는 신고제도의 본래적 취지에 반하여 허가제에 준하는 운용을 가능하게 하는 것이다. 미신고 옥외집회 주최자를 집회시위법상 금지되는 집회 또는 시위의 주최자와 동일하게 처벌하는 것은 법익침해의 정도가 질적으로 현저히 다른 것을 동일하게 처벌하는 것으로 국가형벌권 행사에 관한 법치국가적 한계를 넘어 지나치게 과중한 형벌을 규정한 것이다."라는 반대의견을 제시하였다.

332) 자연인뿐만 아니라 법인도 결사의 자유의 주체가 된다.(헌재 2016.11.24. 2015헌바62, 공보 242, 1866, 1870.

결사는 개인이 타인과 더불어 단체를 조직하고 견해를 같이하는 자들끼리 일정한 기간 동안 결합함으로써 공동의 목적을 추구하고 단체의사를 형성하며, 그 조직의 한 구성원으로서 그 단체의사에 복종하는 사회공동체의 기본적인 조직원리이다.[333]

2) 보호영역

결사의 자유는 **적극적**으로는 ①단체결성의 자유 ②단체존속의 자유 ③단체활동의 자유[334] ④결사에의 가입·잔류의 자유를 뜻하고, **소극적**으로는 ①단체로부터 탈퇴할 자유와 ②결사에 가입하지 아니할 자유를 들 수 있다.[335]

11. 학문과 예술의 자유 [제22조]

가. 학문의 자유

1) 보호영역

학문의 자유라 함은 진리를 탐구하는 자유를 의미하는데, 그것은 단순히 ①진리탐구의 자유에 그치지 않고, ②탐구한 결과에 대한 발표의 자유 내지 ③가르치는 자유(편의상 대학의 교수의 자유와 구분하여 '수업(授業)의 자유'라 한다) 등을 포함하는 것이라고 할 수 있다.[336]

2) 교사의 수업권 문제

대학교수의 교수의 자유와는 달리 교사의 수업권에 대하여 그 기본권성을 인정할 수 있는가가 문제된다. 학설은 긍정설[337]과 부정설[338]로 나뉘는데, 헌법재판소

---

333) 헌재 2012.3.29. 2011헌바53, 공보 186, 651, 654.

334) 헌재 2016.11.24. 2015헌바62 : "단체활동의 자유는 단체 외부에 대한 활동뿐만 아니라 단체의 조직, 의사형성의 절차 등 단체의 내부적 생활을 스스로 결정하고 형성할 권리인 단체 내부 활동의 자유를 포함한다(헌재 2012.12.27. 2011헌마562등 참조). 농협의 이사는 이사회의 구성원이 되어, 업무집행의 의사결정에 참여하고 의결된 사항에 대하여 조합장이나 상임이사의 업무집행상황을 감독한다(제43조 제2항, 제3항, 제4항). 그러므로 선거를 통한 이사 선출행위는 결사 내 의사결정기관의 구성에 관한 자율적인 활동이고, 이사 선거 후보자의 선거운동은 결사의 자유의 보호범위에 포함된다. 이 사건 법률조항들{구 농업협동조합법(2013.3.23. 법률 제11690호로 개정되고, 2014.6.11. 법률 제12755호로 개정되기 전의 것) 제50조 제4항 및 농업협동조합법(2014.6.11. 법률 제12755호로 개정된 것) 제50조 제4항}은 이사 선거와 관련하여 전화·컴퓨터통신을 이용한 지지 호소를 할 수 없도록 하고, 이를 위반하여 선거운동을 한 자를 처벌하므로, 이사 선거 후보자의 결사의 자유를 제한한다."

335) 헌재 1996.4.25. 92헌바47; 헌재 2006.12.28. 2004헌바67 결정 등 참조.

336) 헌재 1992.11.12. 89헌마88, 판례집 4, 739, 756. 그런데 위 ③의 수업권이 헌법상 기본권으로 인정되는지에 대하여는 논란이 있다.

337) 정종섭(헌법학), 586면; 허영(헌법론), 455-456면. 헌재 1992.11.12. 89헌마88 결정의 변정수

는 아래 사례에서 보듯이 분명하지는 않지만 최근에는 교사의 수업권의 기본권성을 부인하는 것으로 보인다.

◈ 헌재 1991.7.22. 89헌가106 (사립학교 교원의 노동3권)

"(교육권은) 국민의 수업권을 실현시키기 위하여 인정된 권리라고 할 것이며, 따라서 교육권은 수업권을 침해하지 않는 범위 내에서 성립될 수 있는 권리라고 할 수 있으며 국민의 수업권에 대한 관계에 있어서 일정한 제한을 받을 수밖에 없는 것이다."

◈ 헌재 1992.11.12. 89헌마88 (국어교과서 국정제)

"교사의 수업권은 교사의 지위에서 생겨나는 직권(직무권한)인데, 그것이 헌법상 보장되는 기본권이라고 할 수 있느냐에 대하여서는 이를 부정적으로 보는 견해가 많으며,"

◈ 헌재 2000.12.14. 99헌마112 (교원정년단축)

"교원으로서 학문연구의 결과를 가르치는 자유로서의 수업권은 학문의 자유로부터 파생될 수 있다고 할 것이지만(헌재 1992.11.12. 89헌마88),"

◈ 헌재 2001.11.29. 2000헌마278 (사립학교 학교운영위원회 의무설치)

"이것이 헌법상 권리인지 여부는 다툼이 있으나(헌재 1992.11.12. 89헌마88), 법적으로 보장되어야 할 권리임에는 틀림이 없으며,"

◈ 헌재 2003.9.25. 2001헌마814 (교육대학교 편입생특별전형)

"교육은 학문의 자유의 보호영역이 아니라 교육에 관한 기본권(헌법 제31조)의 보호영역에 속한다."

◈ 헌재 2007.3.29. 2005헌마1144 (공립학교 운영위원회 행정직원대표 입후보배제)

"(교육권은) 피교육자의 교육받을 권리의 보장에 필수적인 것으로 법적으로 보장되어야 할 권리"

◈ 헌재 2009.3.26. 2007헌마359 (시·도 교육위원회 설치·구성)

"교육을 할 권리는 헌법상 보장되는 기본권이라 보기 어렵다."

재판관의 반대의견 : "교사 등의 교육의 자유권은 헌법 제31조 제1항 및 동조 제4항에서 필연적으로 도출되는 그리고 동 규정에 의해 보장되는 국민의 교육기본권의 전제가 되는 헌법상의 기본권이라 아니 할 수 없다."

338) 한수웅(헌법학), 970면 : "교사의 자유(수업권)는 기본권적 지위가 아니라 교사라는 직무의 본질적 요소이며, 학교의 교육목적과 학생의 이익을 구현하기위한 수단이다. 교사의 지위는 공교육의 책임이 있는 국가의 위임에 의한 것이고, 이러한 위임에 근거하여 국가는 교사에 대한 포괄적인 감독권을 가지고 있다는 점에서도 교사의 자유를 기본권으로 파악하기 어렵다."

나. 예술의 자유

예술의 자유에는 예술창작의 자유, 예술표현의 자유, 그리고 예술적 집회·결사의 자유가 포함되는데, 예술창작의 자유는 예술창작활동을 할 수 있는 자유로서 창작소재, 창작형태 및 창작과정 등에 대한 임의로운 결정권을 포함한 모든 예술창작활동의 자유를 그 내용으로 한다. 예술표현의 자유는 창작한 예술품을 보호하고 이를 일반대중에게 전시·관람하거나 공연할 수 있는 자유를 말하는데, 판례에 따르면 예술품을 창작한 작가뿐만이 아니라 이를 보급하는 음반제작자 등도 예술표현의 자유를 향유한다.[339]

12. 재산권 [제23조]

가. 의의

헌법은 제23조에서 재산권을 보장하고 있고 "재산권의 구체적 내용은 법률로써 정한다."고 함으로써, 입법자에 의하여 구체적으로 형성된 재산권만이 원칙적으로 헌법적으로 보호를 받는다는 것을 밝히고 있다.[340]

우리 헌법이 보장하고 있는 재산권은 '경제적 가치가 있는 모든 공법상·사법상의 권리'이고, 이 때 재산권보장에 의하여 보호되는 재산권은 '사적 유용성 및 그에 대한 원칙적 처분권을 내포하는 재산가치가 있는 구체적 권리'를 의미한다.[341] 여기에서 **사적 유용성**이 인정되기 위해서는 그 권리가 권리주체에게 귀속되어 그 주체의 이익을 위해 이용가능해야 하고, **원칙적 처분권**이란 자신의 의사에 따라 처분할 수 있어야 함을 의미하며, 사적 유용성과 원칙적 처분권이 재산권의 징표라고 본다면, 재산가치는 그와 같은 사적 유용성과 원칙적 처분권 등 재산성이 인정될 만한 가치가 있는 것을 의미한다.[342]

나. 재산권보장의 기능

재산권보장은 헌법상의 기본권체계 내에서 각 개인이 자신의 생활을 자기 책임

339) 헌재 1993.5.13, 91헌바17 : "예술표현의 자유는 창작한 예술품을 일반대중에게 전시·공연·보급할 수 있는 자유이다. 예술품보급의 자유와 관련해서 예술품보급을 목적으로 하는 예술출판자 등도 이러한 의미에서의 예술의 자유의 보호를 받는다고 하겠다. 따라서 비디오물을 포함하는 음반제작자도 이러한 의미에서의 예술표현의 자유를 향유한다."

340) 헌재 2002.8.29. 2000헌가5, 판례집 14-2, 106, 123.

341) 헌재 1992.6.26. 90헌바26, 판례집 4, 362, 372 ; 헌재 1996.8.29. 95헌바36, 판례집 8-2, 90, 103.

342) 헌재 2010.4.29. 2007헌바40, 공보 163, 814, 818.

하에서 형성하도록 그에 필요한 경제적 조건을 보장해 주는 기능을 한다. 즉, 재산권은 자유의 실현과 물질적 삶의 기초이고, 자유실현의 물질적 바탕을 보호하는 재산권의 자유보장적 기능으로 말미암아 자유와 재산권은 불가분의 관계이자 상호보완관계에 있다. 자본주의적 산업사회의 발전과 함께 개인의 경제적 생활기반이 더 이상 소유물이 아니라, 임금이나 그에서 파생하는 연금과 같이 사회보장적 성격의 권리 등이 되었고, 이로써 필연적으로 헌법 제23조의 재산권의 개념은 자유실현의 물질적 바탕이 될 수 있는 모든 권리로 점점 더 확대되었다. 따라서 헌법 제23조의 재산권은 민법상의 소유권뿐만 아니라, 재산적 가치 있는 사법상의 물권, 채권 등 모든 권리를 포함하며, 또한 국가로부터의 일방적인 급부가 아닌 자기 노력의 대가나 자본의 투자 등 특별한 희생을 통하여 얻은 공법상의 권리도 포함한다.[343)]

다. 공법상 권리와 재산권

공법상의 권리가 헌법상의 재산권보장의 보호를 받기 위해서는 다음과 같은 요건을 갖추어야 한다. 첫째, 공법상의 권리가 권리주체에게 귀속되어 개인의 이익을 위하여 이용가능해야 하며(사적 유용성), 둘째, 국가의 일방적인 급부에 의한 것이 아니라 권리주체의 노동이나 투자, 특별한 희생에 의하여 획득되어 자신이 행한 급부의 등가물에 해당하는 것이어야 하며(수급자의 상당한 자기기여), 셋째, 수급자의 생존의 확보에 기여해야(생존보장에 기여) 한다.[344)]

또한 공법상의 재산적 가치있는 지위가 헌법상 재산권의 보호를 받기 위하여는, 우선 입법자에 의하여 수급요건, 수급자의 범위, 수급액 등 구체적인 사항이 법률에 규정됨으로써 구체적인 법적 권리로 형성되어 개인의 주관적 공권의 형태를 갖추어야 한다. 따라서 사회보험법상의 지위는 청구권자에게 구체적인 급여에 대한 법적 권리가 인정되어 있는 경우에 한하여 재산권의 보호대상이 된다.[345)]

라. 헌법 제23조 제1항 및 제2항과 비례의 원칙

입법자가 토지재산권에 관한 권리와 의무를 일반·추상적으로 확정하는 규정을 두는 경우 이는 법질서 안에서 보호받을 수 있는 권리로서의 "재산권의 내용과 한계를 정하는 재산권을 형성하는 규정인 동시에 공익적 요청에 따른 재산권의 사회적 제약을 구체화하는" 규정이기도 하다(헌법 제23조 제1항 및 제2항). 헌법상의 재산

343) 헌재 2000.6.29. 99헌마289, 판례집 12-1, 913, 947-948.

344) 헌재 2000.6.29. 99헌마289, 판례집 12-1, 913, 948-949; 헌재 2016.9.29. 2014헌바254, 공보 240, 1474, 1482, 재판관 안창호의 법정의견에 대한 보충의견.

345) 헌재 2000.6.29. 99헌마289, 판례집 12-1, 913, 949.

권은 토지소유자가 이용가능한 모든 용도로 토지를 자유로이 최대한 사용할 권리나 가장 경제적 또는 효율적으로 사용할 수 있는 권리를 보장하는 것을 의미하지는 않는다. 입법자는 중요한 공익상의 이유와 앞에서 본 토지가 가진 특성에 따라 토지를 일정용도로 사용하는 권리를 제한할 수 있기 때문이다. 따라서 토지의 개발이나 건축은 합헌적 법률로 정한 재산권의 내용과 한계 내에서만 가능한 것일 뿐만 아니라 토지재산권의 강한 사회성 내지는 공공성으로 말미암아 이에 대하여는 다른 재산권에 비하여 보다 강한 제한과 의무가 부과될 수 있다. 그러나 그렇다고 하더라도 토지재산권에 대한 제한입법 역시 다른 기본권을 제한하는 입법과 마찬가지로 과잉금지의 원칙(비례의 원칙)을 준수해야 하고, 재산권의 본질적 내용인 사용·수익권과 처분권을 부인해서는 아니된다.[346)]

◈ 헌재 2012.7.26. 2011헌바169

"이 사건 법률조항[347)]은 그 규율형식의 면에서 정비사업의 시행으로 새로이 설치된 정비기반시설과 그 부지를 '개별적이고 구체적으로' 박탈하려는 데 그 본질이 있는 것이 아니라, 정비사업의 시행으로 새로이 설치된 정비기반시설과 그 부지의 소유관계를 '일반적이고 추상적으로' 규율하고자 한 것이고, 그 규율목적의 면에서도 사업시행자의 정비기반시설에 대한 재산권을 박탈·제한함에 그 본질이 있는 것이 아니라, 사업지구 안의 정비기반시설의 소유관계를 정함으로써 사업시행자의 지위를 장래를 향하여 획일적으로 확정하고자 하는 것이므로, 재산권의 내용과 한계를 정한 것으로 이해함이 타당하다."

◈ 헌재 2014.2.27. 2010헌바483

"광업권이 토지소유권과 독립한 독자적 권리이고 광업의 수행방법이 가지는 특성으로 인하여 광업권은 당해 토지 또는 인접 토지의 통상적인 이용과의 관계에서 충돌이 발생할 가능성이 예정되어 있는바, 심판대상조항[348)]은 그러한 경우에 충돌하는 권리의 양립을 도모하기 위해, 광업권의 전부 또는 일부를 소멸시키는 대신, 채굴행위를 일부 제한하는 규정이다. 따라서 심판대상조항은 이미 형성된 구체적

---

346) 헌재 1998.12.24. 89헌마214등, 판례집 10-2, 927, 947-948.

347) 민간사업시행자가 설치한 정비기반시설은 그 시설을 관리할 국가 또는 지방자치단체에 무상으로 귀속된다고 규정한 도시정비법(2002.12.30. 법률 제6852호로 제정된 것) 제65조 제2항 전단.

348) 구 광업법(2007.4.11. 법률 제8355호로 개정되고, 2012.5.23. 법률 제11434호로 개정되기 전의 것) 제44조 제1항 제1호 중 '도로'에 관한 부분.

인 재산권을 공익을 위하여 개별적·구체적으로 박탈하거나 제한하는 것으로서 보상을 요하는 헌법 제23조 제3항의 수용·사용 또는 제한을 규정한 것이라고 할 수는 없고, 입법자가 광업권에 관한 권리와 의무를 일반·추상적으로 확정하는, 재산권의 내용과 한계를 정하는 규정인 동시에 공익적 요청에 따른 재산권의 사회적 제약을 구체화하는 규정이라고 보아야 한다(헌법 제23조 제1항 및 제2항)."

13. 선거권 [제24조]

가. 참정권으로서의 선거권과 그 중요성

우리 헌법은 참정권에 관하여 간접적인 참정권으로 공무원선거권(제24조), 공무담임권(제25조)을,[349] 직접적인 참정권으로 국민투표권(헌법 제72조, 제130조)을 규정하고 있다.[350] 헌법 제1조는 (…) 라고 규정하여 국민주권의 원리를 천명하고 있다. 그 중요한 의미는 국민의 합의로 국가권력을 조직한다는 것이다. 이를 위해서는 주권자인 국민이 정치과정에 참여하는 기회가 폭넓게 보장될 것이 요구된다. 대의민주주의를 원칙으로 하는 오늘날의 민주정치 아래에서 국민의 참여는 기본적으로 선거를 통하여 이루어진다. 따라서 선거는 주권자인 국민이 그 주권을 행사하는 통로인 것이다.[351]

나. 헌법 제24조의 "법률이 정하는 바에 의하여"의 의미

헌법 제24조는 모든 국민은 '법률이 정하는 바에 의하여' 선거권을 가진다고 규정함으로써 법률유보의 형식을 취하고 있지만, 이것은 국민의 선거권이 '법률이 정하는 바에 따라서만 인정될 수 있다'는 포괄적인 입법권의 유보하에 있음을 의미하는 것이 아니라, '국민의 기본권을 법률에 의하여 구체화하라'는 뜻이며 '선거권을 법률을 통해 구체적으로 실현하라'는 의미이다.[352]

---

349) 그런데, 공무담임권은 선출직(대통령이나 국회의원 등) 또는 비선출직(법관이나 행정공무원)으로서 국가의사형성에 직접 참여하는 가능성을 제공하기 때문에, 직접참정권과 간접참정권으로 구분할 것이 아니라 대의제를 실현하기 위한 방법(공무원선거권과 공무담임권)과 직접민주제를 실현하기 위한 방법(국민투표권)으로 구분해야 한다는 견해가 있다. 한수웅(헌법학), 862면.

350) 헌재 2001.6.28. 2000헌마735, 판례집 13-1, 1431, 1439.

351) 헌재 2001.7.19. 2000헌마91등, 판례집 13-2, 77, 93.

352) 헌재 2007.6.28. 2005헌마772, 판례집 19-1, 899, 906-907.

다. 보호영역에 해당하지 않는다고 본 사례

◈ 헌재 2007.8.30. 2005헌마975

"이 사건 조항[353]이 '전부 거부' 제도를 포함하지 않은 것은 국민의 선거권행사 자체와는 무관하고 선거권행사를 제약하는 것도 아니다. 청구인들의 주장은 후보자 전부에 대한 선거권자의 불신을 표시하는 방법을 입법자가 보장하라는 것인데, 공직자를 선출하는 선거권의 보호범위에 '후보자 전부 거부' 투표방식의 보장까지 포함된다고 보기는 곤란하다. 또 그러한 입법을 하지 않았던 것이 헌법상의 보통·평등·직접·비밀선거 원칙과 충돌되는 것도 아니다. 결국 '전부 거부'와 같은 투표제도를 추가적으로 마련할 것인지 여부는 입법자가 정책적 재량으로 결정할 수 있는 사항일 뿐이며, 이를 마련하지 않고 있는 것을 두고 입법자가 선거권 보장을 위한 입법의무를 제대로 하지 않았다고 볼 수는 없다. 그렇다면 이 사건 조항이 '전부 거부'를 배제하고 있는 것이 청구인들의 선거권을 제한한다고 볼 수 없다."

◈ 헌재 2012.2.23. 2011헌바154

"헌법 제24조는 '모든 국민은 법률이 정하는 바에 의하여 선거권을 가진다'고 규정하고 있는데, 여기서 선거권이란 국민이 공무원을 선거하는 권리를 말하고, 이는 주권자인 국민이 자신의 정치적 의사를 자유로이 결정하고 표명하여 선거에 참여함으로써 민주사회를 구성하고 움직이게 하는 작동원리로 작용한다.[354] (…) 이처럼 사법적인 성격을 지니는 농협의 조합장선거에서 조합장을 선출하거나 조합장으로 선출될 권리, 조합장선거에서 선거운동을 하는 것은 헌법에 의하여 보호되는 선거권의 범위에 포함되지 않는다. 따라서 이 사건 금전제공 금지조항[355]이 선거권을 제한한다는 청구인의 주장은 이유 없다."[356]

---

353) 공직선거에서 투표용지에 후보자들에 대한 '전부 거부' 표시방법을 마련하지 않은 공직선거법(2005.8.4. 법률 제7681호로 개정된 것) 제150조, 제151조 제8항, 공직선거관리규칙(2005. 8. 4. 중앙선거관리위원회규칙 제241호로 개정된 것) 제71조

354) 헌재 2002.3.28. 2000헌마283등, 판례집 14-1, 211, 223; 헌재 2004.3.25. 2002헌마411, 판례집 16-1, 468, 478 참조.

355) 지역농협의 조합장 선거와 관련하여 금전제공행위를 금지하는 농업협동조합법(2009.6.9. 법률 제9761호로 개정된 것) 제50조 제1항 제1호 가목 및 다목 중 '금전' 부분.

356) "이 사건 금전제공 금지조항은 지역농협 조합장 선거에 출마한 후보자의 **일반적 행동의 자유**를 제한한다."(공보 185, 442, 445-446) [전원일치 합헌]

14. 공무담임권 [제25조]

가. 의의

헌법 제25조는 "모든 국민은 법률이 정하는 바에 의하여 공무담임권을 가진다." 라고 정하고 있는바, 공무담임권은 국민주권의 실현방법으로 국가의 공적인 업무를 수행함에 있어 참여하고 이를 수행하는 권리이다. 이러한 공무담임권은 헌법이 인정하는 임명직과 선거직의 공직에 취임할 수 있는 권리를 뜻한다.[357]

나. 보호영역

헌법 제25조는 "모든 국민은 법률이 정하는 바에 의하여 공무담임권을 가진다." 고 하여 공무담임권을 기본권으로 보장하고 있다. 공무담임권이란 입법부, 집행부, 사법부는 물론 지방자치단체 등 국가, 공공단체의 구성원으로서 그 직무를 담당할 수 있는 권리를 말한다. 여기서 직무를 담당한다는 것은 모든 국민이 현실적으로 그 직무를 담당할 수 있다고 하는 의미가 아니라, 국민이 공무담임에 관한 자의적이지 않고 평등한 기회를 보장받음을 의미하는바, 공무담임권의 보호영역에는 ① 공직취임 기회의 자의적인 배제뿐 아니라, ②공무원 신분의 부당한 박탈이나 ③권한(직무)의 부당한 정지도 포함된다.[358]

다. 보호영역에 해당하지 않는다고 본 사례

◈ 헌재 2007.6.28. 2005헌마1179

"'승진시험의 응시제한'이나 이를 통한 승진기회의 보장 문제는 공직신분의 유지나 업무수행에는 영향을 주지 않는 단순한 내부 승진인사에 관한 문제에 불과하여 공무담임권의 보호영역에 포함된다고 보기는 어렵다."[359]

◈ 헌재 2008.6.26. 2005헌마1275

"공무담임권의 보호영역에는 일반적으로 공직취임의 기회보장, 신분박탈, 직무

---

357) 헌재 2009.10.29. 2009헌마127, 공보 157, 2098, 2100.

358) 헌재 2002.8.29. 2001헌마788등, 판례집 14-2, 219, 224 ; 헌재 2005.5.26. 2002헌마699등, 판례집 17-1, 734, 743.

359) 평등권심사 [전원일치 기각]. 헌재 2010.3.25. 2009헌마538 - 평등권심사 [전원일치 각하]. 이에 대하여는 "헌법재판소가 초기의 판례부터 공무담임권은 '공직취임의 균등한 기회'를 보장한다는 것을 스스로 밝히고 있고, 이러한 보장내용에는 공직취임뿐만 아니라 '승진과 보직에 있어서도 기회의 균등'이 속하는 것이므로, 승진시험의 응시제한이 공무담임권의 보장내용에 속하지 않는다고 판시한 것은 이러한 보장내용을 간과한 것으로 보인다."는 비판이 있다. 한수웅(헌법학), 866면.

의 정지가 포함되는 것일 뿐, 여기서 더 나아가 공무원이 특정의 장소에서 근무하는 것 또는 특정의 보직을 받아 근무하는 것을 포함하는 일종의 '공무수행의 자유'까지 그 보호영역에 포함된다고 보기는 어렵다."[360)]

◈ 헌재 2009.7.30. 2008헌마180

"청구인은 이 사건 법률조항[361)]으로 인하여 청구인의 공무담임권이 침해당하였다고 주장하나, 이 사건 법률조항은 정치신인인 예비후보자에 대하여 허용되는 사전선거운동과 그 제한을 규정한 것일 뿐, 정치신인인 예비후보자에 대한 선거권자의 선택의 폭을 제한하거나 당선기회를 봉쇄하는 것이 아니어서 공무담임권과는 직접 관련이 없다 할 것이므로, 공무담임권을 제한한다고 할 수 없다."[362)]

◈ 헌재 2012.3.29. 2009헌마754

"자격시험이자 공무원 임용시험으로서의 성격을 가지는 사법시험과는 달리, 변호사시험은 '변호사에게 필요한 직업윤리와 법률지식 등 법률사무를 수행할 수 있는 능력을 검정하기 위한'(변호사시험법 제1조) 순수한 자격시험이다. 따라서 다른 법령에서 변호사 자격을 판사·검사의 임용 조건으로 정하고 있더라도 이 사건 법률조항[363)]과 공무담임권과의 관련성은 간접적인 것에 불과하므로, 이 사건 법률조항으로 바로 청구인의 공무담임권이 제한되는 것은 아니다."[364)]

◈ 헌재 2012.4.24. 2010헌마605

"청구인은 이 사건 법률조항[365)]에 의하여 자신의 공무담임권 및 직업선택의 자유가 침해되었다고 주장하나, 청구인은 지방의회의원으로 당선되어 이를 유지하기 위해 지방공사 직원의 직을 그만두었고, 지방의회의원의 임기 동안 지방공사 직원의 직을 가질 수 없게 되었으므로, 이 사건 법률조항에 의하여 제한받게 된 청구인

---

360) 평등권심사 [전원일치 기각]

361) 예비후보자홍보물의 수량을 제한하는 공직선거법(2008.2.29. 법률 제8879호로 개정된 것) 제60조의3 제1항 제4호 중 '세대수의 100분의 10 이내에 해당하는 수' 부분

362) ①선거운동의 자유, ②평등권 및 선거운동기회균등을 제한되는 기본권으로 보았음 [기각(8:1)]

363) 변호사시험법(2009.5.28. 법률 제9747호로 제정된 것) 제5조 제1항 본문

364) 헌법재판소는 이어서 "법학전문대학원의 석사학위를 취득하기 위해서는 그 입학시험을 비롯하여 학점 취득, 졸업 사정 전반을 통하여 법조인으로서의 능력이 인정되어야 하는 것이므로 이 사건 법률조항이 변호사시험 응시요건으로 법학전문대학원의 석사학위 취득을 요구하는 것은 기본권 주체의 능력과 자질에 대한 제한으로서 청구인의 **직업선택의 자유**를 제한한다."고 판시하였다. [전원일치 기각]

365) 지방의회의원이 지방공사 직원의 직을 겸할 수 없도록 규정하고 있는 지방자치법(2007.5.11. 법률 제8423호로 개정된 것) 제35조 제1항 제5호 중 '지방공사의 직원'에 관한 부분.

의 기본권은 지방자치단체의 구성원으로서 그 직무를 담당할 수 있는 권리인 공무담임권이 아니라 직업을 선택하거나 유지할 수 있는 자유이다."[366]

제2항 청구권적 기본권

1. 청원권 [제26조]

가. 의의

헌법 제26조와 청원법 규정에 의할 때 헌법상 보장된 청원권은 공권력과의 관계에서 일어나는 여러 가지 이해관계, 의견, 희망 등에 관하여 적법한 청원을 한 모든 국민에게, 국가기관이(그 주관관서가) 청원을 수리할 뿐만 아니라, 이를 심사하여, 청원자에게 적어도 그 처리결과를 통지할 것을 요구할 수 있는 권리를 말한다.[367]

나. 보호영역

우리 헌법 제26조에서 "모든 국민은 법률이 정하는 바에 의하여 국가기관에 문서로 청원할 권리를 가진다. 국가는 청원에 대하여 심사할 의무를 진다."고 하여 청원권을 기본권으로 보장하고 있으므로 국민은 여러 가지 이해관계 또는 국정에 관하여 자신의 의견이나 희망을 해당 기관에 직접 진술하는 외에 그 본인을 대리하거나 중개하는 제3자를 통해 진술하더라도 이는 청원권으로서 보호된다.[368] 그러나 청원권의 보호범위에는 청원사항의 처리결과에 심판서나 재결서에 준하여 이유를 명시할 것까지를 요구하는 것은 포함되지 아니한다. 왜냐하면 국민이면 누구든지 널리 제기할 수 있는 민중적 청원제도는 재판청구권 기타 준사법적 구제청구와는 완전히 성질을 달리하는 것이기 때문이다. 그러므로 청원소관서는 청원법이 정하는 절차와 범위 내에서 청원사항을 성실·공정·신속히 심사하고 청원인에게 그 청원을 어떻게 처리하였거나 처리하려 하는지를 알 수 있을 정도로 결과통지함으로써 충분하다.[369]

---

366) 기각(7:1)

367) 헌재 1994.2.24. 93헌마213, 판례집 6-1, 183, 189-190.

368) 헌재 2005.11.24. 2003헌바108, 판례집 17-2, 409, 416; 헌재 2012.4.24. 2011헌바40, 공보 187, 816, 819.

369) 헌재 1994.2.24. 93헌마213, 판례집 6-1, 183, 189-190.

2. 재판청구권 [제27조]

가. 의의

헌법 제27조 제1항은 "모든 국민은 헌법과 법률이 정한 법관에 의하여 법률에 의한 재판을 받을 권리를 가진다."고 규정하고 있는데, 여기서 '법률에 의한 재판'이라 함은 형사재판에 있어서는 적어도 그 기본원리인 **죄형법정주의**와 절차의 적법성뿐만 아니라 절차의 적정성까지 보장되는 **적법절차주의**에 위반되지 않는 실체법과 절차법에 따라 규율되는 것으로서, 피고인의 방어활동이 충분히 보장되고 실질적 당사자 대등이 이루어진 공정한 재판을 의미한다.[370] 무릇 재판이란 사실 확정과 법률의 해석적용을 본질로 함에 비추어 법관에 의하여 사실적 측면과 법률적 측면에서 한 차례 심리검토를 받을 기회는 적어도 보장되어야 할 것이며, 또 그와 같은 기회에 접근하기 어렵도록 제약이나 장벽을 쌓아서는 안 된다. 만일 그러한 보장이 제대로 안되면 재판을 받을 권리의 본질적 침해의 문제가 생길 수 있다.[371]

나. 재판청구권 보장의 목적

재판청구권은 다른 기본권이 침해된 경우에 그 회복 또는 구제를 위한 절차적 기본권으로서 사법절차를 통하여 궁극적으로 효율적인 권리보호를 보장하고자 하는 데 그 목적이 있다.[372]

다. 재판청구권의 법적 성격

재판청구권은 재판이라는 국가적 행위를 청구할 수 있는 **적극적 측면**과 헌법과 법률이 정한 법관이 아닌 자에 의한 재판이나 법률에 의하지 아니한 재판을 받지 아니하는 **소극적 측면**을 아울러 가지고 있다.[373] 헌법 제27조 제1항의 재판청구권은 단지 사법절차에의 접근뿐만 아니라 공정한 재판을 받을 권리, 즉 사법절차상의 기본권을 포함하는 포괄적인 권리라고 할 것이다.[374]

---

370) 헌재 2010.6.24. 2009헌마257, 공보 165, 1193, 1199.

371) 헌재 2011.11.24. 208헌마578등, 공보 182, 1868, 1873.

372) 헌재 2010.4.29. 2008헌마622, 공보 163, 907, 910.

373) 헌재 1998.5.28. 96헌바4, 판례집 10-1, 610, 618; 헌재 2010.4.29. 2008헌마622, 공보 163, 907, 910.

374) 헌재 1996.12.26. 94헌바1, 판례집 8-2, 808, 820 ; 헌재 1998.12.24. 94헌바46, 판례집 10-2, 842, 850 ; 헌재 2005.5.26. 2003헌가7, 판례집 17-1, 558, 566; 헌재 2009.11.26, 2008헌바25, 공보 158, 2154, 2156.

라. 공정한 재판을 받을 권리

헌법 제27조 제1항과 제3항이 보장하고 있는 '공정한 재판'이란 헌법과 법률이 정한 자격이 있고 헌법 제104조 내지 제106조에 정한 절차에 의하여 임명되고 신분이 보장되며 독립하여 심판하는 법관으로부터 헌법과 법률에 의하여 그 양심에 따라 적법절차에 의하여 이루어지는 재판을 의미하고, 나아가 공정한 재판을 받을 권리에는 법관이 주재하는 공개된 법정에서 모든 증거자료가 조사·진술되고 이에 대하여 검사와 피고인이 서로 공격·방어할 수 있는 공평한 기회가 보장되는 재판을 받을 권리가 포함된다.[375] 헌법은 **피고인의 반대신문권**을 미국이나 일본과 같이 헌법상의 기본권으로까지 규정하지는 않았으나, 형사소송법은 제161조의2에서 피고인의 반대신문권을 포함한 교호신문권을 명문으로 규정하여 피고인에게 불리한 증거에 대하여 반대신문할 수 있는 권리를 원칙적으로 보장하고 있는바, 이는 헌법 제12조 제1항, 제27조 제1항, 제3항 및 제4항에 의한 공정한 재판을 받을 권리를 구현한 것이다.[376]

마. 신속한 재판을 받을 권리

헌법 제27조에 의하여 국민에게 보장된 재판청구권에는 법치주의의 이념상 본질적 요소인 동시에 효과적 권리구제를 위한 필수적 요소인 재판의 공정 및 적법절차의 요청이 내재되어 있으므로, 재판의 신속 내지 효율성만을 강조하여 재판의 공정 내지 적정을 훼손하는 일이 있어서는 아니될 것이다. 따라서 여기에서 '신속한 재판'이라 함은 공정하고 적정한 재판을 하는데 필요한 기간을 넘어 부당하게 지연됨이 없는 재판을 말한다.[377] 이러한 신속한 재판을 받을 권리를 실현하는 구체적인 방법으로는, 소송절차에서 단계별로 소송을 촉진하는 수단을 적절히 배치하거나, 효율적인 소송절차의 운영을 위하여 필요한 인적·물적 시설을 확충하는 등 여러 가지 방안이 있을 수 있는바, 사법절차적 기본권으로서의 청구권적 성격을 고려할 때 신속한 재판을 받을 권리의 실현을 위한 방법들은 헌법 규정으로부터 곧바로 도출되는 것이 아니고 구체적인 입법형성을 필요로 한다.[378]

---

375) 헌재 2001.8.30. 99헌마496, 판례집 13-2, 238, 244; 헌재 2008.1.10. 2007헌마1468, 공보 136, 155, 168.

376) 헌재 1994.4.28. 93헌바26, 판례집 6-1, 348, 362; 헌재 2010.11.25. 2009헌바57, 판례집 22-2하, 387, 394.

377) 헌재 1997.11.27. 94헌마60, 판례집 9-2. 675, 694.

378) 헌재 1999.9.16. 98헌마75, 판례집 11-2, 364, 371; 헌재 2009.7.30. 2007헌마732, 공보 154, 1542, 1545-1546.

바. 대법원의 재판을 받을 권리

대법원을 최고법원으로 규정하였다 하여 대법원이 곧바로 모든 사건을 상고심으로서 관할하여야 한다는 결론이 당연히 도출되는 것은 아니다. 헌법 제102조 제3항[379]에 따라 대법원이 어떤 사건을 제1심으로 또는 상고심으로서 관할할 것인지는 법률로 정할 수 있는 것으로 보아야 한다.[380]

사. 헌법재판을 받을 권리

재판청구권에 헌법재판을 받을 권리가 포함되는지에 대하여 학설은 긍정설[381]과 부정설[382]로 나뉘는데, 헌법재판소는 소위 '재판소원금지규정'에 대한 헌법소원사건에서 헌법소원심판을 받을 권리가 재판청구권에 포함되지 않는다고 판시한 바 있다.[383] 그러나 헌재 2013.8.29. 2011헌마122 결정에서는 "헌법 제27조는 '모든 국민은 헌법과 법률이 정한 법관에 의하여 법률에 의한 재판을 받을 권리를 가진다.'고 규정하여 재판청구권을 보장하고 있고, 이 때 재판을 받을 권리에는 민사재판, 형사재판, 행정재판뿐 아니라 헌법재판도 포함된다."고 판시하여 명시적으로 인정하였다.[384]

---

379) "대법원과 각급법원의 조직은 법률로 정한다."

380) 헌재 2004.12.16. 2003헌바105; 헌재 2005.9.29. 2005헌마567. 참고로 제1공화국하의 헌법위원회는 재판청구권의 보호영역으로 대법원의 재판을 받을 권리를 인정하였다. [1952.9.9. 4285헌위1; 1952.9.9. 4285헌위2]

381) 권영성(원론), 609면; 계희열(중), 635면; 김철수(신론), 800면; 성낙인(헌법학), 1415면; 정종섭(원론), 823면: "(민사재판·형사재판·행정재판을 받을 권리는 헌법 제27조 제1항과 제101조 제1항에서 도출되는 데 비하여) 헌법재판을 받을 권리는 헌법 제27조 제1항과 제111조 제1항에서 도출된다."

382) 한수웅(헌법학), 892면: "헌법소원심판청구권은 기본권적 권리가 아니라 단지 헌법적으로 보장된 헌법소원제도 내에서의 권리로서 입법자의 구체적인 형성의 결과인 헌법재판소법을 통하여 비로소 현실화되는 법률상의 주관적 권리라고 보는 것이 타당하다. 이러한 이유로, 국민이 '헌법소원심판을 청구할 권리'는 재판청구권의 보장내용에 속하지 않는다."

383) 헌재 1997.12.24, 96헌마172 : "법치국가는 기본권의 보장, 권력분립, 사법에 의한 권리구제절차 등을 통하여 비로소 구체화되고 실현되므로 재판청구권은 법치국가의 실현을 위한 중요한 요소이다. 재판청구권은 국민의 헌법상의 기본권과 법률상의 권리가 법원의 재판절차에서 관철되는 것을 요청하는 것이기 때문에, 헌법이 특별히 달리 규정하고 있지 아니하는 한 하나의 독립된 법원이 법적 분쟁을 사실관계와 법률관계에 관하여 적어도 한번 포괄적으로 심사하고 결정하도록 소송을 제기할 수 있는 권리를 보장하는 기본권이다. 따라서 재판청구권은 사실관계와 법률관계에 관하여 최소한 한번의 재판을 받을 기회가 제공될 것을 국가에게 요구할 수 있는 절차적 기본권을 뜻하므로 기본권의 침해에 대한 구제절차가 반드시 헌법소원의 형태로 독립된 헌법재판기관에 의하여 이루어질 것만을 요구하지는 않는다. 법원의 재판은 법률상 권리의 구제절차이자 동시에 기본권의 구제절차를 의미하므로, 법원의 재판에 의한 기본권의 보호는 이미 기본권의 영역에서의 재판청구권을 충족시키고 있기 때문이다."(판례집 9-2, 842, 858)

아. 심급제도

모든 사건에 대하여 똑같이 한 차례 이상 상급법원에서의 심사기회를 제공하는 것이 곧 헌법상의 재판을 받을 권리의 보장이라고 할 수는 없을 것이다. 국가에 따라서는 국민에게 상소심에서 재판을 받을 권리를 헌법상 명문화한 예도 있으나, 그와 같은 명문규정이 없고 상소문제가 일반 법률에 맡겨져 있는 우리나라의 경우에는 헌법 제27조에서 규정한 재판을 받을 권리에 모든 사건에 대해 상소법원의 구성 법관에 의한, 상소심 절차에 의한 재판을 받을 권리까지도 당연히 포함된다고 단정할 수는 없을 것이고, 모든 사건에 대하여 획일적으로 상소할 수 있게 하느냐 또는 상소의 사유를 어떻게 규정하느냐는 특단의 사정이 없는 한 입법정책의 문제라고 함이 타당하다.[385)]

자. 재심제도

재심제도의 규범적 형성에 있어서, 입법자는 확정판결을 유지할 수 없을 정도의 중대한 하자가 무엇인지를 구체적으로 가려내어야 하는바, 이는 사법에 의한 권리보호에 관하여 한정된 사법자원의 합리적인 분배의 문제인 동시에 법치주의에 내재된 두 가지의 대립적 이념 즉, 법적안정성과 정의의 실현이라는 상반된 요청을 어떻게 조화시키느냐의 문제로 돌아가므로, 결국 이는 불가피하게 입법자의 형성적 자유가 넓게 인정되는 영역이라고 할 수 있다. 우리 재판소는 어떤 사유를 재심사유로 정하여 재심을 허용할 것인가는 입법자가 ①확정판결에 대한 법적안정성, ②재판의 신속·적정성, ③법원의 업무부담 등을 고려하여 결정하여야 할 입법정책의 문제라고 판시하여 왔다.[386)]

차. 재판청구권 침해여부에 대한 심사기준

헌법재판소는 재판청구권 침해여부에 대하여 과잉금지심사[387)]를 한 사례가 일

384) 同旨, 헌재 2014.4.24. 2012헌마2 결정 참조.

385) 헌재 2011.11.24. 208헌마578등, 공보 182, 1868, 1873.

386) 헌재 1996.3.28. 93헌바27, 판례집 8-1, 179, 187 ; 헌재 2004.12.16. 2003헌바105, 판례집 16-2 하, 505, 512-513; 헌재 2009.4.30. 2007헌바121, 공보 151, 883, 885-886.

387) 헌재 2010.11.25. 2009헌바57 : "헌법은 제27조 제1항에서 '법률에 의한' 재판을 받을 권리를 보장함으로써 헌법이 보장하는 공정한 재판절차를 어떠한 내용으로 구체화할 것인가에 관하여는 법률에 의한 형성에 맡기고 있다. 입법자는 형사소송절차를 규율함에 있어서 형사피고인인 국민을 단순한 처벌대상으로 전락시키는 결과를 초래하는 등 헌법적으로 포기할 수 없는 요소를 무시하거나, 헌법 제37조 제2항이 정하는 과잉금지원칙에 위반되는 내용의 절차를 형성하지 아니하는 한 재판절차를 합리적으로 형성할 수 있는 입법형성권을 가진다."

부 있으나,[388] 대부분은 합리성심사(입법재량의 범위를 일탈했는지 여부만을 심사)[389]에 그치고 있다.[390]

카. 형사피해자의 재판절차진술권

1) 헌법 제27조 제5항의 법적 성격

헌법 제27조 제5항은 재판절차진술권의 구체적인 내용을 법률로써 정하도록 하고 있는바, 이는 기본권으로서의 재판절차진술권을 보장하고 있는 헌법규범의 의미와 내용을 법률로써 구체화하기 위한 이른바 기본권형성적 법률유보에 해당하므로, 여기에는 입법형성의 자유가 부여되고 있다.[391]

2) 형사피해자의 재정신청권

형사피해자로 하여금 자신이 피해자인 범죄에 대한 형사재판절차에 접근할 가능성을 제한하는 것은 그의 재판청구권에 대한 제한이 될 수 있다. 또 재정신청제도는 검사의 불기소처분이 자의적인 경우 그 처분의 당부를 심사하고 형사피해자의 재판절차진술권을 보장하기 위해 마련된 '재판절차'이고, 형사피해자는 재정신청이라는 재판청구를 할 수 있으므로, 재정신청절차에서 관련 서류 및 증거물의 열람 · 등사를 금지하는 것은 재정신청인의 재판청구권에 대한 제한이 될 수 있다.[392]

---

388) 헌재 2011.5.26. 2010헌바204; 헌재 2011.12.29. 2011헌바57; 헌재 2012.7.26. 2009헌바297 등 결정 참조.

389) 헌재 1998.12.24. 94헌바46 : "헌법 제27조 제1항은 '모든 국민은 헌법과 법률이 정한 법관에 의하여 법률에 의한 재판을 받을 권리를 가진다' 라고 하여 법률에 의한 재판과 법관에 의한 재판을 받을 권리를 보장하고 있는바, 이와 같은 재판청구권은 절차적 기본권으로서 원칙적으로 제도적 보장의 성격이 강하기 때문에, 자유권적 기본권 등 다른 기본권의 경우와 비교하여 상대적으로 광범위한 입법형성권이 인정되므로, 관련 법률에 대한 위헌심사기준은 합리성원칙 내지 자의금지원칙이 적용된다." 同旨, 헌재 2015.2.26. 2014헌바181 결정.

390) 헌재 2005.5.26. 2003헌가7; 헌재 2009.3.26. 2006헌마99; 헌재 2009.7.30. 2008헌바162; 헌재 2012.5.31. 2010헌바128; 헌재 2011.5.26. 2010헌마499; 헌재 2011.11.24. 2008헌마578등; 헌재 2011.11.24. 2008헌마578등; 헌재 2011.12.29. 2010헌바343; 헌재 2012.2.23. 2009헌바34; 헌재 2012.2.23. 2011헌바14; 헌재 2012.2.23. 2011헌마233 등 결정 참조.

391) 헌재 2003.9.25. 2002헌마533, 판례집 15-2상, 479, 485-487; 헌재 2009.9.24. 2008헌마255, 공보 156, 1814, 1818.

392) 헌재 2011.11.24. 2008헌마578등, 판례집 23-2하, 455, 464. [형사소송법 제262조 제4항의 "불복할 수 없다."는 부분이, 재정신청 기각결정에 대한 '불복'에 형사소송법 제415조의 '재항고'가 포함되는 것으로 해석하는 한 재정신청인인 청구인들의 재판청구권 및 평등권을 침해하는지 여부, 7(한정위헌):1(합헌) - 한정위헌]

3) 형사고소권과 재판절차진술권

형사소송법 제246조는 검사만이 공소를 제기할 수 있도록 규정하여, 사인소추주의를 배제하고, 국가소추주의 및 기소독점주의를 채택하고 있으며, 예외적으로 준기소절차를 인정하고 있다. 헌법 제27조 제5항이 "형사피해자는 법률이 정하는 바에 의하여 당해 사건의 재판절차에서 진술할 수 있다."고 규정하여 형사피해자의 재판절차진술권을 보장하고 있는 것 또한 국가소추주의를 전제로 한 것이라고 볼 수 있다. 이와 같이 국가기관이 공소권을 독점하고 있는 법제도 아래에서는, 범죄로 인한 피해자의 고소권 행사를 보장하고 고소인의 권리를 두텁게 인정하여 이들에 대한 보호가 충분히 이루어지도록 할 필요가 있다.[393] 자신의 법익을 침해한 범죄에 대하여 형사고소를 할 수 있는 것은 사회구성원으로서의 가장 바탕이 되는 권리로서, 헌법상 명문으로 규정된 기본권이 아니라 하더라도 재판절차진술권의 직접적 전제가 되는 권리라 할 수 있으므로, 고소권의 침해 논의는 재판절차진술권이라는 기본권의 침해에 대한 논의로 이어져야 한다.[394]

4) 소년심판의 (피해자의) 상소권제한과 재판절차진술권

청구인은 상소를 하지 못하여 소년심판절차의 항고심에서 피해자의 재판절차진술권이 제한된다고 주장하나, 상소제도는 오판(誤判)을 시정하고 법령의 해석·적용의 통일을 목적으로 마련한 제도로서 원칙적으로 소송당사자에게만 허용되고, 또한 소년심판에서 상소권자의 범위를 규정하는 문제에 대한 해답 또한 헌법에 명문의 규정이 없는 한 입법정책에 맡겨져 있는바,[395] 이 사건 법률조항[396]에서 소년보호결정에 대한 항고권자를 사건본인·보호자·보조인 또는 그 법정대리인으로 한정하고 있는 것은 검사나 피해자가 소년심판의 당사자가 아니기 때문인 점, 소년심판절차의 1심에서 피해자 등의 신청에 따라 심리기일에서 피해자 등의 진술권이 보장되는 점(소년법 제25조의2) 등에 비추어 보면, 소년심판절차에서 피해자의 상소권이 배제되어 있다고 하여 피해자의 재판절차진술권이 제한된다고 할 수는 없다.[397]

---

393) 헌재 1999.1.28. 98헌마85, 판례집 11-1, 73, 79 참조.

394) 헌재 2011.2.24. 2008헌바56, 공보 173, 343, 345-346. [자기 또는 배우자의 직계존속을 고소하지 못하도록 규정한 형사소송법 제224조가 비속을 차별 취급하여 평등권을 침해하는지 여부, 4(합헌):5(위헌) - 합헌]

395) 헌재 1998.10.29. 97헌마17, 판례집 10-2, 609, 613 참조.

396) 소년법(2007.12.21. 법률 제8722호로 개정된 것) 제43조 제1항 중 '사건본인·보호자·보조인 또는 그 법정대리인' 부분.

397) 헌재 2012.7.26. 2011헌마232, 공보 190, 1436, 1440. [평등권심사, 5(기각):3(헌법불합치) - 기각]

3. 형사보상청구권 [제28조]

가. 의의 및 목적

헌법 제28조는 "형사피의자 또는 형사피고인으로서 구금되었던 자가 법률이 정하는 불기소처분을 받거나 무죄판결을 받은 때에는 법률이 정하는 바에 의하여 국가에 정당한 보상을 청구할 수 있다."고 규정함으로써, 형사피고인으로서 구금되었던 자가 법률이 정한 무죄판결을 받은 경우에 국가에 대하여 물질적·정신적 피해에 대한 정당한 보상을 청구할 수 있는 권리를 보장하고 있다. 형사보상청구권은 국가의 형사사법작용에 의하여 신체의 자유가 침해된 국민에게 그 구제를 인정하여 국민의 기본권 보호를 강화하는 데 그 목적이 있다. 헌법 제28조의 형사보상청구권은 국가의 형사사법권이라는 공권력에 의해 인신구속이라는 중대한 법익의 침해가 발생한 국민에게 그 피해를 보상해 주는 기본권이다. 이러한 형사보상청구권은 국가의 공권력 작용에 의하여 신체의 자유를 침해받은 국민에 대해 금전적인 보상을 청구할 권리를 인정하는 것이므로 형사보상청구권이 제한됨으로 인하여 침해되는 국민의 기본권은 단순히 금전적인 권리에 불과한 것이라기보다는 실질적으로 국민의 신체의 자유와 밀접하게 관련된 중대한 기본권이라고 할 것이다.[398)]

나. 형사보상청구권과 입법재량의 한계

헌법 제28조의 형사보상청구권은 '법률이 정하는 바에 의하여' 행사되는 것이므로 그 구체적 내용은 입법에 맡겨져 있다. 그러나 국가의 형사사법절차에 내재하는 불가피한 위험에 의하여 국민의 신체의 자유에 관하여 중대한 피해가 발생한 경우 국가가 이에 대하여 보상할 것을 헌법에서 명문으로 선언하고 있고, 형사보상청구권은 이미 신체의 자유를 침해받은 자에 대하여 사후적으로 구제해 주는 기본권이므로, 그 실효적인 구제를 요청할 수 있는 권리가 충분히 보장되지 않는다면 헌법상 천명된 기본권 보장의 정신은 요원해질 수 있다. 이러한 점에서 형사보상청구의 구체적 절차에 관한 입법은 단지 형사보상을 청구할 수 있는 형식적인 권리나 이론적인 가능성만을 허용하는 것이어서는 아니되고, 상당한 정도로 권리구제의 실효성이 보장되도록 하는 것이어야 한다. 따라서 형사보상청구에 관하여 어느 정도의 제척기간을 둘 것인가의 문제는 원칙적으로 입법권자의 재량에 맡겨져 있는 것이지만, 그 청구기간이 지나치게 단기간이거나 불합리하여 무죄재판이 확정된 형사피고인이 형사보상을 청구하는 것을 현저히 곤란하게 하거나 사실상

---

398) 헌재 2010.7.29. 2008헌가4, 공보 166, 1258, 1260.

불가능하게 한다면 이는 입법재량의 한계를 넘어서는 것으로서 헌법이 보장하는 형사보상청구권을 침해하는 것이라 하지 않을 수 없다.[399)]

4. 국가배상청구권 [제29조]

가. 의의

국가배상청구권이라 함은 공무원 또는 공무를 위탁받은 사인의 직무상 불법행위로 말미암아 재산 또는 재산 이외의 손해를 받은 국민이 국가 또는 공공단체에 대하여 그 손해를 배상하여 주도록 청구할 수 있는 권리를 말한다. 헌법상의 국가배상청구권에 관한 규정은 국가배상청구권을 청구권적 기본권으로 보장하며, 국가배상청구권은 그 요건에 해당하는 사유가 발생한 개별 국민에게는 금전청구권으로서의 재산권으로 보장된다.[400)]

제헌헌법 제27조 제3문은 “공무원의 직무상 불법행위로 인하여 손해를 받은 자는 국가 또는 공공단체에 대하여 배상을 청구할 수 있다.”고 규정하였고, 그 후 조문의 위치와 자구의 변화는 있었으나 이 규정은 지금까지 존속되고 있는데, 현행 헌법 제29조 제1항 제1문은 “공무원의 직무상 불법행위로 손해를 받은 국민은 법률이 정하는 바에 의하여 국가 또는 공공단체에 정당한 배상을 청구할 수 있다.”고 규정하고 있다. 위와 같은 우리 헌법상의 국가배상청구권에 관한 규정은 단순한 재산권의 보장만을 의미하는 것은 아니고 국가배상청구권을 청구권적 기본권으로 보장하고 있는 것이다.[401)] 그리고 위 헌법규정에 따라 국가 또는 지방자치단체의 손해배상의 책임과 절차에 관한 국가배상법이 1951.9.8. 법률 제231호로 제정되었다.[402)]

나. 위헌결정과 공무원의 손해배상책임 : 재판의 전제성

법률이 헌법에 위반되는지 여부는 헌법재판소의 위헌결정이 있기 전까지는 객관적으로 명백한 것이라 할 수 없어 이를 심사할 권한이 없는 공무원으로서는 그 법률을 적용할 수밖에 없고, 따라서 법률에 근거한 행정처분이 사후에 그 처분의

399) 헌재 2010.7.29. 2008헌가4, 공보 166, 1258, 1260. 헌법재판소는 이 사건에서 형사보상의 청구는 무죄재판이 확정된 때로부터 1년 이내에 하도록 규정하고 있는 형사보상법 제7조가 헌법 제28조에 위반된다며 위헌결정을 선고하였다. 한편 2011.5.23. 법률 제10698호로 전부개정된 ‘형사보상 및 명예회복에 관한 법률’ 제8조(보상청구의 기간)는 “보상청구는 무죄재판이 확정된 사실을 안 날부터 3년, 무죄재판이 확정된 때부터 5년 이내에 하여야 한다.”고 규정하였다.

400) 헌재 2015.4.30. 2013헌바395, 공보 223, 684, 686.

401) 헌재 1997.2.20. 96헌바24, 판례집 9-1, 168, 173.

402) 헌재 2011.9.29. 2010헌바116, 공보 180, 1438, 1440.

근거가 되는 법률이 헌법에 위반된다고 선언되어 결과적으로 위법하게 집행된 처분이 된다 할지라도 이에 이르는 과정에 있어 공무원에게 고의 또는 과실이 있다고 단정할 수 없는 것이므로, 그 법률이 헌법에 위반되는지 여부는 공무원의 손해배상책임이 성립할지 여부에 아무런 영향을 미치지 못한다.[403] 청구인들은 불법행위책임의 요건사실 중 하나인 위법성 부분에 관한 판단은 이 사건 법률조항[404]의 위헌여부에 따라 달라지게 되므로 적어도 당해 사건의 재판의 이유를 달라지게 할 것이라고 주장하나, 가사 이유 중 일부분의 기재가 달라질 수는 있다 하더라도, 앞서 본 바와 같이 이 사건 법률조항들의 위헌여부에 관계없이 고의 또는 과실이 인정되지 아니한다는 동일한 이유로 이 부분 청구가 받아들여지지 않는다는 동일한 결론에 이를 것인 이상, 이 사건 법률조항들의 위헌여부에 따라 재판의 내용과 효력에 관한 법률적 의미가 달라진다고는 볼 수 없다. 따라서 이 사건 법률조항들의 위헌여부가 불법행위 부분에 관한 재판의 전제가 된다고 할 수도 없다.[405]

5. 범죄피해자구조청구권 [제30조]

가. 의의

헌법 제30조는 범죄로부터 국민을 보호하여야 하는 국가의 의무를 형벌권의 행사와 같은 소극적 차원에서만 규정하는 데 그치지 않고 더 나아가 범죄로 인하여 피해를 받은 국민에 대하여 국가가 적극적인 구조행위까지 하도록 한 것으로서,[406] 범죄행위로 인하여 생명을 잃거나 신체상의 피해를 입은 국민 또는 그 유가족에게 가해자로부터 그 피해의 전보를 받기 어려운 경우에 국가로부터 재정적 구조를 청구할 수 있는 권리를 보장하는 규정이다.[407]

나. 보호영역에 관한 사례

○ 청구인은 대표이사가 횡령한 법인의 재산을 대표이사에 대한 상여로 의제, 소득처분하여 그 법인에게 근로소득세 원천징수의무를 지우게 되면 이는 횡령범

403) 헌재 2008.4.24. 2006헌바72, 판례집 20-1상, 585, 590; 헌재 2009.9.24. 2008헌바23, 판례집 21-2상, 599, 604; 헌재 2011.3.31. 2009헌바286, 공보 174, 572, 574.

404) 정보통신서비스 제공자의 정보 삭제 또는 임시조치에 관하여 규정한 '정보통신망 이용촉진 및 정보보호 등에 관한 법률'(2008.6.13. 법률 제9119호로 개정된 것) 제44조의2 제1항, 제2항, 제4항

405) 헌재 2011.11.24. 2010헌바353, 공보 182, 1831, 1833.

406) 헌재 1989.4.17. 88헌마3, 판례집 1, 31, 35-37 참조.

407) 헌재 2012.4.24. 2011헌바31, 공보 187, 814, 816.

죄자가 납부할 조세부담을 횡령의 피해자에게 지우는 셈이 되어 헌법 제30조 소정의 국가의 범죄피해자 구호의무에 위반된다고 주장한다. 그런데 헌법 제30조는 생명·신체에 대한 피해를 입은 경우에 적용되는 것으로서,[408] 청구인의 주장 자체에 의하더라도 청구인은 재산상의 피해를 입게 된다는 것이므로 위 헌법 조항은 이 사건에 적용될 수 없어, 이 조항이 이 사건에 적용됨을 전제로 한 청구인의 위 주장은 더 나아가 살필 필요 없이 이유 없다.[409]

○ 청구인들 주장의 핵심은 구 범죄피해자구조법이 헌법 제30조의 범죄피해자구조청구권을 구체적으로 형성함에 있어서 이 사건 법률조항들에서 배제된 부분에 대한 위헌여부를 다투고 있다. 따라서, 청구인들이 주장하는 헌법 제34조 제2항, 범죄피해자구조청구권 및 행복추구권 침해 등의 문제는 결국 해외에서 발생한 범죄피해의 경우나 범죄발생일로부터 5년이 경과한 이후에는 범죄피해자구조청구권을 행사할 수 있는 혜택을 부여하지 아니한 부진정입법부작위가 평등원칙을 위반하였는지 여부의 문제로 귀착된다고 할 것이다.[410]

제3항 사회권적 기본권

1. 교육을 받을 권리 [제31조]

가. 의의 및 법적 성격

헌법 제31조 제1항은 "모든 국민은 능력에 따라 균등하게 교육을 받을 권리를 가진다."고 규정하여, 국가로부터 교육에 필요한 시설의 제공을 요구할 수 있는 권리와 각자의 능력에 따라 교육시설에 입학하여 배울 수 있는 권리를 국민의 기본권으로서 보장하면서, 한편으로 국가에 대하여 국민 누구나 능력에 따라 균등한 교육을 받을 수 있도록 노력해야 할 의무와 과제를 부과하고 있다.[411] 헌법 제31조 제1항의 교육을 받을 권리는, ①국민이 능력에 따라 균등하게 교육받을 것을 공권력에 의하여 부당하게 침해받지 않을 권리와, ②국민이 능력에 따라 균등하게

408) 헌재 1987.4.17. 88헌마3, 판례집 1, 31, 37.
409) 헌재 2009.7.30. 2008헌바1, 공보 154, 1514, 1518. [재산권침해, 평등원칙심사 - 전원일치 합헌]
410) 헌재 2011.12.29. 2009헌마354, 공보 183, 184, 186. [전원일치 기각]
411) 헌재 1991.2.11. 90헌가27, 판례집3, 11, 18-19 ; 헌재 1992.11.12. 89헌마88, 판례집 4, 739, 750-752; 헌재 2009.5.28. 2006헌마618, 공보 152, 1197, 1204; 헌재 2010.11.25. 2010헌마144, 공보 170, 2139, 2142.

교육받을 수 있도록 국가가 적극적으로 배려하여 줄 것을 요구할 수 있는 권리로 구성되는바, 전자는 **자유권**적 기본권의 성격이, 후자는 **사회권**적 기본권의 성격이 강하다고 할 수 있다.[412]

나. 보호영역에 관한 사례

◈ 헌재 2005.11.24. 2003헌마173

“헌법 제31조 제1항에 의하여 보장되는 교육을 받을 권리는 교육의 기회균등을 의미하는 것으로, 국가에게 국민 누구나 능력에 따라 균등한 교육을 받을 수 있게끔 노력해야 할 의무를 부과한다. 따라서 교육을 받을 권리는 개인적 성향·능력 및 정신적·신체적 발달상황 등을 고려하지 아니한 채 동일한 교육을 받을 수 있는 권리를 의미하는 것이 아니며, 교육을 받을 권리에 교육의 기회 보장을 요구할 수 있는 권리를 넘어서서 국민이 국가에 대하여 직접 특정한 교육제도나 교육과정을 요구할 수 있는 권리나, 특정한 교육제도나 교육과정의 배제를 (또는 교육시설의 제공을) 요구할 권리가 포함되는 것은 더더욱 아니다.”[413]

◈ 헌재 2012.5.31. 2010헌마139등

“우리나라 검정고시제도는 기본적으로 학력인정을 위한 것이면서, 실질적으로 상급학교 진학에 있어서 평가자료로 활용될 수 있는 평가시험으로서도 기능하고 있음은 앞서 본 바와 같다. 그렇다면, 이 사건 응시제한[414]은 청구인들이 상급학교 진학을 위하여 취득하여야 할 평가자료의 형성을 제약함으로써 청구인들의 상급학교 진학의 가능성에 영향을 미칠 수 있으므로 교육을 받을 권리를 제한한다.”

◈ 헌재 2015.11.26. 2014헌마145

“헌법 제31조 제1항은 ‘모든 국민은 능력에 따라 균등하게 교육을 받을 권리를 가진다’고 규정하여 국민의 교육을 받을 권리를 보장하고 있다. 그런데 특정 교육시설에 참여할 수 있는 기회를 늘려 달라고 요구하거나, 입학전형에서 불리하다는 이유로 타인의 교육시설 참여 기회를 제한해 달라고 요구하는 것이 균등한 취학기

---

412) 헌재 2008.4.24. 2007헌마1456, 판례집 20-1상, 720, 731; 헌재 2012.5.31. 2010헌마139등, 공보 188, 1103, 1112.

413) 同旨, 헌재 2009.9.24. 2008헌마662, 공보 156, 1833, 1838. 헌재 2016.11.24. 2014헌마977 : “따라서 청구인이 이 사건 도서관에서 도서를 대출할 수 없다거나 열람실을 이용할 수 없다고 하여 청구인의 교육을 받을 권리가 침해된다고 볼 수도 없다.”

414) 고졸검정고시 또는 ‘고등학교 입학자격 검정고시’에 합격했던 자는 해당 검정고시에 다시 응시할 수 없도록 응시자격을 제한한 전라남도 교육청 공고 제2010-67호(2010.2.1.) 및 제2010-155호(2010.6.2.) 중 해당 검정고시 합격자 응시자격 제한 부분.

회 보장을 목표로 하는 교육을 받을 권리의 내용이라고 볼 수는 없다. 청구인들은 이 사건 승인처분[415]에 의하여 고등학교 진학기회 자체가 봉쇄되거나 박탈된 것이 아니며, 여전히 다른 고등학교에 진학할 수 있고, 충남○○고의 경우 기존의 일반고등학교를 자사고로 변경한 것이 아니라 추가적으로 고등학교를 신설한 것으로서 청구인들의 고등학교 진학기회를 축소시킨 것도 아니므로, 이 사건 승인처분과 관련하여서는 헌법 제31조 제1항의 교육을 받을 권리의 제한이 문제되지 아니한다."

다. 사립학교 운영의 자유, 사학의 자율성

사립학교법 제1조는 사립학교의 특수성에 비추어 그 자주성을 확보하고 공공성을 앙양함으로써 사립학교의 건전한 발달을 도모함을 목적으로 한다고 규정하고 있고, 사립학교가 공공의 이익을 위한 재산출연을 통하여 정부의 공교육 실시를 위한 재정적 투자능력의 한계를 자발적으로 보완해 주는 역할을 담당하면서도 그 설립자의 특별한 설립이념을 구현하거나 독자적인 교육방침에 따라 개성 있는 교육을 실시한다는 면에서 사립학교는 헌법 제10조, 제31조 제1항, 제31조 제4항에서 도출되는 **사립학교 운영의 자유**라는 기본권을 가지고 있다.[416] 나아가, 다양한 교육기회의 제공을 위해서는 **사학 설립의 자유**와 **사학의 교육방향의 자유**가 일반적으로 인정되어야 한다. 공교육 제도가 지배적인 현대 사회에서도 사학을 인정하는 이유는 공립학교에서 제공하지 못하는 다양성을 사립학교가 제공할 수 있기 때문이다.[417]

라. 헌법 제31조와 사교육과의 관계

헌법 제31조의 '능력에 따라 균등한 교육을 받을 권리'는 국가에 의한 교육제도의 정비·개선 외에도 의무교육의 도입 및 확대, 교육비의 보조나 학자금의 융자 등 교육영역에서의 사회적 급부의 확대와 같은 국가의 적극적인 활동을 통하여 사인간의 출발기회에서의 불평등을 완화해야 할 국가의 의무를 규정한 것이다. 그러나 위 조항은 교육의 모든 영역, 특히 학교교육 밖에서의 사적인 교육영역에까지 균등한 교육이 이루어지도록 개인이 별도로 교육을 시키거나 받는 행위를 국가가 금지하거나 제한할 수 있는 근거를 부여하는 수권규범이 아니다. 오히려 국가는 헌법이 지향하는 문화국가이념에 비추어, 학교교육과 같은 제도교육외에 사적인 교육의 영

415) 피청구인(충청남도 교육감)이 2013.9.13. 충남○○고의 '2014학년도 충남○○고등학교 신입생 입학전형요강'을 승인한 행위

416) 헌재 2001.1.18. 99헌바63, 판례집 13-1, 60, 68; 헌재 2009.4.30. 2005헌바101, 판례집 21-1하, 23, 36-36 등 참조.

417) 헌재 2010.7.29. 2009헌바40, 공보 166, 1412, 1416.

역에서도 사인의 교육을 지원하고 장려해야 할 의무가 있는 것이다. 경제력의 차이 등으로 말미암아 교육의 기회에 있어서 사인간에 불평등이 존재한다면, 국가는 원칙적으로 의무교육의 확대 등 적극적인 급부활동을 통하여 사인간의 교육기회의 불평등을 해소할 수 있을 뿐, 과외교습의 금지나 제한의 형태로 개인의 기본권행사인 사교육을 억제함으로써 교육에서의 평등을 실현할 수는 없는 것이다.[418)]

마. 헌법 제11조 평등원칙과의 관계

청구인들은 의무교육으로 정해진 중학교 과정에서 급식비를 학부모에게 부담하도록 하는 이 사건 법률조항들[419)]이 헌법 제11조의 평등의 원칙에 위배되고, 헌법 제31조 제1항에 규정된 균등하게 교육을 받을 권리 및 같은 조 제3항에 규정된 무상으로 의무교육을 받을 권리를 침해한다고 주장한다. 그런데 헌법 제31조 제1항에 규정된 '균등하게 교육을 받을 권리'란 국민 누구나가 취학의 기회를 균등하게 향유하는 교육의 기회균등을 의미하고, 이는 헌법 제11조가 천명하고 있는 평등원칙을 교육면에서 실현하기 위한 것이므로, 이 사건에서 헌법 제11조의 평등원칙 위반여부는 별도로 판단하지 아니한다.[420)] 청구인들은 검정고시 재응시를 제한하는 것이 평등권을 침해한다는 취지로 주장하나, 그 내용은 바로 '균등하게 교육을 받을 권리'의 제한에 다름 아니므로 교육을 받을 권리의 침해여부에 대한 판단에서 같이 이루어질 문제이다.[421)]

바. 교육의 자주성, 정치적 중립성 (제4항)

1) 교육의 자주성

헌법재판소 판례에 의하면, 교육의 자주성이란 교육이 정치권력이나 기타의 간섭 없이 그 전문성과 특수성에 따라 독자적으로 교육 본래의 목적에 기하여 조직·운영·실시되어야 한다는 의미에서의 교육의 자유와 독립을 말한다.[422)]

2) 교원의 자주성

교육이란 학생들의 건전한 지식과 인격의 신장을 목표로 하여 그들을 지도하고

---

418) 헌재 2000.4.27. 98헌가16등, 판례집 12-1, 427, 451-452.

419) 의무교육 대상인 중학생의 학부모에게 급식관련비용 일부를 부담하도록 하는 구 학교급식법(1996.12.30. 법률 제5236호로 개정되고, 2006.7.19. 법률 제7962호로 개정되기 전의 것) 제8조 제1항 후단 및 제2항 전단 중 초·중등교육법 제2조의 중학교에 관한 부분.

420) 헌재 2012.4.24. 2010헌바164, 공보 187, 787, 789.

421) 헌재 2012.5.31. 2010헌마139등, 공보 188, 1103, 1110.

422) 헌재 2002.3.28. 2000헌마283등, 판례집 14-1, 211, 226-227.

가르치는 것이고, 이러한 교육을 담당하는 교원은 미래사회를 이끌어 나갈 학생들로 하여금 자립하여 생활할 수 있는 능력을 길러주는 공교육제도의 주관자로서 주도적 지위를 담당하도록 주권자인 국민으로부터 위임받은 사람이다. 그리고 교원의 직무는 피교육자인 학생들의 기본적 권리인 교육을 받을 권리와 서로 앞뒷면을 이루고 있다는 특징이 있다. 따라서 교원의 직무에는 교육제도의 구조적 특성과 교육의 자주성 등에 내재하는 두 가지 한계가 있는바, 하나는 교원직무의 자주성이 교육을 받을 기본권을 가진 피교육자인 학생들의 권익과 복리증진에 저해가 되어서는 아니된다는 것이고, 다른 하나는 국가와 사회공동체의 이념과 윤리의 테두리 안에서 직무의 자주성은 제약을 받게 된다는 것이다. 즉, 교원의 자주성은 그 자체가 책임을 수반하는 것으로서 그것이 피교육자인 학생의 권익과 복지증진에 공헌할 것인가와 국가와 사회공동체의 공동이념 및 윤리와 조화될 수 있는가라는 상대적 관계에서 그 범위가 정해지는 것이다.[423]

3) 대학의 자율성

헌법 제31조 제4항은 "교육의 자주성·전문성·정치적 중립성 및 대학의 자율성은 법률이 정하는 바에 의하여 보장된다."라고 규정하여 교육의 자주성·대학의 자율성을 보장하고 있는데 이는 대학에 대한 공권력 등 외부세력의 간섭을 배제하고 대학구성원 자신이 대학을 자주적으로 운영할 수 있도록 함으로써 대학인으로 하여금 연구와 교육을 자유롭게 하여 진리탐구와 지도적 인격의 도야(陶冶)라는 대학의 기능을 충분히 발휘할 수 있도록 하기 위한 것이며, 교육의 자주성이나 대학의 자율성은 헌법 제22조 제1항이 보장하고 있는 학문의 자유의 확실한 보장수단으로 꼭 필요한 것으로서 이는 대학에게 부여된 헌법상의 기본권이다.[424]

대학의 자율성의 구체적인 내용은 법률이 정하는 바에 의하여 보장되고, 국가는 헌법 제31조 제6항에 따라 모든 학교제도의 조직·계획·운영·감독에 관한 포괄적인 권한, 즉 학교제도에 관한 전반적인 형성권과 규율권을 부여받는다. 다만, 그 규율의 정도는 그 시대와 각급 학교의 사정에 따라 다를 수밖에 없으므로 교육의 본질을 침해하지 않는 한 궁극적으로는 입법권자의 형성의 자유에 속한다(헌재 2006.4.27. 2005헌마1047등 참조). 따라서 대학의 자율성에 대한 침해여부를 심사함에 있어서는 입법자가 입법형성의 한계를 넘는 자의적인 입법을 하였는지 여부를 판단하여야

---

423) 헌재 1997.12.24. 95헌바29등, 판례집 9-2, 780, 786-787.
424) 헌재 1992.10.1. 92헌마68, 판례집 4, 659, 671.

한다(헌재 2014.4.24. 2011헌마612 참조).[425)]

4) 교육의 정치적 중립성

교육의 정치적 중립성은 교육이 국가권력이나 정치적 세력으로부터 부당한 간섭을 받지 아니할 뿐만 아니라 그 본연의 기능을 벗어나 정치영역에 개입하지 않아야 한다는 것을 말한다.[426)]

사. 교원지위법정주의 (제6항)

헌법 제31조 제6항은 “학교교육 및 평생교육을 포함한 교육제도와 그 운영, 교육재정 및 교원의 지위에 관한 기본적인 사항은 법률로 정한다.”고 규정하여, 국가에게 학교제도를 통하여 교육을 시행하도록 위임하고, 이로써 학교제도에 관한 포괄적인 규율권한과 자녀에 대한 학교교육의 책임을 부과하고 있다. 학교교육을 통한 국가의 교육권한은 부모의 교육권 및 학생의 인격의 자유로운 발현권 및 자기결정권에 의하여 헌법적인 한계가 설정되나, 학교교육에 관한 한, 국가는 헌법 제31조에 의하여 부모의 교육권으로부터 원칙적으로 독립하여 독자적인 교육권한을 부여받고, 이로써 학교교육에 관하여 광범위한 형성권을 가지게 되는 것이다.[427)]

교원지위법정주의는 단순히 교원의 권익보장만을 위한다거나 교원의 지위를 행정권력에 의한 부당한 침해로부터 보호하는 것만을 목적으로 한 것은 아니고, 국

---

425) 헌재 2015.11.26. 2012헌바300, 판례집 27-2하, 144, 156. 이에 반하여 재판관 3인은 “(이 사건에서 ○○대학교의) 정상화 과정에서 정식이사 선임에 관한 문제는 학교법인의 지배구조와 관련된 핵심적 부분이므로, 엄격한 비례의 원칙이 그 심사척도가 되어야 한다.”는 반대의견을 제시하였다.(위 판례집 159)

426) 헌재 2004.3.25. 2001헌마710, 판례집 16-1, 422, 436 [초·중등학교 교육공무원의 정당가입 및 선거운동금지에 관한 사건 - 전원일치 기각] 이에 대하여 헌재 2014.8.28. 2011헌바32등 [교원노조의 정치활동 금지 사건 - 합헌] 결정에서 재판관 2인의 반대의견은 “헌법 제31조 제4항이 규정하고 있는 교육의 정치적 중립성은 교육을 받을 권리를 보장하기 위한 것이지, 교원의 정치활동을 금지하기 위한 것이 아니다. 교육방법이나 교육내용이 종교적 종파성이나 정치적 당파성에 의하여 부당하게 간섭받지 않고 가치중립적인 진리교육이 보장되어야 한다는 점(헌재 1992.11.12. 89헌마88)에는 의문의 여지가 없다. 그러나 교육의 정치적 중립성은 교육이 국가권력 내지 정치권력의 지배를 받아서는 안 된다는 것을 의미하지, 교육주체가 공동체의 의사결정에 영향을 미치는 것을 금지하지 않는다. 교원의 종교의 자유를 제한하거나 종교단체 가입을 금지할 수 없는 것과 마찬가지로, 교원인 공무원의 정치활동을 전면적으로 금지하는 등 사적 생활에서의 정치적 자유를 지나치게 제한하는 것은 교원의 정치적 표현의 자유의 본질을 침해하는 것이다.”라는 견해를 제시하였다.(판례집 26-2상, 242, 269, 재판관 이정미, 재판관 김이수의 반대의견)

427) 헌재 2009.5.28. 2006헌마618, 공보 152, 1197, 1204.

민의 교육을 받을 권리를 실효성 있게 보장하는 것도 그 중요한 목적이라 할 것이므로, 입법부가 교원의 지위를 정하는 법률을 제정함에 있어 교원의 신분보장이나 경제적·사회적 지위보장과 함께 국민의 교육을 받을 권리를 저해할 우려가 있는 행위의 금지 등 교원의 의무에 관한 사항을 포함하여 교원의 기본권을 제한하는 사항까지도 규율할 수 있다.[428)]

헌법 제31조 제6항은 "학교교육 및 평생교육을 포함한 교육제도와 그 운영, 교육재정 및 교원의 지위에 관한 기본적인 사항은 법률로 정한다."고 하여 교육제도 법정주의를 규정하고 있다. 이 조항은, 특히 학교교육의 중요성에 비추어 교육에 관한 기본정책 또는 기본방침 등 교육에 관한 기본적 사항을 국민의 대표기관인 국회가 직접 입법절차를 거쳐 제정한 형식적 의미의 법률로 규정하게 함으로써 국민의 교육을 받을 권리가 행정기관에 의하여 자의적으로 무시되거나 침해당하지 않도록 하고, 교육의 자주성과 중립성을 유지하고자 하는 데에 그 의의가 있다(헌재 2013.11.28. 2011헌마282등). 그런데 헌법 제31조 제6항 소정의 교육제도 법정주의는 교육제도에 관한 기본방침을 제외한 나머지 세부적인 사항까지 반드시 형식적 의미의 법률만으로 정하여야 한다는 의미는 아니다. 그러므로 입법자가 정한 기본방침을 구체화하거나 이를 집행하기 위한 세부시행 사항은 하위법령에 위임이 가능하다(헌재 1991.2.11. 90헌가27).[429)]

2. 근로의 권리 [제32조]

가. 의의

헌법 제32조 제1항은 "모든 국민은 근로의 권리를 가진다. 국가는 사회적·경제적 방법으로 근로자의 고용의 증진과 적정임금의 보장에 노력하여야 하며, 법률이 정하는 바에 의하여 최저임금제를 시행하여야 한다."라고 규정하고 있다. 근로의 권리란 '인간이 자신의 의사와 능력에 따라 근로관계를 형성하고, 타인의 방해를 받음이 없이 근로관계를 계속 유지하며, 근로의 기회를 얻지 못한 경우에는 국가에 대하여 근로의 기회를 제공하여 줄 것을 요구할 수 있는 권리'를 의미한다.[430)]

---

428) 헌재 1991.7.22. 89헌가106, 판례집 3, 387, 417; 헌재 2008.11.27. 2005헌가21, 공보 146, 1677, 1682.

429) 헌재 2016.2.25. 2013헌마838, 공보 233, 434, 438.

430) 헌재 2008.9.25. 2005헌마586, 판례집 20-2상, 556, 561; 헌재 2012.4.24. 2010헌마605, 공보 187, 861, 866.

나. 보호영역과 주체

◈ 헌재 2002.11.28. 2001헌바50

"근로의 권리 보장은 생활의 기본적인 수요를 충족시킬 수 있는 생활수단을 확보해 주며, 나아가 인격의 자유로운 발현과 인간의 존엄성을 보장해 주는 의의를 지닌다. 근로의 권리는 사회적 기본권으로서, 국가에 대하여 직접 일자리(직장)를 청구하거나 일자리에 갈음하는 생계비의 지급청구권을 의미하는 것이 아니라, 고용증진을 위한 사회적·경제적 정책을 요구할 수 있는 권리에 그친다. 근로의 권리를 직접적인 일자리 청구권으로 이해하는 것은 사회주의적 통제경제를 배제하고 사기업 주체의 경제상의 자유를 보장하는 우리 헌법의 경제질서 내지 기본권규정들과 조화될 수 없다."

◈ 헌재 2007.8.30. 2004헌마670

"근로의 권리는 생활의 기본적인 수요를 충족시킬 수 있는 생활수단을 확보해 주고 나아가 인격의 자유로운 발현과 인간의 존엄성을 보장해 주는 것으로서 **사회권적 기본권**의 성격이 강하므로,[431] 이에 대한 외국인의 기본권주체성을 전면적으로 인정하기는 어렵다. 그러나 근로의 권리가 '일할 자리에 관한 권리'만이 아니라 '일할 환경에 관한 권리'도 함께 내포하고 있는바, 후자(後者)는 인간의 존엄성에 대한 침해를 방어하기 위한 **자유권적 기본권**의 성격도 갖고 있어 ①건강한 작업환경, ②일에 대한 정당한 보수, ③합리적인 근로조건의 보장 등을 요구할 수 있는 권리 등을 포함한다고 할 것이므로 외국인 근로자라고 하여 이 부분에까지 기본권 주체성을 부인할 수는 없다. 즉 근로의 권리의 구체적인 내용에 따라, 국가에 대하여 고용증진을 위한 사회적·경제적 정책을 요구할 수 있는 권리[432]는 사회권적 기본권으로서 국민에 대하여만 인정해야 하지만, 자본주의 경제질서하에서 근로자가 기본적 생활수단을 확보하고 인간의 존엄성을 보장받기 위하여 최소한의 근로조건을 요구할 수 있는 권리는 자유권적 기본권의 성격도 아울러 가지므로 이러한 경우 외국인 근로자에게도 그 기본권 주체성을 인정함이 타당하다."

◈ 헌재 2009.2.26. 2007헌바27

"근로의 권리는 국가의 개입·간섭을 받지 않고 자유로이 근로를 할 자유와, 국

431) 헌재 1991.7.22. 89헌가106, 판례집 3, 387, 421; 헌재 2002.11.28. 2001헌바50, 판례집 14-2, 668, 678 참조.

432) 헌재 2002.11.28. 2001헌바50, 판례집 14-2, 668, 678.

가에 대하여 근로의 기회를 제공하는 정책을 수립해 줄 것을 요구할 수 있는 권리 등을 기본적인 내용으로 하고 있고, 이 때 근로의 권리는 근로자를 개인의 차원에서 보호하기 위한 권리로서 개인인 근로자가 근로의 권리의 주체가 되는 것이고, 노동조합은 그 주체가 될 수 없는 것으로 이해되고 있다."[433]

◈ 헌재 2011.9.29. 2007헌마1083

"근로의 권리란 '일할 자리에 관한 권리'와 '일할 환경에 관한 권리'를 말하며, 후자는 건강한 작업환경, 일에 대한 정당한 보수, 합리적인 근로조건의 보장 등을 요구할 수 있는 권리 등을 의미하는바,[434] 직장변경의 횟수를 제한하고 있는 이 사건 법률조항[435]은 위와 같은 근로의 권리를 제한하는 것은 아니라 할 것이다."[436]

3. 근로3권 [제33조]

가. 의의 및 법적 성격

헌법 제33조 제1항은 "근로자는 근로조건의 향상을 위하여 자주적인 단결권·단체교섭권 및 단체행동권을 가진다."고 규정하여, 근로자가 근로조건의 향상을 위하여 단결하고, 사용자와 집단적으로 교섭하며 나아가 그 교섭이 원만하게 이루어지지 아니할 경우에 단체행동을 할 수 있는 권리를 헌법상 부여하고 있다. 헌법 제33조 제1항이 보장하는 근로3권은 근로자가 자주적으로 단결하여 근로조건의 유지·개선과 근로자의 복지증진 기타 사회적·경제적 지위의 향상을 도모함을 목적으로 단체를 자유롭게 결성하고, 이를 바탕으로 사용자와 근로조건에 관하여 자유롭게 교섭하며, 때로는 자신의 요구를 관철하기 위하여 단체행동을 할 수 있는 자유를 보장하는 **자유권**적 성격과 사회·경제적으로 열등한 지위에 있는 근로자로 하여금 근로자단체의 힘을 배경으로 그 지위를 보완·강화함으로써 근로자가 사용자

433) 공보 149, 405, 409.

434) 헌재 2007.8.30. 2004헌마670, 판례집 19-2, 297, 305 참조.

435) 외국인근로자의 사업장 이동을 3회로 제한한 구 '외국인근로자의 고용 등에 관한 법률' (2003.8.16. 법률 제6967호로 제정되고, 2009.10.9. 법률 제9798호로 개정되기 전의 것) 제25조 제4항

436) 헌법재판소는 이 결정에서, "사업장의 최대 변경가능횟수를 설정한 것은 청구인들의 근로의 권리를 제한하는 것이 아니라 직업의 자유 중 직장선택의 자유를 제한하는 것이며, 보호영역으로서 '직업'이 문제되는 경우 행복추구권과 직업의 자유는 서로 일반특별관계에 있어 기본권의 내용상 특별성을 갖는 직업의 자유의 침해여부가 우선하여 행복추구권 관련 위헌여부의 심사는 배제되어야 하므로(헌재 2007.5.31. 2007헌바3, 공보 128, 589, 595; 헌재 2009.7.30. 2007헌마1037, 판례집 21-2상, 375, 379 참조), 근로의 권리 및 행복추구권 침해여부에 대하여는 판단하지 아니한다."라고 판시하였다.

와 실질적으로 대등한 지위에서 교섭할 수 있도록 해주는 기능을 부여하는 **사회권**적 성격도 함께 지닌 기본권이다.[437] 근로3권의 자유권적 측면은 근로자들의 자유로운 단결, 즉 노동조합의 결성, 그리고 노동조합을 중심으로 한 단체교섭·단체행동을 보장하고 이에 대한 국가의 개입을 배제하는 것을 내용으로 한다.[438]

나. 주체

헌법 제33조 제1항은 "근로자는 근로조건의 향상을 위하여 자주적인 단결권·단체교섭권 및 단체행동권을 가진다."라고 규정하여 근로자의 근로 3권을 보장하고 있고, 이러한 근로3권은 근로자들의 집단적 활동을 보장하기 위한 권리로서, 개인인 근로자뿐 아니라 단결체인 노동조합도 근로3권의 주체가 된다.[439]

다. 소극적 단결권

헌법 제33조 제1항은 소극적 단결권, 즉 단결하지 아니할 자유 또는 단체불가입의 자유까지도 보장하는 것인가가 문제되고 있다. 이 문제는 단결의 강제가 어느 정도로 허용되는가의 문제라고도 할 수 있다.[440]

1) 학설

헌법 제33조 제1항은 적극적 단결권과 소극적 단결권을 동시에 보장하는 것이라는 견해,[441] 소극적 단결권은 일반적 행동의 자유(헌법 제10조) 내지 헌법에 열거되지 아니한 자유(헌법 제37조 제1항)으로 보장된다는 견해,[442] 아래의 헌법재판소와 같은 견해,[443] 그 밖에 "소극적 단결권을 부인하는 것은 권위주의적 전체주의체제의 특징이다. 따라서 소극적 단결권은 원칙적으로 인정되어야 한다."고 하면서도 소극적 단결권 인정의 근거조항에 대하여는 입장을 밝히지 않고 있는 견해[444] 등이 있다.

---

437) 헌재 2004.8.26. 2003헌바28, 판례집 16-2상, 240, 246-247.

438) 헌재 2009.10.29. 2007헌마1359, 공보 157, 2015, 2020.

439) 헌재 2009.2.26. 2007헌바27, 공보 149, 405, 409.

440) 소극적 단결권은 국가에 의해서도 침해될 수 있으나, 대부분의 경우 노동조합과 사용자의 합의 등 사인에 의하여 침해되므로, 소극적 단결권의 제한은 **기본권의 제3자효**의 문제를 제기한다. 한수웅(헌법학), 991면.

441) 허영(헌법론), 536면; 한수웅(헌법학), 991면.

442) 권영성(원론), 688면.

443) 김철수(신론), 758면.

444) 계희열(중), 777면.

2) 판례

헌법 제33조 제1항은 "근로자는 근로조건의 향상을 위하여 자주적인 단결권·단체교섭권 및 단체행동권을 가진다."고 규정하고 있다. 여기서 헌법상 보장된 근로자의 단결권은 단결할 자유만을 가리킬 뿐이고, 단결하지 아니할 자유 이른바 소극적 단결권은 이에 포함되지 않는다고 보는 것이 우리 재판소의 선례라고 할 것이다.[445] 그렇다면 근로자가 노동조합을 결성하지 아니할 자유나 노동조합에 가입을 강제당하지 아니할 자유, 그리고 가입한 노동조합을 탈퇴할 자유는 근로자에게 보장된 단결권의 내용에 포섭되는 권리로서가 아니라 헌법 제10조의 행복추구권에서 파생되는 **일반적 행동의 자유** 또는 제21조 제1항의 **결사의 자유**에서 그 근거를 찾을 수 있다.[446]

라. 단체교섭권과 단체협약체결권

헌법 제33조 제1항이 근로자에게 단결권, 단체교섭권, 단체행동권을 기본권으로 보장하는 뜻은 근로자가 사용자와 대등한 지위에서 단체교섭을 통하여 자율적으로 임금 등 근로조건에 관한 단체협약을 체결할 수 있도록 하기 위한 것이다. 비록 헌법이 위 조항에서 '단체협약체결권'을 명시하여 규정하고 있지 않다고 하더라도 근로조건의 향상을 위한 근로자 및 그 단체의 본질적인 활동의 자유인 '단체교섭권'에는 단체협약체결권이 포함되어 있다고 보아야 한다.[447] **단체협약**은 노동조합과 사용자 또는 사용자단체가 노동조건 기타 노사관계의 제반사항에 관하여 합의에 의하여 서면으로 체결하는 협정으로서(노동조합및노동관계조정법 제31조 제1항 참조), 개별적 노사관계 및 집단적 노사관계에 관한 기준을 설정함으로써 일정기간 노사관계를 안정시키는 기능을 한다.[448]

마. 단체행동권

단체행동권이라 함은 노동쟁의가 발생한 경우 쟁의행위를 할 수 있는 쟁의권을 의미하며, 이는 근로자가 그의 주장을 관철하기 위하여 업무의 정상적인 운영을 저해하는 행위를 할 수 있는 권리를 말한다.[449] 따라서 쟁의행위는 업무의 저해라

---

445) 헌재 1999.11.25. 98헌마141, 판례집 11-2, 614, 623-624 참조.

446) 헌재 2005.11.24. 2002헌바95등, 판례집 17-2, 392, 401-402.

447) 헌재 1998.2.27. 94헌바13등, 판례집 10-1, 32, 42면 참조.

448) 헌재 1998.3.26. 96헌가20, 판례집 10-1, 213, 218; 헌재 2004.8.26. 2003헌바28, 판례집 16-2상, 240, 247.

449) 헌재 1993.3.11. 88헌마5, 판례집 5-1, 59, 71 ; 헌재 1998.7.16. 97헌바23, 판례집 10-2, 243,

는 속성상 그 자체가 형법상의 여러 가지 범죄의 구성요건에 해당될 수 있음에도 불구하고 그것이 정당성을 가지는 경우에는 형사책임이 면제되며, 민사상 손해배상 책임도 발생하지 않는다. 이는 헌법 제33조에 당연히 포함된 내용이라 할 것이며, 정당한 쟁의행위의 효과로서 민사 및 형사면책을 규정하고 있는 '노동조합 및 노동관계조정법' 제3조와 제4조는 이를 명문으로 확인한 것이라 하겠다.[450)]

그러나 모든 쟁의행위가 면책되는 것은 아니며, 헌법에서 단체행동권을 보장한 취지에 적합한 쟁의행위만이 면책된다는 내재적인 한계가 있다. 헌법재판소도 "노동관계 당사자가 쟁의행위를 함에 있어서는 그 목적, 방법 및 절차상의 한계를 존중하지 않으면 아니되며 그 한계를 벗어나지 아니한 범위 안에서 관계자들의 민사상 및 형사상 책임이 면제되는 것이다. (…) 쟁의행위는 노동관계 당사자가 임금 및 근로조건 등을 정하는 단체협약을 체결함에 있어서 보다 유리한 결과를 자신에게 가져오게 하기 위하여 행사하는 최후의 강제수단이다. 따라서 쟁의행위는 주로 단체협약의 대상이 될 수 있는 사항을 목적으로 하는 경우에만 허용되는 것이고, 단체협약의 당사자가 될 수 있는 자에 의하여서만 이루어져야 하는 것이다."라고 하여,[451)] 쟁의행위의 한계를 설정하고 있다.[452)]

바. 근로3권이 하나의 기본권의 세 가지 기능인지,[453)] 각자 독자적인 기본권인지[454)]

○ **다수의견**[455)]은, 명시적으로 표현하고 있지는 않지만, 헌법 제33조상 단체행동권은 독립적인 기본권이 아니므로 이 사건 법률조항[456)]과 같이 일체의 쟁의행위를 금지하는 입법은 단체행동권이라는 기본권을 전면적으로 '박탈'하는 것이 아니라

253 ; 헌재 2008.12.26. 2005헌마971, 판례집 20-2하, 666, 693; 헌재 2009.10.29. 2007헌마1359, 공보 157, 2015, 2022.

450) 헌재 1998.7.16. 97헌바23, 판례집 10-2, 243, 253 참조.

451) 헌재 1990.1.15. 선고, 89헌가103, 판례집 2, 4, 14.

452) 헌재 2010.4.29. 2009헌바168, 공보 163, 884, 887.

453) 재판관 6인의 다수의견

454) 재판관 3인의 반대의견

455) 재판관 6인의 다수의견은 "헌법 제33조 제1항에서는 근로자의 단결권·단체교섭권 및 단체행동권을 보장하고 있는바, 현행 헌법에서 공무원 및 법률이 정하는 주요방위산업체에 종사하는 근로자와는 달리 특수경비원에 대해서는 단체행동권 등 근로3권의 제한에 관한 개별적 제한규정을 두고 있지 않다고 하더라도, 헌법 제37조 제2항의 일반유보조항에 따른 기본권제한의 원칙에 의하여 특수경비원의 근로3권(의 내용) 중 하나인 단체행동권을 제한할 수 있다."고 하면서, "이 사건 법률조항은 과잉금지원칙에 위배되지 아니하므로 헌법에 위반되지 아니한다."고 하였다.

456) 경비업법(2001.4.7. 법률 제6467호로 개정된 것) 제15조(특수경비원의 의무) ③특수경비원은 파업·태업 그 밖에 경비업무의 정상적인 운영을 저해하는 일체의 쟁의행위를 하여서는 아니 된다.

근로3권의 일부를 '제한'하는 것으로 보고 있는 것으로 보인다. 그러나 이와 같은 취지의 해석은 우리 헌법이 단결권, 단체교섭권, 단체행동권을 근로3권이란 하나의 묶음으로 표현하지 아니하고 각각을 독자적 기본권으로서 나누어 개별적으로 규정하고 있는 취지에 반하는 것으로 허용될 수 없다고 본다. (…) 근로자의 생활보장을 위하여 우리 헌법이 보장하고 있는 것은 '근로3권'이라는 하나의 기본권이 아니라 '단결권', '단체교섭권' 및 '단체행동권'이라는 세 개의 노동기본권이다. 따라서 일반근로자인 특수경비원의 쟁의행위를 전면적으로 금지하고 있는 이 사건 법률조항은 헌법이 보장하고 있는 독립된 기본권인 단체행동권을 전면 박탈하는 것으로 헌법 제33조 제1항에 위반된다.[457]

사. 헌법 제33조 제2항과 제37조 제2항의 관계

공무원인 근로자 중 법률이 정하는 자 이외의 공무원에게는 그 권리행사의 제한뿐만 아니라 금지까지도 할 수 있는 법률제정의 가능성을 헌법에서 직접 규정하고 있다는 점에서 헌법 제33조 제2항은 특별한 의미가 있다. 헌법 제33조 제2항이 규정되지 아니하였다면 공무원인 근로자도 헌법 제33조 제1항에 따라 노동3권을 가진다 할 것이고, 이 경우에 공무원인 근로자의 단결권·단체교섭권·단체행동권을 제한하는 법률에 대해서는 헌법 제37조 제2항에 따른 기본권제한의 한계를 준수하였는가 하는 점에 대한 심사를 하는 것이 헌법원리로서 상당할 것이나, 헌법 제33조 제2항이 직접 '법률이 정하는 자'만이 노동3권을 향유할 수 있다고 규정하고 있어서 '법률이 정하는 자' 이외의 공무원은 노동3권의 주체가 되지 못하므로, 노동3권이 인정됨을 전제로 하는 헌법 제37조 제2항의 과잉금지원칙은 적용이 없는 것으로 보아야 할 것이다.[458]

헌법 제33조 제2항이 공무원의 근로3권을 제한하면서 근로3권이 보장되는 주체의 범위를 법률에 의하여 정하도록 위임한 것은, 첫째, 입법권이 국가사회 공동체의 역사·문화에 따라 형성된 공무원제도의 유지·발전과 공무원제도의 다른 쪽 당사자로서 주권자인 전체국민의 복리를 고려하고, 헌법상 보장된 공무원제도 자체의 기본틀을 해하지 않는 범위 내에서 그 제도에 관련된 여러 이해관계인의 권익을 서로 조화하면서 공공복리의 목적 아래 통합·조정할 수 있음을 의미하고, 둘째, 공무원은 국민전체에 대한 봉사자이며, 그 담당직무의 성질이 공공성·공정성·성실

457) 헌재 2009.10.29. 2007헌마1359, 공보 157, 2015, 2025, 재판관 김종대, 재판관 송두환의 반대의견. 나머지 재판관 1인(조대현 재판관)의 반대의견도 같은 입장이다.

458) 헌재 2008.12.26, 2005헌마971, 공보 147, 111, 118.

성 및 중립성이 보장되어야 한다는 특수한 사정이 있으므로 이러한 사정을 고려하여, 전체국민의 합의를 바탕으로 입법자의 구체적인 입법에 의하여 공적이고 객관적인 질서에 이바지하는 공무원제도를 보장·보호할 수 있는 입법재량을 부여한 것인바, 그렇다면 국회는 헌법 제33조 제2항에 따라 공무원인 근로자에게 단결권·단체교섭권·단체행동권을 인정할 것인가의 여부, 어떤 형태의 행위를 어느 범위에서 인정할 것인가 등에 대하여 광범위한 입법형성의 자유를 가진다.[459]

4. 인간다운 생활을 할 권리 [제34조]

가. 의의 및 법적 성격

헌법 제34조 제1항은 "모든 국민은 인간다운 생활을 할 권리를 가진다."고 규정하고 있는바, 동 조항이 보장하는 인간다운 생활을 할 권리는 사회권적 기본권의 일종으로서 인간의 존엄에 상응하는 최소한의 물질적인 생활의 유지에 필요한 급부를 요구할 수 있는 권리를 의미하는데, 이러한 권리는 국가가 재정형편 등 여러 가지 상황들을 종합적으로 고려하여 법률을 통하여 구체화할 때에 비로소 인정되는 '법률적 권리'라고 할 것이다.[460] 한편, 모든 국민은 인간다운 생활을 할 권리를 가지며 국가는 생활능력 없는 국민을 보호할 의무가 있다는 헌법의 규정은 모든 국가기관을 기속하지만 그 기속의 의미는 동일하지 아니하다. 입법부나 행정부에 대하여는 국민소득, 국가의 재정능력과 정책 등을 고려하여 가능한 범위 안에서 최대한으로 모든 국민이 물질적인 최저생활을 넘어서 인간의 존엄성에 맞는 건강하고 문화적인 생활을 누릴 수 있도록 하여야 한다는 행위의 지침, 즉 **행위규범**으로서 작용하지만, 헌법재판에 있어서는 다른 국가기관, 즉 입법부나 행정부가 국민으로 하여금 인간다운 생활을 영위하도록 하기 위하여 객관적으로 필요한 최소한의 조치를 취할 의무를 다하였는지를 기준으로 국가기관의 행위의 합헌성을 심사하여야 한다는 **통제규범**으로 작용하는 것이다.[461]

---

459) 헌재 2007.8.30. 2003헌바51, 판례집 19-2, 215, 228-229; 헌재 2008.12.26. 2005헌마971, 공보 147, 111, 118.

460) 헌재 2000.6.1. 98헌마216, 판례집 12-1, 622, 646-647헌재 2003.5.15. 2002헌마90, 판례집 15-1, 581, 600-601.

461) 헌재 1997.5.29. 94헌마33, 판례집 9-1, 543, 553-554헌재 2001.4.26. 2000헌마390, 판례집 13-1, 977, 989; 헌재 2009.9.24. 2007헌마1092, 공보 156, 1792, 1799.

나. 시각장애인 안마사 (비맹제외) 제도

헌법 제34조 제2항은 "국가는 사회보장·사회복지의 증진에 노력할 의무를 진다."고 규정하여 국민의 생존권 보장의무를 부과하고, 제5항에서는 "신체장애자 및 질병·노령 기타의 사유로 생활능력이 없는 국민은 법률이 정하는 바에 의하여 국가의 보호를 받는다."고 규정함으로써 특히 신체장애자를 비롯한 자립능력이 부족한 국민에 대한 국가의 보호의무를 천명하고 있다. 이와 같이 입법자로서는 사회적 약자인 신체장애자의 생존권 보호라는 헌법적 요청에 상응하여 적극적으로 복지정책을 형성할 의무를 부담하는데, 이러한 입법이 일반국민의 기본권과 충돌하는 상황을 예상할 수도 있다. 시각장애인 안마사제도를 규정한 이 사건 법률조항[462]의 경우, 헌법 제34조 제5항에 따른 헌법적 요청과 일반국민의 직업선택의 자유 등 기본권이 충돌하는 상황이 문제될 수 있는 것이므로 위 법률조항에 대한 위헌심사 과정에서 이러한 상황을 충분히 고려하여야 할 것이다. 그 경우 헌법 제37조 제2항에 의한 기본권제한입법의 한계를 벗어날 수 없지만, 구체적인 최소침해성 및 법익균형성 심사과정에서 이러한 헌법적 요청뿐만 아니라, 일반국민의 기본권 제약 정도, 시각장애인을 둘러싼 기본권의 특성과 복지정책의 현황, 시각장애인을 위한 직업으로서의 안마사제도와 그와 다른 대안의 가능성 등을 종합하여 형량할 필요가 있다.[463]

5. 환경권 [제35조]

가. 헌법 제35조 제1항의 의미

헌법 제35조 제1항은 "모든 국민은 건강하고 쾌적한 환경에서 생활할 권리를 가지며, 국가와 국민은 환경보전을 위하여 노력하여야 한다."고 규정하여, 국민의 환경권을 보장함과 아울러 국가와 국민에게 환경보전을 위하여 노력할 의무를 부과하고 있다. 이 헌법조항은 환경정책에 관한 국가적 규제와 조정을 뒷받침하는 헌법적 근거가 된다.[464] 환경의 보호는 국가의 의무일 뿐만 아니라 모든 국민이 함께 달성해야 할 중요한 과제이다.[465]

---

462) 시각장애인에 대하여만 안마사 자격인정을 받을 수 있도록 하는 이른바 비맹제외기준을 설정하고 있는 구 의료법(2006.9.27. 법률 제8007호로 개정되고 2007.4.11. 법률 제8366호로 전부 개정되기 전의 것) 제61조 제1항 중 "「장애인복지법」에 따른 시각장애인 중" 부분 및 의료법(2007.4.11. 법률 제8366호로 전부 개정된 것) 제82조 제1항 중 "「장애인복지법」에 따른 시각장애인 중" 부분.

463) 헌재 2008.10.30. 2006헌마1098등, 공보 145, 1554, 1561.

464) 헌재 2007.12.27. 2006헌바25, 공보 135, 80, 85.

나. 환경권의 의의

모든 국민은 건강하고 쾌적한 환경에서 생활할 권리 즉 환경권을 가지고 있고, 국가와 국민은 환경보전을 위하여 노력하여야 한다(헌법 제35조 제1항). 환경권은 건강하고 쾌적한 생활을 유지하는 조건으로서 양호한 환경을 향유할 권리이고, 생명·신체의 자유를 보호하는 토대를 이루며, 궁극적으로 '삶의 질' 확보를 목표로 하는 권리이다.

다. 환경권의 법적 성격

환경권을 행사함에 있어 국민은 국가로부터 건강하고 쾌적한 환경을 향유할 수 있는 자유를 침해당하지 않을 권리를 행사할 수 있고, 일정한 경우 국가에 대하여 건강하고 쾌적한 환경에서 생활할 수 있도록 요구할 수 있는 권리가 인정되기도 하는바, 환경권은 그 자체 종합적 기본권으로서의 성격을 지닌다. 환경권의 내용과 행사는 법률에 의해 구체적으로 정해지는 것이기는 하나(헌법 제35조 제2항), 이 헌법조항의 취지는 특별히 명문으로 헌법에서 정한 환경권을 입법자가 그 취지에 부합하도록 법률로써 내용을 구체화하도록 한 것이지 환경권이 완전히 무의미하게 되는데도 그에 대한 입법을 전혀 하지 아니하거나, 어떠한 내용이든 법률로써 정하기만 하면 된다는 것은 아니다. 그러므로 일정한 요건이 충족될 때 환경권 보호를 위한 입법이 없거나 현저히 불충분하여 국민의 환경권을 과도하게 침해하고 있다면 헌법재판소에 그 구제를 구할 수 있다.[466]

라. 정온한 환경에서 생활할 권리

'건강하고 쾌적한 환경에서 생활할 권리'를 보장하는 환경권의 보호대상이 되는 환경에는 자연환경뿐만 아니라 인공적 환경과 같은 생활환경도 포함된다. 환경권을 구체화한 입법이라 할 환경정책기본법 제3조에서도 환경을 자연환경과 생활환경으로 분류하면서, 생활환경에 소음·진동 등 사람의 일상생활과 관계되는 환경을 포함시키고 있다. 그러므로 일상생활에서 소음을 제거·방지하여 정온한 환경에서 생활할 권리는 환경권의 한 내용을 구성한다.[467]

---

465) 헌재 2010.5.27. 2007헌바53, 공보 164, 975, 979.

466) 헌재 2008.7.31. 2006헌마711, 판례집 20-2상, 345, 357-358.

467) 헌재 2008.7.31. 2006헌마711, 판례집 20-2상, 345, 358.

6. 혼인과 가족생활, 보건권 [제36조]

가. 혼인과 가족생활의 권리 (제1항)

1) 법적 성격

헌법재판소는 헌법 제36조 제1항의 법적 성격에 대하여 기본권성, 제도보장성, 그리고 헌법원리 내지 원칙규범성을 인정하고 있다.[468)]

가) 기본권성

헌법 제36조 제1항에 의하여 보장되는 가족생활에서의 인간으로서의 존엄에 관한 기본권의 내용으로서 미성년인 가족구성원이 성년인 가족으로부터 부양과 양육, 보호 등을 받는 것은 법제도 형성 이전의 인간의 자연적인 생활 모습과 관련되는 것이다. 따라서 이러한 기본권은 사회적 기본권인 헌법 제34조 제1항의 인간다운 생활권과는 달리 자유권적 성격을 가지므로, 이를 제한하는 입법은 헌법 제37조 제2항의 과잉금지원칙을 준수하여야 할 것이다.[469)]

헌법 제36조 제1항은 개인의 자율적 의사와 양성의 평등에 기초한 혼인과 가족생활의 자유로운 형성을 국가가 보장할 것을 규정하고 있다. 그런데 심판대상조항[470)]은 진실한 혈연관계에 부합하지 아니하고 당사자들이 원하지도 아니하는 친자관계를 강요하고 있으므로, 개인의 존엄과 양성의 평등에 기초한 혼인과 가족생활에 관한 기본권을 제한한다.[471)]

나) 제도보장성

헌법 제36조 제1항은 혼인과 가족생활에 관한 제도보장의 성격을 가지고 있으나, 전래의 어떤 가족제도가 헌법 제36조 제1항이 요구하는 개인의 존엄과 양성평등에 반한다면 헌법 제9조를 근거로 그 헌법적 정당성을 주장할 수는 없다.[472)]

---

468) 헌재 2002.8.29. 2001헌바82: "헌법 제36조 제1항은 혼인과 가족생활을 스스로 결정하고 형성할 수 있는 자유를 기본권으로서 보장하고, 혼인과 가족에 대한 제도를 보장한다. 그리고 헌법 제36조 제1항은 혼인과 가족에 관련되는 공법 및 사법의 모든 영역에 영향을 미치는 헌법원리 내지 원칙규범으로서의 성격도 가진다."(판례집 14-2, 170, 180).

469) 헌재 2011.2.24. 2009헌바89등, 판례집 23-1상, 108, 115-116. [합헌]

470) 혼인 종료 후 300일 이내에 출생한 자를 전남편의 친생자로 추정하는 민법(1958.2.22. 법률 제471호로 제정된 것) 제844조 제2항 중 "혼인관계종료의 날로부터 300일 내에 출생한 자"에 관한 부분.

471) 헌재 2015.4.30. 2013헌마623, 판례집 27-1하, 107, 111. [헌법불합치 및 계속적용]

472) 헌재 2005.2.3. 2001헌가9등 (호주제), 판례집 17-1, 1, 17-18. [헌법불합치 및 계속적용] 同旨, 2011.2.24. 2009헌바89등 (계모자 사이 법정혈족관계 폐지), 판례집 23-1상, 108, 117. [합헌]

다) 원칙규범성

헌법 제36조 제1항은 혼인과 가족에 관련되는 공법 및 사법의 모든 영역에 영향을 미치는 헌법원리 내지 원칙규범으로서의 성격도 가지는데, 이는 **적극적**으로는 적절한 조치를 통해서 혼인과 가족을 지원하고 제3자에 의한 침해 앞에서 혼인과 가족을 보호해야 할 국가의 과제를 포함하며, **소극적**으로는 불이익을 야기하는 제한조치를 통해서 혼인과 가족을 차별하는 것을 금지해야 할 국가의 의무를 포함한다.[473)]

2) 차별금지명령

헌법 제36조 제1항은 "혼인과 가족생활은 개인의 존엄과 양성의 평등을 기초로 성립되고 유지되어야 하며, 국가는 이를 보장한다."고 규정하여 혼인과 가족생활에 불이익을 주지 않을 것을 명하고 있고, 이는 **적극적**으로 적절한 조치를 통하여 혼인과 가족을 지원하고 제3자에 의한 침해로부터 혼인과 가족을 보호해야 할 국가의 과제와, **소극적**으로 불이익을 야기하는 제한조치를 통하여 혼인과 가족생활을 차별하는 것을 금지해야 할 국가의 의무를 포함하는 것이다. 이러한 헌법원리로부터 도출되는 차별금지의 명령은 헌법 제11조 제1항의 평등원칙과 결합하여 혼인과 가족을 부당한 차별로부터 보호하고자 하는 목적을 지니고 있고, 따라서 특정한 조세법률조항이 혼인이나 가족생활을 근거로 부부 등 가족이 있는 자를 혼인하지 아니한 자 등에 비하여 차별취급하는 것이라면 비례의 원칙에 의한 심사에 의하여 정당화되지 않는 한 헌법 제36조 제1항에 위반된다.[474)]

나. 보건에 관한 권리 (제3항)

헌법 제36조 제3항은 "모든 국민은 보건에 관하여 국가의 보호를 받는다."라고 하여, 국민이 자신의 건강을 유지하는 데 필요한 국가적 급부와 배려를 요구할 수 있는 권리인 이른바 '보건에 관한 권리'를 규정하고 있고, 이에 따라 국가는 국민의 건강을 소극적으로 침해하여서는 아니될 의무를 부담하는 것에서 한 걸음 더 나아가 적극적으로 국민의 보건을 위한 정책을 수립하고 시행하여야 할 의무를 부담한다.[475)]

---

473) 헌재 2002.8.29. 2001헌바82, 판례집 14-2, 170, 180. 同旨, 헌재 2008.10.30. 2005헌마1156, 판례집 20-2상, 1007, 1018.

474) 헌재 2008.11.13. 2006헌바112등, 공보 146, 1634, 1649.

475) 헌재 2009.2.26. 2007헌마1285, 공보 149, 502, 504; 헌재 2010.4.29. 2008헌마622, 공보 163, 907, 911-912; 헌재 2012.2.23. 2011헌마123, 공보 185, 516, 518.

※ 국민투표권 [헌법 제72조, 제130조 제2항]

우리 헌법은 국민주권의 이념을 실현하기 위해서 통치권을 국민의 기본권에 기속시키며, 자유민주주의원리와 법치주의원리를 헌법상의 기본원리로 채택하고 이를 구체화하기 위한 여러 가지 제도적인 장치를 마련하고 있다. 그 중 국민주권의 이념에 따라 자유민주주의를 실현하기 위한 제도로는 국민투표제도, 대의제도, 선거제도, 복수정당제도, 지방자치제도 등을 들 수 있다.476) 우리 헌법은 국민주권의 이념을 실현하기 위한 원칙적인 방법으로는 대의제도를 통한 간접민주주의를 추구하면서도 예외적으로 국민투표제도를 통한 직접민주주의를 함께 제도화하고 있다. 즉, '외교·국방·통일 기타 국가안위에 관한 중요정책'에 대한 임의적 국민투표제도(제72조)와 헌법개정안에 대한 필수적 국민투표제도(제130조 제2항)가 바로 그것이다.477) 이러한 국민투표권은 선거권·공무담임권과 함께 우리 헌법상 보장되고 있는 참정권이다.478)

가. 헌법 제72조의 국민투표권

1) 국민투표의 대상 및 부의(附議)여부

헌법 제72조는 국민투표의 대상을 "외교·국방·통일 기타 국가안위에 관한 중요정책"이라고 규정하고 있는바, 동 규정은 '기타'라는 문언에서도 알 수 있듯이 제한적 규정이 아니라 예시적 규정이라고 본다. 구체적으로 무엇이 '국가안위에 관한 중요정책'인가의 판단과 그것을 국민투표에 붙일 것인가의 결정은 대통령의 재량에 속한다. 헌법재판소 역시 "위 규정은 대통령에게 국민투표의 실시 여부, 시기, 구체적 부의사항, 설문내용 등을 결정할 수 있는 임의적인 국민투표발의권을 독점적으로 부여하였다."고 하여 이를 확인하고 있다.479) 한편 헌법재판소는 노무현 대통령에 대한 탄핵심판 사건에서, "헌법 제72조는 대통령에게 (…) 임의적인 국민투표발의권을 독점적으로 부여함으로써, 대통령이 단순히 특정 정책에 대한 국민의 의사를 확인하는 것을 넘어서 자신의 정책에 대한 추가적인 정당성을 확보하거나 정치적 입지를 강화하는 등, 국민투표를 정치적 무기화하고 정치적으로 남

476) 허영(한국헌법론), 152-154면.

477) 허영(한국헌법론), 152면. 그 밖에 직접민주주의를 실현하기 위한 제도로서는 '국민발안'(Initiative, 국민이 헌법개정안이나 법률안을 제안할 수 있는 제도), '국민소환'(Recall, 국민이 공직자를 임기만료 전에 해직시키는 제도) 등이 있다. 권영성(원론), 594-595면.

478) 따라서 지방자치법상의 주민투표권(제14조)이나 주민소환권(제20조)은 법률상의 권리이지 헌법상의 권리가 아니다. [헌재 2001.6.28. 2000헌마735 결정 참조]

479) 헌재 2004.5.14. 2004헌나1 결정; 헌재 2005.11.24. 2005헌마579등 결정 참조.

용할 수 있는 위험성을 안고 있다. 이러한 점을 고려할 때, 헌법 제72조는 가능하면 대통령에 의한 국민투표의 정치적 남용을 방지할 수 있도록 엄격하고 축소적으로 해석되어야 한다."고 하면서 "이러한 관점에서 볼 때, 헌법 제72조의 국민투표의 대상인 '중요정책'에는 대통령에 대한 '국민의 신임'이 포함되지 않는다."고 판시하였다.[480]

2) 국민투표권의 발생시기

헌법재판소는, 노무현 대통령이 2003.10.13. 제243회 국회 본회의에서 행한 시정연설에서 - 자신의 측근인 최도술 전 청와대 총무비서관의 SK자금 수수의혹과 관련하여 '수수결과가 무엇이든 이 문제를 포함하여 그 동안 축적된 국민의 불신에 대해 재신임을 묻겠다'는 내용으로 - 정책과 결부하지 않고 단순히 신임여부만을 묻는 국민투표를 실시하고자 한다고 밝힌 행위에 대하여 제기된 헌법소원 사건에서, "국민투표라는 것은 대통령이 그 대상이 되는 사항을 구체적으로 정하여 국민투표안을 공고(국민투표법 제49조 참조)함으로써 비로소 법적인 절차가 개시된다."고 하였고,[481] 제2차 행정수도이전 사건에서는, "특정의 국가정책에 대하여 다수의 국민들이 국민투표를 원하고 있음에도 불구하고 대통령이 이러한 희망과는 달리 국민투표에 회부하지 아니한다고 하여도 이를 헌법에 위반된다고 할 수 없고, 국민에게 특정의 국가정책에 관하여 국민투표에 회부할 것을 요구할 권리가 인정된다고 할 수도 없다. 이 사건 법률이 신행정수도법 위헌결정의 후속법률로서 그 대체입법성 여부를 놓고 적지 않게 논란이 빚어지고 있는 만큼 대통령이 전체 국민의 의사를 물음으로써 이를 종식시키는 것이 국론통합의 측면에서 보다 바람직스럽지 않느냐 하는 것은 이와는 별개의 문제이다. 결국 헌법 제72조의 국민투표권은 대통령이 어떠한 정책을 국민투표에 부의한 경우에 비로소 행사가 가능한 기본권이라 할 수 있다."고 판시하였다.[482]

나. 헌법 제130조 제2항의 국민투표권

1) 헌법개정의 의의

헌법의 개정이란 헌법에 규정된 개정절차에 따라(형식적 요건) 기존의 헌법과 기본적 동일성을 유지하면서(실질적 요건) 헌법의 특정조항을 의식적으로 수정 또는 삭제하거나 새로운 조항을 추가(增補)함으로써 헌법의 형식이나 내용에 변경을 가

480) 헌재 2004.5.14. 2004헌나1 결정.
481) 헌재 2003.11.27. 2003헌마694등 결정.
482) 헌재 2005.11.24. 2005헌마579등 결정.

하는 행위를 말한다.[483] 국가(공동체)의 기본법질서인 헌법을 개정한다는 것은 대단히 중요한 일이다. 따라서 헌법의 개정에 신중을 기하고 개정을 어렵게 하는 것이 일반적이다. 이러한 헌법을 경성헌법(硬性憲法)이라 부르며, 여기서 헌법개정이란 형식적 의미의 헌법 즉 성문헌법(成文憲法)이 그 대상이 된다.[484] 이와 같이 헌법의 개정은 형식적 의미의 헌법, 성문헌법과 관련된 개념이다. 헌법전에 들어 있지 않은 '실질적 의미의 헌법'과 '불문헌법'(不文憲法)의 개정은 헌법의 개정에 속하지 않고 법률개정의 문제로 다루어진다. 특히 불문헌법의 개정은 헌법관행의 변화에 따라 이루어지기 때문에 헌법개정의 개념에 포함시키지 않는 것이 통례이다.[485]

2) 헌법개정의 절차

가) 제안(발의)

헌법개정안을 발의할 수 있는 자는 국회의원과 대통령이다. 국회의원이 헌법개정안을 발의함에는 재적의원 과반수의 찬성이 필요하다(헌법 제128조 제1항). 대통령은 국무회의의 심의를 거쳐 헌법개정안을 제안할 수 있다(헌법 제89조 제3호).

나) 공고

제안된 헌법개정안은 대통령이 20일 이상의 기간 이를 공고하여야 한다(헌법 제129조). 헌법개정안의 공고는 제안된 헌법개정안의 내용을 국민에게 주지시키고, 그에 대한 자유로운 의견교환을 통하여 개헌에 대한 국민적 합의를 형성하기 위한 필수적인 절차이다.

다) 의결

국회는 헌법개정안이 공고된 날로부터 60일 이내에 의결하여야 하며, 국회의 의결은 재적의원 3분의 2 이상의 찬성을 얻어야 한다(헌법 제130조 제1항). 헌법개정안에 대한 국회의 가부(可否)표결[486]은 기명(記名)투표로써 한다(국회법 제112조 제4항).

라) 국민투표 및 공포

헌법개정안은 국회가 의결한 후 30일 이내에 국민투표에 붙여 국회의원선거권자 과반수의 투표와 투표자 과반수의 찬성을 얻어야 한다(헌법 제130조 제2항). 헌법개정안이 위의 찬성을 얻은 때에는 헌법개정은 확정되며, 대통령은 즉시 이를 공

---

483) 권영성(원론), 49-50면.

484) 계희열(상), 2005, 105면.

485) 허영(한국헌법론), 48-49면.

486) 헌법개정안은 修正의결을 할 수 없고 原案이 가부투표에 회부된다. 수정의결은 공고되지 아니한 개헌안을 의결하는 것이 되어 헌법개정안 공고제도에 위배되기 때문이다. 권영성(원론), 57면.

포하여야 한다(헌법 제130조 제3항).

3) 헌법개정국민투표권과 그 발생시기

헌법재판소는 제1차 행정수도이전 사건(헌재 2004.10.21. 2004헌마554등)에서 "우리 헌법은 선거권(헌법 제24조)과 같은 간접적인 참정권과 함께 직접적인 참정권으로서 국민투표권(헌법 제72조, 제130조)을 규정하고 있으므로 국민투표권은 헌법상 보장되는 기본권의 하나이다."라고 하면서, "헌법 제130조는 헌법의 개정을 위해서는 국회 재적의원 과반수 또는 대통령에 의하여 발의되고, 재적의원 3분의 2 이상의 찬성으로 국회의 의결을 거친 후 반드시 국민투표에 붙여 국회의원 선거권자 과반수의 투표와 투표자 과반수의 찬성을 얻어야 하도록 되어 있다. 따라서 이 사건 법률은 본안에 관한 판단에서 수도가 서울인 점에 대한 관습헌법성이 확인된다면 헌법개정에 의하여 규율되어야 할 사항을 단순법률의 형태로 규율하여 헌법개정에 필수적으로 요구되는 국민투표를 배제한 것이 되므로 국민들의 위 투표권이 침해될 수 있다."라고 판시하였다.[487)]

즉 헌법개정에 관한 국민투표권은, 위에서 본 국가의 중요정책에 관한 국민투표권(헌법 제72조)이 "대통령이 어떠한 정책을 국민투표에 부의한 경우에 비로소 행사가 가능한 기본권이고, 국민투표라는 것은 대통령이 그 대상이 되는 사항을 구체적으로 정하여 국민투표안을 공고(국민투표법 제49조 참조)함으로써" 비로소 법적인 절차가 개시된다고 본 데 반하여, 헌법개정안에 대한 국회의 의결이 없더라도, 나아가 헌법개정안에 대한 (대통령의) 공고가 없거나 심지어는 대통령이나 국회의 헌법개정안 발의(제안)가 있기 전이라도 국민에게 헌법개정안 국민투표권이 발생하는 것으로 보고 있다.[488)]

---

487) 그런데 이미 1988.4.8. 전부개정된 지방자치법 제161조(특례의 인정) 제1항은 "서울특별시의 지위·조직 및 운영에 대하여는 **수도**로서의 특수성을 고려하여 법률로 정하는 바에 따라 특례를 둘 수 있다."고 규정하였으며(2007.5.11. 전부개정시 제174조로 조문이동), 서울특별시행정특례에관한법률(1991.5.31.제정) 제2조(지위)는 "서울특별시는 정부의 직할하에 두되, 이 법이 정하는 범위 안에서 **수도**로서의 특수한 지위를 가진다."고 규정하고 있다.

488) 한편 헌법재판소는 제주시(등)과 행정자치부장관(등)과의 권한쟁의 사건에서, "국가정책에 참고하기 위해 행정자치부장관의 요구에 의해 실시되는 주민투표법 제8조의 실시를 요구받지 않은 지방자치단체에게는 주민투표 실시에 관한 권한이 발생하였다고 볼 수 없다."고 판시하였다. [헌재 2005.12.12. 2005헌라5 결정]

※ 헌법에 열거되지 아니한 자유와 권리

가. 개인정보자기결정권

1) 의의

개인정보자기결정권은 자신에 관한 정보가 언제 누구에게 어느 범위까지 알려지고 또 이용되도록 할 것인지를 그 정보주체가 스스로 결정할 수 있는 권리로서, 이러한 개인정보자기결정권의 보호대상이 되는 개인정보는 개인의 신체, 신념, 사회적 지위, 신분 등과 같이 개인의 인격주체성을 특징짓는 사항으로서 그 개인의 동일성을 식별할 수 있게 하는 일체의 정보라고 할 수 있고,[489] 반드시 개인의 내밀한 영역이나 사사(私事)의 영역에 속하는 정보에 국한되지 않고 공적 생활에서 형성되었거나 이미 공개된 개인정보까지 포함한다. 또한 그러한 개인정보를 대상으로 한 조사·수집·보관·처리·이용 등의 행위는 모두 원칙적으로 개인정보자기결정권에 대한 제한에 해당한다.[490] 개인정보자기결정권은 정보주체로 하여금 개인정보의 공개와 이용을 스스로 통제하도록 함으로써 타인에게 형성될 정보주체의 사회적 인격상에 대한 결정권을 정보주체에게 유보시킨다는 의미를 갖고 있다.[491]

2) 헌법상 근거

헌법재판소의 판례는 개인정보자기결정권의 헌법상 근거로 헌법 제10조 제1문에서 도출되는 일반적 인격권 및 헌법 제17조의 사생활의 비밀과 자유에 의하여 보장된다는 것[492]과 헌법 제17조의 사생활의 비밀과 자유, 헌법 제10조 제1문의 인간의 존엄과 가치 및 행복추구권에 근거를 둔 일반적 인격권 또는 위 조문들과 동시에 우리 헌법의 자유민주적 기본질서 규정 또는 국민주권원리와 민주주의원

---

489) 이에 비하여 개인정보보호법 제2조 제1호는 “살아 있는 개인에 관한 정보로서 성명, 주민등록번호 및 영상 등을 통하여 개인을 알아볼 수 있는 정보(해당 정보만으로는 특정 개인을 알아볼 수 없더라도 다른 정보와 쉽게 결합하여 알아볼 수 있는 것을 포함한다)”라고 정의하고 있다. 이에 따라 헌재 2012.12.27. 2010헌가82등 결정에서는 “이 사건 부칙조항은 (…) 피부착자의 위치와 이동경로 등 ‘위치 정보’를 수집·보관·이용한다는 측면에서 개인정보자기결정권도 제한한다.”고 하였다. 同旨, 헌재 2012.12.27. 2010헌바187 결정; 헌재 2012.12.27. 2011헌바89 결정 등 참조.

490) 헌재 2005.7.21. 2003헌마282등, 판례집 17-2, 81, 90; 헌재 2010.5.27. 2008헌마663, 공보 164, 1934, 1039.

491) 헌재 2005.5.26. 99헌마513, 판례집 17-1, 668, 687.

492) 헌재 2005.7.21. 2003헌마282등; 헌재 2008.10.30. 2006헌마1401등; 헌재 2009.9.24. 2007헌마1092; 헌재 2010.9.30. 2008헌바132; 헌재 2012.12.27. 2010헌마153; 헌재 2015.6.25. 2014헌마463; 헌재 2015.7.30. 2014헌마340등: 헌재 2016.3.31. 2014헌마785; 헌재 2-16.4.28. 2012헌마630; 헌재 2016.4.28. 2012헌마549등; 헌재 2016.6.30. 2015헌마924.

리 등을 고려할 수 있다는 것[493]으로 나뉘어 있다. 어떠한 입장이든지간에 개인정보자기결정권으로 보호하려는 내용을 위 각 기본권들 및 헌법원리들 중 일부에 완전히 포섭시키는 것은 불가능하다고 할 것이므로, 그 헌법적 근거를 굳이 어느 한 두 개에 국한시키는 것은 바람직하지 않은 것으로 보이고, 오히려 개인정보자기결정권은 이들을 이념적 기초로 하는 독자적 기본권으로서 헌법에 명시되지 아니한 기본권이라고 보아야 할 것이다.[494]

3) 특별법적 성격

○ (의료급여 1종 수급권자인) 청구인들은 '개별 의료급여기관으로 하여금 수급권자의 진료정보를 국민건강보험공단에 알려줄 의무 등 의료급여 자격관리 시스템'에 관하여 규정한 이 사건 고시[495] 제3조가 청구인들의 사생활의 비밀과 자유를 침해하고 있다고 주장하고 있으나, 위 기본권은 개인정보자기결정권의 헌법적 근거로 거론되는 것으로서 청구인들의 개인정보에 대한 수집·보관·전산화·이용이 문제되는 이 사건에서 그 보호영역이 개인정보자기결정권의 보호영역과 중첩되는 범위에서만 관련이 있다고 할 수 있으므로, 특별한 사정이 없는 이상 개인정보자기결정권에 대한 침해여부를 판단함으로써 위 기본권의 침해여부에 대한 판단이 함께 이루어지는 것으로 볼 수 있어 그 침해여부를 별도로 다룰 필요는 없는 것으로 보인다.[496]

○ 청구인들이 주장하는 인간의 존엄 및 행복추구권, 사생활의 비밀보장권은 그 보호영역이 개인정보자기결정권의 보호영역과 중첩되는 범위에서만 관련되어 있다고 할 수 있으므로, 특별한 사정이 없는 이상 개인정보자기결정권에 대한 침해여부를 판단함으로써 위 기본권들의 침해여부에 대한 판단이 함께 이루어지는 것으로 볼 수 있어 그 침해여부를 별도로 다룰 필요는 없다.[497]

○ 그러나 2012.12.27. 선고한 2010헌바187[498] 결정과 2010헌가82등[499] 결정에

---

493) 헌재 2005.5.26. 99헌마513; 헌재 2009.10.29. 2008헌마257; 헌재 2010.5.27. 2008헌마663.

494) 헌재 2005.5.26. 99헌마513, 판례집 17-1, 668, 683; 헌재 2009.10.29. 2008헌마257, 공보 157, 2058, 2064.

495) '선택의료급여기관 적용대상자 및 이용절차 등에 관한 규정'(보건복지부고시 제2007-49호)

496) 헌재 2009.9.24. 2007헌마1092, 공보 156, 1792, 1801.

497) 헌재 2010.5.27. 2008헌마663, 공보 164, 1034, 1039.

498) "이 사건 전자장치부착조항{성폭력범죄를 2회 이상 범하여 습벽이 인정되고 재범의 위험성이 있는 자에게 검사의 청구에 따라 법원이 10년의 범위 내에서 위치추적 전자장치를 부착할 수 있도록 한 구 '특정 범죄자에 대한 위치추적 전자장치 부착 등에 관한 법률'(2008.6.13. 법률 제9112호로 개정되고, 2010.4.15. 법률 제10257호로 개정되기 전의 것) 제9조 제1항 중 제5조

서는 사생활의 비밀과 자유를 개인정보자기결정권과 함께 제한되는 기본권으로 보고 있다.[500)]

○ 그 밖에 이 사건에서 실명확인정보는 개인의 동일성을 식별할 수 있는 정보로서 개인정보자기결정권의 보호대상이 되는 개인정보에 해당하고, 실명인증자료가 공직선거법 제82조의6 제3항에 따라 행정안전부장관 및 신용정보업자에 의하여 수집·관리된다는 점에서 실명확인조항[501)]은 게시판 이용자의 개인정보자기결정권도 제한한다고 봄이 상당하다(헌재 2012.8.23. 2010헌마47등 참조).[502)]

4) 국가의 개인정보 수집·처리행위가 헌법적으로 정당화되기 위한 요건

공권력에 의한 개인정보의 수집 및 처리는 개인의 기본권인 개인정보자기결정권에 대한 제한을 의미하므로, 기본권의 제한이 정당화되기 위하여 **법률유보원칙**과 **과잉금지원칙**이 준수되어야 한다.[503)] 법률유보와 관련하여 개인정보의 수집과 처리

제1항 제3호에 관한 부분}은 전자장치가 부착된 자('피부착자')의 위치와 이동경로를 실시간으로 파악하여 피부착자를 24시간 감시할 수 있도록 하고 있으므로 피부착자의 사생활의 비밀과 자유를 제한하며, 피부착자의 위치와 이동경로 등 '위치정보'를 수집·보관·이용한다는 측면에서 **개인정보자기결정권**도 제한한다. 한편, 전자장치를 강제로 착용하게 함으로써 피부착자는 옷차림이나 신체활동의 자유가 제한되고, 24시간 전자장치 부착에 의한 위치감시 그 자체로 모욕감과 수치심을 느낄 수 있으므로 헌법 제10조로부터 유래하는 인격권을 제한한다." [전원일치 합헌]

499) "이 사건 부칙조항{전자장치 부착을 통한 위치추적 감시제도가 처음 시행될 때 부착명령 대상에서 제외되었던 2008.9.1. 이전에 제1심판결을 선고받은 사람들 중 구 '특정 범죄자에 대한 위치추적 전자장치 부착 등에 관한 법률'(2010.4.15. 법률 제10257호로 개정되고, 2012.12.18. 법률 제11558호로 개정되기 전의 것) 시행 당시 징역형 등의 집행 중이거나 집행이 종료, 가종료·가출소·가석방 또는 면제된 후 3년이 경과하지 아니한 자에 대하여도 위치추적 전자장치를 부착할 수 있도록 규정하고 있는 '특정 범죄자에 대한 위치추적 전자장치 부착 등에 관한 법률' 부칙 제2조 제1항(2010.4.15. 법률 제10257호로 개정된 것)}은 피부착자의 위치와 이동경로를 실시간으로 파악하여 피부착자를 24시간 감시할 수 있도록 하고 있으므로 피부착자의 사생활의 비밀과 자유를 제한하며, 피부착자의 위치와 이동경로 등 '위치 정보'를 수집·보관·이용한다는 측면에서 **개인정보자기결정권**도 제한한다. 한편, 전자장치를 강제로 착용하게 함으로써 피부착자는 옷차림이나 신체활동의 자유가 제한될 수밖에 없고, 24시간 전자장치 부착 위치감시 그 자체로 모욕감과 수치심을 느낄 수 있으므로 헌법 제10조로부터 유래하는 인격권을 제한한다." [4(합헌):4(일부위헌):1(전부위헌) - 합헌]

500) 同旨, 헌재 2012.12.27. 2011헌바89, 공보 195, 94, 100.

501) 인터넷언론사가 선거운동기간 중 당해 홈페이지의 게시판 등에 정당·후보자에 대한 지지·반대의 정보를 게시할 수 있도록 하는 경우 실명을 확인받도록 하는 기술적 조치를 하여야 하고 이를 위반한 때에는 과태료를 부과하는 구 공직선거법(2010.1.25. 법률 제9974호로 개정되고, 2013.3.23. 법률 제11690호로 개정되기 전의 것) 제82조의6 제1항, 공직선거법(2010.1.25. 법률 제9974호로 개정된 것) 제82조의6 제6항, 제7항.

502) 헌재 2015.7.30. 2012헌마734등, 판례집 27-2상, 308, 320.

를 허용하는 수권법률이 어느 정도로 명확해야 하는지의 문제는 개인정보의 성격·수집목적·이용형태·처리방식에 따르는 위험성의 정도, 즉 기본권제한의 강도에 따라 판단해야 한다. 특히 개인정보의 성격은 중요한 의미를 가진다. 공권력에 의한 수집과 처리의 대상이 되는 개인정보가 개인적 인격의 핵심적 영역에 속할수록 수권법률은 보다 명확해야 하고 보다 중대한 공익에 의하여 정당화되어야 하며, 반면에 개인정보가 공적 영역에 접근할수록 수권법률의 명확성에 대한 요청 및 기본권의 제한을 정당화하는 공익의 중대성에 대한 요청이 약화된다.[504)]

5) 보호영역에 해당하지 아니한다고 본 사례

○ 헌재 2010.10.28. 2008헌마408 : 금기약품 처방사유 송부[505)] [전원일치 기각]

청구인들은, 이 사건 고시조항들은 청구인들이 환자 진료과정에서 취득한 진료 정보를 청구인들의 의사에 반하여 심사평가원 등 행정기관에 제공하게 하므로 청구인들의 **자기정보통제권**도 침해한다고 주장한다. 그러나 의사가 환자를 위해서 금기약품을 처방하고 조제하는 내용은 환자의 신상에 대한 정보이므로 그 정보의 주체는 환자이지 의사가 아니다. 따라서 환자가 자신을 위한 금기약품에 대한 처방·조제 정보를 스스로 통제할 수 있는 권리를 가지는 것은 별론으로 하고, 의사들이 환자들의 진료 정보에 대한 자기정보통제권을 가진다고 볼 수 없으므로 이 사건 고시조항들은 의사들인 청구인들의 자기정보통제권을 침해하지 아니한다.[506)]

나. 학부모의 자녀교육권

1) 헌법적 근거

학부모의 자녀교육권은 헌법에 명시적인 규정은 없지만 혼인과 가족생활을 보장하는 헌법 제36조 제1항, 행복추구권을 보장하는 헌법 제10조 및 "국민의 자유와 권리는 헌법에 열거되지 아니한 이유로 경시되지 아니한다."고 규정하는 헌법 제37조 제1항에서 나오는 중요한 기본권이다. 학부모의 자녀교육권은 다른 기본권

---

503) 헌재 2010.12.27. 2010헌마153, 판례집 24-2하, 537, 547-548 참조.

504) 한수웅(헌법학), 553-554면.

505) <판시사항> : (1) 요양기관으로 하여금 의약품 처방·조제 지원소프트웨어 기능이 포함된 요양급여비용 청구소프트웨어를 사용하도록 하고 의사들로 하여금 금기약품 처방 시 그 사유를 실시간으로 심사평가원에 전송하도록 규정한 '요양급여비용 심사청구소프트웨어의 검사 등에 관한 기준' 제3조 제5호 및 제4조 제1항('이 사건 고시조항들')이 청구인들의 직업수행의 자유를 침해하는지 여부(소극), (2) 이 사건 고시조항들이 헌법상 위임입법의 한계를 일탈한 것인지 여부(소극)

506) 이 사건은 의사인 청구인들의 **직업수행의 자유**를 침해하는지 여부가 쟁점이었음.

과는 달리 기본권의 주체인 부모의 자기결정권이라는 의미에서 보장되는 것이 아니라 자녀의 보호와 인격발현을 위하여 부과되는 기본권이라는 점에 그 특성이 있다.[507] 학부모의 자녀교육권의 내용으로 문제되는 것은 다음과 같다.

2) 학부모의 자녀과외권 (헌재 2000.4.27. 98헌가16등)

헌법상의 자녀교육권은 자녀의 개인적 성향·능력 및 정신적·신체적 발달상황 등을 고려하여 교육목적을 달성하기에 적합한 교육수단을 선택할 권리를 포함한다.

3) 학부모의 자녀학교 선택권 (헌재 2009.4.30. 2005헌마514)

학부모가 자녀를 교육시킬 학교를 선택할 권리는 자녀교육권의 내용으로 볼 수 있다.[508] 이러한 부모의 자녀교육권은 학교영역에서는 부모가 자녀의 개성과 능력을 고려하여 자녀의 학교교육에 관한 전반적 계획을 세운다는 것에 기초하고 있으며, 자녀 개성의 자유로운 발현을 위하여 그에 상응한 교육과정을 선택할 권리, 즉 자녀의 교육진로에 관한 결정권 내지는 자녀가 다닐 학교를 선택하는 권리(이 사안에서는 사립학교선택권 및 종교학교선택권)로 구체화된다.

4) 자녀가 방언에 기초한 교육을 받게 할 권리 (헌재 2009.5.28. 2006헌마618)[509]

부모는 어떠한 방향으로 자녀의 인격이 형성되어야 하는가에 관하여 목표를 정하고, 자녀의 개인적 성향, 능력 등을 고려하여 교육목적을 달성하기에 적합한 수단을 선택할 권리를 가진다 할 것이며, 그러한 인격의 형성과 긴밀한 관련을 가지

---

507) 헌재 2000.4.27. 98헌가16등 (과외금지) 사건

508) 참고로, 헌법재판소는 1995.2.23. 선고한 91헌마204 (거주지를 기준으로 한 중·고등학교 입학제한) 사건에서 부모의 자녀교육권의 한 요소인 **'학교선택권'**의 헌법적 근거를 헌법 제31조 제1항으로 보았다 : "친권자에게는 미성년자인 자녀를 보호하고 교육할 의무가 있는 데서도 알 수 있듯이(민법 제913조 참조), 부모는 아직 성숙하지 못하고 인격을 닦고 있는 초·중·고등학생인 자녀를 교육시킬 교육권을 가지고 있으며, 그 교육권의 내용 중 하나로서 자녀를 교육시킬 학교선택권이 인정된다. 이러한 부모의 학교선택권은 미성년인 자녀의 교육을 받을 권리를 실효성 있게 보장하기 위한 것이므로, 미성년인 자녀의 교육을 받을 권리의 근거규정인 헌법 제31조 제1항에서 헌법적 근거를 찾을 수 있을 것이다."

509) 헌재 2016.11.24. 2012헌마854 (한글전용) 사건 : "(이 사건 한자 관련 고시는 한자를 국어과목에서 분리하여 학교 재량에 따라 선택적으로 가르치도록 하고 있으므로, 국어교과의 내용으로 한자를 배우고 일정 시간 이상 필수적으로 한자교육을 받음으로써 교육적 성장과 발전을 통해 자아를 실현하고자 하는 **학생들의 자유로운 인격발현권**을 제한한다.) 또한 학부모는 자녀의 개성과 능력을 고려하여 자녀의 학교교육에 관한 전반적인 계획을 세우고, 자신의 인생관·사회관·교육관에 따라 자녀를 교육시킬 권리가 있는바(헌재 2016.2.25. 2013헌마838 참조), 이 사건 한자 관련 고시는 자녀의 올바른 성장과 발전을 위하여 한자교육이 반드시 필요하고 국어과목 시간에 이루어져야 한다고 생각하는 **학부모의 자녀교육권**도 제한할 수 있다."

는 국어교육에 있어 지역공동체의 정서와 문화가 배어 있는 방언에 기초한 교육을 할 것인가, 표준어에 기초한 교육을 할 것인가를 결정할 수 있는 것으로서, 이는 자녀교육권의 한 내용이라 할 수 있다.[510]

5) 부모의 자녀교육 참여권(?) (헌재 2001.11.29. 2000헌마278)

부모의 자녀교육권으로부터 바로 학부모의 교육참여권이 도출된다고 보기는 어렵겠지만 참여의 당위성은 부정할 수 없어 입법자가 법률로써 인정하는 것은 헌법상 허용된다.[511]

다. 성적 자기결정권

헌법 제10조에서 보장하는 인격권 및 행복추구권, **헌법 제17조**에서 보장하는 사생활의 비밀과 자유는 타인의 간섭을 받지 아니하고 누구나 자기운명을 스스로 결정할 수 있는 권리를 전제로 하는 것이다. 이러한 권리내용 중에 성적 자기결정권이 포함되는 것은 물론이다.[512] 성적자기결정권은 각인 스스로 선택한 인생관 등을

---

510) 헌법재판소는 이 밖에 "언어는 의사소통 수단으로서 다른 동물과 인간을 구별하는 하나의 주요한 특징으로 인식되고, 모든 언어는 지역, 세대, 계층에 따라 각기 상이한 방언을 가지고 있는바, 이들 방언은 이를 공유하는 사람들의 의사소통에 중요한 역할을 담당하며, 방언 가운데 특히 지역 방언은 각 지방의 고유한 역사와 문화 등 정서적 요소를 그 배경으로 하기 때문에 같은 지역주민들 간의 원활한 의사소통 및 정서교류의 기초가 되므로, 이와 같은 지역 방언을 자신의 언어로 선택하여 공적 또는 사적인 의사소통과 교육의 수단으로 사용하는 것은 행복추구권에서 파생되는 일반적 행동의 자유 내지 개성의 자유로운 발현의 한 내용이 된다." 고 하면서, 이 사건 법률조항들 중 ①'구 국어기본법 제14조 제1항의 공문서를 표준어 규정에 따라 작성하는 것'에 관한 부분은 공문서를 작성 또는 이용하는 **국민의 행복추구권**의 침해여부가 문제되고, ② '구 국어기본법 제18조의 교과용 도서를 표준어 규정에 따라 제작하게 한 부분'에 관하여는 **학생들의 행복추구권**과 **부모들의 자녀교육권**의 침해가 문제된다고 하였다.

511) 이 결정에서 헌법재판소는, "학교운영위원회는 학부모의 교육참여권의 보장수단으로 단위학교의 교육자치를 활성화하고 지역의 실정과 특성에 맞는 다양한 교육을 창의적으로 실시할 수 있도록 교원, 학부모, 지역사회인사 등이 학교의 운영에 관한 중요사항을 심의하게 하는 제도이다. 일반적으로 학부모가 미성년자인 학생의 교육과정에 참여할 당위성은 부정할 수 없으므로, 입법자가 학부모의 집단적인 교육참여권을 법률로써 인정하는 것은 헌법상 당연히 허용된다. 또 교사의 교육권(수업권) 역시 법적으로 보장되어야 할 권리이며, 지역주민의 학교운영위원회 참여제도는 주민자치라는 민주주의 원리와 관계되며 학교의 운영에 지역사회의 특성과 요구를 반영할 수 있다는 장점이 있다. 그렇다면 사립학교에도 국·공립학교처럼 의무적으로 운영위원회를 두도록 할 것인지 여부는 입법자의 정책문제에 속하고, 그 재량의 한계를 현저하게 벗어나지 않는 한 헌법위반으로 단정할 것은 아니다."라고 판시하여 부모의 자녀교육 참여권을 법률상 권리로 보고 있다.

512) 헌재 1990.9.10. 89헌마82 (형법 제241조 간통죄), 판례집 2, 306, 310; 헌재 1997.7.16. 95헌가6등 (민법 제809조 제1항 동성동본금혼), 판례집 9-2, 1, 16-17; 헌재 2001.10.25. 2000헌바60 (형법 제241조 간통죄), 판례집 13-2, 480, 485 등 참조. 그런데 헌재 2016.3.31. 2013헌가2 (성매매처벌법) 사건에서는, "헌법 제10조는 개인의 인격권과 행복추구권을 보장하고 있고,

바탕으로 사회공동체 안에서 각자가 독자적으로 성적 관(觀)을 확립하고, 이에 따라 사생활의 영역에서 자기 스스로 내린 성적 결정에 따라 자기책임 하에 상대방을 선택하고 성관계를 가질 권리를 의미한다.[513)]

라. 흡연권과 혐연권

1) 흡연권

흡연자들이 자유롭게 흡연할 권리를 흡연권이라고 한다면, 이러한 흡연권은 인간의 존엄과 행복추구권을 규정한 **헌법 제10조**와 사생활의 자유를 규정한 **헌법 제17조**에 의하여 뒷받침된다. 우선 헌법 제17조가 근거가 될 수 있다는 점에 관하여 보건대, 사생활의 자유란 사회공동체의 일반적인 생활규범의 범위 내에서 사생활을 자유롭게 형성해 나가고 그 설계 및 내용에 대해서 외부로부터의 간섭을 받지 아니할 권리를 말하는바,[514)] 흡연을 하는 행위는 이와 같은 사생활의 영역에 포함된다고 할 것이므로, 흡연권은 헌법 제17조에서 그 헌법적 근거를 찾을 수 있다. 또 인간으로서의 존엄과 가치를 실현하고 행복을 추구하기 위하여서는 누구나 자유로이 의사를 결정하고 그에 기하여 자율적인 생활을 형성할 수 있어야 하므로, 자유로운 흡연에의 결정 및 흡연행위를 포함하는 흡연권은 헌법 제10조에서도 그 근거를 찾을 수 있다.[515)]

2) 혐연권

위와 같이 흡연자들의 흡연권이 인정되듯이, 비흡연자들에게도 흡연을 하지 아니할 권리 내지 흡연으로부터 자유로울 권리가 인정된다(이하 이를 '혐연권'이라고 한다). 혐연권은 흡연권과 마찬가지로 **헌법 제17조**, **헌법 제10조**에서 그 헌법적 근거를 찾을 수 있다. 나아가 흡연이 흡연자는 물론 간접흡연에 노출되는 비흡연자들의

인격권과 행복추구권은 개인의 자기운명결정권을 전제로 한다. 이러한 자기운명결정권에는 성행위 여부 및 그 상대방을 결정할 수 있는 성적 자기결정권이 포함되어 있"다고 하여 성적 자기결정권의 근거조항으로 헌법 제10조만을 언급하고 있다.

513) 헌재 2002.10.31. 99헌바40등 (형법 제304조 혼인빙자간음죄) [합헌 - 7:2]; 헌재 2009.11.26. 2008헌바58등 (형법 제304조 혼인빙자간음죄) [위헌 - 6:3].

514) 헌재 2001.8.30. 99헌바92, 판례집 13-2, 174, 202.

515) 헌재 2004.8.26. 2003헌마457, 판례집 16-2상, 355, 360. 그런데 공중이용시설의 소유자 등은 해당시설의 전체를 금연구역으로 지정하여야 한다고 규정하여 종전보다 금연구역을 확대한 국민건강증진법(2011.6.7. 법률 제10781호로 개정된 것) 제9조 제4항에 대한 헌법소원사건에서는 제한되는 기본권으로 흡연자의 (헌법 제10조의 행복추구권에서 파생되는) "일반적 행동자유권"으로 설정하는 한편, (혐연권과의) 기본권충돌에 대하여는 언급하지 아니하였다. [헌재 2014.9.25. 2013헌마411등 - 재판관 전원일치 기각]

건강과 생명도 위협한다는 면에서 혐연권은 헌법이 보장하는 **건강권**과 **생명권**에 기하여서도 인정된다.[516]

※ 특별권력관계 (특수한 신분관계) : 군인, 공무원, 학생, 수형자

고전적인 공법이론에 따르면 군인의 복무관계, 공무원의 근무관계, 수형자의 복역관계, 국·공립학교 학생의 재학관계 등 이른바 '특별권력관계'에서는 '일반권력관계'와는 달리 법률에 의한 기본권제한의 원칙이 존중될 필요가 없다고 보았다. 하지만 오늘날 확립된 법치주의 헌법질서에서는 특별권력관계에서도 그러한 특별한 생활질서를 설정하고 유지하기 위해 필요한 범위 내에서는 일반국민에 대한 기본권제한과는 다른 방법과 범위로 기본권을 제한할 수 있는 것이지만, 그러한 경우에도 기본권제한에 관한 법치주의원칙이 그대로 적용되어야 한다는 점에 관하여는 이론(異論)이 없다. 따라서 법률에 의한 기본권제한, 기본권제한에 대한 사법적 통제 등 법치주의의 기본원칙은 이른바 '특별권력관계'에서도 예외 없이 적용되어야 하는 것이다.[517]

가. 군인의 법적 지위와 기본권제한

우리 헌법은 국가의 존립과 국민의 안전을 위하여 제5조 제2항, 제74조 제1항·제2항 등에서 군사제도를 창설하고, 제27조 제2항, 제39조 제1항·제2항, 제110조 등에서 군인에 대한 특별한 헌법적 지위를 부여하고 있다. 이와 같이 헌법이 직접 승인·설정한 특별권력관계로서의 군대와 복무관계에 있는 군인에 대하여는 특별권력관계를 설정한 목적을 달성하기 위하여 필요한 범위 내에서는 일반국민에게 허용되지 아니하는 기본권 제한이 가능하다고 할 것이다. 더욱이 남·북한이 군사적으로 첨예하게 대립하고 있는 우리나라의 특수한 안보상황에서는 군인의 기본권은 더욱 크게 제한될 수밖에 없을 것이다. 그러나 그럼에도 불구하고 이른바 '특별권력관계'에 있는 군인의 기본권을 제한하기 위해서는 법률에 의한 기본권제한과 기본권제한에 관한 사법적 통제라고 하는 법치주의의 기본원칙은 그대로 지켜져야 할 것이다.[518]

---

516) 헌재 2004.8.26. 2003헌마457, 판례집 16-2상, 355, 361.
517) 헌재 2010.10.28. 2007헌마890, 판례집 22-2하, 131, 140, 재판관 이강국의 반대의견에서 인용.
518) 헌재 2010.10.28. 2007헌마890, 판례집 22-2하, 131, 140, 재판관 이강국의 반대의견에서 인용.

나. 공무원의 법적 지위와 기본권제한

공무원은 국민전체의 봉사자라는 지위에 있으며 그에 따라 정치적 중립성이 요청된다(헌법 제7조 제1항, 제2항). 그런데 공무원은 공직자인 동시에 국민의 한 사람이기도 하므로, 공무원은 공인으로서의 지위와 사인으로서의 지위, 국민전체에 대한 봉사자로서의 지위와 기본권을 향유하는 기본권주체로서의 지위라는 이중적 지위를 가진다. 따라서 공무원이라고 하여 기본권이 무시되거나 경시되어서는 안 되지만, 공무원의 신분과 지위의 특수성상 공무원에 대해서는 일반 국민에 비해 보다 넓고 강한 기본권 제한이 가능하게 된다.[519] 그러나 공무원이라고 하여 모든 기본권이 제한되는 것은 아니며, 제한되는 기본권은 그 기본권의 성격, 공무원이 수행하는 공무의 성격 등이 고려된 영역에 한정되어야 하고, 그 역시 공무원의 헌법상 지위, 공법상 근무관계의 목적 및 기능, 국가행정 등의 원활한 운영 및 공익실현과 법률 기타 공권력 작용에 의해 제한되는 기본권과는 비례원칙이 준수되어야 한다.[520]

다. 수형자(미결수용자)의 법적 지위와 기본권제한

징역·금고 등 자유형을 선고받아 그 형이 확정된 자는 그 집행을 위하여 교도소에 구금하여 사회로부터 격리하고 교화교육프로그램, 작업, 직업훈련 등을 실시하여 건전한 국민사상과 근로정신, 사회적응능력을 함양하도록 교정·교화시켜서 사회에 복귀시킨다. **수형자**[521]는 형벌의 집행을 위하여 격리된 구금시설에서 강제적인 공동생활을 하게 되므로 헌법이 보장하는 신체활동의 자유 등 기본권이 제한되기 마련이다. 그러나 수형자라 하여 모든 기본권을 제한하는 것은 허용되지 아니하며, 제한되는 기본권은 형의 집행과 도망의 방지라는 구금의 목적과 관련된 기본권(신체의 자유, 거주이전의 자유, 통신의 자유 등)에 한정되어야 하고, 그 역시 형벌의 집행을 위하여 필요한 한도를 벗어날 수 없다. 특히 수용시설 내의 질서 및 안전 유지를 위하여 행해지는 기본권의 제한은 수형자에게 구금과는 별도로 부가적으

---

519) 헌재 2012.3.29. 2010헌마97, 공보 186, 672, 677; 헌재 2016.2.25. 2013헌바435, 공보 233, 370, 372..

520) 헌재 2016.11.24. 2012헌마854, 공보 242, 1900, 1909, 재판관 김이수, 재판관 안창호의 이 사건 공문서조항에 대한 보충의견에서 인용.

521) '형의 집행 및 수용자의 처우에 관한 법률' 제2조에 따르면 **'수형자'**란 징역형·금고형 또는 구류형을 선고받아 그 형이 확정된 사람과 벌금 또는 과료를 완납하지 아니하여 노역장 유치명령을 받은 사람을, **'미결수용자'**란 형사피의자 또는 형사피고인으로서 체포되거나 구속영장의 집행을 받은 사람을, **'수용자'**란 수형자·미결수용자·사형확정자, 그 밖에 법률과 적법한 절차에 따라 교도소 및 그 지소에 수용된 사람을 의미한다.(헌재 2011.2.24. 2009헌마209, 공보 173, 428, 433)

로 가해지는 고통으로서 다른 방법으로는 그 목적을 달성할 수 없는 경우에만 예외적으로 허용되어야 한다.[522)]

미결수용자들은 격리된 시설에서 강제적 공동생활을 하므로 구금목적의 달성, 즉 도주·증거인멸의 방지와 규율 및 안전유지를 위한 통제의 결과 헌법이 보장하는 신체의 자유 등 기본권에 대한 제한을 받는 것이 불가피하다. 그러나 이러한 기본권의 제한은 헌법 제37조 제2항에서 규정한 국가안전보장·질서유지 또는 공공복리를 위하여 필요한 경우에 한하여 법률로써 할 수 있으며, 제한하는 경우에도 자유와 권리의 본질적인 내용은 침해할 수 없다. 따라서 무죄가 추정되는 미결수용자의 자유와 권리에 대한 제한은 구금의 목적인 도망·증거인멸의 방지와 시설 내의 규율 및 안전 유지를 위한 필요최소한의 합리적인 범위를 벗어나서는 아니 된다.[523)]

---

522) 헌재 2008.5.29. 2005헌마137, 판례집 20-1하, 187, 196; 헌재 2010.10.28. 2009헌마438, 공보 169, 1956, 1960.

523) 헌재 2015.4.30. 2013헌마190, 공보 223, 729, 731; 헌재 2016.4.28. 2012헌마549등, 공보 235, 766, 771-772.

제9절 위헌심사기준

헌법재판소는 국민의 기본권을 침해하는 법령 및 행정행위에 대하여 그 규율대상 및 침해되는 기본권의 유형에 따라 다양한 종류의 위헌심사기준을 적용해 왔다. 이하에서는 이러한 위헌심사기준을, (교재작성의 편의상) 형식의 합헌성[524]에 관련된 위헌심사기준과 내용의 합헌성에 관련된 위헌심사기준, 그리고 기타의 위헌심사기준[525]으로 나누어, 헌법재판소의 판례를 중심으로 각각 8개씩 살펴보기로 한다.

제1항 형식의 합헌성에 관한 위헌심사기준

1. 명확성원칙

가. 일반적 명확성원칙

법령을 명확한 용어로 규정할 것을 요구하는 명확성원칙은 **민주주의**와 **법치주의**의 원리에 기초하여 모든 기본권 제한입법에 요구되는 원칙이다.[526] 법규범이 명확한지 여부는 ①그 법규범이 수범자에게 법규의 의미내용을 알 수 있도록 공정한 고지를 하여 예측가능성을 주고 있는지 여부 및 ②그 법규범이 법을 해석·집행하는 기관에게 충분한 의미내용을 규율하여 자의적인 법해석이나 법집행이 배제되는지 여부에 따라 판단할 수 있다.[527] 그러나 이러한 명확성의 원칙을 기계적으로 관철하도록 요구하는 것은 언어적 내지 입법기술적 한계로 인하여 불가능하거나 현저히 곤란하므로, 비록 해당 문언 자체만으로 일의적인 해석이 힘든 경우라 하더라도 당해 법률의 입법목적, 규범의 연혁적 내지 체계적 구조 등을 고려하여 합리적인 해석이 가능하다면 이는 법관의 보충적 해석을 통하여 규범내용이 확정될 수 있는 것이므로 헌법상 명확성원칙에 반한다고 할 수 없다.[528] 그리고 수범자에

524) 다만, 형식의 합헌성이나 내용의 합헌성이라는 구분은 그 자체로 의미가 있는 것은 아니다. 따라서 답안지에 이러한 구분에 따라 답안의 내용을 작성할 필요는 없다.

525) 이는 변호사시험에서 그 적용가능성이 상대적으로 작다고 생각되는 영역의 위헌심사기준을 모은 것이다.

526) 헌재 2001.6.28. 99헌바34 : "명확성의 원칙은 헌법상 내재하는 **법치국가원리**로부터 파생될 뿐만 아니라, 국민의 자유와 권리를 보호하는 **기본권보장**으로부터도 나온다. 헌법 제37조 제2항에 의거하여 국민의 자유와 권리를 제한하는 법률은 명확하게 규정되어야 한다." 헌재 2017.7.27. 2015헌바286 : "명확성원칙은 법치국가원리의 한 표현으로서 기본권을 제한하는 법규범의 내용은 명확하여야 한다는 헌법상 원칙이다."

527) 헌재 2012.11.29. 2010헌바454, 공보 194, 1819, 1821.

대한 행위규범으로서의 법령이 명확하여야 한다는 것은 일반 국민 누구나 그 뜻을 명확히 알게 하여야 한다는 것을 의미하지는 않고, 사회의 평균인이 그 뜻을 이해하고 위반에 대한 위험을 고지받을 수 있을 정도면 충분하며, 일정한 신분 내지 직업 또는 지역에 거주하는 사람들에게만 적용되는 법령의 경우에는 그 사람들 중의 평균인을 기준으로 하여 판단하여야 한다.[529]

나. 죄형법정주의상의 명확성원칙

헌법 제12조 및 제13조를 통하여 보장되는 죄형법정주의원칙은 범죄와 형벌이 법률로 정하여져야 함[530]을 의미하며, 이러한 죄형법정주의에서 파생되는 명확성원칙은 법률이 처벌하고자 하는 행위가 무엇이며 그에 대한 형벌이 어떠한 것인지를 누구나 예견할 수 있고, 그에 따라 자신의 행위를 결정할 수 있도록 구성요건을 명확하게 규정해야 하는 것을 의미한다. 그러나 처벌법규의 구성요건이 명확하여야 한다고 하여 모든 구성요건을 단순한 서술적 개념으로 규정하여야 하는 것은 아니고,[531] 다소 광범위하여 법관의 보충적인 해석을 필요로 하는 개념을 사용하였다고 하더라도 건전한 상식과 통상적인 법감정을 가진 사람이 통상의 해석방법에 의하여 당해 처벌법규의 **보호법익**과 **금지된 행위** 및 **처벌의 종류와 정도**를 알 수 있도록 규정하였다면 헌법이 요구하는 처벌법규의 명확성에 배치되는 것이 아니다. 그렇지 않으면 처벌법규의 구성요건이 지나치게 구체적이고 정형적이 되어 부단히 변화하는 다양한 생활관계를 제대로 규율할 수 없게 될 것이기 때문이다.[532] 그리고 처벌규정에 대한 예측가능성 유무를 판단할 때는 당해 특정조항 하나만을

528) 헌재 2010.4.29. 2007헌바40, 공보 163, 814, 819.

529) 헌재 2012.2.23. 2009헌바34, 공보 185, 375, 379.

530) 이를 '**법률주의**'라고 부르기도 한다. 헌재 2012.6.27. 2011헌마288 : "'법률이 없으면 범죄도 없고 형벌도 없다'라는 말로 표현되는 죄형법정주의는 법치주의, 국민주권 및 권력분립의 원리에 입각한 것으로서 일차적으로 무엇이 범죄이며 그에 대한 형벌이 어떠한 것인가는 반드시 국민의 대표로 구성된 입법부가 제정한 성문의 법률로써 정하여야 한다는 원칙이고, 헌법 제12조 제1항 후단도 '법률과 적법한 절차에 의하지 아니하고는 처벌……을 받지 아니한다'라고 규정하여 죄형법정주의를 천명하고 있는바, 여기서 말하는 '법률'이란 입법부에서 제정한 형식적 의미의 법률을 의미하는 것임은 물론이다." 그 밖에 죄형법정주의 위배여부를 판단함에 있어 **법률주의**와 **명확성원칙**을 각 심사기준으로 적용한 사례로 헌재 2012.8.23. 2011헌가22 결정(합헌), 헌재 2016.11.24. 2015헌가29 결정(위헌) 참조.

531) 한편, 어떤 행위가 법적인 구성요건을 충족시키는가 하는 것에 관하여 구체적인 사건에 있어서 의문이 있을 수 있다는 것은 형법규범의 일반성과 추상성에 비추어 불가피한 것이며, 그러한 사정만으로 형법규범이 불명확하다고 볼 수는 없다.(헌재 2010.3.25. 2009헌가2, 판례집 22-1상, 407, 415; 헌재 2011.9.29. 2010헌바66, 공보 180, 1434, 1437)

532) 헌재 2004.11.25. 2004헌바35, 공보 99, 1295, 1298.

가지고 판단할 것이 아니고, 법률조항의 문언, 입법목적, 입법연혁, 체계적 구조 등을 종합적으로 고려하여 관련 법조항 전체를 종합 판단하여야 하며, 각 대상법률의 성질에 따라 구체적·개별적으로 검토하여야 한다.[533]

다. 소결

요컨대, 명확성원칙은 법규범의 의미내용이 불확실하면 법적안정성과 예측가능성을 확보할 수 없고 법집행 당국의 자의적인 법해석과 집행을 가능하게 한다는 것을 그 근거로 하므로, **예측가능성** 및 **자의적 법집행 배제**가 확보되는지 여부에 따라 명확성원칙에 위반되는지 여부를 판단할 수 있다. 법규범의 의미내용은 법규범의 문언뿐만 아니라 입법목적이나 입법취지, 입법연혁, 그리고 법규범의 체계적 구조 등을 종합적으로 고려하는 해석방법에 의하여 구체화하게 된다.[534]

2. 법률유보원칙

가. 의의

국민의 기본권은 헌법 제37조 제2항에 의하여 국가안전보장, 질서유지 또는 공공복리를 위하여 필요한 경우에 한하여 이를 제한할 수 있으나 그 제한은 원칙적으로 법률로써만 가능하며, 제한하는 경우에도 기본권의 본질적 내용을 침해할 수 없고 필요한 최소한도에 그쳐야 한다. 이러한 법률유보의 원칙은 '법률에 의한' 규율만을 뜻하는 것이 아니라 '법률에 근거한' 규율을 요청하는 것이므로 기본권제한의 형식이 반드시 법률의 형식일 필요는 없고 법률에 근거를 두면서 헌법 제75조[535]가 요구하는 위임의 구체성과 명확성을 구비하면 위임입법[536]에 의하여도 기

533) 헌재 2009.2.26. 선고 2005헌바94등, 공보 149, 379, 383.

534) 헌재 2005.6.30. 2002헌바83, 판례집 17-1, 812, 821-822; 헌재 2010.6.24. 2009헌바43, 공보 165, 1149, 1151-1152.

535) 헌법 제75조는 "대통령은 법률에서 구체적으로 범위를 정하여 위임받은 사항과 법률을 집행하기 위하여 필요한 사항에 관하여 대통령령을 발할 수 있다."고 규정하고 있는데, '법률에서 구체적으로 범위를 정하여 위임받은 사항'에 관한 대통령령을 **위임명령**, '법률을 집행하기 위하여 필요한 사항'에 관한 대통령령을 **집행명령**이라고 부른다. 위임명령을 제정할 수 있는 행정부의 권한은 헌법에 의하여 직접 부여되는 것이 아니라 입법자에 의한 별도의 명시적인 위임을 필요로 하는 반면, 집행명령을 제정할 수 있는 행정부의 권한은 헌법에 의하여 직접 부여되고 있으므로 법률에 의한 별도의 위임을 필요로 하지 아니하며, 따라서 입법권 위임의 문제도 발생하지 아니한다. 한수웅(헌법학), 1203-1204면.

536) 이와 같이, 위임된 입법권에 의하여 이루어지는 행정입법은 '위임입법'으로, 입법자가 행정부에 자신의 입법권을 위임하는 것은 '입법위임'으로, 입법권을 위임하는 법률은 '위임법률' 또는 '수권법률'로 각 명확하게 구분하여 명칭해야 할 것이라는 견해로 한수웅(헌법학), 1206면. 헌재 2017.9.28. 2016헌바140 결정에서는 "심판대상조항은 형벌의 구성요건 일부에 해당하는

본권제한을 할 수 있다.[537]

나. 법률이 입법사항을 고시 등 행정규칙에 위임하는 것이 허용되는지 여부

1) 문제의 제기

행정규칙을 포함한 행정입법에의 위임(입법위임)은 행정관료의 전문성과 유연성을 적극적으로 활용할 수 있다는 장점이 있으나, 이러한 현상이 심화될수록 입헌민주주의의 기초인 의회주의, 권력분립주의, 법률유보의 원칙에 근본적인 침해를 가져올 우려가 있다. 의회가 단지 골격입법(skeleton legislation)만을 행하고 실질적인 법규의 내용을 국민의 대표기관이 아닌 행정부로 하여금 정하도록 한다면, 의회를 중심으로 하는 법정립기능 자체가 심각하게 훼손될 수 있다.[538] 그러나 사회적 변화에 대응한 입법수요의 급증과, 종래의 형식적 권력분립주의로는 현대사회에 대응할 수 없다는 '기능적 권력분립론'이 강조되면서 행정부에게 규범정립권한을 부여하는 것이 설득력을 얻고 있으며, 이렇게 위임입법(입법위임)의 사례가 크게 확대되는 것은 이미 전 세계적인 현상이라고 할 수 있다.[539] 이와 관련하여 헌법 제75조 및 제95조에서 규정하고 있는 법규명령(시행령, 시행규칙)[540]에의 위임뿐만 아니라 행정규칙(행정명령)에의 위임이 가능한지에 대하여 위헌 논란이 있다.

2) 예시설(합헌론)[541]

오늘날 의회의 '입법독점주의'에서 '입법중심주의'로 전환하여 일정한 범위 내에서 행정입법을 허용하게 된 동기가 사회적 변화에 대응한 입법수요의 급증과 종래의 형식적 권력분립주의로는 현대사회에 대응할 수 없다는 기능적 권력분립론에 있다는 점 등을 감안하여 헌법 제40조와 헌법 제75조, 제95조의 의미를 살펴보

축산물 가공방법의 기준을 고시에 위임하고 있는데, 이는 기본권을 제한하는 내용의 입법위임이다."라고 하여 위 제안과 같이 '입법위임'이라는 용어를 사용하고 있다.(공보 252, 982, 986)

537) 헌재 2005.2.24. 2003헌마289, 판례집 17-1, 261, 269; 헌재 2010.10.28. 2008헌마638, 공보 169, 1927, 1935; 헌재 2016.4.28. 2012헌마549등, 공보 235, 766, 777..

538) 이명웅, "위임입법의 위헌심사기준 및 위헌결정사례 분석", 저스티스 통권 제96호, 한국법학원, 2007, 65면.

539) 홍석한, "위임입법의 헌법적 한계에 관한 고찰", 공법학연구 제11권 제1호, 한국비교공법학회, 2010, 215면.

540) 헌법재판소는 보통 대통령령, 총리령, 부령 등을 **법규명령**이라고 부른다. 헌재 2006. 12. 28. 2005헌바59, 판례집 18-2, 601, 611-612; 헌재 2008. 7. 31. 2005헌마667, 판례집 20-2상, 269, 285-286; 헌재 2012. 2. 23. 2009헌마318, 공보 185, 465, 469.

541) 헌법재판소의 다수의견(법정의견)이다.

면, 입법기관이 아닌 제2의 국가기관인 행정기관은 국회에서 법률 등으로 구체적인 범위를 정하여 위임한 사항에 관하여 법정립의 권한을 갖게 되고, 입법자가 규율의 형식을 선택할 수도 있다. 따라서 헌법이 인정하고 있는 위임입법의 형식은 예시적인 것으로 보아야 할 것이고, 법률이 어떤 사항을 행정규칙에 위임하는 경우에 그 행정규칙은 위임된 사항만을 규율할 수 있는 것이므로, 국회입법의 원칙과 상치되지 않는다. 다만 행정규칙은 법규명령과 같은 엄격한 제정 및 개정절차를 요하지 아니하므로, 재산권 등과 같은 기본권을 제한하는 작용을 하는 법률이 입법위임을 할 때에는 대통령령·총리령·부령 등 법규명령에 위임함이 바람직하고, 고시와 같은 형식으로 입법위임을 할 때에는 적어도 ①행정규제기본법 제4조[542] 제2항 단서에서 정한 바와 같이 법령이 전문적·기술적 사항이나 경미한 사항으로서 업무의 성질상 위임이 불가피한 사항에 한정된다 할 것이고, ②그러한 사항이라 하더라도 포괄위임금지의 원칙상 법률의 위임은 반드시 구체적·개별적으로 한정된 사항에 대하여 행하여져야 할 것이다.[543]

3) 열거설(위헌론)[544]

우리 헌법은 제40조에서 국회입법의 원칙을 천명하면서, 다만 헌법 제75조, 제95조, 제108조, 제113조 제2항, 제114조 제6항에서 법률의 위임을 받아 발할 수 있는 법규명령으로 대통령령, 총리령과 부령, 대법원규칙, 헌법재판소규칙, 중앙선거관리위원회규칙 등을 한정적으로 열거하고 있다. 그런데 우리 헌법은 그것에 저촉되는 법률을 포함한 일체의 국가의사가 유효하게 존립될 수 없는 경성헌법이므로 헌법에 규정된 원칙에 대하여는 헌법 자신이 인정하는 경우에 한하여 예외가 허용될 뿐 법률 또는 그 이하의 입법형식으로써 그 예외를 인정할 수는 없다. 즉, 우리 헌법과 같이 법규명령의 형식이 헌법상 확정되어 있고 구체적으로 법규명령

542) 제4조(규제법정주의) ①규제는 법률에 근거하여야 하며, 그 내용은 알기 쉬운 용어로 구체적이고 명확하게 규정되어야 한다. ②규제는 법률에 직접 규정하되, 규제의 세부적인 내용은 법률 또는 상위법령(上位法令)에서 구체적으로 범위를 정하여 위임한 바에 따라 대통령령·총리령·부령 또는 조례·규칙으로 정할 수 있다. 다만, 법령에서 전문적·기술적 사항이나 경미한 사항으로서 업무의 성질상 위임이 불가피한 사항에 관하여 구체적으로 범위를 정하여 위임한 경우에는 고시 등으로 정할 수 있다. ③행정기관은 법률에 근거하지 아니한 규제로 국민의 권리를 제한하거나 의무를 부과할 수 없다.

543) 헌재 2006.12.28. 2005헌바59 (통계청장이 고시), 판례집 18-2, 601, 611-612; 헌재 2004.10.28. 99헌바91 (금융감독위원회 고시), 판례집 16-2하, 104, 119; 헌재 2017.9.28. 2016헌바140 (식품의약품안전처 고시), 공보 252, 982, 985 참조.

544) 헌법재판소의 소수의견(반대의견)이다.

의 종류·발령주체·위임범위·요건 등에 관한 명시적 규정이 있는 이상, 법률로써 그와 다른 종류의 법규명령을 창설할 수 없고, 더구나 그러한 법규사항을 행정규칙 기타 비법규명령에 위임하여서는 아니 된다. 결국 법률이 행정규칙 등에 위임할 수 있는 사항은 집행명령(헌법 제75조 후단)에 의하여 규정할 수 있는 사항 또는 법률의 의미를 구체화하는 사항에 한정되어야 하는 것이고, 새로운 입법사항이나 국민의 새로운 권리·의무에 관한 사항이 되어서는 아니 된다.[545]

다. 위임입법의 한계와 법률유보원칙

헌법 제75조와 제95조[546]는 위임입법의 근거를 마련하는 한편 위임입법의 범위와 한계를 제시하고 있는데, 위임입법의 근거, 범위 및 한계는 그 수범자가 누구냐에 따라 입법권자에 대한 한계와 수권법률에 의해 법규명령을 제정하는 수임자에 대한 한계로 구별할 수 있다.[547]

후자의 경우, 즉 대통령이 법률의 위임에 따라 대통령령을 제정하거나 국무총리 및 행정각부의 장이 소관사무에 관하여 법률이나 대통령령의 위임에 따라 총리령 또는 부령을 제정하는 경우에는, 수권법률이나 대통령령이 규정하거나 위임한 범위 내에서 수임명령을 규정할 수 있을 뿐 수권법률이나 대통령령이 규정하지 아니하거나 위임한 범위를 벗어나는 사항을 수임명령에서 규정하는 것은 위임입법의 한계를 위배하는 것이다.[548] 즉, 모법의 위임범위를 벗어난 하위법령은 법률의 근거가 없는 것으로 법률유보원칙에 위반된다.[549]

그런데 수임명령이 규정한 내용이 수권법률이나 대통령령이 규정하거나 위임한 범

---

545) 헌재 2008.11.27. 2005헌마161등, 공보 146, 1758, 1772, 재판관 조대현, 재판관 김종대, 재판관 목영준의 반대의견. 同旨, 헌재 2004.10.28. 99헌바91 결정의 재판관 권성, 재판관 주선회, 재판관 이상경의 반대의견; 헌재 2006.12.28. 2005헌바59 결정의 재판관 주선회, 재판관 김종대, 재판관 목영준의 반대의견; 헌재 2011.2.24. 2009헌바13등 결정의 재판관 김종대, 재판관 목영준의 반대의견; 헌재 2016.2.25. 2015헌바191 결정의 재판관 박한철, 재판관 이정미, 재판관 이진성의 반대의견; 헌재 2017.9.28. 2016헌바14 결정의 재판관 이진성의 반대의견.

546) 헌법 제95조는 "국무총리 또는 행정각부의 장은 소관사무에 관하여 법률이나 대통령령의 위임 또는 직권으로 총리령 또는 부령을 발할 수 있다."고 규정하고 있는바, 헌법 제75조에서 대통령령을 위임명령과 집행명령으로 나누고 있는 바와 같이, 총리령·부령도 다시 위임명령과 집행명령으로 나누어진다. 즉, 법률이나 대통령령의 위임으로 발하는 명령이 **위임명령**이고, 직권으로 발하는 명령이 **집행명령**이다. 한수웅(헌법학), 1205면.

547) 헌재 2010.10.28. 2008헌마408, 공보 169, 1897, 1905.

548) 헌재 2010.4.29. 2007헌마910, 공보 163, 893, 897.

549) 헌재 2010.4.29. 2007헌마910, 판례집 22-1하, 97, 106-107; 헌재 2012.5.31. 2010헌마139등, 판례집 24-1하, 595, 612.

위 내의 것인지 여부를 판단함에 있어서는, 당해 특정 법률조항이나 대통령령 조항 하나만을 가지고 판단할 것이 아니라 관련 법규 조항들 전체를 유기적·체계적으로 고려하여 종합 판단하여야 한다. 수권법률이나 대통령령 조항 자체가 위임한 사항과 구체적 범위를 명확히 규정하고 있지 않다고 하더라도 관련 법규의 전반적 체계와 관련 규정에 비추어 위임받은 내용과 범위의 한계를 객관적으로 확인할 수 있다면 그 범위 내에서 규정된 수임명령 조항은 위임입법의 한계를 위배하는 것이 아니다.[550)]

라. 의회유보(본질성이론)[551)]

헌법은 법치주의를 그 기본원리의 하나로 하고 있고, 법치주의는 법률유보원칙, 즉 행정작용에는 국회가 제정한 형식적 법률의 근거가 요청된다는 원칙을 그 핵심적 내용으로 하고 있다. 나아가 오늘날의 법률유보 원칙은 단순히 행정작용이 법률에 근거를 두기만 하면 충분한 것이 아니라, "국가공동체와 그 구성원에게 기본적이고도 중요한 의미를 갖는 영역, 특히 국민의 기본권 실현에 관련된 영역에 있어서는 행정에 맡길 것이 아니라 국민의 대표자인 입법자 스스로 그 본질적 사항에 대하여 결정하여야 한다."는 요구, 즉 '의회유보' 원칙까지 내포하는 것으로 이해되고 있다. 이 때 입법자가 형식적 법률로 스스로 규율하여야 하는 사항이 어떤 것인가는 일률적으로 획정할 수 없고 구체적인 사례에서 관련된 이익 내지 가치의 중요성, 규제 내지 침해의 정도와 방법 등을 고려하여 개별적으로 결정할 수 있을 뿐이나 적어도 헌법상 보장된 국민의 자유나 권리를 제한할 때에는 그 제한의 본질적인 사항에 관한 한 입법자가 법률로써 스스로 규율하여야 할 것이다.[552)]

3. 포괄위임금지원칙

가. 의의

헌법 제75조는 "대통령은 법률에서 구체적으로 범위를 정하여 위임받은 사항과 법률을 집행하기 위하여 필요한 사항에 관하여 대통령령을 발할 수 있다."고 규정하여 위임입법의 근거를 마련하는 한편, 대통령령으로 입법할 수 있는 사항을 법률에서 구체적으로 범위를 정하여 위임받은 사항으로 한정함으로써 위임입법의 범위와 한계를 제시하고 있다. 이와 같이 헌법에서 포괄위임을 금지하는 취지는 만

---

550) 헌재 2010.10.28. 2008헌마408, 공보 169, 1897, 1905.

551) 헌재 2009.10.29. 2007헌바63, 공보 157, 1915, 1919.

552) 헌재 1999.5.27. 98헌바70, 판례집 11-1, 633, 644 ; 헌재 2009.2.26. 2008헌마370, 공보 149, 514, 521-522; 헌재 2012.11.29. 2011헌마827, 공보 194, 1893, 1898.

약 하위법령에 대한 포괄위임을 허용한다면, 이는 곧 하위법령이 실질적인 입법을 하게 되는 것이어서 입법권은 국회가 보유하는 것으로 규정한 헌법 제40조에 위반되는 것이기 때문이다.[553] 포괄위임금지원칙은 법률이 기본권 제한 사항에 관하여 하위법규에 위임할 경우에는 법률에 미리 하위법규에 규정될 내용 및 범위의 기본사항을 구체적으로 규정하여 둠으로써 행정권에 의한 자의적인 법률의 해석과 집행을 방지하고 의회입법과 법치주의의 원칙을 달성하고자 하는 원칙이다. 그러므로 헌법 제75조의 '구체적으로 범위를 정하여'라 함은 법률에 대통령령 등 하위법규에 규정될 내용 및 범위의 기본사항이 가능한 한 구체적이고도 명확하게 규정함으로써 누구라도 당해 법률 그 자체로부터 대통령령 등에 규정될 내용의 대강을 예측할 수 있어야 함을 의미한다. 다만, 그 예측가능성의 유무는 당해 특정조항 하나만을 가지고 판단할 것은 아니고 관련 법조항 전체를 유기적·체계적으로 종합 판단하여야 하며, 각 대상법률의 성질에 따라 구체적·개별적으로 검토하여야 한다.[554]

위임입법이 대법원규칙인 경우에도 수권법률에서 이 원칙을 준수하여야 하는 것은 마찬가지이다.[555] 다만, 대법원규칙으로 규율될 내용들은 소송에 관한 절차와 같이 법원의 전문적이고 기술적인 사무에 관한 것이 대부분일 것인바, 법원의 축적된 지식과 실제적 경험의 활용, 규칙의 현실적 적응성과 적시성의 확보라는 측면에서 수권법률에서의 위임의 구체성·명확성의 정도는 다른 규율 영역에 비해 완화된다.[556]

나. 심사방법

포괄위임금지원칙의 위배여부는 위임의 필요성, 위임입법의 예측가능성 여부로 판단하는데, 처벌조항이나 그 전제인 금지조항의 경우에는 헌법상 죄형법정주의원칙을 고려하여 위임의 필요성과 예측가능성 기준을 보다 엄격하게 해석·적용한다.[557]

1) 위임의 필요성

국민의 권리·의무에 관한 사항은 법률로써 규정함이 원칙이나, ①특히 긴급한 필

553) 헌재 2013.7.25. 2012헌바92, 공보 202, 966, 970.

554) 헌재 2009.3.26. 2007헌마1327, 공보 150, 763, 768.

555) 헌재 2014.10.30. 2013헌바368 참조.

556) 헌재 2016.6.30. 2013헌바27, 공보 237, 1024, 1026; 헌재 2016. 9. 29. 2015헌바331, 공보 240, 1535, 1538. 이에 대하여는 "헌법 제75조는 입법권을 행정부에 위임하는 경우에 한정하여 위임의 명확성을 요청하고 있으므로, 헌법 제75조의 포괄위임금지원칙은 대법원규칙에는 적용되지 않는다."는 재판관 3인의 반대의견이 있다.

557) 헌재 2016.6.30. 2013헌가1, 공보 237, 1011, 1015; 헌재 2016.11.24. 2014헌가6등, 공보 242, 1819, 1822.

요가 있거나 미리 법률로써 자세히 정할 수 없는 부득이한 사정이 있거나, ②규율대상이 지극히 다양하거나 수시로 변화하는 성질의 것이어서 일일이 법률로 규정할 경우 상황에 맞게 적절히 대처할 수 없다거나, ③전문적인 지식을 갖춘 행정부로 하여금 이를 정하도록 할 필요가 있는 경우에는 위임입법의 필요성이 인정된다.[558)]

2) 위임입법의 예측가능성[559)]

법률은 규정할 내용의 일부를 대통령령에 위임할 수 있으나(헌법 제75조), 이 경우 대통령령으로 규정될 내용 및 범위의 기본사항이 이미 법률에 구체적으로 규정되어 있어서 누구라도 당해 법률로부터 대통령령에 규정될 내용의 대강 내지 기본적 윤곽을 예측할 수 있어야 한다.[560)] 이 경우 위임입법의 내용이 국민의 기본권을 직접적으로 제한하거나 침해하는 법규에 해당하는 것이 아니라 혜택을 부여하기 위한 조항이라면 위임입법의 예측가능성을 판단하기 위한 구체성·명확성의 요구 정도가 보다 완화된다.[561)] 한편, 위임의 구체성·개별성은 법률 자체를 기준으로 하며, 시행령의 내용을 보고 사후적으로 법률의 해당 위임조항의 불명확성을 따질 수는 없다. 그러므로 아무리 시행령이 구체적·개별적으로 명확하게 규정되어 있다고 하더라도 모법이 불명확하다면 위임입법의 한계를 초과한 것으로 된다. 헌법재판소도 "위임입법의 허용한계는 법률에 의한 수권에 의거한 명령의 내용이 어떠한 것이 될 수 있을 것인가를, 법규명령에 의하여가 아니라 그보다 먼저 그 수권법률의 내용으로부터 예견 가능하여야 하는 것을 의미하는 것"이라고 판시하였다.[562)]

---

558) 헌재 2007.4.26. 2004헌가29등, 판례집 19-1, 349, 365-366.

559) '위임의 필요성'은 인정되나 '예측가능성'이 부인된다는 이유로 위헌결정이 선고된 사례로, 헌재 2016.3.31. 2014헌가2등, 공보 234, 536, 539; 헌재 2016.11.24. 2014헌가6등, 공보 242, 1819, 1822 참조.

560) 헌재 1996.8.29. 95헌바36, 판례집 8-2, 90, 99; 헌재 1999.1.28. 97헌바90, 판례집 11-1, 19, 28-29.

561) 헌재 2013.2.28. 2010헌바431 : "이 부분 법률조항{개발사업의 인가 전에 토지이용계획 등이 변경된 경우 그 변경 전에 취득한 토지에 대한 개발부담금의 부과개시시점을 개발사업인가 등을 받은 날 이전으로 소급하는 내용의 '개발이익환수에 관한 법률'(2008.3.28. 법률 제9045호로 개정된 것) 제9조 제1항 단서 제1호}은 토지의 취득일이 아닌 그 이후의 시점으로 개발부담금의 부과 개시시점을 늦춤으로써 개발부담금의 부과기간을 단축시키는 수혜적 성격을 지니고 있으므로 포괄위임금지원칙 판단에서 요구되는 위임의 구체성·명확성의 요구가 상대적으로 약화된다."

562) 헌재 1993.5.13. 92헌마80, 판례집 5-1, 365, 379-380; 헌재 2009.5.28. 2007헌가18, 공보 152, 1040, 1043.

다. 기타

1) 처벌법규에 있어서의 위임의 한계

현대국가의 사회기능증대와 사회현상의 복잡화에 비추어 볼 때 형벌법규를 모두 입법부에서 제정한 법률만으로 정할 수는 없다고 할 것이어서, 이를 행정부에 위임하는 것도 허용된다고 할 것인데,[563] 범죄와 형벌에 관한 사항에 있어서도 위임입법의 근거와 한계에 관하여 정하고 있는 헌법 제75조가 적용된다.[564] 그러나 법률에 의한 처벌법규의 위임은 죄형법정주의와 적법절차, 기본권보장 우위사상에 비추어 바람직하지 못한 일이므로, 그 요건과 범위가 보다 엄격하게 제한적으로 적용되어야 한다. 따라서 처벌법규의 위임은 첫째, 특히 긴급한 필요가 있거나 미리 법률로써 자세히 정할 수 없는 부득이한 사정이 있는 경우에 한정되어야 하고, 둘째, 이러한 경우일지라도 법률에서 범죄의 구성요건은 처벌대상인 행위가 어떠한 것일 거라고 이를 예측할 수 있을 정도로 구체적으로 정하고, 셋째, 형벌의 종류 및 그 상한과 폭을 명백히 규정하여야 한다.[565]

2) 명확성원칙과의 관계

가) 포괄위임금지원칙 위반여부 심사로 족한 경우

범죄와 형벌에 관한 사항에 대한 위임입법의 한계와 관련된 요구는 죄형법정주의의 명확성원칙의 요구와 경합된다고 할 것이고,[566] 죄형에 관하여 법률조항이 그 내용을 해당 시행령에 포괄적으로 위임하고 있다면 이는 죄형법정주의의 명확성원칙의 위반여부의 문제인 동시에 헌법 제75조의 포괄위임금지 여부의 문제가 된다.[567] 포괄위임금지의 원칙은 '행정부에 입법을 위임하는 수권법률의 명확성원칙'에 관한 것으로서 법률의 명확성 원칙이 위임입법에 관하여 구체화된 특별규정이라고 할 수 있다. 따라서 수권법률조항의 명확성원칙 위배여부는 헌법 제75조의 포괄위임금지의 원칙의 위반여부에 대한 심사로써 충족된다.[568] 다만, 동 조항이

---

563) 헌재 1991.7.8. 91헌가4, 판례집 3, 336, 340 참조.

564) 헌재 2013.8.29. 2011헌가19등, 공보 203, 1107, 1111.

565) 헌재 1991.7.8. 91헌가4, 판례집 3, 336, 341; 헌재 2004.8.26. 2004헌바14, 판례집 16-2상, 306, 314; 헌재 2008.7.31. 2005헌마667등, 공보 142, 1113, 1118; 헌재 2012.12.27. 2010헌바489, 공보 195, 85, 89.

566) 헌재 1997.9.25. 96헌가16, 판례집 9-2, 312, 322-323; 헌재 2002.5.30. 2001헌바5, 판례집 14-1, 47, 487; 헌재 2011.11.24. 2011헌바18, 공보 182, 1848, 1855.

567) 헌재 1996.2.29. 94헌마213, 판례집 8-1, 147, 158-159; 헌재 2010.2.25. 2009헌바38, 판례집 22-1상, 275, 288; 헌재 2008.7.31. 2005헌마667, 판례집 20-2상, 269, 287; 헌재 2012.12.27. 2010헌바489, 공보 195, 85, 89.

처벌법규의 구성요건이 되는 경우에는 헌법상 죄형법정주의원칙을 적용하여 위임의 필요성과 예측가능성이라는 기준을 보다 엄격하게 해석·적용할 필요가 있다.[569]

나) 양자를 다 심사하는 경우

일반적으로 법률에서 일부 내용을 하위법령에 위임하고 있는 경우, 위임을 둘러싼 법률규정 자체에 대한 명확성의 문제는 포괄위임금지원칙 위반의 문제가 될 것이다. 다만, '위임규정이 하위법령에 위임하고 있는 내용과는 무관하게 법률 자체에서 해당 부분을 완결적으로 정하고 있는 경우' 포괄위임금지원칙 위반여부와는 별도로 명확성의 원칙이 문제될 수 있는바, 위임입법에서 사용하고 있는 추상적 용어가 하위법령에 규정될 내용의 범위를 구체적으로 정해주기 위한 역할을 하는지, 아니면 그와는 별도로 독자적인 규율내용을 정하기 위한 것인지 여부에 따라 별도로 명확성원칙 위반의 문제가 나타날 수도 있고, 그렇지 않을 수도 있게 된다.[570]

3) 정관에 위임하는 경우에도 적용되는지

위임입법이란 법률 또는 상위명령에서 구체적으로 범위를 정하여 위임받은 사항에 관하여 법규로서의 성질을 가지는 일반적·추상적 규범을 정립하는 것을 의미하는 것으로서, 형식적 의미의 법률(국회입법)에는 속하지 않지만 실질적으로는 행정에 의한 입법으로서 법률과 같은 성질을 갖는 법규의 정립이기 때문에 권력분립주의 내지 법치주의 원리에 비추어 그 요건이 엄격할 수밖에 없으니, 법규적 효력을 가지는 행정입법의 제정에는 반드시 구체적이며 명확한 법률의 위임을 요하는 것이다(헌법 제75조).[571] 그런데 법률이 정관에 자치법적 사항을 위임한 경우에는 헌법 제75조, 제95조가 정하는 포괄적인 위임입법의 금지는 원칙적으로 적용되지 않

568) 헌재 2007.4.26. 2004헌가29, 판례집 19-1, 349, 365-366; 헌재 2011.2.24. 2009헌바13, 공보 173, 361, 366; 헌재 2015.1.29. 2013헌바173 : "청구인은 심판대상조항이 명확성원칙에 위반된다는 주장도 하고 있다. 그러나 청구인의 주장은 특수면허라는 용어가 다의적이고 모호하여 어떤 경우에 자신에게 적용되는지를 알 수 없다는 것이 아니라, 제1종 특수면허를 받아야 하는 차의 구체적인 범주가 심판대상조항{제1종 특수면허 없이 자동차를 운전한 경우 무면허운전죄로 처벌하면서 제1종 특수면허로 운전할 수 있는 차의 종류를 행정안전부령에 위임하고 있는 도로교통법(2011.6.8. 법률 제10790호로 개정된 것) 제152조 제1호 중 '제80조 제2항 제1호 라목에 따른 제1종 특수면허를 받지 아니하고 자동차를 운전한 사람' 부분}에 규정되어 있지 않다는 취지이다. 따라서 이에 대한 판단은 결국 포괄위임금지원칙 위반여부에 대한 심사로 귀결되므로, 심판대상조항이 명확성원칙에 위배되는지 여부에 대해서는 별도로 판단하지 아니한다."

569) 헌재 2017.9.28. 2016헌가20, 공보 252, 972, 975.

570) 헌재 2011.12.29. 2010헌바385등, 판례집 23-2하, 673, 687-688.

571) 헌재 1993.5.13. 92헌마80, 판례집 5-1, 365, 379.

는다고 봄이 상당하다.[572)]

4) 지방의회의 조례로 위임하는 경우에도 적용되는지

①조례의 제정권자인 지방의회는 선거를 통해서 그 지역적인 민주적 정당성을 지니고 있는 주민의 대표기관이고, ②헌법(제117조 제1항)이 지방자치단체에 대해 포괄적인 자치권을 보장하고 있는 취지로 볼 때 조례제정권에 대한 지나친 제약은 바람직하지 않으므로 조례에 대한 법률의 위임은 법규명령에 대한 법률의 위임과 같이 반드시 구체적으로 범위를 정하여 할 필요가 없으며 포괄적인 것으로 족하다.[573)]

4. 영장주의

가. 의의

헌법 제12조 제1항은 "모든 국민은 신체의 자유를 가진다. 누구든지 법률에 의하지 아니하고는 체포·구속·압수·수색 또는 심문을 받지 아니하며, 법률과 적법한 절차에 의하지 아니하고는 처벌·보안처분 또는 강제노역을 받지 아니한다."라고 규정함으로써, 국가가 신체의 자유를 침해하거나 제한하는 경우에는 적법절차의 원칙에 따라야 함을 선언하고 있다. 나아가 헌법 제12조 제3항은 "체포·구속·압수 또는 수색을 할 때에는 적법한 절차에 따라 검사의 신청에 의하여 법관이 발부한 영장을 제시하여야 한다."라고 규정함으로써 영장주의를 천명하고 있는바, 영장주의란 위 적법절차원칙에서 도출되는 원리이다.[574)] 이와 같이 영장주의란 형사절차와 관련하여 체포·구속·압수 등의 강제처분을 함에 있어서는 사법권 독립에 의하여 그 신분이 보장되는 법관이 발부한 영장에 의하지 않으면 아니 된다는 원칙이고, 따라서 영장주의의 본질은 신체의 자유를 침해하는 강제처분을 함에 있어서는 중립적인 법관이 구체적 판단을 거쳐 발부한 영장에 의하여야만 한다는 데에 있다

---

572) 헌재 2006.3.30. 2005헌바31. 이 결정엣 헌법재판소는 이어서, "법률이 자치적인 사항을 정관에 위임할 경우 원칙적으로 헌법상의 포괄위임금지원칙이 적용되지 않는다 하더라도, 그 사항이 국민의 권리·의무에 관련되는 것일 경우에는, 적어도 국민의 권리와 의무의 형성에 관한 사항을 비롯하여 국가의 통치조직과 작용에 관한 기본적이고 본질적인 사항은 반드시 국회가 정하여야 할 것인바, 각 국가유공자 단체의 대의원의 선출에 관한 사항은 각 단체의 구성과 운영에 관한 것으로서, 국민의 권리와 의무의 형성에 관한 사항이나 국가의 통치조직과 작용에 관한 기본적이고 본질적인 사항이라고 볼 수 없으므로, **법률유보** 내지 **의회유보**의 원칙이 지켜져야 할 영역이라고 할 수 없다."고 판시하였다. 同旨, 헌재 2001.4.26. 2000헌마122, 판례집 13-1, 962, 973.

573) 헌재 1995.4.20. 92헌마264, 판례집 7-1, 564, 572; 헌재 2012.11.29. 2012헌바97, 공보 194, 1851, 1853.

574) 헌재 2012.5.31. 2010헌마672, 공보 188, 1136, 1138.

고 할 수 있다.[575)]

나. 영장의 헌법상 근거 및 법적 성격

검사가 신청하여 법관이 영장을 발부할 수 있도록 한 헌법 제12조 제3항은 수사단계의 영장주의 근거이고, 공판단계에서는 검사의 신청이 영장발부에 필요치 않고 법원이 직권으로 영장을 발부할 수 있는데 이의 근거는 헌법 제12조 제1항이다.[576)] 법원이 직권으로 발부하는 영장과 수사기관의 청구에 의하여 발부하는 구속영장의 법적 성격은 같지 않다. 즉, 전자는 **명령장**으로서의 성질을 갖지만, 후자는 **허가장**으로서의 성질을 갖는 것으로 이해되고 있다.[577)]

다. 헌법 제12조 제3항과 제16조와의 관계

헌법 제12조 제3항의 압수·수색은 신체에 대한 것을 말하는데 반하여, 제16조는 주거에 대한 압수·수색을 규정하고 있다. 따라서 주거에 대한 압수·수색의 영장의 근거는 헌법 제16조이다.

라. 영장주의의 적용범위

영장주의는 **강제처분**에 적용되는데, 학설에 의하면 여기의 강제처분에는 물리적 강제력을 행사하는 경우만을 의미한다는 견해(물리적 강제설) 뿐만 아니라 '상대방에게 의무를 부담하게 하는 처분' 또는 '상대방의 의사에 반하여 실질적으로 법익 또는 기본권을 침해하는 처분'도 포함된다는 견해(심리적 강제설)가 있다. 헌법재판소는, "영장주의는 신체에 물리적 강제력을 행사하는 '직접강제'의 경우에만 적용되고, 형벌에 의한 불이익을 부과함으로써 심리적·간접적으로 강제하는 경우에는 영장주의가 적용되지 않는다."는 입장이다. ①수사절차에서 발생하는 의무부담 또는 기본권제한의 경우 그 범위가 광범위하여 명확한 기준을 제시해 준다고 볼 수 없고, ②모든 의무부담 또는 기본권제한을 법관이 발부한 영장에 의하도록 하는 것이 가능하지도 않기 때문이라는 것이다.[578)]

따라서 음주측정[579)]과 지문채취,[580)] 그리고 소변채취[581)]에는 영장주의가 적용되

---

575) 헌재 1997.3.27. 96헌바28등, 판례집 9-1, 313, 320; 헌재 2012.12.27. 2011헌가5, 공보 195, 70, 73.

576) 헌재 1997.3.27. 96헌바28등, 판례집 9-1, 313, 321.

577) 헌재 1997.3.27. 96헌바28등, 판례집 9-1, 313, 321.

578) 헌재 2004.9.23. 2002헌가17등, 판례집 16-2상, 379, 388.

579) 헌재 1997.3.27. 96헌가11, 판례집 9-1, 245 이하.

580) 헌재 2004.9.23. 2002헌가17등, 판례집 16-2상, 379 이하.

지 아니한다. 그런데 2008년의 소위 “BBK 사건”에서, 헌법재판소의 다수의견(5인)은 형벌(벌금 1,000만원)이라는 사후제재에 의하여 동행명령을 강제하는 것에 대해 영장주의에 위배된다고 판시하였다.[582] 그러나 헌재법 제23조 제2호 소정의 판례변경을 위한 정족수(재판관 6인 이상)를 충족하지 못하였기 때문에, 영장주의의 적용범위에 관한 선례의 입장은 여전히 유효하다고 할 것이다.[583] 그리하여 헌법재판소는 헌재 2012.12.27. 2010헌마153 결정에서, “구치소장이 검사의 요청에 따라 청구인과 배우자의 접견녹음파일을 제공한 행위는 수사기관이 범죄의 수사와 공소의 제기 및 유지에 필요한 경우 소장에게 접견기록물을 제공할 수 있도록 규정한 관계 법령에 근거한 것으로, 직접적으로 물리적 강제력을 행사하는 등 강제처분을 수반하는 것이 아니기 때문에 영장주의가 적용되지 않는다.”고 판시하였다.[584]

마. 영장주의의 예외

입법자는 사전영장주의에 대한 예외를 인정하는 입법을 임의로 할 수 없고, 헌법이 스스로 인정하는 예외의 경우에 국한해야 한다. 즉, ①현행범인인 경우와 긴급체포를 요하는 장기 3년 이상의 형에 해당하는 죄를 범하고 도피 또는 증거인멸의 염려가 있는 때(제12조 제3항 단서), 또는 ②대통령이 비상계엄을 선포한 경우(제77조 제3항)에 한해서 사전영장주의의 예외를 규정할 수 있다.[585] 사전영장주의에 대한 예외로는 **사후영장**을 들 수 있다.

---

581) 헌재 2006.7.27. 2005헌마277. 이 결정에서 헌법재판소는 구 행형법 제17조의2에서 교도관이 수용자의 신체검사를 하면서 소변채취를 요구하는 경우 영장주의가 적용되는지에 대하여, “영장주의란 ‘법관이 발부한 영장에 의하지 아니하고는 수사에 필요한 강제처분을 하지 못한다’는 의미인바, 이 사건에서 문제된 소변채취는 수사에 필요한 처분이 아니고 대상자의 협력이 필수적이라는 점에서 강제처분이 아니기 때문에 영장주의가 적용되지 아니한다.”고 판시하였다.(판례집 18-2, 280, 287)

582) 헌재 2008.1.10. 2007헌마1468. 이 결정에서 동행명령조항에 대하여 재판관 8인이 위헌의견을 냈는데, 과잉금지원칙 위반과는 달리 영장주의 위반에 대하여는 재판관 5명만이 참여하였다.

583) 여운국, “한나라당 대통령후보 이명박의 주가조작 등 범죄혐의의 진상규명을 위한 특별검사의 임명 등에 관한 법률 위헌확인”, 헌법재판소결정해설집(2008년), 헌법재판소, 2009, 39면 참조.

584) 同旨, 헌재 2015.9.24. 2012헌바302, 공보 228, 1395, 1398. 헌재 2016.11.24. 2014헌바401 : “이 사건 녹음조항{‘형의 집행 및 수용자의 처우에 관한 법률’(2007.12.21. 법률 제8728호로 전부개정된 것) 제41조 제2항 제1호, 제3호 중 ‘미결수용자의 접견내용의 녹음·녹화’에 관한 부분}은 청구인에 대하여 직접적으로 어떠한 물리적 강제력을 행사하는 강제처분을 수반하는 것이 아니므로 영장주의의 적용대상이 아니다(헌재 1997.3.27. 96헌가11; 헌재 2006.7.27. 2005헌마277).”

585) 따라서 비상계엄하에서도 영장제도 자체를 배제할 수는 없다. 제1공화국의 헌법위원회 결정(1955.10.18)에서도, “비상계엄하에서도 영장제도 자체를 배제하는 것은 인정될 수 없다.”고 하였다.

바. 형사절차가 아닌 징계절차에도 영장주의가 적용되는지[586)]

1) 부정설

헌법 제12조 제3항에서 규정하고 있는 영장주의란 형사절차와 관련하여 체포·구속·압수·수색의 강제처분을 할 때 신분이 보장되는 법관이 발부한 영장에 의하지 않으면 안 된다는 원칙으로(헌재 2015.9.24. 2012헌바302), 형사절차가 아닌 징계절차에도 그대로 적용된다고 볼 수 없다.[587)]

2) 긍정설

영장주의는 단순히 형사절차에서의 체포·구속에 대한 헌법상의 원칙이 아니라, 그 형식과 절차를 불문하고 공권력의 행사로 국민의 신체를 체포·구속하는 모든 경우에 지켜야 할 헌법상의 원칙 내지 원리라고 보는 것이 타당하다(대법원 1995.6.30. 선고 93추83 판결 참조). 따라서 행정기관이 체포·구속의 방법으로 신체의 자유를 제한하는 경우에도 원칙적으로 헌법 제12조 제3항의 영장주의가 적용된다고 보아야 한다.[588)]

사. 행정상 즉시강제와 영장주의

1) 행정상 즉시강제의 개념

행정상 즉시강제란 행정강제의 일종으로서 목전의 급박한 행정상 장해를 제거할 필요가 있는 경우에, 미리 의무를 명할 시간적 여유가 없을 때 또는 그 성질상 의무를 명하여 가지고는 목적달성이 곤란할 때에, 직접 국민의 신체 또는 재산에 실력을 가하여 행정상 필요한 상태를 실현하는 작용이다. 따라서 법령 또는 행정처분에 의한 선행의 구체적 의무의 존재와 그 불이행을 전제로 하는 **행정상 강제집행**과 구별된다.[589)] 행정강제는 행정상 강제집행을 원칙으로 하며, 법치국가적 요청인 예측가능성과 법적안정성에 반하고, 기본권 침해의 소지가 큰 권력작용인 행정상 즉시강제는 어디까지나 예외적인 강제수단이라고 할 것이다. 이러한 행정상 즉시강제는 엄격한 실정법상의 근거를 필요로 할 뿐만 아니라, 그 발동에 있어서는

586) 헌재 2016.3.31. 2013헌바190 : 전투경찰순경에 대한 징계처분으로 영창을 규정하고 있는 구 전투경찰대 설치법 제5조 제1항, 제2항 중 각 '전투경찰순경에 대한 영창' 부분 사건.

587) 재판관 4인의 합헌의견.(공보 234, 552, 555)

588) 재판관 5인의 위헌의견.(공보 234, 552, 558)

589) 즉, 양자는 모두 행정상의 필요한 상태를 실현시키는 사실행위인 점에서 같으나, **강제집행**은 선행하는 의무의 불이행을 전제로 하지만, **즉시강제**는 선행하는 의무 자체가 부여되어 있지 않다는 점에서 서로 다르다. 이철환(일반이론), 598면.

법규의 범위 안에서도 다시 행정상의 장해가 목전에 급박하고, 다른 수단으로는 행정목적을 달성할 수 없는 경우이어야 하며, 이러한 경우에도 그 행사는 필요 최소한도에 그쳐야 함을 내용으로 하는 조리상의 한계에 기속된다.[590)]

2) 판례

헌법재판소는, "영장주의가 행정상 즉시강제에 대해서도 적용되는지에 관하여는 논란이 있으나, 행정상 즉시강제는 상대방의 임의이행을 기다릴 시간적 여유가 없을 때 바로 실력을 행사하는 것으로서 그 본질상 급박성을 요건으로 하고 있어 법관의 영장을 기다려서는 그 목적을 달성할 수 없다고 할 것이므로, 원칙적으로 영장주의가 적용되지 않는다고 보아야 할 것"이라고 한다.[591)] 또한 대법원도, 행정상 즉시강제에 예외적으로 영장주의가 적용되지 않는 경우가 있다고 한다.[592)]

5. 적법절차원칙

가. 의의

헌법 제12조 제1항에서 규정하고 있는 적법절차의 원칙은 국가작용으로서의 모든 입법작용과 행정작용에 광범위하게 적용되는 헌법원리로서, 절차가 형식적 법률로 정하여지고 그 법률에 합치하여야 할 뿐만 아니라 적용되는 법률의 내용에 있어서도 합리성과 정당성을 갖춘 적정한 것이어야 하는 것으로, 특히 형사소송절차에 있어서는 형벌권의 실행절차 전반을 기본권 보장의 측면에서 규율하여야 한다는 기본원리이다.[593)] 신체의 자유는 정신적 자유와 함께 모든 기본권의 기초가 되는 것임에도 역사적으로 국가에 의하여 특히 형벌권의 발동형식으로 침해되어 온 예가 많으므로 헌법은 제12조 제1항에서 적법절차의 원칙을 선언한 후 같은 조 제2항 내지 제7항에서 적법절차의 원칙으로부터 도출될 수 있는 내용 가운데 특히 중요한 몇 가지 원칙을 열거하고 있다.[594)]

---

590) 헌재 2002.10.31. 2000헌가12, 판례집 14-2, 345, 353.

591) 헌재 2002.10.31. 2000헌가12, 판례집 14-2, 345, 359.

592) 대법원 1995.6.30. 선고 93추83 판결: "우리 헌법 제12조 제3항은 현행법 등 일정한 예외를 제외하고는 인신의 체포, 구금에는 반드시 법관이 발부한 사전영장이 제시되어야 하도록 규정하고 있는데, 이러한 사전영장주의 원칙은 인신보호를 위한 헌법상의 기속원리이기 때문에 인신의 자유를 제한하는 국가의 모든 영역(예컨대, 행정상의 즉시강제)에서도 존중되어야 하고, 다만 사전영장주의를 고수하다가는 도저히 그 목적을 달성할 수 없는 지극히 예외적인 경우에만 형사절차에서와 같은 예외가 인정된다."

593) 헌재 1996.12.26. 94헌바1, 판례집 8-2, 808, 819.

594) 헌재 1994.4.28. 93헌바26, 판례집 6-1, 348, 355-356; 헌재 1997.3.27. 96헌바28등, 판례집

적법절차원칙에서 도출할 수 있는 가장 중요한 절차적 요청 중의 하나로, ①당사자에게 적절한 고지를 행할 것, ②당사자에게 의견 및 자료 제출의 기회를 부여할 것을 들 수 있겠으나, 이 원칙이 구체적으로 어떠한 절차를 어느 정도로 요구하는지는 일률적으로 말하기 어렵고, 규율되는 사항의 성질, 관련 당사자의 사익, 절차의 이행으로 제고될 가치, 국가작용의 효율성, 절차에 소요되는 비용, 불복의 기회 등 다양한 요소들을 형량하여 개별적으로 판단할 수밖에 없다.[595]

◈ 헌재 2015.9.24. 2012헌바302

"이와 같이 출국금지 대상자가 출국금지결정에 대해 사후적으로 다툴 수 있는 기회를 제공하여 절차적 참여를 보장해 주고 있으므로, 심판대상조항[596]이 출국금지 대상자에게 사전통지를 하도록 규정하지 아니하거나 청문의 기회를 부여하고 있지 아니한 것만으로 적법절차원칙에 위배된다고 보기 어렵다."

나. 적용범위

헌법 제12조 제1항은 "법률과 적법한 절차에 의하지 아니하고는 처벌·보안처분 또는 강제노역을 받지 아니한다."라고 하여 적법절차원칙을 규정하고 있는데, 헌법재판소는 이 원칙이 형사소송절차에 국한되지 않고 모든 국가작용 전반에 대하여 적용된다고 밝힌 바 있다.[597] 따라서 공직선거에서 후보자 당선을 무효로 하는 절차에 있어서도 적법절차원칙이 준수되어야 할 것이다.[598]

그러나 헌법재판소는 노무현 대통령에 대한 탄핵심판 사건에서, "국회가 탄핵소추를 하기 전에 소추사유에 관하여 충분한 조사를 하는 것이 바람직하나, 국회법

9-1, 313, 319-320.

595) 헌재 2003.7.24. 2001헌가25, 판례집 15-2상, 1, 18; 헌재 2005.12.22. 2005헌마19, 판례집 17-2, 785, 794; 헌재 2011.9.29. 2010헌마68, 공보 180, 1482, 1487; 헌재 2011.11.24. 2010헌바231. 공보 182, 1816, 1819-1820; 헌재 2012.12.27. 2011헌바225, 공보 195, 141, 144-145.

596) 형사재판에 계속 중인 사람에 대하여 출국을 금지할 수 있다고 규정한 출입국관리법(2011.7.18. 법률 제10863호로 개정된 것) 제4조 제1항 제1호.

597) 헌재 1992.12.24. 92헌가8, 판례집 4, 853, 876-877; 헌재 1998.5.28. 96헌바4, 판례집 10-1, 610, 618.

598) 헌재 2011.9.29. 2010헌마68, 공보 180, 1482, 1487. 이 결정에서 헌법재판소는 "이 사건 법률조항{배우자가 선거범죄로 300만 원 이상의 벌금형을 선고받은 경우 그 선거구 후보자의 당선을 무효로 하는 공직선거법(2010.1.25. 법률 제9974호로 개정된 것) 제265조}에 의한 후보자책임의 법적 구조의 특징, 배우자에게 재판절차라는 완비된 절차적 보장이 주어진다는 점, 별도 절차의 채부에 따른 장·단점이 나뉜다는 점 등을 종합하면, 후보자에 대하여 변명·방어의 기회를 따로 부여하는 절차를 마련하지 않았다는 사실만으로 적법절차원칙에 어긋난다고 볼 수 없다."고 판시하였다. [4(합헌):4(위헌) - 합헌(기각)]

제130조 제1항에 의하면 '탄핵소추의 발의가 있은 때에는 (…) 본회의는 의결로 법제사법위원회에 회부하여 조사하게 할 수 있다'고 하여, 조사의 여부를 국회의 재량으로 규정하고 있으므로 이 사건에서 국회가 별도의 조사를 하지 않았다 하더라도 헌법이나 법률을 위반하였다고 할 수 없고, 한편 국회의 탄핵소추절차는 국회와 대통령이라는 헌법기관 사이의 문제이고 국회의 탄핵소추의결에 의하여 사인으로서의 대통령의 기본권이 침해되는 것이 아니라 국가기관으로서의 대통령의 권한행사가 정지되는 것이어서, 국가기관이 국민과의 관계에서 공권력을 행사함에 있어서 준수해야 할 법원칙으로서 형성된 적법절차의 원칙을 국가기관에 대하여 헌법을 수호하고자 하는 탄핵소추절차에는 직접 적용할 수 없다고 할 것이고, 그 외 달리 탄핵소추절차와 관련하여 피소추인에게 의견진술의 기회를 부여할 것을 요청하는 명문의 규정도 없다."는 이유로,[599] '피청구인에게 혐의사실을 정식으로 고지하지도 않았고 의견제출의 기회도 부여하지 않았으므로 적법절차원칙에 위반된다'는 피청구인의 주장을 배척하였다.[600]

또한 헌법재판소는 헌재 2008.1.17. 2007헌마700[601] 결정에서, "각급 선거관리위원회의 의결을 거쳐 행하는 사항에 대하여는 원칙적으로 행정절차에 관한 규정이 적용되지 않는바(행정절차법 제3조 제2항 제4호), 이는 권력분립의 원리와 선거관리위원회 의결절차의 합리성을 고려한 것으로 보인다. 또한 선거운동의 특성상 선거법 위반행위인지 여부와 그에 대한 조치는 가능하면 신속하게 결정되어야 할 뿐 아니라, 선거관리위원회법 제14조의2의 조치가 위반행위자에 대하여 종국적 법률효과를 발생시키는 것도 아니므로, 위반행위자에게 의견진술의 기회를 보장하는 것이 반드시 필요하거나 적절하다고 보기는 어렵다. 이와 같이 선거관리의 특성, 이 사건 조치가 규율하는 행위의 성격, 이 사건 조치의 제재효과 및 기본권침해의 정도 등을 종합하여 볼 때, 청구인에게 이 사건 조치 전에 의견진술의 기회를 부여하지 않은 것이 적법절차원칙에 어긋나서 청구인의 기본권을 침해한다고 볼 수 없다."고 판시하였다.

---

599) 참고로, 행정절차법은 "국회 또는 지방의회의 의결을 거치거나 동의 또는 승인을 얻어 행하는 사항"에 대하여는 적용되지 않는다.(동법 제3조 제2항 제1호)

600) 헌재 2004.5.14. 2004헌나1, 판례집 16-1, 609, 629·631·632.

601) 중앙선거관리위원회 위원장(피청구인)이 청구인(노무현)에게 한 2007.6.7.자 '대통령의 선거중립의무 준수요청 조치'와 2007.6.18.자 '대통령의 선거중립의무 준수 재촉구 조치'(이 사건 조치)에 대한 헌법소원.

다. 영장주의와의 관계

헌법재판소는 2012.6.27. 선고한 2011헌가36 결정에서, "헌법은 제12조 제1항에서 신체의 자유의 보장과 적법절차의 원칙을 선언하고 같은 조 제3항에서 체포·구속 등에 있어서 '적법한 절차에 따라' 법관이 발부한 영장에 의할 것을 천명하고 있다. 헌법상 적법절차의 원칙은 국가작용으로서 기본권 제한과 관련되든 아니든 모든 입법작용 및 행정작용에도 광범위하게 적용되는 것으로서,[602] 법률이 정한 형식적 절차와 실체적 내용이 모두 합리성과 정당성을 갖춘 적정한 것이어야 한다는 실질적 의미를 지니고 있으며, 형사소송절차와 관련하여서는 형사소송절차의 전반을 기본권 보장의 측면에서 규율하여야 한다는 기본원리를 천명하고 있는 것으로 이해된다.[603] 따라서 헌법 제12조 제1항은 적법절차원칙의 일반조항이고, 제12조 제3항의 적법절차원칙은 기본권 제한 정도가 가장 심한 형사상 강제처분의 영역에서 기본권을 더욱 강하게 보장하려는 의지를 담아 중복 규정된 것이라고 해석함이 상당하다.[604] 이와 같이 본다면, 이 사건 법률조항[605]은 헌법 제12조 제1항의 적법절차원칙의 특별규정인 헌법 제12조 제3항의 영장주의원칙에 위배되고, 헌법 제12조 제1항의 적법절차원칙에도 위배된다."고 판시하여 영장주의와 적법절차원칙을 위헌심사기준으로 하여 중복심사하였다.[606]

라. 과잉입법금지원칙과의 관계

헌법 제12조 제1항의 적법절차원칙은 단순히 입법권의 유보제한이라는 한정적인 의미에 그치는 것이 아니라 모든 국가작용을 지배하는 독자적인 헌법의 기본원리로서 해석되어야 할 원칙이라는 점에서 입법권의 유보적 한계를 선언하는 과잉입법금지의 원칙과는 구별된다고 할 것이다.[607]

---

602) 헌재 2001.11.29. 2001헌바41, 판례집 13-2, 699, 703-704.

603) 헌재 1996.12.26. 94헌바1, 판례집 8-2, 808, 819 참조.

604) 同旨, 헌재 2012.12.27. 2011헌바225, 공보 195, 141, 144.

605) 법원의 구속집행정지결정에 대하여 검사가 즉시 항고할 수 있도록 한 형사소송법(1973.1.25. 법률 제2450호로 개정된 것) 제101조 제3항

606) 즉, 영장주의원칙에 위배되면 적법절차원칙에도 위배된다는 의미이다. 한편, 영장주의원칙에 위배되지 아니하는 경우에는 적법절차원칙 위배여부도 심사한다. 이때 이론적으로는 영장주의원칙에는 위배되지 아니하나 적법절차원칙에는 위배되는 경우도 있을 것이다. 양자 모두 위배되지 아니하다고 판단한 사례로는 헌재 2002.10.31. 2000헌가12 결정 참조.

607) 헌재 1992.12.24. 92헌가8, 판례집 4, 853, 876-878 [형사소송법 제331조 단서는 영장주의와 적법절차원리에 위배되고, 과잉금지원칙에도 위배되어 헌법에 위반된다]; 헌재 2011.10.25. 2009헌마691, 공보 181, 1648, 1652 [교도소장이 수용자가 없는 상태에서 실시한 거실 및 작업장 검사행위는 과잉금지원칙에 위배하여 수용자의 사생활의 비밀 및 자유를 침해하지 않고,

마. 공정한(신속한) 재판을 받을 권리와의 관계

적법절차원칙은 법률이 정한 형식적 절차와 실체적 내용이 모두 합리성과 정당성을 갖춘 적정한 것이어야 한다는 실질적 의미를 지니고 있는 것으로서, 특히 형사소송절차와 관련하여서는 형사소송절차의 전반을 기본권보장의 측면에서 규율하여야 한다는 기본원리를 천명하고 있다고 볼 것이어서,[608] 결국 포괄적·절차적 기본권으로 파악되고 있는 재판을 받을 권리의 보호영역과 사실상 중복되므로,[609] 위 법률조항들[610]이 공정한 재판을 받을 권리를 침해하는 것인지 여부를 판단하는 이상 적법절차원칙 위반여부에 대해서는 따로 판단하지 아니한다.[611] 한편 '신속한 재판을 받을 권리'와의 관계에 관하여 같은 취지의 판례로 헌재 2011. 3. 31. 2009헌바351 결정[612] 참조.

바. 헌법 제31조 제6항과의 관계

적법절차의 원칙은 법치주의의 구체적 실현원리로서 국민의 기본권을 제한함에 있어 그 절차는 법률로 정하여져야 할 뿐만 아니라 그 법률의 내용 역시 합리성과 정당성을 갖추어야 함을 의미한다. 그런데 이러한 적법절차의 원칙은 법치주의의 이념에서 비롯되어 교원의 권리·의무에 관한 사항을 법률로 정하도록 하는 헌법 제31조 제6항의 교원지위법정주의가 적용되는 영역에서는 이와 구별되는 독자적인 의미를 가진다고 보기 어렵다.[613]

적법절차원칙에도 위배되지 않는다].

608) 헌재 1996.12.26. 94헌바1, 판례집 8-2, 808, 819 참조.

609) 헌재 2011.3.31. 2009헌바351, 판례집 23-1상, 347, 353 참조.

610) 증거신청의 채택 등에 대하여 법원의 재량을 인정하고 있는 형사소송법(1987.11.28. 법률 제3955호로 개정된 것) 제295조 및 형사소송법(1954.9.23. 법률 제341호로 제정된 것) 제296조 제2항.

611) 헌재 2013.8.29. 2011헌바253등, 공보 203, 1140, 1145-1146.

612) "적법절차의 원칙은 법률이 정한 형식적 절차와 실체적 내용이 모두 합리성과 정당성을 갖춘 적정한 것이어야 한다는 실질적 의미를 지니고 있는 것으로서, 특히 형사소송절차와 관련시켜 적용함에 있어서는 형사소송절차의 전반을 기본권보장의 측면에서 규율하여야 한다는 기본원리를 천명하고 있는 것으로 이해하여야 하므로(헌재 1996.12.26. 94헌바1, 판례집 8-2, 808, 819), 결국 포괄적 · 절차적 기본권으로 파악되고 있는 재판청구권의 보호영역과 사실상 중복되는 것이어서, 신속한 재판을 받을 권리의 침해여부에 대한 판단 속에는 적법절차의 원칙 위반여부에 대한 판단까지 포함되어 있다고 할 것이다."(판례집 23-1상, 347, 353)

613) 헌재 2009.5.28. 2007헌바105, 공보 152, 1164, 1170.

6. 이중처벌금지원칙

가. 의의

헌법 제13조 제1항은 "모든 국민은 … 동일한 범죄에 대하여 거듭 처벌받지 아니한다."고 하여 이른바 '이중처벌금지의 원칙'을 규정하고 있는바, 이 원칙은 한 번 판결이 확정되면 동일한 사건에 대해서는 다시 심판할 수 없다는 '일사부재리의 원칙'이 국가형벌권의 기속원리로 헌법상 선언된 것으로서, 동일한 범죄행위에 대하여 국가가 형벌권을 거듭 행사할 수 없도록 함으로써[614] 국민의 기본권 특히 신체의 자유를 보장하기 위한 것이라고 할 수 있다. 이러한 점에서 헌법 제13조 제1항에서 말하는 '처벌'은 원칙적으로 범죄에 대한 국가의 형벌권 실행으로서의 과벌을 의미하는 것이고, 국가가 행하는 일체의 제재나 불이익처분을 모두 그 '처벌'에 포함시킬 수는 없다.[615] 또한 이중처벌금지의 원칙은 처벌 또는 제재가 '동일한 행위'를 대상으로 행해질 때에 적용될 수 있는 것이고, 그 대상이 동일한 행위인지의 여부는 기본적 사실관계가 동일한지 여부에 의하여 가려야 한다.[616]

나. 이중처벌금지원칙의 '처벌'의 의미와 행정형벌

행정법상의 의무를 위반한 자에 대한 제재로서 일반통치권에 기하여 과하는 처벌인 행정벌에는 행정형벌, 행정질서벌,[617] 조례에 의한 과태료 등이 있다. 이 중에서 행정형벌이란 행정법상의 의무위반에 대한 제재로서 사형·징역·금고·자격상실·자격정지·벌금·구류·과료 및 몰수와 같이 형법상의 형을 과하는 경우를 말한

---

614) 헌재 2015.5.28. 2013헌바129 : "형사판결은 국가주권의 일부분인 형벌권 행사에 기초한 것으로서, 외국의 형사판결은 원칙적으로 우리 법원을 기속하지 않으므로 동일한 범죄행위에 관하여 다수의 국가에서 재판 또는 처벌을 받는 것이 배제되지 않는다. 따라서 이중처벌금지원칙은 동일한 범죄에 대하여 대한민국 내에서 거듭 형벌권이 행사되어서는 안 된다는 뜻으로 새겨야 할 것이다. 대법원도 이와 같은 전제에서 '피고인이 동일한 행위에 관하여 외국에서 형사처벌을 과하는 확정판결을 받았다 하더라도 이런 외국판결은 우리나라에서는 **기판력**이 없으므로 여기에 일사부재리원칙이 적용될 수 없다.'고 판시한 바 있다(대법원 1983.10.25. 선고 83도2366 판결)."

615) 헌재 1994.6.30. 92헌바38, 판례집 6-1, 619, 627; 헌재 2002.7.18. 2000헌바57, 판례집 14-2, 1, 18.

616) 헌재 2011.10.25. 2009헌바140, 공보 181, 1560, 1564. 同旨, 헌재 2017.7.27. 2012헌바323, 공보 250, 713, 715.

617) 行政秩序罰이란 행정법상 의무위반에 대한 제재로서 형법에 刑名이 없는 벌인 과태료를 과하는 것을 말한다. 행정질서벌은 직접적으로 행정목적을 침해하는 데까지 이르지 않고 단지 간접적으로 행정상 질서에 장애를 줄 위험이 있는 행위에 대한 제재에 지나지 않는다. 행정질서벌은 형법총칙의 규정이 적용되지 않으며, 원칙적으로 비송사건절차법이 정하는 바에 따른다.

다. 이러한 행정형벌을 과할 때에는 특별한 규정이 있는 경우를 제외하고는 원칙적으로 형법총칙의 규정이 적용된다(형법 제8조).[618] 따라서 행정형벌도 이중처벌금지원칙에서 말하는 '처벌'에 당연히 포함된다.

7. 의사표현에 대한 검열금지

가. 헌법상 사전검열금지원칙[619]

헌법 제21조 제2항은 언론·출판에 대한 허가나 검열은 인정되지 아니한다고 규정하고 있는바, 여기서 말하는 검열은 그 명칭이나 형식과 관계없이 실질적으로 행정권이 주체가 되어 사상이나 의견 등이 발표되기 이전에 예방적 조치로서 그 **내용**[620]을 심사·선별하여 발표를 사전에 억제하는, 즉 허가받지 아니한 것의 발표를 금지하는 제도를 뜻하고,[621] 이러한 사전검열은 법률에 의하더라도 불가능하다. 헌법 제21조 제2항이 언론·출판에 대한 사전검열을 절대적으로 금지하는 것은, ① 언론·출판의 자유가 자유민주주의의 존립과 발전에 필수불가결한 중요한 기본권일 뿐만 아니라, 사전검열이 허용될 경우에는 ②국민의 예술활동의 독창성과 창의성을 침해하여 정신생활에 미치는 위험이 클 뿐만 아니라, ③행정기관이 집권자에게 불리한 내용의 표현을 사전에 억제함으로써 이른바 관제의견이나 지배자에게 무해한 여론만을 허용하는 결과를 초래할 염려가 있기 때문이다.[622]

---

618) 형법 제8조(총칙의 적용) 본법 총칙은 타 법령에 정한 죄에 적용한다. 단, 그 법령에 특별한 규정이 있는 때에는 예외로 한다.

619) '1962년헌법'은 제18조 제2항에서, "언론·출판에 대한 허가나 검열과 집회·결사에 대한 허가는 인정되지 아니한다. 다만, 공중도덕과 사회윤리를 위하여는 영화나 연예에 대한 검열을 할 수 있다."고 하여 특정한 표현(영화나 연예)에 대해 예외적으로 검열을 허용하는 규정을 두었다.

620) 헌재 1998.2.27. 96헌바2 : "옥외광고물등관리법 제3조는 일정한 지역·장소 및 물건에 광고물 또는 게시시설을 표시하거나 설치하는 경우에 그 광고물 등의 종류·모양·크기·색깔, 표시 또는 설치의 방법 및 기간 등을 규제하고 있을 뿐, 광고물 등의 내용을 심사·선별하여 광고물을 사전에 통제하려는 제도가 아님은 명백하므로, 헌법 제21조 제2항이 정하는 사전허가·검열에 해당되지 아니한다."

621) 헌재 2015.4.30. 2014헌마360 : "심판대상조항{시·군·구를 보급지역으로 하는 신문사업자 및 일일 평균 이용자 수 10만 명 미만인 인터넷언론사가 선거일 전 180일부터 선거일의 투표마감시각까지 선거여론조사를 실시하려면 여론조사의 주요 사항을 사전에 관할 선거관리위원회에 신고하도록 한 공직선거법(2014.2.13. 법률 제12393호로 개정된 것) 제108조 제3항 제4호 및 제7호}은 여론조사결과의 보도나 공표행위를 규제하는 것이 아니라 여론조사의 실시행위에 대한 신고의무를 부과하는 것이므로, 허가받지 아니한 것의 발표를 금지하는 헌법 제21조 제2항의 사전검열과 관련이 있다고 볼 수 없다. 따라서 심판대상조항은 헌법 제21조 제2항의 검열금지원칙에 위반되지 아니한다."

622) 헌재 2010.7.29. 2006헌바75, 판례집 22-2상, 232, 253; 헌재 2008.6.26. 2005헌마506, 판례집 20-1하, 397, 410; 헌재 1996.10.4. 93헌가13등, 판례집 8-2, 212, 222-223.

나. 사전검열금지원칙의 요건

그러나 한편, 이러한 사전검열금지원칙은 모든 형태의 사전적 규제를 금지하는 것은 아니고, 의사표현의 발표여부가 오로지 행정권의 허가에 달려 있는 사전심사만을 금지하는데 헌법재판소는, 일반적으로 "①허가를 받기 위한 표현물 제출의무의 존재, ②행정권이 주체가 된 사전심사절차의 존재,[623] ③허가를 받지 아니한 의사표현의 금지 및 ④심사절차를 관철할 수 있는 강제수단의 존재"의 요건을 갖춘 사전심사절차의 경우에만 금지되는 것이라고 판시하여,[624] 절대적 사전검열금지원칙을 제한적으로 적용해 왔다.[625]

다. 사전검열금지원칙 적용대상의 제한

헌법재판소는 헌재 2010.7.29. 2006헌바75 결정에서, 위와 같은 사전검열행위 자체의 범위를 제한해야 할 뿐만 아니라 사전검열금지원칙이 적용될 대상 역시 헌법이 언론·출판의 자유를 보장하고 사전검열을 금지하는 목적에 맞게 한정하여 적용해야 한다고 하였다. 즉 이 사건에서 재판관 5인[626]은, "건강기능식품의 허위·과장 광고를 사전에 예방하지 않을 경우 불특정 다수가 신체·건강상 피해를 보는 등 광범위한 해악이 초래될 수 있고, 허위·과장 광고 등에 대해 사후적인 제재를 하더라도 소비자들이 신체·건강상으로 이미 입은 피해는 피해 회복이 사실상 불가능할 수 있어서 실효성이 별로 없다는 문제가 있다. 반면에 건강기능식품 광고는 영리목적의 순수한 상업광고로서 사상이나 지식에 관한 정치적·시민적 표현행위 등과

623) 한편 헌법재판소는 행정기관인지 여부의 판단기준에 관하여 헌재 2008.6.26. 2005헌마506 {**텔레비전 방송광고 사전심의규정**(방송법 제32조)} 결정에서, "한국광고자율심의기구는 행정기관적 성격을 가진 방송위원회로부터 위탁을 받아 이 사건 텔레비전 방송광고 사전심의를 담당하고 있는바, 한국광고자율심의기구는 민간이 주도가 되어 설립된 기구이기는 하나, i) 그 구성에 행정권이 개입하고 있고, ii) 행정법상 공무수탁사인(公務受託私人)으로서 그 위탁받은 업무에 관하여 국가의 지휘·감독을 받고 있으며, iii) 방송위원회는 텔레비전 방송광고의 심의기준이 되는 '방송광고 심의규정'을 제정·개정할 권한을 가지고 있고, iv)위 자율심의기구의 운영비나 사무실 유지비, 인건비 등을 지급하고 있다. 그렇다면 한국광고자율심의기구가 행하는 방송광고 사전심의는 방송위원회가 위탁이라는 방법에 의해 그 업무의 범위를 확장한 것에 지나지 않는다고 할 것이므로, 한국광고자율심의기구가 행하는 이 사건 텔레비전 방송광고 사전심의는 행정기관에 의한 사전검열로서 헌법이 금지하는 사전검열에 해당한다."고 판시하였다. [위헌]

624) 헌재 2005.2.3. 2004헌가8, 판례집 17-1, 51, 59; 헌재 1996.10.4. 93헌가13등, 판례집 8-2, 212, 223.

625) 헌재 2010.7.29. 2006헌바75, 공보 166, 1366, 1373

626) 다만, 그 중 재판관 1인은 "건강기능식품의 기능성에 대한 표시·광고는 '민주사회의 다양한 의사를 말이나 글로 표현하여 공표하는 것'이 아니어서 헌법 제21조의 '언론·출판'에 해당된다고 볼 수 없으므로, 이에 대하여 사전에 심의위원회의 심의를 받게 하더라도 헌법 제21조 제2항(언론·출판에 대한 검열금지)에 위반된다고 볼 수 없다."는 의견이다(별개의견).

별로 관련이 없고, 이러한 광고를 사전에 심사한다고 하여 예술활동의 독창성과 창의성 등이 침해되거나 표현의 자유 등이 크게 위축되어 집권자의 입맛에 맞는 표현만 허용되는 결과가 될 위험도 작다. 그러므로 이와 같이 건강기능식품의 기능성 표시·광고와 같이 규제의 필요성이 큰 경우에 언론·출판의 자유를 최대한도로 보장할 의무를 지는 외에 헌법 제36조 제3항에 따라 국민의 보건에 관한 보호의무도 지는 입법자가 국민의 표현의 자유와 보건·건강권 모두를 최대한 보장하고, 기본권들 간의 균형을 기하는 차원에서 건강기능식품의 표시·광고에 관한 사전심의절차를 법률로 규정하였다 하여 이를 우리 헌법이 절대적으로 금지하는 사전검열에 해당한다고 보기는 어렵다."고 하였다.[627)]

8. 집회에 대한 허가금지[628)]

헌법 제21조 제2항에서 금지하고 있는 '허가'는 행정권이 주체가 되어 집회 이전에 예방적 조치로서 집회의 내용·시간·장소 등을 사전심사하여 일반적인 집회금지를 특정한 경우에 해제함으로써 집회를 할 수 있게 하는 제도, 즉 허가를 받지 아니한 집회를 금지하는 제도를 의미한다. 그러므로 위 헌법규정에서 금지하고 있는 '허가'제는 "집회의 자유에 대한 일반적 금지가 원칙이고 예외적으로 행정권의 허가가 있을 때에만 이를 허용한다."는 점에서, 집회의 자유가 원칙이고 금지가 예외인 집회에 대한 **신고제**[629)]와는 집회의 자유에 대한 이해와 접근방법의 출발점을 달리 하고 있는 것이다. 따라서 집회에 대한 '허가'를 금지하고 있는 위 헌법규정 속에 담겨져 있는 국민들의 가치적 합의는, 집회의 자유가 행정권의 사전판단에 따라 그 허용여부가 결정되는 이상 그것은 언론출판의 자유에 있어서 허가나 검열과 같은 것이므로, 비록 그 허용여부가 행정권의 기속재량[630)]이라고 하더라도 이를 헌

627) 이에 대하여 재판관 4인은 위 사안도 사전검열금지원칙의 적용대상이 된다고 보았는데, 다만 그 중 2인의 재판관은 '건강기능식품의 기능성 표시·광고 심의위원회'의 행정주체성이 인정되지 않는다고 보았고(별개의견), 나머지 재판관 2인만이 사전검열금지원칙에 위반되어 위헌이라는 의견을 제시하였다(반대의견). [결국 7:2 합헌]

628) 헌재 2009.9.24. 2008헌가25, 판례집 21-2상, 427, 439 이하, 재판관 5인의 다수(법정)의견

629) **집회의 사전신고제**를 규정한 '집회 및 시위에 관한 법률' 제6조 제1항에 대하여 헌법재판소는 이미 2009.5.28. 2007헌바22 사건에서 재판관 6(합헌): 2(일부위헌)의 의견으로 합헌결정을 한 바 있다 : "이러한 사전신고는 경찰관청 등 행정관청으로 하여금 집회의 순조로운 개최와 공공의 안전보호를 위하여 필요한 준비를 할 수 있는 시간적 여유를 주기 위한 것으로서, 협력의무로서의 신고라고 할 것이다. (…) 집시법 전체의 규정 체제에서 보면 법은 일정한 신고절차만 밟으면 일반적·원칙적으로 옥회집회 및 시위를 할 수 있도록 보장하고 있으므로, 집회에 대한 사전신고제도는 헌법 제21조 제2항의 사전허가금지에 반하지 않는다." [이 부분 판시는 전원일치 의견임]

법자체에서 직접 금지하겠다는 헌법적 결단의 표현인 것이다.[631]

제2항 내용의 합헌성에 관한 심사기준

1. 과잉금지원칙

가. 의의

국가작용 중 특히 입법작용에 있어서의 과잉입법금지의 원칙이라 함은 국가가 국민의 기본권을 제한하는 내용의 입법활동을 함에 있어서 준수하여야 할 기본원칙 내지 입법활동의 한계를 의미하는 것으로서, 법치국가의 원리에서 당연히 파생되는 헌법상의 기본원리의 하나인 비례의 원칙을 말하는 것이다.[632] 즉, 국민의 기본권을 제한하려는 입법은 그 목적이 정당해야 하고, 방법이 적합해야 하며, 침해의 최소성과 법익의 균형성을 갖추어야 한다.

나. 법률유보와 과잉금지원칙

오늘날 헌법국가에서는 입법자도 헌법의 구속을 받기 때문에, 법률이 내용적으

---

630) 헌재 1994.4.28. 91헌바14 : "이 단서규정에 따른 야간옥외집회의 허용여부는 헌법이념 및 조리상 관할 경찰관서장의 편의재량사항이 아니고 기속재량사항이라고 해석된다."

631) 헌법재판소는 **헌재 2009.9.24. 2008헌가25** 결정에서 재판관 5:4의 의견으로, "해가 뜨기 전이나 해가 진 후의 옥외집회('야간옥외집회')를 금지하고, 일정한 경우 관할 경찰관서장이 허용할 수 있도록 한 '집회 및 시위에 관한 법률'(2007.5.11. 법률 제8424호로 전부 개정된 것) 제10조 본문은 야간옥외집회를 일반적으로 금지하고, 그 단서는 행정권인 관할경찰서장이 집회의 성격 등을 포함하여 야간옥외집회의 허용여부를 사전에 심사하여 결정한다는 것이므로, 결국 야간옥외집회에 관한 일반적 금지를 규정한 동법 제10조 본문과 관할 경찰서장에 의한 예외적 허용을 규정한 단서는 그 전체로서 야간옥외집회에 대한 허가를 규정한 것이라고 보지 않을 수 없고, 이는 헌법 제21조 제2항에 정면으로 위반된다."고 판시하였으나{다만 주문의 형태에 관하여는 5(단순위헌): 2(헌법불합치): 2(합헌)의 의견으로 헌법불합치결정이 선고되었다}, **헌재 2014.4.24. 2011헌가29** 결정에서 재판관 전원일치의 의견으로, "헌법 제21조 제2항에 의하여 금지되는 '허가'는 '행정청이 주체가 되어 집회의 허용여부를 사전에 결정하는 것'으로, 법률적 제한이 실질적으로 행정청의 허가 없는 옥외집회를 불가능하게 하는 것이라면 헌법상 금지되는 사전허가제에 해당하지만, 그에 이르지 아니하는 한 헌법 제21조 제2항에 반하는 것은 아니다. 이 사건 법률조항{일출시간 전, 일몰시간 후에는 옥외집회 또는 시위를 금지하고, 다만 옥외집회의 경우 예외적으로 관할 경찰관서장이 허용할 수 있도록 한 구 '집회 및 시위에 관한 법률'(1989.3.29. 법률 제4095호로 개정되고, 2007.5.11. 법률 제8424호로 개정되기 전의 것) 제10조}의 단서 부분은 본문에 의한 제한을 완화시키려는 것이므로 헌법이 금지하고 있는 '옥외집회에 대한 일반적인 사전허가'라고 볼 수 없다. 한편, 이 사건 법률조항 중 단서 부분은 시위에 대하여 적용되지 않으므로 야간시위의 금지와 관련하여 헌법상 '허가제 금지' 규정의 위반여부는 문제되지 아니한다."고 판시하였다.{다만, 과잉금지원칙 심사에 따른 주문의 형태와 관하여는 재판관 6:3의 의견으로 한정위헌결정을 선고하였다(나머지 3인은 전부위헌의견)}.

632) 헌재 1992.12.24. 92헌가8, 판례집 4, 853, 878

로 기본권을 비롯한 헌법과 합치하는가 하는 '법률에 대한 내용적 요구'가 제시되었다. 입법자는 특정 목적을 설정하고 이를 추구하기 위하여 법률이라는 수단을 동원하는데, 입법자가 기본권을 준수하는지의 여부는 무엇보다도 기본권을 제한하는 법률(수단)은 목적달성을 위하여 적합하고 필요한 것이어야 한다는 헌법적 요청인 과잉금지원칙에 따라 판단된다. 이로써 입법자가 기본권에 의한 구속을 받게 되면서, '법률유보'는 "과잉금지원칙에 부합하는 법률유보"로 발전하였다. 즉, '법률유보'는 행정청이 법률의 근거 없이 기본권을 제한하는 것을 방지하는 기능을 하며, "과잉금지원칙에 부합하는 법률유보"는 입법자가 과도하게 기본권을 제한하는 법률을 제정하는 것을 방지하는 기능을 하는 것이다.[633)]

다. 구체적 적용

1) 목적의 정당성

목적의 정당성이란, 국민의 기본권을 제한하려는 입법의 목적이 헌법 및 법률의 체제상 그 정당성이 인정되어야 한다는 것이다.[634)]

※ 목적의 정당성을 부인한 사례

◈ 헌재 1997.7.16. 95헌가6 (동성동본금혼제도)

"동성동본금혼제도의 입법목적[635)]은 이제는 혼인에 관한 국민의 자유와 권리를 제한할 사회질서나 공공복리에 해당할 수 없다."

◈ 헌재 2009.11.26. 2008헌바58등 (혼인빙자간음죄)

"이 사건 법률조항(형법 제304조)의 경우 형벌규정을 통하여 추구하고자 하는 목적[636)] 자체가 헌법에 의하여 허용되지 않는 것으로서 그 정당성이 인정되지 않는다."

---

633) 한수웅(헌법학), 462면.

634) 어떤 법률 전체의 입법목적과 심판대상조항의 입법목적은 다를 수 있다. 예컨대, 헌재 2016.4.28. 2015헌바247등 사건에서, 영유아보육법은 영유아 및 가정의 복지증진에 이바지함을 목적으로 제정되었고(제1조), 심판대상조항{구 영유아보육법 제40조 제3호 중 '어린이집의 설치·운영자'에 관한 부분('반환명령조항'), 구 영유아보육법 제45조 제1항 제1호 중 '거짓이나 그 밖의 부정한 방법으로 보조금을 교부받은 경우'에 관한 부분('시설폐쇄조항'), 제46조 제4호 중 '거짓이나 그 밖의 부정한 방법으로 보조금을 교부받은 경우'에 관한 부분('자격정지조항')}의 입법목적은 영유아보육에 대한 재정지원을 위하여 국가와 지방자치단체의 재정건전성을 확보하는 데 있다.(판례집 28-1하, 37, 46)

635) 헌법재판소는 동성동본제의 입법목적을, "충효정신을 숭상한 유학, 신분적 계급제도의 정착, 대가족제도, 농경중심사회"라는 사회질서의 유지로 파악하였다.

636) 헌법재판소 혼인빙자간음죄의 보호법익(입법목적)을, "현재 또는 장래의 경건하고 정숙한 혼인생활"이라는 여성에 대한 남성우월의 고정관념에 입각한 것이라고 보았다.

2) 방법(수단)의 적합성

방법의 적합성이란, 입법목적의 달성을 위하여 그 방법이 효과적이고 적절하여야 한다는 것을 말하며, 다만 입법목적을 달성하기 위한 최선의 방법임을 요하지 아니한다.

※ 방법의 적합성을 부인한 사례

◈ 헌재 1996.12.26. 96헌가18 (自道소주 구입명령제도)

"헌법 제119조 제2항은 독과점규제라는 경제정책적 목표를 개인의 경제적 자유를 제한할 수 있는 정당한 공익의 하나로 명문화하고 있다. 독과점규제의 목적이 경쟁의 회복에 있다면 이 목적을 실현하는 수단 또한 자유롭고 공정한 경쟁을 가능하게 하는 방법이어야 한다. 그러나 주세법의 구입명령제도는 전국적으로 자유경쟁을 배제한 채 지역할거주의로 자리잡게 되고 그로써 지역 독과점현상의 고착화를 초래하므로, 독과점규제란 공익을 달성하기에 적정한 조치로 보기 어렵다."

◈ 헌재 2005.7.21. 2004헌가30 (자동차운전학원 운영정지)

"운전교육과 기능검정이 철저하더라도 교통사고는 우연적 사정과 운전자 개인의 부주의로 발생할 수 있다는 것을 감안하면, 교통사고를 예방하고 운전교육과 기능검정을 철저히 하도록 한다는 입법목적은 이 사건 조항[637]으로 인하여 효과적으로 달성된다고 할 수 없다. (…) 이 사건 조항은 입법목적을 달성하기 위한 수단으로서 부적절하다."

3) 침해의 최소성 (최소침해성)

침해의 최소성이란 입법권자가 선택한 기본권제한의 조치가 입법목적 달성을 위하여 설사 적절하다 할지라도, 보다 완화된 형태나 방법을 모색함으로써 기본권의 제한은 필요한 최소한도에 그치도록 하여야 한다는 것을 말한다. 최소침해성 요건은 과잉금지원칙 심사에서 핵심이 되는 부분으로서, 이에는 다음 두 가지 심사방법이 동원된다.

637) '자동차운전전문학원을 졸업하고 운전면허를 받은 사람 중 교통사고를 일으킨 비율이 대통령령이 정하는 비율을 초과하는 때'에는 학원의 등록을 취소하거나 1년 이내의 운영정지를 명할 수 있도록 한 도로교통법 제71조의15 제2항 제8호의 '교통사고' 부분.

가) 같은 효과를 낼 수 있는 덜 제한적인 방법이 있는가?[638]

예를 들어, 필요적 취소가 아닌 임의적 취소로도 입법목적 달성이 가능하다면 필요적 취소 규정은 침해의 최소성 원칙에 어긋난다.[639] 그러나, 임의적 규정으로는 법의 목적을 실현하기에 부족하고 필요적인 제재규정이 입법목적의 달성을 위하여 반드시 필요한 경우라면, 필요적인 제재규정이라고 하더라도 최소침해성의 원칙에 위배되지 않는다.[640] 한편, 입법자가 입법목적을 달성하기 위하여 가능한 여러 가지 수단 가운데 무엇이 덜 침해적인 것이라고 단정하기 어려운 상황에서 어떠한 수단을 선택할 것인가는 입법자의 형성의 권한 내에 있다.[641] 그러므로 입법자가 택한 수단보다 국민의 기본권을 덜 침해하는 수단이 존재하더라도 그 다른 수단이 효과 측면에서 입법자가 선택한 수단과 동등하거나 유사하다고 단정할 만한 명백한 근거가 없는 이상, 그것이 과잉금지원칙에 반한다고 할 수는 없다.[642]

나) 침해를 완화시킬 수 있는 경과규정이나 보완조치 등 침해를 최소화하기 위하여 노력했는가?

예를 들어, 헌재 2001.6.28. 2001헌마132 결정에서는 "이 사건 법률조항은 '고객을 유치할 목적으로' '노선을 정하여' 셔틀버스를 운행하는 경우만을 규제하고 있으며, 동법 제73조의 2 제1항 제2호는 대중교통수단이 없는 지역 등 대통령령이 정하는 사유에 해당하는 경우로서 시·도지사의 허가를 받은 경우에는 셔틀버스를 계속 운행할 수 있도록 규정하였고, 또한 동법 제24조 제1항은 건설교통부장관 또는 시·도지사는 여객의 원활한 운송과 서비스의 개선을 위하여 필요하다고 인정할 때에는 운송사업자에게 '노선의 연장 및 변경', '벽지노선 기타 수익성이 없는 노선의 운행'을 명할 수 있도록 규정함으로써 소비자의 불편을 최소화하는 장치를

638) 미국 연방대법원이 표현한 "Less Restrictive Alternative" (LRA)와 같은 개념이다.

639) 헌재 1998.5.28. 96헌가12 : 형사사건으로 기소된 공무원을 필요적으로 직위해제하는 규정 - 위헌

640) 헌재 2002.4.25. 2001헌가19등, 판례집 14-1, 235, 244-246; 헌재 2003.6.26. 2001헌바31, 판례집 15-1, 691, 700; 헌재 2012.2.23. 2010헌바479, 공보 185, 406, 410; 헌재 2012.4.24. 2010헌바363, 공보 187, 792, 796; 헌재 2012.5.31. 2010헌가97, 공보 188, 957, 961.

641) 헌재 2011.2.24. 2008헌바87, 판례집 23-1상, 24, 32; 헌재 2011.6.30. 2009헌바55, 판례집 23-1하, 324, 333. 同旨, 헌재 2012.5.31. 2009헌바170 : "증여세를 회피하는 수단으로 이용되는 명의신탁에 대한 제재방법으로 증여세를 부과하는 광의의 증여의제·추정조항이 다른 대체수단들보다 납세의무자에게 더 많은 피해를 준다고 단정할 수 없으므로, 광의의 증여의제·추정조항은 기본권 제한을 함에 있어서 침해의 최소성 원칙을 준수하였다."

642) 헌재 2009.11.26. 2008헌마114, 판례집 21-2하, 630, 643: 헌재 2012.8.23. 2010헌가65, 공보 191, 1537, 1541-1542.

마련하고 있다."는 이유로, 헌재 2008.12.26. 2007헌바128 결정에서는 "자필증서에 의한 유언시 '날인'요구 규정에는 대법원 판례가 확인한 '무인(拇印)'이라는 보완조치가 있다."는 이유로 침해의 최소성을 인정하였다.

다) 소결

그리하여 헌법재판소는 헌재 2012.5.31. 2010헌마88 결정에서, "이 사건 법률조항[643]이 사인의 '사생활의 비밀과 자유, 인격권'과 사인의 '표현의 자유'가 충돌하는 상황에서 침해의 최소성 요건을 충족시켰다고 볼 수 있는지 여부는, ①이 사건 법률조항이 예정하는 임시조치 이외에 정보게재자의 표현의 자유를 덜 제약하면서도 입법목적을 효과적으로 달성할 수 있는 다른 수단이 존재하는지와, ②이 사건 법률조항에 기한 임시조치의 절차적 요건과 내용 자체가 필요최소한의 정도로만 표현의 자유를 규제하고 있다고 평가할 수 있겠는지 하는, 두 가지 관점에서 살펴볼 수 있다."고 판시하였다.

4) 법익의 균형성

법익의 균형성이란, 그 입법에 의하여 보호하려는 공익과 침해되는 사익을 비교형량할 때 보호되는 공익이 더 커야 한다는 것이다.[644]

라. 완화된 심사

1) 개관

헌법재판소는 제재수단이 최소침해성을 충족하는지 여부를 심사함에 있어서, 예컨대 ①의료인의 '의료행위'의 사회적 기능이나 사회적 연관성의 비중이 매우 크다는 관점에서 볼 때 '국가가 강제지정제를 택한 것'에 대하여,[645] ②입법자는 주민소환제의 형성에 있어 광범위한 입법재량을 갖고 있기 때문에,[646] ③경제적 활동을 규제하는 사회·경제정책적 법률을 제정함에 있어서는 입법자에게 보다 광범위한 형성

643) 정보통신망을 통하여 일반에게 공개된 정보로 말미암아 사생활 침해나 명예훼손 등 타인의 권리가 침해된 경우 그 침해를 받은 자가 삭제요청을 하면 정보통신서비스 제공자는 권리의 침해여부를 판단하기 어렵거나 이해당사자 간에 다툼이 예상되는 경우에는 30일 이내에서 해당 정보에 대한 접근을 임시적으로 차단하는 조치를 하여야 한다고 규정하고 있는 '정보통신망 이용촉진 및 정보보호 등에 관한 법률'(2008.6.13. 법률 제9119호로 개정된 것) 제44조의2 제2항 중 '임시조치'에 관한 부분 및 제4항.

644) 그러므로 이 항목의 답안을 작성할 때, 그 입법에 의하여 달성하고자 하는 공익(입법목적)과 제한되는 기본권을 구체적으로 적시하여 비교형량해야 한다.

645) 헌재 2002.10.31. 99헌바76등 결정 참조.

646) 헌재 2009.3.26. 2007헌마843 결정 참조.

권이 인정되므로,[647] ④직업수행의 자유는 직업선택의 자유에 비하여 상대적으로 그 침해의 정도가 작다고 할 것이어서, 이에 대하여는 공공복리 등 공익상의 이유로 비교적 넓은 법률상의 규제가 가능하다는 이유로,[648] 완화된 과잉금지심사를 한다.

2) 구체적 영역

가) 상업광고

상업광고는 표현의 자유의 보호영역에 속하지만 사상이나 지식에 관한 정치적·시민적 표현행위와는 차이가 있고, 직업수행의 자유에 있어서도 인격발현과 개성신장에 미치는 효과가 중대한 것이 아니다. 그러므로 상업광고 규제에 관하여 비례의 원칙에 의한 심사를 하더라도 그 중 피해의 최소성 원칙은 '같은 목적을 달성하기 위하여 달리 덜 제약적인 수단이 없을 것인지 혹은 입법목적을 달성하기 위하여 필요한 최소한의 제한인지'를 심사하기 보다는 '입법목적을 달성하기 위하여 필요한 범위내의 것인지'를 심사하는 정도로 완화되는 것이 상당하다.[649]

나) 표현의 방법

일반적으로 국가가 개인의 표현행위를 규제하는 경우, 표현내용에 대한 규제는 원칙적으로 중대한 공익의 실현을 위하여 불가피한 경우에 한하여 엄격한 요건하에서 허용되는 반면, 표현내용과 무관하게 표현의 방법을 규제하는 것은 합리적인 공익상의 이유로 폭넓은 제한이 가능하다.[650]

다) 전문분야 자격제도

입법부가 일정한 전문분야에 관한 자격제도를 마련함에 있어서는 그 제도를 마

---

647) 헌재 2010.12.28. 2009헌바171 결정 참조.

648) 헌재 2017.8.31. 2016헌바386 결정 참조.

649) 헌재 2012.2.23. 2009헌마318. 공보 185, 465, 471. 同旨, 헌재 2005.10.27. 2003헌가3 (의료광고규제) 결정; 헌재 2008.5.29. 2007헌마248 (세무사명칭 사용제한) 결정; 헌재 2016.3.31. 2014헌마794 (세종특별자치시 옥외광고물) 결정 참조.

650) 헌재 2002.12.18. 2000헌마764 : "서명요청 활동은 주민소환청구권 행사의 전제 내지 실현수단의 의미를 가지므로 주민소환제도에 대한 경우와 마찬가지로 그 내용과 방법에 관하여 입법자의 형성의 자유가 인정되는 영역이라고도 할 수 있다. 따라서 이 사건 법률조항{'주민소환에 관한 법률'(2006.5.24. 법률 제7958호로 제정된 것) 제32조 제1호 중 제10조 제4항에 관한 부분}에 대한 과잉금지원칙 위반여부를 심사함에 있어서는, 일반적인 표현의 자유에 대한 제한에 적용되는 엄격한 의미의 과잉금지원칙 위반여부의 심사가 아닌 실질적으로 완화된 심사를 함이 상당하고, 특히 '피해의 최소성' 요건은 입법목적을 달성하기 위한 덜 제약적인 수단은 없는지 혹은 필요한 최소한의 제한인지를 심사하기 보다는 '<u>입법목적을 달성하기 위하여 필요한 범위 내의 것인지</u>'를 심사하는 정도로 완화시켜 판단하여야 할 것이다."

련한 목적을 고려하여 정책적인 판단에 따라 자격제도의 내용을 정함에 있어서 그 내용이 명백히 불합리하고 불공정하지 아니하는 한 원칙적으로 입법부에게 광범위한 형성의 자유가 인정된다.[651)]

마. 형벌조항의 경우

1) 개관

입법자가 어떠한 법규위반행위에 대하여 형사적 제재를 부과하도록 규정하는 경우 '신체의 자유'와 '재산권'은 범죄의 설정 및 그 법정형의 종류와 범위를 선택함에 있어 항상 수반되는 제한이라 할 수 있으므로, (다른 기본권침해 여부에 대한 판단은 별론으로 하고) 그 침해여부는 일반적으로 입법자의 선택이 입법재량의 범위 내에서 이루어졌는지를 살펴봄으로써 판단할 수 있다.[652)] 형벌조항의 경우 전통적인 의미의 과잉금지원칙을 심사기준으로 판단한 사례도 있으나,[653)] 통상의 경우 특히 형사특별법의 경우는 ①책임과 형벌 간의 비례원칙[654)]과 ②평등원칙(체계정당성)을 심사기준으로 판단하고 있다.[655)]

---

651) 헌재 2007.4.26. 2003헌마947, 판례집 19-1, 514, 531; 헌재 2012.3.29. 2009헌마754 : "따라서 변호사라는 전문분야의 자격에 관한 이 사건 법률조항(변호사시험법 제5조 제1항 본문)의 위헌성을 판단함에 있어서는 위와 같은 입법재량을 감안하여 헌법 제37조 제2항의 요구가 다소 완화된다고 할 것이다(헌재 2009.2.26. 2008헌마370, 판례집 21-1상, 292, 307). (…) 앞서 본 바와 같이 입법자에게는 전문직 자격제도에 관한 형성의 자유가 인정되고, 변호사 시험에 있어서도 어떠한 제도를 선택할 것인지에 관하여 형성의 여지가 인정된다. 따라서 이 사건 법률조항에 있어서 침해의 최소성 판단은 가장 덜 제약적인 방법인지가 아니라, 완화된 기준으로 입법목적을 달성하기 위한 필요한 범위 내의 것인지를 심사하는 방법에 의하여야 할 것이다." 同旨, 헌재 2012.4.24. 2009헌마608등, 공보 848, 851; 헌재 2016.3.31. 2014헌마1046, 공보 234, 658, 661.

652) 헌재 2011.11.24. 2011헌바18 : "이 사건 법률조항{총포와 아주 비슷하게 보이는 것으로서 대통령령이 정하는 모의총포의 소지를 처벌하는 규정인 '총포·도검·화약류 등 단속법'(2003.7.29. 법률 제6948호로 개정된 것) 제73조 제1호 중 "제11조 제1항 본문" 부분}은 유기징역형과 벌금형을 규정하여 모의총포를 소지하지 못하도록 강제함으로써 모의총포를 소지하려는 사람의 신체의 자유 또는 재산권을 제한하고 있다. 이는 입법자가 어떠한 법규위반행위에 대하여 형사적 제재를 부과하도록 규정하는 경우 범죄의 설정 및 그 법정형의 종류와 범위를 선택함에 있어 항상 수반되는 제한이라 할 수 있으므로, 그 침해여부는 뒤에서 보는 바와 같이 위와 같은 입법자의 선택이 입법재량의 범위 내에서 이루어졌는지를 살펴봄으로써 판단할 수 있다."

653) 간통죄 사건(헌재 2008.10.30. 2007헌가17), 혼인빙자간음죄 사건(헌재 2009.11.26. 2008헌바58등).

654) 한편 헌재 2015.10.21. 2014헌바266 결정에서는 '과잉금지원칙 위반여부'라는 표제 아래 "책임과 형벌 간의 비례원칙" 심사를 하고 있다.(공보 229, 1667, 1671)

655) 형법조항에 대하여 이와 같은 심사기준을 적용한 사례로, 헌재 2011.11.24. 2010헌바472 (행사할 목적으로 타인의 서명을 위조하고 이를 행사한 자를 처벌하는 제239조 제1항, 제2항), 공보 182, 1844 이하; 헌재 2017.8.31. 2015헌가30 (사무처리를 그르치게 할 목적으로 공무원

2) 책임과 형벌 간의 비례원칙

어떤 행위를 범죄로 규정하고 이를 어떻게 처벌할 것인가 하는 문제, 즉 범죄의 설정과 법정형의 종류 및 범위의 선택 문제는 그 범죄의 죄질과 보호법익에 대한 고려뿐만 아니라 우리의 역사와 문화, 입법 당시의 시대적 상황, 국민 일반의 가치관과 법감정 그리고 범죄 예방을 위한 형사정책적 측면 등 여러 가지 요소를 종합적으로 고려하여 입법자가 결정할 사항으로서 입법재량 내지 형성의 자유가 인정되어야 할 분야이다.[656] 그러나 우리 헌법은 국가권력의 남용으로부터 국민의 기본권을 보호하려는 법치국가의 실현을 기본이념으로 하고 있고, 법치국가의 개념은 범죄에 대한 법정형을 정함에 있어 죄질과 그에 따른 행위자의 책임 사이에 적절한 비례관계가 지켜질 것을 요구하는 실질적 법치국가의 이념을 포함하고 있으므로, 어떤 행위를 범죄로 규정하고 어떠한 형벌을 과할 것인가 하는데 대한 입법자의 입법형성권이 무제한한 것이 될 수는 없다. 형벌의 위협으로부터 인간의 존엄과 가치를 존중하고 보호하여야 한다는 헌법 제10조의 요구에 따라야 하고, 헌법 제37조 제2항이 규정하고 있는 과잉입법금지의 정신에 따라 형벌개별화 원칙이 적용될 수 있는 범위의 법정형을 설정하여 실질적 법치국가의 원리를 구현하도록 하여야 하며, 형벌이 죄질과 책임에 상응하도록 적절한 비례성을 지켜야 한다.[657]

그러므로 책임과 형벌 간의 비례원칙을 구체적인 사건에 적용하여 판단함에 있어서, 예를 들어 아동·청소년 성매매 영업알선행위를 7년 이상의 유기징역형에 처하도록 하고 있는 '아동·청소년 성보호에 관한 법률' 제12조 제1항 제2호에 관한 헌재 2011.10.25. 2011헌가1 사건의 경우 "①보호법익의 중요성, ②불법성과 죄질, ③형사정책적 고려, ④형벌의 개별화 문제"의 순서로 판단하였다[전원일치 합헌]. 또한 수재액이 5,000만 원 이상인 때에는 7년 이상의 징역으로 처벌하도록 규정한 구 '특정경제범죄 가중처벌 등에 관한 법률' 제5조 제4항 제2호에 관한 헌재 2012.12.27. 2011헌바217 사건의 경우, "①가중처벌로 달성하려는 공익 및 형사정책적 고려, ②집행유예가 불가능한 점이 책임에 반하는 과잉형벌인지 여부, ③수수액을 기준으로 한 법정형 가중의 합리성"의 순서로 판단하였다[4(합헌):5(위헌)-합헌].

또는 공무소의 전자기록등 특수매체기록을 위작한 자를 10년 이하의 징역에 처하도록 정한 형법 제227조의2 중 "위작"에 관한 부분), 공보 251, 855 이하 참조.

656) 헌재 2011.11.24. 2010헌가42, 공보 182, 1735, 1739. 한편 헌재 2015.6.25. 2013헌가17등 사건에서는 과잉금지심사를 하면서 '침해의 최소성' 판단에서 책임과 형벌 사이의 비례성 준수 여부를 검토하고 있다(공보 225, 978, 985).

657) 헌재 2010.11.25. 2009헌바27, 판례집 22-2하, 368, 380-381.

3) 형벌의 체계정당성 및 평등원칙

형벌체계의 균형성(형벌의 체계정당성) 및 평등원칙이란, "죄질과 보호법익 등이 유사한 범죄는 합리적인 범위 내에서 비슷한 법정형으로 처벌되어야 함"을 뜻한다.[658] 특정 범죄에 대한 형벌이 그 자체 책임과 형벌 간의 비례의 원칙에 위반되지 않더라도 죄질과 보호법익이 유사한 범죄에 대한 형벌과 비교할 때 현저히 형벌체계상의 정당성과 균형을 잃은 것이 명백한 경우에는 인간의 존엄성과 가치를 보장하는 헌법의 기본원리에 위배될 뿐만 아니라 법의 내용에 있어서도 평등의 원칙에 반하여 위헌이라 할 수 있다.[659]

한편, 같은 범죄라고 정의내리고 있는 범죄들 내에서도 똑같은 범죄는 있을 수 없을 만큼 행위태양이 다양할 뿐만 아니라, 법정형을 정할 때 각 범죄마다 고려해야 할 요소 또한 서로 다르다. 무릇 법정형에 불합리한 점이 존재한다는 이유만으로 그러한 법정형이 반드시 위헌이 되는 것은 아니고, 법관의 양형이라는 절차에서 어느 정도 그 불합리성을 제거할 가능성이 있다면 위헌성은 충분히 극복될 수 있다. 특정 범죄행위에 대한 평가는 일차적으로는 법정형을 통해서 이루어지지만, 재판과정에서 법관의 양형이라는 또 다른 단계를 거쳐 최종적인 평가가 이루어지기 때문에 법관의 양형으로 불법과 책임을 일치시킬 수 있으면 법정형이 내포하고 있는 약간의 위헌성은 극복될 수 있는 것이다.[660]

2. 본질적 내용 침해금지

가. 의의 및 연혁

헌법 제37조 제2항은 과잉금지원칙과 함께 '기본권(자유권)이 어떠한 경우에도 그 본질적 내용에 있어서 침해되어서는 안 된다'는 기본권제한의 최종적 한계를 설정하고 있다.[661] 여기에서 기본권의 본질적 내용이란 "만약 이를 제한하는 경우에는 기본권 그 자체가 무의미하게 되는 기본권의 근본요소"를 의미한다.[662] 기본

---

658) 헌재 2006.6.29. 2006헌가7 판례집 18-1하, 185, 194; 헌재 2011.11.24. 2010헌바472, 공보 182, 1844, 1847.

659) 헌재 2010.11.25. 2009헌바27, 판례집 22-2하, 368, 382; 헌재 2009.2.26. 2008헌바9 등, 판례집 21-1상, 137, 147. 형벌체계상의 균형에 어긋난다는 이유만으로 위헌결정을 선고한 사례로 헌재 2016.7.28. 2015헌바6 결정 참조.

660) 헌재 2008.11.27. 2007헌가24, 판례집 20-2하, 173, 182-183; 헌재 2011.11.24. 2010헌가42, 공보 182, 1735, 1740.

661) 한수웅(헌법학), 493면.

662) 헌재 1996.1.25. 93헌바5등, 판례집 8-1, 27, 34. 同旨, 헌재 1989.12.22. 88헌가13, 판례집 1,

권의 본질적 내용 침해금지 조항은 1960년 제2공화국헌법에서 독일기본법 제19조 제2항[663]을 모방하여 처음 규정하였는데, 유신헌법(제4공화국)에서 삭제되었다가 5공화국헌법(1980) 때 부활되었다.

나. 과잉금지원칙과의 관계

생명권과 같은 예외적인 경우를 제외한다면, 공권력행위의 위헌심사에 있어서 과잉금지원칙이 준수되었다면 기본권의 제한은 입법목적에 비추어 적정하다는 것을 의미하기 때문에, 일반적으로 본질적 내용이 침해되지 않은 것으로 간주될 수 있다. 과잉금지원칙이 준수되었다는 것은 개인의 자유를 가장 적게 제한하는 수단을 선택하였다는 것을 의미한다. 이러한 점에서, 기본권의 제한이 과잉금지원칙에 부합하지만 본질적 내용을 침해하는 경우는 상정하기 어렵다. 한편, 공권력행위가 과잉금지원칙에 위반되는 경우 비로소 본질적 내용이 침해되었는지를 판단해야 할 필요성이 있는데, 이 경우 이미 과잉금지원칙의 위반으로 인하여 기본권 제한행위의 위헌성이 확인되었으므로 결과적으로 더 이상 본질적 내용의 침해여부를 밝힐 실익이 없다.[664] 따라서 헌법재판소로서는 기본권의 본질적 내용을 확인할 수 있고 공권력행위가 그 본질적 내용을 침해한다고 판단되는 경우[665] 이외에는 본질적 내용에 대한 판단을 굳이 할 필요가 없을 것이다.

3. 신뢰보호원칙

가. 의의[666]

신뢰보호의 원칙은 헌법상 법치국가 원리로부터 파생되는 것으로, 법률이 개정되는 경우에는 기존 법질서와의 사이에 어느 정도의 이해관계의 상충은 불가피하

357, 373; 헌재 1995.4.20. 92헌바29, 판례집 7-1, 499, 509.

663) "기본권의 본질적 내용은 어떤 경우에도 침해되어서는 안 된다."

664) 한수웅(헌법학), 497면.

665) 이 경우에 과잉금지원칙 위배여부에 대하여는 판단할 필요가 없다.(헌재 1995.9.28. 92헌가11 등 결정 참조)

666) 대법원 판례에 의하면, 행정상 법률관계에서 행정청의 행위에 대하여 신뢰보호의 원칙이 적용되기 위하여는, 첫째 행정청이 개인에 대하여 신뢰의 대상이 되는 공적인 견해표명을 하여야 하고, 둘째 행정청의 견해표명이 정당하다고 신뢰한 데에 대하여 그 개인에게 귀책사유가 없어야 하며, 셋째 그 개인이 그 견해표명을 신뢰하고 이에 상응하는 어떠한 행위를 하였어야 하고, 넷째 행정청이 그 견해표명에 반하는 처분을 함으로써 그 견해표명을 신뢰한 개인의 이익이 침해되는 결과가 초래되어야 하며, 마지막으로 위 견해표명에 따른 행정처분을 할 경우 이로 인하여 공익 또는 제3자의 정당한 이익을 현저히 해할 우려가 있는 경우가 아니어야 한다.(대법원 2002.11.8. 선고 2001두1512 판결)

다고 할 것인바, 이 경우 기존의 법질서에 대한 당사자의 신뢰가 합리적이고 정당한 반면, 법률의 제정이나 개정으로 야기되는 당사자의 손해가 극심하여 새로운 입법으로 달성코자 하는 공익적 목적이 그러한 당사자의 신뢰가 파괴되는 것을 정당화할 수 없는 경우, 그러한 새 입법은 허용될 수 없다는 것이다.[667] 그러나 국민들이 국가의 공권력행사에 관하여 가지는 모든 기대 내지 신뢰가 절대적인 권리로서 보호되는 것은 아니다.[668] 따라서 헌법적 신뢰보호는 개개의 국민이 어떠한 경우에도 '실망'을 하지 않도록 하여 주는 데까지 미칠 수는 없다.[669] 또한 국민(청구인)의 구법에 대한 위 신뢰가 보호할 만한 가치가 있다 하더라도 그 신뢰가 영구적으로 보호되어야 하는 것은 아니고, 보호의 범위 및 방법, 보호기간 등 구체적인 사정을 참작하여 신뢰보호가 충분히 이루어졌다고 볼 수 있는 때에는 위 신뢰가 소멸된 것으로 보아야 한다.[670]

나. 심사방법

1) '법률내용의 위헌여부'와 '종래의 법적 지위에 대한 침해의 위헌여부'

입법자가 법률개정을 통하여 과거에 형성된 '기본권적으로 보호되는 법적 지위'를 축소·폐지함으로써 새로이 규율하는 경우, 자유권(직업의 자유 또는 재산권)과 신뢰보호의 관점에서 이중적으로 개정법률의 합헌성을 심사해야 한다. 즉, 개정법률이 합헌적이기 위해서는 '장래에 있어서' 적용되는 법률[671]이 그 내용에 있어서 헌법에 합치해야 할 뿐만 아니라, 또한 구법에 의하여 형성된 '종래의' 지위에 대한 침해[672]를 정당화해야 한다. 따라서 개정법률의 위헌심사는 '개정법률에 의한

667) 헌재 1995.6.29. 94헌바39, 판례집 7-1, 896, 910. 同旨, 헌재 1996.2.16. 96헌가2등 : "신뢰보호의 원칙은 법치국가원리에 근거를 두고 있는 헌법상의 원칙으로서 "특정한 법률에 의하여 발생한 법률관계는 그 법에 따라 파악되고 판단되어야 하며, 과거의 사실관계가 그 뒤에 생긴 새로운 법률의 기준에 따라 판단되지 않는다는 국민의 신뢰를 보호하기 위한 것이다."

668) 헌재 1996.4.25. 94헌마119, 판례집 8-1, 433, 445-446 참조.

669) 헌재 1995.6.29. 94헌바39, 판례집 7-1, 896, 910; 헌재 1999.7.22. 97헌바76등 판례집 11-2, 175, 195; 헌재 2011.4.28. 2010헌바114, 공보 175, 717, 723.

670) 헌재 2008.9.25. 2007헌마233, 판례집 20-2 상, 587, 603; 헌재 2011.10.25. 2010헌마482, 공보 181, 1656, 1661.

671) 보통 법률의 本則에 규정한다.

672) 보통 경과조치로 법률의 附則에 규정한다. 그런데 헌재 2012.3.29. 2010헌마443등 사건에서처럼 본칙을 개정하면서 부칙에 경과조치를 규정하지 않는 경우도 있다. 이는 (행정)입법자가 종래의 법적 지위(소위 '기득권')를 보호하지 않겠다는 (소극적) 의사표시를 한 것으로 볼 수 있다. 이러한 경우에는 본칙에 대하여 "규정내용의 위헌여부"(위 2010헌마443등 사건의 경우 재산권 침해여부)와 "종래의 법적 지위에 대한 침해의 위헌여부"(신뢰보호원칙 위배여부)를 함께 심사하게 된다.

기본권제한이 합헌인지'의 심사(기본권제한의 내용적·실체적 한계에 대한 심사)[673]와 '이러한 기본권제한을 과거에 발생한 사실관계에 확대하는 것이 합헌인지'의 심사(법률적용범위의 시간적 한계에 대한 심사)라는 이중적 심사로 이루어진다.[674] 이 경우 전자가 위헌이라면 후자는 당연히 위헌의 결과에 이르고,[675] 전자가 합헌이라도 후자는 위헌이 될 수 있다.[676]

2) 신뢰보호원칙에 의한 심사

이러한 신뢰보호원칙의 위반여부는 한편으로는 침해되는 이익의 보호가치, 침해의 정도, 신뢰의 손상 정도, 신뢰 침해의 방법 등과 또 다른 한편으로는 새로운 입법을 통하여 실현하고자 하는 공익적 목적 등을 종합적으로 형량하여야 한다.[677] 따라서 신뢰보호원칙의 위반여부를 판단함에 있어서는, 첫째, 보호가치 있는 신뢰이익이 존재하는가, 둘째, 과거에 발생한 생활관계를 현재의 법으로 규율함으로써 달성되는 공익이 무엇인가, 셋째, 개인의 신뢰이익과 공익상의 이익을 비교형량하여 어떠한 법익이 우위를 차지하는가를 살펴보아야 할 것이다.[678]

---

673) 대부분 '과잉금지심사'가 행해지나, 공법상 권리(퇴직연금제도의 변동 등)인 경우 합리성심사를 하기도 한다.

674) 한수웅(헌법학), 269면.

675) 부진정소급입법의 경우에는 이에 해당하는 사례가 없지만, 진정소급입법의 경우에는 그 예가 있다. 즉, 헌재 2006.6.29. 2005헌마165등 결정에서 헌법재판소는, "정정보도청구의 소를 민사집행법상 가처분절차에 의하여 재판하도록 규정한 '언론중재 및 피해구제 등에 관한 법률'(언론중재법) 제26조 제6항 본문 전단 중 '정정보도청구' 부분이 신문사업자인 청구인들의 공정한 재판을 받을 권리와 언론의 자유를 침해하여 위헌이기 때문에, 언론중재법 시행 전의 언론보도로 인한 정정보도청구에 대하여도 언론중재법을 적용하도록 규정한 언론중재법 부칙 제2조 중 '제14조 제2항, 제26조 제6항 본문 전단 중 정정보도청구 부분, 제31조 후문' 부분은 당연히 위헌의 판단을 받아야 한다."고 판시하였다.

676) 이와 같은 예 중 **부진정소급입법**의 예로는, 변리사자격 부여제도를 바꾸면서(합헌) 기존 특허청 경력공무원 중 일부에게만 구법규정을 적용하여 변리사자격이 부여되도록 규정한 변리사법부칙 사건(헌재 2001.9.27. 2000헌마208), 기존 국세관련 경력공무원 중 일부에게만 구법규정을 적용하여 세무사자격이 부여되도록 규정한 세무사법부칙 사건(헌재 2001.9.27. 2000헌마152)이 있다. [각 헌법불합치-계속적용] 한편 **진정소급입법**의 예로는, 공무원이 '직무와 관련 없는 과실로 인한 경우' 및 '소속상관의 정당한 직무상의 명령에 따르다가 과실로 인한 경우'를 제외하고 재직 중의 사유로 금고 이상의 형을 받은 경우, 퇴직급여 등을 감액하도록 규정한 공무원연금법 조항은 합헌이나 2009.12.31. 개정된 위 감액조항을 2009.1.1.까지 소급하여 적용하도록 규정한 공무원연금법 부칙조항은 소급입법금지원칙에 위배되어 위헌이라는 사건(헌재 2013.8.29. 2010헌바354등)이 있다.

677) 헌재 2001.2.22. 98헌바19, 판례집 13-1, 212, 219-220 ; 헌재 2001.4.26. 99헌바55, 판례집 13-1, 869, 885-886.

678) 헌재 2009.5.28. 2005헌바20등, 공보 152, 1065, 1073.

3) 사례

◈ 헌재 2010.6.24. 2008헌마271등

이 결정에서 헌법재판소(다수의견)는 "①청구인들의 신뢰 및 보호가치, ②신뢰침해의 정도, ③공익의 중대성"의 순서로 판단한 끝에, 심판대상조항[679]이 헌법상 신뢰보호의 원칙을 위배하여 청구인들의 직업선택의 자유를 침해한다고 보기 어렵다는 결론을 내렸다.[680]

◈ 헌재 2012.3.29. 2010헌마443등

이 결정에서 헌법재판소는 "①청구인들의 신뢰의 보호가치, ②공익목적, ③신뢰보호와 공익목적의 형량"의 순서로 판단한 끝에, 이 사건 시행령조항[681]이 청구인들의 재산권을 침해하지 아니하고 신뢰보호원칙에도 위배되지 아니한다고 판시하였다.

◈ 헌재 2012.8.23. 2010헌바28

이 결정에서 헌법재판소는 "①이 사건 오염원인자조항이 추구하는 공익, ②신뢰이익, ③공익과 신뢰이익과의 비교형량"의 순서로 판단한 끝에, "이 사건 오염원인자조항은 2002.1.1. 이전에 토양오염관리대상시설을 양수한 자를 그 양수 시기의 제한 없이 모두 오염원인자로 간주하여 보호가치 있는 신뢰를 침해하였으므로, 신뢰보호원칙에 위배된다."고 판시하여(주문: 헌법불합치 및 적용중지명령) 관련 기본권에 대한 언급이 없는바, 이는 동 사건이 규범통제형 헌법소원 사건인 점이 고려된 것으로 보인다.

◈ 헌재 2012.11.29. 2011헌마786등

이 결정에서 헌법재판소는 "①신뢰이익의 존재 및 보호가치, ②청구인들의 신뢰이익에 대비되는 공익, ③신뢰이익과 위 공익의 비교·형량 외에 ④신뢰보호의 범위와 정도"의 순서로 판단한 끝에 "이 사건 심판대상 조항[682]은 이 사건 법원조직법 개정 시점인 2011.7.18. 당시에 이미 사법연수원에 입소하여 사법연수생의 신분을 가지고 있었던 자가 사법연수원을 수료하는 해의 판사 임용에 지원하는 경우

---

679) 산업안전보건법 시행규칙 부칙 <노동부령 제289호, 2007.12.31> 제7조

680) 이에 대하여 재판관 3인의 반대의견은 "①청구인들의 신뢰 및 보호가치, ②신뢰침해의 중대성, ③규제방법의 적정성"의 순서로 판단한 끝에 심판대상조항은 헌법상 신뢰보호의 원칙에 반하여 청구인들의 직업선택의 자유를 침해하므로 헌법에 위반된다는 견해를 제시하였다.

681) 개인택시면허의 양도 및 상속을 금지하고 있는 '여객자동차 운수사업법 시행령'(2009.11.27. 대통령령 제21854호로 개정된 것) 제10조의2 [이에 해당하는 경과규정(부칙조항)이 없었음]

682) 법원조직법(2011.7.18. 법률 제10861호) 부칙 제1조 단서 중 제42조 제2항에 관한 부분 및 제2조

에 적용되는 한 신뢰보호원칙에 반하여 청구인들의 공무담임권을 침해한다."고 판시하였다(주문: 한정위헌).

◈ 헌재 2015.10.21. 헌재 2013헌바248

이 결정에서 헌법재판소는 "①헌법상 보호가치 있는 신뢰이익이 존재하는지 여부, ②이 사건 부칙조항683)이 추구하는 공익, ③공익과 신뢰이익 간의 형량"의 순서로 판단한 끝에 "따라서 보호해야 할 청구인의 신뢰의 가치는 그리 크지 않은 반면, 위반건축물의 위법상태를 치유함으로써 건축물의 안전 · 기능 · 미관을 증진하여야 할 공익적 가치는 중대하므로, 이 사건 부칙조항이 신뢰보호원칙을 위반하여 청구인의 재산권을 침해하였다고 볼 수 없다."고 판시하였다.

다. 헌법상 보호할 만한 신뢰가 아니라고 본 사례

◈ 헌재 2001.6.28. 2001헌마132 (백화점 셔틀버스)

"청구인들이 이 사건 법률조항684)의 입법이 있기까지 관할관청의 묵인하에 그 동안 무상셔틀버스를 규제없이 운행해 왔다 하더라도 이는 법규의 미비로 인하여 누려왔던 반사적 이익에 불과하다고 할 것이고, 설사 그렇지 않다 하더라도 청구인들이 갖고 있는 셔틀버스운행에 대한 신뢰보호와 이 사건 법률조항의 입법으로 새로이 달성하려는 공익목적과를 비교·형량할 때 공익의 우월성을 인정할 수 있으므로, 사회환경이나 경제여건의 변화에 따라 구법질서가 더 이상 적절하지 아니하다는 입법자의 정책적인 판단에 의한 이 사건 법률조항의 입법으로 말미암아 청구인들이 구법질서에서 누리던 신뢰가 손상되었다 하더라도 이를 일컬어 헌법적 한계를 넘는 위헌적인 공권력행사라고는 평가할 수 없다."

◈ 헌재 2009.7.30. 2007헌마1037 (감정평가사 응시자격 강화)685)

"청구인이 종전 법에 따라 감정평가사가 될 수 있으리라는 기대를 갖고 그 자격시험을 준비해 온 행위는 국가에 의하여 일정한 방향으로 유도된 신뢰의 행사가

683) 위법건축물에 대하여 이행강제금을 부과하도록 하면서 이행강제금제도 도입 전의 위법건축물에 대하여도 이행강제금제도 적용의 예외를 두지 아니한 건축법 부칙(2008.3.21. 법률 제8974호) 제9조.

684) 2001.6.30.부터 백화점 등의 셔틀버스운행을 금지하고 이를 위반하는 자는 형사처벌하는 여객자동차운수사업법(2000.12.29. 법률 제6321호로 개정된 것) 제73조의2, 제81조 제7호의2.

685) <판시사항> : 금고 이상의 실형을 선고받고 그 집행이 종료되거나 그 집행이 면제된 날로부터 (종전 2년에서) 3년이 지나지 않은 경우를 감정평가사의 결격사유로 정한 '부동산 가격공시 및 감정평가에 관한 법률'(2007.4.27. 법률 제8409호로 일부 개정된 것) 제24조 제3호가 청구인의 직업선택의 자유를 침해하는지 여부(소극) [전원일치]

아니라 단지 법률이 부여한 기회를 활용한 경우에 불과하므로, 청구인의 그와 같은 기대는 헌법상 보호할 가치가 있는 신뢰이익에 해당한다고 할 수 없다."

◈ 헌재 2012.12.27. 2011헌바132 (증여세부과 제척기간 연장)[686]

"청구인이 증여세 납세의무 성립일 당시 당해 증여세 부과에 대하여 10년의 부과제척기간이 적용될 것으로 신뢰하였다고 하더라도, 이는 단순한 기대에 불과할 뿐 헌법상 보호해야 할 신뢰라고 보기 어렵다. 또 그 신뢰의 구체적인 내용도 증여세를 신고하지 않거나 허위신고 등을 한 경우 10년간 증여세가 부과되지 않으면 증여세를 회피할 수 있다는 것으로서, 이러한 신뢰는 공정과세·조세회피방지 등과 같이 제척기간을 연장한 입법목적과 비교할 때 우선하여 보호할 만한 가치가 있다고 보기도 어렵다."

라. 진정소급입법과 부진정소급입법

1) 진정소급입법

가) 의의

진정소급입법, 즉 과거에 속하는 이미 종료된 사태에 적용되어야 하는 규정은 원칙적으로 허용되지 아니하며, 특단의 사정이 있는 예외적인 경우에만 허용된다. 즉, "진정소급입법이 허용되는 예외적인 경우로는 일반적으로, ①국민이 소급입법을 예상할 수 있었거나 법적 상태가 불확실하고 혼란스러웠거나 하여 보호할 만한 신뢰의 이익이 적은 경우나 ②소급입법에 의한 당사자의 손실이 없거나 아주 경미한 경우에, ③신뢰보호의 요청에 우선하는 심히 중대한 공익상의 사유가 소급입법을 정당화하는 경우를 들 수 있다."[687] 헌법 제38조는 "모든 국민은 법률이 정하는 바에 의하여 납세의 의무를 진다."고 하고, 헌법 제59조는 "조세의 종목과 세율은 법률로 정한다."고 규정하여 조세법률주의를 선언하고 있는데, 이는 납세의무가 존재하지 않았던 과거에 소급하여 과세하는 입법을 금지하는 원칙을 포함하는 것이므로, 새로운 입법으로 과거에 소급하여 과세하거나 이미 납세의무가 존재하는 경우에도 소급하여 중과세하는 것은 이에 위반된다.[688]

일반적으로 소급입법이 금지되는 주된 이유는 문제된 사안이 발생하기 전에 그

686) 증여세 무신고 등의 경우 부과제척기간을 15년으로 연장한 국세기본법(1994.12.22. 법률 제4810호) 제26조의2 제1항의 개정규정을 1995.1.1. 이후 부과할 수 있는 날이 개시되는 증여세부터 적용하도록 규정한 위 국세기본법 부칙 제3조.

687) 헌재 1996.2.16. 96헌가2등, 판례집 8-1, 51, 88.

688) 헌재 2008.5.29. 2006헌바99, 공보 140, 746, 750-751.

사안을 일반적으로 규율할 수 있는 입법을 통하여 행위시법으로 충분히 처리할 수 있었음에도 불구하고, 권력자에 의해 사후에 제정된 법을 통해 과거의 일들이 자의적으로 규율됨으로써 법적 신뢰가 깨뜨려지고 국민의 권리가 침해되는 것을 방지하기 위함이다.[689] 따라서 소급입법이 예외적으로 허용되기 위해서는 '그럼에도 불구하고 소급입법을 허용할 수밖에 없는 공익상의 이유'가 인정되어야 한다. 이러한 필요성도 없이 단지 소급입법을 예상할 수 있었다는 사유만으로 소급입법을 허용하는 것은 헌법 제13조 제2항의 소급입법금지원칙을 형해화시킬 수 있으므로 예외사유에 해당하는지 여부는 매우 엄격하게 판단하여야 한다.[690]

나) 진정소급입법이라고 본 사례

◈ 헌재 2006.6.29. 2005헌마165등 [합헌 (7:2)]

"언론중재및피해구제등에관한법률(언론중재법) 부칙 제2조 본문은 언론중재법의 시행 전에 행하여진 언론보도에 대하여도 동법을 적용하도록 규정하고 있다. 이에 따라 정정보도청구권의 성립요건과 정정보도청구소송의 심리절차에 관하여 언론중재법이 소급하여 적용됨으로써 언론사의 종전의 법적 지위가 새로이 변경되었다. 이것은 이미 종결된 과거의 법률관계를 소급하여 새로이 규율하는 것이기 때문에 소위 진정소급입법에 해당한다. 진정소급입법은 헌법적으로 허용되지 않는 것이 원칙이고 이를 예외적으로 허용할 특단의 사정도 이 부칙조항에 대해 인정되지 않으므로 부칙 제2조 중 '제14조 제2항, 제26조 제6항 본문 전단 중 정정보도 청구 부분, 제31조 후문' 부분은 헌법에 위반된다."

◈ 헌재 2011.3.31. 2008헌바141등[691] [합헌 (7:2)]

"진정소급입법이라 할지라도 예외적으로 소급입법을 정당화할 수 있는 경우에는 이를 허용할 수 있는바, 친일재산에 내포된 민족배반적 성격과 우리 헌법 전문의 내용에 비추어 친일재산의 소급적 박탈은 충분히 예상될 수 있었다고 보이고, 재산귀속의 대상을 사안이 중대하고 범위가 명백한 네 가지 유형[692]으로 한정하고

---

689) 헌재 2011.3.31. 2008헌바141, 판례집 23-1상, 276, 307.

690) 헌재 2013.8.29. 2010헌바354등, 공보 203, 1121 1130.

691) 이 사건에서 헌법재판소는 재판관 7:2의 의견으로, 러·일전쟁 개전시부터 1945년 8월 15일까지 친일반민족행위자가 취득한 재산을 친일행위의 대가로 취득한 재산으로 추정하는 '친일반민족행위자 재산의 국가귀속에 관한 특별법' 제2조 제2호 후문(친일재산추정규정), 친일재산을 그 취득 원인행위시에 국가의 소유로 하도록 규정한 위 특별법 제3조 제1항 본문(친일재산 국가귀속규정) 등이 헌법에 위반되지 아니한다는 결정을 선고하였다.

692) 「일제강점하 반민족행위 진상규명에 관한 특별법」 제2조 제6호 내지 제9호 소정의 행위, 즉

있으며, 친일반민족행위자측은 그 재산이 친일행위의 대가가 아니라는 점을 입증하여 얼마든지 국가귀속을 막을 수 있으므로, '친일재산의 국가귀속규정'이 헌법 제13조 제2항에 위반된다거나 재산권을 침해한다고 볼 수도 없다."[693)]

◈ 헌재 2013.8.29. 2010헌바354 [위헌(7:2)][694)]

"이 사건에서 청구인들은 2009.1.1.부터 2009.12.31.까지 공무원 퇴직연금을 아무런 제한 없이 지급받고 있었는데, 이 사건 부칙조항으로 인하여 2009.1.1.까지 소급하여 개정 공무원연금법 제64조 제1항 제1호를 적용받게 되었고, 그에 따라 2009년도에 지급받은 퇴직급여액의 2분의 1에 대한 환수처분을 받았다. 그러므로 이 사건 부칙조항은 이미 이행기가 도래하여 청구인들이 퇴직연금을 모두 수령한 부분(2009년 1월분부터 2009년 12월분까지)에까지 사후적으로 소급하여 적용되는 것으로서 헌법 제13조 제2항에 의하여 원칙적으로 금지되는 이미 완성된 사실·법률관계를 규율하는 소급입법에 해당한다."

2) 부진정소급입법

가) 의의

부진정소급입법, 즉 장래를 향해서 효력을 갖지만 과거에 발생하여 현재까지 지속되고 있는 사태나 법적 관계를 불리하게 재평가하는 규정은 원칙적으로 허용되

"을사조약·한일합병조약 등 국권을 침해한 조약을 체결 또는 조인하거나 이를 모의한 행위(제6호), 한일합병의 공으로 작위를 받거나 이를 계승한 행위(제7호), 일본제국의회의 귀족원의원 또는 중의원으로 활동한 행위(제8호), 조선총독부 중추원 부의장·고문 또는 참의(찬의와 부찬의를 포함한다)로 활동한 행위(제9호)"를 말한다.

693) 헌법재판소는 이 결정에서 헌법 제13조 제2항의 소급입법의 금지를 '절대적 금지'가 아니라 '원칙적 금지'로 해석함으로써 진정소급입법을 예외적으로 허용하는 특단의 사정이 있는 경우에는 진정소급입법이 헌법적으로 허용된다는 입장을 밝혔는바, 이에 대하여는 "헌법이 국가의 특정한 행위를 명시적으로 금지하는 경우에는 일반적으로 이를 절대적으로 금지하는 것으로 이해하는 것이 문리적 해석에 부합하는 것이며, 헌법 제13조 제1항(형벌불소급원칙), 제3항(연좌제금지원칙)과 제2항(소급입법에 의한 재산권박탈의 금지)의 체계적 연관관계에서 볼 때, 제1항의 형벌법규불소급원칙과 제3항의 연좌제금지가 절대적 금지인 것과 마찬가지로 제2항도 절대적 금지로 이해하는 것이 타당하다는 점에서, 과연 헌법재판소 다수의견이 헌법의 객관적 의사에 부합하는 것인지 의문이 있다."는 비판이 있다. 한수웅(헌법학), 267면.

694) "공무원연금법 제64조 제1항 제1호는 공무원 퇴직급여수급권을 일정한 요건 아래 감액하는 내용으로서 재산권을 제한하는 법률이고, 이 사건 부칙조항{2009.12.31. 개정된 이 사건 감액조항을 2009.1.1.까지 소급하여 적용하도록 규정한 공무원연금법(2009.12.31. 법률 제9905호) 부칙 제1조 단서, 제7조 제1항 단서 후단}은 법적 공백상태에 있던 2009.1.1.부터 2009.12.31. 사이에 기존의 퇴직연금수급권자에 대하여 불이익하게 작용하는 개정 공무원연금법 제64조 제1항 제1호를 소급하여 적용하도록 규정하고 있으므로, 이 사건 부칙조항 역시 청구인들의 재산권을 제한하는 법률로 보아야 할 것이다."

지만 개인의 신뢰이익이 입법자의 형성권에 제한을 가하게 되며, 필요한 경우에는 경과규율을 통해 그로 인한 충격을 완화하여야 한다.

나) 부진정 소급입법이라고 본 사례

◈ 헌재 1996.2.16. 96헌가2등 [전원일치 합헌]

"만일 법원이 5·18민주화운동등에관한특별법이 처벌하려는 대상범죄의 공소시효가 아직 완성되지 않았다고 판단한다면, 위 특별법은 단지 진행중인 공소시효를 연장하는 법률로서 이른바 부진정소급효를 갖게 된다. 헌법 제13조 제1항에서의 가벌성을 결정하는 범죄구성요건과 형벌의 영역(이에 관한 한 절대적 소급효의 금지)을 제외한다면 소급효력을 갖는 법률이 헌법상 절대적으로 허용되지 않는 것은 아니다. 다만 소급입법은 법치주의원칙의 중요한 요소인 법적안정성의 요청에 따른 제한을 받을 뿐이다. 헌법재판소의 판례도 형벌규정에 관한 법률 이외의 법률은 부진정소급효를 갖는 경우에는 원칙적으로 허용되고, 단지 소급효를 요구하는 공익상의 사유와 신뢰보호의 요청 사이의 교량과정에서 신뢰보호의 관점이 입법자의 형성권에 제한을 가할 뿐이라는 것이다. 즉, 공소시효제도에 근거한 개인의 신뢰와 공소시효의 연장을 통하여 달성하려는 공익을 비교 형량하여 개인의 신뢰보호이익이 공익에 우선하는 경우에는 소급효를 갖는 법률은 헌법상 정당화될 수 없다."

◈ 헌재 2001.4.26. 99헌바55 [전원일치 합헌]

"이 사건 법률조항[695]은 농어촌특별세법 시행 전에 이미 그 양도되어 과세요건이 완성된 양도소득세 감면분에 대하여 소급하여 그 일부를 농어촌특별세로 부과하려는 것이 아니라, 동법 시행 당시 보유·임대중인 임대주택에 대하여 동법의 시행기간 중 장차 그것이 양도되면 그에 대한 양도소득세 감면분 중 일부를 농어촌특별세로 부과하려는 것이므로, 이는 아직 완성되지 아니하고 진행과정에 있는 사실 또는 법률관계를 규율대상으로 하는 이른바 '부진정소급효'의 입법에 해당하는 것이므로, 원칙적으로 허용되는 것이다."

◈ 헌재 2003.9.25. 2001헌마93등 [전원일치 합헌]

"연금급여액산정의 기초에 대한 공무원연금법 제27조 제3항, 사립학교교직원연금법 제35조 제3항은 현재 공무원이나 사립학교교직원으로 재직하고 있는 자로서 퇴직연금에 대한 기여금을 납입하고 퇴직하는 경우 장차 받게 될 퇴직연금에 대한 급여액의 산정기초를 종전에 '퇴직 당시의 보수월액'으로 하던 것을 '최종 3년간

695) 농어촌특별세법 (1994.3.24. 법률 제4743호로 제정된 것) 부칙 제3조 제1항 단서 후단.

평균보수월액'으로 변경한 것이므로, 위 퇴직연금에 대한 기대는 재산권의 성질을 가지고 있으나 확정되지 아니한 형성 중에 있는 권리로서 이는 아직 완성되지 아니하고 진행과정에 있는 사실 또는 법률관계를 규율대상으로 하는 이른바 '부진정소급입법'에 해당되는 것이어서, 종래의 법적 상태의 존속을 신뢰한 청구인들에 대한 신뢰보호만이 문제될 뿐, 소급입법에 의한 재산권박탈의 문제는 아니므로, 위 법률조항은 소급입법에 의한 재산권박탈금지의 원칙을 선언하고 있는 헌법 제13조 제2항에 위반되지 아니한다."[696]

◈ 헌재 2016.10.27. 2015헌바203등 [합헌 - 전원일치]

"심판대상조항[697]이 청구인의 상속관계에 영향을 미치는 것은, 실종선고가 1990년 개정민법 시행일 이후에 내려진 경우 실종기간이 구법 시행 중에 만료되더라도 상속에 관하여 개정민법의 규정이 적용된다는 점에 있으므로, 재산권 제한에 관하여 부진정소급입법의 성격을 가진다고 할 수 있다."

4. 평등원칙

가. 평등권(평등원칙)의 의의 및 차별의 존재여부

1) 의의

평등권은 본질적으로 같은 것은 같게, 본질적으로 다른 것은 다르게 취급할 것을 요구한다. 따라서 평등원칙은 입법자에게 본질적으로 같은 것을 자의적으로 다르게, 본질적으로 다른 것을 자의적으로 같게 취급하는 것을 금하고 있다. 평등권

---

696) 한편, "**퇴직급여액조정**을 '보수인상률연동'에서 '물가상승률연동'으로 개정한 연금액조정 및 그의 경과조치에 대한 공무원연금법 제43조의2, 부칙 제9조, 사립학교교직원연금법 제42조 제1항 중 공무원연금법 제43조의2 제1항을 준용하고 있는 부분 및 동법 부칙 제7조 제1항"에 대하여, 재판관 6인의 다수의견은 "위 본문규정은 재산권 등 기본권을 침해하지 않고, 부칙규정은 법개정 이후의 법률관계만을 규율하고 있을 뿐이므로 이미 종료된 과거의 사실관계 또는 법률관계에 새로운 법률이 소급적으로 적용되어 과거를 법적으로 새로이 평가하는 진정소급입법에는 해당하지 아니하며, (부진정소급입법인지 여부는 언급하지 않고) 다만 그 내용의 변경이 신뢰보호의 원칙에 위배되는 것인지의 여부가 문제될 뿐"이라고 하였다. 반면에 재판관 2인의 반대의견은 위 부칙규정은 (역시 부진정소급입법인지 여부는 언급하지 않고) 신뢰보호원칙에 위반된다는 의견을, 재판관 1인(김영일 재판관)의 반대의견은 위 부칙규정은 헌법이 금지하고 있는 소급입법에 의하여 청구인들의 재산권을 침해한 것이어서 헌법 제13조 제2항, 제23조에 위반된다는 의견을 제시하였다. [합헌- 6:3]

697) 실종기간이 구법 시행기간 중에 만료되는 때에도 그 실종이 개정민법 시행일 후에 선고된 때에는 상속에 관하여 개정민법의 규정을 적용하도록 한 민법 부칙(1990.1.13. 법률 제4199호) 제12조 제2항.

침해여부의 심사는 첫째, 본질적으로 동일한 것을 다르게 취급하고 있는가 또는 본질적으로 다른 것을 같게 취급하고 있는가 하는 차별취급 여부의 확인과, 둘째, 이러한 차별취급이 자의적인가의 두 단계로 이루어진다.

2) 비교집단의 존재

가) 개념

헌법상 규정된 평등원칙에 위반된 차별취급이 존재하기 위해서는 우선 동질적인 비교집단이 존재해야 하고, 그 비교집단에 대한 차별취급이 존재해야 한다.[698] 즉, 평등권의 침해는 본질적으로 동일한 비교집단을 다르게 취급하는 경우에 발생하므로,[699] 평등권의 침해가능성을 판단하기 위해서는 그 전제로서 본질적으로 동일한 비교집단이 존재하여야 한다.[700]

나) 비교집단의 존재를 인정한 사례

◈ 헌재 2010.4.29. 2008헌마622

"이 사건 법률조항[701]에 의하면 검사는 치료감호대상자에 대하여 치료감호를 청구할 수 있지만, 치료감호대상자 본인은 치료감호를 청구할 수 없고, 법원의 직권에 의한 치료감호 선고도 허용되지 아니한다. 그렇다면 이 사건 법률조항이 (…) **형사소송의 일방 당사자**인 검사에게는 치료감호 청구권을 부여하면서도 피고인에게는 치료감호 청구권을 부여하지 아니한 것이 합리적 근거가 있는 차별인지가 문제된다."

◈ 헌재 2012.6.27. 2010헌마716

"이 사건 고시조항[702]은 유전자재조합제제와 관련하여 국민건강보험법상 요양급여를 받을 수 있는 **A형 혈우병 환자**의 범위를 정함에 있어서 나이를 기준으로

---

698) 헌재 2010.3.25. 2009헌바83, 공보 162, 693, 697.

699) '본질적으로 다른 집단의 동일취급' 문제에 대하여는 후술.

700) 헌재 2010.6.24. 2010헌마167, 공보 165, 1214, 1218.

701) 구 치료감호법(2008.6.13. 법률 제9111호로 개정되기 전의 것) 제4조(검사의 치료감호청구) ① 검사는 치료감호대상자가 치료감호를 받을 필요가 있는 경우 관할 법원에 치료감호를 청구할 수 있다.

702) 1983.1.1. 이후 출생한 A형 혈우병 환자에 한하여 유전자재조합제제에 대한 요양급여를 인정하는 '요양급여의 적용기준 및 방법에 관한 세부사항'(2010.1.29. 보건복지가족부고시 제2010-20호) II. 약제 2.약제별 세부인정기준 및 방법 [339] 기타 의 혈액 및 체액용약 Recombinant blood coagulation factor vIII 주사제(품명: 리콤비네이트주, 애드베이트주 등)의 대상환자 중 "'83.1.1. 이후에 출생한" 부분.

1983.1.1. 이후에 출생한 환자들만 요양급여를 받을 수 있도록 하고 있어, 그 이전에 출생한 A형 혈우병 환자들은 그 이후에 출생한 A형 혈우병 환자들과 달리 유전자재조합제제에 대한 요양급여를 받을 수 없게 되는 불이익을 받게 되므로, 이러한 출생 시기에 따른 차별취급이 청구인들의 평등권을 침해하는 것인지 여부가 문제된다."

◈ 헌재 2013.7.25. 2011헌마676

"심판대상조항[703]은 주민투표권을 가진 자 중 투표일 전 19일 이전에 전입신고한 자는 전입한 주소지의 투표인명부에 등재하여 주소지 투표소에서 투표할 수 있도록 함에 비해 투표일 전 19일 이후에 전입신고한 자는 전입한 주소지의 투표인명부에 등재하지 아니하여 주소지 투표소에서 투표를 할 수 없도록 함으로써, 투표일 전 19일 이후에 전입신고한 자는 투표일 전 19일 이전에 전입신고한 자와 비교할 때 **동일한 주민투표권자**임에도 전입한 주소지의 투표소에서 투표를 할 수 없는 차별이 존재하게 되므로 평등권을 제한받게 된다."

다) 비교집단의 존재를 부인한 사례

◈ 헌재 2010.5.27. 2008헌바110

"청구인들은 사법시험에 있어서 정원제에 의한 합격자 선발방식을 취함으로써 사법시험 응시자들을 일정 점수 이상 득점자를 합격자로 선발하고 있는 공인회계사·변리사시험 응시자들에 비하여 합리적 이유없이 차별하고 있다고 주장하나, 변호사를 비롯한 법조인은 공인회계사·변리사 등과 업무의 양상과 국민의 신체와 재산에 미치는 영향의 정도에 있어서 현저하게 다르므로, 양자는 평등권의 침해를 논할 비교집단이 되지 않는다."

◈ 헌재 2012.2.23. 2011헌마233

"청구인은 이 사건 심판대상조항[704]이 사용자에 비해 근로자인 청구인을 합리적 이유 없이 차별하고 있다고 주장하고 있으나, 사용자의 부당해고로부터 신속하게 근로자의 권리를 구제하려는 이 사건 심판대상조항의 의미나 목적에 비추어 볼 때 그 추구하는 이익이 서로 대립·상충되는 사용자와 근로자를 본질적으로 동일한

---

703) 주민투표법(2009.2.12. 법률 제9468호로 개정된 것) 제6조(투표인명부의 작성 및 확정) ①주민투표를 실시하는 때에는 투표인명부 작성기준일(투표일 전 19일을 말한다)부터 5일이내에 투표인명부를 작성하여야 한다.

704) 사용자의 부당해고에 대한 구제신청기간을 규정한 근로기준법(2007.4.11. 법률 제8372호로 개정된 것) 제28조 제2항.

비교집단으로 볼 수는 없다. 따라서 사용자와 청구인은 평등의 비교대상이 될 수 없다고 할 것이므로 이 사건 심판대상조항과 관련하여 평등권 침해여부는 문제되지 않는다.

◈ 헌재 2012.3.29. 2010헌바100

"청구인이 비교집단이라고 주장하는 단순 집행유예를 선고받은 자와 사회봉사명령부 집행유예를 선고받은 자는 이 사건 법률조항[705]의 적용 이전에 존재하고 구분할 수 있는 집단이 아니라, 이 사건 법률조항을 적용하여 사회봉사명령을 한 결과 그 효과로서 비로소 나누어지는 집단이므로, 평등원칙이 적용되는 비교집단이라고 할 수 없다."

◈ 헌재 2012.4.24. 2010헌마605

"지방공사와 지방자치단체, 지방의회의 관계에 비추어 볼 때, '지방공사 직원의 직을 겸할 수 없도록 함에 있어' 지방의회의원과 국회의원은 본질적으로 동일한 비교집단이라고 볼 수 없으므로, 이를 달리 취급하였다고 할지라도 이것이 지방의회의원인 청구인의 평등권을 침해한 것이라고 할 수는 없다."

나. 심사기준

평등권침해(평등원칙위반)의 여부를 심사함에 있어 엄격한 심사척도에 의할 것인지, 완화된 심사척도에 의할 것인지는 입법자에게 인정되는 입법형성권의 정도에 따라 달라지는데, ①헌법이 스스로 차별의 근거로 삼아서는 아니 되는 기준을 제시하거나 차별을 특히 금지하고 있는 영역을 제시하고 있다면 그러한 기준을 근거로 한 차별이나 그러한 영역에서의 차별에 대하여 엄격하게 심사하는 것이 정당화되고, 또 ②차별적 취급으로 인하여 관련 기본권에 대한 중대한 제한을 초래하게 된다면 입법형성권은 축소되어 보다 엄격한 심사척도가 적용된다.[706]

---

705) 형의 집행을 유예하면서 사회봉사를 명할 수 있도록 한 형법(1995.12.29. 법률 제5057호로 개정된 것) 제62조의2 제1항 중 사회봉사 명령에 관한 부분.

706) 헌재 1999.12.23. 98헌마363 결정(여성 및 신체장애인이 제기한 사건). [한편 헌법재판소는 장애인복지법령상 지체장애인 3급 3호에 해당하는 장애인으로서 징병검사에서 병역면제판정을 받은 자가 제기한 헌재 1999.12.23. 98헌바33 사건에서, "가산점제도는 현역복무를 할 수 있는 신체건장한 남자와 청구인과 같이 질병이나 심신장애로 병역을 감당할 수 없는 남자, 즉 병역면제자를 차별하는 제도이다. (…) 가산점제도는 헌법 제25조에 의하여 보장된 공무담임권이라는 기본권의 행사에 중대한 제약을 초래하는 것이다(가산점제도가 민간기업에 실시될 경우 헌법 제15조가 보장하는 직업선택의 자유가 문제될 것이다). 따라서 가산점제도에 대하여는 엄격한 심사척도가 적용되어야" 한다고 판시하여 위 후자(②)의 사유를 인정하였다.]

다. 비례원칙심사

1) 의의

엄격한 심사척도가 적용된다는 것은 자의금지원칙에 따른 심사, 즉 합리적 이유의 유무를 심사하는 것에 그치지 아니하고 비례성원칙에 따른 심사, 즉 차별취급의 목적과 수단 간에 엄격한 비례관계가 성립하는지를 기준으로 한 심사를 행함을 의미한다.[707] 구체적으로는 차별목적의 정당성, 차별취급의 적합성, 차별취급의 불가피성 또는 필요성, 법익균형성이 인정되는지를 기준으로 평등권 침해여부 심사를 행한다.

2) 비례원칙 적용여부가 문제된 영역

가) 장애인 (헌재 2009.2.26. 2006헌마626)

헌법재판소는 이 사건에서 헌법상 "장애인" 규정이 차별금지 명령인지에 관하여, "헌법 제11조 제1항에서는 '모든 국민은 법 앞에 평등하다'고 선언하면서, 이어서 '누구든지 성별·종교 또는 사회적 신분에 의하여 정치적·경제적·사회적·문화적 생활의 모든 영역에 있어서 차별을 받지 아니한다'고 하여 차별금지영역을 규정하고 있다. 장애가 있다고 하여 불합리하게 차별받아서는 안 된다는 것은 당연한 원칙이지만, 헌법이 '장애인'을 차별금지영역으로 정하였다고 보기는 어렵다. 헌법 제34조 제5항에서 신체장애자 등은 법률이 정하는 바에 의하여 국가의 보호를 받는다고 선언하고 있지만, 이는 국가가 장애자 등 스스로 생계와 생활을 유지할 수 없는 사회적 약자에 대하여 생존의 최소한의 수준에서 보호하여야 한다는 취지이고, 장애인과 비장애인 간에 동등한 취급을 규정한 것은 아니라고 볼 것이다. 또한, 이 사건 법률조항[708]이 중증장애인 후보자에 대하여만 특정한 선거운동방법을 금지·제한하는 내용이 아니라, 중증장애인 후보자와 비장애인 후보자를 '동등하게' 취급하였다는 점이 결과적으로는 불평등을 초래하였다는 것이므로 이 사건 법률조항으로 인하여 관련 기본권에 대한 중대한 제한을 초래한 것으로 볼 수는 없다. 따라서 이 사건에서의 평등심사는 완화된 기준에 의하기로 한다."고 판시하였다.[709]

---

707) 헌재 1999.12.23. 98헌바33 결정; 헌재 2009.2.26. 2006헌마626 결정 등 참조.

708) 탈법방법에 의한 문서·도화의 배부 등을 금지한 공직선거법 제93조 제1항 본문.

709) 재판관 4인의 기각의견(법정의견), 이에 대하여 재판관 4인의 헌법불합치의견은 "우리 헌법은 제34조 제5항에서 신체장애자에 대하여는 국가의 특별한 보호를 받도록 규정함으로써 신체장애인과 비장애인 사이에 실질적 불평등이 이루어지지 않도록 노력하고 있다. 그럼에도 불구하

나) 성별 (헌재 2010.11.25. 2006헌마328)

헌법재판소는 이 사건에서 "성별"이 병역의무 영역에서도 차별금지 명령인지 여부에 관하여, "'성별'의 경우를 살펴보면, 성별은 개인이 자유로이 선택할 수 없고 변경하기 어려운 생래적인 특징으로서 개인의 인간으로서의 존엄과 가치에 영향을 미치는 요소는 아니다. 그럼에도 불구하고 역사적으로 매우 오랜 기간 동안 대표적인 차별가능사유로서 정당화되어 왔기 때문에, 불합리한 차별을 극복해야 할 절실한 필요에 의하여 우리 헌법이 이를 차별금지의 사유로 예시하기에 이른 것이다. 그러나 이와 같은 헌법규정이 남성과 여성의 차이, 예컨대 임신이나 출산과 관련된 신체적 차이 등을 이유로 한 차별취급까지 금지하는 것은 아니며, 성별에 의한 차별취급이 곧바로 위헌의 강한 의심을 일으키는 사례군으로서 언제나 엄격한 심사를 요구하는 것이라고 단정짓기는 어렵다. 우리 헌법은 '근로', '혼인과 가족생활' 등 인간의 활동의 주요부분을 차지하는 영역으로서 성별에 의한 불합리한 차별적 취급을 엄격하게 통제할 필요가 있는 영역에 대하여는 양성평등 보호규정(제32조 제4항,[710] 제36조 제1항[711])을 별도로 두고 있으며, 헌법재판소는 위와 같이 헌법이 특별히 양성평등을 요구하는 경우에는 엄격한 심사기준을 적용하여 왔으나, 이 사건 법률조항[712]은 그에 해당한다고 보기 어렵다."고 판시하였다.[713]

고 장애인이 우리 사회에서 사회·경제적 소수자이자 약자로 지내왔음은 부정할 수 없고 이러한 불평등과 차별은 그들이 정치적 의사결정과정에서 소외되고 무시됨으로써 더욱 공고해져 왔다. 즉, 이러한 정치적 의사결정과정에서의 배제는 그들에 대한 교육 및 직업생활에서의 차별, 교통 및 건물 이용을 비롯한 생활환경상의 차별 등을 시정할 수 있는 통로를 차단하였으며, 이러한 기본적 사회적 인프라의 불평등은 다시 그들이 정상적인 교육과 사회환경 속에 성장하여 정치적 의사결정에 적극적으로 참여할 수 있는 길을 막는 악순환으로 이어졌다. 따라서 참정권의 중요성과 장애인 보호의 헌법취지를 고려할 때, 이 사건 법률조항은 언어장애를 가지고 있어 선거운동에 결정적으로 불리한 위치에 있는 장애인을 일반인과 동일한 조건하에 선거운동을 하도록 강제함으로써 이러한 장애인의 참정권행사에 중대한 제약을 가하고 있다고 할 것이므로 이에 대해서는 **비례심사**가 적용되어야 한다."는 의견을 제시하였다. 한편, 나머지 1인의 재판관은 이 부분에 대한 판단 없이, 이 규정은 모든 후보자에 대하여 선거운동의 자유를 과도하게 제한한다는 이유로 위헌의견을 제시하였다(목적의 정당성을 부인함).

710) 헌재 1999.12.23. 98헌마363 (제대군인 가산점) 결정 참조.

711) 헌재 2002.8.29. 2001헌바82 (부부자산소득 합산과세) 결정 참조.

712) 대한민국 국민인 남자에 한하여 병역의무를 부과한 구 병역법 제3조 제1항 전문.

713) 재판관 4인의 기각의견. 이와 같은 입장은 재판관 2인의 위헌의견에서도 받아들여졌다. 따라서 헌법재판소의 공식입장(법정의견)이라고 할 수 있다. 나머지 재판관 2인은 기본의무의 부과에 관한 별도의 심사기준을 제시하였고(기각의견), 나머지 재판관 1인은 각하의견을 제시하였다.

다) 사회적 신분 (2011.3.31. 2008헌바141)

헌법재판소는 이 사건에서, "사회적 신분에 대한 차별금지는 헌법 제11조 제1항 후문에서 예시된 것인데, 헌법 제11조 제1항 후문의 규정은 불합리한 차별의 금지에 초점이 있는 것으로서,[714] 예시한 사유가 있는 경우에 절대적으로 차별을 금지할 것을 요구함으로써 입법자에게 인정되는 입법형성권을 제한하는 것은 아니다.[715] 그렇다면 친일반민족행위자의 후손이라는 점이 헌법 제11조 제1항 후문의 사회적 신분에 해당한다 할지라도 이것만으로는 헌법에서 특별히 평등을 요구하고 있는 경우라고 할 수 없다."고 판시하였다.[716]

라. 기타

1) 본질적으로 다른 것의 동등취급

가) 의의

헌법재판소에서의 평등권심사가 문제되는 사례는 주로 '본질적으로 같은 것을 다르게 취급'했다고 주장하는 경우이다. 반면에 '본질적으로 다른 것을 같게 취급' 했다고 다투는 사례도 적지 않다. 이 경우 비교의 대상을 이루는 두 개의 사실관계 사이에 본질적인 차이가 있다고 하더라도, 합리적인 근거에 따라 동일하게 취급하는 것은 평등의 원칙에 반하는 것이 아니다.[717]

나) 위헌결정한 사례

◈ 헌재 1997.10.30. 96헌바14

"이 사건 법률조항[718]의 주된 입법목적이 '배우자의 사망시 상속재산에 대하여

---

714) 헌재 2001.9.27. 2001헌마152 : "이와 같이 볼 때 변호사강제주의의 제도적 이익은 본인소송주의를 채택함으로써 변호사 선임비용을 지출하지 않는 이익보다는 이익형량상 크다 할 것이다. 따라서 헌법재판에 있어서 변호사강제주의가 변호사라는 사회적 신분에 의한 재판청구권 행사의 차별이라 하더라도 그 차별에 합리성이 결여된 것이라고는 할 수 없을 것이다."

715) 헌재 2010.11.25. 2006헌마328, 공보 170, 2106, 2110.

716) 헌법재판소는 나아가, "이 사건 귀속조항은 친일반민족행위자의 후손이 가지는 모든 재산을 귀속대상으로 규정한 것이 아니라 <u>그가 선조로부터 상속받은 재산 중 친일행위의 대가인 것만 귀속대상으로 규정</u>하고 있다. 그렇다면 이 사건 귀속조항은 그 차별취급으로 기본권에 대한 중대한 제한을 초래하는 경우라고 할 수 없으므로, 역시 평등권 침해 여부의 심사에서 엄격한 기준을 적용해야 하는 경우에 해당하지 않는다. 따라서 이 사건 귀속조항으로 인한 차별이 청구인들의 평등권을 침해하였는지 여부에 대한 심사는 완화된 기준이 적용되어야 한다."고 판시하였다.

717) 헌재 2012.5.31. 2011헌바127, 공보 188, 1052, 1054.

718) 이혼시 재산분할을 청구하여 상속세 인적공제액을 초과하는 재산을 취득한 경우 그 초과부분에 대하여 증여세를 부과하도록 규정하고 있는 상속세법(1990.12.31. 법률 제4283호로 개정되

상속세를 부과하고 있는 것과 과세상의 형평을 유지한다'는 데에 있음은 이미 위에서 본 바와 같고, 이는 혼인관계가 청산(종료)된다는 점에서 이혼과 사망의 경우가 동일하다는 점을 전제로 하고 있다. (…) 이 사건 법률조항은 증여세의 상속세 보완세적 기능을 관철하는 데에만 집착한 나머지, 배우자상속과 이혼시 재산분할의 재산관계의 이와 같은 본질적이고도 다양한 차이점을 무시하고 이를 동일하게 다루고 있다. 따라서 이 사건 법률조항은 '같은 것을 같게, 다른 것을 다르게'라는 평등의 규준을 어기고 본질적으로 다른 것을 같게 다룸으로써, 자신의 실질적 공유재산을 청산받는 혼인당사자를 합리적 이유 없이 불리하게 차별하는 것이므로 **조세평등주의**에도 위배된다."[719]

◈ 헌재 2009.9.24. 2007헌바87

"앞서 본 바와 같이 이 사건 법률조항[720]의 주된 목적이 사치성 재산의 소비를 억제하고 국민의 건전한 소비생활 정착을 도모하는 데에 있는 한, '고급오락장으로 사용할 목적을 가지는 취득행위'와 '고급오락장으로 사용할 목적을 가지지 않는 취득행위'는 본질적으로 상이한 집단이라고 하지 않을 수 없다. 그렇다면, 그 취득목적에 따라 취득세 중과세 여부가 달라져야 할 것인바, 이러한 양자의 차이가 반영되지 아니한 채 이 사건 법률조항이 '고급오락장으로 사용할 목적을 가지지 않은 취득행위'에 대하여도 적용되는 것은 불합리한 차별취급에 해당하여 **평등원칙**에 위반된다."[721]

다) 합헌결정한 사례

◈ 헌재 2010.7.29. 2009헌바40

"이 사건 법률조항[722]으로 인한 핵심적인 기본권의 제한은 사립학교를 운영함

어 1994.12.22. 법률 제4805호로 개정되기 전의 것) 제29조의2 제1항 제1호 중 "이혼한 자의 일방이 민법 제839조의2 또는 동법 제843조의 규정에 의하여 다른 일방으로부터 재산분할을 청구하여 제11조 제1항 제1호의 규정에 의한 금액을 초과하는 재산을 취득하는 경우로서 그 초과부분의 취득을 포함한다"는 부분.

719) 본질적으로 서로 다른 것을 같게 취급하였을 뿐만 아니라 그 차별은 합리성을 결하여 정당화되지 못한다고 판단하였다.

720) 고급오락장에 대한 취득세 중과세율을 규정한 구 지방세법(2005.1.5. 법률 제7332호로 개정되고, 2005.12.31. 법률 제7843호로 개정되기 전의 것) 제112조 제2항 제4호.

721) 본질적으로 서로 다른 것을 같게 취급하였다는 이유만으로 평등원칙에 위반된다고 판단하였다.

722) 구 학교급식법 제8조 제1항(1996.12.30. 법률 제5236호로 개정되고, 2006.7.19. 법률 제7962호로 개정되기 전의 것) 중 '학교급식의 실시에 필요한 시설·설비에 요하는 경비는 원칙적으로 당해 학교의 설립경영자 부담을 원칙으로 한다'는 부분.

에 있어서 학교급식 시설·설비 경비의 부담을 사립학교가 자율적으로 정하지 못하게 함으로 인하여 발생하는 사립학교 운영의 자유의 제한이라고 할 것이나, 청구인의 주장의 요지는 국·공립학교에 비하여 청구인과 같은 사립학교의 경우는 급식시설 설치·유지비를 부담하기 어려워 결국 위탁급식을 실시할 수밖에 없어, '국·공립학교와 비교하여 서로 본질적으로 다른 것을 같이 취급한 것이 불합리하다'는 것이므로, 평등원칙 위반여부를 우선 살펴보기로 한다."[723]

◈ 헌재 2010.11.25. 2010헌바93

"청구인은, '공무원의 신분이나 직무와 관련 없는 사유로 금고 이상의 형을 받은 명예퇴직자'와 '공무원의 신분이나 직무와 관련 있는 사유로 금고 이상의 형을 받은 명예퇴직자'는 명백히 구별됨에도, 이 사건 법률조항[724]이 명예퇴직수당의 환수에 있어서 합리적 이유 없이 양자를 동일하게 취급하고 있어 평등의 원칙에 반한다고 주장한다. 그러나 앞서 살펴 본 바와 같이, 직무와 관련 없는 사유 중에도 공무원으로서 법률적·사회적 비난가능성이 큰 범죄가 존재하는 점, 명예퇴직수당의 법적 성격에 비추어 그 환수요건에 관하여 넓은 입법적 재량이 허용되는 점, 형사재판과정에서 해당 사유를 참작한 법관의 양형에 의하여 구체적 부당함이 보정될 수 있는 점 등에 비추어 볼 때, 양자를 명예퇴직수당의 환수에 있어서 동등하게 취급하는 것이 현저히 불합리하다고 할 수 없다."[725][726]

---

723) 헌법재판소는 이 결정에서, "재정부담의 주체의 면에서 보면, 사립학교의 경우에는 사립학교의 재단 등이 됨에 반하여, 국·공립학교에는 국가·지방자치단체가 그 재정부담의 주체가 되는 차이점이 존재하고, 그러한 차이로부터 재정능력의 차이가 발생할 수 있다. 그러나 사립학교도 국·공립학교와 마찬가지로 공교육을 담당하는 면에서 본질적 차이가 없고, 사립학교도 학교교육에 필요한 시설·설비와 당해 학교의 경영에 필요한 재산을 갖추도록 요구되고 있는데, 학교급식시설·설비 경비도 그러한 재산에 포함된다고 볼 수 있고, 나아가 국가나 지방자치단체로부터 보조금을 교부받거나 지원을 받을 수도 있으므로, 그와 같은 사정을 고려하면 국·공립학교와 마찬가지로 사립학교의 경우에 학교급식 실시에 필요한 시설·설비에 요하는 경비를 그 설립경영자로 하여금 부담하게 하는 것은 합리적인 이유가 있다고 할 것이다. 더욱이 이 사건 법률조항의 시행 당시에는 사립학교에서 직영방식과 위탁방식을 자유롭게 선택할 수 있었고, 학교급식 경비를 후원하는 학교급식후원회도 존재하였다. 따라서 이 사건 법률조항은 평등의 원칙에 위반되지 않는다."고 판시하였다.

724) 명예퇴직공무원이 재직 중의 사유로 금고 이상의 형을 받은 때에는 명예퇴직수당을 필요적 환수토록 한 국가공무원법(2008.12.31. 법률 제9296호로 개정된 것) 제74조의2 제3항 제1호.

725) 위 2009헌바40 결정과 마찬가지로 본질적으로 서로 다른 것을 같게 취급하였으므로 차별이 존재하지만 정당화된다고 판단하였다.

726) 그런데 헌법재판소는 헌재 2007.3.29. 2005헌바33 사건에서, 공무원 또는 공무원이었던 자가 재직중의 사유로 금고 이상의 형을 받은 때에는 대통령령이 정하는 바에 의하여 퇴직급여 및 퇴직수당의 일부를 감액하여 지급하도록 한 공무원연금법 제64조 제1항 제1호가 재산권을 침

2) '사실상의 불평등'[727] 문제

◈ 헌재 2009.2.26. 2006헌마626

"법 앞에 평등하다는 것은 법적 불평등의 금지를 의미하는 것이지, 현실로 존재하는 경제적·사회적 기타 여러 가지의 사실상 불균등을 시정하여야만 하는 것은 아니므로, 예컨대 언어장애자인 후보자와 비장애인 후보자 사이의 실질상의 불균등이 있음에도 동일하게 취급하였다고 하여 곧바로 동 조항[728]이 평등의 원칙에 위반되는 것이라고 할 수는 없는 것이다."[729]

◈ 헌재 2009.7.30. 2008헌마180

"정치신인인 예비후보자와 현역 국회의원인 예비후보자 또는 부모의 이름이 잘 알려진 2세 정치인인 예비후보자 사이에 사실상의 불균등이 있음에도 동일하게 취급하였다고 하여 이를[730] 두고 정치신인인 예비후보자의 평등권을 침해하였다고 할 수 없다."

◈ 헌재 2012.7.26. 2009헌바328

"그 밖에, 청구인들은 역사문화미관지구 지정에 따른 재산권 제한을 함에 있어 토지소유자별로 보상의 필요성을 개별적으로 판단하여 부담을 달리해야 함에도 전혀 동일한 부담을 부과하고 있으므로 이 사건 재산권 제한조항은 '같은 것은 같게, 다른 것은 다르게' 취급할 것을 명하는 평등원칙에 반한다는 취지로 주장하고 있으나, 그와 같은 재산권 제한의 개별적 차이는 이 사건 재산권 제한조항이 부과하는 일괄적 제한이 각 토지소유자에게 적용됨으로써 수범자의 개인적 사정, 사회적 지위, 규범과 관련성을 갖는 사회경제적 환경에 따라 개별적으로 다르게 발생하는 '결과적인 차이'일 뿐이므로, 이에 관해서는 해당 지구 내의 토지소유자들의 재산권 침해여부 문제에 흡수시켜 판단하면 족하고, 따로 평등원칙 위반여부를 심사할 필요는 없다."

해하고 평등의 원칙에 위배된다 하여 헌법불합치 및 잠정적용을 명하는 결정을 선고하였다.

727) 법 문언상으로는 차별대우가 없으나, 동 법률의 적용결과 불평등한 효과가 발생하는 경우를 말함.

728) 선거사무원의 수를 제한한 공직선거법(2005.8.4. 법률 제7681호로 개정된 것) 제62조 제2항 제4호 및 제7호

729) 재판관 4인의 합헌(기각)의견. 이에 대하여 재판관 4인은 비례심사(엄격한 평등심사)를 한 끝에 헌법불합치의견을, 재판관 1인은 선거운동의 자유 침해를 이유로 위헌의견(입법목적의 정당성을 부인함)을 각 제시하였다.

730) 예비후보자홍보물의 수량을 제한하는 공직선거법(2008.2.29. 법률 제8879호로 개정된 것) 제60조의3 제1항 제4호 중 '세대수의 100분의 10 이내에 해당하는 수' 부분.

3) 진정입법부작위와 평등권침해 주장

헌법 제11조 제1항의 평등원칙은 입법자에게 헌법적으로 구체적인 입법의무를 부과하는 것은 아니며 입법자가 평등원칙에 반하는 입법을 하게 되면 이로써 피해를 입은 자는 당해 법률조항을 대상으로 평등원칙의 위반여부를 다툴 수 있다는 것이 헌법재판소의 판례이므로,[731] '진정'입법부작위 헌법소원에서 평등권침해 주장은 이유가 없어 부적법하다.[732]

4) 불법의 평등

청구인은 관세포탈 등 관세법령 위반이 의심되어 관세 범칙사건의 조사를 받은 경우인데, 청구인이 "범칙사건 조사를 통지받지 아니한 자 중에서도 수입가격의 과소신고를 한 자도 상당수 있음에도 범칙사건 조사 통지를 받은 자에게만 매입세액의 불공제라는 불이익을 주는 것은 불평등하다"라고 주장하는 것은, 불법의 평등을 요구하는 것에 지나지 아니하다. 그렇다면 (관세조사 통지를 받지 아니한 업체와 관세조사 통지를 받은 위 청구인은 평등원칙을 논함에 있어 그 비교대상이 될 수 없고), 더 나아가 헌법상 평등은 불법의 평등까지 보장하는 것은 아니므로, 이 사건 법률조항은 평등원칙에 반한다고 볼 수 없다.[733]

6. 무죄추정원칙[734]

가. 의의

헌법 제27조 제4항은 "형사피고인은 유죄의 판결이 확정될 때까지는 무죄로 추정된다."고 하여 무죄추정의 원칙을 천명하고 있다. 무죄추정의 원칙이라 함은, 아직 공소제기가 없는 피의자는 물론 공소가 제기된 피고인이라도 유죄의 확정판결이 있기까지는 원칙적으로 죄가 없는 자에 준하여 취급하여야 하고 불이익을 입혀서는 안되며 가사 그 불이익을 입힌다 하여도 필요한 최소한도에 그쳐야 한다는 원칙을 말한다.[735]

---

731) 헌재 1996.11.28. 93헌마258, 판례집 8-2, 636, 644.

732) 헌재 2003.5.15. 2000헌마192등, 판례집 15-1, 551, 559-561; 헌재(제3지정재판부) 2006.1.17. 2005헌마1214, 공보 112, 216, 217.

733) 헌재 2016.7.28. 2014헌바372등, 공보 238, 1216, 1221.

734) 헌법재판소의 무죄추정원칙 적용의 변천에 대하여는 김현철, "무죄추정원칙에 관한 헌법재판소 판례 검토", 법학논총 제32집 제2호, 전남대학교법학연구소, 2012.8, 7-38면 참조.

735) 헌재 1990.11.19. 90헌가48, 판례집 2, 393, 402 ; 헌재 1997.5.9. 96헌가17, 판례집 9-1, 509, 517 ; 헌재 2009.6.25. 2007헌바25, 판례집 21-1하, 784, 798.

나. '불이익'의 의미

무죄추정의 원칙상 금지되는 '불이익'이란 '범죄사실의 인정 또는 유죄를 전제로 그에 대하여 법률적·사실적 측면에서 유형·무형의 차별취급을 가하는 유죄인정의 효과로서의 불이익'을 뜻하고, 이는 비단 형사절차 내에서의 불이익뿐만 아니라 기타 일반 법생활 영역에서의 기본권 제한과 같은 경우에도 적용된다.[736)]

○ 헌재 2015.9.24. 2012헌바302

심판대상조항[737)]은 형사재판에 계속 중인 사람이 국가의 형벌권을 피하기 위하여 해외로 도피할 우려가 있는 경우 법무부장관으로 하여금 출국을 금지할 수 있도록 하는 것일 뿐이다. 그렇다면 해외도피의 우려가 있는 피고인이 일정 기간 동안 출국이 금지되는 불이익을 받더라도 이를 두고 무죄추정의 원칙에서 금지하는 유죄 인정의 효과로서의 불이익 즉, 유죄를 근거로 형사재판에 계속 중인 사람에게 사회적 비난 내지 응보적 의미의 제재를 가하려는 것이라고 보기 어렵다. 따라서 심판대상조항은 무죄추정의 원칙에 위배된다고 볼 수 없다.

6. 자기책임의 원리 (책임주의)

가. 의의 및 기능

헌법 제10조가 정하고 있는 행복추구권에서 파생되는 자기결정권[738)] 내지 일반적 행동자유권은 이성적이고 책임감 있는 사람의 자기의 운명에 대한 결정·선택을 존중하되 그에 대한 책임은 스스로 부담함을 전제로 한다. 자기책임의 원리는 이와 같이 자기결정권의 한계논리로서 **책임부담의 근거**로 기능하는 동시에, 자기가 결정하지 않은 것이나 결정할 수 없는 것에 대하여는 책임을 지지 않고 책임부담의 범위도 스스로 결정한 결과 내지 그와 상관관계가 있는 부분에 국한됨을 의미하는 **책임의 한정원리**로 기능한다.[739)]

---

736) 헌재 2005.5.26. 2002헌마699등, 판례집 17-1, 734, 744 ; 헌재 2006.5.25. 2004헌바12, 판례집 18-1하, 58, 68.

737) 형사재판에 계속 중인 사람에 대하여 출국을 금지할 수 있다고 규정한 출입국관리법(2011.7.18. 법률 제10863호로 개정된 것) 제4조 제1항 제1호.

738) 헌재 2015.11.26. 2012헌마940 : "헌법 제10조는 '모든 국민은 인간으로서의 존엄과 가치를 가지며, 행복을 추구할 권리를 가진다.'라고 규정하여 모든 기본권 보장의 종국적 목적(기본이념)이라 할 수 있는 인간의 본질이며 고유한 가치인 개인의 인격권과 행복추구권을 보장하고 있다. 그리고 개인의 인격권, 행복추구권에서 개인의 자기결정권이 파생된다(헌재 1990.9.10. 89헌마82 참조)."

739) 헌재 2003.7.24. 2001헌가25, 판례집 15-2상, 1, 22; 헌재 2004.6.24. 2002헌가27, 판례집 16-1, 706, 714-715; 헌재 2009.12.29. 2008헌바139, 공보 159, 88, 92; 헌재 2010.3.25. 2009헌마170,

이러한 자기책임의 원리는 인간의 자유와 유책성, 그리고 인간의 존엄성을 진지하게 반영한 원리로서 그것이 비단 민사법이나 형사법에 국한된 원리라기보다는 근대법의 기본이념으로서 법치주의에 당연히 내재하는 원리로 볼 것이고 헌법 제13조 제3항[740]은 그 한 표현에 해당하는 것으로서 자기책임의 원리에 반하는 제재는 그 자체로서 헌법위반을 구성한다고 할 것이다.[741] 헌법재판소는 형벌조항인 경우에는 "책임주의원칙"으로, 기타 조항의 경우에는 "자기책임원칙(원리)"으로 나누어 사용하고 있다.[742]

나. 헌법상 근거

'책임없는 자에게 형벌을 부과할 수 없다'는 형벌에 관한 책임주의는 형사법의 기본원리로서, 헌법상 법치국가의 원리에 내재하는 원리인 동시에, 국민 누구나 인간으로서의 존엄과 가치를 가지고 스스로의 책임에 따라 자신의 행동을 결정할 것을 보장하고 있는 헌법 제10조의 취지로부터 도출되는 원리이다.[743]

다. 위헌결정된 사례

◈ 헌재 2004.6.24. 2002헌가27 (담배소비세의 제조자 부담)

"제조자가 제조한 담배는 그 제조자가 도매업자 또는 소매인에게 이를 판매하고, 소매인이 아니고는 담배를 소비자에게 판매할 수 없도록 되어 있어(담배사업법 제12조), 제조자는 면세담배를 공급받은 자가 이를 용도 외로 사용하는지 여부에 관하여 이를 관리하거나 감독할 수 있는 법적 권리나 의무가 없음에도 불구하고, 공급받은 면세담배를 용도 외로 처분한 데에 대한 책임이 누구에게 있는지에 대한 고려 없이 징세절차의 편의만을 위해 무조건 원래의 납세의무자였던 제조자에게 담배소비세와 가산세를 부과하는 것은 자신의 통제권 내지 결정권이 미치지 않는 데 대하여까지 책임을 지게 하는 것이다. 제조자는 법령이 정한 일정한 자격을 갖춘 상대방에게 특수용담배임을 표시하여 특수용담배공급계약에 따라 담배를 제공

공보 162, 733, 736.

740) 동 조항이 규정하는 연좌제금지에 대하여는 후술,

741) 헌재 2011.9.29. 2010헌마68, 공보 180, 1482, 1486.

742) 헌재 2012.10.25. 2011헌바99, 공보 193, 1742, 1744.

743) 헌재 2007.11.29. 2005헌가10 (양벌규정에 대한 최초의 위헌결정), 재판관 이강국·김종대·민형기·목영준의 위헌의견. 이와 같이 **책임주의**를 위헌심사기준으로 사용하는 점에 대하여는 이후 헌재 2009.7.30. 2008헌가10 사건에서 김희옥·송두환 재판관이 가담하여 재판관 6인의 다수의견으로 인용되었고, 헌재 2011.2.24. 2009헌바29 결정에서는 재판관 전원일치의 의견으로 인용되었다.

함으로써 일응의 책임을 다 한 것으로 볼 것이고, 그 이후의 단계에서 이루어진 용도 외의 처분에 관하여 제조자에게 귀책사유가 있다는 등의 특별한 사정이 없는 한 그 책임을 제조자에게 묻는 것은 **자기책임의 원리**에 반한다."[744)]

◈ 헌재 2011.9.29. 2011헌가12 (양벌규정)[745)]

"이 사건 법률조항[746)]에 의할 경우, 법인이 종업원 등의 위반행위와 관련하여 선임·감독상의 주의의무를 다하여 아무런 잘못이 없는 경우까지도 법인에게 형벌이 부과될 수밖에 없게 된다. 이처럼 이 사건 법률조항은 종업원 등의 범죄행위에 관하여 비난할 근거가 되는 법인의 의사결정 및 행위구조, 즉 종업원 등이 저지른 행위의 결과에 대한 법인의 독자적인 책임에 관하여 전혀 규정하지 않은 채, 단순히 법인이 고용한 종업원 등이 업무에 관하여 범죄행위를 하였다는 이유만으로 법인에 대하여 형사처벌을 과하고 있는바, 이는 다른 사람의 범죄에 대하여 그 책임 유무를 묻지 않고 형벌을 부과하는 것으로서, 헌법상 법치국가의 원리 및 죄형법정주의로부터 도출되는 **책임주의원칙**에 반한다."[747)]

라. 합헌결정된 사례

◈ 헌재 2016.11.24. 2014헌바252 (정치자금 수수자 처벌)

"심판대상조항[748)]의 '당해 위반행위를 한 자'란 '정치자금법이 정하지 아니한 방법으로 정치자금을 기부받은 행위를 실제로 한 사람', 즉 행위자 본인을 의미하고, 실제 행위자가 아닌 감독책임자나 단체의 대표자까지 확대 해석될 여지가 없다. 즉, 감독책임자나 단체의 대표자가 형사책임을 지더라도 이는 실제 행위자로

---

744) 담배소비세가 면제된 담배를 공급받은 자가 이를 당해 용도에 사용하지 않은 경우 면세담배를 공급한 제조자에게 담배소비세와 이에 대한 가산세의 납부의무를 부담시키는 '지방세법 제233조의7 제2항 제1호 중 제232조 제1항'에 대하여 **자기책임원리** 위반만을 이유로 위헌결정을 한 사례. [전원일치]

745) 양벌규정에 대한 최초의 위헌결정은 헌재 2007.11.29. 2005헌가10 결정이다. [종업원의 위반행위에 대하여 양벌조항으로서 개인인 영업주에게도 동일하게 무기 또는 2년 이상의 징역형의 법정형으로 처벌하도록 규정하고 있는 '보건범죄단속에 관한 특별조치법' 제6조 중 제5조에 의한 처벌 부분] 정강찬, "보건범죄단속에 관한 특별조치법 제6조 위헌제청", 헌법재판소 결정해설집(2007), 헌법재판소, 2008, 413면.

746) 법인이 고용한 종업원 등의 일정한 범죄행위에 대하여 곧바로 법인을 종업원 등과 같이 처벌하도록 하고 있는 환경정책기본법(2007.5.17. 법률 제8471호로 개정된 것) 제44조 중 "법인의 대리인·사용인 및 그 밖의 종업원이 그 법인의 업무에 관하여 제43조의 위반행위를 한 때에는 그 법인에 대하여도 해당 조의 벌금형을 과한다."는 부분.

747) 同旨, 헌재 2012.10.25. 2012헌가18 결정 참조.

748) 이 법에 정하지 아니한 방법으로 정치자금을 기부받은 자를 처벌하고 있는 정치자금법(2005.8.4. 법률 제7682호로 전부개정된 것) 제45조 제1항 본문 중 '당해 위반행위를 한 자' 부분

서 자신의 범죄행위에 대한 자기책임이다. 따라서 심판대상조항은 책임주의원칙에 위배되지 아니한다."

7. 입법부작위·행정입법부작위·행정부작위에 대한 심사기준

가. 입법부작위

1) 의의

넓은 의미의 입법부작위에는 첫째, 입법자가 헌법상 입법의무가 있는 어떤 사항에 관하여 전혀 입법을 하지 아니함으로써 입법행위의 흠결이 있는 경우(즉, 입법권의 불행사)와 둘째, 입법자가 어떤 사항에 관하여 입법은 하였으나 그 입법의 내용·범위·절차 등이 당해 사항을 불완전·불충분 또는 불공정하게 규율함으로써 입법행위에 결함이 있는 경우(즉, 결함이 있는 입법권의 행사)가 있는데, 일반적으로 전자를 "진정입법부작위", 후자를 "부진정입법부작위"라고 부르고 있다.[749] 어떠한 사항을 법규로 규율할 것인가의 여부는 특단의 사정이 없는 한 입법자의 정치적·경제적·사회적 각종 고려하에서 정하여지는 입법정책의 문제이므로, 국민이 국회에 대하여 일정한 입법을 해 달라는 청원을 함은 별론으로 하고 법률의 제정을 청구하는 헌법소원은 ①헌법에서 기본권보장을 위해 법령에 명시적인 입법위임을 하였음에도 입법자가 이를 방치하고 있거나, ②헌법해석상 특정인에게 구체적인 기본권이 생겨 이를 보장하기 위한 국가의 행위의무 내지 보호의무가 발생하였음이 명백함에도 입법자가 전혀 아무런 입법조치를 취하고 있지 않은 경우(이른바 '진정입법부작위')가 아니면 원칙적으로 인정될 수 없다.[750]

2) 입법의무의 인정여부에 대한 심사

헌법상의 입법의무를 어느 정도로 인정하는가의 문제는 바로 입법자와 헌법재판소 사이의 헌법을 실현하고 구체화하는 공동의무 및 과제의 배분과 직결되는 문제라 할 것이다. 입법자와 헌법재판소는 모두 헌법규범의 구속을 받고, 입법자는 입법작용을 통하여, 헌법재판소는 헌법의 해석과 적용을 통한 헌법재판의 형태로 각각 헌법을 구체화하고 실현한다. (…) 따라서 일반국민이 입법을 해 달라는 취지의 **청원권**을 향유하고 있음은 별론하고 **입법행위의 소구청구권**은 원칙적으로 인정될

749) 헌재 1996.11.28. 95헌마161, 공보 19, 93, 판례집 미수록.

750) 헌재 1989.3.17. 88헌마1, 판례집 1, 9, 16; 헌재 1993.11.25. 90헌마209, 판례집 5-2, 433, 442; 헌재 1995.5.25. 90헌마196, 판례집 7-1, 669, 676.

수 없다. 만일 법을 제정하지 아니한 것이 위헌임을 탓하여 이 점에 관하여 헌법재판소의 위헌판단을 받아 입법당국으로 하여금 입법을 강제하게 하는 것이 일반적으로 허용된다면 결과적으로 헌법재판소가 입법자의 지위에 갈음하게 되어 헌법재판의 한계를 벗어나게 된다. 따라서 헌법상의 권력분립원칙과 민주주의원칙은 입법자의 민주적 입법형성의 자유를 보장하기 위하여 입법자의 헌법적 입법의무는 예외적으로만 이를 인정하고, 되도록이면 헌법에 명시적인 위임이 있는 경우만으로 제한할 것을 요구한다. 결국 입법부작위에 대한 헌법재판소의 재판관할권은 극히 한정적으로 인정할 수밖에 없다.[751] 입법부작위에 대한 헌법재판의 이와 같은 한계 속에서 입법의무 위반은 국가가 기본권을 효율적으로 보호하기 위해 입법이 유일한 수단인데도 입법자가 전혀 입법을 하지 않고 있을 때에 한하여 확인할 수 있다. 입법자가 입법을 통하여 기본권의 보호의무를 최대한 실현하는 것이 이상적이지만, 이것은 원칙적으로 입법재량에 속하는 사항이다.[752]

3) 인용된 사례

◈ 헌재 1994.12.29. 89헌마2

[주문] : "재조선미국육군사령부군정청법령 제75호 조선철도의통일(1946.5.7. 제정)을 폐지한 조선철도의통일폐지법률(1961.12.30. 법률 제922호)이 시행되기 전에 같은 군정청법령 제2조에 의하여 수용된 조선철도주식회사, 경남철도주식회사 및 경춘철도주식회사 재산의 재산관계권리자로서 같은 법령 제3조에 따라 같은 군정청 운수부장에게 보상청구서면을 제출하여 위 수용으로 인한 보상청구권을 포기하지 않은 것으로 확정된 자 또는 그 보상청구권을 승계취득한 자에 대하여 위 수용으로 인한 손실보상금을 지급하는 절차에 관한 법률을 제정하지 아니하는 입법부작위는 위헌임을 확인한다."

나. 행정입법부작위

1) 의의

행정입법의 제정 또는 개정의 지체가 위법으로 되어 그에 대한 법적 통제가 가능하기 위하여는 첫째, 행정청에게 시행명령을 제정(개정)할 법적 의무가 있어야 하고 둘째, 상당한 기간이 지났음에도 불구하고 셋째, 명령제정(개정)권이 행사되지 않아야 한다.[753]

751) 헌재 1989.3.17. 88헌마1, 판례집 1, 9, 16-17 ; 헌재 2003.6.26. 2000헌마509, 판례집 15-1, 741, 749; 헌재 2010.3.25. 2007헌마933, 공보 162, 714, 717

752) 헌재 2009.11.26. 2008헌마385, 공보 158, 2219, 2225-2226

입법부가 법률로써 행정부에게 특정한 사항을 위임했음에도 불구하고 행정부가 이러한 법적 의무를 이행하지 않는다면 이는 위법한 것인 동시에 위헌적인 것이 된다. 우리 헌법은 국가권력의 남용으로부터 국민의 기본권을 보호하려는 법치국가의 실현을 기본이념으로 하고 있고, 근대 자유민주주의 헌법의 원리에 따라 국가의 기능을 입법·행정·사법으로 분립하여 상호간의 견제와 균형을 이루게 하는 권력분립제도를 채택하고 있다.[754] 따라서 행정과 사법은 법률에 기속되므로,[755] 국회가 특정한 사항에 대하여 행정부에 위임하였음에도 불구하고 행정부가 정당한 이유 없이 이를 이행하지 않는다면 권력분립의 원칙과 법치국가 내지 법치행정의 원칙에 위배되는 것이다.[756]

2) 인용된 사례

가) **시행령** 입법부작위 : 헌재 2004.2.26. 2001헌마718[757]

[주문] : "피청구인이 구 군법무관임용법 제5조 제3항 및 군법무관임용등에관한법률 제6조의 위임에 따라 군법무관의 봉급과 그 밖의 보수를 법관 및 검사의 예에 준하여 지급하도록 하는 대통령령을 제정하지 아니하는 입법부작위는 위헌임을 확인한다."

나) **시행규칙** 입법부작위 : 헌재 1998.7.16. 96헌마246[758]

[주문] : "피청구인 보건복지부장관이 의료법과 전문의의수련및자격인정등에관한규정의 위임에 따라 치과전문의자격시험제도를 실시할 수 있는 절차를 마련하지 아니하는 입법부작위는 위헌임을 확인한다."

다) **행정규칙(고시)** 입법부작위 : 헌재 2002.7.18. 2000헌마707[759]

[주문] : "피청구인이 산업재해보상보험법 제4조 제2호 단서와 근로기준법시행령 제4조의 위임에 의하여 평균임금을 정하여 고시하지 아니하는 행정입법 부작위는

753) 헌재 1998.7.16. 96헌마246, 판례집 10-2, 283, 305-306.

754) 헌재 1992.4.28. 90헌바24, 판례집 4, 225, 229-230.

755) 헌재 1990.9.3. 89헌가95, 판례집 2, 245, 267.

756) 헌재 2004.2.26. 2001헌마718, 판례집 16-1, 313, 320.

757) 이 결정에서 헌법재판소(법정의견)는 「(1) 행정입법의무의 성격, (2) 행정입법 부작위의 정당성 유무, (3) 침해되는 기본권(재산권)」의 순서로 판단하였다.

758) 이 결정에서 헌법재판소(법정의견)는 「(1) 행정입법의 작위의무, (2) 행정입법 지체의 정당화 사유, (3) 침해되는 기본권(직업선택의 자유, 행복추구권, 평등권)」의 순서로 판단하였다.

759) 이 결정에서 헌법재판소(법정의견)는 「(1) 행정입법의 작위의무, (2) 작위의무의 내용, (3) 입법 지체의 정당화 사유, (4) 기본권(재산권 및 인간다운 생활을 할 권리)의 침해」의 순서로 판단하였다.

위헌임을 확인한다."

라) **조례** 입법부작위 : 헌재 2009.7.30. 2006헌마358[760]

[주문] : "피청구인들[761]이 지방공무원법 제58조 제2항의 위임에 따라 사실상 노무에 종사하는 공무원의 범위를 정하는 조례를 제정하지 아니한 것은 위헌임을 확인한다."

다. 행정부작위

1) 의의

행정권력의 부작위에 대한 헌법소원은 공권력의 주체에게 헌법에서 유래하는 작위의무가 특별히 구체적으로 규정되어 이에 의거하여 기본권의 주체가 행정행위를 청구할 수 있음에도 공권력의 주체가 그 의무를 해태하는 경우에 허용된다. 여기서 말하는 "공권력의 주체에게 헌법에서 유래하는 작위의무가 특별히 구체적으로 규정되어"가 의미하는 바는 첫째, 헌법상 명문으로 공권력 주체의 작위의무가 규정되어 있는 경우, 둘째, 헌법의 해석상 공권력주체의 작위의무가 도출되는 경우, 셋째, 공권력주체의 작위의무가 법령에 구체적으로 규정되어 있는 경우 등을 포괄하고 있는 것으로 볼 수 있다.[762] 따라서, 의무위반의 부작위 때문에 피해를 입었다는 단순한 일반적인 부작위 주장만으로는 족하지 않다고 할 것이므로, 기본권의 침해없이 행정행위의 단순한 부작위의 경우는 헌법소원으로서는 부적법하다.[763]

◈ 헌재 2016.11.24. 2005헌마11

헌법상 명문규정이나 헌법의 해석상 '구치소장이 수용자가 원하는 특정한 의약품을 지급해 주어야 할 작위의무'가 도출된다고 볼 수 없고, '형의 집행 및 수용자의 처우에 관한 법률'(2010.5.4. 법률 제10273호로 개정된 것) 제30조, 제36조 제1항 등의 규정에 의하더라도, 구치소장에게는 '수용자에게 적절한 치료 등 의료조치를 제공할 의

---

760) 이 결정에서 헌법재판소(법정의견)는 「(1) 조례제정의무, (2) 조례제정을 지체할 정당한 사유가 있는지 여부, (3) 청구인들의 기본권(단체행동권) 침해」의 순서로 판단하였다.

761) 1. 서울특별시(대표자 교육감 공정택), 2. 인천광역시(대표자 교육감 나근형), 3. 경기도(대표자 교육감 김상곤), 4. 전라북도(대표자 교육감 최규호)

762) 헌재 2004.10.28. 2003헌마898, 판례집 16-2하, 212, 219; 헌재 2011.8.30. 2006헌마788, 공보 179, 1285, 1293; 헌재 2011.12.29. 2009헌마621, 공보 183, 209, 212; 헌재 2012.11.29. 2011헌마693, 공보 194, 1876, 1877; 헌재 2013.8.29. 2012헌마886, 판례집 25-2상, 571, 577; 헌재 2015.10.21. 2012헌마89등, 판례집 27-2하, 84, 92.

763) 헌재 1996.11.28. 92헌마237, 판례집 8-2, 600, 606; 헌재 2004.2.26. 2003헌마608, 공보 90, 397, 398, 판례집 미수록.

무'가 있을 뿐, 반드시 수용자가 원하는 특정한 의약품을 제공하여야 할 의무가 구체화되어 있다고 볼 수 없다. 따라서 이 사건 부작위에 대한 심판청구는 헌법에서 유래하는 작위의무가 없는 행정청의 단순한 부작위에 대한 헌법소원으로서 부적법하다.

2) 인용된 사례

◈ 헌재 1989.9.4. 88헌마22

[주문] : "1. 피청구인[764]이 청구인으로부터 1988.3.22.부터 동년 12.10.경 까지의 간에 수차에 걸쳐 문서 또는 구두로 경기도 이천군 마장면 표교리 산 18내지 산 21, 산 23, 326의 1 및 129의 2 소재 임야와 전에 대한 임야조사서 또는 토지조사부의 열람·복사 신청이 있었음에도 이에 불응한 부작위는 청구인의 '**알 권리**'를 침해한 것이므로 위헌임을 확인한다."

◈ 헌재 2011.8.30. 2006헌마788

[주문] : "청구인들이 일본국에 대하여 가지는 일본군위안부로서의 **배상청구권**이 '대한민국과 일본국 간의 재산 및 청구권에 관한 문제의 해결과 경제협력에 관한 협정' 제2조 제1항에 의하여 소멸되었는지 여부에 관한 한·일 양국 간 해석상 분쟁을 위 협정 제3조가 정한 절차에 따라 해결하지 아니하고 있는 피청구인[765]의 부작위는 위헌임을 확인한다."

◈ 헌재 2011.8.30. 2008헌마648

[주문] : "청구인들이 일본국에 대하여 가지는 원폭피해자로서의 **배상청구권**이 '대한민국과 일본국 간의 재산 및 청구권에 관한 문제의 해결과 경제협력에 관한 협정' 제2조 제1항에 의하여 소멸되었는지 여부에 관한 한·일 양국 간 해석상 분쟁을 위 협정 제3조가 정한 절차에 따라 해결하지 아니하고 있는 피청구인[766]의 부작위는 위헌임을 확인한다."

8. 과소보호금지원칙(국가의 기본권보호의무)

가. 의의

헌법 제10조는 "모든 국민은 인간으로서의 존엄과 가치를 가지며, 행복을 추구할 권리를 가진다. 국가는 개인이 가지는 불가침의 기본적 인권을 확인하고 이를

764) 이천군수
765) 외교통상부장관
766) 외교통상부장관

보장할 의무를 진다."고 규정하여, 모든 국민이 인간으로서의 존엄과 가치를 지닌 주체임을 천명하고, 국가권력이 국민의 기본권을 침해하는 것을 금지함은 물론 이에서 더 나아가 적극적으로 국민의 기본권을 보호하고 이를 실현할 의무가 있음을 선언하고 있다. 또한 생명·신체의 안전에 관한 권리는 인간의 존엄과 가치의 근간을 이루는 기본권일 뿐만 아니라, 헌법은 "모든 국민은 보건에 관하여 국가의 보호를 받는다."고 규정하여 질병으로부터 생명·신체의 보호 등 보건에 관하여 특별히 국가의 보호의무를 강조하고 있으므로(제36조 제3항), 국민의 생명·신체의 안전이 질병 등으로부터 위협받거나 받게 될 우려가 있는 경우 국가로서는 그 위험의 원인과 정도에 따라 사회·경제적인 여건 및 재정사정 등을 감안하여 국민의 생명·신체의 안전을 보호하기에 필요한 적절하고 효율적인 입법·행정상의 조치를 취하여 그 침해의 위험을 방지하고 이를 유지할 포괄적인 의무를 진다.[767)]

나. 헌법적 근거

우리 헌법은 제10조 제2문에서 "국가는 개인이 가지는 불가침의 기본적 인권을 확인하고 이를 보장할 의무를 진다."라고 규정함으로써 국가의 적극적인 기본권보호의무를 선언하고 있는바, 이러한 국가의 기본권보호의무 선언은 국가가 국민과의 관계에서 국민의 기본권보호를 위해 노력하여야 할 의무가 있다는 의미뿐만 아니라 국가가 사인 상호간의 관계를 규율하는 사법(私法)질서를 형성하는 경우에도 헌법상 기본권이 존중되고 보호되도록 할 의무가 있다는 것을 천명한 것이다.[768)]

다. 심사기준

국가가 적극적으로 국민의 기본권을 보장하기 위한 제반조치를 취할 의무를 부담하는 경우에는 설사 그 보호의 정도가 국민이 바라는 이상적인 수준에 미치지 못한다고 하여 언제나 헌법에 위반되는 것으로 보기 어렵다. 국가의 기본권보호의무의 이행은 입법자의 입법을 통하여 비로소 구체화되는 것이고, 국가가 그 보호의무를 어떻게 어느 정도로 이행할 것인지는 입법자가 제반사정을 고려하여 입법정책적으로 판단하여야 하는 입법재량의 범위에 속하는 것이기 때문이다. 물론 입법자가 기본권 보호의무를 최대한 실현하는 것이 이상적이지만, 그러한 이상적 기준이 헌법재판소가 위헌여부를 판단하는 심사기준이 될 수는 없으며, 헌법재판소는 권력분립의 관점에서 소위 **"과소보호금지원칙"**을, 즉 국가가 국민의 기본권 보호

767) 헌재 2008.12.26. 2008헌마419등, 공보 147, 245, 248.
768) 헌재 1997.1.16. 90헌마110등, 판례집 9-1, 90, 120.

를 위하여 적어도 적절하고 효율적인 최소한의 보호조치를 취했는가를 기준으로 심사하게 된다. 따라서 입법부작위나 불완전한 입법에 의한 기본권의 침해는 입법자의 보호의무에 대한 명백한 위반이 있는 경우에만 인정될 수 있다. 다시 말하면, ①국가가 국민의 법익을 보호하기 위하여 아무런 보호조치를 취하지 않았든지 아니면 ②취한 조치가 법익을 보호하기에 명백하게 부적합하거나 불충분한 경우에 한하여 헌법재판소는 국가의 보호의무의 위반을 확인할 수 있을 뿐이다.[769]

[이에 대하여 송두환 재판관은 미국산 수입쇠고기 위생조건 사건에서, "국가가 어떠한 입법·행정상의 조치를 통하여 국민의 생명·신체의 안전을 유지, 보호하고 그에 대한 침해의 위험을 방지할 것인지는 원칙적으로 국가의 폭 넓은 재량에 맡겨져 있다 할 것이고, 따라서 헌법재판소로서는 원칙적으로 국가가 기본권 보호의무를 위반한 것이 명백한 경우에만[770] 국가의 해당 작위나 부작위의 위헌성을 확인할 수 있다 할 것이다. 우리 헌법재판소는 그 기준을 '과소보호금지원칙'이라 하여 이를 기본권 보호의무 위반에 관한 심사의 기준으로 삼아 왔다. 그런데 구체적 사안에서 국가의 기본권 보호의무 이행조치가 과소보호 금지원칙에 위반된 것인지 여부를 실제로 판단함에 있어서 그 기준의 엄격 정도는 일률적으로 정할 수 있는 것이 아니고, 문제되는 기본권 보호법익의 종류 및 중요도, 위험의 정도와 내용 등을 종합적으로 비교 형량하여 구체적으로 확정하여야 할 것이다. 이 사건 사안과 같이 국민의 생명·신체 내지 보건 등 매우 중요한 사항에 관한 것인 경우, 특히 이 사건 고시와 같이 위험성을 내포한 식재료가 대량으로 수입되어 국내에서 제대로 검역되지 못한 채 유통됨으로써 일반 소비자에게 초래될 수 있는 위험의 정도와 내용이 매우 중대하고 심각할 뿐 아니라 이를 돌이키거나 통제하는 것이 불가능한 사안에 있어서는, 단순히 기본권보호의무 위반이 명백한 경우에만 그 보호조치가 헌법에 위반된다고 보는 것은 국가에게 국민의 기본적 인권을 확인하고 보장할 의무를 부과한 헌법의 기본정신에 부합한다고 보기 어렵고, ①제3자의 권리나 공익을 침해함이 없이 채택할 수 있는 더 개선된 다른 보호수단이 존재하지 않고, ②보호법익에 대한 위험을 최소화하기 위한 충분한 노력과 시도를 다하였다는 점[771]이 명백하지 아니한 한, 헌법상 충분한 보호조치를 취한 것이라고 판단할 수 없다 할 것이다. 더구나, 국가 보호조치의 수준을 권력분립원칙과 민주주의원칙에

769) 헌재 2008.7.31. 2004헌바81, 공보 142, 1032, 1038.

770) 이를 '명백성통제'라고 부를 수 있을 것이다.

771) 이(위 ①, ②)는 마치 과잉금지원칙에 있어서 침해의 최소성원칙 심사를 연상시킨다.

따라 국민에 의해 직접 민주적 정당성을 부여받은 의회가 직접 정하지 않고 이 사건 고시와 같이 하위의 법령에 의하여 보호조치의 수준이 결정되도록 하고 있는 경우에는 보다 엄격한 기준[772]에 의하여 심사할 필요가 있다."고 하였다.][773]

라. 사례

◈ 헌재 2008.7.31. 2004헌바81 (태아의 생명보호) [6(합헌):2(한정위헌) - 합헌]

"이 사건 법률조항들(민법 제3조,[774] 제762조[775])은 생명에 대한 침해가 있고 난 이후의 손해의 배상에 관련된 규정으로서 가령 형법의 낙태죄와 같이 생명의 직접적 보호를 위한 것은 아니지만, 생명침해에 대한 손해배상청구는 생명을 침해한 불법행위에 대하여 손해의 배상을 구하는 청구권이므로 이 사건 법률조항들의 위헌여부는 헌법상 기본권인 생명권과 직접 관련되어 있다. 그러므로 아래에서 보는 바와 같이, 이 사건 법률조항들의 위헌여부에 대한 판단은 국가가 생명권에 관한 기본권보호의무를 위반한 것인지 여부에 대한 심사를 필요로 한다. 결국 이 사건에서는 국가가 사인에 의한 태아의 생명침해에 대하여 태아 자신에게 손해배상청구권을 인정하는 입법조치를 취하지 않고 있는 입법부작위 내지 불완전한 입법이 위헌인지 여부가 문제된다."

◈ 헌재 2008.7.31. 2006헌마711 (공직선거와 생활환경보호) [4(기각):4(헌법불합치) - 기각]

"국가가 국민의 기본권을 적극적으로 보장하여야 할 의무가 인정된다는 점, 헌법 제35조 제1항이 국가와 국민에게 환경보전을 위하여 노력하여야 할 의무를 부여하고 있는 점, 환경침해는 사인에 의해서 빈번하게 유발되므로 입법자가 그 허용범위에 관해 정할 필요가 있다는 점, 환경피해는 생명·신체의 보호와 같은 중요한 기본권적 법익 침해로 이어질 수 있다는 점 등을 고려할 때, 일정한 경우 국가는 사인인 제3자에 의한 국민의 환경권 침해에 대해서도 적극적으로 기본권 보호조치를 취할 의무를 진다. 더욱이 이 사건에서 소음의 유발은 공직선거법이 허용한 일정 기간의 공직선거 운동기간 중에 공적 의사를 형성하는 과정 중에 발생하는 것이므로, 비록 그 소음이 선거운동원 등 사인에 의해서 유발되고 있는 것이라고 하더라도 공적 활동으로서 이해되는 측면도 있는바, 공적 영역에서 발생하는 환경권 침해 가능성에

772) 이를 '타당성통제'라고 부를 수 있을 것이다.

773) 헌재 2008.12.26. 2008헌마419등, 공보 147, 245, 258, 재판관 송두환의 위헌의견.

774) 제3조(권리능력의 존속기간) 사람은 생존한 동안 권리와 의무의 주체가 된다.

775) 제762조(손해배상청구권에 있어서의 태아의 지위) 태아는 손해배상의 청구권에 관하여는 이미 출생한 것으로 본다.

대해 국가가 규율할 의무는 좀 더 분명해진다고 하지 않을 수 없다."

◈ 헌재 2008.12.26. 2008헌마419등 (미국산 쇠고기와 국민의 생명보호) [5(기각): 3(각하):1(위헌) - 기각]

"국가가 국민의 기본권 보호의무를 이행함에 있어 그 행위의 형식에 관하여도 폭 넓은 형성의 자유가 인정되고, 그것도 반드시 법령에 의하여 이행하여야 하는 것은 아니며, 이 사건 고시와 같이 국가가 쇠고기 소비자의 생명·신체의 안전에 관한 보호의무를 이행하기 위하여 취한 행위의 경우 법령의 위임이 없거나 그 위임의 범위를 벗어난 것이라는 사유만으로는 보호의무를 위반하거나 그로 인하여 소비자의 기본권을 침해한 것으로 볼 수 없다."[776)]

◈ 헌재 2009.2.26. 2005헌마764등 (교통사고처리특례법상 불처벌특례) [7(일부위헌): 2(합헌) - 일부위헌]

"국가의 신체와 생명에 대한 보호의무는 교통과실범의 경우 발생한 침해에 대한 사후처벌뿐 아니라, 무엇보다도 우선적으로 운전면허취득에 관한 법규 등 전반적인 교통관련법규의 정비, 운전자와 일반국민에 대한 지속적인 계몽과 교육, 교통안전에 관한 시설의 유지 및 확충, 교통사고 피해자에 대한 보상제도 등 여러 가지 사전적·사후적 조치를 함께 취함으로써 이행된다 할 것이므로, 형벌은 국가가 취할 수 있는 유효적절한 수많은 수단 중의 하나일 뿐이지, 결코 형벌까지 동원해야만 보호법익을 유효적절하게 보호할 수 있다는 의미의 최종적인 유일한 수단이 될 수는 없다 할 것이다. 따라서 이 사건 법률조항[777)]은 국가의 기본권보호의무의 위반여부에 관한 심사기준인 과소보호금지의 원칙에 위반한 것이라고 볼 수 없다."[778)]

◈ 헌재 2015.9.24. 2013헌마384 (가축사육시설의 허가 및 등록기준) [기각 - 전원일치]

"이 사건 기준[779)]은 가축사육업 허가를 받거나 등록을 하고자 할 경우 사육시설

---

776) 그런데 앞에서도 본 바와 같이 "국가의 기본권보호의무의 이행은 입법자의 입법을 통하여 비로소 구체화되는 것"인바, 이 사건에서는 좁은 의미의 입법자(국회)가 아니라 '농림수산식품부장관의 고시'(농림수산식품부 고시 제2008-15호 '미국산 쇠고기 수입위생조건')였다는 점, 가해자인 사인(제3자)이 누구인지(미국산 쇠고기 수입업자?)에 대한 언급이 없다는 점 등 전통적인 기본권보호의무(과소보호금지원칙)가 위헌심사기준으로 적용된 점에 대하여 의문이 있다.

777) 교통사고처리특례법 제4조 제1항 본문 중 업무상과실 또는 중대한 과실로 인한 교통사고로 말미암아 피해자로 하여금 상해에 이르게 한 경우 공소를 제기할 수 없도록 한 부분

778) 다만 헌법재판소는 이 사건 법률조항이 교통사고 피해자의 **재판절차진술권**과 **평등권**을 침해한다고 하여 재판관 7:2의 의견으로 종전의 합헌결정(헌재 1997.1.16. 90헌마110등)을 변경하여 '일부위헌' 결정을 선고하였다. [<주문> : "교통사고처리특례법(2003.5.29. 법률 제6891호로 개정된 것) 제4조 제1항 본문 중 업무상 과실 또는 중대한 과실로 인한 교통사고로 말미암아 피해자로 하여금 중상해에 이르게 한 경우에 공소를 제기할 수 없도록 규정한 부분은 헌법에 위반된다."]

이 갖추어야 하는 기준이다. 그런데 가축사육시설의 환경이 지나치게 열악할 경우 그러한 시설에서 사육되고 생산된 축산물을 섭취하는 인간의 건강도 악화될 우려가 있다. 따라서 국가로서는 건강하고 위생적이며 쾌적한 시설에서 가축이 서식할 수 있도록 필요한 적절하고도 효율적인 조치를 취함으로써, 소비자인 국민의 생명·신체의 안전에 관한 기본권을 보호할 구체적인 헌법적 의무가 있다. 청구인들의 주장취지는, 이 사건 기준에서 정한 가축사육시설의 기준이 지나치게 낮고 가축을 건강하게 사육하기 위한 사육환경에 대한 세부적인 기준이 없어 위 시설에서 사육된 고기를 섭취하는 국민의 기본권이 침해된다는 것이다. 결국 이 사건 기준으로 인하여 국민의 생명·신체의 안전이 질병 등으로부터 위협받거나 받게 될 우려가 있는지 여부가 문제되는바, 이 사건에서 제한되는 기본권은 국가의 보호의무에 상응하는 생명·신체의 안전에 관한 권리이다."

◈ 헌재 2015.12.21. 2012헌마89등 (일반인의 방사선 피폭선량 한도) [기각 - 전원일치]

"청구인들은 이 사건 시행령 별표[780]로 인하여 생명권 및 건강권, 행복추구권, 소비자의 권리, 인간의 존엄과 가치 등이 침해되었다고 주장하나, 이 사건 시행령 별표는 방사선 피폭과 관련하여 일반 국민의 생명·신체의 안전을 보호하기 위한 위험방지 조치로서 이에 대하여는 국가가 기본권보호의무를 위반한 것인지가 문제되며, 국가의 기본권보호의무 위배여부와 관련된 범위에서 청구인들의 기본권 침해여부가 판단되므로 이에 대해서는 별도로 판단하지 아니한다."

제3항 기타의 위헌심사기준

1. 연좌제 금지

가. 의의

헌법 제13조 제3항은 '친족의 행위와 본인 간에 실질적으로 의미 있는 아무런 관련성을 인정할 수 없음에도 불구하고 오로지 친족이라는 사유 그 자체만으로' 불이익한 처우를 가하는 경우에만 적용된다. 그 밖의 경우에는 문제된 불이익을

779) 구 '축산법 시행령'(2013.3.23. 대통령령 제24455호로 개정되고, 2014.2.21. 대통령령 제25192호로 개정되기 전의 것) 제14조 제2항 별표 1 제1호 가목 4) 및 나목('이 사건 허가기준') 및 '축산법 시행령'(2013.2.20. 대통령령 제24388호로 개정된 것) 제14조의2 제2항 별표 1 제2호('이 사건 등록기준')

780) 일반인의 방사선 피폭선량 한도를 정한 '원자력안전법 시행령'(2011.10.25. 대통령령 제23248호로 제정된 것) 제2조 제4호 별표 1 중 '일반인' 부분.

보호하는 다른 헌법규범이나 기본권규범을 찾아 그 친족과의 관계에서 본인에게 그러한 불이익을 주는 것이 과연 합리적 근거가 있는지, 또는 입법목적 달성을 위해 필요한 한도 내의 수단인지를 살펴봄으로써 그러한 법적 규율의 정당성 여부를 충분히 판단할 수 있기 때문이다.[781]

나. 사례

◈ 헌재 2005.12.12. 2005헌마19 (배우자의 선거범죄로 인한 후보자의 당선무효)

"헌법 제13조 제3항은 '친족의 행위와 본인 간에 실질적으로 의미 있는 아무런 관련성을 인정할 수 없음에도 불구하고 오로지 친족이라는 사유 그 자체만으로' 불이익한 처우를 가하는 경우에만 적용된다. (…) 공직선거법 제265조(선거사무장 등의 선거범죄로 인한 당선무효) 본문 중 배우자에 관한 부분(이 사건 법률조항)은 '친족인 배우자의 행위와 본인 간에 실질적으로 의미 있는 아무런 관련성을 인정할 수 없음에도 불구하고 오로지 배우자라는 사유 그 자체만으로' 불이익한 처우를 가하는 것이 아니다. 배우자가 죄를 저질렀다는 이유만으로 후보자에게 불이익을 주는 것이 아니라, 후보자와 불가분의 선거운명공동체를 형성하여 활동하게 마련인 배우자의 실질적 지위와 역할을 근거로 후보자에게 연대책임을 부여한 것이므로, 이 사건 법률조항은 헌법 제13조 제3항에서 금지하고 있는 연좌제에 해당하지 아니하고, 자기책임의 원리에도 위배되지 아니한다."[782]

◈ 헌재 2011.3.31. 2008헌바141 (친일재산 국가귀속조항)

"이 사건 귀속조항[783]에서 국가귀속의 대상으로 규정하고 있는 친일재산은 친일반민족행위자가 일본제국주의에 협력한 대가로 취득하거나 이를 상속받은 재산 또는 친일재산임을 알면서 유증·증여받은 재산을 말한다. 따라서 친일반민족행위자의 후손이 소유한 재산 중에서 그 후손 자신의 경제적 활동으로 취득하게 된 재산이라든가 친일재산 이외의 상속재산 등을 단지 그 선조가 친일행위를 했다는 이유만으로 국가로 귀속시키는 것이 아닌 한, 위와 같은 친일재산에 한정하여 국가로 귀속시키는 것은 '친족의 행위와 본인 간에 실질적으로 의미있는 아무런 관련성을 인정할 수 없음에도 불구하고 오로지 친족이라는 사유 그 자체만으로' 불이익을 입는 경우에 해당하지 않는다. 그렇다면 이 사건 귀속조항이 헌법 제13조 제

781) 헌재 2005.12.12. 2005헌마19, 판례집 17-2, 785, 792.

782) 同旨, 헌재 2011.9.29. 2010헌마68 [4(기각):4(인용)-기각]

783) 친일재산을 그 취득·증여 등 원인행위시에 국가의 소유로 하도록 규정한 친일재산귀속법 (2005.12.29. 법률 제7769호로 제정된 것) 제3조 제1항 본문.

3항에서 정한 연좌제금지원칙에 반한다고 할 수 없다."

2. 결사에 대한 허가금지[784)]

헌법 제21조 제2항 후단의 결사에 대한 허가제 금지에서의 '허가'의 의미 역시 같은 조항상의 표현에 대한 '검열'이나 '허가', 집회에 대한 '허가'의 의미와 다르지 아니하며,[785)] 따라서 결사의 자유에 대한 '허가제'란 "행정권이 주체가 되어 예방적 조치로서 단체의 설립여부를 사전에 심사하여 일반적인 단체결성의 금지를 특정한 경우에 한하여 해제함으로써 단체를 설립할 수 있게 하는 제도, 즉 사전허가를 받지 아니한 단체결성을 금지하는 제도"라고 할 것이다.[786)]

3. 부담금의 헌법적 정당화 요건과 심사방법

가. 부담금의 종류

부담금은 그 부과의 목적과 기능에 따라 ①순수하게 재정조달 목적만을 가지는 **재정조달목적** 부담금과, ②재정조달 목적뿐만 아니라 부담금의 부과 자체로 추구되는 특정한 사회·경제적 정책실현을 목적으로 하는 **정책실현목적** 부담금으로 구분할 수 있는데, 전자의 경우에는 추구되는 공적 과제가 부담금의 지출단계에서 비로소 실현되는 반면, 후자의 경우에는 추구되는 공적 과제의 전부 혹은 일부가 부담금의 부과단계에서 이미 실현된다.[787)]

---

784) 헌재 2012.3.29. 2011헌바53, 판례집 24-1상, 538 이하.

785) 다만, 집회에 대한 허가여부 또는 결사에 대한 허가여부를 판단함에 있어서는, 의사표현에 대한 사전검열 여부를 판단하는 4가지 기준(①허가를 받기 위한 표현물 제출의무의 존재, ②행정권이 주체가 된 사전심사절차의 존재, ③허가를 받지 아니한 의사표현의 금지, ④심사절차를 관철할 수 있는 강제수단의 존재)은 적용되지 않는다.

786) 헌법재판소는 이 결정에서, "이 사건 법률조항{노동조합을 설립할 때 행정관청에 **설립신고서**를 제출하게 하고 그 요건을 충족하지 못하는 경우 설립신고서를 반려하도록 하고 있는 '노동조합 및 노동관계조정법'(2010.6.4. 법률 제10339호로 개정되기 전의 것) 제12조 제3항 제1호}은 노동조합 설립에 있어 노동조합법상의 요건충족 여부를 사전에 심사하도록 하는 구조를 취하고 있으나, 이 경우 '노동조합법상 요구되는 요건만 충족되면 그 설립이 자유롭다'는 점에서 일반적인 금지를 특정한 경우에 해제하는 허가와는 개념적으로 구분되고, 더욱이 행정관청의 설립신고서 수리여부에 대한 결정은 재량사항이 아니라 의무사항으로 '그 요건충족이 확인되면 설립신고서를 수리하고 그 신고증을 교부하여야 한다'는 점에서 단체의 설립여부 자체를 사전에 심사하여 특정한 경우에 한해서만 그 설립을 허용하는 '허가'와는 다르다. 따라서 이 사건 법률조항의 노동조합 설립신고서 반려제도가 헌법 제21조 제2항 후단에서 금지하는 결사에 대한 허가제라고 볼 수 없다."고 판시하였다.

787) 헌재 2007.5.31. 2005헌바47, 판례집 19-1, 568, 568.

나. 헌법적 정당화 요건

모든 국민의 재산권은 헌법상 보장되므로(헌법 제23조 제1항) 국민에게 조세 외의 재산상의 부담을 부과할 경우 이에 대한 헌법적 근거가 필요하다고 할 것인데, 우리 헌법은 국가의 특별한 공익사업의 수행을 위하여 필요한 입법권한을 입법자에게 포괄적으로 부여하고 있을 뿐만 아니라(헌법 제40조, 제119조, 제120조, 제122조 등), 기본권에 관한 일반적 유보조항을 두고 있으므로(헌법 제37조 제2항) 공공복리를 위하여 필요한 경우 법률로써 국민의 자유와 권리를 제한할 수 있으며, 이는 부담금 부과에 의한 재산권의 제한에도 적용된다 할 것이다. 따라서 법률에 의한 부담금 제도의 설정은 헌법이 허용하는 기본권제한의 범주에 포함된다고 할 것이지만, 위와 같은 헌법적 근거에 의하여 부담금제도의 설정이 허용된다고 하더라도 부담금의 종류에 따라 구체적인 사정이 고려되어야 한다.[788]

1) 정책실현목적 부담금

가) 의의

정책실현목적 부담금은 개별행위에 대한 명령·금지와 같은 직접적인 규제수단을 사용하는 대신 부담금이라는 금전적 부담의 부과를 통하여 간접적으로 국민의 행위를 유도하고 조정함으로써 사회적·경제적 정책목적을 달성하고자 하는 것이고, 이를 이용하는 것이 보다 효과적인 경우가 많기 때문에 부담금을 사회적·경제적 정책을 실현하는 수단으로 이용하는 것 자체가 곧바로 헌법에 위반되는 것은 아니다.[789] 그러나 적어도 정책실현목적의 부담금이 사회적·정책적 목적을 실현하는 데 적절한 수단이 되어야 함은 물론이고 법 앞의 평등원칙에서 파생되는 공과금 부담의 형평성을 벗어나서도 안 될 것이다.[790]

나) 사례

○ 헌재 1998.12.24. 98헌가1 (다양한 지하수 사용자 중에서 특별히 먹는샘물제조업자에 대해서만 부과하는 수질개선부담금) - 합헌

○ 헌재 2003.7.24. 2001헌바96 (장애인고용의무제의 실효성을 확보하는 수단으로서의 장애인고용부담금) - 합헌

○ 헌재 2004.7.15. 2002헌바42 (먹는샘물 수입판매업자에 대한 수질개선부담금) - 합헌

788) 헌재 2005.3.31. 2003헌가20, 판례집 17-1, 294, 301-302.
789) 헌재 1998.12.24. 98헌가1, 판례집 10-2, 819, 830.
790) 헌재 2007.5.31. 2005헌바47, 판례집 19-1, 568, 568.

○ 헌재 2007.5.31. 2005헌바47 (개발제한구역 내에서 토지형질변경을 수반하는 행위허가를 받은 사람에게 부과하는 훼손부담금) - 합헌

○ 헌재 2007.12.27. 2006헌바25 (폐기물해양배출업자의 폐기물 해양배출행위에 대하여 부과하는 해양환경개선부담금) - 합헌

2) 재정조달목적 부담금

가) 의의

재정조달목적 부담금의 부과가 헌법적으로 정당화되기 위하여는, 첫째, 조세에 대한 관계에서 예외적으로만 인정되어야 하며 국가의 일반적 과제를 수행하는 데에 부담금 형식을 남용하여서는 아니 되고, 둘째, 부담금 납부의무자는 일반 국민에 비해 부담금을 통해 추구하고자 하는 공적 과제에 대하여 특별히 **밀접한 관련성**을 가져야 하며,[791] 셋째, 부담금이 장기적으로 유지되는 경우에는 그 징수의 타당성이나 적정성이 입법자에 의해 지속적으로 심사될 것이 요구된다.[792]

한편, 부담금은 국민의 재산권을 제한하는 성격을 가지고 있으므로 부담금을 부과함에 있어서도 평등원칙이나 비례성원칙과 같은 기본권제한입법의 한계는 준수되어야 하며, 위와 같은 부담금의 헌법적 정당화 요건은 기본권 제한의 한계를 심사함으로써 자연히 고려될 수 있다. 이에 따라 헌법재판소는 재산권의 침해여부를 심사하면서 헌법 제37조 제2항이 정하고 있는 과잉금지원칙을 적용하였는바, 입법목적의 정당성에 이어서 수단의 적절성 안에서 위와 같은 재정조달목적 부담금의 헌법적 정당화 요건을 검토하고, 이어서 피해의 최소성과 법익의 균형성을 심사하였다.[793]

나) 사례

○ 헌재 2003.1.30. 2002헌바5 (내국인 국외여행자에게 2만원의 범위 안에서 대통령령이 정하는 금액을 관광진흥개발기금에 납부하도록 하는 국외여행자납부금 : 재정충당 및 유도

---

791) 헌재 2008.11.27. 2007헌마860 : "특히 부담금 납부의무자는 그 부과를 통하여 추구하는 공적 과제에 대하여 '특별히 밀접한 관련성'이 있어야 한다는 점에 있어서, ①일반인과 구별되는 동질성을 지녀 특정집단이라고 이해할 수 있는 사람들이어야 하고(집단적 동질성), ②부담금의 부과를 통하여 수행하고자 하는 특정한 경제적·사회적 과제와 특별히 객관적으로 밀접한 관련성이 있어야 하며(객관적 근접성), ③그러한 과제의 수행에 관하여 조세외적 부담을 져야 할 책임이 인정될 만한 집단이어야 하고(집단적 책임성), ④만약 부담금의 수입이 부담금 납부의무자의 집단적 이익을 위하여 사용될 경우에는 그 부과의 정당성이 더욱 제고된다(집단적 효용성)."

792) 헌재 2003.12.18. 2002헌가2, 판례집 15-2하, 367, 380.

793) 헌재 2009.4.30. 2006헌마603등, 판례집 21-1하, 210, 224-225.

적 성격을 가진 부담금) - 합헌

○ 헌재 2005.3.31. 2003헌가20 (학교용지확보를 위하여 공동주택 수분양자들에게 부과하는 학교용지부담금 : 재정조달목적 부담금) - 위헌

○ 헌재 2009.4.30. 2006헌마603등 (신용협동조합에 대하여 부과하는 예금보험기금채권상환 특별기여금 : 재정조달목적 부담금) - 기각

4. 민주적 선거법의 기본원칙

'민주적 선거법의 기본원칙'은 국민의 '의사표현의 자유'와 함께 자유민주적 통치질서의 가장 기본적인 전제조건이다.[794]

가. 보통선거의 원칙 (⇔ 제한선거)

1) 의의

모든 국민은 누구나 선거권과 피선거권을 가져야 한다. 모든 사람은 ①인종·종교나 노예 등 신분, ②재산정도, ③교육정도나 직업과 관계없이 선거권을 가져야 한다. 보통선거원칙은 선거권 및 피선거권의 행사의 경우에 모두 적용되는 선거원칙이다.

2) 국민주권의 원리와 보통선거원칙

헌법은 제1조 제2항에서 "대한민국의 주권은 국민에게 있고, 모든 권력은 국민으로부터 나온다."고 규정함으로써 국민주권의 원리를 천명하고 있다. 민주국가에서의 국민주권의 원리는 무엇보다도 대의기관의 선출을 의미하는 선거와 일정사항에 대한 국민의 직접적 결정을 의미하는 국민투표에 의하여 실현된다. 선거는 오늘날의 대의민주주의에서 국민이 주권을 행사할 수 있는 가장 중요한 방법으로서, 선거를 통하여 국민은 선출된 국가기관과 그의 국가권력의 행사에 대하여 민주적 정당성을 부여한다. 민주주의는 참정권의 주체와 국가권력의 지배를 받는 국민이 되도록 일치할 것을 요청한다. 국민의 참정권에 대한 이러한 민주주의적 요청의 결과가 바로 보통선거의 원칙이다. 즉, 원칙적으로 모든 국민이 균등하게 선거에 참여할 것을 요청하는 보통·평등선거원칙은 국민의 자기지배를 의미하는 국민주권의 원리에 입각한 민주국가를 실현하기 위한 필수적 요건이다. 원칙적으로 모든 국민이 선거권과 피선거권을 가진다는 것은 바로 국민의 자기지배를 의미하

---

794) 허영(헌법이론), 902면.

는 민주국가에의 최대한의 접근을 의미하기 때문이다.[795]

나. 평등선거의 원칙 (⇔ 차등선거, 불평등선거)[796]

1) 의의

모든 선거참여자가 모든 선거절차에서 동등한 기회를 가져야 함은 물론이고, 선거를 통한 정치적 의사형성 과정에서 모든 국민은 절대적으로 평등한 영향력을 행사할 수 있어야 한다. 헌법 제11조 제1항, 제24조, 제41조 제1항에 의하여 보장된 평등선거의 원칙은 ①투표의 수적(數的) 평등 곧 1인 1표의 원칙(one man, one vote)과, ②투표의 성과가치의 평등 즉 1표의 투표가치가 대표자 선정이라는 선거의 결과에 대하여 기여한 정도에 있어서도 평등하여야 한다는 원칙(one vote, one value)을 그 내용으로 할 뿐만 아니라, 일정한 집단의 의사가 정치과정에서 반영될 수 없도록 차별적으로 선거구를 획정하는, 이른바 ③'게리맨더링'에 대한 부정을 의미하기도 한다.[797]

2) 인구비례원칙에 의한 투표가치의 평등

○ (산술적) 계산가치의 평등 - 복수의 투표권 부인(one man, one vote)

○ 성과(결과)가치의 평등 - 모든 투표자들이 행사한 하나하나의 표가 선거결과에 미치는 비중까지도 실질적으로 평등해야(one vote, one value)

○ 국회의원 선거구간 편차
- 헌재 1995.12.27. 95헌마224등[798] (4:1)[799]
- 헌재 2001.10.25. 2000헌마92등[800] (3:1)[801][802]

---

795) 헌재 1999.5.27. 98헌마214, 판례집 11-1, 675, 697, 698.

796) 평등선거의 원칙은 평등의 원칙이 선거제도에 반영된 것이라고 할 수 있다.

797) 헌재 2009.3.26. 2006헌마14, 판례집 21-1상, 482, 491-492 [평등선거권]; 헌재 2012.2.23, 2010헌마282, 공보 185, 485, 488 [평등선거권].

798) 제한되는 기본권에 대한 언급 없이 [평등선거원칙] 위반여부를 기준으로 심사하였다.

799) <주문> : "1. 공직선거및선거부정방지법 제25조 제2항에 의한 동법 [별표 1] 「국회의원지역선거구구역표」(1985.8.4. 법률 제4957호로 개정된 것)는 헌법에 위반된다. 2. (생략 - 기각)"

800) [선거권 및 평등권]을 제한되는 기본권으로 보았다.

801) "인구편차의 허용한계에 관한 다양한 견해 중 현시점에서 선택가능한 방안으로 상하 33⅓% 편차(이 경우 상한 인구수와 하한 인구수의 비율은 2 : 1)를 기준으로 하는 방안, 또는 상하 50% 편차(이 경우 상한 인구수와 하한 인구수의 비율은 3 : 1)를 기준으로 하는 방안이 고려될 수 있는데, 이 중 상하 33⅓% 편차 기준에 의할 때 행정구역 및 국회의원정수를 비롯한 인구비례의 원칙 이외의 요소를 고려함에 있어 적지 않은 난점이 예상되므로, 우리 재판소가 선거구획정에 따른 선거구간의 인구편차의 문제를 다루기 시작한지 겨우 5년여가 지난 현재

- 헌재 2014.10.30. 2012헌마192등[803] (2:1)[804][805]

○ 지방의회 선거는 4:1까지 허용

- 헌재 2007.3.29. 2005헌마985등[806] (광역의회)[807]
- 헌재 2009.3.26. 2006헌마14[808]; 헌재 2010.12.28. 2010헌마401[809] (기초의회)

의 시점에서 너무 이상에 치우친 나머지 현실적인 문제를 전적으로 도외시하기는 어렵다고 할 것이어서, 이번에는 평균인구수 기준 상하 50%의 편차를 기준으로 위헌여부를 판단하기로 한다. 그러나 앞으로 상당한 기간이 지난 후에는 인구편차가 상하 33⅓% 또는 그 미만의 기준에 따라 위헌여부를 판단하여야 할 것이다."

802) <주문> : "1.공직선거및선거부정방지법 제25조 제2항에 의한 [별표 1] 「국회의원지역선거구구역표」 (2000.2.16. 법률 제6265호로 개정된 것)는 헌법에 합치되지 아니한다. 2. 위 선거구구역표는 2003.12.31.을 시한으로 입법자가 개정할 때까지 계속 적용된다."

803) [선거권 및 평등권]을 제한되는 기본권으로 보았다. 헌재 2015.1.29. 2014헌마144 결정에서도 마찬가지.

804) "인구편차 상하 33⅓%를 넘어 인구편차를 완화하는 것은 지나친 투표가치의 불평등을 야기하는 것으로, 이는 대의민주주의의 관점에서 바람직하지 아니하고, 국회를 구성함에 있어 국회의원의 지역대표성이 고려되어야 한다고 할지라도 이것이 국민주권주의의 출발점인 투표가치의 평등보다 우선시 될 수는 없다. 특히, 현재는 지방자치제도가 정착되어 지역대표성을 이유로 헌법상 원칙인 투표가치의 평등을 현저히 완화할 필요성이 예전에 비해 크지 아니하다. 또한 인구편차의 허용기준을 완화하면 할수록 과대대표되는 지역과 과소대표되는 지역이 생길 가능성 또한 높아지는데, 이는 지역정당구조를 심화시키는 부작용을 야기할 수 있다. 같은 농·어촌 지역 사이에서도 나타날 수 있는 이와 같은 불균형은 농·어촌 지역의 합리적인 변화를 저해할 수 있으며, 국토의 균형발전에도 도움이 되지 아니한다. 나아가 인구편차의 허용기준을 점차로 엄격하게 하는 것이 외국의 판례와 입법추세임을 고려할 때, 우리도 인구편차의 허용기준을 엄격하게 하는 일을 더 이상 미룰 수 없다."

805) <주문> : "1. (생략 - 각하) 2. 공직선거법(2012.2.29. 법률 제11374호로 개정된 것) 제25조 제2항 별표 1 국회의원지역선거구구역표는 헌법에 합치되지 아니한다. 3. 공직선거법(2012.2.29. 법률 제11374호로 개정된 것) 제25조 제2항 별표 1 국회의원지역선거구구역표는 2015.12.31.을 시한으로 입법자가 개정할 때까지 계속 적용된다."

806) [선거권 및 평등권]을 제한되는 기본권으로 보았다.

807) <주문> : "1.공직선거법 제22조 제1항 및 제26조 제1항에 의한 [별표 2] 「시·도의회의원지역선거구구역표」(2005.8.4. 법률 제7681호로 개정된 것) 중 경기도의회의원 선거구들 부분(2006.3.2. 법률 제7850호로 개정된 것 포함)과 전라북도의회의원 선거구들 부분은 헌법에 합치되지 아니한다. 2. 위 제22조 제1항 및 위 선거구구역표 부분은 2008.12.31.을 시한으로 입법자가 개정할 때까지 계속 적용된다."

808) [평등선거권]을 제한되는 기본권으로 보았다. 同旨, 헌재 2012.2.23. 2010헌마282 : "이 사건 선거구란이 포함된 '대구동구의회의원' 선거구들 간에는 뒤에서 보는 바와 같이 인구수의 편차가 존재하고, 이와 같은 인구편차는 투표가치의 불평등을 초래하게 되는바, 이러한 투표가치의 불평등이 헌법상 보장된 평등권을 침해하는지 여부가 문제된다. 청구인은 평등권 외에 선거권도 침해한다고 주장하고 있으나 청구인이 주장하는 선거권은 바로 평등선거권 침해여부의 문제이므로, 평등(선거)권 외에 선거권 침해여부를 따로 판단할 필요는 없다."

809) [평등권, 공무담임권, 선거운동의 자유]를 제한되는 기본권으로 보았다.

3) 게리맨더링(Gerrymandering)의 부인

①특정 지역의 선거인들이 자의적인 선거구획정으로 인하여 정치과정에 참여할 기회를 잃게 되었거나, ②그들이 지지하는 후보가 당선될 가능성을 의도적으로 박탈당하고 있음이 입증되어 특정지역의 선거인들에 대하여 차별하고자 하는 국가권력의 의도와 그 집단에 대한 실질적인 차별효과가 명백히 드러난 경우에는 그 선거구획정은 입법적 한계를 벗어난 것으로서 헌법에 위반된다.[810]

다. 직접선거의 원칙 (⇔ 간접선거)

직접선거란 선거인 스스로가 직접 대의기관을 선출하는 것을 말한다. 직접선거의 경우 간접선거에서처럼 선거인과 대의기관 사이에 또 다른 중간선거인이 없기 때문에 선거인과 대의기관 사이에는 직접적인 신임과 위임관계가 성립하게 된다.

○ 독일헌재 판례

비례대표제에서 순위가 고정된 전국구 후보 명단에 따라 의원을 뽑는 것은 설령 원치 않는 다른 사람을 함께 뽑은 결과가 된다 하더라도 직접선거 원칙에 반하는 것이 아니다.[811]

○ 한국헌재 판례

(구) 선거법에서 지역구 국회의원 후보에 대한 투표로 전국구 국회의원선거의 투표로 하는 제도는 직접선거원칙에 반한다.[812]

4) 비밀선거의 원칙 (⇔ 공개선거)

비밀선거란 투표에 의해서 나타나는 선거인의 의사결정이 타인에게 알려지지 않도록 하는 선거를 말한다. 비밀선거는 ①타인에게 투표의 공개를 요구하는 행위나 ②선거인 스스로 투표를 공개하는 행위가 모두 금지된다.

○ 독일헌재 판례

무소속 후보 추천제도에 따라 특정한 입후보자나 정당을 추천하기 위해서 선거인이 서명하게 되고 그를 통해 서명자의 투표성향이 사전에 공개되는 것은, 선거의 또 다른 중요목적을 달성하기 위한 불가피한 현상이기 때문에 비밀선거의 정신에 반하는 것이 아니다.[813]

---

810) 헌재 1998.11.26. 96헌마74등, 판례집 10-2, 764, 775.

811) BVerfGE 3, 45 (51); 7, 63 (69); 21, 355 (356). 허영(헌법이론), 909면.

812) 헌재 2001.7.19. 2000헌마91등 결정(한정위헌)

마. 자유선거의 원칙 (⇔ 강제선거)

자유선거란 선거인이 강제나 외부의 어떠한 간섭도 받지 않고 자기의 선거권을 자유롭게 행사할 수 있는 것을 말한다. 자유선거의 원칙은 선거의 전 과정에 요구되는 선거권자의 의사형성의 자유와 의사실현의 자유를 말하고, 구체적으로는 투표의 자유, 입후보의 자유 나아가 선거운동의 자유를 뜻한다.[814] 자유선거의 원칙은 헌법에 명문규정 없지만 국민주권의 원리, 대의민주주의의 원리 및 참정권에 관한 헌법규정들(§1, §24, §25, §41 ①, §67 ① 등)을 근거로 인정된다.[815]

5. 최소보장원칙 (사회적 기본권)

가. 사회적 기본권의 법적 성격

사회적 기본권의 법적 성격에 대하여는 먼저 **객관설**의 입장으로 ①프로그램규정설, ②국가목표규정설, ③입법위임규정설, ④헌법위임규정설 등이 있고, 다음으로 **주관설**(법적 권리설)의 입장으로 ①추상적 권리설, ②불완전한 구체적 권리설, ③구체적 권리설, 그 밖에 ④원칙모델에 따른 권리설 등이 있다.[816]

객관설에 따르면 이 설들의 부분적인 차이점에도 불구하고 사회적 기본권은 권리성을 갖지 못하며 그것은 단지 입법자에게 그 내용을 실현할 헌법적 입법의무를 부과할 뿐이라고 한다(입법권구속). 따라서 사회적 기본권은 입법에 의해 구체화되어야 비로소 그 법에 근거하여 국가에 대한 급부청구가 가능하고 사법적으로 집행할 수 있는 구체적·현실적 권리가 된다는 것이다. 그런데 이와 같이 사회적 기본권의 권리성을 부인하는 경우 사회적 기본권에 관한 입법부작위나 부실한 입법에 대하여 헌법소원을 제기할 수 없다는 문제점이 있다.[817] 또한 이 견해는 독일이나 스위스처럼 헌법이 사회적 기본권을 아예 규정하지 않고 사회국가원리만을 규정한 경우에는 타당성을 가질 수 있으나 우리 헌법처럼 방대한 사회적 기본권을 규정하고 있는 경우에는 타당할 수 없으며, 현재 우리나라에서 이와 같은 객관설의 입장을

---

813) BVerfGE 3, 19 (32). 허영(헌법이론), 910면.

814) 헌재 1994.7.29. 93헌가4등; 헌재 2001.8.30. 99헌바92 결정 참조. 이에 대하여는, "자유선거의 원칙은 강제선거를 부정하는 선거행위에 관한 것이므로 선거운동의 자유를 보장하는 것은 아니다. (…) 선거운동을 자유선거원칙이나 선거권의 내용으로 파악하는 헌법재판소의 결정에는 동의하기 어렵다."는 견해가 있다. 정종섭(헌법학), 1371면.

815) 헌재 2006.7.27. 2004헌마215, 판례집 18-2, 200, 204-205.

816) 이들 학설에 대한 설명으로 계희열(중), 707-718면 참조.

817) 계희열(중), 715면.

취하는 학자는 없는 것으로 보인다. 헌법재판소도 '1994년도 생계보호기준'에 대한 헌법소원 등 일련의 결정에서 주관설의 입장을 취하고 있는 것으로 판단된다.

나. 사회적 기본권 침해에 대한 위헌심사

사회적 기본권의 침해를 주장하는 사건에서 헌법재판소는 두 가지 갈래의 기준으로 판단한 것으로 보인다. 즉, 사회적 기본권의 보장내용 자체를 최소한의 것으로 축소시켜 이해하는 유형("보장내용의 최소화")과 권리의 보장내용은 축소하지 아니하고 '행위규범'과 '통제규범'의 개념을 원용하여 다만 그 통제기준을 최저화하는 유형("통제기준의 최저화")가 그것이다.

전자의 대표적인 예로는 1995.7.21. 선고한 93헌가14 (국가유공자예우등에관한법률 제9조에 대한 위헌제청) 사건에서 "인간다운 생활을 할 권리는 여타 사회적 기본권에 관한 헌법규범들의 이념적인 목표를 제시하고 있는 동시에 국민이 인간적 생존의 최소한을 확보하는 데 있어서 필요한 최소한의 재화를 국가에게 요구할 수 있는 권리를 내용으로 하고 있다."고 판시한 것을 들 수 있다.

후자의 대표적인 예로는 1997.5.29. 선고한 94헌마33 ('1994년도 생계보호기준'에 대한 헌법소원) 사건에서 "모든 국민은 인간다운 생활을 할 권리를 가지며 국가는 생활능력 없는 국민을 보호할 의무가 있다는 헌법의 규정은 모든 국가기관을 기속하지만, 그 기속의 의미는 적극적·형성적 활동을 하는 입법부 또는 행정부의 경우와 헌법재판에 의한 사법적 통제기능을 하는 헌법재판소에 있어서 동일하지 아니하다. 위와 같은 헌법의 규정이, 입법부나 행정부에 대하여는 국민소득, 국가의 재정능력과 정책 등을 고려하여 가능한 범위 안에서 최대한으로 모든 국민이 물질적인 최저생활을 넘어서 인간의 존엄성에 맞는 건강하고 문화적인 생활을 누릴 수 있도록 하여야 한다는 행위의 지침 즉 **행위규범**으로서 작용하지만, 헌법재판에 있어서는 다른 국가기관 즉 입법부나 행정부가 국민으로 하여금 인간다운 생활을 영위하도록 하기 위하여 객관적으로 필요한 최소한의 조치를 취할 의무를 다하였는지를 기준으로 국가기관의 행위의 합헌성을 심사하여야 한다는 **통제규범**으로 작용하는 것이다."라고 판시한[818] 것을 들 수 있다.

---

818) 그 밖에 헌재 1999.12.23. 98헌바33 (구 국가유공자예우등에관한법률 제70조 등 위헌소원), 판례집 11-2, 732, 758-759; 헌재 2001.4.26. 2000헌마390 (국민연금법 제6조 등 위헌확인), 판례집 13-1, 977, 989; 헌재 2004.10.28. 2002헌마328 (2002년도 국민기초생활보장최저생계비 위헌확인), 판례집 16-2하, 195, 205 참조.

그런데 결과적으로 양자는 그 심사기준이 "국가가 객관적으로 필요한 최소한의 조치를 다했는지 여부", 즉 '**명백성통제**'라는 점에서 내용이 다르지 않다고 할 것인바, 그렇다면 헌법재판소가 사회적 기본권의 보장영역의 응축현상을 판단하기 위하여 굳이 '행위규범과 통제규범'이라는 헌법재판의 한계설정을 위한 기능법적 설명을 동원할 필요는 없다는 비판이 제기되었다.[819]

그리하여 헌법재판소는 2015.4.30. 선고한 2013헌마435 결정에서, "군인연금법상의 연금수급권과 같은 사회보장수급권은 헌법 제34조로부터 도출되는 사회적 기본권의 하나로서, 국가에 대하여 적극적으로 급부를 요구하는 것이므로 법률에 의한 형성을 필요로 하고, 연금수급권의 구체적 내용, 즉 수급요건, 수급대상, 급여금액 등은 법률에 의하여 비로소 확정된다. 이때 입법자는 광범위한 입법재량을 가지고 국가의 재정능력, 국민 전체의 소득 및 생활수준, 기타 여러 가지 사회적·경제적 여건 등을 종합하여 합리적인 수준에서 결정할 수 있다. 다만 그 결정이 현저히 자의적이거나, 사회적 기본권의 최소한도의 내용마저 보장하지 않은 경우에는 헌법에 위반된다."고 판시하여[820] 전자의 입장으로 돌아간 듯하다.

6. 의무교육의 무상원칙[821]

가. 의의

헌법 제31조는 제1항에서 "모든 국민은 능력에 따라 균등하게 교육을 받을 권리를 가진다."고 규정하여 국민의 교육을 받을 권리를 보장하고 있는 한편, 이러한 국민의 교육을 받을 권리를 현실적으로 보장하기 위한 수단의 하나로서 같은 조 제2항에서 "모든 국민은 그 보호하는 자녀에게 적어도 초등교육과 법률이 정하는 교육을 받게 할 의무를 진다."라고 하여 국민에게 교육의 의무를 부과하였고, 이에 따라 교육기본법은 의무교육을 6년의 초등교육과 3년의 중등교육으로 한다고 규정하여 의무교육의 범위를 중학교까지로 정하였다(교육기본법 제8조 제1항). 나아가 국가는 학부모가 경제적 여건에 관계없이 교육의 의무를 이행할 수 있도록 헌법 제31조 제3항에서 의무교육은 무상으로 할 것을 원칙으로 천명하여 국가에게 의

---

819) 대표적으로 김선택, "인간다운 생활을 할 권리의 헌법규범성", 판례연구 제9집, 고려대학교 법학연구원, 1998.2. 34면; 정태호, "사회적 기본권과 헌법재판소의 판례", 헌법논총 제9집, 헌법재판소, 1998, 657-661면 참조.

820) 판례집 27-1하, 79, 88.

821) 헌재 2012.4.24. 2010헌바164, 공보 187, 787, 789; 헌재 2012.8.23. 2010헌바220, 공보 191, 1574, 1577.

무교육을 실시할 수 있는 인적·물적 여건을 마련할 의무를 부과하고 있다.

나. 의무교육 무상의 범위

의무교육 무상의 범위에 있어서 학교 교육에 필요한 모든 부분을 무상으로 제공하는 것이 바람직한 방향이라고 하겠으나, 균등한 교육을 받을 권리와 같은 사회적 기본권을 실현하는 데는 국가의 재정상황 역시 도외시할 수 없으므로, 원칙적으로 의무교육 무상의 범위는 헌법상 교육의 기회균등을 실현하기 위해 필수불가결한 비용, 즉 모든 학생들이 의무교육을 받음에 있어서 경제적인 차별 없이 수학하는 데 반드시 필요한 비용에 한한다고 할 것이다. 따라서, 의무교육에 있어서 무상의 범위에는 의무교육이 실질적이고 균등하게 이루어지기 위한 본질적 항목으로, ①수업료나 입학금의 면제, ②학교와 교사 등 인적·물적 시설 및 그 시설을 유지하기 위한 인건비와 시설유지비, 신규시설투자비 등의 재원부담으로부터의 면제가 포함된다 할 것이며, 그 외에도 ③의무교육을 받는 과정에 수반하는 비용으로서 의무교육의 실질적인 균등보장을 위해 필수불가결한 비용은 무상의 범위에 포함된다. 한편, 의무교육에 있어서 본질적이고 필수불가결한 비용 이외의 비용을 무상의 범위에 포함시킬 것인지는 국가의 재정상황과 국민의 소득수준, 학부모들의 경제적 수준 및 사회적 합의 등을 고려하여 입법자가 입법정책적으로 해결해야 할 문제이다.

다. 사례

◈ 헌재 2005.3.31. 2003헌가20

"헌법은, 모든 국민은 그 보호하는 자녀에게 적어도 초등교육과 법률이 정하는 교육을 받게 할 의무를 지고(헌법 제31조 제2항), 의무교육은 무상으로 한다(헌법 제31조 제3항)고 규정하고 있다. 이러한 의무교육제도는 국민에 대하여 보호하는 자녀들을 취학시키도록 한다는 의무부과의 면보다는 국가에 대하여 인적·물적 교육시설을 정비하고 교육환경을 개선하여야 한다는 의무부과의 측면이 보다 더 중요한 의미를 갖는다. 의무교육에 필요한 학교시설은 국가의 일반적 과제이고, 학교용지는 의무교육을 시행하기 위한 물적 기반으로서 필수조건임은 말할 필요도 없으므로 이를 달성하기 위한 비용은 국가의 일반재정으로 충당하여야 한다. 따라서 적어도 의무교육에 관한 한 일반재정이 아닌 부담금과 같은 별도의 재정수단을 동원하여 특정한 집단으로부터 그 비용을 추가로 징수하여 충당하는 것은 의무교육의 무상성을 선언한 헌법에 반한다."[822]

◈ 헌재 2012.4.24. 2010헌바164

"이 사건 법률조항들[823]은 학교급식과 관련된 경비 중 일부를 중학생의 학부모가 부담할 수 있도록 하거나, 당해 학교의 설립경영자가 원칙적으로 부담하도록 되어 있는 비용 이외의 급식에 관한 경비를 중학생의 학부모가 부담하도록 하는 규정이다. (…) 그러나 비록 학교급식이 학생들에게 한 끼 식사를 제공하는 영양공급의 차원을 넘어서 편식교정 지도 등 식생활 개선, 공동체 의식 및 협동심 함양 등 교육적 성격을 갖고 있다 하더라도,[824] 급식활동으로 얻을 수 있는 교육적 측면은 기본적이고 필수적인 학교교육 이외에 부가적으로 이루어지는 식생활 및 인성교육으로서의 보충적 성격을 가지므로 의무교육의 실질적인 균등보장을 위한 본질적이고 핵심적인 부분이라고까지는 할 수 없고, 따라서 학교급식 비용과 관련된 입법에 대하여는 입법자에게 입법형성의 재량이 인정된다고 봄이 상당하다. (…) 결국, 이 사건 법률조항들이 비록 중학생의 학부모들에게 급식관련 비용의 일부를 부담하도록 하고 있지만, ①급식활동 자체가 의무교육에 필수불가결한 내용이라 보기 어렵고, ②국가나 지방자치단체의 지원으로 부담을 경감하는 조항이 마련되어 있으며, ③특히 저소득층 학생들을 위한 지원방안이 마련되어 있다는 점 등을 고려해 보면, 이 사건 법률조항들이 입법형성권의 범위를 넘어 헌법상 의무교육의 무상원칙에 반하는 것으로 보기는 어렵다."

---

822) 헌법재판소는 이어서, "의무교육이 아닌 중등교육에 관한 교육재정과 관련하여 재정조달목적의 부담금을 징수할 수 있다고 하더라도 이는 일반적인 재정조달목적의 부담금이 갖추어야 할 요건을 동일하게 갖춘 경우에 한하여 허용될 수 있다. (…) 이 사건 법률조항{학교용지확보를 위하여 공동주택 수분양자들에게 학교용지부담금을 부과할 수 있도록 하고 있는 구 학교용지확보에관한특례법(2000.1.28. 법률 제6219호로 개정되어 2002.12.5. 법률 제6744호로 개정되기 전의 것) 제2조 제2호, 제5조 제1항 중 제2조 제2호가 정한 주택건설촉진법에 의하여 시행하는 개발사업지역에서 …… 공동주택을 분양받은 자에게 학교용지확보를 위하여 부담금을 부과·징수할 수 있다는 부분}은 학교용지부담금 부과대상 개발사업을 신규주택의 공급여부가 아닌 단순히 주택공급의 근거법률이 무엇이냐에 따라 정하고 있는바, 이는 합리성이 없는 기준에 의하여 자의적으로 제청신청인들을 불리하게 대우하는 것이다."라고 판시하였다.

823) 의무교육 대상인 중학생의 학부모에게 급식관련비용 일부를 부담하도록 하는 구 학교급식법(1996.12.30. 법률 제5236호로 개정되고, 2006.7.19. 법률 제7962호로 개정되기 전의 것) 제8조 제1항 후단 및 제2항 전단 중 초·중등교육법 제2조의 중학교에 관한 부분.

824) 헌재 2008.2.28. 2006헌마1028, 판례집 20-1상, 311, 329.

7. 조세법률주의

가. 의의

헌법은 제38조에서 "모든 국민은 법률이 정하는 바에 의하여 납세의 의무를 진다."고 규정하고, 제59조에서는 "조세의 종목과 세율은 법률로 정한다."고 규정함으로써 조세법률주의원칙을 선언하고 있는바, 조세법률주의는 법률의 근거 없이는 국가는 조세를 부과·징수할 수 없고 국민은 조세의 납부를 요구당하지 않는다는 원칙이다.[825] 이러한 조세법률주의는 조세평등주의와 함께 조세입법에 관한 헌법상의 2대원칙이라고 할 수 있다.

나. 내용

조세법률주의는 과세요건을 법률로 규정하여 국민의 재산권을 보장하고 과세요건을 명확하게 규정하여 국민생활의 법적안정성과 예측가능성을 보장하기 위한 것이며,[826] 과세요건 법정주의와 과세요건 명확주의를 그 핵심적인 내용으로 하고 있다.[827] 먼저 '**과세요건 법정주의**'란 납세의무를 성립시키는 납세의무자·과세물건·과세표준·과세기간·세율 등의 과세요건과 조세의 부과·징수절차를 모두 국민의 대표기관인 국회가 제정한 법률로 규정하여야 한다는 것을 의미하고, 다음으로 '**과세요건 명확주의**'란 과세요건을 법률로 정하였다고 하더라도 그 규정내용이 지나치게 추상적이고 불명확하다면 과세관청의 자의적인 해석과 집행을 초래할 염려가 있으므로 그 규정 내용이 명확하고 일의적이어야 한다는 것을 의미한다.[828] 조세법률주의는 조세의 부과·징수에 관한 규정뿐 아니라 조세감면규정에도 적용된다.[829]

다. 건강보험료와 조세법률주의

국세는 조세의 일종으로서 헌법 제38조에 의거하여 국가가 국민에 대한 각종의 공공서비스를 제공하기 위한 자금을 조달할 목적으로 국민에게 부과하는 금전급

---

825) 헌재 2012.5.31. 2009헌바123등, 공보 188, 962, 968.

826) 헌재 2010.7.29. 2009헌바192, 공보 166, 1425, 1427.

827) 헌재 2006.6.29. 2004헌바8, 판례집 18-1하, 219, 228-229. 한편, "헌법상 조세법률주의는 과세요건 법정주의, 과세요건 명확주의, **소급과세금지원칙** 등의 하위원칙들로 이루어지는데"라고 판시한 사례도 있다.(헌재 2011.10.25. 2010헌바21, 공보 181, 1577, 1581)

828) 헌재 2008.7.31. 2006헌바95, 공보 142, 1057, 1060; 헌재 2011.10.25. 2010헌바134, 공보 181, 1601, 1603.

829) 헌재 1997.2.20. 95헌바27, 판례집 9-1, 156, 162; 헌재 2004.10.28. 2002헌바70, 판례집 16-2하, 159, 175; 헌재 2012.4.24. 2010헌가87, 공보 187, 765, 769; 헌재 2012.7.26. 2011헌바365등, 공보 190, 1373, 1378.

부인 반면, 건강보험료는 공단이 건강보험이라는 특수한 사업을 운영하는 데 소요되는 관리운영비용과 보험급여를 위한 재정에 충당할 목적으로 가입자들에게 부과하는 것이다. 또한 국세를 비롯하여 조세는 특별한 반대급부 없이 부과되나, 건강보험료는 반대급부인 보험급여의 지급을 전제로 하고 기존의 공과금 체계에 편입할 수 없는 독자적인 성격을 가지고 있는 점에서도 차이가 있다. 그리고 헌법 제59조에서는 "세의 종목과 세율은 법률로 정한다."고 규정하여 조세법률주의를 천명하고 있으나, 조세와 근본적으로 성격을 달리하는 건강보험료에는 조세법률주의가 적용되지 않는다.830)

8. 지방자치권의 침해여부에 대한 심사기준

헌법 제117조 제1항에 의해 지방자치단체에게 보장된 지방자치권은 절대적인 것이 아니고 법령에 의하여 형성되는 것이므로, 입법자는 지방자치에 관한 사항을 형성하면서 지방자치단체의 지방자치권을 제한할 수 있다. 그러나 법령에 의하여 지방자치단체의 지방자치권을 제한하는 것이 가능하다고 하더라도, 지방자치단체의 존재 자체를 부인하거나 각종 권한을 말살하는 것과 같이 그 제한이 불합리하여 지방자치권의 본질적인 내용을 침해하여서는 아니된다.831) 따라서 국회의 입법

---

830) 헌재 2007.4.26. 2005헌바51 결정 - 보수가 지급되지 아니하는 사용자의 표준보수월액의 산정 등에 관하여 필요한 사항은 대통령령으로 정하도록 한 구 국민건강보험법(1999.2.8. 법률 제5854호로 제정되고, 2006.12.30. 법률 제8153호로 개정되기 전의 것) 제63조 제4항 중 "보수가 지급되지 아니하는 사용자의 표준보수월액의 산정"에 관한 부분에 대하여 **포괄위임금지원칙** 심사(합헌); 헌재 2012.11.29. 2011헌마814 결정 - 과오납 보험료 환급청구권의 소멸시효기간을 3년으로 정하고 있는 구 국민건강보험법(2008.3.28. 법률 제9022호로 개정되고, 2011.12.31. 법률 제11141호로 개정되기 전의 것) 제79조 제1항 제1의2호 중 "보험료"에 관한 부분(이 사건 법률조항)은 (1) 가입자와 국가 사이에 존재하는 권리의무관계를 조기에 확정하고 예산수립의 불안정성을 제거하여 보험재정을 합리적으로 운용하기 위한 것으로 그 입법목적이 정당하고, 국민건강보험공단이 과오납 보험료 환급금을 예상하여 각 해의 예산에 반영하는 일을 반복하는 기간이 길어지면 법률상태가 조속히 확정되지 아니함으로써 발생되는 불이익이 상당히 큰 점, 국민건강보험공단이 가입자로부터 보험료를 징수할 권리에도 3년의 소멸시효기간을 정하고 있는 점, 단기소멸시효가 정해진 채권이라도 확정판결을 받으면 10년의 시효기간이 적용되는 점 등에 비추어 보면, 이 사건 법률조항은 입법형성권의 범위를 벗어나 청구인의 **재산권**을 침해하였다고 볼 수 없고, (2) 이 사건 법률조항과는 달리, 공무원연금법상의 과오납 기여금 환급청구권 및 국세기본법상의 국세환급금 등을 받을 권리의 각 소멸시효기간은 5년으로 정하고 있는데, 이러한 차별은 건강보험제도가 연금제도 및 조세제도와 그 제도의 목적, 성격, 재정조달방식, 적용원리 등의 면에서 본질적 차이가 있음을 고려한 것으로서 불합리한 차별이라고 할 수 없으므로 이 사건 법률조항은 청구인의 **평등권**을 침해하였다고 볼 수 없다.

831) 헌재 2001.11.29. 2000헌바78, 판례집 13-2, 646, 657-658 ; 헌재 2002.10.31. 2002헌라2, 판례집 14-2, 378, 386-387.

에 의하여 지방자치권이 침해되었는지 여부를 심사함에 있어서는 지방자치권의 본질적 내용이 침해되었는지 여부만을 심사하면 족하고, 기본권침해를 심사하는 데 적용되는 과잉금지원칙이나 평등원칙 등을 적용할 것은 아니다.[832]

832) 헌재 2010.10.28. 2007헌라4, 공보 169, 1816, 1818. 예컨대, 행정청인 울진군수가 헌법재판소법 제68조 제2항의 규정에 따른 헌법소원심판을 청구하면서 온천을 정의하고 있는 구 온천법(2000.1.12. 법률 제6119호로 개정되고, 2001.1.26. 법률 제6390호로 개정되기 전의 것) 제2조 및 시장·군수가 온천개발계획을 수립하지 아니하는 경우에 시·도지사가 시장·군수에게 일정한 기간 내에 온천개발계획을 수립하도록 이행명령을 하여야 하고, 시장·군수가 그 이행명령도 이행하지 아니한 때에는 온천의 우선이용권자가 직접 온천개발계획의 수립 및 승인신청을 할 수 있도록 규정한 동법 제7조 제1항 단서가 위헌이라고 주장한 사건에서 헌법재판소는, 전자에 대하여는 "무엇을 온천으로서 개발하고 보호할 것인지는 입법자가 추구하는 입법목적에 따라 정책적으로 결정해야 할 사항이고, 온천에 대한 '정의 규정' 자체에 의하여 무분별한 온천개발이나 그로 인한 폐해가 생긴다고 보기 어려울 뿐만 아니라 구 온천법 및 그 하위 법규의 관련규정들은 온천을 국가자원으로서 효율적으로 개발·이용하도록 하면서도 무분별한 온천개발로 인한 폐해를 최소화하는데 필요한 다양한 재량권을 행정청에게 부여하고 있으므로, 온천을 정의하고 있는 구 온천법 제2조는 헌법에 위반된다고 볼 수 없다."고 하였고, 후자에 대하여는 "시장·군수가 온천개발계획을 수립하지 아니하는 경우에 시·도지사가 시장·군수에게 일정한 기간 내에 온천개발계획을 수립하도록 이행명령을 하여야 하고, 시장·군수가 그 이행명령도 이행하지 아니한 때에는 온천의 우선이용권자가 직접 온천개발계획의 수립 및 승인신청을 할 수 있도록 규정한 구 온천법 제7조 제1항 단서는 시장·군수가 온천개발계획 수립에 관한 직무를 이행하지 아니하는 경우에 시·도지사가 시장·군수를 감독할 수 있도록 하고, 시장·군수가 상급 지방자치단체인 시·도지사의 이행명령에도 불응하는 경우에 비로소 시장·군수의 권한을 배제시키고 온천우선이용권자가 온천개발계획을 수립하여 시·도지사의 승인을 받도록 하고 있으므로, 위 조항이 시장·군수의 지방자치권한을 침해한다거나 지방자치제도의 본질적인 내용을 침해한다고 보기 어렵다."고 판시하였다.(헌재 2008.4.24. 2004헌바44)

찾 아 보 기

이철환

■ 약력

변호사 (사법연수원 제16기)
전라남도 고문변호사
광주지방법원 판사
법학박사
한국국가법학회 회장
한국공법학회 부회장
전라남도 행정심판위원
법제처 법령해석심의위원
법무부 변호사시험관리위원
전남대학교 법학전문대학원 원장
전남대학교 법학전문대학원 교수 (현)

■ 저서

민사소액재판실무 (초판 2006년, 제2판 2007년)
행정구제법 (초판 2007년, 제5판 2012년)
행정구제법 강의 (초판 2013년, 제3판 2016년)
행정법 일반이론 (초판 2011년, 제4판 2016년)
개별행정법 (초판 2013년, 제2판 2015년)
향산일지 (2011년)
시베리아 가는 길 (공저, 2014년)
바람따라 여행수첩 (2017년 12월)

■ E-mail: b-s20@hanmail.net

김현철

■ 약력

서울대학교 (법학사)
연세대학교 (법학석사, 법학박사)
법원행정고등고시 합격 (제7기)
법원사무관 (춘천지방법원, 헌법재판소)
법원서기관 (헌법재판소)
헌법연구관보 (헌법재판소)
헌법연구관 (헌법재판소)
부장연구관 (헌법재판소)
미국 Santa Clara Law School 및
UNLV Law School Visiting Scholar
전남대학교 법학전문대학원 교수 (현)

■ 저서

판례 헌법소송법 (초판 2011년, 제3판 2014년)
미국헌법상 평등보호와 한국헌법재판소의
위헌심사기준 (2012년)
형벌규정에 대한 위헌결정의 시적 효력에 관한
연구 (공저, 2013년)

■ E-mail: hckim77@jnu.ac.kr

기록형 제3판

로스쿨 공법실무

초판발행 2015년 7월 20일
2판발행 2016년 2월 25일
3판발행 2018년 1월 31일

저 자 이철환·김현철
발행인 정병석
발행처 전남대학교출판문화원

등 록 1981년 5월 21일 제53호
주 소 61186 광주광역시 북구 용봉로 77
전 화 062-530-0571~2
마케팅 062-530-0573
팩 스 062-530-0579
홈페이지 http://www.cnup.co.kr

가 격 32,000원

ISBN 978-89-6849-470-3 (93360)

이 도서의 국립중앙도서관 출판예정도서목록(CIP)은 서지정보유통지원시스템 홈페이지(http://seoji.nl.go.kr)와 국가자료공동목록시스템(http://www.nl.go.kr/kolisnet)에서 이용하실 수 있습니다. (CIP제어번호: CIP2018003127)